JUGEND '92

JUGEND '92

Lebenslagen, Orientierungen
und Entwicklungsperspektiven im vereinigten Deutschland

Band 1:
Gesamtdarstellung und biografische Porträts
Redaktion: Imbke Behnken, Arthur Fischer

Band 2:
Im Spiegel der Wissenschaften
Redaktion: Jürgen Zinnecker

Band 3:
Die neuen Länder: Rückblick und Perspektiven
Redaktion: Dieter Kirchhöfer, Irmgard Steiner, Dorle Zilch, Jürgen Zinnecker

Band 4:
Methodenberichte – Tabellen – Fragebogen
Redaktion: Arthur Fischer

Studie im Auftrag des Jugendwerks der Deutschen Shell,
durchgeführt von Psydata, Institut für Marktanalysen,
Sozial- und Mediaforschung GmbH, W - 6000 Frankfurt / M
und Psydata, Institut für Marktforschung und
sozialwissenschaftliche Studien GmbH, O - 1055 Berlin

JUGEND '92

Lebenslagen, Orientierungen
und Entwicklungsperspektiven im vereinigten Deutschland
Herausgegeben vom Jugendwerk der Deutschen Shell

Band 2

Im Spiegel der Wissenschaften

Redaktion: Jürgen Zinnecker

Leske + Budrich, Opladen 1992

AutorInnen und wissenschaftliche BeraterInnen der Studie:
Helmut Apel, Universität-GH Siegen – Wolfgang Bauer, Psydata Frankfurt/M. – Jürgen Beneke, Berlin – Imbke Behnken, Universität-GH Siegen – Renate Blank, Psydata Frankfurt/M – Hanspeter Buba, Universität Bamberg – Georgios Constantinides, Universität-GH Siegen – Jürgen Eiben, Heinrich-Heine-Universität Düsseldorf – Cornelia Fischer, Psydata Frankfurt/M – Barbara Friebertshäuser, Universität-GH Siegen – Frank Früchtel, Universität Bamberg – Werner Georg, Universität-GH Siegen – Werner Gerth, Berlin – Siegfried Geyer, Justus Liebig Universität Gießen – Barbara Giessmann, Humboldt-Universität Berlin – Helga Gotschlich, Institut für zeitgeschichtliche Jugendforschung Berlin – Cordula Günther, Medienstadt Leipzig e.V. Leipzig – Jürgen Hoffmeyer-Zlotnik, ZUMA Mannheim – Sarina Keiser, Deutsches Jugendinstitut Leipzig – Dieter Kirchhöfer, Zentrum für Europäische Bildungsforschung Berlin – Hans-Ulrich Kohr, Sozialwissenschaftliches Institut der Bundeswehr München – Bärbel Kracke, Justus-Liebig-Universität Gießen – Dagmar Krebs, ZUMA Mannheim – Wolfgang Kühnel, Humboldt-Universität Berlin – Katharina Lange, Institut für zeitgeschichtliche Jugendforschung Berlin – Karl Lenz, Universität Regensburg – Bernd Lindner, Deutsches Jugendinstitut Leipzig – Hartmut Lüdtke, Philipps- Universität Marburg/L – Sigrid Metz-Göckel, Universität Dortmund – Heiner Meulemann, Heinrich-Heine-Universität Düsseldorf – Ursula Müller, Universität Bielefeld – Hildegard Maria Nickel, Humboldt-Universität Berlin – Marion Nowak, Justus-Liebig-Universität Gießen – Hans Oswald, Freie Universität Berlin – Manfred Otto, Zentrum für Europäische Bildungsforschung Berlin – Lotte Rose, Philipps-Universität Marburg/L – Ilona Schneider, Freie Universität Berlin – Michael Schumann, Universität-GH Siegen – Beate Schwarz, Justus-Liebig-Universität Gießen - Rainer K. Silbereisen, Justus-Liebig-Universität Gießen – Irmgard Steiner, Zentrum für Europäische Bildungsforschung Berlin – Eberhard Todt, Justus-Liebig Universität Gießen – Laszlo A. Vaskovics, Universität Bamberg – Meredith W. Watts, University of Wisconsin-Milwaukee – Gerhard Wenzke, Zentrum für Europäische Bildungsforschung Berlin – Dorle Zilch, Institut für zeitgeschichtliche Jugendforschung Berlin

Gesamtkonzeption und Koordination der Studie:
Arthur Fischer (Psydata, Frankfurt);
Jürgen Zinnecker (Universität-GH Siegen)

ISBN: 3-8100-1003-0

Grafische Konzeption: Spiecker Design & Werbung, Frankfurt/M
Titelfoto: Ute Schendel, Frankfurt/M
Druck und Verarbeitung: Druck Partner Rübelmann, Hemsbach
Printed in Germany

Inhaltsverzeichnis

II. Jugend als Lebensphase im Lebenslauf

Entwicklungspsychologie

III. Entwicklungsverläufe und Entwicklungsrisiken

IV. Stile – Kulturen – Bezugsgruppen

V. Sozialstrukturelle Ausdifferenzierung der Jugendphase

VI. Jugend und Familie

Einleitung des Herausgebers

Jürgen Zinnecker

Die Erstveröffentlichung der Shell Jugendstudie '92 erfolgt, wie in den vorangegangenen Studien '81 und '85, mehrbändig im Verlag Leske + Budrich. Der vorliegende zweite Band enthält die zentralen fachspezifischen Ergebnisse der Jugendstudie '92. Band 1 ist als Gesamtdarstellung der Untersuchungsergebnisse in anschaulicher Form konzipiert, unterfüttert durch biografische „Zwillingsporträts" junger West- und Ostdeutscher. Band 3 gibt ein eigenständiges Bild der Jugend in den neuen Bundesländern in Analysen, Berichten, Chronologien, Bilddokumenten und Selbstzeugnissen. Band 4 dokumentiert die Grunddaten der Haupterhebung nach ausgewählten soziodemografischen Gruppen (Geschlecht, Alter, West/Ost), die eingesetzten Methoden, Einstellungsskalen, den Fragebogen und die Stichprobenzusammensetzung.

In den Einleitungen zu den Bänden 1, 3 und 4 sind die wesentlichen Informationen zur Konzeption, Methode und Geschichte der Jugendstudie '92 gegeben worden. Wir beschränken uns an dieser Stelle auf solche Hinweise, die für das Verständnis des zweiten Bandes notwendig sind. Das betrifft zum einen die besondere Rolle der wissenschaftlichen ExpertInnen und AutorInnen der aktuellen Studie; und zum anderen den Steckbrief der Haupterhebung, die die Grundlage für die Auswertungen und Aufsätze in diesem Band bildet.

Anders als bei den vorangegangenen Studien, die von einem kleineren beratenden Wissenschaftlerteam und vor allem von den studienleitenden Autoren A. Fischer, W. Fuchs und J. Zinnecker getragen wurden, arbeitete dieses Mal ein Stab von Wissenschaftlern und Wissenschaftlerinnen an der Vorbereitung und Auswertung der repräsentativen Haupterhebung mit. In einem Papier vom September 1990 erläuterten J. Zinnecker und A. Fischer die zugrundeliegende „Konzeption der Expertisen und Expertenrollen".

„Warum wir ausgewählte Fachkollegen und Fachkolleginnen bitten, in der Rolle von Experten an der Shell-Jugendstudie '92 teilzunehmen.

Die Expertenrolle wurde aufgrund von Erfahrungen entworfen, die wir bei den beiden vorangegangenen Jugendstudien und bei einer Rückbesinnung auf die vergangenen Jahrzehnte repräsentativer Jugendstudien in der BRD machten. Ein Gesichtspunkt betrifft die Funktion solcher Jugendstudien als „Leitstudien". Insbesondere die Emnid-Psydata-Shell-Jugendsurveys wurden und werden als Orientierungsmarken und „Steinbruch" verwendet, wenn man in der Medien- oder Fachöffentlichkeit aktuelle Daten „zur Jugend" präsentieren will oder wenn man eigene Studien plant. Gelegentlich werden die Daten, die ja im Zentralarchiv in Köln lagern, für Reanalysen verwendet. Wir halten diese Funktion eines „Jugend-

Allbus" für gut, meinen nur, dies sollte weniger wildwüchsig von seiten der Erstforscher wie von seiten der Rezipienten geschehen.

Eine Überlegung besteht darin, den interessierten Kreis von JugendforscherInnen aus dem Bereich von Soziologie, Erziehungswissenschaft, Politik und Psychologie rechtzeitiger über eine laufende Jugendstudie zu informieren. Offenkundig können nur die Journalisten und andere Nutzer (z. B. Lehrer oder Politiker) „aus dem Stand" auf die Veröffentlichung der Studie reagieren. Hochschulen benötigen einen längeren Vorlauf, damit eigene Planungen und Lektürezeiten koordiniert werden können.

... Eine „Leitstudie" mit erheblicher Breitenwirkung sollte auf eine gewisse Repräsentativität des ausgewählten Fragen-Universums achten und die notwendige Selektion sehr bewußt vornehmen. Auch hier dürfte eine Diskussion des Für und Wider in einem erweiterten KollegInnenkreis nützlich sein. (Beispiele: Einbeziehung von Fragestellungen der Frauenforschung zur Adoleszenz; von entwicklungspsychologischen Gesichtspunkten, die mit einem sozialwissenschaftlichen Jugendsurvey kompatibel sind.)

Es gibt im Rahmen der Emnid-Shell-Jugendstudien eine Vorerfahrung mit der Expertenrolle. Aus der verbreiteten Kritik an der Jugendforschung Anfang der 70er Jahre zog der damalige Leiter der Studie, Viggo Graf Blücher, die Konsequenz, den Ansatz der Studie transparenter zu machen und zugleich zu pluralisieren. Ein halbes Dutzend ausgewiesener Jugendsoziologen wurden eingeladen, mit ihrem Ansatz jeweils einen Frageblock zu bestreiten. Der Strickfehler dieses löblichen Unterfangens schien, von heute aus betrachtet, darin zu liegen, daß die Expertenrunde zwar ihre Instrumente einbrachte, nicht jedoch für die Auswertung ihres Vorschlages zuständig war. Im Ergebnis stellte sich auch bei dieser Studie wieder (es war die von 1975) eine „Unterauswertung" der Datenfülle ein, die für die Tradition von Jugendsurveys in der Bundesrepublik seit den fünfziger Jahren notorisch erscheint. Wir möchten daher das Engagement der KollegInnen in der Expertenrolle über die Entwicklungsphase hinaus in Anspruch nehmen. Sie sind eingeladen, als AutorInnen ein auf ihr Thema bezogenes Kapitel der Publikation zu bestreiten; und sie erhalten die bevorzugte Gelegenheit, mit dem vollständigen Datenband zu arbeiten und, nach der Pressekonferenz und der Vorstellung der Erstveröffentlichung, eigenständig zu publizieren."

Im vorliegenden Band 2 demonstrieren die ExpertInnen, die Fragebereiche und Instrumente in die Untersuchung eingebracht haben, ihre besonderen Forschungsinteressen und Auswertungsstrategien. Die einzelnen Kapitel tragen die individuelle Handschrift der jeweiligen Autoren und Autorinnen, was Schreibstil, fachwissenschaftlichen Kontext und methodischen Umgang mit Surveydaten betrifft. Der Bauplan des Bandes folgt den Hauptbereichen der Studie:

1. Die Wende- und Vereinigungsgeneration, ihre politischen und gesellschaftlichen Orientierungen.
2. Jugend als eine besondere biografische Phase im Lebenslauf.
3. Biopsychosoziale Entwicklungsverläufe des Heranwachsens und deren besondere Risiken.
4. Lebensstile, kulturelle Vorlieben und soziale Bezugsgruppen der Jüngeren.
5. Sozialstrukturelle Ausdifferenzierungen der Jugendphase: Geschlecht, Region, Bildung u. a.

6. Familienhaushalt und Wohnen als Binnenräume des Jungseins.

Die Haupterhebung wurde, wie in den vorangegangenen Studien, durch eine qualitative Vorstudie (40 Tiefeninterviews in explorativer Absicht) und insbesondere durch eine quantitative Vorbefragung abgesichert. Die quantitative Vorstudie ist als Phase der Entwicklung von Orientierungs- und Einstellungsskalen und der Erprobung von – in methodischer Hinsicht – problematischen oder neuartigen Befragungsteilen definiert. Die Interviews – von besonders erfahrenen Interviewern geführt – sind nur zum Teil standardisiert und bieten die Gelegenheit, spontane Antworten und sprachlich-gedankliche Ausdrucksweisen der Jugendlichen – durch die Mitschriften der Interviewenden – zu sammeln. Da die einzelnen Interviews etwa doppelt so lang konzipiert sind wie in der Haupterhebung, können manche Fragebogenteile in der quantitativen Vorerhebung ausführlicher abgefragt werden, was ergänzende Belege bei der Interpretation der Haupterhebung liefert. In der Jugendstudie '92 wurden im Frühjahr 1991, ein halbes Jahr vor der Hauptstudie, knapp 800 Jugendliche und junge Erwachsene in rund zweistündigen Interviews befragt. Die Stichprobe wurde bundesweit nach einem bestimmten soziodemografischen Quotenschlüssel zusammengestellt. Dabei war nicht Repräsentativität, d. h. Deckungsgleichheit mit der 13–29jährigen deutschen Bevölkerung das Ziel, sondern Gleichverteilung der Befragten nach den Merkmalen: Ost- und Westdeutsche, Jungen und Mädchen, 13–16-, 17–20-, 21–29jährige, Befragte mit niedrigen, mittleren, höheren Bildungsabschlüssen. Wie im Methodenband 4 beschrieben, wurden aufgrund der Vorerhebung die verschiedenen Einstellungsskalen entwickelt, die in der Hauptstudie eingesetzt wurden.

Die Haupterhebung fand Juli bis August 1991 statt. 4005 Jugendliche und junge Erwachsene im Alter zwischen 13 und 29 Jahren wurden – zumeist bei sich zu Hause, häufig auch bei den Interviewenden – mündlich befragt. Der Durchgang durch den weitgehend standardisierten Fragebogen dauerte eine Stunde und länger. Die Befragten stehen für eine bedeutend größere Zahl von altersgleichen Deutschen. Diese „Grundgesamtheit" umfaßt 18 Millionen 13–29jährige, die Geburtsjahrgänge 1961–1978.

Um ein, an die Gesamtheit angenähertes Abbild herzustellen, wurde eine Stichprobe gezogen, der über die amtliche Statistik bekannte soziodemografische Merkmale der Gesamtgruppe von 13–29jährigen zugrundelagen. Solche Merkmale waren:

- Verteilung der Wohnorte auf Bundesländer und Klassen von Gemeindegrößen;
- Verteilung nach Geburtsjahren und Geschlecht;
- Verteilung nach Bildungsabschlüssen.

Eine solche „Quotenstichprobe" hat ihre Schwachstellen, die in der einschlägigen Methodenliteratur ausgiebig diskutiert worden sind; sie hat sich in der Praxis der Umfrageforschung gleichwohl als robustes, praktizierbares Verfahren bewährt.

Die Gesamtheit der 13–29jährigen jungen Deutschen ist gegenwärtig für eine Jugendbefragung, die neue und alte Bundesländer miteinander vergleichen will, ungünstig zusammengesetzt. Die Altersgruppe der jungen Erwachsenen zwischen 25 und 29 Jahren ist zahlenmäßig zu stark besetzt – eine Folge der sogenannten geburtenstarken Jahrgänge. Ihr Anteil umfaßt allein 38 Prozent der Gesamtstichprobe, was die Zahl der befragten Jugendlichen, denen ja das Hauptinteresse gilt, zu gering werden läßt. Das andere Problem bildet der geringe Anteil der neuen Bundesländer. Da sie nur 22 Prozent der Gesamtbevölkerung repräsentieren, könnte man bei einer Stichprobengröße von 4005 nur 803 junge Ostdeutsche befragen.

Wir entschlossen uns daher, die Altersgruppe der 13–24jährigen Jugendlichen und die Befragten der neuen Bundesländer häufiger zu befragen, als es ihrem Anteil in der deutschen Bevölkerung entspricht. Und zwar sollte jeweils ein Verhältnis von 2:1 zwischen West- und Ostdeutschen bzw. Jugendlichen und jungen Erwachsenen zugrundegelegt werden. Das verbessert unsere Möglichkeiten, junge West- und Ostdeutsche miteinander zu vergleichen, und es erlaubt mehr Altersdifferenzierungen innerhalb der 13–24jährigen, z. B. die Gruppen 13–16; 17–20 und 21–24 Jahre. Wenn es um Aussagen zu Gesamtgruppen geht, wie „alle jungen Deutschen", können die wirklichen Prozentanteile der Teilgruppen durch einfache Rechenoperationen wiederhergestellt werden. (Dies geschieht mittels sogenannter Wichtungsfaktoren.) In der beigefügten Vierfelder-Tafel sind die Grundgesamtheit, die „eigentliche" repräsentative Stichprobe und die wirklich gezogene Stichprobe im Überblick zusammengestellt. Innerhalb der vier Tafelfelder wurde jeweils eine die Grundgesamtheit repräsentierende Stichprobe gezogen. Bei Aussagen, die über diese Felder hinausgehen, sind „Umwichtungen" notwendig, um die realen Bevölkerungsanteile angemessen darzustellen. (Für genaue technische Informationen vgl. den Methodenband 4.)

Grundgesamtheiten und Teilstichproben der Hauptstudie Jugend 1991

	Alte Bundesländer	Neue Bundesländer	Gesamt
13-24jährige Geburts-Jahrgänge 1966 - 1978	Gesamt: 8,8 Millionen Repräsentative Stichprobe: n = 1947 Tatsächliche Stichprobe n = 2068 (gewichtet)	Gesamt: 2,5 Millionen Repräsentative Stichprobe: n = 553 Tatsächliche Stichprobe n = 1084 (gewichtet)	Gesamt: 11,3 Millionen Repräsentative Stichprobe: n = 2150 Tatsächliche Stichprobe n = 3152 (gewichtet)
25-29jährige Geburts-Jahrgänge 1961 - 1965	Gesamt: 5,4 Millionen Repräsentative Stichprobe: n = 1195 Tatsächliche Stichprobe n = 601 (gewichtet)	Gesamt: 1,4 Millionen Repräsentative Stichprobe: n = 310 Tatsächliche Stichprobe n = 252 (gewichtet)	Gesamt: 6,8 Millionen Repräsentative Stichprobe: n = 1505 Tatsächliche Stichprobe n = 853 (gewichtet)
13-29jährige Geburts-jahrgänge 1961 - 1978	Gesamt:14,2 Millionen Repräsentative Stichprobe: n = 3142 Tatsächliche Stichprobe n = 2669 (gewichtet)	Gesamt: 3,9 Millionen Repräsentative Stichprobe: n = 863 Tatsächliche Stichprobe n = 1336 (gewichtet)	Gesamt: 18,1 Millionen Repräsentative/ tatsächliche Stichprobe n = 4005

I. „Die Wende- und Vereinigungsgeneration“. Generationserfahrung und kurzschrittiger Wandel (1989–1991)

Eine Umbruchsgeneration? Wende- und Vereinigungserfahrungen

Dieter Kirchhöfer

Die Generation ost- und westdeutscher Jugendlicher erlebt gegenwärtig ein und denselben historischen Prozeß, den Umbruch der gesellschaftlichen Verhältnisse in der DDR, die Vereinigung der beiden deutschen Staaten und deren langfristige gesellschaftliche Folgen in beiden Teilen Deutschlands. Diese Generation scheint in einem Generationszusammenhang (Bohnsack 1989, 12) zu stehen, der auf „der Gleichartigkeit der zu einem bestimmten historisch-kulturellen Zeitpunkt Gleichaltrigen" (Pfeil 1968) und auf einer „verwandten Lagerung der einer Generation Zuzurechnenden im sozialen Raum" (Mannheim 1928) beruht und sich auf Grund gleicher zeitgeschichtlicher sozialer Erfahrungen einstellt. Die veränderten Bedingungen wirken dabei nicht streng kausaldeterministisch, sondern als Möglichkeitsfelder einer aktiven Aneignung durch die Generation, die ihre spezifischen Lebens- und Überlebensstrategien (Zinnecker 1987, 40) und Handlungsorientierungen und Lebensstile bildet. Die Generation ist so nicht allein durch die Umstände vorgegeben oder bestimmt, sondern erzeugt sich im aktiven Handeln selbst. Dieser Generationsansatz enthält zwei Zugänge. Jede Generation erlebt ein bestimmtes historisches Ereignis in einem konkreten sozialen Kontext, in dem sie auf Grund des Lebensalters und des objektiven gesellschaftlichen Prozesses eingebettet ist. Ihre Erfahrungen von dem historischen Ereignis sind gegenüber denen anderer Generationen spezifisch und selektiv. Zugleich erlebt jede Generation das Ereignis vor einem anderen biographischen Hintergrund, der durch die vorangegangenen Sozialisationsprozesse bestimmt ist (Preuss-Lausitz u. a. 1989, 12). Gesellschaftliche und individuelle Entwicklung, generationsspezifische und biographische Sozialisation bilden so zwei Seiten eines Generationszusammenhanges. Weder die gesellschaftlichen Bedingungen noch der individuelle Lebenslauf und die subjektive Aneignung der Bedingungen werden in einer Generation nebeneinander oder summativ wirksam, sondern als Momente einer Wechselwirkung. Eine gemeinsame Generation des „Umbruchs" wäre insofern nicht nur dadurch charakterisiert, daß sie ein und denselben Umbruch gesellschaftlicher Verhältnisse erlebt, sondern daß diese Veränderungen in die Lebensläufe der jungen Menschen „einbrechen", in allen ihren Lebensbereichen Neu- oder Umstrukturierungen der Muster, Orientierungen und Strategien erzwingen. Die Suche nach einer Antwort, ob sich gegenwärtig in Deutschland eine solche Umbruchsgeneration entwickelt – im Vergleich zur Generation der Kriegskinder oder der aus dem Krieg Zurückkehrenden (der verlorenen Generation) – bewegt sich in diesem Ansatz. Es bleibt die berechtigte Frage offen, ob der historisch kurze Zeitraum von zwei oder drei Jahren überhaupt berechtigt, Generationsaussagen zu treffen. Wenn man Mannheim folgt, daß der Generationszusammenhang viel weniger von den Betroffenen wahrgenommen wird, als vielmehr von den Beobachtern und Interpreten, dann muß tatsächlich bezweifelt werden, ob schon heute ein gemeinsamer oder differenzierter Generationszusammenhang wahrgenommen werden kann, zumal viele der objektiven gesellschaftlichen Prozesse dieses Umbruchs noch gar nicht voll wirken, wie z. B. die durch die Vereinigung bewirkten Veränderungen in den alten Bundesländern oder die Transformation der ökono misch-sozialen Ordnung der BRD in die neuen Bundesländer. Bleibt nur übrig, die jetzt einsehbaren Sichtweisen der Jugendlichen zu reflektieren und gleichsam heuristisch auf mögliche Entwicklungsprozesse zu schließen. Die Analyse eines sich herausbildenden Generationszusammenhanges muß sicher Panel- und Längsschnittuntersuchungen vorbehalten bleiben.

Beobachter und Betroffene?

Schon die erste in der Haupterhebung gestellte Frage könnte eine Antwort andeuten, ob es einen gemeinsamen Generationszusammenhang gibt. Sowohl in der Vorerhebung im Frühjahr 1991 wie auch in der Haupterhebung im Sommer 1991 wurde eine offene Frage nach der Wahrnehmung der wichtigsten Veränderungen in Deutschland nach dem Herbst 1989 gestellt. Die Frageformulierungen variierten dabei, Mehrfachantworten waren möglich. Die Frage lautete in der Vorstudie: „In der ehemaligen DDR und in der Bundesrepublik hat sich seit 1989 sehr viel ereignet. Sage mir bitte, was Dir alles einfällt. Denke dabei nicht nur an die große Politik, sondern auch an Ereignisse, die mit dem täglichen Leben der Menschen zu tun haben." Und in der Haupterhebung: „In der ehemaligen DDR und in der Bundesrepublik hat sich seit 1989 sehr viel ereignet. Sage mir bitte, was nach Deiner persönlichen Auffassung die wichtigsten Veränderungen sind."

Was die Befragten als wichtigste Veränderungen seit 1989 aus der Erinnerung nennen, ist in Grafik 1 in eine Rangreihe gebracht (nach ostdeutschen Jugendlichen geordnet).

Man könnte annehmen, daß die ausführliche Medienberichterstattung über das politische Hauptgeschehen in Deutschland – unter Dominanz der audiovisuellen Medien des Westens – zu einer starken Sprachregelung und zu einer vereinheitlichten Bewußtheit unter den Jugendlichen und jungen Erwachsenen geführt hat. Grafik 1 belegt, daß es Mitte 1991 durchaus zwei Versionen der gleichen politisch-gesellschaftlichen Geschichte in der jungen Bevölkerung gibt. Sehen die einen die Reisefreiheit, die Konsumfreiheit, die Meinungsfreiheit sowie die Einführung der DM als die zentralen Ereignisse an (Ost), sprechen die anderen vermehrt vom Zusammenschluß/der Vereinigung, vom Abriß der Mauer oder der Befreiung der DDR (West). Dahinter verbergen sich sachlich-politische wie semantische Differenzie-

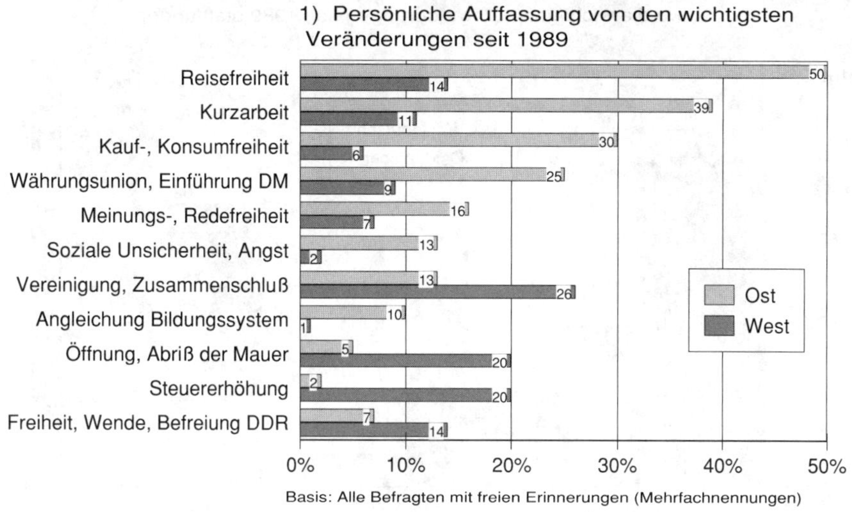

rungen. Auch die Gebiete, die Jugendliche (negativ) betroffen machten, gehen weit auseinander. Ist es in einem, ostdeutschen Fall Kurzarbeit, soziale Unsicherheit/Angst oder die Angleichung des Bildungssystems (Ost), sprechen die aus dem Westen in erster Linie die Steuererhöhung an. Kaum denkbar, daß die west- und ostdeutsche Jugendgeneration ein gemeinsames Bewußtsein der Umbruchsjahre entwickeln wird.

Die Angaben der Befragten lassen sich überwiegend einem von drei politisch-geographischen oder politisch-territorialen Bezugshorizonten zuordnen:

- Veränderungen, die ganz Deutschland betreffen;
- Veränderungen, die sich auf die alte Bundesrepublik und die alten Bundesländer beziehen;
- Veränderungen, die die ehemalige DDR und die neuen Bundesländer erfassen (Grafik 2).

Dabei schloß die Fragestellung im Juni 1991 die Nennung von globalen Ereignissen (Golfkrieg, Zusammenbruch der UdSSR, Krieg in Jugoslawien) nicht ausdrücklich aus, forderte aber dazu auch nicht auf.

Aus der Sicht der westdeutschen Jugendlichen betreffen die Veränderungen vor allem ganz Deutschland (80 Prozent), einige wenige sehen auch eine sich ändernde alte Bundesrepublik (17 Prozent).

Die ostdeutschen Jugendlichen sehen vorrangig die Veränderungen im eigenen Teil; ein Drittel nimmt eine gesamtdeutsche Perspektive ein. Veränderungen in der alten BRD nennen nur wenige.

West- und Ostdeutsche haben in ihren Erinnerungen an die jüngste Vergangen-

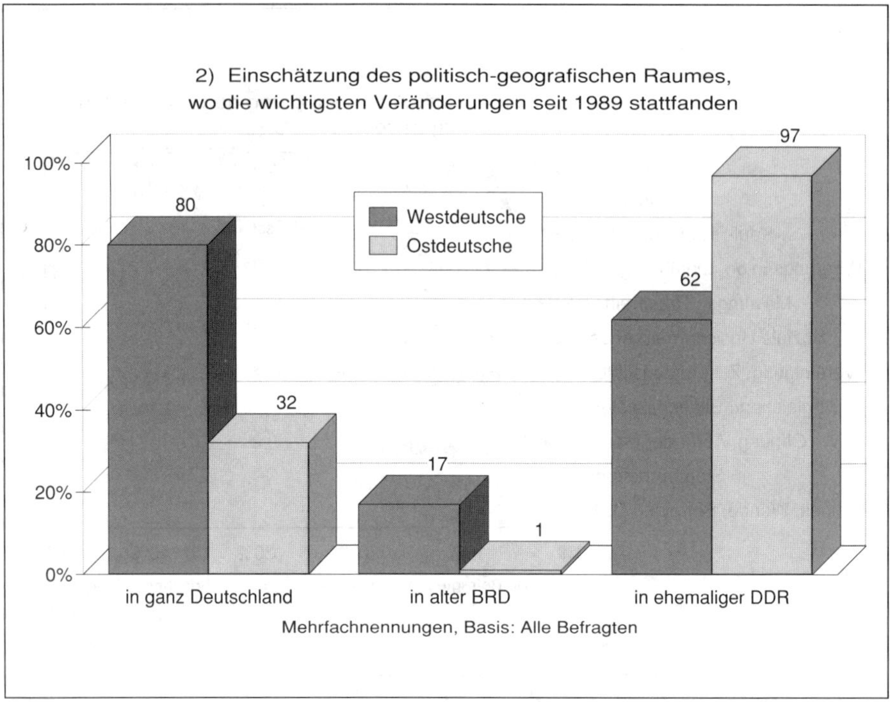

heit im Sommer 1991 offensichtlich voneinander abweichende Sichtweisen. Die zeitgeschichtlichen Erfahrungen scheinen unterschiedlich zu sein und die Zeitgeschichte in zwei Versionen zu existieren.

Westdeutsche Jugendliche erinnern sich häufiger an gesamtdeutsche Veränderungen, aber auch häufig an Veränderungen in Ostdeutschland. Ostdeutsche Jugendliche beschränken sich auf wenige Angaben zu gesamtdeutschen Veränderungen, nennen dafür häufiger die Veränderungen in ihrem Teil Deutschlands (vgl. Tabelle 1).Unterschieden sich schon die politisch-geographische Gerichtetheit und die Intensität der Wahrnehmung, so wird dieser Unterschied in bezug auf das Betroffensein noch deutlicher. Aufschluß darüber gibt die Voruntersuchung, in der mehrere Fragen auf das Betroffen- bzw. Berührtsein zielten. Als offene Erinnerungsfragen mit möglicher Mehrfachantwort wurden in der Voruntersuchung gestellt: „Die einzelnen Menschen, Familien und Orte waren dabei ja unterschiedlich betroffen. Wie war das bei Dir! Von welchen Ereignissen warst Du vor allem betroffen?" – „Was hat sich durch die Wende im Oktober 1989 in Deinem Leben verändert, im guten wie im schlechten Sinne?" bzw. „Was hat sich durch die Vereinigung seit Mitte 1990 in Deinem Leben im guten und im schlechten Sinne verändert?"

Einbezogen wurden auch die in der Einleitungsfrage der Haupterhebung angegebenen persönlichen Veränderungen. Beide Gruppen unterschieden sich sowohl in bezug auf die Häufigkeit genannter persönlicher Veränderungen (29

Tabelle 1: Anzahl der Nennungen von Veränderungen (Angaben in Prozent)

	alle Befragten (=100 Prozent)	West	Ost
Veränderungen im Osten, ehemalige DDR			
1. Angabe	81	67	96
2. Angabe	61	40	83
3. Angabe	41	20	63
4. Angabe	23	10	37
5. Angabe	10	4	17
Veränderungen allgemein in Ost und West			
1. Angabe	67	82	52
2. Angabe	36	52	20
3. Angabe	13	22	3
4. Angabe	4	8	–
5. Angabe	1	1	–
Veränderungen im Westen			
1. Angabe	11	20	2
2. Angabe	2	4	–
3. Angabe	–	–	–

Tabelle 2: Beispiele für selektive Wahrnehmung und Differenz zwischen Nennung und Betroffensein (Angaben in Prozent)

		genannt	betroffen
steigende Arbeitslosigkeit	West	10	0
	Ost	41	15
soziale Unsicherheit, Angst vor der Zukunft	West	4	0
	Ost	23	11
politische Machtkämpfe	West	8	2
	Ost	7	7

Prozent der westdeutschen und 43 Prozent der ostdeutschen Befragten) wie auch in bezug auf den Anteil der Jugendlichen, die angeben, nicht von den Ereignissen in Deutschland seit 1989 betroffen zu sein (westdeutsche Jugendliche 30 Prozent, ostdeutsche Jugendliche 8 Prozent) (Grafik 3).

Aufschluß über das unterschiedliche Betroffensein geben auch die unterschiedlichen Differenzen zwischen Nennung einer Veränderung und dem davon Betroffensein (vgl. Tabelle 2):

Es könnte aus dem bisher Gesagten vermutet werden, daß bei den Jugendlichen in Deutschland zwei unterschiedli-

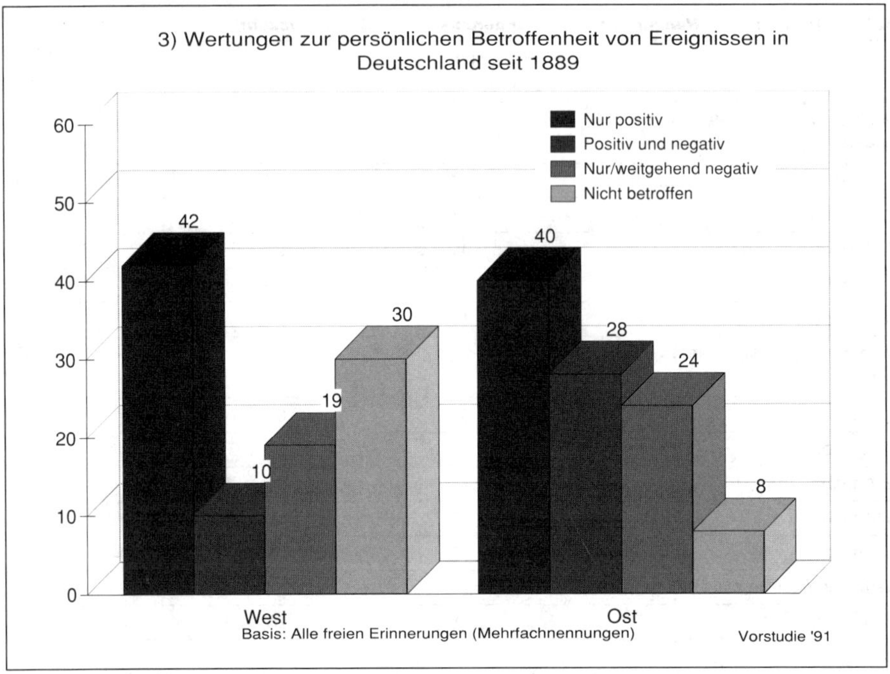

che Perspektiven aufeinandertreffen. Der regional orientierte Handlungs- und Gefühlshorizont der jüngeren Ostdeutschen, der sich vor allem aus den tiefgreifenden Veränderungen im eigenen Teil und dem Maß des davon Betroffenseins ergibt und die Perspektive der Westdeutschen, die gleichsam aus einer übergeordneten Perspektive die Geschichte großflächiger sehen und sich mehr als Zeitzeugen und Betrachter verstehen. Zumindestens bis Anfang 1992 könnte so Grund zu der Annahme bestehen, daß sich im vereinten Deutschland eine Jugend entwickelt, die zwar gemeinsam an einem historischen Gesamtprozeß teilhat, diesen aber nicht in gleicher Weise wahrnimmt und verarbeitet. So entsteht die Frage, ob diese Generation überhaupt noch in einem Generationszusammenhang steht oder sich zwei Jugendgenerationen entwickeln: die Beobachtenden und die persönlich Betroffenen.

Verlierer oder Gewinner?

Die bisherigen Aussagen über die Gerichtetheit der Erinnerungen und die Intensität des Betroffenseins sagen noch nichts über die Wertungen in diesen Erinnerungen aus. Um eine solche Wertung erfassen zu können, wurden vier Bereiche der genannten Veränderungen gebildet (politische Veränderungen, Veränderungen im Bereich der Wirtschaft und der Finanzen, im Bereich des Sozialen und der Arbeit und ein Bereich Sonstiges (Umwelt, Verkehr, Delinquenz)) (Tabelle 3).

Basis bildeten alle Jugendlichen, die Angaben zur Veränderung in Ostdeutschland gemacht hatten. Ihre Antworten wurden jeweils in positive und negative klassifiziert. Bezogen auf die genannten Fragen der Voruntersuchung gaben zwei Drittel der ostdeutschen Befragten an, daß die Wende Oktober 1989 und die Vereinigung seit Mitte 1990 positive und negative Veränderungen für ihr Leben brachten. Jeweils 15 Prozent sehen nur das Gute oder nur das Schlechte daran. Die politischen und wirtschaftlichen Veränderungen in der ehemaligen DDR werden mehrheitlich positiv gesehen. Mehrheitlich negative Erinnerungen rufen der Arbeitsbereich und das Soziale (Wohnungswesen, Sozialleistungen) hervor. Wende und Vereinigung werden dabei von den Ostdeutschen auf die gleiche Weise gewertet (vgl. Band 3).

Vergleicht man weiterhin die Wertung des persönlichen Betroffenseins, so läßt die Grafik 3 auch erkennen, daß 42 Prozent der westdeutschen und 40 Prozent der ostdeutschen Jugendlichen angeben, positiv betroffen zu sein. Diese Ergebnisse lassen also nicht den Schluß zu, daß die ostdeutschen Jugendlichen als die stärker Betroffenen sich auch als Verlierer der Vereinigung sehen. Der potenzierte Wandel des gesellschaftlichen Systems ist zwar mit vielfachen Eingriffen in die Biographien verbunden und führt zu vielfältigen Brüchen in den Bildungs- und Berufslaufbahnen, in den Lebensplanungen und Perspektiven, aber diese Brüche bedeuten sowohl Gewinn wie auch Verlust, Abbruch und Aufbruch, Befreiung und Einengung. Für die ostdeutschen Jugendlichen könnte so ein spezifischer Generationszusammenhang entstehen: Sie stehen in ihrer übergroßen Mehrheit vor der Notwendigkeit, ihre „Kapitale" neu zu bewerten, die Handlungsressourcen umzuorganisieren und Neuorientierungen zu entwickeln, und insofern wäre es berechtigt, die Generation der ostdeutschen Jugendlichen als eine Umbruchsgeneration zu sehen.

Die Ergebnisse verweisen allerdings auch darauf, daß ein Viertel angibt, von den Veränderungen weitgehend oder nur negativ betroffen zu sein (Grafik 3). Auch die Bewertung der Ereignisse aus dem persönlichen Leben (Vorerhebung) zeigt die unterschiedliche West-Ost-Polung: Den West-Jugendlichen fielen überwiegend positive Ereignisse ein (Typ: bestandene Prüfung), denen im Osten dagegen mehrheitlich negative (Typ: Vater wird arbeitslos).

Tabelle 3: Wertung in den Erinnerungen an die Veränderungen in Ostdeutschland (Angaben in Prozent)

Von allen Befragten, die Veränderungen im Osten nennen (=100 Prozent), beziehen sich auf ... (Mehrfachnennungen möglich)

		Westdeutsche Jugendliche	Ostdeutsche Jugendliche
Politische Veränderungen	positiv	52	40
	negativ	12	17
Veränderungen in Wirtschaft und Finanzen	positiv	45	68
	negativ	33	32
Soziales und Arbeit	positiv	19	49
	negativ	31	81
Sonstige Bereiche	positiv (z. B. Umwelt, Verkehr)	1	7
	negativ (z. B. Gefühle, Delinquenz, Verkehr)	20	15

Das, was die Westdeutschen persönlich betroffen hat, ist zudem wenig bedrohlich:

- Familienzusammenführung, Verwandtenbesuche (10 Prozent);
- freies Reisen innerhalb Deutschlands (9 Prozent);
- Erhöhung der Steuern (6 Prozent).

Ostdeutsche fühlen sich in ihrem Leben dagegen von existentiellen Ereignissen betroffen wie

- Arbeitslosigkeit (15 Prozent);
- Reisefreiheit (14 Prozent);
- sozialer Unsicherheit, Zukunftsangst (11 Prozent);
- Währungsunion (11 Prozent);
- politischen Machtkämpfen in Deutschland (7 Prozent).

In der Vorstudie wurde den ostdeutschen Jugendlichen außerdem eine Liste (Frage 9) mit 29 Ereignissen (sog. „Wendeitems") vorgelegt und gefragt: „Welche der Ereignisse auf dieser Liste haben Dich gefühlsmäßig berührt und welche nicht?" (Skala 1 bis 5; 5 = sehr stark berührt, ... 1 = überhaupt nicht berührt).

Die Antwortvorgabe war zunächst gewählt worden, um die subjektive Betroffenheit im Sinne einer Generationserfahrung zu analysieren. Einige der Ereignisvorgaben eigneten sich jedoch auch dazu, diese als Ereignisse im Sinne persönlicher kritischer Lebensereignisse anzusehen. Das betrifft insbesondere die Ereignisse außerhalb der politischen Höhepunkte, wie z. B. Arbeitslosigkeit in der Familie, Straßendemonstrationen am Wohnort oder in den Schulen, Parteiaustritte (SED) in der Familie, Wendehälse im Bekannten- und Verwandtenkreis.

Die Analyse der Angaben gestattet, die Gruppen näher zu charakterisieren, die positiv bzw. negativ werten.

In der Faktorenanalyse (nach der Hauptachsenmethode) ergab sich eine Lösung mit 7 Faktoren, sog. Wendeskalen (nur Ladungen größer als .40 werden berücksichtigt):

Faktor 1: Politische Highlights (Wende 1)	
Ausreisewelle 1989 (Ungarn, Tschechoslowakei)	.66
9. November 1989 (Öffnung der Mauer)	.66
Währungsunion (Juli 1990)	.56
Vereinigung (Oktober)	.46
Auflösung der Stasi	.46
Faktor 2: Westkontakte (Wende 2)	
Kontakte mit Verwandten aus dem Westen	.91
Kontakte mit Westdeutschen	.52
Faktor 3: Geld und Waren des Westens (Wende 3)	
Begrüßungsgeld	.76
das neue Warenangebot	.65
Währungsunion	.56
Vereinigung	.51
Faktor 4: Konflikte Schule/Wohnort/Berufsausbildung (Wende 4)	
Streiks und Demonstrationen an Schulen	.80
Auseinandersetzungen/ Konflikte in der Schule	.70
Straßendemonstrationen am Wohnort	.65
Neuorientierung in der Berufsausbildung	.40
Faktor 5: Ökonomischer Niedergang, Arbeitslosigkeit (Wende 5)	
Zunahme der Arbeitslosigkeit	.77
Schließung von Betrieben	.73
Lebensmittel werden teuer	.57
Arbeitslosigkeit in der eigenen Familie	.50

Faktor 6: Auflösung der Staatsmacht (FDJ, NVA) (Wende 6)

FDJ- Pfingsttreffen	.64
Auflösung der FDJ	.61
Auflösung der NVA	.59

Faktor 7: Politische Konflikte im Nahbereich (Wende 7)

Wendehälse im Bekannten- und Familienkreis	.72
Mißtrauen der Menschen in der ehemaligen DDR untereinander	.49
Auseinandersetzungen/ Konflikte im Betrieb	.44
Parteiaustritte (SED) in der Familie	.44

Werden die sieben gefundenen Faktoren als Grundlage für eine weitere Faktorenanalyse (zweiter Ordnung) genommen, ergeben sich als Resultat nach Rotation zwei Faktoren:

1. Faktor: Negative Folgen von Wende und Vereinigung (32 Prozent erklärte Varianz)

ökonomischer Niedergang, Arbeitslosigkeit (Faktor 5)	.73
politische Konflikte im Nahbereich (Faktor 7)	.69
FDJ, NVA, Auflösung (Faktor 6)	.62

2. Faktor: Öffnung der DDR zu Westdeutschland (16,6 Prozent aufgeklärte Varianz)

Westkontakte (Faktor 2)	.77
Geld und Waren des Westens (Faktor 3)	.73
politische Highlights der Öffnung (Faktor 1)	.64

Varianzanalysen zu den „Faktoren" negative Folgen und Öffnung zu Westdeutschland zeigen, daß männliche Jugendliche, Jugendliche mit geringerem Bildungsniveau, Jugendliche mit übergesiedelten Freunden im Westen positiv stark von der Öffnung nach Westdeutschland beeindruckt sind.

Neben diesen Haupteffekten lassen sich Zwei-Weg- und Drei-Weg-Interaktionen beobachten. Sie betreffen das Zusammenspiel von Westreisen und Geschlecht bzw. von Westreisen, übergesiedelten Freunden und Geschlecht. Mädchen sind etwas mehr als Jungen von der Westöffnung beeindruckt und zwar relativ unabhängig von den realen Handlungserfahrungen, die Reisen oder soziale Bezüge im Westen ermöglichen. Jungen dagegen sind stark von solchen Erfahrungen abhängig. Wenn männliche Jugendliche länger in den Westen gereist sind, und wenn sie Freunde im Westen haben, so erhöhen sich ihre Werte auf der Skala positiver Einstellung zur Westöffnung. Folgende Variablen haben Effekte auf die positive Einstellung zur Westöffnung: Geschmack an deutscher Popularmusik, Orientierung an materialistischen Werten wie Sicherheit und Ordnung, geringerer Bildungs- und Ausbildungsgrad der Eltern, Teilhabe an jugendlicher Tanz- und Feierkultur. Interesse an Westkontakten zu Gleichaltrigen begünstigen gleichfalls hohe Werte auf der Skala.

Von den „negativen" Folgen sind mehr ältere Jugendliche; weibliche Jugendliche; Jugendliche mit Fällen von Arbeitslosigkeit in der Familie; junge Berufstätige und Familienmütter/-väter betroffen. Effekte auf die negative Einstellung haben solche Variablen wie die positive Einstellung zu Partner, Kind und Beruf; zu häuslicher Gemütlichkeit in der Freizeit und das Vorhandensein depressiver Neigungen. Die depressive Neigung interagiert mit dem Geschlecht bzw. dem Berufsstatus. Sie beeinflußt die Gefühle der negativen Folgen bei Mädchen bzw. bei Berufstätigen, wenn sie hoch ausgeprägt ist. So sind Mädchen mit hoher Depressivität im Unterschied zu Jungen stark von negativen Folgen betroffen. Am meisten berührt sind junge Frauen im Beruf und in der Familie, während junge Männer mit Schüler- und Studentenstatus am wenigsten berührt sind.

Werden die Wendeskalen (Wende 1 bis 7) und verschiedene Wendeitems auf die neuen Bundesländer und auf Regionen (Kleingemeinden, 2000 Einwohner und Großgemeinden, 500.000 Einwohner) bezogen, ergeben sich generell nach Bundesländern keine signifikanten Differenzen.

Bezogen auf die unterschiedlichen Regionen zeigt sich, daß eine spezifische Großstadterfahrung – vor allem Sachsens – die Straßendemonstrationen und gesellschaftlichen Konflikte in der Schule, im Betrieb und am Wohnort sind. In kleineren Ortschaften beeindrucken dagegen das Warenangebot aus dem Westen sowie Fahrten zu Lebensmitteleinkäufen in den Westen. In Kleingemeinden von Thüringen und Mecklenburg-Vorpommern sind Jugendliche durch Konflikte im Nahbereich, durch die Schließung von Betrieben sowie durch Lebensmittelfahrten in den Westen stärker beeindruckt als Jugendliche in größeren Gemeinden. Dabei zeigt es sich auch, daß die Jugendlichen in Mecklenburg-Vorpommern durch die Wendeereignisse generell geringer berührt sind. So unterschiedlich die historischen Veränderungen in Ost- und in Westdeutschland auch erlebt werden, so lassen es diese Ergebnisse weder zu, von zwei Generationen – den Verlierern und den Gewinnern, – noch – in bezug auf Gewinn oder Verlust – von einer Generation in Ostdeutschland zu sprechen.

Befürworter und Gegner der Vereinigung

Die bisherigen Erkenntnisse lassen es als fragwürdig erscheinen, die Vereinigung als das Ereignis zu fassen, das den Generationszusammenhang konstituiert. Sowohl die relativ geringen Häufigkeiten der Erinnerungen an dieses Ereignis wie auch die Aussagen zum Betroffensein von ihm sprechen gegen eine solche Annahme. Faßt man jedoch die Vereinigung als historisch längeren Prozeß des Umbruchs in der DDR, der Herstellung der staatlichen Einheit, der Transformation des ökonomischen und politischen Systems der bisherigen BRD in die neuen Bundesländer und die Folge- oder Rückwirkungserscheinungen auf die alten Bundesländer, so sind es gerade die unterschiedlichen Erfahrungen mit diesem Prozeß, die zwei Generationszusammenhänge konstituieren.

Wie stehen diese beiden Generationen zur Vereinigung?

Die Sicht auf die Vereinigung sollte durch die Frage in der Haupterhebung erfaßt werden: „Wie stehst Du zur Vereinigung von ehemaliger DDR und alter Bundesrepublik von heute aus gesehen?" Den Jugendlichen war mit der geschlossenen Frage eine Skala 1 bis 5 (sehr dafür bis sehr dagegen) vorgegeben.

Die Befürworter einer Vereinigung verfügen in beiden Teilen Deutschlands über eine Mehrheit, in Ostdeutschland sogar über eine Zweidrittelmehrheit. Die Zustimmung bedeutet jedoch weder im Osten noch im Westen eine kritiklose Bejahung des Vereinigungsprozesses und der Vereinigungspolitik. Die stärkere Ablehnung bzw. Unentschiedenheit in Westdeutschland könnte bei einem ersten Zu-

4) Einstellung zur Vereinigung "von heute aus" - Juni/Juli 1991 -

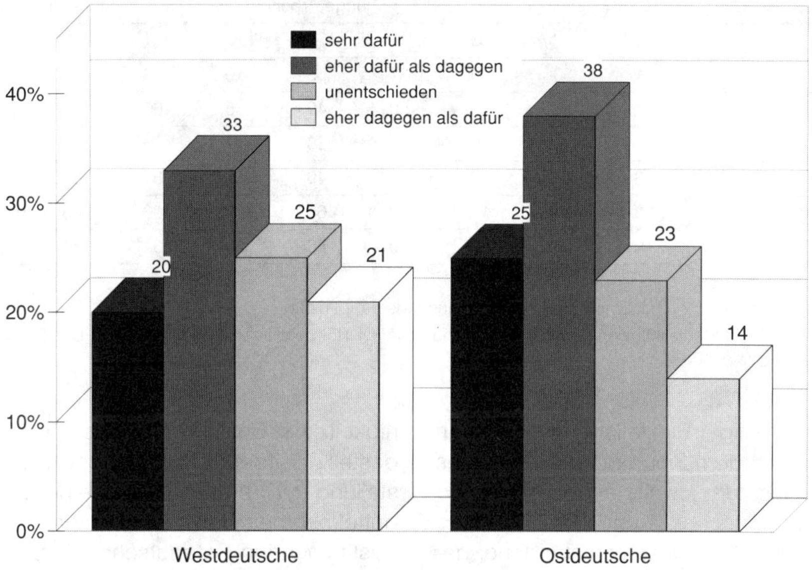

griff auf die Einsicht in die zu erwartenden Belastungen zurückzuführen sein. Bezieht man jedoch die Reiseeindrücke ein, welche die jungen Menschen auf ihren Reisen jeweils vom anderen Teil gewinnen, und die auf Einstellungsstereotype schließen lassen, ergibt sich eine weitere Erklärung für den hohen Anteil der Gegner in Westdeutschland bzw. der Befürworter in Ostdeutschland: Die Reiseeindrücke, die die jungen Deutschen auf ihren Reisen vom jeweils anderen Teil gewinnen, sind in West und Ost höchst unterschiedlich. Die Jugendlichen und jungen Erwachsenen der neuen Bundesländer nehmen vor allem positive Eindrücke vom Westen mit nach Hause (69 Prozent aller Antworten). Die Westdeutschen sehen dagegen den östlichen Teil vor allem negativ (78 Prozent negative Äußerungen).

Das positive Stereotyp, das die neuen jungen Bundesbürger von den Westdeutschen aufgebaut haben, bezieht nicht nur die überlegene Konsumwirtschaft mit ein, sondern überträgt sich auch auf die Gemeinden, Landschaften und Menschen; wie umgekehrt die Ablehnung des anderen Systems auch zur Ablehnung der Vereinigung mit ihm führt.

Angesichts eines solchen Ungleichgewichts in den Wertungen ist es nicht überraschend, daß die jungen Ostdeutschen eine starke Westorientiertheit zeigen. 75 Prozent können sich „vielleicht" oder „bestimmt" vorstellen, für längere Zeit im anderen Teil Deutschlands zu leben. Besonders verbreitet ist diese Tendenz bei männlichen, jüngeren Jugendlichen. Für 70 Prozent der jungen Westdeutschen ist eine solche Wanderungsperspektive nur schwer oder gar nicht vorstellbar.

Tabelle 4: Identifikation mit der DDR (bis 1983: Ich bin stolz, ein Bürger unseres sozialistischen Staates zu sein; ab 1983: Ich fühle mich mit der DDR eng verbunden) (Angaben in Prozent)

	Lehrlinge			junge Arbeiter			Studenten		
	1	2	3	1	2	3	1	2	3
1970	41	50	9	37	53	10	43	57	10
1975	57	38	5	53	42	5	66	32	2
1983	46	45	9	55	38	7	70	29	1
1986	48	46	6	46	49	5	68	30	2
1988 (Mai)	28	61	11	32	61	7	52	45	3
1988 (Okt.)	18	54	28	19	58	23	34	51	15

(1 = sehr stark/stark; 2 = mit Einschränkung; 3 = kaum/überhaupt nicht)
aus: W. Friedrich: Mentalitätswandlungen der Jugend in der DDR. In: Politik und Zeitgeschichte. Das Parlament. B 16–17/90.

Die heutige Einstellung zur Vereinigung ist in dem Sinne ein gewachsenes Verhältnis zum jeweils anderen Teil und dessen Wirtschafts- und Sozialordnung und Resultat historisch entstandener gegenseitiger Fremdstereotype. So ist auf Grund der Untersuchungen des ZIJ Leipzig für die ostdeutschen Jugendlichen nachweisbar, daß die Abwendung von der DDR bzw. Zuwendung zur BRD schon vor der Wende einsetzte. Mit dem wachsenden Verfall der DDR-Wirtschaft, des weiteren Verlustes der finanziell ökonomischen Attraktivität nahm auch die Identifikation mit der DDR, besonders unter jungen Werktätigen, ab und erreichte seit Frühjahr 1988 einen Tiefpunkt (vgl. Tabelle 4).

Dieser Identifikationsverlust wird auch in der Wende bei Lehrlingen und jungen Arbeitern nicht wesentlich umgepolt. Auch die zeitweilig wieder steigende Identifikation der Schüler und Studenten mit der DDR während der Herbstmonate schwächte sich seit Frühjahr 1990 ab. Die Vorstellung eines DDR-Sozialismus und eines dritten Weges erscheint seit diesem Zeitpunkt als gescheitert, die Zukunftsfähigkeit eines Sozialismusmodells in Frage gestellt. Seitdem bleibt die positive Einstellung zur Vereinigung bei einer Zweidrittelmehrheit stabil. Insofern drückt die Zustimmung in Ostdeutschland auch eine Grundhaltung zu einem historischen Prozeß aus, der nicht mehr umkehrbar war und für den eine Alternative politischen Handelns fehlte.

Verunsicherte und Selbstbewußte?

Die bisherigen Ergebnisse gestatten noch keine Aussage zur sozialen Charakteristik der beiden Kontrastgruppen „Befürworter" (sehr dafür) bzw. „Gegner" (sehr dagegen/eher dagegen). Eine Analyse der soziodemographischen Zusammensetzung ergibt folgendes Bild: Mit zunehmenden Alter nimmt auch die Ablehnung der Vereinigung zu und erreicht bei den über 25jährigen über 20 Prozent. Das liegt offensichtlich darin begründet, daß mit dem Eintritt in das Berufsleben Fragen der Beschäftigungsmöglichkeit, der Berufskarriere, der Sozialleistungen stärker betroffen machen und teilweise schon kri-

Tabelle 5: Einstellung zur Vereinigung nach West/Ost, Geschlecht und Alter (Angaben in Prozent):

	Westen Geschlecht		Osten Geschlecht		Westen Alter				Osten Alter			
	m	w	m	w	13–16	17–20	21–24	25–29	13–16	17–20	21–24	25–29
Sehr dafür	23	20	28	20	20	23	21	21	21	26	25	24
Eher dafür als dagegen	31	35	39	36	35	33	31	33	37	40	35	38
Unentschieden	25	24	20	28	29	22	25	23	31	22	24	18
Eher dagegen als dafür	17	17	11	13	13	18	17	18	10	9	14	16
Sehr dagegen	5	4	2	3	2	4	5	5	1	3	2	4

tische Ereignisse erlebt werden. Das korrespondiert mit der Tatsache, daß Ledige, Schüler bzw. Studenten oder auch Jugendliche, die ihren Lebensunterhalt von den Eltern beziehen, die Vereinigung stärker bejahen.

Auch unter westdeutschen Jugendlichen ergibt sich in bezug auf die ablehnenden Stimmen ein ähnliches Bild (vgl. Tabelle 5).

In Ostdeutschland sind die jüngeren Jugendlichen (bis 16) weniger dafür, aber auch weniger dagegen, und sie sind unentschiedener als die übrigen Altersgruppen. Ostdeutsche Mädchen lehnen die Vereinigung häufiger ab bzw. verhalten sich in stärkerem Maße unentschieden.

So befürworten 67 Prozent der ostdeutschen Jungen im Vergleich zu 56 Prozent der Mädchen den Vereinigungsprozeß; 13 Prozent der Jungen lehnen ihn ab, im Vergleich zu 16 Prozent der Mädchen. Die Ursachen für diese geschlechtsspezifische Differenzierung könnten in einem höheren Grad an persönlicher Betroffenheit gegenüber künftigen sozialen Veränderungen, aber auch in einer höheren Problemsensibilität gegenüber den aufkommenden familialen Schwierigkeiten liegen.

Bei westdeutschen Jugendlichen finden sich in der Haupterhebung diese Unterschiede nicht.

Bezogen auf die Bildungsstruktur bestätigt sich die schon in der „Schülerstudie '90" (Behnken u. a. 1991) festgestellte gegenläufige Tendenz: Im Westen sind es Jugendliche mit höherem Bildungsabschluß bzw. entsprechenden Aspirationen (AbiturientInnen, SchülerInnen mit Fachhochschulreife und auch künftige AbiturienInnen), welche zu den Befürwortern der Vereinigung gehören, während im Osten der Anteil der AbiturientInnen unter den Gegnern höher liegt als der von Jugendlichen mit geringeren Bildungsabschlüssen. Allerdings überwiegen – wenn auch geringfügig – selbst unter den AbiturientInnen im Osten die Befürworter der Vereinigung. Im Unterschied zu dieser Relation lehnen Schüler mit geringerwertigen Schulabschlüssen oder entsprechenden Aspirationen im Westen stärker eine Vereinigung als Jugendliche mit höheren Abschlüssen ab.

Eine ähnliche Aussage ergibt sich bei einem Vergleich der Bildungsabschlüsse der Eltern. Jugendliche im Osten, deren Eltern über höhere Bildungsabschlüsse verfügen, gehören häufiger zu den Gegnern der Vereinigung im Unterschied zum Westen, wo es gerade Jugendliche aus Elternhäusern mit keinen oder geringerwertigen Bildungsabschlüssen sind, welche die Vereinigung ablehnen. Eine solche Tatsache könnte vor allem aus den veränderten gesellschaftlichen Positionierungen der Eltern resultieren. Viele der Eltern, die im Osten über eine höhere Schulbildung verfügen, gehörten zu sozialen Gruppen (im Staatsapparat, im Offizierskorps, in der Wissenschaft und im Hochschulwesen), die heute einen z. T. existentiellen Positionsverlust erleiden, was häufig auch die sozialpolitische Orientierung der Kinder bestimmt. Es deutet sich schon hier an, daß Jugendliche, die gegenüber den zu erwartenden Veränderungen weniger belastbar scheinen oder sozial und politisch ungünstigere Ausgangsbedingungen haben, stärker zu den Gegnern der Vereinigung tendieren.

Zeit- und Zukunftsorientierungen

Eine Analyse der Gruppen der Befürworter bzw. Gegner der Vereinigung nach ihren Orientierungen weist auf folgende Zusammenhänge hin (Signifikanz $p < 0{,}05$).

Mit den Zeitskalen nach Zimbardo wurde nach dem Zusammenhang von Gegenwarts- und Zukunftsorientierungen und der Einstellung zur Vereinigung gefragt. Dabei wurden vier Orientierungen unterschieden:

- Orientierung an einer sicheren Gegenwart vom Typ: Heute ist heute und morgen ist morgen;
- hedonistische Orientierung vom Typ: Ich lebe gern in den Tag hinein;
- positive Vergangenheitsorientierung vom Typ: Es macht mir Spaß, über meine Vergangenheit nachzudenken;
- negative Einstellung zur Vergangenheit vom Typ: Was gestern gewesen ist, sollte man möglichst schnell vergessen.

Die Summenwerte der Antworten auf die einzelnen Items wurden in drei Klassen zusammengefaßt: niedrig, mittel, hoch. Diese Klassen wurden entlang des ersten Quartils (25 Prozent) und des dritten Quartils (75 Prozent) gebildet.

Signifikante Zusammenhänge ergaben sich in zwei Richtungen: Jugendliche in Westdeutschland, die eine hedonistische Gegenwartsorientierung vertreten, gehören stärker zu den Gegnern; jene, die eine solche Orientierung ablehnen, stärker zu den Befürwortern. Ostdeutsche Jugendliche, die eine negative Einstellung zur Vergangenheit ablehnen, gehören stärker zu den Gegnern, wobei nicht gesagt werden kann, ob diese bewußte Einstellung zur Vergangenheit aus einem Für oder Wider zu ihr resultiert.

Hochbedeutsame und signifikante Zusammenhänge ergaben sich in bezug auf die Zukunftsorientierungen (Skalen zur Zukunftsorientierung nach Cavalli). Gefragt wurde hier nach den Zusammenhängen zwischen den Typen der Zukunftsorientierung und wiederum der Einstellung zur Vereinigung. Dabei wurden drei Typen einbezogen:

- eigenstrukturierter Typ im Sinne eines Lebens nach Plan und klaren, geschlossenen Zukunftsvorstellungen;
- eigen-destruktiver Typ im Sinne einer offenen und positiven Zukunftsvorstellung;
- fremd-destruktiver Typ im Sinne einer fatalistischen, offenen Zukunftsvorstellung.

In West- wie auch in Ostdeutschland gehören Jugendliche, die eine geschlossene Zukunftsvorstellung haben, zu den Befürwortern; Jugendliche, die diese Orientierung weniger schätzen, zu den Gegnern der Vereinigung (vgl. Tabelle 6a).

Ein solcher Zusammenhang wird durch die Aussage gestützt, daß west-

Tabelle 6a: Zukunftsorientierung (geschlossen, nach Plan) im Verhältnis zur Befürwortung/Ablehnung (Angaben in Prozent)

Geschlossene Zukunftsorientierung	Befürworter West	Befürworter Ost	Gegner West	Gegner Ost	Unentschiedene West	Unentschiedene Ost
niedrig	19	18	27	34	22	20
mittel	42	45	45	43	48	47
hoch	40	38	29	23	31	34

Tabelle 6b: Einstellung zur persönlichen/gesellschaftlichen Zukunftsperspektive im Verhältnis zur Befürwortung/Ablehnung (Angaben in Prozent)

		eher düster		eher zuversichtlich	
		persönl. Zukunft	gesell. Zukunft	persönl. Zukunft	gesell. Zukunft
Befürworter	westdeutsch	12	12	26	25
	ostdeutsch	10	11	31	28
Gegner	westdeutsch	43	31	19	17
	ostdeutsch	34	33	12	9
Unentschiedene	westdeutsch	45	57	55	58
	ostdeutsch	56	56	57	63

Tabelle 6c: Identitätsstatus im Verhältnis zur Befürwortung bzw. Ablehnung (Angaben in Prozent)

Identitätsstatus		Befürworter Ost	Befürworter West	Gegner Ost	Gegner West
unsicher	weiß nicht	17	16	15	18
	weiß nicht, aber bemühen	32	29	46	30
sicher	weiß, was ich will	38	38	23	34
	weiß, was ich will, schon früher geplant	13	16	16	19

deutsche Jugendliche, die eine fatalistische, offene Zukunftsvorstellung ablehnen, stärker zu den Befürwortern, jene, die zu einer solchen Art von Zukunftsorientierung tendieren, stärker zu den Gegnern gehören.

Es wird erkennbar, daß Jugendliche, die wissen, was sie wollen und zielbewußt ihr Leben angehen, in beiden Teilen Deutschlands stärker zu den Befürwortern gehören.

Setzt man schließlich die Befürwortung bzw. Ablehnung in Beziehung zur Tönung der Zukunftsorientierung (optimistisch vs. pessimistisch), wird diese Annahme weiter gestärkt (vgl. Tabelle 6b).

Westdeutsche Jugendliche, welche die Vereinigung bejahen, sehen sowohl ihre eigene Zukunft und das eigene Leben wie auch die gesellschaftliche Zukunft zuversichtlicher, während Jugendliche, welche der Vereinigung skeptisch gegenüberstehen, jene düsterer sehen. Befürworter der Vereinigung unter den ostdeutschen Jugendlichen neigen gleichfalls stärker zu einer persönlich optimistischen Sicht und äußern sich auch zuversichtlich über die gesellschaftliche Entwicklungsperspektive. Jugendliche, welche gegen die Vereinigung sind, sehen in hohem Maße sowohl die persönliche wie auch die gesellschaftliche Entwicklungsperspektive eher düster. Vereinfacht könnte man sagen, daß die Befürworter der Vereinigung zu den Optimisten gehören, die Gegner eher zu den Pessimisten. Dieser Optimismus könnte aus der Hoffnung resultieren, daß mit der Vereinigung ein wirtschaftlich starkes Deutschland entsteht, das den sozialen Standard erhält und weiter ausbaut und so auch eine individuelle Perspektive ermöglicht. Diese Gruppe sieht auch die bisherigen Veränderungen in starkem Maße positiv, während die Gegner vor allem die negativen Veränderungen hervorheben. In beiden Populationen ist der Anteil der Unentschiedenen hoch, die sich auch in bezug auf ihre persönliche Entwicklungsperspektive ambivalent äußern.

Für die bisherigen Annahmen könnten Zusammenhänge bedeutsam sein, welche sich aus Einstellungen zum Umgang mit dem eigenen Leben ergeben. Dabei sind diese Aussagen in ihrem Erkenntniswert begrenzt, weil sie sich jeweils nur auf zwei alternative Items beziehen.

Westdeutsche Jugendliche, die im Leben etwas leisten wollen, selbständig sein und ihre eigenen Ziele verfolgen wollen und die einen langfristigen Nutzen anstreben, befürworten stärker die Vereinigung. Solche Jugendlichen, die das Leben genießen und auch die Interessen anderer berücksichtigen wollen und an einem kurzfristigen Nutzen orientiert sind, zählen sich stärker zu den Gegnern. Eine solche Charakteristik geht zusammen mit den schon genannten Zeit- und Zukunftsorientierungen der Befürworter, die stärker als eigenstrukturiert, aufgabenorientiert und optimistisch angegeben worden waren.

Bei den ostdeutschen Jugendlichen gehören diejenigen, die etwas leisten wollen und die prosoziale Orientierungen verfolgen, stärker zu den Gegnern der Vereinigung, die Genußorientierten und eigene Interessen Betonenden stärker zu den Befürwortern. Die Vermutung, daß eine jahrzehntelange kollektivistische Lebensorientierung in der DDR auch eine bestimmte Einstellung zur Vereinigung hervorgebracht hätte, bestätigte sich nicht.

Jugendliche, die sich ihres Status unsicher sind, gehören bei den Ostdeutschen stärker zu den Gegnern der Vereinigung, während solche, die angeben, zu wissen, was sie wollen, zu den Befürwortern zählen (vgl. Tabelle 6c).

Wertorientierungen

Die Zusammenhänge zwischen der Einstellung zur Vereinigung und den Wertorientierungen der Jugendlichen wurden mit Hilfe der Werteskalen nach Schwarz/Montada mit den Werten (siehe Methodenbericht Band 4 und Krebs in diesem Band):

„materialistische" Wertebereiche:
- „Macht und Reichtum",
- „Stabilität und Sicherheit"

„postmaterialistische" Wertebereiche:
- „Harmonie, Schönheit und Tradition" und
- „Freundschaft, Freiheit, Abwechslung"

erfaßt. Je nach den in einer Skala erreichten Summenwerten wurden die Befragten

4 Quartilsgruppen zugeordnet (1. Quartil=niedrige Werte; 4. Quartil=hohe Werte).

In Westdeutschland besteht in drei von vier Wertedimensionen kein bedeutsamer Zusammenhang zwischen der Einstellung zur Vereinigung und den Wertorientierungen der Jugendlichen. (Ausnahme: Westdeutsche Befürworter der Einheit tendieren etwas mehr zum postmaterialistischen Wert „Harmonie, Schönheit, Tradition".)

Anders stellt sich der Sachverhalt in Ostdeutschland dar. Hier finden sich Zusammenhänge, die sich insbesondere auf die Werteskalen „Macht und Reichtum" (Tabelle 7b) und „Stabilität und Sicherheit" (Tabelle 7a) beziehen. Beide repräsentieren den Wertebereich, der vielfach – in Nachfolge des US-amerikanischen Politikwissenschaftlers Inglehart – als „materialistisch" im Gegensatz zu „postmaterialistischen" Werten gekennzeichnet wird. In Ostdeutschland gehören die Befürworter der Vereinigung (signifikant) stärker zu denen, die den Wert „Stabilität und Sicherheit" bejahen (vgl. Tabelle 7a).

Tabelle 7a: Befürwortung bzw. Ablehnung im Verhältnis zur Wertorientierung „Stabilität und Sicherheit" (Angaben in Prozent)

		1.Quartil (wenig wichtig	2.Quartil ...	3.Quartil ...	4.Quartil äußerst wichtig)
eher dafür	westdeutsch	16	20	25	26
	ostdeutsch	22	22	24	28
eher dagegen	westdeutsch	24	19	18	22
	ostdeutsch	32	53	55	53

Tabelle 7b: Befürwortung bzw. Ablehnung im Verhältnis zur Wertorientierung „Macht und Reichtum" (Angaben in Prozent)

		1.Quartil (wenig wichtig	2.Quartil ...	3.Quartil ...	4.Quartil äußerst wichtig)
eher dafür	westdeutsch	19	22	23	22
	ostdeutsch	16	24	24	33
eher dagegen	westdeutsch	24	19	18	23
	ostdeutsch	23	15	12	8

Tabelle 7c: Befürwortung bzw. Ablehnung im Verhältnis zur Wertorientierung „Freundschaft, Freiheit, Abwechslung" (Angaben in Prozent)

		1.Quartil (wenig wichtig)	2.Quartil ...	3.Quartil ...	4.Quartil äußerst wichtig)
eher dafür	westdeutsch	20	23	22	22
	ostdeutsch	19	28	22	27
eher dagegen	westdeutsch	21	18	21	23
	ostdeutsch	18	16	9	13

Auffällig ist hierbei, daß in Ostdeutschland auch bei Jugendlichen, die eher gegen die Vereinigung sind, diese Werte eine hohe Akzeptanz erfahren. Das könnte dahingehend erklärt werden, daß diese Jugendlichen die jetzigen Veränderungen mit ihren Verunsicherungen und Instabilitäten ablehnen und den vergangenen Zustand als sicherer und stabiler erachten.

Für die Jugendlichen in Ostdeutschland, welche die Vereinigung bejahen, gilt ferner, daß sie in stärkerem Maße zu dem Wert „Macht und Reichtum" tendieren, während die Gegnerschaft mit fallenden Skalenwerten zunimmt (vgl. Tabelle 7b).

Ostdeutsche Befürworter der Vereinigung zählen weiterhin stärker zu den Anhängern der postmaterialistischen Werte „Freundschaft, Freiheit und Abwechslung", während bei den Gegnern der Vereinigung die Akzeptanz dieser Werte zurückgeht. Ein solcher Zusammenhang wird verständlich, wenn man sich überlegt, daß die Wende im Herbst 1989 vor allem auch unter den Losungen Freiheit, Gerechtigkeit und Gleichheit geführt worden war und die DDR-Jugend seit Anfang der 80er Jahre eine Hinwendung zu diesen postmaterialistischen Werten vollzogen hatte und daraus auch ihre Opposition gegen die bestehende Ordnung schöpfte (vgl. Tabelle 7c).

Führt man die Aussagen über die soziodemographischen Zusammenhänge und die Gerichtetheit der Orientierungen zu einer Charakteristik der Befürworter und Gegner der Vereinigung zusammen, so läßt sich erkennen, daß die Verunsicherten, die Schwächeren und Passiven eher zu den Gegnern neigen, während die Selbstbewußten, die Engagierten und Zielstrebigen eher zu den Befürwortern gehören. Eine solche Charakteristik läßt auch die parteipolitischen Präferenzen und die Zuwendung zu sozialen Bewegungen verständlich erscheinen.

Präferenzen von Parteien und sozialen Bewegungen

Jugendliche im Westen, welche konservativ-liberale Parteien bevorzugen (CDU, FDP, CSU), gehören häufiger auch zu den Befürwortern; solche, die stärker für eine links-alternative Orientierung sind, zu den Gegnern. Auffällig ist, daß im Westen solche Jugendlichen, die keiner Partei den Vorzug geben, eher auch die Vereinigung ablehnen. Das wiederum korrespondiert mit der Skala „Politische Entfremdung". Jugendliche in Ost und West, welche die Vereinigung ablehnen, gehören auch häufiger zu denen, welche Politikern und Parteien skeptisch gegenüberstehen.

Anhänger der Republikaner votieren im Westen stärker gegen die Vereinigung, im Osten dafür. Während im Westen Anhänger der SPD ambivalent zur Vereinigung stehen, gehören diese im Osten stärker zu den Befürwortern. Unter den ostdeutschen Jugendlichen wiederholt sich auch die parteienpolitische Polarisierung: Die Parteienpräferenz für PDS und Bündnis '90 geht einher mit der Ablehnung der Vereinigung, die für CDU und FDP mit der Befürwortung.

Versucht man die sozialen Bewegungen nach dem Grad ihrer politisch-sozialen Orientierung zu typisieren und stellt dann den Zusammenhang der Befürwortung bzw. Ablehnung her, so ergibt sich folgendes Bild:

- Jugendliche, die in Ost und West zu gesellschaftlich-aktiven Bewegungen tendieren (Friedensbewegung, Kernkraftgegner, Ökogruppen) verhalten sich gegenüber der Vereinigung eher unentschieden.

- Jugendliche, die ihre gruppenorientierten gesellschaftlichen Orientierungen mit einem Aktivismus verbinden, verhalten sich in Ost und West gegensätzlich. Während sich in Westdeutschland Jugendliche, die sich selbst zu Gruppen wie Hausbesetzer, Punks, Rocker, Grufties, Skins zählen, stärker zu den Gegnern der Vereinigung tendieren, sind es im Osten gerade diese Jugendlichen, welche die Vereinigung bejahen. Eine solche Einstellung könnte sich u. a. daraus erklären, daß diese Jugendlichen sich in der Vergangenheit oft zu den Ausgegrenzten gezählt und mit der Vereinigung größere Freiräume gewonnen haben.
- Jugendliche, die als Gruppen relativ politikfern agieren (Discofans, Motorradfans, Fans von Musikgruppen), bejahen im Osten stärker die Vereinigung, was darin begründet sein könnte, daß sich mit der Vereinigung ihre Wünsche nach technischem Know how, modernem Showgeschäft, aktueller Information erfüllen.
- Jugendliche, die Bewegungen favorisieren, die politikfern und stärker individualistisch orientiert sind (Joggen, Bodybuilding), gehören in Ost und West stärker zu den Befürwortern.

Versucht man ein soziales Deutungsmuster der Gegner bzw. Befürworter der Vereinigung zu erkennen, könnte sich folgende Charakteristik ergeben:

- Befürworter der Vereinigung in Westdeutschland orientieren sich an Werten wie „Schönheit, Harmonie, Tradition", sie sehen ihr Leben als Aufgabe und sind stärker langfristig nutzensorientiert. Sie sind sich ihrer Identität sicher und orientieren sich an einer geschlossenen Zukunftsvorstellung. Ihre Zukunft und die der Gesellschaft sehen sie optimistisch. Sie verfügen über eine höhere Bildung und neigen stärker konservativen politischen Gruppierungen zu.
- Befürworter in Ostdeutschland orientieren sich an Werten wie „Sicherheit und Stabilität", „Freundschaft, Freiheit, Abwechslung". Sie sehen das Leben häufiger als Genuß und folgen geschlossenen Zukunftsvorstellungen, sind optimistisch und sich ihrer Identität sicher. Im Unterschied zu den Befürwortern in Westdeutschland besitzen sie eine geringere Bildung und auch der Bildungsgrad ihrer Eltern ist häufig geringer. Sie neigen nicht nur konservativen Gruppierungen zu, sondern auch sozialdemokratischen. Sie finden sich verstärkt unter Anhängern einer Disco-, Motorrad-, Musikkultur, aber auch in alternativen Gruppen.
- Gegner in Westdeutschland folgen stärker einer hedonistischen Gegenwartsorientierung und möchten das Leben genießen. Sie betonen auch die Gemeinsamkeiten mit anderen und sind weniger an geschlossenen, dafür aber stärker an offenen fatalistischen Zukunftsvorstellungen orientiert. Sie sehen die Zukunft düsterer und auch die bisherigen Veränderungen negativer. Sie verfügen über eine geringere Bildung, neigen linksalternativen Parteien zu und stehen häufiger alternativen sozialen Bewegungen nahe. In gewisser Weise könnte man in ihnen das Gegenbild zu den Befürwortern in Ostdeutschland sehen.

- Gegner in Ostdeutschland lehnen Werte wie „Macht und Reichtum", aber auch „Freiheit und Freundschaft" stärker ab. Sie sehen ihr Leben als Aufgabe und orientieren sich an der Gegenwart. Zugleich lehnen sie eine negative Einstellung zur Vergangenheit ab. Sie sind weniger eigenstrukturiert, sehen die Zukunft düsterer und sind sich ihrer Identität unsicher. Politisch fühlen sie sich stärker entfremdet, neigen keiner Partei oder der PDS und dem Bündnis '90 zu. Sowohl ihre eigenen Bildungsabschlüsse bzw. -strebungen wie auch die der Eltern sind höher.

Die anfangs naheliegende Erkenntnis, daß es insbesondere die positive Einstellung zur Vereinigung sei, die einen gemeinsamen Generationszusammenhang stifte, muß zumindest dahingehend relativiert werden, daß die Befürwortung bzw. Ablehnung aus unterschiedlichen, z. T. gegensätzlichen sozialen Erfahrungen, Wertorientierungen und Gegenwarts- und Zukunftssichten erfolgt. Die weitere Angleichung der Lebenslagen und die künftigen Erfahrungen mit den Folgen der Vereinigung in den alten und neuen Bundesländern könnten nicht nur das Betroffensein verändern, sondern auch stärker in die Lebensläufe der einzelnen eingreifen und deren Orientierungen im Sinne einer gemeinsamen Generationserfahrung des Umbruchs verändern.

Literatur:

Behnken, I. u. a. (1991)
Schülerstudie '90
Weinheim

Bohnsack, R. (1989)
Generation, Milieu und Geschlecht
Opladen

Mannheim, K. (1928)
Das Problem der Generationen.
In: Kölner Viertelsjahrhefte für Soziologie 2

Pfeil, E. (1968)
Die 23jährigen.
Eine Generationenuntersuchung am Geburtsjahrgang 1941
Tübingen

Preuss-Lausitz, U. u. a. (1989)
Kriegskinder, Konsumkinder, Krisenkinder
Weihnheim

Zinnecker, J. (1987)
Jugendkultur
Opladen

Werte in den alten und neuen Bundesländern

Dagmar Krebs

Allgemeines über Werte

Werte sind deshalb wichtig, weil sie als handlungsleitende Motivationen anzusehen sind. Selbst wenn keine empirische Überprüfung der Entsprechung zwischen Wertvorstellungen und deren handlungsleitender Relevanz auf der Ebene faktisch auftretender Verhaltensweisen erfolgt, so ist es doch von einigem Interesse, die motivationalen Prioritäten Jugendlicher zu beschreiben. Gleich zu Beginn dieses Kapitels sei betont, daß hier nicht auf die umfangreiche Diskussion über Werte eingegangen wird. Diese Diskussion ist in der Literatur umfassend aufgearbeitet worden (Klages, 1984, 1992; Klages, Hippler, Herbert, 1992). Es würde zu weit führen, sie an dieser Stelle zu reproduzieren.

Wichtig ist jedoch eine kurze Vorstellung des Wertebegriffes, der dem hier verwendeten Instrumentarium zugrunde liegt. Entsprechend der Konzeption von Schwartz und Bilsky (1990) sind Werte a) Überzeugungen, die b) mit erwünschten Zuständen und/oder Verhaltensweisen zusammenhängen, die c) situationsübergreifend sind, die d) eine Leitfunktion für die Auswahl und/oder die Bewertung von Verhaltensweisen und/oder Ereignissen haben und die e) entsprechend ihrer relativen Bedeutung (oder Wichtigkeit) geordnet sind. In dieser Definition unterscheiden sich Werte von Einstellungen dadurch, daß sie einerseits abstrakter und andererseits hierarchisch nach individueller Wichtigkeit geordnet sind. Die motivationale Konzeption von Werten ergibt sich nach Schwartz und Bilsky (1990) aus der Überlegung, daß menschliche Existenz nur dann möglich ist, wenn a) den Bedürfnissen Rechnung getragen wird, die Individuen als biologische Organismen haben, wenn weiterhin b) die Bedingungen für koordinierte soziale Interaktion geschaffen werden und wenn c) auf Gruppenbedürfnisse nach Überleben und Wohlfahrt eingegangen wird. Aus diesen universellen Grundvoraussetzungen für menschliche Existenz wurden zehn motivationale Wertetypen abgeleitet (Schwartz et al., 1992). Jeder dieser zehn Wertetypen umfaßt mehrere Einzelmotivationen, die über die Typen hinweg miteinander harmonieren oder konfligieren können. Die zehn Wertetypen werden bei Schwartz et al. (1992) folgendermaßen benannt: Macht, Leistung, Hedonismus, Stimulation, Selbstbezogenheit, Universalismus, Wohlwollen, Tradition, Konformität, Sicherheit. Diese Wertetypen lassen sich auf einer übergeordneten Ebene auf den zwei bipolaren Dimensionen Offenheit gegenüber Neuem versus Bewahrung von Bestehendem und Selbstbezogenheit versus Selbstüberwindung abbilden.

In der vorliegenden Studie wurden acht der zehn von Schwartz et al. (1992)

Tabelle 1a: Wichtigkeit von Werten in den alten Bundesländern (ABL) N=2792
Angaben in %-Werte (ungewichtet)

	nicht wichtig 1	2	3	4	5	6	äußerst wichtig 7
01 Innere Harmonie (in Frieden mit mir selbst)	3.8	1.2	3.6	4.7	12.2	20.6	54.8
02 Soziale Macht (Kontrolle über andere, Dominanz)	37.0	19.1	13.7	10.9	8.4	3.6	4.5
03 Freiheit (Freiheit des Handelns und des Denkens)	1.1	.6	2.2	3.7	8.8	17.5	66.0
04 Soziale Ordnung (Stabilität der Gesellschaft)	4.3	2.3	6.7	10.3	24.0	20.6	31.0
05 Ein anregendes Leben (anregende Erfahrungen)	2.6	.9	3.9	8.5	20.8	26.2	37.1
06 Höflichkeit (gute Umgangsformen)	4.1	4.9	9.2	11.9	20.9	21.3	27.7
07 Reichtum (materieller Besitz, Geld)	11.7	5.9	11.6	17.7	23.0	14.1	16.1
08 Nationale Sicherheit (Schutz meiner Nation gegen Feinde)	9.8	5.4	9.2	10.2	16.3	16.7	32.4
09 Kreativität (Originalität, Phantasie)	5.7	3.0	7.6	11.2	20.3	21.1	31.0
10 Eine Welt in Frieden (frei von Krieg und Konflikt)	1.1	.5	1.2	2.4	5.6	12.5	76.8
11 Achtung vor der Tradition (Erhaltung ehrwürdiger Sitten)	19.7	12.7	14.2	15.6	18.0	9.2	10.7
12 Loslösung (von weltlichen Belangen)	28.7	18.3	16.0	13.8	10.9	4.6	7.8
13 Familiäre Sicherheit (Sicherheit für die geliebten Personen)	1.6	1.0	3.2	5.7	11.6	20.2	56.7
14 Einheit mit der Natur (Einpassung in die Natur)	2.9	1.9	4.9	8.4	10.9	23.9	39.1
15 Ein abwechslungsreiches Leben (erfüllt mit Herausforderungen, Neuem, Veränderungen)	2.8	1.1	3.6	7.7	20.6	24.8	39.3
16 Autorität (ein Recht, zu führen und zu bestimmen)	24.1	14.4	15.8	14.1	16.3	7.9	7.3
17 Wahre Freundschaft (enge unterstützende Freunde)	.9	.4	1.1	2.9	8.2	19.0	67.5
18 Eine Welt der Schönheit (Schönheit der Natur und Künste)	5.7	3.3	7.9	11.7	22.5	19.7	29.2

Tabelle 1b: Wichtigkeit von Werten in den neuen Bundesländern (NBL) N=1213
Angaben in %-Werten (ungewichtet)

	nicht wichtig 1	2	3	4	5	6	äußerst wichtig 7
01 Innere Harmonie (in Frieden mit mir selbst)	5.9	2.2	7.3	4.9	13.1	17.4	49.1
02 Soziale Macht (Kontrolle über andere, Dominanz)	52.1	16.3	11.8	6.2	6.4	2.4	5.0
03 Freiheit (Freiheit des Handelns und des Denkens)	1.4	1.5	3.1	4.9	8.9	18.6	61.8
04 Soziale Ordnung (Stabilität der Gesellschaft)	4.0	3.1	4.4	7.8	16.6	21.0	44.0
05 Ein anregendes Leben (anregende Erfahrungen)	3.9	1.1	3.9	6.7	18.2	24.5	41.8
06 Höflichkeit (gute Umgangsformen)	3.4	2.6	5.2	7.5	16.8	20.8	43.8
07 Reichtum (materieller Besitz, Geld)	16.0	6.6	9.6	11.3	20.3	14.3	21.9
08 Nationale Sicherheit (Schutz meiner Nation gegen Feinde)	9.4	3.5	8.6	9.6	14.3	13.3	41.3
09 Kreativität (Originalität, Phantasie)	10.4	2.9	8.0	11.5	17.7	19.0	30.7
10 Eine Welt in Frieden (frei von Krieg und Konflikt)	1.2	.6	1.2	1.1	3.7	8.7	83.7
11 Achtung vor der Tradition (Erhaltung ehrwürdiger Sitten)	17.8	6.3	12.2	12.9	18.0	12.7	20.2
12 Loslösung (von weltlichen Belangen)	45.4	13.6	11.9	9.6	9.5	4.0	5.9
13 Familiäre Sicherheit (Sicherheit für die geliebten Personen)	1.6	.2	1.2	1.6	4.5	11.8	79.1
14 Einheit mit der Natur (Einpassung in die Natur)	3.8	1.6	4.8	6.7	16.9	21.1	45.1
15 Ein abwechslungsreiches Leben (erfüllt mit Herausforderungen, Neuem, Veränderungen)	2.6	.7	3.7	4.0	16.2	23.2	49.6
16 Autorität (ein Recht, zu führen und zu bestimmen)	25.0	10.3	12.0	11.2	20.0	9.6	11.9
17 Wahre Freundschaft (enge unterstützende Freunde)	.7	.5	1.7	1.5	5.9	16.3	73.4
18 Eine Welt der Schönheit (Schönheit der Natur und Künste)	8.3	2.9	6.5	9.9	20.7	20.4	31.2

gebildeten Wertetypen einbezogen: Macht, Stimulation, Selbstbezogenheit, Universalismus, Wohlwollen, Tradition, Konformität, Sicherheit. Konkret erfragt wurde die subjektive Wichtigkeit der Einzelmotivationen, die die Wertetypen konstituieren. Einzelmotivationen sind z. B. für den Wertetypus Macht: Reichtum, Autorität, soziale Macht; für den Wertetypus Sicherheit: nationale und familiäre Sicherheit, soziale Ordnung; für den Wertetypus Stimulation: Anregung, Abwechslung; für den Wertetypus Universalismus: Natur, Schönheit, Harmonie, Frieden usw. Die subjektive Wichtigkeit wurde auf einer 1–7 Punkte umfassenden Skala beurteilt. Die Verteilung dieser Wichtigkeitsurteile in den alten und den neuen Bundesländern ist in den Tabellen 1a und 1b dargestellt.

Wertprioritäten in den alten und neuen Bundesländern

Die Werteprioritäten der hier befragten Jugendlichen in den alten Bundesländern unterscheiden sich nicht von denen der befragten Jugendlichen in den neuen Bundesländern. Was für die Jugendlichen in den neuen Bundesländern wichtig ist, wird auch von den Jugendlichen in den alten Bundesländern als wichtig angesehen. Dies ist ein wichtiges und gleichzeitig interessantes Ergebnis: wichtig deswegen, weil keine grundsätzlichen Verschiedenheiten in den Werteprioritäten der Jugendlichen aus Ost und West vorliegen; interessant deswegen, weil sich die unterschiedlichen sozialen Erfahrungen der Jugendlichen in Ost und West offenbar nicht in den Prioritäten manifestieren. Wenn Werte – wie oben dargelegt – als handlungsleitende Motivationen angesehen werden, dann liegen auf Grund der Verteilungen in den Tabellen 1a und 1b bei den hier befragten Jugendlichen in beiden Teilen Deutschlands im großen und ganzen gleiche Motivationsstrukturen vor.

Unterschiede bestehen allerdings hinsichtlich der Verbreitung und der Intensität der Wertorientierungen. So ist z. B. soziale Macht und die „Loslösung von weltlichen Belangen“ für einen größeren Anteil der ostdeutschen als der westdeutschen Jugendlichen nicht wichtig (der Unterschied beträgt 15.1 % bzw. 17.1 %), während ein deutlich größerer Anteil der ostdeutschen als der westdeutschen Jugendlichen „soziale Ordnung“ (13 %), „Höflichkeit“ (16.1 %), „Tradition“ (9.5 %), „familiäre Sicherheit“ (22.4 %) und „ein abwechslungsreiches Leben“ (10.3 %) für äußerst wichtig hält. Diese sowie die numerisch geringeren Unterschiede bei der Zuordnung von Werten zu der Kategorie „äußerst wichtig“, weisen darauf hin, daß die ostdeutschen Jugendlichen in größerem Ausmaß eher konservativ in ihrer motivationalen Grundstruktur sind als die westdeutschen Jugendlichen. Damit wird deutlich, daß die ostdeutschen stärker als die westdeutschen Jugendlichen jene Werte betonen, die soziale Ordnung und Sicherheit beinhalten. Gleichzeitig kommt bei ihnen aber auch das Bedürfnis nach Abwechslung stärker zum Ausdruck als das bei den westdeutschen Jugendlichen der Fall ist. Ordnung und Abwechslung sind den Wertetypen Sicherheit und Stimulation zuzurechnen, die wiederum der übergeordneten Wertedimension mit den Polen „Bewahrung“ versus „Offenheit“ zuzurechnen sind. So betrachtet besteht der Unterschied zwischen den ost- und westdeutschen Jugendlichen darin, daß die Dynamik zwischen Offenheit und Bewahrung bei den ostdeutschen Jugendlichen deutlicher auftritt als das bei den westdeutschen Jugendlichen der Fall ist. Betrachtet man dagegen die Dimension Selbstbezogenheit versus Selbstüberwindung, so fällt auf, daß die zu dieser Dimension gehörenden Einzelmotivationen „Kreativität“, „Freiheit“ einerseits sowie „Freundschaft“ andererseits bei den hier befragten Jugendlichen in beiden Teilen Deutschlands etwa zu gleichen Anteilen als „äußerst wichtig“ beurteilt werden. Insgesamt scheinen also für die ostdeutschen in höherem Ausmaß als für die westdeutschen Jugendlichen die Topoi handlungsleitend zu sein, die durch das Bedürfnis nach Bewahrung einerseits und das Bedürfnis nach Offenheit gegenüber Neuem andererseits gekennzeichnet sind.

Wertprioritäten in Subgruppen

Die Frage, inwiefern Werteprioritäten durch Erfahrungen geprägt, die mit der sozialen Position von Personen innerhalb der Gesellschaft verbunden sind, kann an Hand der Daten in den Tabellen 2a und 2b beleuchtet werden.

Aus Gründen der Übersichtlichkeit sind dort nur die Anteilswerte für die Kategorie „äußerst wichtig“ für männliche und weibliche Jugendliche, für drei verschiedene Altersgruppen sowie für die Jugendlichen, die in Ausbildung sind versus die Jugendlichen, die nicht in Ausbildung sind, aufgeführt.

Die Werteprioritäten der hier befragten weiblichen und männlichen Jugendlichen unterscheiden sich nicht, d. h. es liegen keine Umkehrungen in den Prioritäten vor. Auftretende Unterschiede bringen die unterschiedliche Verbreitung bestimmter Orientierungen bei den weiblichen im Vergleich mit den männlichen Jugendlichen zum Ausdruck. So wird „Harmonie“ und „Frieden“ (Items 1 und 10) in beiden Teilen Deutschlands von den weiblichen Jugendlichen in höherem Ausmaß als von den männlichen Jugendlichen als „äußerst wichtig“ angesehen; die Unterschiede belaufen sich für „Harmonie“ auf 11.7 % in den alten Bundesländern und auf 20.3 % in den neuen Bundesländern, für „Frieden“ auf 10.0 % (ABL) bzw. 10.9 % (NBL). Zusätzlich wird in den neuen Bundesländern „Höflichkeit“ und „Einpassung in die Natur“ von den weiblichen häufiger als von den männlichen Jugendlichen als „äußerst wichtig“ beurteilt, während hier „Freiheit“ von den männlichen Jugendlichen häufiger mit der höchsten Priorität belegt wird. Hinsichtlich des Items „Höflichkeit“ wird dieser Unterschied zwischen männlichen und weiblichen Jugendlichen in den neuen Bundesländern relativiert durch die Anteile der Prioritäten für dieses Item in den alten Bundesländern: In den neuen Bundesländern wird „Höflichkeit“ sowohl von weiblichen als auch von männlichen Jugendlichen deutlich häufiger mit der höchsten Priorität belegt, als das in den alten Bundesländern der Fall ist. Die Wertorientierungen der weiblichen Jugendlichen in den neuen Bundesländern betonen häufiger als die männlichen Jugendlichen Motivationen, die ein Muster der Anpassung abbilden. Entsprechende Unterschiede zwischen männlichen und weiblichen Jugendlichen lassen sich in den alten Bundesländern nicht feststellen. Hier unterscheiden sich weibliche von männlichen Jugendlichen durch die Betonung von Einzelmotivationen, die das Bedürfnis nach „Harmonie“ zum Ausdruck bringen. „Tradition“ und „familiäre Sicherheit“ sind als „äußerst wichtig(e)“

Tabelle 2a: Wichtigkeit von Werten (höchste Priorität) in Subgruppen in den alten Bundesländern (ABL). Angaben in %-Werten (ungewichtet).

Item	männl. n=1270	weibl. n=1314	13–18 n=688	19–24 n=1225	25–29 n=671	Ausb. n=1422	Berufst. n=116
1	48.7	60.4	46.1	54.9	62.9	49.5	60.9
2	5.2	4.1	5.7	4.7	3.6	4.3	5.1
3	66.5	65.4	66.3	66.8	64.1	66.9	64.7
4	29.8	33.0	33.6	30.5	30.8	28.8	35.6
5	35.0	37.1	38.5	35.9	33.8	36.5	35.5
6	24.0	31.5	34.9	25.7	24.4	27.4	28.3
7	20.4	12.3	18.5	14.9	14.8	15.0	17.9
8	33.1	32.7	37.7	32.0	29.7	30.1	36.3
9	26.6	33.7	32.7	30.4	27.7	31.3	29.0
10	71.3	81.3	79.2	74.9	76.2	76.6	76.2
11	9.7	11.6	11.9	10.1	10.3	9.6	12.0
12	7.8	8.2	8.3	8.2	7.3	7.7	8.4
13	51.6	60.6	60.1	52.9	58.1	53.1	59.9
14	34.9	42.5	42.1	36.9	38.6	37.6	40.2
15	37.8	38.7	41.1	40.4	30.8	40.2	35.9
16	8.3	6.2	10.8	6.0	5.8	7.3	7.1
17	61.7	72.1	75.3	65.9	60.4	70.2	63.0
18	23.6	34.2	34.6	27.1	26.7	29.5	28.3

Wertorientierungen bei männlichen und weiblichen Jugendlichen in den neuen Bundesländern weiter verbreitet, als das bei männlichen und weiblichen Jugendlichen in den alten Bundesländern der Fall ist.

Auch in den unterschiedlichen Altersgruppen der neuen Bundesländer ist die höhere Verbreitung von „Harmonie", „Tradition", „familiärer Sicherheit" und „Abwechslung" zu beobachten: in allen drei Altersgruppen werden in den neuen Bundesländern diese Items in höherem Ausmaß als in den alten Bundesländern als „äußerst wichtig" angesehen. Einheitlich in den neuen sowie den alten Bundesländern ist der Unterschied zwischen den Altersgruppen bei den Items „Höflichkeit" und Abwechslung": diese beiden Orientierungen sind bei den 25–29jährigen postadoleszenten Jugendlichen seltener mit der höchsten Priorität belegt als bei den 13–18jährigen. In den neuen Bundesländern trifft dies auch für „Freiheit", „Reichtum" und „nationale Sicherheit" zu; in den alten Bundesländern ist „Harmonie" für die Postadoleszenten häufiger „äußerst wichtig" als für die 13–18jährigen.

Zwischen den Jugendlichen, die in Ausbildung bzw. nicht in Ausbildung sind, bestehen in den neuen Bundesländern Unterschiede in der Häufigkeit der Prioritätszuweisung bei den Items „Höf-

Tabelle 2b: Wichtigkeit von Werten (höchste Priorität) in Subgruppen in den neuen Bundesländern (NBL). Angaben in %-Werten (ungewichtet).

Item	männl. n=613	weibl. n=600	13–18 n=344	19–24 n=631	25–29 n=238	Ausb. n=612	Berufst. n=601
1	39.0	59.3	45.9	51.7	46.6	50.3	47.8
2	5.4	4.5	7.6	4.0	3.8	6.7	3.2
3	60.5	50.5	66.5	62.9	52.1	63.1	60.4
4	41.0	47.0	44.0	44.5	42.4	44.8	43.1
5	38.2	45.4	40.9	44.2	36.6	43.9	39.6
6	34.9	52.8	52.3	41.4	37.8	48.7	38.8
7	25.8	18.0	25.3	22.8	14.7	22.4	21.5
8	38.2	44.5	47.7	39.5	37.8	44.0	38.6
9	27.4	34.0	29.9	31.7	29.0	34.0	27.3
10	78.3	89.2	83.7	84.5	81.5	85.0	82.4
11	18.8	21.7	25.6	18.2	17.6	24.3	16.0
12	4.4	7.5	8.8	4.4	5.9	7.2	4.7
13	74.6	83.8	77.6	79.4	80.7	76.5	81.9
14	39.5	50.8	51.2	44.2	38.7	51.8	38.3
15	45.7	53.7	52.0	52.6	38.2	54.6	44.6
16	11.7	12.7	16.0	12.1	5.5	15.2	8.5
17	68.7	78.2	77.0	74.3	65.5	75.8	70.9
18	24.3	38.3	33.7	30.3	30.3	34.5	28.0

lichkeit", „Natur" und „Abwechslung" in der Richtung, daß diese Orientierungen bei den Personen, die in Ausbildung sind, häufiger mit der höchsten Priorität belegt werden. Entsprechende Unterschiede der Prioritätszuweisung zwischen diesen beiden Gruppierungen sind in den alten Bundesländern nicht beobachtbar.

Unterschiede bestehen allerdings wieder zwischen den neuen und den alten Bundesländern: in den neuen Bundesländern belegen die Personen, die in Ausbildung sind, „soziale Ordnung", „Höflichkeit", „nationale Sicherheit", „Tradition", „familiäre Sicherheit", „Natur" und „Abwechslung" häufiger mit der höchsten Priorität als in den alten Bundesländern.

Auffallend an dieser Gegenüberstellung der Prioritätenzuweisungen ist, daß in den neuen Bundesländern die höchste Priorität in allen Subgruppen häufiger vergeben wird als in den alten Bundesländern. Das kann eventuell daran liegen, daß sich die Freude oder Erleichterung über die neu gewonnene Meinungsfreiheit der Befragten in den neuen Bundesländern in einer dezidierten Meinungsäußerung durch gezielte Nutzung der Extrempunkte der vorgegebenen Antwortskala manifestiert. Daß es vor allen Dingen die auf Konformität hinweisenden Orientierungen sind, die in den neuen Bundesländern von allen Gruppierungen häufiger als in den alten Bundesländern mit der höchsten Priorität belegt werden, ist auf die unterschiedlichen sozialen Erfahrungen der Jugendlichen in beiden Teilen Deutschlands zurückzuführen und liefert einen deutlichen Hinweis darauf, wie sehr die gesellschaftlichen Regeln aus der Zeit vor der Öffnung der Grenzen noch im Denken der Jugendlichen verankert sind. Konformität und Unauffälligkeit war in der Zeit vor der „Wende" sicher ein wesentliches Mittel, um etwas zu erreichen oder um zumindest in Ruhe gelassen zu werden. Es ist kein Wunder, daß diese Orientierungen, die sich über einen langen Zeitraum in dem bis vor kurzem bestehenden Gesellschaftssystem sozial bewährt haben, in den neuen Bundesländern immer noch mit hoher Priorität versehen werden.

Wertetypen in den alten und den neuen Bundesländern

Bislang sind die Prioritäten der Einzelmotivationen vorgestellt worden. Diese Motivationen lassen sich jedoch zu Wertetypen und diese wiederum zu Wertedimensionen zusammenfassen. Eine derartige Zusammenfassung hat Vor- und Nachteile: die Vorteile bestehen darin, daß eine sparsamere und übersichtlichere Darstellung der Inhalte möglich wird; die Nachteile bestehen darin, daß durch die Verdichtung der Einzelinformationen auf einige wenige Dimensionen oder Typen durch Eliminierung von einzelnen Items Information verloren gehen kann. Hier wurde der Verlust von Information durch Eliminierung von Items bewußt in Kauf genommen, um bei der Darstellung von Wertetypen die in den Daten vorhandene Struktur so gut und sparsam wie möglich abbilden zu können. In Tabelle 3 sind die „goodness of fit" Parameter der konfirmatorischen Faktorenanalysen aufgeführt. Das Ausgangsmodell (Modell 1) entspricht den theoretischen Vorgaben von Schwartz (1992). Das Item „Loslösung" wurde von vornherein weggelassen, da es in der Typologie von Schwartz nicht enthalten ist. Das Modell 1 hat keine

Tabelle 3: Goodness-of-fit Parameter der konfirmatorischen Faktorenanalysen zur Gewinnung von Wertetypen für die alten (ABL) und die neuen (NBL) Bundesländer

	Modell	Anz. Items	Elim. Item	ch	DF	p
	ABL	17	–	1828.48	113	.000
	NBL	17	–	723.34	113	.000
2	ABL	16	2	1290.84	98	.000
	NBL	16	2	457.93	98	.000
3	ABL	15	3	1020.06	84	.000
	NBL	15	3	365.79	84	.000
4	ABL	14	8	698.54	71	.000
	NBL	14	18	253.90	71	.000
	(NBL	14	8	293.97	71	.000)
5	ABL	13	11	506.58	59	.000
	NBL	13	11	185.42	59	.000
6	ABL	12	9	367.63	48	.000
	NBL	12	8	122.25		

Tabelle 4: Faktorenladungen der Einzelmotivationen auf den Wertetypen des Modell 6 für die alten (ABL) und die neuen (NBL) Bundesländer

	Macht		Stimulation		Universalismus		Sicherheit	
Item	ABL	NBL	ABL	NBL	ABL	NBL	ABL	NBL
7	.76	.42						
16	.49	.82						
5			.76	.70				
15			.76	.69				
9			–	.55				
14					.70	–		
18					.60	.61		
10					.70	.68		
1					.57	.52		
17					.71	.68		
13							.73	.63
4							.61	.64
6							.64	.67

gute Anpassung an die Daten. Es wurden sukzessive die Variablen mit den höchsten Residualkorrelationen eliminiert, um ein möglichst bereinigtes Instrument zu erhalten. Die Anpassung des Modells an die Daten wird dadurch besser, ist jedoch auch beim Modell 6 nicht optimal. Eine weitere Reduktion der Items war jedoch theoretisch nicht sinnvoll, da dann einige Typen nur noch mit einem Item besetzt gewesen wären. Die Darstellung der Analysen im einzelnen ist Gegenstand eines gesonderten Artikels. Hier sind lediglich die im Modell 6 enthaltenen Wertetypen von Interesse. Die Korrelationen der Einzelmotivationen (Items) mit den Wertetypen (Faktorenladungen) und die Korrelationen der Wertetypen untereinander sind in Tabelle 4 und Tabelle 5 dargestellt.

Die Wertetypen „Macht", „Stimulation", „Universalismus" und „Sicherheit" korrelieren zum Teil sehr hoch miteinander. Dies ist ein Anhaltspunkt dafür, daß es sich hier nicht um voneinander abgegrenzte Typen handelt, sondern eher um einander überlappende Wertemuster, was auch realistisch ist, wenn man sich die Liste der Einzelmotivationen betrachtet. Der starke Zusammenhang zwischen Universalismus und Sicherheit erklärt sich dadurch, daß „Harmonie", „Frieden", und „Freundschaft" ebenso im Spannungsfeld zwischen individuellen und kollektiven Orientierungen liegen wie „Höflichkeit" und „soziale Ordnung". Die Typen „Stimulation" und „Sicherheit" bringen Bedürfnisse zum Ausdruck, die wenig miteinander zu tun haben, sich aber auch nicht gegenseitig ausschließen. Faßt man die Wertetypen zu Indices zusammen, so kann für jeden Wertetyp ein Konsistenzkoeffizient (Alpha) angegeben werden. Diese Koeffizienten sind in Tabelle 5 aufgeführt.

Wie verteilen sich nun diese Wertetypen in den alten und den neuen Bundesländern? Aus Tabelle 6 ist ersichtlich, daß

Tabelle 5: Korrelationen der Wertetypen in den alten (ABL) und den neuen (NBL) Bundesländern

		Macht	Stimulation	Universalism.	Sicherheit
Macht	ABL				
	NBL	1.00			
Stimulation	ABL	.18			
	NBL	.24	1.00		
Universalismus	ABL	–.11	.67		
	NBL	–.04	.74	1.00	
Sicherheit	ABL	.23	.49	.81	
	NBL	.13	.56	.90	1.00
Alpha	ABL	.49	.60	.70	.60
	NBL	.46	.54	.63	.57

Tabelle 6: Mittelwerte und Standardabweichungen für die Wertetypen in den alten (ABL) und den neuen (NBL) Bundesländern

	Macht		Stimulation		Universalismus		Sicherheit	
	ABL/NBL		ABL	NBL	ABL	NBL	ABL/NBL	
Anzahl Items	2		2	3	5	4	3	
Wertebereich	1–14		1–14	1–21	1–35	1–28	1–21	
	Mw	Std	Mw	Std	Mw	Std	Mw	Std
ABL n=2585	7.80	3.07	11.39	2.41	29.82	4.56	16.63	3.47
NBL n=1213	8.11	3.36	16.77	3.56	24.04	3.60	17.97	3.16

ein deutlicher Unterschied zwischen den alten und den neuen Bundesländern nur bei dem Wertetypus „Sicherheit" besteht. „Sicherheit" hat für die Jugendlichen in den neuen Bundesländern höhere Priorität als für die Jugendlichen in den alten Bundesländern. Die Wertemuster „Macht", „Stimulation" und „Universalismus" haben für die Jugendlichen in beiden Teilen Deutschlands sehr ähnliche Prioritäten (die numerischen Werte bei „Stimulation und „Universalismus" sind in Relation zum Wertebereich der Skala zu interpretieren, so daß ein Mittelwert von 11.39 auf einer Skala von 1–14 ebenso im oberen Prioritätsbereich liegt wie ein Mittelwert von 16.77 auf einer Skala von 1–21; siehe Tabelle 6). Während „Stimulation" das Bedürfnis nach individueller Entfaltung beinhaltet, umfaßt „Sicherheit" Aspekte, die die soziale Ordnung und Interaktion in Primärgruppen (Familie), aber auch in der Gesellschaft zum Ausdruck bringen. Damit sind die Orientierungen der Jugendlichen in den neuen Bundesländern sowohl stärker auf die eigenen Bedürfnisse (Nachholbedarf) als auch stärker auf die Gesellschaft bezogen. Letzteres beinhaltet möglicherweise das Bedürfnis nach Normierung, Einordnung und einem gewissen sozialen Reglement, das eine Orientierungshilfe darstellen kann. Im Gegensatz dazu steht der Typus „Universalismus", der eher abstrakte und mehr ideelle Werte umfaßt, die nicht in direktem Bezug zum alltäglichen Leben stehen, bei den ost- und westdeutschen Jugendlichen gleichermaßen hoch im Kurs. Was auf der Ebene der Prioritäten für die Einzelmotivationen nicht offenbar wurde, zeigt sich deutlich auf der Ebene der Wertetypen: Die Bedürfnisse der ost- und westdeutschen Jugendlichen unterscheiden sich beim Wertetyp „Sicherheit" deutlich voneinander, womit auch die motivationale Grundstruktur der Werte deutlich herauskommt. Durch diese Gegenüberstellung wird auch deutlich, daß unterschiedliche soziale Erfahrungen zu unterschiedlichen Bedürfnissen und damit zu unterschiedlichen Orientierungsmustern führen können, auch wenn die Prioritäten sich nur graduell und nicht in der Richtung voneinander unterscheiden.

Wertetypen in gesellschaftlichen Subgruppen

Unterschiedliche Erfahrungen liegen auch in den verschiedenen Subgruppen der Gesellschaft vor. Die Frage ist, inwiefern diese Erfahrungen der „sozialen Lage" ebenfalls zu unterschiedlichen Wertorientierungen in den alten und den neuen Bundesländern führen. In den Tabellen 7a bis 7d ist der Einfluß der Zugehörigkeit zu einer Subgruppe auf die Variation der Mittelwerte der Wertetypen dargestellt. Dabei sind die Wertetypen zu Indices zusammengefaßt worden. Der Gesamtmittelwert des jeweiligen Index ist oben in der Tabelle angegeben. Die Spalte „D" gibt die Abweichung des jeweiligen Subgruppenmittelwertes von dem Gesamtmittelwert an. Beta ist der partielle Regressionskoeffizient, der die Stärke des Effektes der Subgruppenzugehörigkeit auf den jeweiligen Wertetypus angibt. Es ist deutlich erkennbar, daß der Einfluß der demographischen Variablen auf die Wertetypen sehr gering ist. Dies entspricht den Erkenntnissen der Lebensstilforschung (Giegler, 1992), daß Lebensentwürfe und individuelle Erwartungen konkretes Verhalten oder Verhaltensabsichten stärker beeinflussen als die klassischen soziologischen Variablen der Subgruppenzugehörigkeit. Der quadrierte multiple Regressionskoeffizient R^2 gibt den Anteil der durch die unabhängigen Variablen (Subgruppenzugehörigkeit) erklärten Variation der Wertetypen an. Da die klassischen soziologischen Variablen praktisch keine Varianz bei den Wertetypen erklären, wurde zusätzlich noch der Effekt von Fatalismus und Lebensfreude (Frage 24) auf die Wertetypen betrachtet. Es zeigt sich jedoch, daß die Wertorientierungen auch durch die Variation dieser beiden Variablen nicht erklärt werden können. Die Ursache hierfür kann darin bestehen, daß nicht die richtigen Variablen zur Erklärung herangezogen wurden oder daß die Wertetypen innerhalb einer Gesellschaft relativ invariant über die Subgruppen hinweg sind. Diese Vermutung ist insofern plausibel, als eine Variation der Wertetypen bei den Jugendlichen aus den beiden Teilen Deutschlands, die ja derzeit durchaus noch als zwei unterschiedliche gesellschaftliche Syteme anzusehen sind, beobachtbar ist.

Zusammenfassung

Als zentrales Ergebnis kann festgehalten werden, daß keine Unterschiede in den Prioritäten der handlungsleitenden Motivationen der hier befragten Jugendlichen in den alten und den neuen Bundesländern bestehen, da in den Verteilungen der Wichtigkeitsurteile keine Umkehrungen auftreten. Darüber hinaus gibt es aber durchaus Variationen in den

Orientierungen, die in erster Linie durch die unterschiedlich starke Verbreitung einiger der hier untersuchten Wertprioritäten bedingt sind. Die festgestellten Wertetypen der „Macht", „Stimulation", „Sicherheit" und des „Universalismus" lassen zwischen den Jugendlichen aus dem östlichen und dem westlichen Teil des Landes Unterschiede in Orientierungsmustern erkennbar werden, die durch die unterschiedlichen sozialen Erfahrungen in den beiden gesellschaftlichen Systemen erklärt werden können. Die Unterschiede in den handungsleitenden Wertvorstellungen sind zwischen den beiden Teilen Deutschlands deutlicher als zwischen den auf der Basis sozio-demographischer Merkmale gebildeten Subgruppen innerhalb der alten und der neuen Bundesländer. Der Einfluß sozialer Erfahrungen auf Wertvorstellungen macht sich also nur beim Inter-, nicht jedoch beim Intragruppenvergleich bemerkbar.

Möglicherweise sind ja auch die sozialen Erfahrungen, die mit soziodemographischen Merkmalen verbunden sind, nicht so grundsätzlich voneinander unterschieden, daß sie unterschiedliche Wertvorstellungen, die ja doch relativ übergreifend für die gesamte Gesellschaft sind, hervorbringen.

Tabelle 7a: Multiple Klassifikationsanalyse der Wertetypen mit sozio-demographischen Subgruppen in den alten (ABL) und den neuen (NBL) Bundesländern. „Macht"

			ABL			NBL	
Mittelwert			7.80			8.11	
		N	D	Beta	N	D	Beta
Geschlecht	männl.	907	.42		454	.33	
	weibl.	783	–.49		409	–.37	
				.15			.10
Alter	13–18	683	.16		338	–.29	
	19–24	794	–.06		428	.20	
	25–29	213	–.27		97	.12	
				.05			.07
Bildung/	in Ausbildg.	1417	–.10		606	.05	
Beruf	nicht in Ausb.	273	.50		257	–.13	
				.07			.02
	R^2		.03			.02	
Fatalismus	niedrig	913	–.09		460	.06	
	hoch	762	.11		332	–.08	
				.03			.02
Lebensfreude	niedrig	774	–.03		443	–.23	
	hoch	901	.03		349	.29	
				.01			.08
	R^2		.00			.00	

Tabelle 7b: „Stimulation“

		ABL			NBL		
Mittelwert			11.39			16.77	
		N	D	Beta	N	D	Beta
Geschlecht	männl.	907	.14		454	–.14	
	weibl.	783	–.16		409	.15	
				.06			.06
Alter	13–18	683	–.13		338	–.41	
	19–24	794	.13		428	.34	
	25–29	213	–.08		97	–.08	
				.05			.14
Bildung/ Beruf	in Ausbildg.	1417	.08		606	.20	
	nicht in Ausb.	273	–.41		257	–.47	
				.08			.13
	R^2		.00			.03	
Fatalismus	niedrig	913	.18		460	.06	
	hoch	762	–.21		332	–.08	
				.08			.03
Lebensfreude	niedrig	774	–.61		443	–.30	
	hoch	901	.52		349	.38	
				.23			.14
	R^2		.05			.02	

Tabelle 7c: „Universalismus“

		ABL			NBL		
Mittelwert			29.82			24.04	
		N	D	Beta	N	D	Beta
Geschlecht	männl.	907	–.68		454	–.88	
	weibl.	783	.79		409	.98	
				.16			.21
Alter	13–18	683	.16		338	–.85	
	19–24	794	–.20		428	.62	
	25–29	213	.23		97	.22	
				.04			.16
Bildung/ Beruf	in Ausbildg.	1417	.12		606	.37	
	nicht in Ausb.	273	–.63		257	–.87	
				.06			.13
	R^2		.04			.07	
Fatalismus	niedrig	913	.61		460	.42	
	hoch	762	–.73		332	–.58	
				.14			.11
Lebensfreude	niedrig	774	–.25		443	–.06	
	hoch	901	.21		349	.08	
				.05			.01
	R^2		.02			.01	

Tabelle 7d: „Sicherheit“

			ABL			NBL	
Mittelwert			16.63			17.97	
		N	D	Beta	N	D	Beta
Geschlecht	männl.	907	–.28		454	–.33	
	weibl.	783	.33		409	.36	
				.09			.11
Alter	13–18	683	.49		338	–.18	
	19–24	794	–.37		428	.13	
	25–29	213	–.20		97	.04	
				.11			.05
Bildung/ Beruf	in Ausbildg.	1414	–.08		606	.09	
	nicht in Ausb.	273	.41		257	–.22	
				.05			.04
	R^2		.02			.02	
Fatalismus	niedrig	913	.36		460	.40	
	hoch	762	–.43		332	–.55	
				.11			.15
Lebensfreude	niedrig	774	.44		443	.10	
	hoch	901	–.38		349	–.13	
				.11			.04
	R^2		.03			.03	

Literatur

Giegler, H. 1992.
Ein LISREL-Modell zum Bereich der Lebensstilforschung. Referat gehalten beim Jahrestreffen der AG Strukturvergleichsmodelle, April 1992

Klages, H. 1992.
Die gegenwärtige Situation der Wert- und Wertwandelforschung – Probleme und Perspektiven. In: Klages, H.; Hippler, H.-J.; Herbert, W. (Hrsg) Werte und Wandel. Ergebnisse und Methoden einer Forschungstradition.
Frankfurt/New York

Klages, H. 1984.
Wertorientierungen im Wandel. Rückblick, Gegenwartsanalysen, Prognosen.
Frankfurt/New York

Klages, H.; Hippler, H.-J.; Herbert, W. (Hrsg) 1992.
Werte und Wandel. Ergebnisse und Methoden einer Forschungstradition.
Frankfurt/New York

Schwartz, S. H.; Bilsky, W. 1990.
Toward a theory of the universal content and structure of values. Extensions and cross-cultural replications. Journal of Personality and Social Psychology, 58, 878–891

Schwartz, S. H. 1992.
Cultural dimensions of values: Toward an understanding of national differences. In: Kim, U.; Triandis, H. (Eds) Individualism and Collectivism
London (in press)

Schwartz, S. H.; Roccas, S.; Sagiv, L. 1992.
Universals in the content and structure of values. Theoretical advances and empirical tests in 20 countries. In: Zanna, M. (Ed) Advances in Experimental Social Psychology, Vol. 25 (in press)

Politik und jugendliche Lebenswelt. Gruppenporträts

Arthur Fischer

Im Kontext der öffentlichen Diskussion über das politische Verhalten der deutschen Bevölkerung und ihre Loyalität dem politischen System gegenüber, rückt auch das politische Verhalten der Jugendlichen wieder stärker in den Blickpunkt. Die Tatsache, daß die Jugendlichen die vorgesehenen und erwünschten Bahnen des politischen Engagements (wie z. B. Mitarbeit in den Jugendorganisationen der Parteien) immer weniger zur Kenntnis nehmen und nutzen, wird geradezu zum Beweis einer allgemeinen Politikmüdigkeit. Aber auch andere Indikatoren verweisen auf Änderungen in der Rezeption des politischen Systems durch die Bevölkerung. Die Wahlbeteiligung sinkt, das Wechselspiel zwischen Regierung und Opposition funktioniert nicht mehr „richtig", d. h. Verluste der Regierungsparteien bei Wahlen kommen nicht mehr automatisch den Oppositionsparteien zugute, am rechten Rand des Spektrums etablieren sich neue Parteien, die nicht mehr nur als vorübergehende Phänomene weginterpretiert werden können. Das ohnehin nie sehr positive Image der Politiker verschlechtert sich weiter, die Kritik am Verhalten der Politiker wächst. Da diese Erscheinungen schon lange vor der Vereinigung der beiden deutschen Staaten zu beobachten waren, verbietet sich eine Erklärung als Epiphänomen der Vereinigung selbst, ein ansonsten sehr beliebtes Interpretationsmuster.

Die politischen Aktionsformen haben sich erweitert, gerade Jugendliche machen davon viel Gebrauch. Die Dritte Welt-Bewegung, die Friedensbewegung und die Umweltschutzbewegung bieten vielfältige Formen politischen Engagements an, ohne gleich in Politikerkarrieren zu münden. Sie ermöglichen Formen der politischen Mitarbeit, deren Erfolge oder Mißerfolge schneller erfahrbar sind, als die „Ochsentour" durch die Großparteien dies vorsieht. Die Formen der Mitarbeit in solchen Bewegungen ähneln Lebensformen, die ohnehin den Alltag der Jugendlichen bestimmen.

Die Vereinigung der beiden deutschen Staaten richtete den Blick hin auf die Jugend in Ostdeutschland, die ihren westlichen Altersgenossen eines voraus zu haben scheint: Sie erlebte den politischen Erfolg des gewaltfreien Widerstandes der Bevölkerung gegen ein politisches System, das sich in seinen Wertvorstellungen und seinem alltäglichen Handeln von den Wünschen und Bedürfnissen des größten Teils der Bevölkerung weit entfernt hatte. Ist das Gefühl, durch Widerstand politisch etwas verändern zu können, eine Motivation für das zukünftige Handeln dieser Jugendlichen? Oder bedeutet „Beitritt" auch Beitritt zum Abschied von den konventionellen Politikformen, wie dies in Westdeutschland häufig beschrieben wird?

Im Rahmen des vorliegenden Aufsatzes soll der Untersuchung dieser Fragen durch eine Analyse von drei Komplexen nachgegangen werden:

- Welche Unterschiede bestehen zwischen den Jugendlichen, die sich an politischen Parteien orientieren können, und solchen Jugendlichen, die sich als keiner dieser Parteien nahestehend empfinden?
- Welche Unterschiede bestehen zwischen Jugendlichen, die Gewalt bei politischen Aktionen befürworten oder in Kauf nehmen, und solchen, die dies nicht tun?
- Welche Unterschiede bestehen zwischen politisch entfremdeten und nicht entfremdeten Jugendlichen?

Diese Auswahl von Merkmalen darf nur als eine Auswahl von vielen möglichen Formen der Analyse verstanden werden. Es soll nicht geleugnet werden, daß die gewählten Analyseebenen auch den Schwerpunkten der öffentlichen Diskussion folgen.

Im Beitrag werden Porträts kontrastierender Gruppen gezeichnet. Dabei verläßt die Analyse den Umkreis der politikbedeutsamen Merkmale im engeren Sinn und stellt Beziehungen zur Lebenswelt der Jugendlichen, zu ihren Lebensstilen und außerpolitischen Orientierungen her. In diesem Punkt unterscheidet sich der Beitrag von den Analysen bei W. Kühnel und M. Watts in diesem Band.

Zur Orientierung der Jugendlichen im parteipolitischen Raum

Die Frage nach der Orientierung der Jugendlichen an den politischen Parteien wurde unverändert aus den Jugendstudien 1981 und 1985 übernommen: „Welche politische Gruppierung steht Dir alles in allem genommen am nächsten?" Trotz warnender Hinweise in der Jugendstudie 1985 (Band 1, S. 124 f) wurde diese Frage häufig in den vergangenen Jahren von Kollegen als Erkundung der Wahlabsichten von Jugendlichen mißverstanden und mit dem tatsächlichen Wahlverhalten von Jungwählern verglichen. Deshalb sei erneut der Hinweis gestattet, daß die „weiche" Formulierung eben gerade nicht Wahlabsichten messen soll, sondern stattdessen auf die Erfassung einer übergreifenden Orientierung der Jugendlichen abzielt. Anderes wäre angesichts der Altersstruktur der Jugendlichen auch nicht sinnvoll.

Einige grundlegende Zusammenhänge der parteipolitischen Orientierungen mit politischen und sozialstrukturellen Merkmalen sind im Beitrag von W. Kühnel erläutert. Ich erweitere dieses Bild um lebensweltliche und Orientierungskorrelate. Aus Gründen der Stichprobengröße sollen nur die zahlreich vertretenen Gruppierungen analysiert werden (vgl. Tabelle 1):

Die parteipolitischen Orientierungen zeichnen scharfe, gut voneinander abgrenzbare Profile, deren Wurzeln aber nicht (mehr) im sozialen Herkunftsmilieu der Jugendlichen liegen. Die Anhänger der CDU sind fest integriert in populäre kulturelle und politische Strömungen: Sie billigen das Handeln der Regierung, sehen optimistisch in die Zukunft, lehnen die „sozialen" Strömungen der Jugendkultur eher ab und sind bereit, den Vorstellungen der Erwachsenen weitgehend zu folgen. Die jugendlichen Anhänger der SPD liegen in ihren Vorstellungen und Verhaltensweisen „zwischen" denjenigen Jugendlichen, die CDU-orientiert sind und denjenigen, die der Grünen Partei nahestehen. Die Anhänger der Grünen vertreten eher die postmateriellen Werte, sind skeptisch hinsichtlich der Ziele und Zukunft der Gesellschaft und wollen zur Durchsetzung ihrer eigenen Vorstellung vielfältige politische Aktionsformen einsetzen.

Auf den ersten Blick bestätigen diese Daten die Schlußfolgerungen aus der Jugendstudie 1981 (Band 1, S. 667–690)

Tabelle 1: Korrelate der Orientierung an Parteien

	Nahestehende Partei			
	CDU	SPD	Grüne	keine
Geschlecht: Anteil Jungen	58 %	53 %	42 %	45 %
Alter: 21 Jahre und jünger	53 %	46 %	47 %	62 %
Ortsgröße: ab 100.000 Einwohner	23 %	40 %	42 %	29 %
Einstellung zur Vereinigung: sehr dafür	41 %	22 %	19 %	17 %
Musikgeschmack (Beispiele)				
Chanson/Liedermacher (gern und sehr gern)	21 %	22 %	34 %	16 %
Deutsche Schlager (überhaupt nicht gern)	31 %	45 %	54 %	41 %
Discomusik (sehr gern)	46 %	40 %	28 %	47 %
Ernährung: fleischarm	25 %	31 %	47 %	27 %
Identifikation mit öffentlichen Gruppenstilen:				
Hausbesetzer („kann ich nicht so gut leiden“ und „sind Feinde von mir“)	58 %	43 %	24 %	44 %
Kernkraftgegner („kann ich nicht so gut leiden“ und „sind Feinde von mir“)	18 %	8 %	4 %	12 %
Zustimmung zu bestimmten „Lebensphilosophien“:				
Ich betrachte mein Leben als eine Aufgabe, für die ich da bin und für die ich alle Kräfte einsetze. Ich möchte in meinem Leben etwas leisten, auch wenn das oft schwer und mühsam ist	62 %	48 %	45 %	48 %
Ich richte mein Leben so ein, daß die Dinge, die ich tue, mir sogleich und direkt etwas bringen und daß ich unmittelbar einen Nutzen sehe oder Spaß daran habe	32 %	41 %	52 %	46 %
Ich beschäftige mich eigentlich am stärksten damit, was ich in meinem Leben künftig erleben werde	30 %	24 %	19 %	23 %
Zugehörigkeit zu Religionsgemeinschaft: katholisch	43 %	32 %	27 %	34 %
keine	22 %	28 %	36 %	33 %
Einschätzung der Zukunft der Gesellschaft: eher düster	14 %	25 %	37 %	28 %
Tut die Regierung genügend für die Jugend? Ja	48 %	28 %	19 %	33 %
Befürwortung politischer Aktivitäten	niedrig	mittel	hoch	niedrig
Alltagsflips	selten	mittel	oft	mittel

Tabelle 1: Fortsetzung

	CDU	SPD	Grüne	keine
Skalen (Mittelwerte)				
Zukunftsorientierung nach Cavalli:				
Eigenstrukturierter Typ	11,2	10,6	9,7	10,2
Eigendestrukturierter Typ	10,7	11,0	11,5	11,0
Wertorientierungen nach Schwartz/ Montada:				
Ordnung und Sicherheit (Materialismus I)	23,3	22,3	20,9	22,1
Macht und Reichtum (Materialismus II)	11,7	10,5	9,3	10,0
Freiheit, Freundschaft, Abwechslung (Postmaterialismus II)	28,9	29,5	30,5	29,2
Orientierungsmuster				
Privatisierung	13,1	12,7	12,0	14,3
Anpassungsbereitschaft	14,0	13,5	12,8	13,8
Selbstbehauptung	13,0	13,4	14,1	13,3
Politische Entfremdung	13,2	14,9	15,3	15,2
Jugendzentrismus	21,9	23,1	23,6	23,5
Orientierung an öffentlichen Gruppenstilen*				
Orientierung an Jugendsubkulturen	26,2	25,7	24,6	25,2
Orientierung an körperbezogenen kommerziellen Stilen	13,6	14,1	15,1	14,2
Orientierung an sozialen Bewegungen	7,1	6,5	5,6	7,0

* niedrige Skalenwerte = starkes Maß an Orientierung

und 1985 (Band 1, S.125 ff): „Um ein Hauptergebnis vorwegzunehmen: Auch in den Daten der vorliegenden Studie zeigt sich die eigentliche Polarisierung zwischen Anhängern der CDU/CSU auf der einen Seite und denen der Grünen auf der anderen Seite, wiederum nehmen die Anhänger der SPD eine vergleichsweise profillose Mittelposition ein." (Jugendstudie 1985, Band 1, S.125).

Inspiziert man die Daten im zeitlichen Vergleich seit 1981 etwas genauer, so zeigt sich allerdings, daß die Anhänger der SPD in zentralen politischen oder politiknahen Positionen den Anhängern der Grünen nähergerückt sind, ohne daß sich allerdings schon eine rot-grüne Koalition abzeichnet. Die Daten derjenigen Jugendlichen, die sich als keiner Partei nahestehend empfinden, sind – aufgrund des deutlich niedrigeren Durchschnittsalters – schwer zu interpretieren. Offenbar ist die Parteipräferenz aber nur ein Symptom einer umfassenderen gesellschaftlichen und individuellen Orientierung.

Gewalt in politischen Aktionsformen – mehr als der Wunsch nach bloßer Randale?

Die Frage nach der Befürwortung von Gewalt als Mittel der politischen Auseinandersetzung ist geradezu prädestiniert, Mißverständnisse in der öffentlichen Diskussion zu provozieren, seien sie gewollt oder unabsichtlich. Auf zwei Grundprobleme bei der Interpretation und Rezeption solcher Daten, gegen die auch sicher die folgenden Ausführungen nicht gefeit sein werden, sei aber ausdrücklich hingewiesen:

1. Das verbale Befürworten von gewalttätigen Aktionen ist nicht gleichzusetzen mit der Ausübung von Gewalt selbst. Befragte, die solchen „gewalthaltigen" Aussagen zustimmen, halten damit solche Aktionen für sich persönlich für legitim, was aber nicht bedeutet, daß sie an solchen Aktionen auch tatsächlich teilnehmen.
2. Die Anzahl der Personen, die angeblich gewaltbereit ist, hängt in erster Linie von der Konstruktion des entsprechenden Index ab (und nicht etwa von der tatsächlichen Gewaltbereitschaft in konkreten Handlungskontexten, die mit Mitteln der Umfrageforschung überhaupt nicht sicher zu klären ist). Bei der Konstruktion eines solchen Instruments ist damit auch der Manipulation Tür und Tor geöffnet (ein besonders eindrucksvolles Beispiel für ein solches Vorgehen beschreibt Neidhardt 1985).

Die Größe der Gruppe der „Befürworter von Gewalt" betrachten wir folglich auch als eine relativ bedeutungslose Größe. Interessanter erscheint uns der Vergleich dieser Gruppe mit den übrigen Jugendlichen.

Zu der Gruppe der „Gewaltbefürworter" (genauer: Personen, die politische Aktionsformen befürworten, die gewalttätige Handlungen offen oder implizit einschließen) wurde gezählt, wer mindestens eine der folgenden Antworten gab (Frage 35):

Aktion	***Antwort***
Aufhalten des Verkehrs mit einer Demonstration	befürworte ich voll
Beschädigung fremden Eigentums (z. B. Fenster einschlagen, Straßenschilder abmontieren o.ä.)	befürworte ich voll oder befürworte ich im großen und ganzen
Anwendung von Gewalt gegen Personen, z. B. Schlägereien mit Polizisten oder mit anderen Demonstranten von der Gegenseite	befürworte ich voll oder befürworte ich im großen und ganzen
Teilnahme an einer nicht genehmigten Demonstration	befürworte ich voll

Insgesamt traf diese Bedingung auf 410 Jugendliche zu (davon 276 Jugendliche aus dem Westen und 134 Jugendliche aus dem Osten).

Schon eine oberflächliche Betrachtung der nachfolgenden Tabelle (Tabelle 2) zeigt, daß die Befürwortung von Gewalt kein bloßer Wunsch nach „Randale" ist, sondern fest verankert in kulturellen und sozialen Lebensbezügen erscheint.

Auf dem Hintergrund einer pessimistischen Lebenssicht, sowohl was das eigene Leben als auch was die Zukunft der Gesellschaft betrifft, einer Ablehnung der Erwachsenenwelt und dem Fehlen von verbindlichen Werten (die Materialismus-Skalen zeigen deutlich niedrigere Werte, ohne daß die Postmaterialismus-Skalen dafür erhöhte Werte aufweisen), entsteht das Bedürfnis – bei hohem politischem Interesse –, sich politisch auch mit Gewalt durchzusetzen, vor allem auch deswegen, weil man sich von der Regierung im Stich gelassen fühlt. Im Westen sind solche Jugendliche überdurchschnittlich oft in Großstädten anzutreffen, diese Beziehung gilt nicht für den

Osten. Diejenigen Jugendlichen, die Gewalt befürworten, führen ein spannungsreiches, riskantes Leben: Viel Alkohol und Zigaretten, kurze Reichweite ihrer Zukunftsvorstellungen, ein unkonventioneller Kleidungsstil und eine generell niedrige Anpassungsbereitschaft machen sie für die Gesellschaft „unangenehm" und stempeln sie vermutlich zu Außenseitern, obwohl sie sich als gut eingebunden in die sozialen Bezüge der Gleichaltrigen erleben.

Tabelle 2: Befürwortung von gewalttätigen politischen Aktionen

Merkmale		Gewaltbefürworter West	Gewaltbefürworter Ost	übrige Jugendliche West	übrige Jugendliche Ost
Geschlecht:	männlich	60 %	61 %	48 %	49 %
Alter:	bis 23 Jahre	66 %	75 %	59 %	62 %
In Ausbildung (Schule, Beruf, Studium)		65 %	64 %	54 %	48 %
Bildungsabschluß (angestrebt oder erreicht)		höher	höher	niedriger	niedriger
Ortsgröße:	100.000 EW und mehr	48 %	28 %	33 %	28 %
Einstellung zur Vereinigung: sehr dafür		16 %	16 %	22 %	25 %
Bevorzugte Tanzformen:					
Gesellschaftstanz		25 %	14 %	40 %	28 %
Discotanz		41 %	67 %	62 %	84 %
Freier Stil		60 %	46 %	50 %	32 %
Rauchen von Zigaretten:	Ja	53 %	52 %	37 %	36 %
Häufigkeit des Trinkens von Alkohol: mehr als 10 mal im letzten Monat		39 %	26 %	21 %	19 %
Zustimmung zu bestimmten „Lebensphilosophien":					
Ich betrachte mein Leben als eine Aufgabe, für die ich da bin und für die ich alle Kräfte einsetze. Ich möchte in meinem Leben etwas leisten, auch wenn das oft schwer und mühsam ist		37 %	39 %	47 %	60 %
Ich finde es wichtig, mein Leben so einzurichten, daß ich ein ganz besonderer Mensch bin, der anders ist als alle anderen Menschen in meiner Umgebung		49 %	38 %	39 %	31 %
Ich finde es am wichtigsten, daß ich im Leben selbständig bin und wirklich selbständig meine eigenen Interessen und Ziele verfolge		65 %	74 %	62 %	59 %
Ich richte mein Leben so ein, daß die Dinge, die ich tue, mir sogleich und direkt etwas bringen und daß ich unmittelbar einen Nutzen sehe oder Spaß daran habe		60 %	55 %	43 %	37 %
Ich weiß gegenwärtig noch nicht so recht, was ich mit mir in meinem Leben anfangen will, ich lasse die Dinge auf mich zukommen		25 %	27 %	18 %	16 %
Ich weiß schon ziemlich genau, was ich mit mir in meinem Leben anfangen will, weil ich meistens bewährte Wege gehe		21 %	20 %	37 %	31 %
Sicht des eigenen Lebens: eher zuversichtlich		48 %	48 %	61 %	51 %
Reichweite der Vorstellungen in die Zukunft: kurz, bis 1 Monat		28 %	33 %	20 %	28 %

Tabelle 2: Fortsetzung

Merkmale		Gewaltbefürworter West	Gewaltbefürworter Ost	übrige Jugendliche West	übrige Jugendliche Ost
Sicht der Zukunft der Gesellschaft:	eher düster	54 %	46 %	27 %	21 %
Interesse für Politik:	Ja	63 %	66 %	53 %	59 %
Nahestehende politische Gruppierung:	CDU	7 %	5 %	14 %	12 %
	SPD	19 %	9 %	29 %	18 %
	Grüne Partei	26 %	17 %	12 %	11 %
	keine	36 %	25 %	37 %	35 %
Tut die Regierung genügend für die Jugend?	Ja	18 %	13 %	38 %	22 %
Selbsteinschätzung als Jugendlicher oder Erwachsener:					
	als Jugendlicher	53 %	79 %	47 %	59 %
Gewünschte Schnelligkeit, erwachsen zu werden:					
	ganz langsam	27 %	34 %	16 %	23 %
	bin schon erwachsen	37 %	13 %	43 %	36 %
Zugehörigkeit zu einem Kreis junger Leute:					
	Ja, regelmäßig	48 %	47 %	43 %	33 %
Mittelwerte der Skalen					
Interesse an Filmen:	Actionfilme	10,2	10,7	11,0	11,2
	Problemfilme	10,4	10,4	9,6	9,8
Zeitskalen nach Zimbardo:					
Orientierung an der sicheren Gegenwart		10,6	10,5	10,3	9,9
Hedonistische Gegenwartsorientierung		11,9	12,2	11,0	10,7
Zukunftsorientierung nach Cavalli:					
Eigenstrukturierter Typ		9,2	9,3	10,4	10,6
Eigendestrukturierter Typ		11,7	11,9	11,0	10,8
Wertorientierungen nach Schwartz/Montada:					
Ordnung und Sicherheit (Materialismus I)		18,1	20,7	22,0	23,4
Macht und Reichtum (Materialismus II)		9,5	9,8	10,5	10,4
Persönlicher Kleidungsstil:					
Unkonventioneller Kleidungsstil		9,6	10,1	8,8	8,5
Konventioneller Kleidungsstil		10,2	10,2	11,3	11,1
Orientierungsmuster:	Privatisierung	12,2	12,0	13,1	12,4
	Anpassungsbereitschaft	12,0	12,4	13,7	13,7
	Selbstbehauptung	14,8	15,0	13,3	13,3
Jugendzentrismus:		25,7	25,9	22,8	22,9
Orientierung an öffentlichen Gruppenstilen*:					
Orientierung an Jugendsubkulturen		24,1	24,1	25,4	25,7
Orientierung an körperbezogenen-kommerziellen Stilen		15,9	14,3	14,4	13,6

* niedrige Skalenwerte = starkes Maß an Orientierung

Politische Entfremdung – ein politisches Phänomen?

Bei dem Konstrukt der „Politischen Entfremdung" handelt es sich um ein relativ altes empirisches Konzept (vgl. dazu Fischer 1970 und Fischer/Kohr 1980), dessen Aktualität hinsichtlich Reliabilität und Validität zu beweisen ist. Während in den 70er Jahren im Konzept der politischen Entfremdung durchaus noch Elemente einer autoritären Staatsauffassung nachzuweisen waren, dominieren heute Gefühle des Mißtrauens gegenüber Politikern und eine dumpfe Protesthaltung. Eine entsprechende Auswahl von 5 Items aus dem ursprünglich 12 Items umfassenden Untersuchungsinstrument (vgl. dazu Fischer / Kohr 1980, S. 105) sollte diese angenommene Begriffsverschiebung berücksichtigen. Die endgültige Skala bestand aus den folgenden Items:

1. In der Politik geschieht selten etwas, was dem kleinen Mann nützt
2. In der Politik dreht sich doch alles nur um Geld
3. Die Abgeordneten interessieren sich kaum für die Probleme der Leute, die sie gewählt haben
4. Die Bevölkerung wird sehr oft von Politikern betrogen
5. Die Parteien sollten sich nicht wundern, wenn sie bald keiner mehr wählt.

In der qualitativen Vorstufe waren wörtlich diese Äußerungen von Jugendlichen zu hören gewesen.

Von großem Interesse erscheint eine vergleichende Analyse der hoch und der gering politisch entfremdeten Jugendlichen. Die guten Meßeigenschaften der Kurzskala aus 5 Items (Reliabilität: Cronbach's Alpha = .80) erlauben eine Einteilung der Jugendlichen – trotz der Rechtsschiefe der Verteilung der Summenwerte – in drei Gruppen:

Niedrige politische Entfremdung	Punktwert	5–12	n = 885
Mittlere politische Entfremdung	Punktwert	13–17	n = 2.385
Hohe politische Entfremdung	Punktwert	18–20	n = 765

Die Ergebnisse dieser vergleichenden Analyse sollen im folgenden zusammengefaßt werden. Auch hier werden die Ergebnisse Ost und West gemeinsam dargestellt, da eine vorhergehende Überprüfung ergab, daß sich die entsprechenden Gruppen in Ost und West nicht signifikant voneinander unterscheiden (vgl. Tabelle 3):

Die unspezifische Protesthaltung, die in den Items der Skala „Politische Entfremdung" zum Ausdruck kommt, weist nur geringfügige Beziehungen zum konkreten politischen Verhalten oder zu den politischen Absichten der Jugendlichen auf. Stattdessen wird der Einstieg in die Erwachsenenwelt abgelehnt, eine Welt, zu der offenbar auch der Bereich der konventionellen Politikteilhabe gerechnet wird. Punktuelle, spontane Aktionen bestimmen ihr Handeln in der Gesellschaft, ohne daß ein Gegenentwurf sichtbar wird. Angesichts des geringen Grades an formaler Bildung ist dies auch nicht zu erwarten. Diese Einstellung macht sich offenbar an der Politik nur fest (vermutlich existieren ähnliche Entfremdungen auch gegenüber anderen nicht abgefragten Bereichen, z. B. gegenüber der „Wirtschaft"), sie ist nicht genuin politisch. Dennoch kann auch ein Anwachsen dieser politischen Einstellung das politische System destabilisieren.

Das Verhältnis der Jugendlichen zur Politik entzieht sich einfachen Deutungen. Die Ablehnung der konventionellen Formen der politischen Partizipation ist unter den Jugendlichen weit verbreitet, dennoch steigt das Interesse an Politik. Eine Vielzahl neuerer, unkonventioneller Formen der politischen Teilnahme ist zu beobachten. Jugendliche aus Ost und West sind sich – trotz unterschiedlicher Erfahrungen mit dem jeweiligen politischen System – in zentralen Punkten (schon) einig. Die Ablehnung der üblichen Formen der politischen Teilnahme ist gerade bei denjenigen Jugendlichen stark ausgeprägt, die gemeinhin als politischer Führungsnachwuchs bezeichnet werden. Man darf gespannt sein, wie es unserem politischen System gelingen wird, den notwendigen Integrationsprozeß unbeschadet – wenn auch verändert – zu überstehen.

Tabelle 3: Politische Entfremdung

		niedrig	mittel	hoch
Alter: 17 Jahre und jünger		30 %	27 %	24 %
Niveau der Bildungsabschlüsse:		höher	mittel	niedriger
Einstellung zur Vereinigung: sehr dafür und eher dafür als dagegen		69 %	56 %	46 %
Zustimmung zu bestimmten „Lebensphilosophien“: Ich betrachte mein Leben als eine Aufgabe, für die ich da bin und für die ich alle Kräfte einsetze. Ich möchte in meinem Leben etwas leisten, auch wenn das oft schwer und mühsam ist		58 %	49 %	44 %
Ich richte mein Leben so ein, daß die Dinge, die ich tue, mir sogleich und direkt etwas bringen und daß ich unmittelbar einen Nutzen sehe oder Spaß daran habe		34 %	45 %	48 %
Sicht des eigenen Lebens: eher zuversichtlich		67 %	56 %	49 %
Reichweite der Vorstellungen in die Zukunft: kurz,bis 1 Monat		20 %	22 %	28 %
Sicht der Zukunft der Gesellschaft: eher düster		14 %	29 %	40 %
Interesse für Politik: Ja		61 %	56 %	49 %
Nahestehende politische Gruppierung:	CDU	24 %	11 %	5 %
	SPD	23 %	25 %	24 %
	Grüne Partei	9 %	13 %	16 %
	keine Partei	29 %	38 %	40 %
Tut die Regierung genügend für die Jugend?	Ja	49 %	28 %	18 %
Befürwortung unkonventioneller politischer Aktionsformen		geringer	mittel	höher
Gewünschte Schnelligkeit, erwachsen zu werden: ganz langsam		15 %	20 %	25 %
Alltagsflips: (z. B. Spaß daran haben, mal schwarzzufahren; Musik irrsinnig laut hören; Auto, Motorrad fahren, ohne einen Führerschein zu besitzen)		seltener	mittel	häufiger
Skalen (Mittelwerte)				
Zeitskalen nach Zimbardo:	Orientierung an der sicheren Gegenwart	9,8	10,2	10,6
	Hedonistische Gegenwartsorientierung	10,5	11,1	11,4
Orientierungsmuster: Selbstbehauptung		12,7	13,5	14,1
Jugendzentrismus:		21,6	23,1	24,9

Literatur

Fischer, A. 1970
Die Entfremdung des Menschen in einer heilen Gesellschaft – Materialien zur Adaption und Denunziation eines Begriffs
München: Juventa

Fischer, A; Kohr, H. 1980
Politisches Verhalten und empirische Sozialforschung – Leistung und Grenzen von Befragungsinstrumenten
München: Juventa

Fischer, A.; Fischer, R.; Fuchs, W.; Zinnecker, J. 1981
Jugend '81. Lebensentwürfe, Alltagskulturen, Zukunftsbilder
Opladen

Fischer, A.; Fuchs, W.; Zinnecker, J. 1985
Jugendliche und Erwachsene '85. Generationen im Vergleich
Opladen

Neidhardt, F. 1985
Meinungsbefragung und Meinungsmache – Zur Methodik einer Untersuchung des Instituts für Demoskopie Allensbach über „Extremistische Einstellungspotentiale junger Menschen" in: Kölner Zeitschrift für Soziologie und Sozialpsychologie 37, S.768–775

Orientierungen im politischen Handlungsraum

Wolfgang Kühnel

Nicht nur im Lichte des Vereinigungsprozesses der beiden deutschen Staaten, sondern auch mit den gesellschaftspolitischen Umbrüchen in Osteuropa dürfte die Frage nach dem Gestaltwandel des Politischen im Lebenszusammenhang Jugendlicher einen neuen Stellenwert erhalten. Mittlerweile gehört es schon zu den Traditionsbeständen der Jugendforschung, daß sich Annahmen über mögliche Veränderungen in den Orientierungen von Jugendlichen gegenüber dem politischen und gesellschaftlichen System kaum zureichend mit dem Befund einer anscheinend „tieferen inneren Distanz“ (Kaase 1987, 112) erklären lassen.

Bei den Diskussionen, die darüber im Westen geführt werden, erweist sich der Begriff der „Entgrenzung der Politik“ (Hornstein 1991, 207) als zentral, und zwar in doppelter Hinsicht. Zum einen werden damit Veränderungen im politischen Verhaltens- und Interessenrepertoire Jugendlicher als Erweiterungen von Optionsmöglichkeiten außerhalb des politischen Systems gefaßt, die der Tendenz nach in den Ansprüchen und Partizipationsformen der neuen sozialen Bewegungen und Bürgerinitiativen in Erscheinung getreten sind und in der Bundesrepublik auch eine gewisse Normalisierung (Fuchs, Kühnel 1990) erfahren haben. Auf der anderen Seite erhält die technisch-ökonomische Entwicklung mit ihrer gestiegenen Reichweite in einer neuen Weise politische Bedeutung und gewinnt sogar den Status einer quasi politischen Entscheidungsinstanz, jenseits von Parlament und Administration, die zu ausführenden Instanzen werden (vgl. Beck 1986, 305; Heitmeyer 1991, 19). Entgrenzung meint damit auch die Ortlosigkeit des Politischen. Politik ist nicht mehr länger der dominante wie gleichermaßen autonome Bereich, wo über die Geschicke der Gesellschaft entschieden wird. Mit dem Abschmelzen des sog. vorpolitischen Bereiches haben sich eine Reihe von lebensweltlich verankerten „Subpolitiken“ herausgebildet. Daran entzünden sich mehr und mehr die politischen Erfahrungen Jugendlicher. Ihren Ausdruck finden sie nicht nur in der Skepsis gegenüber jeglichen Formen institutionalisierter Politik und dem Nachlassen traditioneller Parteienbindungen, sondern auch in den widersprüchlichen Individualisierungszumutungen, die aus den neuen Chancen und damit auch Risiken sozialer Integration in Schule, Ausbildung, Beschäftigung und Familie herrühren.

Die Debatte über den Gestaltwandel des Politischen bei den ostdeutschen Jugendlichen setzte in der Öffentlichkeit erst nach dem Fall der Mauer ein. Auch in diesem Zusammenhang kann man sich des Eindrucks nicht erwehren, daß noch immer mit Projektionen und eilfertigen Generalisierungen gearbeitet wird. Dies mag nicht verwundern, weil kaum auf eine Vielfalt von Forschungszusammenhängen und somit auch nicht auf in unterschiedlicher Weise sich bestätigende wie auch widersprechende Befunde zurückgegriffen werden kann. Erschwerend kommt hinzu, daß bei der Erklärung von sozialen Wandlungsprozessen die zur Verfügung stehenden Befunde aus der Vergangenheit im Lichte der Nach-Wende-Ereignisse und neuer Forschungsparadigmen und -designs uminterpretiert werden. Dennoch lassen sich auch in bezug auf die ostdeutschen Jugendlichen einige Orientierungspunkte angeben, die Aufschluß über Stabilität bzw. Wandel in den politischen Orientierungen und Interessen geben.

Allem Anschein nach lassen selbst die in der Vergangenheit durchgeführten Untersuchungen nicht den Schluß zu, daß die politische-ideologische Erziehung in der DDR auf fruchtbaren Boden gefallen wäre, geschweige denn ihn hätte urbar machen können. Was sich viel eher zeigte, war ein unmerklicher Loyalitätsverfall, der von einer Aufwertung des Privaten wie der informellen, selbstorganisierten Beziehungen begleitet wurde. Der auch an anderer Stelle mit dem Begriff des „Mentalitätswandels" (Friedrich 1990) bezeichnete Prozeß soll erklärlich machen, warum sich die Jugend der DDR zunehmend von den offizialisierten Institutionen und Normen der staatssozialistischen Gesellschaft abwandte bzw. mit ihnen auf eine instrumentelle Weise umging. Die seither zu beobachtende Abwanderung der ostdeutschen Jugendlichen aus der verbandsförmigen und parteinahen Jugendarbeit hat mit den Massenaustritten aus der staatlichen Jugendorganisation FDJ im Winter 1990 ihren Höhepunkt erreicht und ist auch durch die zahlreichen Neugründungen nicht mehr aufzuhalten gewesen.

Politisches Interesse und politische Partizipation

In ihrer Distanz gegenüber den Parteien und Verbänden stehen die Jugendlichen im Osten ihren AltersgenossInnen im Westen in keiner Weise nach. Aufgrund der Ereignisse des gesellschaftlichen Umbruches könnte man annehmen, daß die Jugendlichen aus dem Osten eine stärkere Sensibilisierung für das Politische aufweisen. Allein von der Dimension des politischen Interesses aus gesehen scheinen die Ergebnisse eine solche Annahme lediglich in geringem Maße zu bestätigen (Tabelle 1).

Neben den bekannten geschlechts- und altersspezifischen Tendenzen, wonach Jungen und ältere Jugendliche häu-

Tabelle 1: Interesse für Politik. Insgesamt und nach Geschlecht – Angaben in Prozent – (gewichteter Datensatz)

	West	Ost	West		Ost	
			Mädchen	Jungen	Mädchen	Jungen
Interesse für Politik	n=3142	n=863	n=1591	n=1551	n=431	n=432
JA	56.2	61.9	47.7	65.0	59.5	64.4
NEIN	43.8	38.0	52.3	35.0	40.5	35.6

Tabelle 2: Politisches Desinteresse – Angaben in Prozent –

Einstellungen zur Politik	trifft sehr zu West	trifft sehr zu Ost	trifft zu West	trifft zu Ost	trifft weniger zu West	trifft weniger zu Ost	trifft nicht zu West	trifft nicht zu Ost
Politik nützt dem kleinen Mann selten	20.0	23.4	47.7	46.7	28.6	27.2	3.5	2.7
in der Politik gehts ums Geld	33.1	39.7	48.7	45.7	16.2	13.3	2.0	1.4
Abgeordnete haben kein Probleminteresse	19.8	17.9	43.8	43.1	32.9	35.3	3.6	3.8
Bevölkerung wird von Politikern betrogen	32.5	35.5	48.0	48.2	17.8	15.5	1.7	0.9
bald wird keine Partei mehr gewählt	28.7	26.3	41.7	38.9	25.9	27.8	6.7	7.9

figer Interesse an Politik äußern, die auch in den Befunden dieser Untersuchung zum Ausdruck kommen, fällt das im Vergleich zu ihren Altersgenossinnen aus dem Westen (48 %) stärkere Interesse der ostdeutschen Frauen und Mädchen (60 %) für politische Belange auf. Begründen läßt sich dies wahrscheinlich nicht mit dem Politisierungsschub, der durch den Umbruch in Gang gekommen ist. Denn dieser sollte Jungen und Mädchen auf ähnliche Weise beeinflußt haben. Womöglich spielen hierbei eher traditionell geringere Differenzen in der politischen Geschlechtersozialisation der ehemaligen DDR eine Rolle.

Einer der umstrittensten Punkte in der Diskussion im Hinblick auf die Unterstützung des politischen Systems ist zweifellos das Verhältnis zu den institutionalisierten Formen von Politik und deren Wahrnehmung in der Öffentlichkeit. Augenfällig wird in diesem Zusammenhang sowohl das erstaunlich hohe Ausmaß an Entfremdung gegenüber den politischen Institutionen und ihren Vertretern als auch die relativ starke Übereinstimmung zwischen Jugendlichen aus Ost und West. (Es handelt sich hier um Einstellungssätze aus der Skala „Politische Entfremdung" (A. Fischer). Nähere Erläuterungen dazu in Band 4 der Studie.) Bemerkenswerterweise scheinen die Heranwachsenden in ihren Urteilen besonders deutlich jene Statements zu präferieren, die eine unmittelbare wie auch persönliche Zurechnung von Ursachen zu Personen (die Bevölkerung wird von Politikern betrogen) bzw. zu Steuerungsmedien (in der Politik gehts ums Geld) zulassen (vgl. Tab. 2). Daß in die Meinungen der jungen Ostdeutschen auch die politischen Entscheidungsprobleme, die mit der Vereinigung entstanden sind, hineinspielen, dürfte verständlich sein.

Wie sehr den Jugendlichen ihre eigenen, ganz persönlichen Probleme, die in der Auseinandersetzung mit ihrer unmittelbaren Lebenswelt entstehen, zum Gegenstand politischen Interesses werden, zeigen die Forderungen, die sie gegenüber den politischen Entscheidungsgremien erheben. So können sich lediglich ungefähr ein Drittel (35,6 Prozent) der westdeutschen und 20 Prozent der ostdeutschen Jugendlichen der Ansicht anschließen, daß seitens der Regierung genug für die Jugend getan wird (Tabelle 3).

Von einer Politik für Jugendliche erwarten junge Menschen nicht so sehr eine

Tabelle 3: Auf welchem Gebiet könnte für die Jugend mehr getan werden? – Angaben in Prozent –

	West n=1720	Ost n=1059
größeres Freizeitangebot, kostenfrei	19.4	26.4
Schaffung von Jugendzentren, -heimen und -treffs	16.6	10.8
mehr Lehrstellen, Ausbildungsplätze	9.7	24.7
mehr Arbeitsplätze, weniger Arbeitslosigkeit	9.0	11.9
Unterstützung bei Freizeitzentren	8.8	16.4
Drogen	6.9	6.4
mehr für Schule und Bildung ganz allgemein tun	5.9	7.5
etwas für Kinder tun	5.8	2.0
Reform des Schulwesens	5.5	2.0
bessere Arbeitsplätze, Lehrstellen	4.3	3.1
mehr Wohnraum, gegen Wohnungsnot	4.2	3.4
Förderung des Sports	4.1	6.8
mehr Kindergeld, Bafög	4.0	2.5
mehr politische Beteiligung, Mitbestimmung	4.0	2.1
verbesserte finanzielle Unterstützung	3.8	3.7
mehr für die Umwelt, Verkehrspolitik tun	3.8	1.9
soziale Maßnahmen	2.8	6.9
der Jugend ein Ziel, eine Perspektive geben	2.4	1.8
Reform, Verbesserung des Schulunterrichts	2.3	0.2
mehr an die Zukunft der Jugend denken	1.7	1.2
bessere Gesetze für die Jugend	1.3	0.7
für eine Politik etwas tun, die Hoffnung macht	0.7	0.5

Ausweitung politischer Beteiligung, die Verbesserung der Jugendgesetzgebung oder gar eine Politik, die Hoffnung und Optimismus verheißt. Was viel eher im Mittelpunkt ihres Interesses steht, sind ganz zentrale Bezüge des Lebens, deren institutionelle und soziale Voraussetzungen immer brüchiger werden. So klagen Jugendliche Ausweitung und Unterstützung bezüglich ihrer Freizeitmöglichkeiten ebenso ein wie die Verbesserung der Situation in Schule, Ausbildung, Beruf. Allem Anschein nach erhalten damit soziale Forderungen ein stärkeres Gewicht. Aus verständlichen Gründen erheben ostdeutsche Jugendliche diese Forderungen in stärkerem Maße als Heranwachsende aus dem Westen.

Bemerkenswerterweise ist das Mißtrauen in jugendpolitischer Hinsicht über die Grenzen der parteipolitischen Allianzen hinweg verbreitet. Anhänger des Regierungsbündnisses CDU/FDP sind dabei zurückhaltender. Ferner liegt es im Osten noch deutlich höher als im Westen. Für den merklich höheren Sensibilisierungsgrad der Ost-Jugendlichen gegenüber Defiziten in der Jugendpolitik scheint nicht nur der rasche Wegfall an traditionellen Systemen sozialer Integration und Unterstützung ausschlaggebend zu sein, sondern womöglich auch die höhere Erwartung an die Steuerungs- und Entscheidungskompetenz einer zentralen politischen Instanz.

Trotz der unterschiedlichen Traditionen in den politischen Institutionensystemen mögen die Ähnlichkeiten in den Parteipräferenzen zwischen Ost und West verwundern. Schließlich sind die DDR-Bürger vor der konfliktreichen Agenda der Institutionengründung bewahrt worden, so daß die Herausbildung neuer gesellschaftlicher Assoziations- und Partizipationsverhältnisse kaum möglich war. Um so mehr blieb es den Parteien der Bundesrepublik vorbehalten, als Akteure der politischen Steuerung und als Garanten des Vereinigungsprozesses aufzutreten. Dies findet offenbar auch seinen Niederschlag in den Mustern der Parteienidentifikation. Mit Ausnahme der SPD scheinen sich die Muster der Parteienaffinität Ost-Jugendlicher ihren AltersgenossInnen im Westen anzugleichen. Jugendliche aus dem Westen präferieren in stärkerem Maße SPD und Grüne als andere Parteien. Hervorhebenswert ist dabei zunächst einmal die erstaunliche Kontinuität in den Assoziationsverhältnissen zu jeweils unterschiedlichen politischen Richtungen, die allerdings in der jüngsten Untersuchung von einer etwas schwindenden Affinität zu den Grünen begleitet wird. Ob mit der im Verhältnis zur Vergangenheit offenkundig stärker ausgeprägten Distanz zu den Grünen und einer Hinwendung zu dem indifferenteren Profil der SPD ein säkularer Trend verbunden ist, läßt sich an dieser Stelle schwer entscheiden. Dennoch liegen die Befunde offenbar im Rahmen jener Trends, die auch in jüngster Zeit in der Wahlforschung beobachtet wurden (vgl. Hofmann-Göttig 1991) (Tabelle 4).

Neben den Gemeinsamkeiten, die sich im Hinblick auf die Affinität zu den Parteien zwischen Ost und West bereits andeuten, gibt es auch Unterschiede. So fühlen sich Jugendliche aus dem Osten stärker zu Parteien und Organisationen des linken, ökologischen und bürgerbe-

Tabelle 4: Parteipräferenz – Angaben in Prozent –

	Jugend '81	Jugend '84	Jugend '92	
			West	Ost
Partei (Auswahl)	n=1077	n=1472	n=2669	n=1336
CDU/CSU	18	17	15	12
SPD	24	23	28	17
Grüne/ Alternative Liste	20	23	14	11
Bündnis 90			0	9
PDS			0	7
FDP	6	2	3	5
Republikaner			1	2
Andere	0	3	1	2
Keine	32	32	37	34

Tabelle 5: Interesse an Politik und Parteipräferenz – Angaben in Prozent –

	Interesse an Politik JA		Interesse an Politik NEIN	
	West	Ost	West	Ost
Parteien	n=1398	n=770	n=1216	n=528
CDU	18.3	14.4	11.4	8.9
SPD	36.6	23.0	18.9	9.3
Grüne	17.0	13.6	10.3	8.9
Bündnis 90	0	12.6	–	4.0
PDS	0	9.1	–	3.8
FDP	5.3	6.1	1.8	3.4
Republikaner	1.2	2.1	1.2	2.7
keine	21.6	19.1	56.3	59.1

wegten Politikspektrums, allerdings weit weniger zur SPD hingezogen. In diesem Zusammenhang gilt es Unterschiede zu berücksichtigen, die im Osten etwas deutlicher hervortreten, als es bislang angenommen wird. Während die Anhängerschaft der Grünen vorwiegend ökologische Belange im Sinne von Natur- und Umweltschutz zu ihrem Aufgabenfeld macht, treten Bürgerbewegungen im Kern für neue Formen der Politikvermittlung ein. Die unterschiedlichen Politikprofile wirken sich auch auf die Anhänger und Sympathisanten der politischen Bewegungen aus. Zudem lassen sich hinter den Affinitätsprofilen anhaltende Suchbewegungen vermuten, möglicherweise sogar hin zu jener Gruppe, die keine der genannten Parteien präferiert. Dieser Gruppe gebührt offenkundig die größte Aufmerksamkeit, weil hier in besonderer Weise soziale Desintegration und politische Indifferenz und Desinteresse anzutreffen sind (vgl. Eilfort 1992) (Tabelle 5).

Wie sehr das Interesse bzw. Nichtinteresse für Politik mit bestimmten Affinitätsstrukturen verbunden ist, zeigt sich einerseits besonders bei denjenigen Jugendlichen, die angeben, keiner Partei nahezustehen und andererseits bei jenen, die mit den Parteien und Gruppen im Umfeld des sozialdemokratischen, linkssozialistischen, bürgerbewegten bzw. ökologischen Politikspektrums sympathisieren. Dieser Zusammenhang wird besonders augenfällig bei den Jugendlichen aus dem Osten Deutschlands.

Um nähere Aufschlüsse über Differenzierungen in den politischen Interessenstrukturen zu erhalten, wurden vier Gruppen (Interesse für Politik und Präferenz einer Partei, kein Interesse für Politik und Präferenz einer Partei sowie Interesse für Politik und keine Präferenz für eine Partei und kein Interesse für Politik und keine Präferenz für eine Partei) gebildet und auf ihre Relevanz hin für die Ausprägung unkonventioneller politischer Beteiligungsformen, jeweils mit und ohne Gewaltakzeptanz untersucht (vgl. Kaase 1983). Die Ergebnisse machen darauf aufmerksam, daß es im Hinblick auf die Beteiligung an außerparlamentarischen Aktionen starke Gemeinsamkeiten unter den Jugendlichen gibt, die zwar ein generelles Interesse an Politik bekunden, sich allerdings darin unterscheiden, ob sie einer oder aber keiner bestimmten Partei

Tabelle 6: Unterschiedliche politische Interessenstrukturen und unkonventionelle politische Beteiligung (mit Gewaltakzeptanz) – Angaben in Prozent –

unkonventionelle politische Beteiligung mit Gewaltakzeptanz	Interesse für Politik und Präferenz einer Partei West n=1141	Ost n=644	kein Interesse für Politik und Präferenz einer Partei West n=541	Ost n=233	Interesse für Politik und keine Präferenz einer Partei West n=302	Ost n=147	kein Interesse für Politik und keine Präferenz für eine Partei West n=685	Ost n=312
in starkem Maße vertreten	33.0	40.1	23.5	30.5	32.1	32.0	27.7	25.6
weniger stark vertreten	40.6	43.0	41.4	49.8	41.1	53.7	35.8	46.5
kaum vertreten	26.4	16.9	35.1	19.7	26.8	14.3	36.5	27.9

Tabelle 7: Parteipräferenz und Sozioökonomischer Status* – Angaben in Prozent –

Partei	1 West n=308	1 Ost n=249	2 West n=145	2 Ost n=30	3 West n=489	3 Ost n=269	4 West n=1481	4 Ost n=704	5* West n=168	5* Ost n=42
CDU	17.5	10.0	16.6	13.3	19.8	12.6	13.8	12.6	8.9	13.3
SPD	25.3	12.7	26.9	13.3	27.6	14.9	30.0	18.0	23.8	20.0
Grüne	20.1	18.4	16.6	14.6	14.9	11.1	12.3	14.6	11.3	1.3
Bündnis 90		16.9		10.6		12.3		5.3		6.7
PDS		12.4		16.7		6.7		4.8		4.4
FDP	9.1	4.4	5.5	13.3	4.1	8.9	2.6	3.4	1.2	4.4
Republikaner	1.3	1.2			1.0	1.9	1.4	2.8	1.8	4.4
Keine	26.6	24.1	35.4	20.0	32.5	30.9	40.0	41.2	53.0	45.2

* Zur Bestimmung des Sozioökonomischen Status siehe Geyer in diesem Band.

1 pädagogische Berufe mit akademischem Abschluß und in Fach- und Hochschulen; höhere Beamte bzw. Angestellte, Freiberufliche

2 Selbständige und Gewerbetreibende, pädagogische Berufe in Schule und Erwachsenenbildung, Berufe mit Fachschulabschluß, Berufsoffiziere

3 mittlere Beamte, qualifizierte Angestellte, Meister, Techniker

4 Facharbeiter, Berufsabschluß im gewerblichen und landwirtschaftlichen Bereich, Berufe im kaufmännischen Bereich, Landwirt, pädagogische Berufe im Vorschulbereich,

5 Un- und Angelernte, Teilfacharbeiter

nahestehen. Umgekehrt gilt wiederum, daß Jugendliche, die kein Interesse für Politik zeigen und unabhängig davon, ob sie mit einer Partei sympathisieren oder nicht, sich auch weniger an politischen Aktionen beteiligen. Abgesehen von der Tatsache, daß die Affinität der politisch interessierten ostdeutschen Jugendlichen zu gewalthaltigen politischen Aktionsformen etwas höher liegt als bei West-Jugendlichen, unterscheiden sich die jeweiligen Interessenstrukturen kaum im Ost-West-Vergleich. Wie man sieht, ist ein Desinteresse gegenüber Politik und Parteiensystem keineswegs mit einer steigenden Affinität zu unkonventionellen, möglicherweise gewalthaltigen Aktionsformen verbunden, ganz im Gegenteil. Eher läßt sich ein Auseinanderdriften in den politischen Orientierungen zwischen Jugendlichen vermuten, bei denen das Interesse an Politik mit Parteipräferenz und Sympathie für unkonventionelle politische Beteiligungsformen einhergeht, und jener Gruppe von Heranwachsenden, die in jeder Hinsicht auf Distanz zur Politik geht (vgl. Tabelle 6).

Eine der grundlegenden Fragen für den Gestaltwandel des Politischen ist die nach der Stabilität und dem Wandel politischer Konfliktlinien. Eine politische Konfliktlinie läßt sich als eine relativ stabile Koalition zwischen bestimmten gesellschaftlichen Gruppen und bestimmten politischen Parteien definieren (Pappi 1983). Diese Beziehung dürfte besonders im Hinblick auf die Jugendlichen aus dem Osten von Interesse sein. Denn es läßt sich vermuten, daß eine bislang kaum entwickelte politische Institutionenstruktur im Osten zu gravierenden Unterschieden gegenüber West-Jugendlichen führen wird. So eindeutig läßt sich die Differenz allerdings nicht ausmachen.

Die Ähnlichkeiten treten offenbar deutlicher im politischen Spektrum der „neuen Politik" hervor, also in den Themen und Politikfeldern, die sehr stark von den Grünen und Bürgerbewegungen vertreten werden. Jenen politischen Parteien bringen überwiegend Jugendliche mit einem relativ hohen Sozialstatus Sympathie entgegen (Vgl. Tab. 7). Die SPD nimmt allem Anschein nach eine mittlere Position ein. Erweist sie sich doch für Jugendliche unterschiedlicher sozialer Herkunft gleichermaßen attraktiv. Bei westdeutschen Jugendlichen scheint die Affinität nach sozioökonomischen Gruppen noch etwas stärker ausgeprägt zu sein als unter ostdeutschen Jugendlichen (vgl. Tab. 7). Als Bestätigung dafür können auch die Befunde für den Ausprägungsgrad unkonventioneller politischer Beteiligungsformen bei unterschiedlichen sozialen Gruppen herangezogen werden (vgl. Tab. 1). Für einen Teil der Jugendlichen bildet die SPD nach wie vor ein nicht zu unterschätzendes Identifikations- und Handlungspotential, allerdings im Westen mehr noch als im Osten. Dafür dürfte wahrscheinlich die seit Ende der vierziger Jahre nicht mehr vorhandene sozialdemokratischen Tradtion in der DDR mit ausschlaggebend sein.

Egal welcher sozialen Herkunft und gleichermaßen in Ost und West sind es vor allem linke, sozialistisch-sozialdemokratische und postmaterialistische Themen, die die Jugendlichen ansprechen. Eine Ausnahme bilden dabei Jugendliche aus Unterschichten, für die noch am ehesten die SPD in Frage kommt. Die PDS scheint besonders für Jugendliche aus den ehemaligen und alt-neuen Eliten Ostdeutschlands interessant zu sein. Dabei handelt es sich um eine Gruppe, die ihr politisches Interessenprofil möglicherweise aus den Problemen des Untergangs der DDR-Gesellschaft und dem damit verbundenen Verlust ihrer sozialen Position bezieht.

Der CDU neigen offenbar Jugendliche aus verschiedenen sozialen Gruppen in gleicher Weise zu. Interessanterweise wissen sich von dieser Partei in der Oberschicht in stärkerem Maße West-Jugendliche angesprochen, während es im Osten gleichermaßen auch Jugendliche aus der Unterschicht sind (vgl. Tab. 7). Unterschiedliche Gründe können dafür herangezogen werden. Für die Ost-Jugendlichen in deprivierter Lage ist die CDU vermutlich ein politischer Akteur, dessen Verheißungen vom „Aufschwung Ost" in dieser Gruppe auf fruchtbaren Boden fallen, wohingegen die Partei für die West-Jugendlichen der Garant des Status quo sein mag. Der Anteil an Jugendlichen, die sich stärker auf unkon-

Tabelle 8: **Parteipräferenz, Interesse an Politik und Geschlecht. - Angaben in Prozent**

	West				Ost			
	Interesse an Politik				Interesse an Politik			
	JA		NEIN		JA		NEIN	
	männl.	weibl.	männl.	weibl.	männl.	weibl.	männl.	weibl.
Partei	n=796	n=602	n=489	n=727	n=396	n=374	n=245	n=283
CDU	20.0	16.1	13.5	10.0	17.2	11.5	11.0	7.1
SPD	37.3	35.5	17.8	19.7	25.8	20.1	11.4	7.4
PDS					9.1	9.1	2.0	5.3
Grüne	14.7	20.1	8.0	11.8	11.4	16.0	6.5	11.0
Bündnis 90					11.1	14.2	6.5	4.9
FDP	4.9	5.8	1.4	2.1	6.3	5.9	2.9	3.9
Republikaner	1.8	.5	2.5	.4	3.3	.8	5.7	
keine	21.4	21.9	56.9	56.0	15.5	22.5	54.6	60.4

ventionelle politische Beteiligungsformen einlassen, ist unter den CDU-Anhängern vergleichsweise gering.

Das wenn auch geringe, so doch beachtenswerte Potential der Republikaner trifft man vor allem in den Unterschichten an, in stärkerem Maße als im Westen noch im Osten. Besonders in diesen Gruppen, wo bereits unter den Bedingungen der DDR-Gesellschaft die Erosion in den Sozialmilieus weit gediehen war, führt die hohe Dynamik des gesellschaftlichen Veränderungsprozesses offenbar zu gravierenden sozialen Desintegrations- und Deprivationsprozessen. Dementsprechend hoch ist in den unteren Sozialschichten auch der Anteil derjenigen Jugendlichen, die keinerlei Sympathie für das Parteiensystem aufbringen können.

Betrachtet man die Altersverteilung der politischen Interessenstruktur, so gibt es im Ost-West-Vergleich Besonderheiten zu berücksichtigen. Für den Westen gilt der bekannte Zusammenhang zwischen Alter und politischem Interesse. Je älter die Jugendlichen werden, um so stärker ist ihr politisches Interesse ausgeprägt, in besonderem Maße aber für SPD und Grüne. Dieser im Westen zu beobachtende Alterseffekt gilt im Osten offensichtlich nicht in gleicher Weise. Der Zusammenhang von Alter und Politik scheint hier von einem Kohorteneffekt überformt zu sein. Wenn in Ostdeutschland bei den politisch interessierten Jugendlichen in den Altersgruppen von 17 bis 29 Jahren die Affinität zu CDU und den Republikanern abnimmt, so wächst sie demgegenüber in bezug auf SPD, Grüne, Bündnis 90 wie ebenso die PDS. Obgleich sich auch unter den Jugendlichen, die der jüngsten Altersgruppe angehören, ein Anteil an Sympathisanten für grün-alternative und linke Politik befindet, verwundert doch das relativ hohe Ausmaß der CDU-Anhänger. Vermutlich kommen in dieser Altersgruppe bereits Ausdifferenzierungen entlang unterschiedlicher politischer Suchbewegungen zur Geltung. Sie könnten evtl. etwas zu tun haben mit der im Vergleich zu anderen Alterskohorten unproblematischeren Ablösung der 13–16 jährigen von den Bedingungen der DDR-Gesellschaft.

Ein besonders sensibler Indikator für das politische Institutionensystem ist das Geschlechterverhältnis in den politischen

Orientierungen. Während im Osten wie im Westen politisch interessierte weibliche Jugendliche bei Grünen und Bündis 90 die Oberhand haben, gilt das im Falle der CDU nicht. Diese Partei spricht in etwas höherem Maße männliche Jugendliche an, und zwar im Westen genauso wie im Osten. Die SPD nimmt in der Geschlechterfrage eine eher moderate Position ein, unter West-Jugendlichen in stärkerem Maße noch als im Osten. Von den Republikanern sind fast ausschließlich männliche Jugendliche beeindruckt. In Ost und West überwiegt in dieser Partei der Anteil der an Politik nichtinteressierten männlichen Jugendlichen geringfügig (Tabelle 8).

Politisierung des „Vorpolitischen" oder Normalisierungstendenzen in den sozialen Bewegungen und alltagskulturellen Stilen

Im Westen hat die Entstehung neuer sozialer und politischer Bewegungen und haben die Verbindungen, die Jugendliche mit diesen eingehen, eine gewisse Normalisierung erfahren. Dies läßt sich für den Osten Deutschlands kaum erwarten. Zwar war die Distanz unter den Jugendlichen zur etablierten Politik in der DDR in der Vergangenheit vorangeschritten. Doch konnten sich nur punktuell Gruppen herausbilden, die ihre Ansprüche auf politische Partizipation und Selbstorganisation geltend machten. Sie entstanden an den Rändern der evangelischen Kirche, teilweise im Schatten staatlich verwalteter Organisationen (z. B. Umweltschutzgruppen und FDJ-Jugendklubs), wie überhaupt in den Nischen halböffentlicher und privater Räume. Erst mit der Verstetigung einer spontanen Protestöffentlichkeit seit 1988/ 89 ist eine Ausbreitung von alternativen Milieus und jugendkulturellen Szenen zu verspüren gewesen (vgl. Kühnel, Sallmon-Metzner 1991). Um so verwunderlicher mutet der Befund an, daß bereits zwei Jahre nach der Maueröffnung ostdeutsche Jugendliche in den Sympathien für unkonventionelle politische Beteiligungsformen und Jugendkulturen ihren westdeutschen AltersgenossInnen kaum nachstehen. Eine gleich starke Verbreitung erfahren unter west- und ostdeutschen Jugendlichen politische Artikulations- und Beteiligungsformen, die sowohl in den Bereichen des zivilen Ungehorsams als auch des (politisch) orientierten Gewalthandelns angesiedelt sind. (Siehe hierzu Watts in diesem Band).

Die in der öffentlichen Meinung verbreitete Auffassung, daß gewalthaltiges Handeln unter ostdeutschen Jugendlichen größere Sympathien genießt als unter westdeutschen Jugendlichen, läßt sich mit den Befunden dieser Untersuchung nicht bestätigen. Sie erhärten allerdings die Ergebnisse des „Deutsch-Polnischen Jugendreports", wo ähnliche Entwicklungen festgestellt werden (Melzer / Lukowski / Schmidt 1991, 120). Selbst wenn man die bloße Sympathie Jugendlicher für die der Gewalt zuneigenden Subkulturen von Skinheads und Hooligans hinzurechnet, wird man keine zusätzlichen Hinweise für ein gestiegenes Gewaltpotential bei Jugendlichen erhalten. Auch in diesem Punkt fallen die Unterschiede zwischen den Ost und West-Jugendlichen ausgesprochen gering aus. So ist der Sympathiegrad für entsprechende jugendkulturelle Stile unter den Jugendlichen generell sehr gering.

Anders verhält es sich dagegen mit den Sympathiepotentialen für neue soziale Bewegungen. Im Hinblick darauf läßt sich durchaus von einer nennenswerten Verbreitung und Normalisierung der Antiatomkraft-, Friedens-und Ökologiebewegung ausgehen. Sowohl der Zugehörigkeit nach als auch von den Sympathiepotentialen aus betrachtet erfährt die Ökologiebewegung unter den Jugendlichen in Ost (18.6 % sich Zurechnende und 59,2 % Sympathisanten) und West (21.7 % sich Zurechnende und 54.4 % Sympathisanten) den größten Zuspruch (Tabelle 9).

Die der Friedensbewegung oder der Ökologiebewegung nahestehenden Jugendlichen aus dem Westen weisen deutlich erkennbare Präferenzen für Grüne und SPD auf. Diese eindeutigen Zuordnungen in den politischen Orientierungen gelten für die Ost-Jugendlichen lediglich für Anhänger der Grünen und des Bündnis 90. In stärkerem Maße als im Westen wissen sich Sympathisanten der Bewegungszene im Osten auch der CDU zugewandt. Die SPD spielt hier nicht die Rolle, die ihr im anderen Teil Deutschlands traditionell zukommt. Generell tritt also die im Westen zu beobachtende ideologische Konfliktlinie zwischen Grünen- und SPD-Anhängern einerseits und CDU-Sympatisanten andererseits im Osten nicht mit solcher Deutlichkeit hervor. Offenbar lassen die im Osten vorfindlichen Allianzverhältnisse in bezug auf die politischen Institutionen vorerst noch weniger Spielraum für Ausdifferenzierungen. Hinzu kommt nicht nur die kaum ausgeprägte sozialdemokratische Tradition im Osten, sondern auch der Umstand, daß zumindest nach dem Mauerfall ein gewisser Teil, der dem sozialen Bewegungssektor zuzurechen ist, auch in der CDU Aufnahme fand.

Fazit

Für den westlichen Teil wird man unter modernisierungstheoretischen Gesichtspunkten davon ausgehen können, daß die Orientierung Jugendlicher auf Organisationsformen, Aktionen und Themen im Umfeld der „neuen Politik" eine gewisse Normalisierung erfahren hat. Ob unter dem Eindruck der andauernden politischen Entscheidungsprobleme, die durch die Vereinigung wieder stärker auf die Tagesordnung getreten sind, auch eine generelle Abwendung vom poli-

Tabelle 9: Zugehörigkeit und Sympathie hinsichtlich jugendkultureller Stile (eine Auswahl) – Angaben in Prozent

	zähle mich selbst dazu		gehöre nicht dazu / finde solche Leute aber ganz gut	
	West n=2614	Ost n=1298	West n=2614	Ost n=1298
Skinheads	2.3	1.7	2.0	3.2
Hooligans	2.8	1.6	1.1	1.5
Rocker	2.9	2.4	8.9	18.2
Punks	2.1	2.2	12.2	9.0
Hausbesetzer	2.3	1.4	14.5	16.2
AKW-Bewegung	11.1	7.0	47.5	46.7
Ökologiebewegung	21.7	18.6	54.4	59.2
Friedensbewegung	14.0	15.7	55.5	62.2

tischen Institutionensystem zu verzeichnen sein wird, läßt sich den vorliegenden Untersuchungsergebnissen nicht entnehmen. Was sich dagegen andeutet, sind Ausdifferenzierungsprozesse zwischen jenen Jugendlichen, bei denen ein stärkeres politisches Interesse mit Sympathien für eine bestimmte Partei und politischen Aktionsformen einhergeht, und Jugendlichen, die gegenüber allen Formen des Politischen auf Distanz gehen.

Was überdies festzuhalten bleibt und der Erklärung bedarf, ist die im Vergleich zu westdeutschen Jugendlichen alles in allem verblüffende Ähnlichkeit in den politischen Orientierungsmustern und Affinitätsstrukturen bei ostdeutschen Jugendlichen. Dieser Befund scheint nicht nur für Jugendliche zu gelten, sondern genereller Natur zu sein (vgl.Dietrich/ Erbring/ Klingemann 1992). Gleichwohl läßt sich festhalten, daß die politische Bindungsfähigkeit der Institutionen und Beteiligungsformen in der einstigen DDR-Gesellschaft als weitaus geringer zu veranschlagen ist, als dies landläufig angenommen wird. Die Abwanderung der jungen Generation aus dem politischen und gesellschaftlichen System der DDR eröffnete Möglichkeitshorizonte, in begrenztem Maße an den kulturellen Modernisierungsprozessen westlicher Industriegesellschaften teilzuhaben. Daß ostdeutsche Jugendliche an die symbolisch-kulturelle Modernisierung in politischer Hinsicht relativ rasch anschließen konnten, liegt in den Bedingungen des Vereinigungsprozesses selbst begründet. Der ausgesprochen massive und schnelle Einzug des politischen Institutionensystems aus dem Westen bewahrt zwar die Bürger aus dem Osten vor der konfliktreichen Agenda der Institutionengründung. Er läßt aber damit nur Assoziationsverhältnisse entstehen, die sich kaum von denen der Bundesrepublik unterscheiden. Ausnahmen bilden hier lediglich die PDS, die überwiegend von einem Teil der Jugendlichen aus den alt-neuen Eliten präferiert wird, und das Bündnis 90. Die nach wie vor noch geringe Bindungsfähigkeit der neuen Parteien und die Erfahrungen mit dem politischen System aus der Vergangenheit lassen für die Jugendlichen im Osten Deutschlands eine ausgeprägte Differenz zwischen linken postmaterialistischen, rechten materialistischen und linken materialistischen Orientierungen bisher nicht zu (vgl. Fuchs 1990).

Literatur:

Beck, Ulrich (1986)
Risikogesellschaft. Auf dem Weg in eine andere Moderne,
Frankfurt a.M.

Dietrich, Nils/ Erbring, Lutz/ Klingemann, Hans-Dieter (1992)
Die Verarbeitung von Krisenfaktoren im soziopolitischen System Berlins,
Wissenschaftszentrum für Sozialforschung Berlin

Eilfort, Michael (1992)
Sind Nichtwähler auch Wähler?
in: Das Parlament, Nr. 9, 21.2., S.10

Friedrich, Walter (1990)
Mentalitätswandlungen der Jugend der DDR,
in: Beilage zur Wochenzeitung Das Parlament, Nr. 16–17

Fuchs, Dieter; Kühnel, Steffen (1990)
Determinants of the Mobilization Potential of New Social Movements,

Paper presented at the ISA World Congress, Madrid

Fuchs, Dieter (1990)
Zum Wandel politischer Konfliktlinien: Ideologische Gruppierungen und Wahlverhalten, FS III 90–205, Wissenschaftszentrum für Sozialforschung Berlin

Heitmeyer, Wilhelm (1991)
Individualisierungsprozesse und Folgen für die politische Sozialisation von Jugendlichen. Ein Zuwachs an politischer Paralysierung und Machiavellismus?
in: W. Heitmeyer/ J. Jacobi, Hrsg., Politische Sozialisation und Individualisierung, Weinheim und München, S.15–34

Hofmann-Göttig, Joachim (1991)
Jungwählerverhalten,
in: W. Heitmeyer/ J. Jacobi, Hrsg., Politische Sozialisation und Individualisierung, Weinheim und München, S.119–128

Hornstein, Walter (1991)
Der Gestaltwandel des Politischen und Aufgaben der politischen Bildung,
in: W. Heitmeyer/ J. Jacobi, Hrsg., Politische Sozialisation und Individualisierung, Weinheim und München, S.199–228

Kaase, Max (1983)
Skala „Unkonventionelle politische Beteiligung",
ZA-Nr. 1190/ 1191, Köln

Kaase, Max (1987)
Jugend und Politik,
in: H.Reimann, H. Reimann, Hrsg., Die Jugend. Einführung in die interdisziplinäre Juventologie,
Opladen, S.112–139

Kühnel, Wolfgang/ Sallmon-Metzner, Carola (1991)
Protestkulturen und Protestdiskurse im Wandel der DDR-Gesellschaft,
in: Berliner Journal für Soziologie, Jg 1., Heft 3, S. 369–392

Melzer, Wolfgang/ Lukowski, Wojtek/ Schmidt, Lutz (1991)
Deutsch-polnischer Jugendreport. Lebenswelten im Kulturvergleich. Weinheim und München

Pappi, Franz U. (1983)
Konfliktlinien,
in: M.G. Schmidt, Hrsg., Westliche Industriegesellschaften. Pipers Wörterbuch zur Politik, Bd. 2,
München/ Zürich, S.103–190

Legitimität unkonventioneller politischer Beteiligung: Unterschiedliche Spuren der „partizipatorischen Revolutionen“ in West und Ost

Meredith W. Watts

Einleitung

Anders als in Ländern wie den Vereinigten Staaten, wo in den letzten Jahren Forschung über politische Sozialisation und politische Bildung etliche Höhen und Tiefen erlebt hat, blieb das wissenschaftliche und politische Interesse in der Bundesrepublik an diesen Themen generell auf einem hohen Niveau. Diese Arbeiten entstanden teils aus einem Interesse an „politischer Bildung“ (siehe Claußen/Kili 1990), am Aufbau nationaler Identität und einer pluralistischen demokratischen Kultur (siehe Literaturbesprechungen in Fischer et al. 1985; Watts et al. 1989; Zinnecker 1987; zur Deutschen Demokratischen Republik z. B. Krisch 1985). Obwohl viele der deutschen Studien sich hauptsächlich mit politischen Einstellungen Erwachsener befaßten (Dalton 1991; Fuchs et al. 1991; Wildenmann 1990), ist doch auch ein erheblicher Zuwachs an jugendorientierter Forschung festzustellen (z. B. Behnken et al. 1991; Büchner/Krüger 1991; Deutsches Jugendinstitut 1991). Die jüngste politische Entwicklung in den ehemaligen sozialistischen Ländern in Mittel- und Osteuropa hat dem Westen Forschungen aus der ehemaligen DDR zugänglich gemacht (z. B. Friedrich 1990; 1991; Friedrich/Griese 1991; Hennig/Friedrich 1991) und einen Zuwachs an gemeinsamer vergleichender Ost-West-Forschung (z. B. Melzer et al. 1991) ermöglicht.

Die Öffnung der Berliner Mauer im November 1989 und die darauffolgende Vereinigung Deutschlands brachte zwei unterschiedliche politische Kulturen zusammen, die sich vierzig Jahre getrennt voneinander entwickelt hatten. Die historische Zusammenführung der beiden deutschen Staaten hat die Möglichkeit für Sozialwissenschaftler geschaffen, 1. die politischen Sozialisationseffekte der verschiedenen Systeme zu vergleichen, und 2. die Transformation der politischen Kultur in beiden Teilen zu untersuchen und in ihrer fortdauernden Transformation zu dokumentieren. Eine Kernfrage lautet: Werden die zwei politischen Kulturen verschmelzen oder wird die „Zusammenführung" der unterschiedlichen jugendlichen Kulturen verschiedene Generationseinheiten bilden? Die Jugendlichen haben nicht nur unterschiedliche Sozialisationsmuster erlebt, sondern auch – während und nach der Einigung – unterschiedliche Erfahrungen gemacht (z. B. Arbeits- und Statusängste; Angst, „Bürger zweiter Klasse zu werden").

Dieses Kapitel berichtet über den Teil der 1991er Jugendstudie, der sich – in Orientierung an der Tradition der Political-Action-Studien (Barnes et al. 1979; Jennings/van Deth 1990) – mit Einstellungen deutscher Jugendlicher zu Formen nicht-institutionalisierter politischer Partizipation befaßt. Für wie legitim werden unkonventionelle politische Aktionsformen gehalten?

Partizipatorische Kultur in Ost und West

Wir werden einige Hypothesen zum Grad der Befürwortung bei verschiedenen Untergruppen (Region: Ost, West; Geschlecht; Alter) prüfen. Es besteht zudem die Möglichkeit, die Legitimität von politischen Demonstrationen, – die bedeutendste Taktik im Untersuchungszeitraum – auf ihren Zusammenhang mit Parteipräferenz und Identifikation mit „neuen sozialen Bewegungen" (Friedensbewegung, Umweltschützer, Kernkraftgegner) und jugendlichen Randgruppen (Skinheads, Fußball-Hooligans) zu untersuchen.

Forschungsergebnisse für Westdeutschland sind in den letzten Jahren im allgemeinen konsistent; für die ehemalige DDR hingegen sind die Analysen oft widersprüchlich und von unterschiedlichen theoretischen, ideologischen Perspektiven geprägt. Im folgenden Abschnitt werden diese wissenschaftlichen Befunde über nicht-institutionelle Partizipation kurz dargestellt und einige Überlegungen zur „partizipatorischen Revolution" im Osten angesprochen.

Die alte Bundesrepublik

Die Political-Action Studien (Barnes et al. 1979; Jennings/van Deth 1990; Kaase 1984; 1990b) liefern wichtige Basisinformationen für unsere eigene Analyse. Jennings (1990, S. 321) berichtet, daß die größte Veränderung in westdeutschen partizipatorischen Orientierungen zwischen 1974 und 1979/80 eine Abnahme der „Protestbereiten" war. Kaase beschreibt dieses Phänomen als einen beträchtlichen Rückgang in der Befürwortung direkter Aktionsformen, ob legal oder illegal (Kaase 1990b, 35). Weiterhin ist beachtenswert, daß die abnehmende Popularität nicht-institutionalisierter Beteiligung nicht das einzige Zeichen der Depolitisierung in der Bundesrepublik während der 80er Jahre war.

Parallel dazu ist ein Rückgang konventioneller Partizipation zu verzeichnen. Er ist abzulesen an der sinkenden Neigung, sich mit Parteien zu identifizieren, sowie an einer verringerten Wahlbeteiligung von Jungwählern zwischen 1983 und 1990. Andere relevante Entwicklungen sind: das „Ergrauen" der Grünen, als die Parteibasis älter wurde und ihre ehemals starke Position unter Jugendlichen ins Wanken geriet; die schwächer werdende Position der Universitäten als Anlaufstelle für politischen und sozialen Protest; und die historische Tatsache, daß nachfolgende Kohorten von westdeutschen Jugendlichen ihre politische Identität während einer konservativen Ära (mit weniger

„unkonventionellen" politischen Vorbildern als in den 60er/70er Jahren) entwickelt haben (siehe Watts 1990, S. 303–309). Die spezifischen nicht-institutionellen Aktionsformen der westdeutschen „partizipatorischen Revolution" (Barnes et al. 1979) sind mit „neuen sozialen Bewegungen" identifiziert und, in der Perspektive vieler Forscher, typische und konstitutive Bestandteile der Existenz solcher Gruppen (Fuchs 1984; Dalton/Kuechler 1990). Dies scheint immer noch der Fall zu sein, obwohl das Kosten/Nutzen-Kalkül sowie die allgemeine Legitimität der unkonventionellen Aktionsformen während der 80er Jahre allgemein einen deutlichen Niedergang erlitten haben.

Und im Osten?

Das politische Leben in der ehemaligen Deutschen Demokratischen Republik hat eine rasche Transformation von dem bürokratischen, zentralisierten Sozialismus der letzten Jahre hin zur dramatischen Politisierung während der revolutionären Ereignisse von 1989 vollzogen. Etwas zugespitzt könnte man die „Normalisierung", die „Beruhigung" und den zunehmenden „Parteiagnostizismus" des westlichen Teils Deutschlands der „revolutionären" Hypermobilisierung (gefolgt von einer Phase der konventionellen Mobilisierung während einer Reihe von Wahlen vom 18. März, 14. Oktober und 2. Dezember 1990) gegenüberstellen. In der ersten, unkonventionellen Phase haben ostdeutsche Jugendliche eine Mobilisierung erfahren und erlebt, die „asynchron" zur westlichen Mobilisierung und Erfahrung verlief. Während die meisten Jugendlichen in der alten Bundesrepublik Zuschauer waren, die Ereignisse im Osten über Massenmedien vermittelt erlebten, waren die Jugendlichen in der ehemaligen DDR direkt und lebensnah und zum Teil psychologisch „existenzbedrohend" betroffen.

Angesichts der Unterschiede in den Ausgangslagen könnte man erhebliche Unterschiede zwischen jungen West- und Ostdeutschen erwarten. Überraschenderweise ergeben sich in vielen empirischen Untersuchungen große Ähnlichkeiten zwischen Ost- und Westdeutschen, wenigstens in bezug auf politische Einstellungen. Um diese Ähnlichkeiten zu erklären, sind unterschiedliche Thesen vorgeschlagen worden: 1.) daß eine „antizipatorische" Phase der Anpassung auf Pluralismus und Protestverhalten den eigentlichen revolutionären Ereignissen vorausging; 2.) daß die offizielle Lehre des „demokratischen Sozialismus" in der politischen Kultur der DDR eine Vorbereitung auf eine pluralistische Demokratie war, auch wenn die partizipatorischen Strukturen fehlten; 3.) daß die ostdeutsche politische Kultur in einer Phase der raschen Transformation zum westlichen Teil „wiedergeboren" wurde (Dalton 1991).

Rytlewski behauptet, daß die Bühne für einen westlichen Pluralismus schon vor den revolutionären Ereignissen im Herbst 1989 vorbereitet war. Alle Erscheinungen der westlichen Jugendkultur waren zu einem gewissen Grad auch im Osten vertreten, außer, so Rytlewski, daß die Jugendszene in der BRD „lauter" und „demonstrativer" als die Szene im Osten war (Rytlewski 1989, S. 215–216). Die DDR-Jugend der 80er Jahre habe bereits eine „Konfliktkultur" gebildet, die „einen Bruch mit einer politisch-administrativ vielfältig honorierten Verhaltenskonformität der Massen" darstellte (Rytlewski 1989, S. 219). Das heißt, daß die ostdeutsche politische Kultur zuletzt bereits auf die „partizipatorische Revolution“ der westlichen Demokratien zugeschnitten war und nur auf eine Inthronisierung pluralistischer politischer Institutionen wartete.

In einer Umfrage von 1990 fand Wildenmann in der erwachsenen Bevölkerung keine wesentlichen Unterschiede in Einstellungen zur politischen Partizipation, zur Befürwortung von Redefreiheit und zum Demonstrationsrecht. Ostdeutsche befürworteten mehr als Westdeutsche das Streikrecht und die Konfrontationsrolle der politischen Opposition (Wildenmann 1990). Dalton fand in weiteren Analysen der selben Daten „eine breite Ähnlichkeit in demokratischen Werten von Ost- und Westdeutschen“ (Dalton 1991, S. 6).

Ähnliches scheint auch für Jugendliche zu gelten. Eine Studie, 1990 vor der Vereinigung durchgeführt (Behnken et al. 1991), fand unter ostdeutschen Schülern (im Alter von 12 bis 18) größere Zuneigung zu alternativen politischen Bewegungen wie Bürgerinitiative, Feministinnen/Frauenbewegung und die Friedensbewegung als unter den westdeutschen Schülern. Weniger ostdeutsche Jugendliche als westdeutsche drückten Zuneigung zu den Republikanern aus, Ostjugendliche sprachen sich häufiger dafür aus, die Republikaner (43 % Ost, 28 % West) und Skinheads (28 % Ost, 19 % West) „zu bekämpfen“. Wichtig dabei war die Schlußfolgerung, daß das Konfliktpotential angesichts dieser erhöhten Polarisierung im Osten größer war als im Westen.

Faßt man diese Befunde zusammen, so deuten sie auf eine Ähnlichkeit der politischen Werte -- mindestens auf verbaler Ebene – in Ost- und Westdeutschland hin; weiterhin könnte man daraus schließen, daß die Ostdeutschen (insbesondere die Jugendlichen) in partizipatorischen und „alternativen“ politischen Orientierungen den Westdeutschen vorausgingen. Zum gegenwärtigen Stand der Forschung wäre es allerdings verfrüht, diese Ähnlichkeiten mit dem westlichen Muster als Beweis einer durchgehenden „Verwestlichung“ der östlichen politischen Kultur zu deuten. Eine Studie, die keine großen Unterschiede in politischen Einstellungen fand, belegte in der Variante des östlichen Pluralismus von 1990 einen starken Zusammenhang zwischen demokratisch-pluralistischen Normen und der Hoffnung, das westdeutsche Wohlstandsniveau zu erreichen; die Bessersituierten waren zugleich die besseren Demokraten (Dalton 1991). Es lauert also eine andauernde Herausforderung in der impliziten oder expliziten Verkopplung von wirtschaftlicher Erwartung und demokratischen Normen, in der vielfältigen Polarisierung der politischen Kultur, zwischen den besser und weniger Gebildeten, zwischen den wahrscheinlichen „Gewinnern“ und „Verlierern“ bei der Einigung und zwischen einer mehr demokratischen jüngeren und einer weniger demokratischen älteren Generation. Kurzum, die Ähnlichkeiten mögen weniger tief verankert sein, als sie auf den ersten Blick erscheinen (Watts 1991). Notwendig ist jedenfalls eine differenziertere Analyse der Auswirkung der ostdeutschen „Revolution“, bevor verläßliche Aussagen über die zukünftige Entwicklung der deutschen politischen Kultur gemacht werden können.

Themen und Hypothesen

Die Aufgabe ist hier, anhand der Daten eine differenzierte Analyse zur Wechselwirkung von Alter, Geschlecht und anderen Merkmalen mit partizipatorischen Ereignissen zu versuchen. Im ersten Schritt wenden wir uns der Auswirkung von Alter und Geschlecht zu.

In einer früheren Analyse fanden wir Belege für eine Binnendifferenzierung nach Alter und Geschlecht unter westdeutschen Jugendlichen, die

„*... auf eine Dynamik der Politisierung in der Phase der mittleren Adoleszenz hinweisen und als Erklärung für die Schnelligkeit herangezogen werden können, mit der Jugend auf politischen Wandel reagiert. Die Form, die die politische Mobilisierung annimmt, hängt natürlich von vielen individuellen Faktoren ab. Aber als Alterskohorte würden vor allem die mittleren jugendlichen Jahre in einer relativ kurzen Zeitperiode (zwei bis drei Jahre) von den vorherrschenden politischen Stimuli stark beeinflußt. Wenn diese Zeitspanne beispielsweise von links-liberalen politischen Strömungen gekennzeichnet wäre, würden wir einen starken Trend hin zu unkonventioneller und nicht-institutioneller politischer Partizipation finden. (Das war etwa in den 70er Jahren der Fall.) Ein Wechsel des politischen Klimas nur wenige Jahre später mag bei der gleichen Kohorte einen ganz anderen Trend einleiten, wenn die politische Wetterlage sie an der Schwelle der späten Adoleszenz trifft.“ (Watts 1990, S. 303–304)*

Weil diese Heterogenität in der Entwicklung politischer Identität in enger Wechselwirkung mit den vorfindlichen Anregungen durch die politische Umwelt steht, können wir eine besonders deutliche Ausprägung dieser Kohortenunterschiede unter Jugendlichen der ehemaligen DDR erwarten. Wir nehmen also an, daß die „prägenden Effekte“ der Wende in der DDR besonders stark bei den jüngeren Jugendlichen, Mitte bis Ende des zweiten Jahrzehnts, auftreten. Jugendliche in diesem Lebensalter sind nicht nur besonders labil und „anfällig“ gegenüber veränderten politischen Umständen, sie haben auch weniger Gelegenheit als ältere Bürger gehabt, ihre Orientierungen an der politischen Wirklichkeit zu überprüfen. Eine Habitualisierung und Verdichtung von dauerhaften Einstellungs- und Verhaltensmustern scheinen im Allgemeinen erst im Alter um Mitte zwanzig und danach aufzutreten (Jennings 1990, S. 315).

Alterseffekte sind selbstverständlich in die breitere politische Umgebung eingebettet. Aufgrund der weiter oben genannten Faktoren erwarten wir, daß die jüngere westdeutsche Jugend im Bereich der politischen Partizipation konventioneller ist als ältere Kohorten (überwiegend eine Folgeerscheinung der historischen Entwicklung, nicht als Lebenszykluseffekt). Im Osten erwarten wir genau das Gegenteil: Eine größere Mobilisierung und ein größeres Ausmaß an „Aktionismus“ unter den jüngeren Kohorten.

Geschlechtseffekte sind im Westen weitgehend erforscht worden, aber das östliche Muster ist – in bezug auf politische Orientierungen – weniger gut dokumentiert. Die offizielle Staatsideologie der ehemaligen DDR behauptete, es gäbe nur noch geringe Differenzen zwischen männlichen und weiblichen Bürgern. In einer Hinsicht mag das stimmen: wie Verba und seine Mitautoren in einer international vergleichenden Studie belegt haben, drängte eine starke politische Mobilisierung jede Art sozialer Differenzierung in konventioneller politischer Beteiligung (Verba et al. 1979) zurück. In einer pluralistischen Gesellschaft zum Beispiel wir-

Tabelle 1: Legitimität unkonventioneller politischer Beteiligung in der Bundesrepublik, 1974 & 1980 (% „befürworte ich ... voll" + % befürworte ich im großen und ganzen")

Aktionsformen	JAHR 1974	1980
Beteiligung an einer Unterschriftenaktion	82	78
Beteiligung an Bürgerinitiativen	**	76
Beteiligung an einer genehmigten politischen Demonstration	62	46
Beteiligung an einem Boykott	36	30
Weigerung, Mieten, Raten oder Steuern zu bezahlen	13	13
Aufhalten des Verkehrs mit einer Demonstration	12	13
Beteiligung an einem wilden Streik	9	8
Gebäudebesetzung (z. B. Fabriken)	6	6
Beschädigung fremden Eigentums, z. B. Fenster einschlagen, Straßenschilder abmontieren oder ähnliches	1	1
Anwendung von Gewalt gegen Personen, z. B. Schlägereien mit Polizisten oder mit anderen Demonstranten von der Gegenseite	3	2

Angaben für 1974 wurden dem ZUMA-Skalenhandbuch (Auflage 1983) entnommen. Prozentzahlen für das Jahr 1980 wurden direkt von der Querschnitt-Stichprobe (CRS-Sample) des Political Action II Datensatzes gerechnet.

ken soziale Bewegungen, Gewerkschaften und ähnliche Gruppen gegen die „normal" auftretenden Unterschiede nach Geschlecht, Alter und Klassenzugehörigkeit, indem sie die weniger Mobilisierbaren aufmuntern und organisieren. Ein Wahlsystem wie das der ehemaligen DDR, wo 95 % oder mehr Wahlberechtigte zur Wahlurne gingen, läßt wenig übrig für soziale Differenzierungen. Das heißt aber auch, Differenzierungen nach Alter, Geschlecht und anderen Merkmalen sind erst erforschbar, wenn die offizielle „Nivellierung" nicht mehr wirksam ist.

Für die Zeit nach der Wende erwarten wir daher deutliche Geschlechtsunterschiede im konventionellen politischen Bereich. Ergebnisse jüngerer Studien bestärken uns darin. Die politische Beteiligung an der Wahl vom 2. Dezember 1990 war im Osten niedriger als im Westen, das traf insbesondere für junge weibliche Wählerinnen zu (Watts 1991 b). Die Schülerstudie '90 von Behnken et al. (1991) fand differenzierte Einstellungen zur deutschen Vereinigung nach Geschlecht, Alter und Bildungsniveau. Dalton belegt – das gilt allerdings für Erwachsene –, daß Bildungsniveau und Alter starke Effekte auf demokratische Einstellungen in den neuen Bundesländern haben (Dalton 1991). Aufgrund dieser Befunde ist zu erwarten, daß Alter und Geschlecht im Osten in Wechselwirkung zu politischen Einstellungen stehen, diese allerdings nicht mit denen im Westen übereinstimmen.

Wir beschränken unsere Analyse zunächst auf die Untersuchung von Alters- und Geschlechtseffekten. Wir versuchen dabei, die Jugendstudie im Rahmen anderer Forschungen über unkonventionelle politische Beteiligung zu beschreiben. Analysiert wird hier allerdings lediglich der Grad der Befürwortung bzw. der Ablehnung nicht-institutioneller Aktionsformen, was etwas von der Traditionslinie der Political-Action-Studien abweicht. (z. B. Barnes et al., 57–96; 152–157; 537–592; Kaase 1990 a; 1990 b).

Politische Partizipation im Jahrzehnt vor der DDR-Revolution

Tabelle 1 (S. 78) enthält Informationen zum Trend in der Bundesrepublik während der 80er Jahre. Verglichen werden hier Daten der Political-Action-Studie 1974 (Barnes et al. 1979) und die Querschnitt-Stichprobe der 1980er Replikation (Jennings/van Deth 1990). Die Daten beziehen sich auf die erwachsene Bevölkerung ab dem 16. Lebensjahr. Im allgemeinen nahm die westdeutsche Befürwortung „unkonventioneller" Partizipationsformen während dieser sechsjährigen Zeitspanne ab. Keine der Aktionsformen konnte während der 70er Jahre eine Zunahme an Popularität aufweisen. Im Gegenteil: die „typischen" nicht-institutionellen Aktionsformen erlitten die größte Einbuße an Legitimität: die Befürwortung von Unterschriftenaktionen und Boykotten fiel um vier bzw. sechs Prozentpunkte, politische Demonstrationen verloren sogar sechzehn Prozentpunkte.

Andere Aktionsformen blieben etwa auf demselben Niveau oder gingen leicht zurück. Steuerverweigerung, Aufhalten des Verkehrs und „härtere" Formen (z. B.Gebäudebesetzung, Gewalt gegen Personen) genossen wenig Sympathie während der siebziger Jahre. Es ist davon auszugehen, daß diese Aktionsformen niemals wirkliche Bestandteile dessen

***Tabelle 2:* Legitimität unkonventioneller politischer Beteiligung nach Altersgruppe: Jugendliche und junge Erwachsene (% „befürworte ich ... voll" + % befürworte ich im großen und ganzen")**

	ALTERSGRUPPE								
	15–20			21–24			25–29		
	1980	1991		1980	1991		1980	1991	
Aktionsformen		West	Ost		West	Ost		West	Ost
Unterschriftenaktion	89	89	87	86	88	87	93	91	88
Bürgerinitiativen	89	84	82	90	84	89	88	88	85
genehmigte Demonstration	65	72	78	59	76	84	68	76	84
Aufhalten des Verkehrs	21	31	29	26	30	32	21	28	32
nicht genehmigte Demonstration	–	22	25	–	24	29	–	22	25
Steuerverweigerung	21	20	18	22	21	20	25	21	20
Wilder Streik	16	17	19	18	21	21	20	19	15
Beschädigung fremden Eigentums	2	3	2	1	2	0	1	1	1
Gewalt gegen Personen	4	3	4	0	2	1	2	1	2

Angaben für 1980 wurden von dem Political Action II-Datensatz (Jennings and Van Deth, 1990) gerechnet; Daten für 1991 sind von der Jugendstudie. Die Items „Boykott" und „Gebäudebesetzung" wurden in der 1991er Jugendstudie nicht verwendet; „nicht-genehmigte Demonstration" wurde in der 1980er PAS nicht erhoben, wurde aber in der Jugendstudie 1991 verwendet.

waren, was die Autoren der Political-Action-Studie die „partizipatorische Revolution" nannten; Elemente des erweiterten Repertoires normaler Partizipation von Staatsbürgern wurden sie jedenfalls nicht.

Im folgenden werden wir die Binnendifferenzierung jugendlicher Kohorten untersuchen. Dabei verfolgen wir zwei Hauptziele: Soweit als möglich soll die Vergleichbarkeit der Daten der 1991er Jugendstudie mit den Daten der Political-Action-Studien hergestellt werden; ferner geht es darum, die Erfahrungen von ost- und westdeutschen Jugendkohorten mit der „partizipatorischen Revolution" vergleichend gegenüberzustellen.

Anhand der Querschnitt-Stichprobe von 1980 ist eine Differenzierung der jüngeren Kohorten möglich. In Tabelle 2 (S. 79) unterscheiden wir drei Altersgruppen von Jugendlichen und jungen Erwachsenen: 15 bis 20, 21 bis 24 und 25 bis 29 Jahre.

Obwohl zwischen den beiden Untersuchungen Unterschiede in der Definition der Stichproben und in anderen Erhebungsdetails bestehen, ist eine gleiche Grundtendenz in den Ergebnissen festzustellen. Die verschiedenen Formen der nicht-institutionellen Partizipation weisen zum Beginn und zum Ende der 80er Jahre – im Osten wie im Westen – die gleiche Rangordnung auf (wobei für Ostjugendliche die Möglichkeit zur Beteiligung erst seit Ende der 80er Jahre gegeben war).

Unterschriftenaktionen wurden 1980 und 1991 von allen Alterskategorien nahezu mit 90 Prozent befürwortet. Bürgeriniativen waren 1980 ebenfalls in allen Altersgruppen mit etwa 80 bis 90 Prozent Befürwortern gleich populär. 1991 finden wir leichte Altersunterschiede.

Die Ergebnisse zu der Frage nach „genehmigten Demonstrationen" verweisen hingegen auf Unterschiede zwischen den befragten Gruppen. Demonstrationen waren Ende der achtziger Jahre zweifelsohne sichtbarer und dramatischer in ihrer öffentlichen Wirkung als alle anderen Aktionsformen. Die „Montag-Demos" in Leipzig und andere öffentliche Demonstrationen mögen die Befürwortung dieser Beteiligungsform auf ein Niveau gehoben haben, wie es seit den siebziger Jahren in Deutschland nicht mehr erlebt wurde. Natürlich ist zu erwarten, daß die Befürwortung im Osten noch höher als im Westen liegt.

Die Ergebnisse: Politische, genehmigte Demonstrationen haben bei den Jüngsten und Ältesten der westdeutschen Jugendlichen an Popularität gewonnen (um etwa acht Prozent). Bei den 21–24jährigen Westdeutschen liegt der Anstieg gar bei siebzehn Prozent. Beziehen wir den Regionaleffekt mit ein: Ostdeutsche Jugendliche („1991 Ost" in Tabelle 2) befürworten häufiger (sechs bis acht Prozent) als ihre westdeutschen Altersgenossen genehmigte Demonstrationen. Diese relativ konsistente Variation kann als eine unmittelbare Auswirkung der unterschiedlichen Ost-West Erfahrung gedeutet werden.

Leichte regionale Unterschiede gleicher Tendenz finden wir für „nicht genehmigte Demonstrationen": ostdeutsche Jugendlichen befürworten häufiger als westdeutsche (drei bis fünf Prozentpunkte Unterschied) diese Aktionsform. Eine verwandte Aktionsform, die in den Ereignissen von 1989 zu beobachten war – Aufhalten des Verkehrs –, kann ebenfalls eine Zunahme verzeichnen: in allen Altersgruppen ist 1991 eine höhere Befürwortung festzustellen als 1980 (sieben bis zehn Prozentpunkte Unterschied).

Detaillierte Analyse der jugendlichen Alterskohorten

Die nun folgenden Analysen stützen sich ausschließlich auf die 1991er Studie. Die bisher zugrundeliegende Altersgruppenbildung, die auf die Stichprobe der Political-Action-Studie von 1980 zugeschnitten war, erlaubte keine Feindifferenzierung innerhalb der Altersgruppe der 15–20jährigen. Obwohl Altersgruppierungen häufig willkürlich und theoretisch nur schwer abzusichern sind, haben wir die Alterskategorien der 1985er Jugendstudie (Fischer et al. 1985) verwendet. Die Studie unterschied die Altersgruppen von 15 bis 17 und von 18 bis 20 Jahren. Diese Einteilung ist für eine Analyse von politischen Einstellungen sinnvoll, da sie „Vorwähler" und potentielle „Erstwähler" unterscheidet. Die Gruppe der 21- bis 24jährigen entspricht etwa der Gruppe der „Zweitwähler". Die 1991er Studie enthält ausgedehnte Vergleichsmöglichkeiten, da hier die drei Altersgruppen um zwei weitere (13 bis 14 Jahre, 25 bis 29 Jahre) ergänzt wurden.

Die nach Altersgruppen differenzierte Analyse (Tabelle 3) liefert Einsichten in den Prozeß der Politisierung von Jugendlichen in verschiedenen Entwicklungsphasen. Zwei allgemeine Muster sind hervorzuheben. Zum einen: Für westdeutsche Jugendliche läßt sich eine tendenzielle Zunahme an Befürwortung der Aktionsformen Unterschriftensammlung, Bürgerinitiative und genehmigte Demonstration mit zunehmendem Alter feststellen. Der größte Sprung in der „Politisierungskurve" innerhalb der Altersgruppen findet zwischen den Jüngsten, den 13- bis 14jährigen, und der darauffol-

Tabelle 3: Legitimität unkonventioneller politischer Beteiligung nach Alter und Region (West/Ost). Jugendstudie 1991

Aktionsformen		ALTERSGRUPPEN 13–14	15–17	18–20	21–24	25–29
Unterschriftenaktion	West	84	89	89	88	91
	Ost	82	89	86	87	88
Bürgerinitiativen	West	72	83	85	84	88
	Ost	67	78	84	89	85
genehmigte Demonstration	West	62	70	74	76	76
	Ost	68	83	74	84	84
Steuerverweigerung	West	18	21	21	21	21
	Ost	2	17	19	20	20
wilder Streik	West	12	17	17	21	19
	Ost	18	20	17	21	15
Aufhalten des Verkehrs	West	21	21	31	30	28
	Ost	15	26	36	32	31
Beschädigung fremden Eigentums	West	2	5	2	2	1
	Ost	6	3	2	0	1
Gewalt gegen Personen	West	2	4	0	2	1
	Ost	6	4	4	1	2
nicht genehmigte Demonstration	West	15	21	23	24	22
	Ost	19	31	21	29	25

genden Altersgruppe, den 15- bis 17jährigen, statt. Während dieser Lebensjahre sind Jugendliche noch nicht stimmberechtigt, Engagement in verschiedenen institutionellen und nicht-institutionellen politischen Aktivitäten ist jedoch durchaus möglich.

Diese steigende Tendenz im Bereich der „sanfteren" findet keine Entsprechung im Bereich der „härteren" Aktionsformen (s. Tabelle 3, unterhalb der gestrichelten Linie). Das heißt, ältere Jugendliche unterscheiden sich in ihrer Befürwortung bzw. Ablehnung von „härteren" Formen (wie Steuerverweigerung, wilde Streiks, Gewalt gegen fremdes Eigentum oder Personen) nicht von den jüngeren. In dieser Hinsicht ist der Verlauf des Legitimierungsprozesses ein anderer als bei den überwiegend legalen Aktivitäten (s. Tabelle 3, oberhalb der gestrichelten Linie). Die Aneignung der sanfteren Taktiken scheint Spuren einer altersabhängigen Sozialisation zu tragen, während die härteren Formen eine solche altersbedingte „Aneignungskurve" nicht aufweisen.

Das zweite allgemeine Muster belegt die unterschiedlichen Auswirkungen der partizipatorischen Revolution auf die Jugendlichen im östlichen Teil Deutschlands. Wie im Westen gab es ein „Altersgefälle", wobei die jüngste Gruppe (13- bis 14jährige) unkonventionellen Formen („sanftere" Formen) weniger Sympathie entgegenbringt. Das heißt, der altersabhängige Schub in der mittleren Jugendgruppe (politisch: die unmittelbare „Vorwähler"-Phase) wird hier nochmals – diesmal im Osten – empirisch bestätigt. Für die folgenden Gruppen läßt sich eine solche Zunahme nicht feststellen. 15- bis 17jährige ostdeutsche Jugendliche sind den jungen Erwachsenen, den 25- bis 29jährigen, in ihrem Enthusiasmus für nicht-institutionelle Partizipation ebenbürtig. Hervorzuheben ist die hohe Befürwortung von Demonstrationen durch die 15- bis 17jährigen: Ein Hinweis darauf, daß diese Alterskohorte auf die Politisierung durch die ostdeutsche Revolution besonders empfindlich reagiert hat. Mehr als alle anderen politischen Aktionsformen hatten die Demonstrationen Einfluß auf die partizipatorische politische Kultur Ostdeutschlands.

Wie im Westen ist bei den Befragten im Osten eine geringe Befürwortung von härteren Taktiken zu vermerken. Aufhalten des Verkehrs und Gewalt gegen fremdes Eigentum (sowie Personen) waren bei Ostjugendlichen genauso populär bzw. unpopulär wie bei Westjugendlichen. Die „friedliche Revolution" in der DDR scheint (wenn wir uns auf die vorliegenden Items der Political-Action-Study beziehen) ihren Niederschlag auch in der Ablehnung von härteren Formen politischer Auseinandersetzung gefunden zu haben.

Die wichtigsten Unterschiede betreffen die Befürwortung von Demonstrationen. Schränken wir die abschließende Analyse auf diese Aktionsform ein, kann die Analyse nicht nur vereinfacht werden, sondern auch mit multivariaten Methoden arbeiten. Zu diesem Zweck haben wir eine neue abhängige Variable aus den summierten Antworten zu genehmigten und nicht-genehmigten Demonstrationen gebildet. Diese „Skala" kann Werte von zwei (befürworte beide voll) bis acht (lehne beide ab) annehmen. Aus praktischen Gründen wurde die Skala „umgepolt", um der hohen Befürwortung den höchsten Skalenwert zu geben. Mittelwerte nach Alter, Ge-

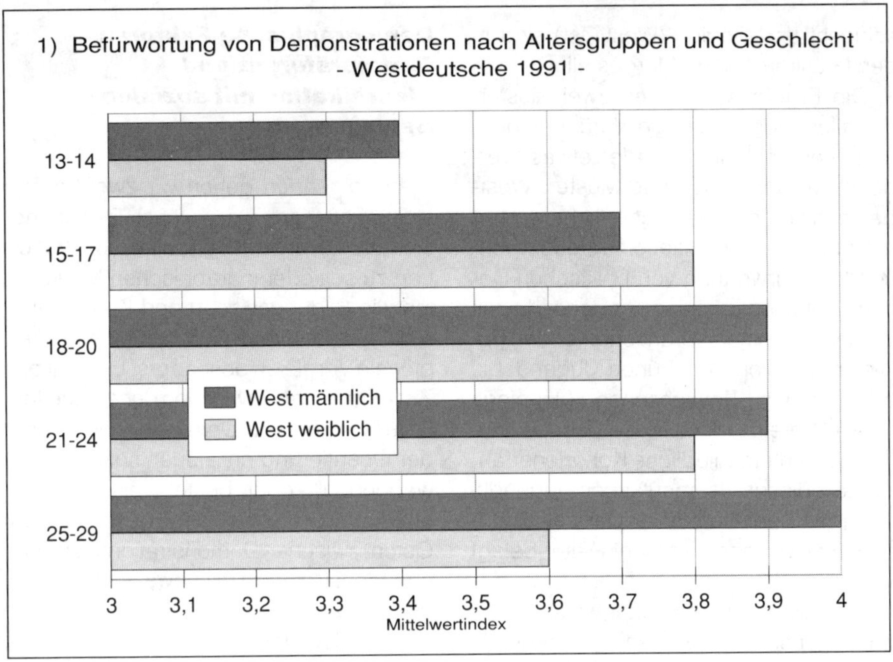
1) Befürwortung von Demonstrationen nach Altersgruppen und Geschlecht
- Westdeutsche 1991 -
13-14
15-17
18-20
21-24
25-29
West männlich
West weiblich
3
3,1
3,2
3,3
3,4
3,5
3,6
3,7
3,8
3,9
4
Mittelwertindex

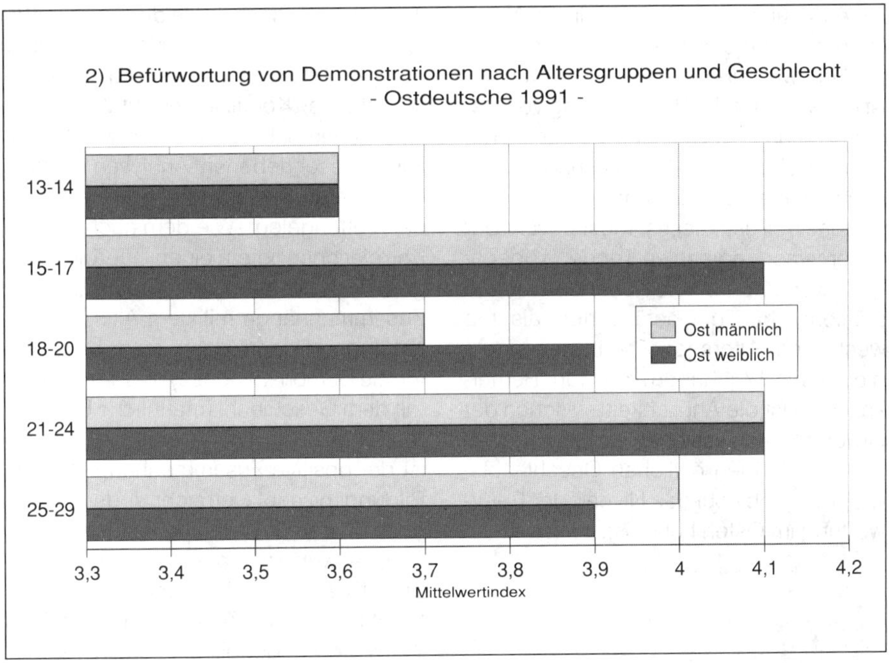
2) Befürwortung von Demonstrationen nach Altersgruppen und Geschlecht
- Ostdeutsche 1991 -
13-14
15-17
18-20
21-24
25-29
Ost männlich
Ost weiblich
3,3
3,4
3,5
3,6
3,7
3,8
3,9
4
4,1
4,2
Mittelwertindex

schlecht und Region (West/Ost) sind in den Grafiken 1 und 2 dargestellt.

Die Ergebnisse zeigen zwei Muster, die allerdings durch die darüberliegenden Regionalunterschiede etwas verdeckt werden. Das erste Muster: Westdeutsche männliche Jugendliche weisen mit zunehmendem Alter eine stetig wachsende Befürwortung von politischen Demonstrationen auf; eine Tendenz, die mit dem Modell einer „voranschreitenden Politisierung" von der frühen Jugend bis zum jungen Erwachsenen (Jennings 1990) übereinstimmt. Dieser Trend könnte durch unterschiedliche Kohortenerfahrungen dieser westdeutschen Jugendlichen mit beeinflußt sein. Der zeithistorische Faktor kann hier nicht weiter belegt werden.

Das zweite Hauptmuster weist – ganz im Gegensatz zum ersten – einen deutlichen Aufwärtstrend während der frühen Jugend auf, verbunden mit einem Abflachen der Kurve in späteren Jahren. Bemerkenswert an diesem zweiten Muster ist die Stabilität der Befürwortung von Demonstrationen bei der Gruppe der älteren Jugendlichen (21–24 Jahre) und jungen Erwachsenen (25–29 Jahre).

Zum Teil ist dieses Muster von der allgemeinen regionalen Tendenz überlagert, wonach *alle* Ost-Kohorten Demonstrationen häufiger befürworten, als ihre westlichen Altersgenossen (besonders die 15- bis 17-jährigen) dies tun. Bemerkenswert ist die Ähnlichkeit zwischen der Gruppe der westlichen jungen Frauen und den beiden östlichen Geschlechtsgruppen – obwohl das Niveau der Befürwortung im Osten höher ist.

Demographische Faktoren, Parteipräferenz und Identifikation mit sozialen Bewegungen

Im folgenden gehen wir zwei Fragestellungen nach. In welcher Beziehung steht die Befürwortung von Demonstrationen zu soziodemographischen Merkmalen wie Bildungsniveau und Parteipräferenz? Dabei interessiert natürlich der regionale Vergleich besonders. Besteht ein Zusammenhang zwischen der ermittelten Befürwortung von Demonstrationen und der Orientierung an „neuen sozialen Bewegungen"; oder besteht ein entsprechender Zusammenhang (besonders im Osten) zwischen Demonstrationsneigung und Identifizierung mit gewaltförmigen jugendlichen Subkulturen (z. B. Skinheads, Fußball Hooligans)?

In Tabelle 4 (S. 85) sind Korrelationen (Pearson) dargestellt. Da die Binnendifferenzierung nicht linear und von einiger Komplexität ist, sind diese vergleichsweise einfachen Koeffizienten mit Vorsicht zu interpretieren. Die komplexen Muster der zuvor beschriebenen Analysen werden bei linearen Statistiken eher verschleiert denn offengelegt. Wie dem auch sei, die Korrelationen liefern einen Überblick: Allgemein bestehen geringfügige positive Zusammenhänge mit dem Alter (je älter die Jugendlichen, desto mehr befürworten sie Demonstrationen) und, im Westen, mit dem Geschlecht (männliche Befragte reagieren positiver als weibliche). Wichtig ist der positive Zusammenhang mit dem Bildungsniveau („erreicht" oder „angestrebt"), der für West und Ost gilt.

Eine weitere Frage vor dem Hintergrund der „Nach-Einigungs"-Ereignisse betrifft die starke Zunahme gewalttätiger Aktivitäten Jugendlicher, seien es Fuß-

Tabelle 4: Korrelationen für Befürwortung von Demonstrationen (Index) nach Region mit ausgewählten demographischen Faktoren, Einstellungen und Parteipräferenz (Jugendliche und junge Erwachsene, im Alter von 13–29)

		West	Ost
Demographische Faktoren	Alter	.07	.05
	Geschlecht	-.05	.00
Bildungsniveau	erreichtes	.28	.17
	angestrebtes	.18	.15
Einstellungen	„jugendliche Randbewegungen"	-.08	-.00
	„neue soziale Bewegungen"	.26	.22
	politische Entfremdung	-.05	-.06

„Jugendliche Randbewegungen" ist eine summierte Skala, die aus den Items „Skinheads", „Fußball Hooligans" besteht. „Neue soziale Bewegung" ist eine summierte Skala, die aus den Items „Friedensbewegung", „Umweltschützer/Ökobewegung" und „Kernkraftgegner, Anti-Atomkraft Bewegung" besteht. „Politische Entfremdung" ist eine Fünf-Item-Skala; entworfen von Arthur Fischer. Die Skala wird in Band 4 der Studie näher beschrieben.

Tabelle 5: Mittelwerte für Demonstrationen (Index) nach Parteipräferenz (Jugend und junge Erwachsene, im Alter von 15 bis 29). Fallzahl in Klammern.

Parteipräferenz	West (n)	Ost (n)
CDU	3.29 (41)	3.46 (9)
SPD	3.46 (72)	3.55 (22)
PDS	–	3.71 (14)
Grüne Partei/Bündnis '90	3.94 (34)	4.46 (26)
FDP	3.00 (6)	4.17 (6)
Republikaner	2.00 (1)	3.00 (6)
„keine" Partei	3.21 (177)	3.38 (93)

In dieser Tabelle werden unter „CDU" auch die „Schwesterparteien" CSU (West) und DSU (Ost) subsumiert.

ball-Randalierer, Skinheads, Jugendliche mit rechtsradikaler Gesinnung oder Fremdenhaß. Wenn Identifikation mit diesen problematischen Gruppen und „Befürwortung politischer Demonstrationen" zusammengingen, dann hätte die „partizipatorische Revolution" eine dunkle aktionistische Seite. Die Korrelationen in Tabelle 4 zeigen deutlich, daß entweder kein oder ein negatives Verhältnis zwischen Identifikation mit jugendlichen Randgruppen und „Befürwortung von Demonstrationen" existiert. Hingegen besteht ein positiver Zusammenhang zwischen dieser Befürwortung und „neuen sozialen Bewegungen". Dies können wir als einen Beleg dafür nehmen, daß Demonstrationen vorwiegend als reformorientierte und nicht als gewalttätige Randaktivitäten von verängstigten und entfremdeten Jugendlichen zu werten sind. Im Osten wie im Westen gehören Demonstrationen zum Umfeld der neuen sozialen Bewegungen.

Für die Frage, ob es einen Zusammenhang zwischen Parteipräferenz und Befürwortung von Demonstrationen gibt, wurden Mittelwerte berechnet (ausgenommen die 13- und 14jährigen). Tabelle 5 gibt einen Überblick.

Zwei interessante Phänomene sind aus Tabelle 5 ablesbar: 1. Die Anhänger der „Altparteien" sind in ihrer „Befürwortung von Demonstrationen" in Ost- wie in Westdeutschland gleich – das gilt für die FDP-Präferenz – oder sie liegen im Osten höher – das gilt für die CDU- und SPD-Anhänger. Die Westjugendlichen, die eine Präferenz für Grüne/Bündnis 90 und für die PDS angeben, gehören häufiger zu den „Befürwortern von Demonstrationen". Wegen der kleinen Fallzahl bei den westlichen PDS-Anhängern sind diese Daten allerdings mit großer Vorsicht zu werten. Möglich ist, daß das PDS-Interesse im Westen stärker als im Osten Ausdruck einer (protestorientierten) Reformstimmung ist. Festzuhalten bleibt, daß die PDS-Anhänger im Osten nach den Anhängern von Grüne/Bündnis 90 zu den stärksten Befürwortern von Demonstrationen als Aktionsform gehören. Das heißt: die „alte Linke" der PDS war für Jugendliche und junge Erwachsene im Sommer 1991 nicht die alte SED, sondern trug bereits reformorientierte Züge.

2. Abgesehen von der Ausnahme, die die wenigen PDS-Anhänger darstellen, folgt die Befürwortung von Demonstrationen in Westdeutschland einer vertrauten Logik der neuen sozialen Bewegungen. Höchste Mittelwerte sind für die Parteianhänger mit links-reformorientierten Identitäten zu finden. Die Grüne/Bündnis 90-Gruppierung weist hier die höchsten Mittelwerte auf; Befragte mit Parteipräferenz für die Sozialdemokraten sind auf dem zweiten Platz der Rangliste. Die Anhänger der Christdemokraten (inklusive CSU und DSU) halten am wenigsten von Demonstrationen. Im Osten wiederholt sich dieses allgemeine Muster, allerdings mit weniger Deutlichkeit – der unmittelbare Einfluß des Umbruchs wird hier eine Rolle spielen.

Schlußbemerkungen

Die Daten der 1991er Jugendstudie sind gut mit den Ergebnissen der 1974er und 1980er Political-Action-Studie zu vergleichen. Die nachlassende Akzeptanz nicht-institutioneller Aktionsformen während der 1970er Jahre ist als entferntes Echo in der 1991er Studie noch vernehmbar. Die Popularität nicht-institutioneller Aktionsformen im östlichen Teil Deutschlands ist mit den Ergebnissen für Westdeutschland vergleichbar – politische Demonstrationen ausgenommen. Während die westlichen Jugendkohorten auf den Bereich politischer Aktionen etwas konventioneller reagieren, finden wir bei den Jugendlichen im Osten die Auswirkung intensiver Mobilisierung und daraus resultierenden Aktionismus wieder – das gilt insbesondere für die Jüngeren unter ihnen.

Wie erwartet, gibt es im Bereich politischer Orientierungen eine Wechselwirkung zwischen Alter und Geschlecht. Kurzfristig zeigt die jüngere Kohorte eine besondere „Prägung" durch die neue Situation. Ob sich längerfristig diese zeithistorische Erfahrung zur Bildung einer Generationseinheit verdichtet, bleibt offen.

Für die Bildung ausgeprägter Generationseinheiten im vereinigten Deutschland sprechen folgende Ergebnisse unserer Analyse: 1.) die deutlichen regionalen Unterschiede Ost und West hinsichtlich der Intensität und der Folgen politischer Mobilisierung (besonders in bezug auf Demonstrationen); 2.) die größere Beeindruckbarkeit der Kohorte der 15- bis 17jährigen; 3.) die unterschiedlichen Altersverläufe in der Zustimmung zu Demonstrationen bei den westdeutschen männlichen Jugendlichen auf der einen und ostdeutschen männlichen und allen weiblichen Jugendlichen auf der anderen Seite.

Erklärungsbedürftig und anregend für künftige Forschungen zur politischen Sozialisation erscheint mir das Ergebnis, daß – von den jungen Männern im Westen abgesehen – gerade die 18- bis 20jährigen eine verringerte Neigung zu politischen Demonstrationen zeigen. Am deutlichsten wird das bei den jungen Frauen dieses Alters im Osten Deutschlands. Ich möchte die These wagen, daß dies eine Auswirkung von „Übergangs-Streß" im jugendlichen Lebenslauf ist. Die betreffende Kohorte befindet sich mehrheitlich gerade in einem Lebensabschnitt, wo beispielsweise Berufsanfang, Lehre, Übergang in die Oberschule oder Auszug aus dem Elternhaus auf der Tagesordnung stehen und alle persönliche Lebensenergie auf sich ziehen. In dieser Situation ist es wahrscheinlich, daß eine solche „Übergangs"-Kohorte durch politische Ereignisse vergleichsweise wenig mobilisierbar ist.

Literatur

Barnes, Samuel H. et al. 1979
Political Action: Mass Participation in Five Western Democracies
Beverly Hills.

Behnken, Imbke et al. 1991
Schülerstudie'90. Jugendliche im Prozeß der Vereinigung
Weinheim/München

Büchner, Peter, Krüger, Heinz-Hermann, Hrsg. 1991
Aufwachsen hüben und drüben.
Deutsch-deutsche Kindheit und Jugend vor und nach der Vereinigung
Opladen

Claußen, Bernhard, Hrsg. 1989
Politische Sozialisation Jugendlicher in Ost und West
Bonn

Claußen, Bernhard, Kili, Suna, Hrsg. 1990
Political Socialization of the Young in East and West
Frankfurt

Dalton, Russell J. 1991
„Communists and Democrats:
Attitudes Toward Democracy in the Two Germanies",
Beitrag zur Tagung der American Political Science Association
Washington, D.C.

Dalton, Russell J., Kuechler, Manfred, Hrsg. 1991
Challenging the Political Order: New Social and Political Movements in Western Democracies
New York

Deutsches Jugendinstitut 1990
„Deutsche Schüler im Sommer 1990. Skeptische Demokraten auf dem Weg in ein vereintes Deutschland", Deutsch-deutsche Schülerbefragung 1990", DJI-Arbeitspapier 3-019
München

Falter, Jürgen et al., Hrsg. 1984
Politische Willensbildung und Interessenvermittlung
Opladen

Förster, Peter, Roski, Günter 1990
DDR zwischen Wende und Wahl.
Meinungsforscher analysieren den Umbruch
Berlin

Fischer, Arthur et al. 1985
Jugendliche und Erwachsene '85. Ein Generationsvergleich
Opladen

Friedrich, Walter 1990
„Mentalitätswandlungen der Jugend in der DDR“, In: Politik und Zeitgeschichte, B16–17/90:25–37

Friedrich, Walter 1991
„Zum Wandel der Mentalität ostdeutscher Jugendlicher seit den 70er Jahren“, In: Büchner/Krüger, a.a.O., S. 225–233

Friedrich, Walter, Griese, Hartmut, Hrsg. 1991
Jugend und Jugendforschung in der DDR
Opladen

Fuchs, Dieter 1984
„Die Aktionsformen der neuen politischen Bewegungen“, In: Juergen Falter, Christian Fenner, Michael Th. Greven., Hrsg.: Politische Willensbildung und Interessenvermittlung
Opladen, S. 621–634

Fuchs, Dieter et al. 1991
„Perspektiven der politischen Kultur im vereinigten Deutschland. Eine empirische Studie“, In: Politik und Zeitgeschichte, B 32/91: 35–46

Hennig, Werner, Friedrich, Walter, Hrsg. 1991
Jugend in der DDR
Weinheim/München

Jennings, M. Kent 1990
„Crystallization of Orientations“. In: Jennings/van Deth, a.a.O., S. 313–138

Jennings, M. Kent, van Deth, Jan W., Hrsg. 1990
Continuities in Political Action
Berlin/New York

Kaase, Max 1984
„Politische Beteiligung in den 80er Jahren: Strukturen und Idiosynkrasien“, In: Falter et al., a.a.O., S. 338–350

Kaase, Max 1990a
„The Cumulativeness and Dimensionality of Participation Scales“, In: Jannings/van Deth, a.a.O., S. 393–395

Kaase, Max 1990b
„Mass Participation“, In: Jennings/van Deth, a.a.O., S. 23–64

Krisch, Henry 1985
The German Republic: The Search for Identity
Boulder, Colorado

Kuechler, Manfred 1991
„The Road to German Unity“, In:Public Opinion Quarterly

Melzer, Wolfgang et al. 1991
Osteuropäische Jugend im Wandel
Weinheim/München

Melzer, Wolfgang et al. 1991
Deutsch-polnischer Jugendreport
Weinheim/München

Rytlewski, Ralf 1989
„Politische Kultur und Generationswechsel in der DDR: Tendenzen zu einer alternativen politischen Kultur“, In: Claußen, a.a.O., S. 209–224

Spiegel Spezial 1990
Das Profil der Deutschen
Hamburg

Verba, Sidney et al. 1978
Participation and Political Equality
Cambridge

Watts, Meredith W. 1991
„Political Attitudes and Participation East and West: German Youth and Unification“, Beitrag zur Tagung der German Studies Association
Los Angeles

Watts, Meredith W. 1990
„Orientations Toward Conventional and Unconventional Political Participation Among German Youth“, Comparative Political Studies, Bd 23: S. 283–313.

Watts, Meredith W. et al. 1991
„Commensurability and Heterogeneity in Youth Political Orientations: Evidence from German Youth Data. Politics and the Individual, Bd. 1, Nr. 2, S. 73–88

Watts, Meredith W. et al. 1989
Contemporary German Youth and Their Elders
New York.

Wildenmann, Rudolf 1990
„Some Aspects of the German Revolution of 1989", Beitrag zur Tagung der American Political Science Association
San Francisco

Zinnecker, Jürgen 1987
Jugendkultur 1940–1985
Opladen

Kirche und Religion – Säkularisierung als sozialistisches Erbe?

Jürgen Eiben

Kaum ein anderes Konzept findet in der modernen religionssoziologischen Forschung in so ambivalenter Weise Verwendung wie das der Säkularisierung (vgl. Tschammen 1991). Einerseits wird es vielfach als unspezifisch abgelehnt, andererseits erfreut es sich einer steten Verwendung. Zumeist ist von Säkularisierung in einem engeren Sinne die Rede, die den Stellenwert der Kirchlichkeit bzw. der traditionellen Religiosität als Indikator für die Säkularisiertheit einer Gesellschaft nimmt. Mit dem Blick auf Entkirchlichungsprozesse hat das Konzept denn auch seine größte Plausibilität entfaltet.

Diese Perspektive hat Thomas Luckmann seit 1961 zum Anlaß einer vehementen Kritik genommen. Er sieht die Religion nicht verschwinden, sondern einen Gestaltwandel vollziehen: sie driftet in die Privatsphäre ab. Aus einem weitgehend kollektiven Phänomen Religion, das auch empirisch einen hohen gesellschaftlichen Erklärungswert aufzuweisen hatte, wird eine vielfältige, private, ja individuelle Angelegenheit. Aus der Perspektive der Differenzierung moderner Gesellschaften schwindet notwendig der Einfluß der Religion in den einzelnen Subsystemen. Sie wird selbst zu einem Subsystem. Diese Entwicklung muß aus der religiösen Binnenperspektive als Säkularisierung erscheinen. Die Gesellschaft entzieht sich dem standardisierenden Einfluß der Kirche. Dabei wird aber übersehen, daß zugleich die religiöse Vielfalt wächst (Luckmann 1991) und daß christliche Werte in den Industriegesellschaften zu einem gesellschaftlichen Allgemeingut geworden sind (Parsons 1971).

Man kann, wenn von religiösen Entwicklungen die Rede ist, verschiedene Referenzen unterscheiden: die transzendente Welt und Lebensanschauung, Kirchlichkeit und Gemeindereligiosität (vgl. Felling, Peters und Schreuder 1987, S. 47) sowie alternative Formen der Religiosität und Lebenshilfe (vgl. Stark und Bainbridge 1985). Die religiöse Entwicklung wird nicht länger als linearer Prozeß des Bedeutungsverfalls religiöser Einflüsse im gesellschaftlichen Bereich verstanden, sondern als ineinander verschachtelte Prozesse der Säkularisierung und Sakralisierung (vgl. Greeley 1989, S. 6ff.).

Trotz dieser breiteren Sichtweise ist in der empirischen Routine weiterhin, und das mit einiger Berechtigung, die Kirchlichkeit der zentrale Forschungsgegenstand. Dies gilt insbesondere für Mehrthemenumfragen, die sich im Instrumentarium einschränken müssen. Zu diesen gehört auch die Shell Jugendstudie 91. Sie kommt zu einem sehr interessanten Zeitpunkt und bietet gute Vergleichsmöglichkeiten. So ist zu hoffen, daß diese zugegebenermaßen begrenzten Ausführungen die Ergiebigkeit umfassenderer empirischer religionssoziologischer Studien andeuten können.

Die deutsche Nachkriegsgeschichte bietet für die Betrachtung von Säkularisierung im engeren Sinne geradezu einen Testfall an. Auf dem gleichen kulturellen Erbe aufbauend entstanden zwei Staaten, die sich in ihrer Haltung zur kirchlichen Religiosität diametral gegenüberstanden: die Bundesrepublik mit ihren beiden Konfessionen, die in enger Beziehung zum Staat und den gesellschaftlichen Institutionen stehen, die DDR, für die die Religion mit dem Ausbau des Sozialismus allmählich zu einem Randphänomen werden sollte. Der kirchlich-religiösen Gestaltung oder Mitgestaltung der Gesellschaft und ihrer Institutionen steht die politisch induzierte Weltlichkeit von Staat und Gesellschaft gegenüber (vgl. Maser 1989, S. 22–91).

Der Bereich „Kirche und Religion" ist sicherlich kein Schwerpunkt der Shell Jugendstudie 91. Es handelt sich bei den gestellten Fragen um Replikationen von 1984. Sie beinhalten verschiedene Indikatoren für Kirchlichkeit und kirchenorientierte religiöse Praxis. Eine detaillierte Vorstellung und Auswertung dieses Instrumentariums findet sich im Bericht von Werner Fuchs zur Jugendstudie 1984 (Fuchs 1985). Daher kann eine Darstellung in extenso an dieser Stelle unterbleiben.

Die Beschränkung auf Formen der kirchlichen Religiosität deckt nur einen Teilbereich ab. Um der Frage nach der Säkularisierung nicht nur im engen Verständnis von Entkirchlichung nachgehen zu können, sollen einige andere Bereiche mitbehandelt werden. Zusätzlich zu den Fragen nach der „Konfessionszugehörigkeit", dem „Gottesdienstbesuch", der „Betpraxis", der „Mitgliedschaft in einem kirchlichen Verein" und dem „Glauben an ein Leben nach dem Tode", werden Aspekte „alternativer Religiosität" und „allgemeiner Spiritualität" Verwendung finden. Da diese zuletzt genannten Bereiche keine eigenen Schwerpunkte der Studie sind, muß zu diesem Zweck auf einzelne Fragen aus anderen Kontexten zurückgegriffen werden. Das sind einmal, aus dem Instrument „Gruppenstile", die Fragen nach der kognitiven und emotionellen Nähe zu sog. „Neuen religiösen Bewegungen" (Vorstudie) und „okkulten Gruppen", sowie aus dem Instrument „Wertorientierungen" die Frage nach der Wichtigkeit der „Loslösung von weltlichen Belangen".

Abschließend einige Worte zur Repräsentativität. Es handelt sich bei der Jugendstudie '92 um eine Quotenstichprobe, daher sind bestimmte Verzerrungen nicht auszuschließen. Allerdings zeigt das Beispiel Konfessionszugehörigkeit in den alten Bundesländern im Vergleich zur Volkszählung 1987 nur geringe Abweichungen. So beträgt der Anteil der 18–25jährigen Mitglieder der katholischen Kirche in der Stichprobe 45,2 % gegenüber 45,1 % in der Grundgesamtheit. Bei den gleichaltrigen Mitgliedern der protestantischen Konfession liegen die Werte mit 42,3 % in der Stichprobe und 42,1 % in der Grundgesamtheit ebenfalls nur wenig auseinander.

Säkularisierung I: Kirchlichkeit und Religiosität in „Ost" und „West"

Der Vergleich der alten und der neuen Bundesländer in bezug auf Religion steht angesichts sehr unterschiedlicher Fallzahlen vor Problemen. So geben nur 20 % der Jugendlichen der ehemaligen

Tabelle 1: Konstruktion der Variablen Kirchlichkeit

Kirchlichkeit	Konfession	Kirchgang	kirchl. Verein
konfessionslos	nein	–	–
Randmitglied	ja	nein	–
KirchgängerInnen	ja	ja	nein
Kernmitglied	ja	ja	ja

Tabelle 2: Kirchlichkeit in den „alten" und den „neuen" Bundesländern

Kirchlichkeit	n	Jugend „West"	n	Jugend „Ost"
konfessionslos	269	10,1 %	1067	79,9 %
Randmitglied	1757	65,8 %	164	12,3 %
KirchgängerInnen	578	21,7 %	97	7,3 %
Kernmitglied	65	2,4 %	8	0,4 %

DDR an, Mitglied einer Konfession zu sein. Davon sind nur 4,5 % katholisch. Das entspricht einer Fallzahl von 60. Ein Vergleich der konfessionellen Milieus ist so nicht sinnvoll. Auf Konfessionalität wird daher nur im vorletzten Abschnitt, in dem die 84er und die 91er Studie miteinander verglichen werden, eingegangen.

Zur vergleichenden Erfassung des Stellenwertes von Kirche soll hier eine Kirchlichkeitstypologie zur Anwendung kommen, die mehrere Merkmale zusammenfaßt (vgl. Felling, Peters und Schreuder 1987). Sie wurde wie folgt aus den dichotomisierten Variablen „Konfessionszugehörigkeit", „Kirchgangshäufigkeit" und „Mitgliedschaft in einem kirchlichen Verein" gebildet (vgl. Tabelle 1).

Schon ein Blick auf die Randverteilungen dieser Variablen Kirchlichkeit zeigt ein deutlich höheres Niveau bei den Jugendlichen aus den alten Bundesländern an, der Anteil der kirchlichen Jugendlichen ist hier um fast 70 % höher (Tabelle 2). Die ehemalige DDR ist offensichtlich in viel stärkerem Ausmaß entkirchlicht. Dies entspricht den Erwartungen, die sich aus der Entwicklung der beiden deutschen Staaten nach dem Kriege ergeben. Die Kategorie „Kernmitglied" ist mit nur 8 Fällen in den neuen Bundesländern leider zu gering besetzt, um sie gleichwertig zu weiteren Vergleichen heranzuziehen.

Schaut man allerdings auch auf die Kategorie Randmitglieder, also den Personenkreis, der zwar Konfessionsmitglied ist, aber nicht kirchlich aktiv und faßt sie mit der Kategorie „konfessionslos" zusammen, dann beträgt die Differenz nur noch rund 16 %. Die Anteile dieser „Kirchenfernen" unterscheiden sich nicht in dem gravierenden Ausmaß. Bei dieser Zusammenfassung ist jedoch Vorsicht angezeigt. Konfessionslose und KirchgängerInnen müßten sich z. B. auch im Hinblick auf das Beten relativ ähnlich sein, wollte man auch die Randmitglieder als kirchenfern oder zumindest religiös indifferent einstufen. Ein Blick auf die Konfessionslosen und die Randmitglieder, die angeben nie zu beten, deutet jedoch an, daß ein Teil der Randmitglieder religiöser Praxis verbunden ist (vgl. Tabelle 3). Und zwar bundesweit. Mit

14 % zu 33 % („West") und 8 % zu 36 % („Ost") derjenigen, die angeben zu beten, ist die Praxis der Randmitglieder deutlich höher. Auch wenn ein hoher Anteil vollständig Inaktiver bleibt, ist Gottesdienstferne also keineswegs gleichzusetzen mit religiöser Abstinenz. Interessant ist aber auch der höhere Anteil der „konfessionslosen Beter" in den alten Bundesländern, der mit 14 % fast doppelt so hoch liegt wie in den neuen Bundesländern (7,5 %). Der Säkularisierungsgrad ist in den neuen Bundesländern auch innerhalb der kirchenfernen Gruppen größer.

Noch deutlicher werden die Unterschiede, nimmt man den „Glauben an ein Leben nach dem Tode" hinzu (Tabelle 3); daran glauben von den Jugendlichen „Ost" nur etwas mehr als 20 %, im „Westen" dagegen rund 55 %. Diese stärkere Zustimmung muß allerdings nicht heißen, daß hier eine geringere Distanz zu den zentralen religiösen Glaubensinhalten besteht, denn diese Frage nimmt unter den Glaubenssätzen eine gewisse Extremstellung ein. Die Kirche könnte vielmehr mit eher diesseitigen Inhalten in Verbindung gebracht werden (vgl. Felling, Peters und Schreuder 1987, S. 53ff.).

Insgesamt kann man sagen, daß der Grad der „Kirchenferne" unter den Jugendlichen der neuen Bundesländer deutlich höher ist. Andererseits ist aber keineswegs eine Entkirchlichung der Gesellschaft als Ganzes festzustellen. Die Gruppen der Kirchlichen sind sich in der Betpraxis wie auch im Kirchgang sehr ähnlich. Im Gegenteil sind die Kirchlichen „Ost" im Durchschnitt ihrer Kirche und der religiösen Praxis verbundener als die Kirchlichen „West". So beträgt der Anteil der Randmitglieder „Ost" unter den Konfessionellen nur 61 % gegenüber 74 % „West". D. h. 39 % der Jugendlichen „Ost", die nicht konfessionslos sind, besuchen regelmäßig den Gottesdienst oder sind sogar in einem kirchlichen Verein Mitglied. Nimmt man diejenigen Konfessionsmitglieder heraus, die angeben zu beten oder den Gottesdienst zu besuchen, dann zeigt sich auch hier mit 31,3 % zu 23,1 % eine deutlich höhere Praxis bei den kirchlichen Jugendlichen „Ost". Die Kirche hat in der ehemaligen DDR zwar eine geringere gesellschaftliche Reichweite, sie erreicht aber ihre Mitglieder in etwas größerem Umfang. Hier spielt sicherlich die gesellschaftliche Randposition der Kirchen in der DDR eine Rolle (vgl. Maser 1989). Dadurch ist mit der Mitgliedschaft eher eine aktive Entscheidung verbunden. Daraus erklärt sich auch, warum der höhere Anteil religiös Aktiver bei den konfessionellen Jugendlichen „Ost" über alle Altersgruppen relativ stabil bleibt, bei den Jugendlichen „West" aber mit zunehmenden Alter ein Nachlassen der Aktivität festzustellen ist.

Tabelle 3: Anteile der Jugendlichen, die nicht beten und nicht an ein Leben nach dem Tode glauben

Kirchlichkeit		konfessionslos	Randmitglied	Kirchgänger	Kernmitglied	Gesamt
beten: nein	„West"	79,7 %	49,0 %	13,8 %	4,6 %	43,4 %
	„Ost"	86,6 %	50,0 %	14,4 %	12,5 %*	76,4 %
Leben nach Tode: nein	„West"	62,2 %	48,1 %	29,4 %	6,3 %	44,6 %
	„Ost"	86,7 %	60,5 %	31,6 %	25,0 %*	79,2 %

* geringe Fallzahl

Eine eher aktive Entscheidung treffen in vergleichbarem Umfang in den alten Bundesländern die Konfessionslosen. Diese Schlußfolgerungen werden durch die Tatsache unterstrichen, daß die zahlenmäßig größten Gruppen die Randmitglieder „West“ mit einem n von 1757 (= 65,8 %) sowie die Konfessionslosen „Ost“ mit einem n von 1067 (= 79,9 %) stellen.

Stark und Bainbridge haben die These aufgestellt, daß „Kulte“ und „Neue religiöse Bewegungen“ da stark sind und viele Anhänger haben, wo die traditionellen kirchlichen Formen schwach sind bzw. eine Phase der Schwäche durchlaufen (1985, S.429ff.). Diese These kann hier nicht geprüft werden, da keine zeitlichen Vergleichspunkte vorliegen. Aber wenn diese These zutrifft, dann sollten „okkulte Gruppen“ und „Neue religiöse Bewegungen“ in den neuen einen höheren Zulauf haben als in den alten Bundesländern. Diese Erwartung bestätigt sich nicht. Es ist eher umgekehrt. Von den Jugendlichen „West“ geben rund 10 % der Befragten an, Mitglied einer okkulten Gruppe zu sein oder einer solchen Gruppe zumindest nahe zu stehen. Dagegen halbiert sich dieser Wert für die Jugendlichen „Ost“ (5,2 %). Der gleiche Trend zeigt sich auch bei „Neuen religiösen Bewegungen“. Da diese Frage leider nur in der Vorstudie berücksichtigt wurde, können verläßliche Zahlenangaben aber nicht gemacht werden.

Wenn alternative religiöse Formen aber keine Alternative im Sinne der Entkirchlichungsthese darstellen, sind sie dann eine Form der Erweiterung des kirchlichreligiösen Spektrums? Diese Frage ist wohl zu bejahen. Die Mitglieder oder Freunde „okkulter Gruppen“ „West“ sind zu 31 % KirchgängerInnen, das sind rund 9 % mehr als der Durchschnitt der KirchgängerInnen. Die Mitglieder „Ost“ sind zu 15 % KirchgängerInnen, was einer Verdopplung des durchschnittlichen Wertes gleichkommt.

Wie Hartmut Zinser (1990; 1991) bei einer Befragung Berliner Schüler feststellen konnte, handelt es sich zwar bei der okkultistischen Praxis nicht um ein Phänomen der Jugendkultur allein, denn auch etwa 20 % der erwachsenen Schülerinnen und Schüler greifen gelegentlich zu okkulten Mitteln. Aber es ist eine deutliche Abnahme der Aktivität nach dem 17. Lebensjahr festzustellen. Dieser von Zinser diagnostizierte Alterseffekt zeigt sich interessanterweise nur bei den Jugendlichen „Ost“. Hier nimmt die Beteiligung mit steigendem Alter deutlich ab. In der Altersgruppe der 17–20jährigen beträgt der Überschuß an Mitgliedern rund 13 %. In der Altersgruppe der 25–29 jährigen finden sich dagegen 14 % weniger Mitglieder als im Durchschnitt dieser Altersgruppe. Bei den Jugendlichen „West“ bleiben die Werte relativ konstant, d. h. sie weichen kaum von den Anteilen der jeweiligen Altersgruppen in der Stichprobe ab. Hier zeigt sich, daß die ehemalige DDR offenbar nicht den erwartet guten Nährboden für eine okkulte Welle abgibt. Die Neigung zu dieser individualisierten Sinntechnik kennzeichnet eher die alten Bundesländer.

Insgesamt läßt sich sagen, daß okkulte Gruppen ebenso wie „Neue religiöse Bewegungen“ keineswegs eine Alternative zur kirchlichen Religiosität darstellen. Sie sind allenfalls eine Ergänzung. Auch hier erweist sich die ehemalige DDR als die „säkularisiertere“ Gesellschaft.

Wie sieht es aber mit eher allgemeiner Religiosität aus, die nicht ohne weiteres einer religiösen Gruppierung zugeordnet werden kann? Die „Loslösung von weltlichen Belangen" ist die ganz allgemeine Formulierung eines Transzendenzanspruchs. Wenn Religiosität jenseits der Kirchlichkeit und ihrer Korrelate eine Bedeutung hat, dann müßte sie sich u. a. hier erweisen. 23,4 % der Jugendlichen „West" und 19,6 % der Jugendlichen „Ost" ist die „Loslösung von weltlichen Belangen" wichtig. Auch hier zeigt sich der höhere Säkularisierungsgrad der neuen Bundesländer. Aber während bei den Jugendlichen „West" durch die Wichtigkeit oder Unwichtigkeit der „Loslösung" keine nennenswerten Veränderungen in der Verteilung der Variablen Kirche ergeben, so zeigt sich, daß den kirchlichen Jugendlichen „Ost" die „Loslösung" wichtiger ist. Im Gegensatz zur Beteiligungsneigung an okkulten Gruppen oder „Neuen religiösen Bewegungen" steigt die Wichtigkeit der „Loslösung" bei den kirchlichen Jugendlichen „Ost" mit dem Alter an. Geben in der Altersgruppe der 13–16jährigen (19,6 %) nur 13,7 % an, „Loslösung" sei wichtig, so sind es bei den 16–20jährigen 22,6 %, bei den 21–24jährigen 23,4 % und bei den 25–29 jährigen 25,7 %. Die Werte der Jugendlichen aus den alten Bundesländern blieben dagegen über die Altersgruppen weitgehend konstant bei rund 23 % stehen.

Auch hier zeigt sich, daß kirchliche Religiosität der wichtigste Bezugspunkt bleibt. Aber die „Loslösung" hat durchaus einen eigenen Stellenwert neben der Kirchlichkeit. 25.5 % der Konfessionslosen „West" und 18,2 % der Konfessionslosen „Ost" geben an, daß für sie die „Loslösung von weltlichen Belangen" wichtig ist. Transzendenzbezug ist also auch hier von Bedeutung. Um allerdings zu einer umfassenderen Beurteilung der Geltung allgemeiner religiöser Wertmuster zu gelangen, müßten andere Aspekte berücksichtigt werden, insbesondere innerweltliche Muster (vgl. Felling, Peters und Schreuder 1987, S. 53–61).

Die ehemalige DDR erweist sich anhand aller verfügbaren religionsbezogenen Information als säkularisierter als die alten Bundesländer. Von einer säkularisierten Gesellschaft ist aber wohl in keinem der beiden Fälle zu sprechen. Religiöse Werte, Glaubenssätze und religiöse Praxis haben einen deutlichen Stellenwert bewahrt. Das zentrale unterscheidende Merkmal, welches die unterschiedlichen Zugehörigkeitsziffern und die verschiedenen Intensitäten erklären kann, ist der Grad der persönlichen Abweichung von den gesellschaftlich zentralen Werten und Institutionen. Die aktive Entscheidung für die Kirche („Ost") oder gegen den kirchlichen Status Quo („West") bestimmt die Gruppengröße und ihren Integrationsgrad. D. h. die Zahl der religiös Indifferenten dürfte in der ehemaligen DDR geringer sein. Inwieweit dies aber Ferne oder Nähe zum gesellschaftlichen Status Quo anzeigt, ist Gegenstand des folgenden Abschnitts. Wenn im folgenden von Kirchenferne die Rede ist, so sind damit die Dimensionen Randmitglied und Konfessionslos bezeichnet.

Säkularisierung II: Die kirchliche und die kirchenferne Gesellschaft?

Säkularisierung äußert sich nicht allein in der Verringerung der religiösen Praxis als solcher, sondern auch im schwindenden Einfluß von Religion und Kirchlichkeit auf die Gesellschaft. Die ehemalige DDR müßte demnach in wesentlich geringerem Maße religiös geprägt sein. Zudem müßten die Beziehungen, die zwischen Kirchlichkeit und sozialstrukturellen Aspek-

Tabelle 4: Kirchlichkeit und Alter

Kirchlichkeit		konfessions-los	Rand-mitglied	Kirch-gänger	Kern-mitglied	Gesamt
Alter: „West"	13 – 16	18,6 %	18,7 %	40,1 %	38,5 %	23,8 %
	17 – 20	20,4 %	26,6 %	17,6 %	29,2 %	24,1 %
	21 – 24	32,0 %	32,0 %	22,3 %	20,0 %	29,6 %
	25 – 29	29,0 %	22,7 %	19,9 %	12,3 %	22,5 %
Alter: „Ost"	13 – 16	25,9 %	18,9 %	36,1 %	35,7 %*	25,8 %
	17 – 20	25,8 %	35,4 %	24,7 %	12,5 %*	26,6 %
	21 – 24	28,2 %	30,5 %	24,7 %	25,0 %*	28,7 %
	25 – 29	19,6 %	15,2 %	14,4 %	25,0 %*	18,7 %

Tabelle 5: Kirchlichkeit und Geschlecht

Kirchlichkeit		konfessions-los	Rand-mitglied	Kirch-gänger	Kern-mitglied	Gesamt
weiblich	„West"	40,1 %	49,3 %	59,5 %	58,5 %	50,8 %
	„Ost"	49,0 %	53,7 %	54,6 %	75,0 %*	50,1 %

* geringe Fallzahl

ten, Lebensstilen, Werthaltungen und Einstellungen auftreten, in „Ost" und „West" relativ einheitlich gerichtet sein.

Religion und Kirchlichkeit weisen, das unterstreichen auch die Ergebnisse der 84er Studie, deutliche Beziehungen mit dem Lebensalter, dem Geschlecht und der Wohnortgröße auf. Die Verteilung der Kirchlichkeit nach Altersstufen deckt sich mit den bekannten Befunden: mit steigendem Alter nimmt die Kirchlichkeit ab. In beiden Teilen Deutschlands sind die 13–16jährigen erheblich kirchlicher als die anderen Altersgruppen. Hier wirkt die Abhängigkeit vom Elternhaus nach (vgl. auch Fuchs 1985). Mit 40 % der KirchgängerInnen und 38,5 % der Kernmitglieder liegen die Jugendlichen „West" dabei noch etwas vor den Jugendlichen „Ost", wo 36,1 % der KirchgängerInnen und 35,7 % der Kernmitglieder dieser Altersgruppe zugehören. Dieser lebenszyklische Effekt findet sich also recht gleichmäßig. Die Unterschiede zwischen den Gruppen zeigen wenig altersspezifische Aspekte. Lediglich die Zahl der Konfessionslosen steigt in den Altersgruppen 21–24 und 25–29 Jahre in den alten deutlich stärker als in den neuen Bundesländern. Dies deutet darauf hin, daß der Entkirchlichungsprozeß hier im Übergang zum Erwachsenenleben stärker ausgeprägt ist. Dies ist jedoch eine Feststellung, die der Säkularisierungsannahme widerspricht (vgl. Tabelle 4).

Frauen zeigten sich in der Bundesrepublik im allgemeinen kirchenorientierter als Männer (Fuchs 1985, S. 275). Felling, Peters und Schreuder konnten zeigen, daß hier nicht die Religion bestimmend sein kann, sondern die Lebensumstände Einfluß haben (1987, S. 76ff). Auch die vorliegenden Daten zeigen höhere Kirchlichkeitswerte der jungen Frauen. Bei den KirchgängerInnen „West" beträgt der Frauenüberschuß 19 %, bei den Kernmitgliedern noch stolze 17 %, bei den KirchgängerInnen „Ost“ immerhin 9,2 % (vgl. Tabelle 5).

Zweierlei ist anzumerken: zum ersten sind die Unterschiede in den neuen Bundesländern offensichtlich geringer. Hier könnte sich die höhere Erwerbsorientierung niederschlagen, die bei den jungen Frauen der ehemaligen DDR von der Schulbildung über die Berufsausbildung bis zur Berufstätigkeit eine große Bedeutung hat (vgl. Schlegel 1991). Zum zweiten fällt auf, daß die Gruppen der Randmitglieder „West“ und der Konfessionslosen „Ost“ kaum Unterschiede aufweisen. Dies könnte die These stützen, daß die Randmitglieder „West“ und die Konfessionslosen „Ost“ die Träger religiöser Indifferenz sind, wohingegen die Konfessionslosen „West“ sich eher durch eine aktive Kirchenferne auszeichnen.

Der Bildungsstand steigt mit der Kirchenferne an. Diese Feststellung, die Felling, Peters und Schreuder (1987, S. 159) anhand des Allbus 1982 machen konnten, trifft tendenziell auch für die Jugendlichen 1991 zu; zumindest in den alten Bundesländern und in deutlich abgeschwächter Form. Die Konfessionslosen „West“ geben zu 47,5 % an, das Abitur zu haben oder anzustreben, die KirchgängerInnen dagegen nur zu 33,1 %. Insgesamt haben oder erstreben 39 % der Jugendlichen in der Stichprobe das Abitur. Aus dem Rahmen fallen aber die Kernmitglieder, von denen 46,1 % das Abitur abgelegt haben oder ablegen wollen. Auch hier ist also festzuhalten, daß es nicht die Kirchlichkeit per se ist, die mit Bildung zusammenhängt, sondern ihre Art und Intensität oder anders ausgedrückt die Lebensumstände, in der sich Kirchlichkeit entfaltet. Diese Schlußfolgerung wird unterstrichen, wenn man die Jugendlichen aus den neuen Bundesländern betrachtet. Hier kehren sich die Verhältnisse um. Von den Konfessionslosen geben 33,3 % an, das Abitur zu haben oder anzustreben, von den KirchgängerInnen aber 42,3 %. Die Kirchlichkeit ist hier offensichtlich ein wenn auch schwacher Indikator für höhere Bildung. Dies ist umso überraschender, als die Kirchenmitglieder in der DDR allgemein nicht bevorzugt wurden (Maser 1989).

Die Wohnortgröße schlägt sich in bekannter Weise nieder. Je kleiner die Gemeinde, desto größer die Anteile der Kirchlichen. So leben 50,7 % der KirchgängerInnen „West“ in Gemeinden unter 20000 Einwohnern, bei den Kernmitgliedern sind es sogar 60 %. Umgekehrt leben 58 % der Konfessionslosen hier in Städten mit mehr als 100000 Einwohnern. Nur bei den Randmitgliedern ergeben sich keine nennenswerten Unterschiede. Bei den Jugendlichen „Ost“ trifft dies für die Konfessionslosen zu. Dies stützt wiederum die These, daß religiöse Indifferenz in den alten Bundesländern in der Gruppe der Randmitglieder zu finden ist. Bei den Jugendlichen „Ost“ vermag der recht hohe Anteil (45,5 %) Konfessionsloser auch in kleinen Gemeinden nicht zu überraschen. Die Kirchengemeinde als Mobilisator hatte in den vielfachen parteinahen Organisationen große Konkurrenz (Maser 1989). Allerdings folgen die anderen Dimensionen umso deutlicher dem erwarteten Profil. 69,1 % der KirchgängerInnen und 68,3 % der Randmitglieder leben in Gemeinden unter 20000 Einwohnern. Nach wie vor ist also die Gemeindeeinbindung für Kirchlichkeit ein förderndes Element.

Die sozialdemographische Information vermag kein einheitliches Bild im Hinblick auf die Säkularisierungsfrage zu geben. Betrachtet man das Alter, so sind die alten Bundesländer, entgegen der Erwartung, säkularisierter. Betrachtet man die Geschlechter, so erhält man den umgekehrten Fall. Auch die Gemeindegröße gibt kein einheitliches Bild. Bezieht man Lebensstile, Lebensgewohnheiten, allgemeine Wertmuster und politische Interessen und Partizipation mit ein, so verstärkt sich der Eindruck, daß Religion und Kirchlichkeit in sehr enger Wechselbeziehung zur gesellschaftlichen Verfassung stehen und sich entfalten.

Werner Fuchs konnte 1984 zeigen, daß sich die kirchlichen Jugendlichen eher durch konventionelle Lebensentwürfe und Lebensgewohnheiten, dem Status Quo entsprechend, auszeichnen. Diese Feststellung läßt sich 1991 für die kirchlichen Jugendlichen „West" klar wiederholen (Tabelle 6). So nimmt mit der Kirchlichkeit die Subkulturorientierung ab. Von den Kernmitgliedern „West" weisen 97 % keine oder nur geringe Subkulturneigung auf. Dagegen steigen konsumorientierte Lebensstile mit der Kirchlichkeit an. Haben 59 % der Konfessionslosen eine geringe Konsumorientierung, so sinkt der Wert bei den KirchgängerInnen auf 35 % ab. Die Kirchenorientierten „West" weisen zudem höhere Werte auf der Privatisierungsskala auf, sind anpassungsbereiter, legen einen geringeren Wert auf Freiheit, haben geringere Selbstbehauptungsneigung und sind weniger ehrgeizig. Andererseits haben sie eine optimistischere Sicht der Zukunft und legen großen Wert auf die Familie. Ist für rund 62 % der Konfessionslosen die Familie wichtig, so sind es rund 79 % bzw. 80 % der KirchgängerInnen und Kernmitglieder. Die Kirchenorientierten „West" betonen die Bedeutung der Tradition, der sozialen Ordnung, der nationalen Sicherheit sowie des Friedens im allgemeinen. Aber auch eine soziale Tugend wie Höflichkeit betonen 53,5 % der KirchgängerInnen, aber nur 37,5 % der Konfessionslosen.

Auch im Alltagsleben sind die Kirchlichen konventioneller als die Kirchenfernen. Sie legen weniger Wert auf unkonventionelle Kleidung. Nur 0,7 % der befragten KirchgängerInnen geben an, unkonventionelle Kleidung sei ihnen

Tabelle 6: Kirchlichkeit, Lebensstile und allgemeine Wertmuster

Kirchlichkeit		konfessionslos	Randmitglied	Kirchgänger	Kernmitglied	Gesamt
Orientierung an Subkultur: gering	„West"	85,2 %	92,1 %	92,9 %	96,9 %	91,8 %
	„Ost"	94,0 %	91,4 %	86,5 %	100,0 %*	93,2 %
Orientierung an Konsumstilen: gering	„West"	58,7 %	41,2 %	35,6 %	43,0 %	41,8 %
	„Ost"	27,3 %	28,1 %	31,9 %	50,0 %*	28,0 %
konventionelle Kleidung: unwichtig	„West"	9,3 %	4,4 %	0,7 %	0 %	4,0 %
	„Ost"	4,7 %	4,3 %	7,2 %	0 %*	4,8 %
Familie: wichtig	„West"	62,2 %	77,6 %	78,7 %	80,0 %	76,4 %
	„Ost"	90,1 %	92,7 %	91,7 %	100,0 %*	90,7 %
Soziale Ordnung: wichtig	„West"	40,4 %	54,1 %	51,6 %	47,7 %	52,1 %
	„Ost"	63,7 %	71,3 %	60,8 %	75,0 %*	64,5 %

* geringe Fallzahl

wichtig, gegenüber immerhin fast 10 % der Konfessionslosen. „Öfter eine Nacht durchmachen“ 18 % der KirchgängerInnen und 11 % der Kernmitglieder, aber 44 % der Konfessionslosen. Auch das „laute Hören von Musik“ oder das „Anstellen verrückter Sachen“ wird von den Kirchlichen weniger oft präferiert als von den Kirchenfernen. Diese Neigung zum Konventionalismus bleibt unwesentlich abgeschwächt auch bestehen, wenn man nur die religiöse Praxis, den „Gottesdienstbesuch“ oder das „Beten“ zugrunde legt (vgl. Tabelle 6).

Für die Jugendlichen aus den neuen Bundesländern ergibt sich ein deutlich anderes Bild. Hier ist nun die Kirchlichkeit eher ein Korrelat unkonventioneller Lebensstile und Einstellungen. So nimmt die Subkulturorientierung mit steigender Kirchlichkeit zu. Die kirchlichen Jugendlichen „Ost“ sind zudem in höherem Maße an sozialen Bewegungen orientiert, weisen aber eine geringere Konsumorientierung auf. Auf der Privatisierungsskala zeigen die Kirchlichen „Ost“ ebenfalls leicht geringere Werte als die Kirchenfernen, sie legen größeren Wert auf Freiheit und sind ehrgeiziger. Wie die kirchlichen „West“ haben auch die Kirchlichen „Ost“ eine optimistische Zukunftswahrnehmung. Insgesamt ist allerdings in der ehemaligen DDR der Zukunftsoptimismus geringer.

Die Wertschätzung der Familie ist bei den Jugendlichen aus den alten Bundesländern eindeutig auf kirchliche Milieus bezogen. Diese Differenzierung ist bei den Jugendlichen aus den neuen Bundesländern nicht festzustellen. Die Familie erfreut sich hier bei den kirchennahen wie kirchenfernen Jugendlichen mit rund 91 % Zustimmung einer sehr hohen Wertschätzung. Sie betonen die Bedeutung sozialer Ordnung weniger stark und legen weniger Wert auf nationale Sicherheit. War der Frieden für die Konfessionslosen „West“ ein weniger geschätztes Gut (75 %), so findet sich in der ehemaligen DDR mit rund 93 % Zustimmung eine durchgängig hohe Wertschätzung.

Auch die alltagsweltlichen Aspekte kehren die Bedeutung der Kirchlichkeit bei den Jugendlichen „Ost“ teilweise um. So nimmt hier die Bedeutung unkonventioneller Kleidung mit der Kirchlichkeit zu. Ein Nacht durchmachen die Kirchlichen „Ost“ dagegen ebenfalls seltener als die Kirchenfernen. Allerdings sind hier die Unterschiede geringer. So geben 25 % der KirchgängerInnen und 39 % der Konfessionslosen an, öfters einmal eine Nacht durchzumachen. Auch beim Hören lauter Musik zeigen sich nur geringe Unterschiede. Ein höherer Anteil der kirchlichen Jugendlichen aus den neuen Bundesländern gibt dagegen an, öfter einmal verrückte Sachen zu machen.

Im Bereich politischer Einstellungen ergeben sich interessante Unterschiede. Das Interesse an der Politik nimmt bei den Jugendlichen „West“ mit steigender Kirchlichkeit ab. Die politische Entfremdung ist bei ihnen geringer. Die kirchlichen Jugendlichen bevorzugen eindeutig die CDU/CSU. Bei einem Gesamtanteil für diese Parteien von rund 15 %, steigt der Anteil bei den KirchgängerInnen auf 22 % und bei den Kernmitgliedern auf 32 % an. Von den Kirchenfernen bevorzugen die Randmitglieder eher die SPD und die Konfessionslosen eher die Grünen und das Bündnis 90. Die „bemerkenswerte Kontinuität“ der Beziehung von Konfessionalität und Parteipräferenz, die Karl Schmitt (1984, S. 34ff.) feststellte, zeigt sich auch anhand der Kirchlichkeit.

Für die Jugendlichen in den neuen Bundesländern egalisieren sich einige der Zusammenhänge oder drehen sich sogar um. So ist das Politikinteresse bei Randmitgliedern und KirchgängerInnen „Ost" höher als bei den Konfessionslosen. Die politische Entfremdung ist zwar auch hier bei den Konfessionslosen höher, aber mit geringerem Abstand zu den Kirchlichen. Die CDU wird zusätzlich zu den KirchgängerInnen auch von den Randmitgliedern „Ost" bevorzugt. Nicht überraschend liegen die SPD Präferenzen ebenso wie die für die PDS eindeutig bei den Konfessionslosen. Das Bündnis 90 findet seine Anhänger dagegen relativ gleichmäßig unter allen Gruppen. Damit ist die relativ klare Zuordnung von Parteipräferenz und Kirchlichkeit, die für die Jugendlichen aus den alten Bundesländern zu konstatieren ist, in den neuen Bundesländern nicht gegeben.

Abschließend soll ein kurzer Blick auf Protestformen geworfen werden. Die Jugendlichen „West" zeigen mit steigender Kirchlichkeit geringere Protestbereitschaft und zwar sowohl bei eher konventionellen Protestformen wie der Beteiligung an Unterschriftenaktionen oder an genehmigten Demonstrationen und Bürgerinitiativen, als auch an Protestformen, die mit zivilem Ungehorsam bezeichnet werden können, wie die Beteiligung an wilden Streiks oder nicht genehmigten Demonstrationen, als auch bei gewaltbezogenen Protestformen. Dabei sind die KirchgängerInnen insgesamt am wenigsten protestbereit, wohingegen die Kernmitglieder eine etwas höhere Bereitschaft zeigen. Bei den Jugendlichen „Ost" ist die protestablehnende Gruppe die der Konfessionslosen, wohingegen die KirchgängerInnen, aber besonders die Randmitglieder eine höhere Protestbereitschaft äußern (vgl. Tabelle 7).

Die These, daß Kirchlichkeit und Religion relativ einheitliche Beziehungsmuster zu gesellschaftlichen Bereichen aufweisen, hat sich ebensowenig bestätigt, wie die These, daß die ehemalige DDR durchweg säkularisierter ist. Kirchlichkeit hat in beiden Teilen ein bestimmtes Gewicht und eine bestimmte Prägekraft behalten, allerdings geht sie in den alten Bundesländern eher mit konservativen und konventionellen Lebens und Einstellungsmustern einher, in den neuen Bundesländern dagegen eher mit progressi-

Tabelle 7: Kirchlichkeit, politisches Interesse und Protestformen

Kirchlichkeit		konfessionslos	Randmitglied	Kirchgänger	Kernmitglied	Gesamt
Politikinteresse: nein	„West"	33,5 %	45,6 %	52,2 %	50,8 %	45,9 %
	„Ost"	41,7 %	35,4 %	40,2 %	37,5 %*	40,8 %
Konventionelle Protestformen: ja	„West"	61,6 %	46,6 %	36,5 %	46,2 %	45,9 %
	„Ost"	34,8 %	47,6 %	38,1 %	37,5 %*	36,6 %
Ziviler Ungehorsam: ja	„West"	22,3 %	4,7 %	1,4 %	3,1 %	5,7 %
	„Ost"	4,5 %	7,9 %	5,2 %	12,5 %*	5,0 %
gewaltsamer Protest: ja	„West"	1,9 %	0,5 %	0,3 %	0,0 %	0,6 %
	„Ost"	0,7 %	1,2 %	0,0 %	0,0 %*	0,7 %

* geringe Fallzahl

ven und unkonventionellen Formen. Daran zeigt sich auch, daß die Kirche in der ehemaligen DDR ein gewisses Sammelbecken des Protestes und der gesellschaftlichen Veränderungswünsche war (Knabe 1990; Maser, 1989). Die Ergebnisse deuten zudem darauf hin, daß zwar die Kirchlichkeit an breiter gesellschaftlicher Prägekraft eingebüßt hat, aber nicht im Sinne einer linearen Entwicklung hin zur Säkulargesellschaft, sondern im Sinne gesellschaftlicher Differenzierung. Diese Differenzierung von „Bürger und Christengemeinde" ist in der ehemaligen DDR offensichtlich fortgeschrittener (Pollack 1988, S. 98). Religion löst sich aber auch nicht in individualisierte Praxis auf. Dagegen sprechen die Verdichtung der Gemeinden und die Bindung zu oder Absetzung von sozialaktiven Bereichen. Religiosität entfaltet sich in verschiedenen religiösen Milieus (vgl. Schmied 1988), von denen die Kirche nach wie vor die größte Anziehungskraft ausübt, sie kann aber so in vielfältigerer Weise gesellschaftlich prägend werden. So kann man in der Tat von der Wechselbeziehung säkularisierender und sakralisierender Momente sprechen (Greeley 1989).

Säkularisierung III: Kirchlichkeit 1984 und 1991 im Vergleich

Bislang wurden die Grade der Säkularisiertheit der bundesdeutschen Gesellschaft behandelt. Aber Säkularisierung ist in erster Linie ein Prozeß. Ein Vergleich der Zeitpunkte 1984 und 1991 kann darüber Aufschluß geben (Tabelle 8). Der Vergleich der Mitgliederzahlen ist allerdings wenig aussagekräftig, da, wie oben gezeigt wurde, weniger die Kirchenmitgliedschaft Auskunft über Kirchlichkeit gibt, als vielmehr die religiöse Praxis. Das Ansteigen der Austrittszahlen signalisiert also nur Verschiebungen unter den Kirchenfernen. Daher soll hier das Augenmerk direkt auf die Verschiebungen in der religiösen Praxis gelegt werden.

1984 gaben 58 % der 15–19jährigen und 70 % der 20–24jährigen Katholiken an, nie den Gottesdienst zu besuchen. Bei den evangelischen Jugendlichen lagen die Zahlen noch höher bei 77 % bzw. 86 %. 1991 haben sich diese Raten in der Tat etwas erhöht: jeweils 74 % der 17–20- und 21–25jährigen katholischen und rund 86 % bzw. 89 % der evangelischen Jugendlichen geben an, nie den Gottesdienst zu besuchen. Betrachtet man aller-

Tabelle 8: Jugendliche 1984 und Jugendliche 1991 nach Alter und Konfession mit Gottesdienstbesuch, Beten und Glaube an ein Weiterleben nach dem Tod (in Prozenten)

	Jugend 84					Jugend 91								
Konfession	kath.		evang.		ges.	katholisch				evangelisch				ges.
Alter	15–19	20–24	15–19	20–24		13–16	17–20	21–24	25–29	13–16	17–20	21–24	25–29	
n	(358)	(334)	(311)	(327)		(289)	(291)	(378)	(252)	(274)	(284)	(315)	(253)	
Gottesdienst: nie	58	70	77	86	72	45	74,2	74,6	70,2	68,6	86,3	88,6	83,8	75,6
beten: nein	39	45	48	61	48	24,2	41,2	38,4	32,9	36,5	51,4	46,7	47,0	43,4
Leben nach Tod: nein	41	44	54	62	50	33,9	38,0	37,4	36,3	49,1	48,4	49,5	51,4	42,5

dings auch die beiden anderen Altersgruppen, die nur 1991 erhoben wurden, so relativiert sich das Bild etwas. Die Kirchgangsabstinenz scheint gerade in diesen mittleren Altersgruppen am höchsten zu sein.

Die Quoten derjenigen, die angeben, nicht an ein Leben nach dem Tode zu glauben, sind sogar zurückgegangen. Ebenfalls deutlich rückläufig sind die Zahlen derjenigen, die angeben nicht zu beten. 1984 beteten 39 % der 15–19jährigen und 45 % der 20–24jährigen katholischen Jugendlichen und 48 % bzw. 61 % der evangelischen Jugendlichen nicht. 1991 sind dies nur noch 38,4 % der katholischen und 46,7 % der evangelischen Jugendlichen im Alter von 21–24 Jahren (vgl. Tabelle 8).

Auch hier zeigt sich das weitere Absinken in der Altersgruppe von 25–29 Jahren. Entgegen der Erwartung zeigt sich kein Rückgang der religiösen Praxis. Im Gegenteil, auch die kirchlichen Milieus scheinen sich zu verdichten. D. h. es bröckelt weiter im Bereich der religiös Indifferenten, die man unter den Randmitgliedern findet, aber diese Bewegung wird begleitet durch eine Verdichtung sowohl der Gruppen der Kirchlichen als auch der Kirchengegner (vgl. auch Friedrich 1990, S. 27). Religion wird offensichtlich, ob positiv oder negativ, zu einer Sache, der man sich stellt. Auch wenn sie für die Lebenspraxis einen „erheblichen Grad der Unverbindlichkeit" hat (Fuchs 1985, S. 290). Auch dies drückt gesellschaftliche Differenzierung aus.

Literatur

Felling, Albert; Peters, Jan und Schreuder, Osmund (1987)
Religion im Vergleich,
Frankfurt: Lang

Friedrich , Walter (1990)
„Mentalitätswandlungen der Jugend in der DDR",in: Aus Politik und Zeitgeschichte B16–17, S. 25–37.

Fuchs, Werner (1985)
„Konfessionelle Milieus und Religiosität", in: Jugendwerk der Deutschen Shell (Hrsg.), Jugendliche und Erwachsene 85, Bd. 1, Opladen: Leske+ Budrich, S. 265–304.

Greeley, Andrew M. (1989)
Religious Change in America,
Cambridge, Mass.: Harvard University Press

Knabe, Hubertus (1990)
„Politische Opposition in der DDR", in: Aus Politik und Zeitgeschichte B1–2, S. 21–32.

Luckmann, Thomas (1991)
Die unsichtbare Religion,
Frankfurt: Suhrkamp (1967)

Maser, Peter (1989)
Glauben im Sozialismus,
Berlin: Holzapfel

Parsons, Talcott (1971)
„Belief, Unbelief, and Disbelief", in: Rocco Caporale und Antonio Grumelli (Hrsg.), The Culture of Unbelief,
Berkeley: University of California Press
S. 207–245.

Pollak, Detlef (1988)
„Religion und Kirche in der DDR", in: Wissenschaftliche Zeitschrift der Karl-Marx-Universität Leipzig, Gesellschaftswissenschaftliche Reihe, 37
S. 92–104.

Schlegel, Uta (1991)
„Junge Frauen" in: Walter Friedrich und Hartmut Griese (Hrsg.), Jugend und Jugendforschung in der DDR,
Opladen: Leske + Budrich, S. 163–177.

Schmied, Gerhard (1988)
Kirche oder Sekte,
München: Piper

Schmitt, Karl (1984)
„Inwieweit bestimmt auch heute noch die Konfession das Wahlverhalten?",
in: Konfession eine Nebensache?, hg. v. Hans-Georg Wehling,
Stuttgart: Kohlhammer, S. 21–57.

Stark, Rodney und William Sims Bainbridge (1985)
The Future of Religion: Secularization, Revival and Cult Formation,
Berkeley: University of California Press

Tschammen, Olivier (1991)
„The Secularization Paradigm: A Systematization",
in: Journal for the Scientific Study of Religion 30, S. 395–415.

Zinser, Hartmut (1990)
„Okkultismus unter Berliner Schülern"
in: Materialdienst der EZW 53, S. 273–290.

Zinser, Hartmut (1991)
„Okkulte Praktiken unter erwachsenen Schülern des zweiten Bildungsweges in Berlin (West)"
in: Materialdienst der EZW 54, S. 176–189.

II. Jugend als Lebensphase im Lebenslauf

Älter werden und sich erwachsen fühlen. Über die Möglichkeiten, das Ziel der Jugend zu verstehen.

Heiner Meulemann

Zusammenfassung:

Es wird untersucht, wieweit das Alter auf der einen Seite, biographische Übergänge auf der anderen Seite die Selbstdefinition als Jugendlicher oder Erwachsener bestimmen. Vom 16. bis zum 26. Lebensjahr steigt die Selbstdefinition als Erwachsener von 5 % auf 90 %; diese Altersspanne kann als von den Heranwachsenden für sich selbst gezogene Grenze der Jugendzeit gesehen werden. Aber auch auf eine direkte Frage nach der Obergrenze der Jugend sehen alle Heranwachsenden die Jugend spätestens mit dem 30. Lebensjahr als beendet. Sowohl nach der Selbstdefinition als Erwachsener als nach der Obergrenze der Jugend wird die Jugend in den alten Bundesländern eher abgeschlossen als in den neuen. Wie ein Vergleich mit einem Bevölkerungsquerschnitt 1981 lehrt, setzen 13–30jährige die Obergrenze der Jugend früher an als Ältere und haben sie zwischen 1981 und 1992 noch in jüngere Jahre gerückt.

Fast ebenso stark wie mit dem Alter steigt die Selbstdefinition als Erwachsener mit der biographischen Entwicklung an: Mit dem Übergang in den Beruf, dem Auszug aus dem Elternhaus und der Gründung einer eigenen Familie nimmt sie um 40–60 Prozentpunkte zu. Wenn aber Alter und Übergänge gleichzeitig als Determinanten der Selbstdefinition als Erwachsener betrachtet werden, erweist sich das Alter als durchgängig stärkere Variable. Die privaten Übergänge haben in den mittleren Altersgruppen einen besonders starken Einfluß auf die Selbstdefinition; in der privaten, aber nicht in der beruflichen Entwicklung gibt es also kritische Phasen, in denen Übergänge für die Selbstdefinition als Erwachsener besonders wichtig sind.

Daß biographische Übergänge weniger bedeutsam als das Alter für die Selbstdefinition als Erwachsener sind, kann aus der Annahme erklärt werden, daß sie an persönlicher Spürbarkeit und sozialer Sichtbarkeit verloren haben. Trifft diese Annahme zu, so müßte das Erwachsensein weniger mit vollzogenen Übergängen als mit erworbener persönlicher Reife identifiziert werden und die Bedeutungskomponente des Übergangs müßte mit dem Alter der Heranwachsenden negativ, die Bedeutungskomponente der Reife positiv korrelieren. Beide Vermutungen bestätigen sich.

Die Untersuchungsfrage: Biographische Selbstdefinition in Abhängigkeit von der biographischen Entwicklung und vom Alter

Manche Vorstellungen des Alltagslebens verstehen sich am leichtesten als ein Gegensatzpaar. So ist Leistung der Gegensatz von Stümperei, Kunst das Gegenteil von Kitsch, Frieden die Abwesenheit von Streit. Die Gegenüberstellung erschöpft zwar nicht den Sinn des Wortpaars; aber sie verrät, daß die eine Seite als Ziel der anderen verstanden wird. Auch die Vorstellung der Jugend ist hierfür ein Beispiel. Der Jugendliche ist kein Erwachsener, aber er soll ein Erwachsener werden. Was Jugend und Erwachsensein bedeuten, ist damit noch nicht bestimmt; aber es ist klar geworden, daß die Jugend auf das Ziel des Erwachsenseins hinführen soll. Jugend und Erwachsensein bezeichnen in dieser Weise ein Gegensatzpaar im Kopfe eines jeden. Aber im Kopfe von Jugendlichen gewinnt der Gegensatz auch treibende Kraft: Erwachsensein ist nicht nur das Gegenbild, sondern auch das Ziel; es muß nicht nur verstanden, sondern auch verwirklicht werden. Die Vorstellungen der Jugend von Jugend und Erwachsensein müssen sich von der Vorstellung der Erwachsenen nicht unterscheiden, aber sie haben im Leben der Jugendlichen einen ganz anderen Stellenwert. Sie enthalten nicht allein einen Begriff, sondern eine Aufgabe. Aber erwachsen zu werden, ist nicht irgendeine Aufgabe, sondern die Aufgabe der Jugend schlechthin. Der Jugendliche soll sich von seinen Eltern lösen, er soll in Schule oder Berufsausbildung Erfolg haben, er soll einen Beruf wählen und einen Lebenspartner finden, er soll sich in der Welt zurechtfinden und wissen, was er will – all dies und mehr sind Aufgaben, die der Jugendliche bewältigen soll und deren Bewältigung ein Stück auf dem Weg zum Erwachsenen ausmacht. Aber erst die Art und Weise, wie alle diese Aufgaben zusammen bewältigt wurden, erlaubt ein Urteil darüber, ob jemand erwachsen geworden ist. Und dieses Urteil fällt nicht nur die Umwelt, sondern früher oder später auch der Jugendliche selber.

Mit der Frage an die Heranwachsenden, ob sie sich als Jugendliche oder Erwachsene auffassen, wird also ein globaler Rückblick auf die Jugend, ein zusammenfassendes Urteil über den Stand des Erwachsenwerdens getroffen. Dieses Urteil, das wir mit dem Begriff der *„biographischen Selbstdefinition"* bezeichen, soll im folgenden untersucht werden. Die biographische Selbstdefinition ist das subjektive Resümee, das die Anbahnung der Entscheidungen über Beruf und Privatleben und die Kristallisation einer eigenen Weltsicht, kurzum die *„biographische Entwicklung"* begleitet. Die biographische Entwicklung hat viele Facetten, von der Form der Partnerschaft mit dem anderen Geschlecht bis zur Präferenz einer politischen Partei; die biographische Selbstdefinition hingegen ist die Resultante aller Richtungen der biographischen Entwicklung. Die biographische Entwicklung umfaßt die Übergänge, an denen die soziale Umwelt den Übergang vom Jugendlichen zum Erwachsenen beurteilt und mit denen Erzieher und Wissenschaftler die Obergrenze der Jugend bestimmen, vor allem also Berufseintritt und Heirat (siehe z. B. Neidhardt 1972, Mitterauer 1986); die biographische Selbstdefinition ist gleichsam das letzte Wort eines inneren Monologs des Heranwachsenden. Wenn man den Vergleich des Lebens mit einem Gericht nicht scheut, so verhält sich die biographische Entwicklung zur biographischen Selbstdefinition wie die Indizien zum Urteil. Die biographische Entwicklung sollte daher zu einem guten Stück, aber nicht vollständig, die biographische Selbstdefinition bestimmen. Wer Schule und Berufsausbildung abgeschlossen, einen Beruf gewählt und geheiratet hat, kann sich dennoch als Jugendlichen ansehen. Und wer studiert und alleinstehend ist, kann sich durchaus als Erwachsener betrachten. Unstimmigkeiten zwischen der biographischen Entwicklung und der biographischen Selbstdefinition sind nicht nur möglich, sondern sogar sehr wahrscheinlich, aber sie lassen sich nicht auf Dauer aufrechterhalten.

Die Variable nun, die Selbstdefinition und Entwicklung in Übereinstimmung bringt, ist das Alter. Mit fortschreitendem Alter werden die Spielräume für die Selbstdefinition enger. Auch wer keinen Beruf und keinen Partner gefunden hat, muß sich früher oder später als erwachsen ansehen. Tut er es nicht, so belehrt ihn die Umwelt, zuallererst die jüngere Umwelt. Das Alter macht auch den erwachsen, der die Übergänge zum Erwachsensein scheut und lieber ein Jugendlicher bleiben möchte. Wie die biographische Entwicklung wird also auch das Alter zu einer Selbstdefinition als Erwachsener führen.

Die biographische Entwicklung umfaßt nun die Übergangsentscheidungen des beruflichen und privaten Lebens, die auf dem Weg vom Jugendlichen zum Erwachsenen gefällt werden müssen: den Abschluß der Ausbildung, den Eintritt in den Beruf und die finanzielle Selbständigkeit auf der einen Seite, die Lösung vom Elternhaus, den Aufbau einer Partnerschaft und die Gründung einer eigenen Familie auf der anderen Seite. Diese Übergangsentscheidungen sind für den Einzelnen mit abrupten Änderungen des alltäglichen Lebens verbunden, und sie werden von der Gesellschaft mit Festen, Riten, rechtlichen Regelungen markiert. Von heute auf morgen führt der tägliche Weg nicht mehr an die Schulbank oder in die Bibliothek, sondern an die Werkbank oder den Schreibtisch; und Abschlußfeste oder Einführungsabende sollen diesen Übergang erleichtern. Nicht viel anders ist es in der privaten Entwicklung: Eines Tages zieht ein befreundetes Pärchen zusammen, und die standesamtliche und kirchliche Hochzeit wird oft selbst dann noch mehr oder minder groß gefeiert, wenn sie erst Jahre später nachgeholt wird. Die biographischen Übergänge sind also durch Umstellungen des privaten Lebens und durch öffentliche Ankündigungen gekennzeichnet. Sie bieten – vor, während und nach der Entscheidung – einen Anhaltspunkt für die biographische Selbstdefinition; sie stellen eine Aufforderung dar, über die biographische Selbstdefinition nachzudenken. Die Lebenszeit hingegen schreitet gleichmäßig voran, ohne die biographische Selbstdefinition herauszufordern. Erst nachdem einige Zeit verstrichen ist, wird eine Entscheidung fällig, die das Leben verändert und damit auch die biographische Selbstdefinition umstellen kann. Als eine erste Hypothese wollen wir daher prüfen, ob die biographische Selbstdefinition stärker von der biographischen Entwicklung als vom Lebensalter beeinflußt wird. Präziser ausgedrückt: Wenn man die biographische Selbstdefinition gleichzeitig in Abhängigkeit von der biographischen Entwicklung und vom Alter betrachtet, dann sollte sich die biographische Selbstdefinition stärker nach der biographischen Entwicklung als nach dem Alter unterscheiden.

Aber auch wenn das Alter an sich gleichsam keine biographischen Konturen hat und sie erst durch die biographischen Übergänge gewinnt, bildet es einen Rahmen für den möglichen Einfluß der Entwicklung auf die Selbstdefinition. Die Lebensspanne, in der das Alter der biographischen Entwicklung den Spielraum freigibt, die Selbstdefinition zu beeinflussen, ist eben die Lebensphase, die man als „Jugendzeit" versteht – wenn wir die Grenzen großzügig, wie in dieser Erhebung, setzen: die Spanne zwischen dem 13. und dem 30. Lebensjahr. In dieser Lebensspanne läuft die Uhr des Alterungsprozesses zwar weiter, aber sie legt nicht eindeutig die biographische Zeit fest; in den mittleren Jahren dieser Altersspanne sollte die biographische Entwicklung daher den größten Einfluß auf die biographische Selbstdefinition haben. Während die knapp über 13jährigen noch kaum darauf kommen, sich nicht als Jugendliche zu sehen, kann man es mit dem nahenden 30. Lebensjahr kaum mehr vermeiden, sich zu den Erwachsenen zu zählen; dazwischen aber sind beide Sichtweisen möglich und jeder Übergang wird die Neigung zum Erwachsenen steigern. Als eine zweite Hypothese soll daher geprüft werden, ob die Einflüsse der biographischen Entwicklung auf die biographische Selbstdefinition in den mitleren Altersgruppen stärker sind als in den jüngeren und älteren Altersgruppen der hier betrachteten Lebensspanne.

Im folgenden soll die biographische Selbstdefinition zunächst in Abhängigkeit vom Lebensalter auf der einen Seite, in Abhängigkeit von der biographischen Entwicklung auf der anderen Seite betrachtet werden, dann sollen in einer gleichzeitigen Betrachtung aller drei Variablen die beiden Hypothesen geprüft werden. Erstens: Bleibt der Einfluß der biographischen Entwicklung auf die biographische Selbstdefinition auch dann stärker als der Einfluß des Alters, wenn beide Einflüsse gleichzeitig betrachtet werden? Zweitens: Ist der Einfluß der biographischen Entwicklung auf die biographische Selbstdefinition in den mittleren Altersgruppen stärker als in den jüngsten und ältesten? Da das Alter eine zentrale Variable der Analyse ist, die Stichprobe aber überproportional in den jüngeren Altersjahrgängen gezogen wurde, wird im folgenden nur die gewichtete Stichprobe betrachtet – die Stichprobe also, in der die Altersjahrgänge proportional zu ihrerm Anteil in der Bevölkerung vertreten sind. Über Unterschiede der biographischen Selbstdefinition zwischen den alten und neuen Bundesländern werden zwar keine Hypothesen aufgestellt; aber die alten und die neuen Bundesländer werden durchgängig getrennt betrachtet.

Biographische Selbstdefinition in Abhängigkeit vom Lebensalter

Die biographische Selbstdefinition wurde durch folgende Frage ermittelt: „Würdest Du Dich eher als Jugendliche(r) oder als Erwachsene(r) oder als was würdest Du Dich sehen?" Etwas mehr als die Hälfte der Befragten bezeichnete sich als Jugendliche(r), über 40 % als Erwachsene(r) und fast 7 % als etwas Anderes. Auch die, die sich als etwas Anders bezeichneten, antworteten auf die nachfolgende Frage „Wie schnell willst du ein Erwachsener werden?" entweder mit einer Schnelligkeitsangabe oder sagten,

1) Biografische Selbstdefinition als Erwachsener nach Alter, für alte und neue Bundesländer

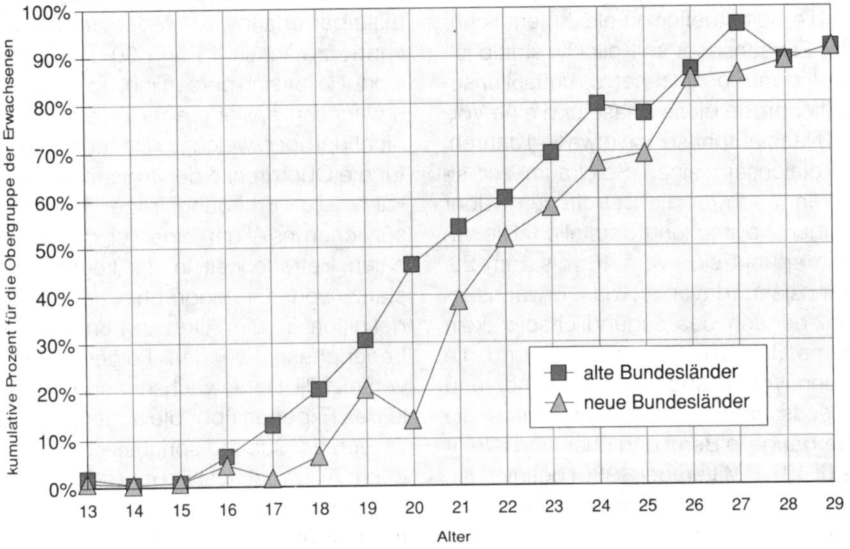

sie seien schon erwachsen. Aufgrund dieser Angaben können also auch die „Anderen" entweder den Jugendlichen oder den Erwachsenen zugewiesen werden, so daß die biographische Selbstdefinition nur noch diese beiden Ausprägungen umfaßt und im folgenden allein durch den Prozentsatz derer, die sich als erwachsen bezeichnen, dargestellt werden kann.

In den alten Bundesländern bezeichnen sich nun 54,0 %, in den neuen 44,5 % als erwachsen. Dieser Unterschied ergibt sich daraus, daß man in den alten Bundesländern in einem früheren Alter beginnt, sich erwachsen zu fühlen – wie Abbildung 1 verdeutlicht, die den Prozentsatz der „Erwachsensen" in beiden Ländergruppen nach dem Alter aufgliedert. In den alten wie in den neuen Bundesländern bewegt sich der Prozentsatz der „Erwachsenen" bis zum 16. Lebensjahr nahe bei 0 %, und in den alten wie den neuen Bundesländern stößt der Prozentsatz der Erwachsenen etwa ab dem 26. Lebensjahr an eine Obergrenze von rund 90 %. Die Unterschiede liegen in der Zwischenzeit: In den alten Bundesländern setzt das „Erwachsenwerden" früher ein, in den neuen nähert es sich später der Obergrenze von 90 % an, so daß die Unterschiede zwischen den beiden Landesteilen vom 16. bis zum 25. Lebensjahr zunächst wachsen und dann wieder schrumpfen. In der alten Bundesrepublik fühlt man sich zwar eher erwachsen als in der neuen; aber in beiden Landesteilen ist das Erwachsenwerden über die gleiche Altersspanne eine kritische Erfahrung.

Aus diesem Ergebnis läßt sich eine Abgrenzung der Übergangsphase „Jugend" durch die Betroffenen selber herauslesen, die in beiden Landesteilen gleich ist. Wenn man die Altersspanne, in der die Selbstdefinition als Jugendlicher oder Erwachsener im Kollektiv strittig ist, als „Jugend" bezeichnet, so umfaßt unsere Stichprobe diese Phase und eine Vor- und Nachlaufphase von etwa 3–4 Jahren, die gleichsam einen Spielraum zur sicheren, auch für die Betroffenen selber gültigen Abgrenzung darstellen. Die Jugend spannt sich vom 16. bis zum 26. Lebensjahr; davor ist das Erwachsensein, danach das Jugendlichsein „kein Thema". Die Obergrenze der Jugend, die in den Vorstellungen der Erzieher und Wissenschaftler ja vor allem durch die Übergänge in Beruf und Ehestand (Neidhardt 1972, Mitterauer 1986) definiert ist, kann damit auch zeitlich festgelegt werden.

Man mag einwenden, daß durch die Frage nach der biographischen Selbstdefinition die Obergrenze der Jugend nur mittelbar erfaßt wird: Jeder Heranwachsende zwischen 13 und 30 Jahren antwortet ja für sich persönlich, ob er sich als erwachsen ansieht; aber er äußert sich nicht darüber, welches Alter er allgemein für die Obergrenze der Jugend hält. Man kann die Erhebungsfrage vom Persönlichen ins Allgemeine, von der emotionalen Betroffenheit in die kognitive Distanz, von der biographischen Selbstdefinition in die Altersabgrenzung von Lebenphasen wenden. Folgende Frage versetzt die Heranwachsenden in die Rolle des Experten über die Jugend. „Wenn Du von der Jugend sprichst – bis zu welchem Alter rechnest Du einen Menschen zur Jugend?" Die Heranwachsenden sollten darauf mit einer Jahresangabe ant-

2) Obergrenze des Alters der Jugendzeit, für alte und neue Bundesländer

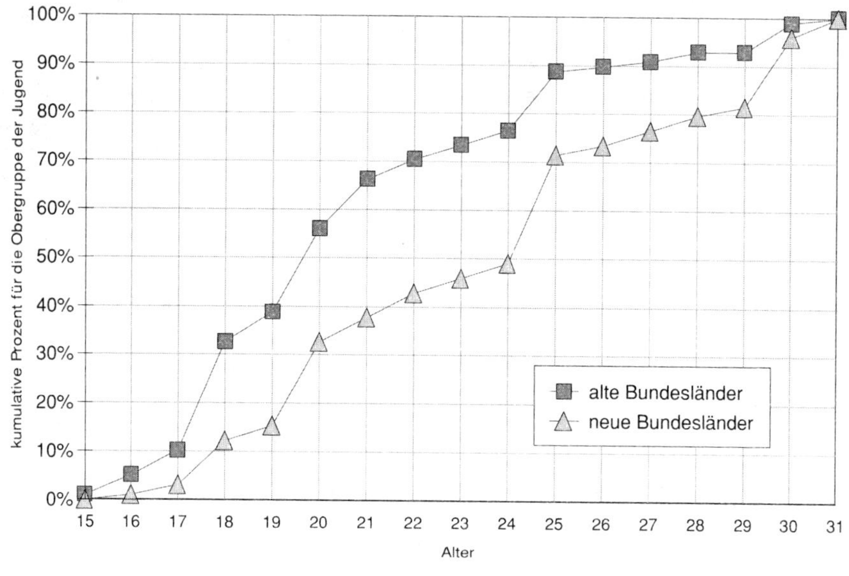

worten. Ihre Durchschnittsangaben über die Obergrenze der Jugend liegen bei 24,0 Jahren in den neuen und bei 21,8 Jahren in den alten Bundesländern. Auch aus der distanzierten Sicht beginnt das Erwachsenenleben in den alten Bundesländern früher als in den neuen – im Durchschnitt um 2,2 Jahre. Abbildung 2 zeigt die kumulierten Prozentsätze der Altersangaben zur Obergrenze der Jugend und ist mit Abbildung 1 vergleichbar, die für jedes Alter den Prozentsatz der nach der Selbstdefinition Erwachsenen darstellte. Auch in Abbildung 2 unterscheiden sich alte und neue Bundesländer nicht bis zum 15. und nicht ab dem 30. Lebensjahr, aber in den Zwischenjahren eilen die alten den neuen Bundesländern voran. Bis zum 16. Lebensjahr wird in den alten Bundesländern die Obergrenze der Jugend nur um 3 Prozentpunkte häufiger angesetzt; der Vorsprung der alten Bundesländer wächst bis zum 21. Lebensjahr auf seinen größten Wert von 28 Prozentpunkten, um dann bis zum 30. Lebensjahr auf nur noch 3 Prozentpunkte zusammenzuschmelzen.

Die Heranwachsenden beider Landesteile 1991 setzen aber die Obergrenze der Jugend früher an als die gesamte Bevölkerung der alten Bundesrepublik 1981 – wie ein Vergleich mit einer Umfrage zeigt, in der die gleiche Frage mit vorgegebenen Altersspannen gestellt wurde (Institut für Demoskopie 1981). Während – wie man in Abbildung 2 sehen kann – von den 13–30jährigen des Jahres 1992 in den alten Bundesländern 76 % und in den neuen Bundesländern 49 % die Jugend bis zum 24. Lebensjahr für abgeschlossen ansehen, tun das nur 40 % der Bundesbürger des Jahres 1981.[1] Wenn man die Bevölkerung 1981 nach dem Alter aufgliedert, wird das Ergebnis des Stichprobenvergleichs bestätigt: Mit steigendem Alter wird die Altersgrenze für die Jugend nach oben verschoben. Schließlich ergibt der Zeitvergleich der jungen Altersgruppen der alten Bundesländer zwischen 1981 und 1991 eine Tendenz der Heranwachsenden, die Obergrenze der Jugend zu senken: Während 1981 rund 43 % der 14–29jährigen die Obergrenze der Jugend unter 25 Jahre legten, steigt dieser Prozentsatz bei den 13–30jährigen 1991 – wie schon gesagt – auf 76 %.[2]

Das Fazit des Alters- und Zeitvergleichs ist also, daß die jungen Leute das Ende der Jugend früher ansetzen als die alten und daß sich diese Tendenz im letzten Jahrzehnt verstärkt hat. Nicht die Jugendlichen, sondern die Erwachsenen schieben das Ende Jugend hinaus. Diesseits will man bald über die Grenze; jenseits würde man gerne zurück. Der Jugend ist die Jugend weniger lieb als dem Alter. Der Jugend ist die Jugend eine Lebensphase, dem Alter ein Wert (Meulemann 1988). Das Privileg der Jugend, Offenheit und Ungebundenheit, wird von den Privilegierten nicht so sehr geschätzt wie von denen, die das Privileg verloren haben.

Beide Erhebungsfragen, nach der biographischen Selbstdefinition und nach der Altersabgrenzung von Lebensphasen, erbringen übereinstimmend, daß die Obergrenze der Jugend in den Vorstellungen der Heranwachsenden zwischen dem 26. und 30. Lebensjahr liegt. Diese Abgrenzung ist erstens gegenüber den gängigen Abgrenzungen der Erwachsenen nach unten verschoben. Sie bewegt sich zweitens in den Altersgrenzen unserer Stichprobe. Sie stimmt drittens in den Anfangs- und Endpunkten zwischen den beiden Landesteilen überein, so daß die

Unterschiede zwischen beiden Landesteilen sich vor allem aus der Schnelligkeit des zwischenzeitlichen Übergangs ergeben.

Biographische Selbstdefinition in Abhängigkeit von der biographischen Entwicklung

Die biographische Selbstdefinition als Erwachsener steigt zwischen dem 13. und 29. Lebensjahr in den alten Bundesländern von 2 % auf 92 %, in den neuen Bundesländern von 1 % auf 91 %, in beiden Landesteilen also um 90 Prozentpunkte. Aber in dieser Altersspanne werden auch die Entscheidungen gefällt, die den Jugendlichen zum Erwachsenen machen. Wie beeinflussen die Übergangsentscheidungen die Selbstdefinition als Erwachsener? Diese Frage soll im folgenden zunächst für berufliche, dann für private Übergänge behandelt werden.

Als berufliche Übergänge werden der Übergang von einer Ausbildung in das Erwerbsleben und der Wechsel von einer abhängigen zu einer eigenständigen Finanzierung des Lebensunterhalts betrachtet. Der Einfluß dieser beiden Variablen auf die biographische Selbstdefinition als Erwachsener in den alten und neuen Bundesländern ist in Tabelle 1 dargestellt; Tabelle 1 enthält auch die Verteilungen der unabhängigen Variablen in den beiden Landesteilen, die bei einer Bewertung ihres Einflusses auf die biographische Selbstdefinition berücksichtigt werden müssen. In beiden Landesteilen sind rund 36 % der Heranwachsenden in einer Ausbildung – Schule oder Studium – und rund 64 % in einer Erwerbstätigkeit, einschließlich einer Berufsausbildung. Die biographische Selbstdefinition als Erwachsener steigt mit der Erwerbstätigkeit in den alten Bundesländern um 48, in den neuen um 44 Prozentpunkte. In beiden Bundesteilen hat die Erwerbstätigkeit also einen etwa gleichen, sehr starken Effekt auf die biographische Selbstdefinition als Erwachsener. Die Verteilung des

Tabelle 1: *Biographische Selbstdefinition als Erwachsener nach der beruflichen Entwicklung, für alte und neue Bundesländer*

		Verteilung in Bundesländern:		% „Erwachsene" in Bundesländern:	
		alt	neu	alt	neu
Erwerbsstatus	in Ausbildung	36,8	35,6	23,4	16,2
	erwerbstätig	63,2	64,4	71,9	60,1
Lebensunterhalt	Eltern	32,2	22,8	15,8	3,5
	Sozialstaat	4,6	17,2	64,6	42,6
	eigenständig	63,2	60,0	72,7	60,6

Erwerbsstatus: „in Ausbildung" = Schulausbildung, Studium.
„erwerbstätig" = Berufsausbildung, erwerbstätig, Wehrdienst, Hausfrau/-mann, Rentner, arbeitslos, Kurzarbeit.

Lebensunterhalt: „Eltern" = Eltern, Verwandte. „Sozialstaat" = Mutterschaftsgeld, Waisenrente, Sozialhilfe, Stipendium. „eigenständig" = eigene Erwerbstätigkeit, Teilzeitarbeit, Ferienjob, Gelegenheitsarbeit, Ersparnisse, Wehrdienst, Zivildienst, Zuwendungen durch den Ehepartner/festen Partner, Arbeitslosengeld/-hilfe.

überwiegenden Lebensunterhalts stimmt zwischen den beiden Landesteilen nicht im gleichen Maße wie die Verteilung des Erwerbsstatus überein. Der Unterhalt durch den Sozialstaat ist als eine Lösung von den Eltern auf der einen Seite, eine neue vorübergehende Abhängigkeit auf der anderen Seite zwischen die Abhängigkeit von den Eltern und die finanzielle Selbständigkeit eingeordnet worden. In den alten Bundesländern findet sich häufiger eine Finanzierung des Lebensunterhalts durch Eltern und Verwandte, in den neuen Bundesländern durch sozialstaatliche Hilfen, während die Eigenständigkeit des Lebensunterhalts in beiden Ländern ungefähr gleich häufig ist. In beiden Landesteilen steigt die Selbstdefinition als Erwachsener mit dem Grad der finanziellen Selbständigkeit um rund 57 Prozentpunkte, wobei der Übergang von den Eltern zu einem sozialstaatlichen oder eigenständigen Lebensunterhalt die größere Wirkung von fast 40 Prozentpunkten, aber auch der Übergang von einem sozialstaatlichen zum eigenständigen Lebensunterhalt noch eine deutliche Wirkung von fast 17 Prozentpunkten hat. Beide Variablen der beruflichen biographischen Entwicklung, die Erwerbstätigkeit und die Eigenständigkeit des Lebensunterhalts, haben also einen starken Einfluß auf die Selbstdefinition als Erwachsener, der in den beiden Landesteilen in einem hohen Maße übereinstimmt.

Als private Übergänge wurden Variablen behandelt, die eine Lösung vom Elternhaus auf der einen Seite, Bewegungen in Richtung auf die Gründung einer eigenen Familie auf der anderen Seite erfassen. Die Lösung vom Elternhaus wurde durch zwei Fragen erfaßt: ob man eine eigene Wohnung hat und ob man nicht mehr bei den Eltern wohnt. Die Gründung einer eigenen Familie wurde durch den Familienstand – ledig ohne feste(n) Freund(in), ledig mit festem(r) Freund(in), zusammenlebend, verheiratet – und durch die Elternschaft erfaßt. Der Einfluß dieser Variablen auf die Selbstdefinition als Erwachsener ist in Tabelle 2 dargestellt.

Eine eigene Wohnung haben erstaunlicherweise mehr Heranwachsende in den neuen Bundesländern.[3] Der Besitz einer eigenen Wohnung steigert die Selbstdefinition als Erwachsener in beiden Landesteilen um rund 40 Prozentpunkte. Aus der Wohnung der Eltern gezogen sind wiederum etwas mehr Heranwachsende in den neuen Bundesländern. Der Auszug aus dem Elternhaus steigert wiederum die Selbstdefinition als Erwachsener in beiden Bundesländern um etwa 45 Prozentpunkte. Beide Variablen zur Lösung vom Elternhaus zeigen also in beiden Landesteilen gleichmäßig starke Einflüsse auf die Selbstdefinition als Erwachsener.

Die Gründung einer eigenen Familie verläuft – wie die Häufigkeitsverteilung der beiden weiteren Variablen in Tabelle 2 zeigt – in der Anfangsphase, der Suche nach einem festen Freund oder einer festen Freundin, in beiden Landesteilen ungefähr gleich; danach aber eilen die neuen Bundesländer den alten voran: Es gibt in den neuen Bundesländern mehr Zusammenlebende, mehr Verheiratete und mehr Eltern unter den Heranwachsenden zwischen 13 und 30 Jahren. Die Distanz in der biographischen Selbstdefinition zwischen dem ersten und letzten Familienstand, zwischen Freundschaft und Verheiratetsein beträgt in beiden Landesteilen rund 60 Prozentpunkte; aber die Wirkung der einzelnen Schritte auf dem Wege von der Freundschaft bis zur Ehe

Tabelle 2: Biographische Selbstdefinition als Erwachsener nach der privaten Entwicklung, für alte und neue Bundesländer

		Verteilung in Bundesländern: alt	Verteilung in Bundesländern: neu	% „Erwachsene" in Bundesländern: alt	% „Erwachsene" in Bundesländern: neu
Eigene Wohnung:	nein	74,2	66,2	43,6	31,0
	ja	25,8	33,8	83,9	70,8
Bei Eltern:	ja	51,6	45,2	31,1	20,0
	nein	48,4	54,8	78,6	64,6
Familienstand:	allein	37,9	38,3	31,8	23,6
	Freund(in)	32,9	23,7	50,6	29,2
	zusammen	10,7	13,1	77,1	61,1
	verheiratet	18,4	24,9	92,4	82,2
Elternschaft:	nein	87,3	73,9	48,4	30,3
	ja	12,7	26,1	92,6	84,6

sind in beiden Landesteilen nicht gleichartig. Eine feste Freundschaft steigert die Selbstdefinition als Erwachsener gegenüber den Ledigen in den alten Bundesländern um 16 Prozentpunkte, in den neuen nur um 6 Prozentpunkte. Im Ausgleich dafür aber ist die Steigerung der Selbstdefinition als Erwachsener durch die beiden nächsten Schritte, das Zusammenziehen und die Heirat, in den neuen Bundesländern stärker als in den alten. Am Familienstand läßt sich also wie schon zuvor am Alter ablesen, daß man in den alten Bundesländern früher erwachsen wird als in den neuen. So stark wie der Familienstand erhöht auch die Elternschaft die Selbstdefinition als Erwachsener: in den alten Bundesländern um 44, in den neuen um 54 Prozentpunkte. Auch die beiden Variablen zur Gründung einer eigenen Familie haben also in beiden Landesteilen ungefähr den gleichen Einfluß auf die Selbstdefinition als Erwachsener.

Biographische Selbstdefinition in Abhängigkeit vom Lebensalter und von der biographischen Entwicklung

Wie die bisherigen Analysen ergeben haben, sind die Einflüsse des Alters und der biographischen Entwicklung auf die Selbstdefinition als Erwachsener in den beiden Landesteilen weitgehend gleich: Auf der eine Seite steigt vom 13. bis zum 29. Lebensjahr die Selbstdefinition als Erwachsener von rund 5 % auf rund 90 %. Auf der anderen Seite nimmt die Selbstdefinition als Erwachsener auch mit allen Aspekten der biographischen Entwicklung deutlich zu: Im Bereich der beruflichen Entwicklung steigert die Erwerbstätigkeit die Selbstdefinition als Erwachsener um rund 45 Prozentpunkte, die Eigenständigkeit des Lebensunterhalts um 57 Prozentpunkte; im Bereich der privaten Entwicklung steigert der Besitz einer eigenen Wohnung die Selbstdefinition als Erwachsener um 40, der Auszug aus dem Elternhaus um rund 45, der Familienstand um rund 60 und die Elternschaft um rund 50 Prozentpunkte. Sowohl das Alter wie die biographischen Übergänge führen dazu, daß man sich mit der Zeit als Erwachsener fühlt. Welcher der beiden Einflüsse ist der stärkere? Treffen unsere beiden eingangs formulierten Hypothesen zu, daß die größere Sichtbarkeit der Übergänge ihnen mehr Gewicht für die biographische Selbstdefinition gibt als dem Lebensalter, und daß die Bedeutung der biographischen Übergänge für die biographische Selbstdefinition in der mittleren Phase des Heranwachsens am größten ist? Um diese Hypothesen zu prüfen, müssen wir die biographische Selbstdefinition gleichzeitig in Abhängigkeit vom Alter und von der biographischen Entwicklung betrachten. Dazu sind, da die biographische Entwicklung insgesamt 7 Variablen umfaßt, insgesamt 7 trivariate Tabellen notwendig. Um die Darstellung zu verkürzen, greifen wir aus jedem Teilbereich der biographischen Entwicklung den wichtigsten Aspekt für eine tabellarische Darstellung heraus.

Die berufliche Entwicklung wird durch den Erwerbsstatus unmittelbar, durch die Eigenständigkeit des Lebensunterhalts nur mittelbar erfaßt: Ob ich mein Leben mit Lernen oder mit Arbeiten verbringe, bestimmt, wie ich lebe und denke; ob ich von meinem eigenen oder fremdem Geld lebe, bestimmt ein Mittel, mit dem ich lebe. Die biographische Selbstdefinition als Erwachsener in Abhängigkeit vom Erwerbsstatus und vom Alter für alte und neue Bundesländer ist in Tabelle 3 dargestellt. So wie wir bei den bisherigen bivariaten Tabellen die Verteilung der unabhängigen Variablen beschrieben haben, bevor wir auf ihren Einfluß eingingen, so werden wir jetzt die gemeinsame Verteilung der beiden unabhängigen Variablen oder ihren Zusammenhang beschreiben, bevor wir auf die Frage eingehen, welche der beiden Variablen den stärkeren Einfluß auf die Zielvariable der biographischen Selbstdefinition ausübt. Die gemeinsame Verteilung der beiden unabhängigen Variablen ist in den beiden ersten Zeilen der Tabelle 3 dargestellt. In beiden Landesteilen steigt die Erwerbstätigkeit mit dem Alter um über 80 Prozentpunkte an; Alter und Erwerbstätigkeit

Tabelle 3: Biographische Selbstdefinition als Erwachsener nach Erwerbsstatus und Alter, für alte und neue Bundesländer

		% „Erwachsene" im Alter			
Bundesland	Erwerbsstatus	13–16	17–20	21–24	25–29
Gemeinsame Verteilung der beiden unabhängigen Variablen					
alt	erwerbstätig	6,0	58,9	75,4	86,5
neu	erwerbstätig	3,5	72,9	71,6	89,6
alt	in Ausbildung	1,3	17,8	56,8	70,8
	erwerbstätig	21,1	36,1	67,8	88,4
neu	in Ausbildung	1,8	6,2	47,3	53,8
	erwerbstätig	(0,0)	15,3	54,6	85,9
alt	–	2,5	28,6	65,1	86,0
neu	–	1,7	12,8	52,5	82,6

Prozentzahl in Klammer bezieht sich auf Stichprobe kleiner n=30.

hängen also sehr eng zusammen. Dennoch kann man in den weiteren vier Zeilen der Tabelle für jeden Landesteil den reinen Einfluß jedes Faktors auf die biographische Selbstdefinition ermessen, indem man den anderen Faktor konstant hält; der reine Einfluß des Alters ergibt sich, indem man den Prozentsatz der „Erwachsenen" für einen gegebenen Erwerbsstatus zeilenweise vergleicht, der reine Einfluß der Erwerbstätigkeit, indem man den Prozentsatz der „Erwachsenen" für ein gegebenes Alter spaltenweise vergleicht. In den alten Bundesländern steigert das Alter der in Ausbildung Lebenden und der Erwerbstätigen die Selbstdefinition als Erwachsener um rund 70 Prozentpunkte; die Erwerbstätigkeit hingegen steigert die Selbstdefinition als Erwachsener in jeder Altersgruppe um etwa 20 Prozentpunkte – außer in der Altergruppe von 21–24 Jahren, wo die Steigerung nur 11 Prozentpunkte beträgt. Der reine Einfluß des Alters ist also – im direkten Widerspruch zu unserer ersten Hypothese – deutlich stärker als der reine Einfluß der Erwerbstätigkeit. Der reine Einfluß der Erwerbstätigkeit ist weiterhin – im direkten Widerspruch zu unserer zweiten Hypothese – in den mittleren Altersgruppen keineswegs stärker als in den jüngsten und den ältesten. Das gleiche Ergebnis findet sich auch, wenn man statt der alten die neuen Bundesländer betrachtet. Das gleiche Ergebnis findet sich schließlich – wie eine nicht dargestellte entsprechende Tabelle für beide Landesteile zeigt – auch, wenn man statt des Erwerbsstatus die Eigenständigkeit des Lebensunterhalts als Variable für die berufliche Entwicklung einsetzt.

Allerdings kann man einwenden, daß das Alter der Erwerbstätigkeit deshalb an reiner Einflußkraft überlegen ist, weil das Alter mit vier Stufen, die Erwerbstätigkeit aber nur mit zwei Stufen gemessen wurde. Aber auch dieser Einwand rettet unsere erste Hypothese nicht – wie zwei Überlegungen zeigen. Erstens hat das Alter auch dann einen stärkeren Einfluß, wenn wir es auf zwei Kategorien reduzieren. Vergleichen wir bei den in Ausbildung Lebenden in der alten Bundesrepublik die Altersgruppen der 17–20- und der 21–24jährigen – was ein für das Alter unfairer Vergleich ist, da wir die Altersspanne reduzieren –, so steigert das Alter die Selbstdefinition als Erwachsener immer noch um mehr als 40 Prozentpunkte, also doppelt so stark wie die Erwerbstätigkeit; entsprechende Vergleiche für die Erwerbstätigen der alten Bundesländer und für die neuen Bundesländer führen zum gleichen Ergebnis. Zweitens kann man die Einflüsse jeder Variablen unter Konstanthaltung der anderen mit dem Einfluß der Variablen ohne diese Konstanthaltung, den reinen mit dem gesamten, den Netto- mit dem Bruttoeinfluß vergleichen und berechnen, wieviel vom Bruttoeinfluß bei Kontrolle der anderen Variablen als Nettoeinfluß übrigbleibt. Da der Bruttoeinfluß des Alters in Abbildung 1 in einer Aufgliederung nach Jahren dargestellt wurde, ist er in den beiden letzten Zeilen der Tabelle 3 noch einmal in der Aufgliederung nach vier Altersgruppen dargestellt. In den alten Bundesländern steigert das nach diesen vier Gruppen aufgeteilte Alter die Selbstdefinition als Erwachsener um rund 85 Prozentpunkte; kontrollieren wir die Erwerbstätigkeit, so bleiben davon – wie die dritte und vierte Zeile der Tabelle 3 ja schon gezeigt haben – rund 70 Prozentpunkte übrig. Das Alter behält also bei Kontrolle der Erwerbstätigkeit mehr als drei Viertel seiner Einflußkraft auf die biographische Selbstdefinition. Auf der anderen Seite steigert – wie Tabelle 1 ja schon gezeigt hat – in den alten Bundesländern die Erwerbstätigkeit die Selbstdefinition als Erwachsener um 48 Prozentpunkte; kontrollieren wir das Alter, so bleiben davon in keiner Altersgruppe mehr als 20 Prozentpunkte übrig – in jedem Fall also weniger als die Hälfte. Wiederum führen entsprechende Vergleiche für die neuen Bundesländer und für die zweite Variable der beruflichen Entwicklung, die Eigenständigkeit des Lebensunterhalts, zum gleichen Ergebnis. Wie wir es also drehen oder wenden, das Alter und nicht die biographische Entwicklung ist der stärkere Einfluß auf die biographische Selbstdefinition. Allerdings bleibt abzuwarten, ob dieses Ergebnis für die private Entwicklung ebenso gilt wie für die berufliche.

Die Lösung vom Elternhaus wird durch den Auszug aus dem Elternhaus besser als durch die eigene Wohnung erfaßt: Der Wegzug von den Eltern stellt die eigentliche Lösung von ihnen dar, während die eigene Wohnung durch besondere berufliche oder private Bedingungen erzwungen und durch eigene oder elterliche Finanzkraft überhaupt erst ermöglicht worden sein kann. Die Selbstdefinition als Erwachsener in Abhängigkeit von der Lösung vom Elternhaus und vom Alter ist für alte und neue Bundesländer in Tabelle 4 dargestellt. Wiederum zeigt die gemeinsame Verteilung eine starke Korrelation zwischen dem Alter und der Lösung vom Elternhaus in den alten und den neuen Bundesländern. Wiederum zeigt sich in den alten wie in den neuen Bundesländern, daß der Einfluß des Alters auf die biographische Selbstdefinition von 85 Prozentpunkten auch bei Kontrolle des Auszugs fast vollständig erhalten bleibt, während der Einfluß des Auszugs aus dem Elternhaus, der – wie Tabelle 2 gezeigt hat – ohne die Kontrolle des Alters etwa 45 Prozentpunkte betrug, in den alten Bundesländern auf maximal zwei Drittel, in den neuen Bundesländern gänzlich zusammenschmilzt. Auch hier also beeinflußt – im Widerspruch zu unserer ersten Hypothese – das Alter die biographische Selbstdefinition stärker als die biographische Entwicklung.

Unsere zweite Hypothese aber wird in den alten Bundesländern bestätigt: Der Einfluß des Auszugs aus dem Elternhaus auf die Selbstdefinition als Erwachsener

***Tabelle 4:* Biographische Selbstdefinition als Erwachsener, nach Leben mit Vater oder Mutter und nach Alter, für alte und neue Bundesländer**

		% „Erwachsene" in Alter			
Bundesland	Bei Vater/Mutter	13–16	17–20	21–24	25–29
Gemeinsame Verteilung der beiden unabhängigen Variablen					
alt	nein	2,2	17,0	57,6	81,8
neu	nein	2,0	34,6	67,5	89,0
alt	ja	2,4	24,2	57,8	85,2
	nein	(7,1)	50,5	70,5	86,2
neu	ja	1,8	10,7	54,8	80,2
	nein	(0,0)	16,9	51,4	82,9

Prozentzahl in Klammer bezieht sich auf Stichprobe kleiner n=30.

ist in der jüngsten und der ältesten Gruppe bedeutungslos, während er bei den 17–20jährigen 26 Prozentpunkte und bei den 21–24jährigen immer noch 12 Prozentpunkte beträgt. Der Auszug aus dem Elternhaus hat also für die unter 16jährigen – bei denen er, wie die Verteilung zeigt, nur sehr selten vorkommt – noch kaum Bedeutung für das Gefühl des Erwachsenseins; nicht zu Hause zu leben, ist hier wohl eher von außen, etwa durch die Ausbildung erzwungen als vom Heranwachsenden gewollt. Ebenso ist der Auszug aus dem Elternhaus für die über 25jährigen bedeutungslos geworden: Da die Eltern den Lebenskreis älterer Kinder kaum mehr einschränken können, bleiben die Kinder der Vorteile wegen bei den Eltern. Die jungen Heranwachsenden leben nicht zu Hause, weil sie woanders leben müssen; die alten Heranwachsenden leben zu Hause, obwohl sie woanders leben könnten. In der Zwischenphase aber – vor allem bei den 17–20jährigen – ist der Auszug ein Schritt auf dem Weg zum Erwachsenen. Zur rechten Zeit hat der Auszug aus dem Elternhaus symbolischen Wert für das Erwachsenwerden – allerdings nur in den alten Bundesländern.

Die Gründung einer eigenen Familie wird in der hier untersuchten Lebensspanne besser durch die Verheiratung als durch die Elternschaft erfaßt. Der Einfluß des Familienstands und des Alters auf die biographische Selbstdefinition in den alten und neuen Bundesländern ist in Tabelle 5 dargestellt. Da die Verheiratung, besonders in den jüngeren Altersgruppen, noch selten ist, wurde sie mit dem Zusammenleben zusammengefaßt, so daß in der Gesamtgruppe die drei Stufen des Familienstandes etwa gleich häufig sind. Wie die gemeinsame Verteilung zeigt, hängen Familienstand und Alter in beiden Landesteilen eng zusammen: Das Alleinleben nimmt mit dem Alter zu, das Zusammenleben ab, aber die fe-

Tabelle 5:* *Biographische Selbstdefinition als Erwachsener nach Familienstand und Alter, für alte und neue Bundesländer

		% „Erwachsene“ im Alter			
Bundesland	Familienstand	13–16	17–20	21–24	25–29
Gemeinsame Verteilung der beiden unabhängigen Variablen					
alt	allein	76,7	43,1	32,3	19,2
	Freund(in)	20,9	50,2	40,1	25,6
	zus., verh.	2,4	6,7	27,6	55,2
neu	allein	71,9	48,0	30,2	18,4
	Freund(in)	26,7	38,8	27,2	10,6
	zus., verh.	1,4	13,1	42,6	71,0
alt	allein	1,4	22,4	56,1	77,7
	Freund(in)	6,0	30,3	62,3	77,7
	zus., verh.	(6,7)	55,8	79,7	92,7
neu	allein	2,0	10,5	41,0	73,9
	Freund(in)	1,1	10,1	55,4	68,1
	zus., verh.	(0,0)	29,8	58,7	87,0

Prozentzahl in Klammer bezieht sich auf Stichprobe kleiner n=30.

ste Freundschaft ohne Zusammenleben nimmt nur bis zum 20. Lebensjahr zu, um dann wieder zurückzugehen. Wiederum aber hat das Alter einen deutlich stärkeren Einfluß auf die biographische Selbstdefiniton als die biographische Entwicklung. In den alten und neuen Bundesländern geht der Einfluß des Alters auf die Selbstdefinition als Erwachsener bei Kontrolle des Familienstandes nur geringfügig von 85 auf etwa 75 Prozentpunkte zurück, während der Einfluß des Familienstandes von 60 Prozentpunkten auf maximal 30 Prozentpunkte zusammenschmilzt. Wiederum also wird die erste Hypothese widerlegt. Die zweite Hypothese hingegen wird in den alten wie den neuen Bundesländern bestätigt: Die Prozentsatzdifferenz zwischen den Allein- und den Zusammenlebenden ist in den beiden mittleren Altersgruppen größer als in den beiden extremen; diese Tendenz ist in den alten Ländern noch deutlicher als in den neuen. Wiederum also gibt es eine kritische Phase, in der der biographische Übergang für die biographische Selbstdefinition vor allem Bedeutung hat. Der Abfolge der Übergänge gemäß, liegt dieses Alter beim Zusammenziehen etwas höher als beim Auszug aus dem Elternhaus: Auch beim Zusammenziehen finden sich zwar die größten Prozentsatzdifferenzen bei den 17–20jährigen, aber annähernd große auch noch bei den 21–24jährigen. Auch wenn man die Elternschaft mit dem Alter im Einfluß auf die biographische Selbstdefinition vergleicht, finden sich ganz ähnliche Ergebnisse, die nicht tabellarisch dargestellt werden.

Überblickt man die gleichzeitigen Einflüsse des Alters und der biographischen Entwicklung auf die biographische Selbstdefinition, so wird die erste Hypothese durchgängig widerlegt. In beiden Landesteilen hat das Alter einen stärkeren Einfluß als die Übergänge, sei es im beruflichen oder im privaten Bereich. Die zweite Hypothese hingegen wird in beiden Landesteilen zwar nicht für die berufliche Entwicklung, aber doch für die private Entwicklung bestätigt. Der Auszug aus dem Elternhaus hat in den alten Bundesländern und der Familienstand in beiden Landesteilen eine größere Bedeutung für die biographische Selbstdefinition in den mittleren Altersjahrgängen als in den extremen. Es gibt in der privaten Entwicklung kritische Altersphasen, in denen Übergänge eine besondere Bedeutung für das Erwachsenwerden haben: Der Auszug aus dem Elternhaus und das Zusammenziehen mit einem Partner ist für die jüngeren Heranwachsenden noch nicht, für die älteren nicht mehr ein Schritt in das Erwachsenenleben. Schließlich verdient festgehalten zu werden, daß die Ergebnisse der trivariaten Analysen zwischen den beiden Landesteilen weitgehend übereinstimmen.

Erwachsenwerden als Älterwerden

Wie kann man erklären, daß die biographischen Übergänge weniger Bedeutung für das persönliche Erwachsenwerden haben als das Lebensalter? Für die gegenteilige Erwartung sprach die Tatsache, daß biographische Übergänge durch persönlich spürbare Umstellungen und sozial sichtbare Ereignisse markiert sind, während das Alter gleichmäßig und unmerklich voranschreitet. Mit der Erwerbstätigkeit beginnt der Ernst des Lebens, mit der Ehe Verantwortung für andere Menschen; und gerade darum sind diese Übergänge mit rechtsverbindlichen Erklärungen und mit Festen in größeren Gemeinschaften verknüpft. Gerade aber diese Akzente sind den biographischen Übergängen heute offenbar genommen worden. Der Berufseintritt ist nicht mehr ein abrupter Übergang, sondern ein längeres Pendeln zwischen Welten, deren Gewichte sich nach und nach verschieben – wie es sich heute am besten beim Übergang vom Studium in den Beruf beobachten läßt: Zunächst wird in den Semesterferien, dann auch im Semester gearbeitet, so daß Stück für Stück die Berufstätigkeit zur eigentlichen Existenz erhoben und das Examen unter Umständen aus den Augen verloren wird. Ebenso wird die Umstellung vom Alleinleben zum Zusammenleben stückweise abgearbeitet: Die feste Freundschaft wird zunächst im gemeinsamen Urlaub, dann regelmäßig am Wochenende und schließlich in der gemeinsamen Wohnung erprobt; erst ein Erfolg in allen diesen Proben erlaubt den Gang zum Standesamt, dem die kirchliche und familiäre Hochzeitsfeier Eltern und Verwandten zu Gefallen nachgeschoben wird. Die Eheschließung bedeutet nicht mehr die Verpflichtung, ein Wagnis bestehen zu wollen; sie beruht auf der – augenblicklich hinreichenden – Gewißheit, ein Wagnis bestanden zu haben. Die Feier der Hochzeit ist nicht mehr die Besiegelung des Übergangs, die bedrohlich auf einen zurückt und vor der man – wie in nicht wenigen Romanen und Filmen – die Flucht ergreifen möchte; sie ist ein wohlfeiler Anlaß, Freunde und Verwandte zusammenzubringen.

Kurzum: Die biographischen Übergänge sind weniger abrupt und ziehen sich länger hin. Zwar wird die gleiche Höhe erklommen, aber der Weg ist weniger steil. Aber dadurch verliert die biographische Entwicklung den Vorrang vor dem Alter als Maßstab des persönlichen Erwachsenwerdens. Die biographische Entwicklung schreitet so lautlos fort wie das Alter – beide schaffen nach einer gewissen Zeit vollendete Tatsachen. Das Erwachsenwerden hat seine biographischen Konturen verloren, es ist mit dem Älterwerden deckungsgleich geworden. Unter diesen Bedingungen wird es sogar verständlich, daß das Alter *mehr* Gewicht für das Erwachsenwerden gewinnt als die biographischen Übergänge. Immerhin behält das Alter eine bürokratische Eindeutigkeit, die die biographischen Übergänge zunehmend verlieren: Bei vielen möglichen Gelegenheiten, von der Hotelregistratur bis zur Steuererklärung, ist es psychologisch leichter, das Alter als etwa Beruf oder Familienstand anzugeben. Aber auch im privaten Alltag hat das Alter mehr Prominenz als die biographischen Übergänge: Viele verschmähen es weniger, jedes Jahr ihren Geburtstag als einmal im Leben ihre Hochzeit zu feiern. Andere und uns selber nehmen wir leichter und lieber, schneller und unverfänglicher in der Kategorie des Alters als in den Kategorien etwa des Berufs oder des Familienstandes wahr. Wenn die biographischen Übergänge wie das Alter zu Quantitäten geworden sind, dann hat das Alter zumindest den Vorteil der besseren Meßbarkeit.

Das Erwachsenwerden mag zwar mit dem Älterwerden deckungsgleich geworden sein, aber nicht mit dem Altwerden. Erwachsenwerden heißt – wie wir in Abbildung 1 gesehen haben – Älterwerden bis zum 26. Lebensjahr. Obwohl die biographischen Konturen verwischt sind, bleibt das Ziel bestehen. Zwar wird man nicht mehr erwachsen, *weil* man bestimmte Übergänge vollzogen hat, sondern *wenn* man sich dem Ende des dritten Lebensjahrzehnts nähert. Aber das

Tabelle 6: Bedeutungen von „Erwachsen“ in den alten und neuen Bundesländern (Vorstudie): Mittelwerte aus Wichtigkeitsschätzungen von 1 (unwichtig) bis 5 (wichtig)

		Bundesland	
Dimension	Vorgabe	alt	neu
Übergänge	Zusammenleben, Ehe	3,34	3,46
	gute berufliche Stellung	3,84	3,88
	Kinder	3,05	3,11
Werte	Religiös-weltansch. Entschiedenheit	2,90	2,78
	Persönlichkeit	4,30	4,27
	Reife	4,24	4,15
	n	418	282

Tabelle 7: Korrelationen der Wichtigkeit von Dimensionen des „Erwachsenseins“ mit Alter, für alte und neue Bundesländer (Vorstudie)

		Bundesland	
Dimension	Vorgabe	alt	neu
Übergänge	Zusammenleben, Ehe	–.08	–.04
	gute berufliche Stellung	–.15	–.15
	Kinder	–.11	–.04
Werte	Religiös-weltansch. Entschiedenheit	.02	–.06
	Persönlichkeit	.15	.15
	Reife	–.05	.01

Erwachsenwerden ist nach wie vor ein Prozeß, der zu einem bestimmten Zeitpunkt abgeschlossen ist und nicht – wie das Altwerden – das ganze Leben begleitet. Das Erwachsenwerden wird nur noch mit einem Zielalter identifiziert. Aber eine Altersgrenze kann die Frage nicht beantworten, was das Ziel der Jugend ist. Nach wie vor also bleibt die Frage, was in den Vorstellungen der Heranwachsenden „Erwachsen“ bedeutet.

Die Semantik des Erwachsenwerdens umfaßt zwei einander überlagernde Komponenten: die vollzogenen Übergänge und die erworbene Persönlichkeit, die biographische und die Wertkomponente. Die Bildung der Persönlichkeit wurde mit dem Aufkommen des Begriffs der Jugend im 18. Jahrhundert zunächst religiös verstanden, als die bewußte Entscheidung für den Glauben, in dem man groß geworden war; die religiöse Wiedergeburt wurde dann säkular als zweite Geburt, als die Ausformung einer autonomen und reifen Persönlichkeit umgedeutet (Mitterauer 1986:34–36). Wenn das persönliche Erwachsenwerden nun stärker durch das Alter als durch biographische Übergänge bestimmt wird, dann müßte in den Vorstellungen der Jugendlichen vom Erwachsenen der biographischen Komponente weniger Bedeutung als der Wertkomponente zukommen und die Bedeutung der biographischen Komponente müßte mit dem Alter schwinden, die Bedeutung der Wertkomponente mit dem Alter steigen. Diese beiden Vermutungen sollen abschließend geprüft werden.

Das Gewicht der biographischen und der Wertkomponenten in den Vorstellungen der Heranwachsenden wurde in der Vorstudie anhand einer Liste von Vorgaben erfragt, die von „1 weniger wichtig" bis „5 besonders wichtig" eingeschätzt werden mußten. Für die biographischen Komponenten standen „Zusammenleben mit Ehe- oder Lebenspartner", „Gute berufliche Stellung" und „Kinder haben", für die Wertkomponenten „Entschiedenheit in religiösen und weltanschaulichen Dingen", „Persönlichkeit" und „Reife" – also eine religiöse und zwei säkulare Wertvorgaben.

Die Mittelwerte dieser Vorgaben in den alten und den neuen Bundesländern sind in Tabelle 6 wiedergegeben. Die Rangfolge der Bedeutungskomponenten ist in den beiden Landesteilen vollkommen gleich. Die religiös-weltanschauliche Komponente ist am wenigsten wichtig; aber die beiden übrigen Wertkomponenten sind deutlich wichtiger als alle drei Übergänge. Daß die historische Komponente der Religion kein Gewicht mehr hat, kann nicht zu sehr verwundern. Aber davon abgesehen, wird die Vermutung, daß die Wertkomponenten des Erwachsensein für die heutigen Heranwachsenden wichtiger sind als die biographischen Komponenten, durchgängig bestätigt. Die Korrelationen der Bedeutungskomponenten des Erwachsenseins mit dem Alter in den alten und neuen Bundesländern sind in Tabelle 7 wiedergegeben. In beiden Landesteilen korrelieren die Übergänge durchweg negativ und die Wertkomponenten überwiegend positiv mit dem Alter. Die negative Korrelation der religiös-weltanschaulichen Entschiedenheit in den alten Bundesländern könnte ein Nachklang aus der DDR sein: Weltanschauliche Entschiedenheit deutet hier nicht auf Autonomie, sondern auf Konformismus mit der Staatsdoktrin und wird heute mit zunehmendem Alter als ein Zeichen der Unreife durchschaut. Die negative Korrelation der Reife in den alten Bundesländern allerdings bleibt rätselhaft. Dennoch: Es wird auch unsere zweite Vermutung bestätigt. Es zeigt sich in beiden Landesteilen, daß die jüngeren Heranwachsenden das Erwachsensein eher an biographischen Übergängen, die älteren eher an Werten der Person festmachen. Dies wird am besten an der Gegenüberstellung der beiden Vorgaben mit den stärksten Korrelationen deutlich, der „guten beruflichen Stellung" und der „Persönlichkeit". Mit dem Alter fühlen sich nicht nur mehr und mehr der Heranwachsenden als Erwachsene, mit dem Alter wird auch der Begriff des Erwachsenen reifer.

Anmerkungen:

1 Durch den früheren Zeitpunkt der Bevölkerungsbefragung wird die Differenz zu den Heranwachsenden eher unter- als überschätzt; denn der Prozentsatz derer, die das Ende der Jugend vor 24 Jahren legen, ist zwischen 1952 und 1981 gefallen, so daß – bei Extrapolation der Tendenz – der Prozentsatz 1992 noch unter 40 % liegen sollte.

2 Ein Teil dieser Diskrepanz kann auf den Wechsel der Vorgabe zurückgeführt werden: 1981 wurden die Altergrenzen „unter 20 Jahren", „20–24 Jahre", „25–29 Jahre", „30–35 Jahre", „über 35 Jahre" vorgegeben; 1992 mußte ein Altersjahr vom Befragten als Antwort genannt werden. Das Vorgabespektrum 1981 hat nun einen hohen Schwerpunkt, so daß er den geringen Prozentsatz für die beiden ersten Vorgaben provoziert haben kann. Das aber kann die Differenz zu 1992 nicht vollständig erklären.

3 Wie eine Aufgliederung des Besitzes einer eigenen Wohnung nach Familienstand zeigt, kann dies nur zu einem Teil daraus erklärt werden, daß in der ehemaligen DDR eine frühe Verheiratung Voraussetzung für eine eigene Wohnung war. Zwar sind in den alten Bundesländern – wie Tabelle 2 weiter unten zeigt – mehr Heranwachsende sowohl zusammenlebend als auch verheiratet. Aber der Einfluß des Familienstandes auf den Besitz einer eigenen Wohnung ist nur gering. Von den Zusammenlebenden besaßen in den alten Bundesländern 39 % und in den neuen Bundesländern 56 % eine eigene Wohnung; von den Verheirateten in den alten Bundesländern 62 % und in den neuen 74 %. Siehe hierzu den Beitrag von Buba u. a. in diesem Band.

Literatur:

Institut für Demoskopie, 1981.
Jung sein heute – 1981.
Allensbach am Bodensee: Berichtsband.

Mitterauer, Michael, 1986.
Sozialgeschichte der Jugend.
Frankfurt: Suhrkamp.

Meulemann, Heiner, 1988.
Jugend als Lebensphase – Jugend als Wert.
Zeitschrift für Pädagogik 34: 65–86

Neidhardt, Friedhelm, 1972.
Bezugspunkte einer soziologischen Theorie der Jugend . 11–48, in: ders. u. a. (Hg.)
Jugend im Spektrum der Wissenschaften.
Weinheim: Juventa

Lebenslaufereignisse, Statuspassagen und biografische Muster in Kindheit und Jugend

Imbke Behnken
Jürgen Zinnecker

Thema des Beitrags sind die vielen größeren und kleineren Lebenslaufereignisse, die das Heranwachsen begleiten. Als Statuspassagen bilden sie soziale Marker, durch die das Kontinuum „Älterwerden" strukturiert und zu biografischen Mustern verdichtet wird. In der Studie wurden Jugendliche und junge Erwachsene veranlaßt, sich an solche Ereignisse rückzuerinnern und nach Lebensjahren zu datieren. Das ermöglicht Aussagen über Geschwindigkeiten, Abfolgen, zeitliche Ausdehnungen jugendlicher Passagen und einige Zusammenhänge, die sich dabei mit weiteren Aspekten des Jugendlebens ergeben. Weiterhin läßt sich nach der lebensverändernden Qualität solcher Ereignisse und nach ihrer sozialen und institutionellen Einbettung fragen.

Wie sich in früheren Studien herausstellte, beispielsweise auch bei der Schülerstudie '90 (Behnken u. a. 1991), gehört die Gestaltung des jugendlichen Lebenslaufes zu jenen – im übrigen nicht so zahlreichen – Bereichen, wo sich west- und ostdeutsche Jugendliche sichtbar und folgenreich unterscheiden. Ziel des Beitrages ist von daher, die unterschiedlichen Strukturen von „Normalbiografie", die sich im Verlauf des zweiten und dritten Lebensjahrzehntes für West- und Ostdeutsche ausprägen, in vergleichender Absicht darzustellen. Es versteht sich, daß hierbei die Variationen männlicher und weiblicher Lebensverläufe zu berücksichtigen sind. Thematische Verbindungslinien ergeben sich nicht nur zu verschiedenen Aufsätzen in diesem Buch (insbesondere Meulemann, Silbereisen/ Schwarz), sondern auch zu den anderen Bänden der Jugendstudie 1991. Als qualitatives Pendant zur quantifizierenden Analyse von Lebenslaufereignissen lassen sich die Porträts von biografischen „Paaren" junger West- und Ostdeutscher in Band 1 ansehen. Verwiesen sei ferner auf die Erläuterungen und Materialien zu jugendlichen Lebensverläufen in der ehemaligen DDR, die sich in Band 3 finden.

Statuspassagen im Lebensverlauf. Anmerkungen zum Konzept

Einleitend einige Erläuterungen zum Konzept, das unserer Analyse und dem Instrumentarium der Lebenslaufereignisse zugrundeliegt. Die Grundidee ist, daß man in seinem Leben viele große, aber auch viele kleine Dinge irgendwann einmal zum ersten Mal tut – tun kann, tun will, aber auch tun muß. Wenn man solche

Handlungen zum ersten Mal vollzieht, so läßt sich das als „Statuspassage" im Sinne der Kulturanthropologie oder Sozialwissenschaft auffassen[1]. Wer zum erstenmal Alkohol trinkt, zum erstenmal küßt oder ein Freischwimmerzeugnis erlangt, der vollzieht eine – vielleicht nur kleine – Statuspassage. Er bewegt sich vom Status des unerfahrenen Trinkers, Küssenden oder Schwimmenden zu einem, der zur Gemeinde der Erfahrenen und Eingeweihten gehört – wenn auch nur im Status eines Anfängers. Solche Statuspassagen vollziehen wir ein Leben lang. Manche davon sind geradezu verpflichtend und unvermeidbar, andere Passagen vollziehen nur wenige. Einige sind strikt institutionell geregelt, andere bleiben der Willkür und der Entscheidung des Einzelnen anheimgestellt. Für die Kindheits- und Jugendforschung bzw. die Sozialisationsforschung sind Statuspassagen ein so interessantes Thema, weil sich in den frühen Lebensabschnitten diese Schritte in bemerkenswerter Weise häufen. Kindheit und Jugend sind voller Situationen, wo die Heranwachsenden bestimmte Handlungsschritte zum erstenmal in ihrem Leben vollziehen. Statuspassagen lassen uns einige Eigenarten dieser Lebensphasen folglich besser verstehen.

Die vielen kleineren und größeren lebenslaufbegleitenden und -strukturierenden Statuspassagen treten im Lebenslauf in gebündelter Form auf. Sie verdichten sich zu übergeordneten Statuskonfigurationen, die wir im allgemeinen als globale Übergänge von einer Lebensphase zur nächsten identifizieren. In diesem Sinn sprechen wir von Statuspassagen zwischen Kleinkind und Vorschulkind, Kind und Jugendlichem, Erwachsenem und altem Menschen usw. Unsere These lautet, grob gesprochen, daß das, was wir Lebensphasen nennen, durch solche strukturellen Bündelungen von Statuspassagen entsteht. Damit nähern wir uns dem ursprünglich anthropologischen Begriff der Statuspassagen – rite de passage im Sinne von van Gennep – wieder an, der sich auf die soziale Ordnung der Altersgruppen in wenig strukturierten Gesellschaften mittels solcher Passagen bezieht.

Wir unterstellen allerdings nicht, daß alle – oder nur die Mehrheit – der Menschen in komplexen industriellen Gesellschaften einen einheitlichen Begriff solcher Statuspassagen und der zugehörigen Lebensphasen haben müßten. Anders als in den überschaubar strukturierten und von rituellen Statuspassagen geleiteten Gesellschaften der Kulturanthropologen haben wir es hier eher mit schwer überschaubaren, undeutlich geregelten Altersklassen zu tun, die mit vielfältigen anderen sozialen und kulturellen Phänomenen verflochten sind, und die u.U. ohne unsere eigene Einsicht steuernd in unseren Lebenslauf eingreifen können. In der einschlägigen sozialwissenschaftlichen Literatur, die sich mit lebenssteuernden Übergangsprozessen und deren Wandel in der (Post-)Moderne befaßt, wird deshalb beispielsweise von Tendenzen zur „Selbstinitiation" gesprochen, wonach die Einzelnen – und nicht mehr lebenslaufbegleitende Institutionen – biografische Übergänge gestalten (vgl. z. B. Lenzen 1985; Stagl 1983; Friebertshäuser 1992). Soziale Übergänge verlieren dadurch an sozialer Sichtbarkeit, während sie auf der anderen Seite an psychologischer Qualität gewinnen (siehe Meulemann in diesem Band). Entsprechend erhalten wir auf Fragen nach Statuspassagen, die unseren Lebenslauf und die einzelnen Lebensphasen strukturieren, sehr unterschiedliche und teilweise gar keine Antwort.

Ungeachtet der genannten Schwierigkeiten ist es möglich, auf struktureller Ebene globale Statuspassagen zu identifizieren und sie zum Gegenstand von Analysen zu machen. In dieser Absicht wurden die Altersgrenzen der neuen Jugendstudie '92 – beginnend mit dem 13. und endend mit dem 29. Lebensjahr – bewußt in der Weise gegenüber der Tradition älterer Jugendstudien, wo es zumeist um 15- bis 24jährige geht, modifiziert, daß zwei große Statuspassagen ins Blickfeld rücken. Bei den jüngeren Altersgruppen unter den Befragten handelt es sich um den Übergang zwischen Kindheit und Jugend; bei den älteren Altersgruppen um die Passage zwischen Jugend und Erwachsensein.

Für beide Statuspassagen lassen sich übergeordnete Zielrichtungen des Statuswechsels formulieren, was – in aller Vorläufigkeit – hier angedeutet sei[2]. Bezogen auf die komplexe Statuspassage Kindheit – Jugend läßt sich sagen, daß hier Lebensereignisse kumulieren, die von kindlichen Unselbständigkeiten und Nicht-Verantwortlichkeiten hin zu einer weiter gefaßten adoleszenten Eigenverantwortung führen. Um welche neuen Erfahrungs- und Verantwortungsräume handelt es sich dabei? Um dies zu beantworten, sollten wir ein zweites Strukturelement in Rechnung stellen, das die Gesamtheit lebenslaufbegleitender Statuspassagen gliedert. Normalbiografien lassen sich gut entlang dreier zentraler Lebensbereiche anordnen (vgl. Zinnekker 1991). Das sind Stationen des Hineinwachsens in Ausbildung und Beruf, zweitens der Weg in intime Paarbeziehungen und in die Familiengründung und drittens das lebensgeschichtliche Feld einer Partizipation am Markt- und Konsumgeschehen bzw. an der politisch-gesellschaftlichen Öffentlichkeit[3].

Beschreibung des Untersuchungsinstruments

Um lebensaltersspezifische Statuspassagen in Kindheit und Jugend untersuchen zu können, wurde vor einem Jahrzehnt im Rahmen der damaligen Shell-Jugendstudie 1981 ein Instrument entwickelt (vgl. Fuchs 1982), das in der folgenden Jugendstudie 1984 (vgl. Fuchs 1985) und jetzt in der 1991er-Studie in unterschiedlichen Versionen wiederholt wurde.

In der aktuellen Studie '92 waren die beteiligten Wissenschaftler um eine Erweiterung und Reaktualisierung des Instrumentariums bemüht. Zum einen erhielten die Befragten eine umfangreichere Auswahl von Lebenslaufereignissen, die in der Vorerhebung 62, in der Haupterhebung dann 23 Ereignisse umfaßte. Zum anderen wurden Variationen des Abfragemodus erprobt.

Der Fragetext der Haupterhebung Sommer 1991 lautete (siehe hierzu auch Dokumentation der Gesamtfrage, abgefragte Ereignisse nebst Grundauszählungen, in Band 4 der Studie):

(Interviewer mischt zunächst 23 Kärtchen und legt diese vor.)

„Im Laufe eines Lebens ereignet sich einiges, was uns und unser Leben verändert. Eine Auswahl solcher Ereignisse habe ich hier auf diesen Kärtchen. Wenn Du etwas schon erlebt hast, in welchem Alter war das?"

Die Auswahl der abgefragten Lebensereignisse orientiert sich an den oben erläuterten Konfigurationen von Statuspassagen. Längsschnittlich werden sowohl Ereignisse berücksichtigt, die den Übergang Kindheit – Jugend anzeigen (z. B. abends weggehen und heimkommen, wann man will), als auch solche, die zur Transition in den Erwachsenenstatus zählen (z. B.heiraten). In gleicher Weise werden die drei Querschnittsbereiche – Familie, Beruf, Öffentlichkeit – exemplarisch durch jeweils mehrere Ereignisabfragen angesprochen.

Wie zuverlässig sind die Altersangaben, die Befragte in der Rückerinnerung zu solchen Lebensereignissen machen? (vgl. Strube/Weinert 1987; Tölke 1979) Natürlich müssen wir gewisse Erinnerungseffekte einrechnen, die mit der lebensgeschichtlichen Verarbeitung solcher Statuspassagen zusammenhängen. So neigen beispielsweise jüngere Befragte (zwischen 13 und 17 Jahren) durchweg dazu, einige – nicht alle – Lebensereignisse in ein früheres Alter vorzuverlegen, während ältere Befragte (21 Jahre und älter), weiter von diesen Statuspassagen aus Kindheit und Jugend entfernt, sie etwas später in ihrer Lebensgeschichte datieren (vgl. Fuchs 1982, 143f). Dieser Erinnerungseffekt ist als „Teleskopeffekt" des Sich-Erinnerns bezeichnet worden (vgl. Schwarz und Silbereisen in Band 4). In manchen Fällen vermögen die Jugendlichen auch kein bestimmtes Alter zu erinnern oder weichen auf stereotype, gesellschaftlich sanktionierte Altersmarkierungen – „mit 18 Jahren" – aus. Aufs Ganze gesehen sind die Erinnerungsleistungen jedoch nicht ungünstig. Dabei kommt den Lebenslaufforschern der Umstand zugute, daß viele Statuspassagen herausragende Markierungspunkte in der jugendlichen Lebensgeschichte darstellen, die sich aus dem Strom alltäglicher Handlungen und Ereignisse deutlich herausheben. Der erste „richtige" Alkoholkonsum mit Folgen wird erinnert und ist lebensgeschichtlich datierbar, auch wenn die folgenden vielen Wiederholungen dieses Schrittes zu Alltag und Routine werden.

Die Auswertungen beziehen sich im weiteren auf die Teilgruppe der jungen Erwachsenen, bestimmt als 20/21jährige und Ältere. Mit der Alterseingrenzung suchten wir den erwähnten lebensgeschichtlichen Erinnerungseffekten und auch einer Vermischung mit schwer zu kontrollierenden Kohorteneffekten zu entgehen, die aus den Wandlungsprozessen der jugendlichen Normalbiografien während der achtziger Jahre resultieren (siehe Zinnecker in Band 1). Für die Älteren entschieden wir uns aus einem doppelten Motiv heraus. Zum einen interessierte insbesondere der Vergleich von Jugendbiografien aus der ehemaligen DDR und der alten BRD. 20–29jährige erfüllen die Bedingung, da diese Kohorten ihre Jugend noch vor der Wende bzw. der Vereinigung in den alten Gesellschaftssystemen durchlebten. Zum anderen wurden die Älteren gewählt, weil wir ein Resümee und einen Gesamtüberblick über den Verlauf der Jugendphase anstreben. Jüngere haben naturgemäß Passagen ins Erwachsensein häufig noch nicht vollzogen, was die methodischen Probleme des Umgangs mit unvollständigen Datensätzen (rechtszensierte Ereignisdaten) verstärkt hätte. Aus diesem Grund beziehen wir uns in der Auswertung wiederholt auf das statistische Programm der survival-Analyse, das für diesen Typus von Daten entwickelt wurde[4].

Jugendliche Normalbiografien in West und Ost. Leitende Fragen des Vergleichs

Von welchen Leitfragen und Leitannahmen läßt sich die folgende Analyse leiten? Unser übergeordnetes Ziel ist es, die Statuspassagen, die westdeutsche und ostdeutsche Jugendliche durchlaufen, im Hinblick auf einige grundlegende Merkmale zu vergleichen (zur theoretischen Dimensionierung von Statuspassagen siehe Glaser/Strauss 1971), zu denen wir aufgrund des Instruments gewisse empirische Aussagen machen können. Allerdings legt die Methode der Abfrage von Lebenslaufereignissen auch Beschränkungen auf, die im folgenden zu berücksichtigen sind. Drei Merkmalsbereiche stehen im Mittelpunkt:

Erstens das lebensgeschichtliche Tempo, die Geschwindigkeit, mit der die Statuspassagen zwischen Kindheit und Erwachsensein durchlaufen werden.

Zweitens der Umfang, in dem diese Statuspassagen in Ost und West altersnormiert und an das chronologische Alter gebunden erfolgen.

Drittens die Rolle, die stabile lebenslaufbegleitende informelle Gruppen und soziale Institutionen, also z. B. Schule oder Familie, als Organisatoren der Statuspassagen zwischen Kindheit und Erwachsensein spielen.

1. Die Geschwindigkeit der Statuspassagen

Hier lautet die leitende Annahme, daß die Statuspassagen, die von der Kindheit zum Erwachsenenstatus führen, in Ostdeutschland schneller durchlaufen werden. Die Jüngeren im Osten passieren lebensgeschichtlich früher den Übergang von der Kindheit in die Jugend und, einige Jahre später, auch früher den Übergang von der Jugend in das Erwachsenenalter. Im Vergleich hierzu, so unsere Annahme, finden wir „verzögerte" Statuspassagen in Westdeutschland. Es dauert länger, bis aus Kindern Jugendliche und aus Jugendlichen junge Erwachsene werden. Das bedeutet, bezogen auf die lebensgeschichtliche Ausdehnung von Kindheit und Jugend, daß beide Phasen im Westen länger andauern.
Im Prinzip sollte diese lebensgeschichtliche Beschleunigung im Osten und die Verzögerung im Westen für alle drei Hauptwege durch die Normalbiografie, also für die Bereiche Familie, Ausbildung/Beruf und Konsum/Öffentlichkeit gleichermaßen gelten. Wahrscheinlich ist allerdings auch, daß westliche Jugendliche, die unter den Bedingungen einer entwickelten Dienstleistungs- und Konsumgesellschaft aufwachsen, gewisse Verselbständigungen und Verpflichtungen in der Konsumtionssphäre vergleichsweise früh erfahren.

2. Das Ausmaß der Altersnormierung der Statuspassagen

Wir lassen uns weiterhin von der These leiten, daß die jungen Ostdeutschen in allen drei Bereichen die Statuspassagen zwischen Kindheit und Erwachsenenstatus stärker entlang von Altersnormierungen durchleben. Das heißt, die entsprechenden Lebenslaufereignisse sind enger an bestimmte Lebensalter gebunden, die mehr oder weniger für alle Jugendlichen zutreffen. Umgekehrt gilt für junge Westdeutsche, daß sich die Statuspassagen tendenziell von der Bindung an Altersdatierungen ablösen und stärker gewissen biografischen Besonderheiten und individuellen Lebenswegen folgen. Das müßte sich in einer größeren Variation des chronologischen Alters pro Lebenslaufereignis niederschlagen (vgl. zu diesem Aspekt moderner Lebensläufe Kohli 1980; 1991).

3. Die Rolle lebenslaufbegleitender Gruppen und Institutionen

Eine Konsequenz der unter 2. gemachten Annahme ist, daß die Statuspassagen in Ostdeutschland stärker an längerfristig stabile Gruppen von Altersgleichen gebunden bleiben als die in Westdeutschland. Man schreitet mit vergleichsweise festen sozialen Bezugsgruppen, die sich aus Nachbarschaft, gleichen Lebensaltern und gleichen Bildungswegen ergeben, durch die Jugendbiografie. Diese – vergleichsweise zum Westen – große Stabilität der Peergesellschaft in Ostdeutschland sollte auch auf der Ebene des persönlichen Erlebens von Statuspassagen ihren Niederschlag finden.

Im Vergleich hierzu finden wir bei den Statuspassagen der westlichen Jugendlichen eine Vielzahl von Auswegen, Umwegen, Abweichungen und Sonderwegen, die eine – auch hier im Rahmen des Bildungssystems generell vorhandene – Bindung an die Gesellschaft der Altersgleichen schwächen. Westdeutsche Jugendliche stützen sich beim Durch- und Erleben ihrer Statuspassagen daher auf eine größere Pluralität und ein vergleichsweise gelockertes Gefüge von gleichaltrigen Bezugsgruppen. Vergleichsweise häufig ist im Westen die Individualisierung von Lebenslaufereignissen dergestalt, daß man seinen Weg durch die Jugendbiografie ohne solche Begleitung gestalten muß. Wir dürfen daher ein größeres Maß an Biografisierung (Fuchs) oder Individualisierung (Beck) der Jugendphase und ihrer Statuspassagen vermuten.

Wir unterstellen ferner, daß bestimmte Institutionen, die für die Betreuung des Jugendalters zuständig sind, in Ostdeutschland stärker als Organisatoren und Vermittler von Statuspassagen wirksam werden[5]. Im Vergleich hierzu bleibt die Wirksamkeit solcher von der Erwachsenengesellschaft staatlich oder privat zur Verfügung gestellten „Mentoren" des Heranwachsens in Westdeutschland gering. Ihre Sichtbarkeit und Zuständigkeit tritt zurück, und stattdessen finden wir in verstärktem Maße Prozesse der „Selbstinitiation" (vgl. Friebertshäuser 1992). Die Einzelnen organisieren ihre Statuspassagen selbsttätig – allein, mit einigen engen Vertrauten, mittels lockerer Netzwerke und nicht zuletzt aufgrund von medienvermittelten Ratgebern aller Art. Die vergleichsweise dominante Rolle von Institutionen als Begleiterinnen jugendlicher Lebensläufe sollte sich in Ostdeutschland insbesondere am System der Bildungs- und Ausbildungseinrichtungen erweisen. Wir vermuten jedoch, daß sich ähnliche institutionelle Vorgaben im Bereich von Öffentlichkeit und Konsum – etwa bei der Organisierung von Jugendkultur – und auch im privat-familialen Kontext durchsetzen.

Stationen des Hineinwachsens in Ausbildung und Beruf

Grafik 1 gibt einen Überblick über Hauptstationen auf dem Weg ins Erwerbsleben. Unverkennbar beginnen und beenden die jungen Ostdeutschen ihre Laufbahn früher. In beiden Fällen benötigen die Jugendlichen rund vier Jahre im Schnitt (Median), um von der ersten Gewißheit, was man beruflich einmal werden will, bis zur vollen Berufstätigkeit zu gelangen, in der man genug Geld ver-

1) Stationen des Hineinwachsens in die Erwerbstätigkeit
(Lebenslaufereignisse: Wann zum ersten Mal ... erreicht?)

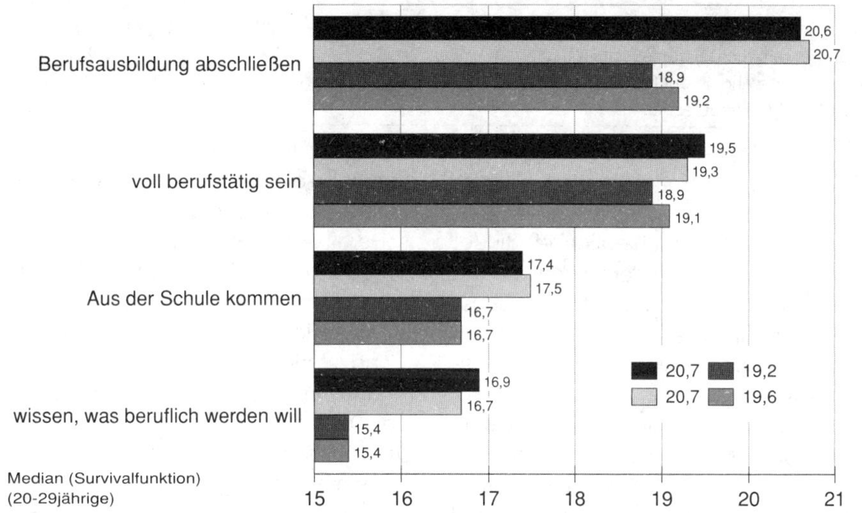

dient, um für sich sorgen zu können. Nur: In Ostdeutschland wird dieser Prozeß fast eineinhalb Lebensjahre früher begonnen und abgeschlossen. Die Annahme eines beschleunigten Übergangs in das Erwerbsleben auf der einen und eines verlangsamten auf der anderen Seite findet Bestätigung. Das vergleichsweise strenge staatliche Lebenslaufregime in diesem Sektor läßt für geschlechtstypische Ausprägungen wenig Raum. Anders als bei den Statuspassagen im Familienbereich ist die ausbildungsbezogene Normalbiografie von Jungen und Mädchen nach Lebensaltern strikt synchronisiert.

Wie kommt die Verzögerung des Weges in die Erwerbstätigkeit bei jungen Westdeutschen zustande? Bekannt ist, daß die Schulzeiten in der ehemaligen DDR kürzer ausfielen (vgl. Bundesministerium 1990). Rund 10 Prozent der Schüler verließen bereits mit dem 8. Schuljahr die Schule (POS), 75 Prozent mit dem 10. Schuljahr, nur 15 Prozent besuchten weiter die mit der 12. Klasse abschließende Erweiterte Oberschule (EOS, Abitur) oder wählten den Weg berufsbegleitender Doppelqualifizierung (Berufsausbildung mit Abitur)[6].

Als weiterer Einflußfaktor kommt die größere Gradlinigkeit hinzu, mit der in Ostdeutschland Bildungslaufbahnen gestaltet wurden. Das System der alten BRD enthält eine Vielzahl von Auffang-, Ausweich- und Wiederholmöglichkeiten. Jugendliche, die ein Schuljahr wiederholen oder einen Umweg machen, abbrechen oder in späteren Jahren eine weiterführende Schullaufbahn einschlagen möchten, finden ein ausgeklügeltes System an Angeboten, ihren Fehler zu korrigieren

Kritische Lebensereignisse während der Statuspassage ins Erwerbsleben (Von allen 21-24jährigen haben wenigstens einmal erlebt ...)

	West (n=805)	Ost (n=382)
	(Angaben in Prozenten)	
Schulwechsel/Wechsel des Ausbildungsplatzes	71	57
Sitzenbleiben während der Schullaufbahn	22	3
Lehre/Ausbildung abbrechen	11	6

bzw. ihren Wunsch nach höher qualifiziertem Abschluß als Quereinsteiger zu realisieren. Die Unterschiedlichkeit findet ihren Niederschlag in der Anzahl der Jugendlichen, die von kritischen Lebensereignissen in diesem Laufbahnbereich betroffen sind (Tabelle „Kritische Lebensereignisse").

Der Weg durch Schule und Ausbildung war in Westdeutschland durch ein höheres Maß an – mittlerweile gesellschaftlich tolerierter – Ungewißheit und Unsicherheit bereits innerhalb des Ausbildungssystems gekennzeichnet. Dieser Faktor tritt verstärkt in Erscheinung, wenn die Eingliederungsphasen in die Erwerbsarbeit mit ihrem erhöhten Risiko von Arbeitslosigkeit in Betracht gezogen werden.

Die größeren Gewißheiten und Planbarkeiten der Bildungswege in der ehemaligen DDR hängen keineswegs nur mit staatlicher Interventionstätigkeit zusammen, die Bildungs- und Berufssystem planerisch aneinander koppelt. Von Bedeutung sind hier ebenso die sozialen Formen, in die Statuspassagen im Bildungsbereich eingebettet sind, und die besondere Beachtung, die Bildungslaufbahnen seitens der Familien erfahren. Aufs Ganze gesehen können wir von einer stärkeren Institutionalisierung der Bildungslaufbahnen in Ostdeutschland sprechen, während im Westen die privat, individuell zu bewältigenden Aufgaben innerhalb dieser Statuspassagen einen höheren Anteil ausmachen.

Bereits die Daten zur pädagogischen Betreuung von Kindern im Vorschulalter lassen sich mit dem Begriffspaar: stärkere Privatisierung von Kindheit im Westen – und stärkere Institutionalisierung von Kindheit im Osten beschreiben (vgl. Liegle 1990). Ein Viertel der Kinder aus dem Osten besuchten eine Krippe, die Mehrheit einen Kindergarten. Im Westen war die Unterbringung in einer Kinderkrippe nahezu unwahrscheinlich, und auch nur ein Drittel aller Kinder besuchte einen Kindergarten.

Eine für Kindheit zentrale Statuspassage ist der Schuleintritt: Wie die Rückerinnerungen der Jugendlichen an das Ereignis anzeigen, messen Eltern in der ehemaligen DDR diesem Ereignis eine größere Bedeutung zu als dies Eltern in Westdeutschland tun. Beide Eltern haben sich frei gemacht, begleiten das Kind. Bei 90 Prozent ist dies der Fall, im Westen nur bei 39 Prozent. Hier ist mehrheitlich nur die Mutter als Begleiterin der Statuspassage tätig. Auch die Geschenkaktivitäten der Familie und Verwandtschaft scheinen im Osten etwas verbreiteter zu sein. Jedenfalls erinnern sich mehr Kinder aus der ehemaligen DDR als aus der alten BRD daran (88 % Ost : 74 % West). Wir erleben das Zusammenspiel der pädagogischen Institutionen – hier Schule und Familie –, um eine rituelle Initiation zu inszenieren. In den qualitativen biografischen Interviews (siehe Band 1 der Studie) wird geschildert, wie in Ostdeutschland schon die Kindergartenkinder lebhaften Anteil daran nahmen, wenn die jeweils Älteren in die Schule kamen. Die Erzieherinnen bemühten sich darum, die Transition pädagogisch-rituell und sozialpsychologisch vorzubereiten. Wie die Vor- und Haupterhebung 1991 belegen, engagierten sich DDR-Eltern auch im weiteren Verlauf der Schuljahre etwas häufiger als westliche Eltern für Schulangelegenheiten der Kinder, so bei Hausaufgaben, bei außerschulischen Bildungsveranstaltungen, bei der Berufsfindung usw.

Die Schullaufbahnen in der ehemaligen DDR und in der alten BRD unterscheiden sich ferner durch ihre Verortung im Wohnviertel. Ost-Kinder besuchten – mit wenigen Ausnahmen – bis Ende der 10. Klasse eine Nachbarschaftsschule, in Fußnähe der Wohnung. Und sie taten dies im sozialen Verband der Kinder, mit denen sie eingeschult wurden. Das heißt, 90 Prozent der Schüler und Schülerinnen blieben von der ersten bis zur 10. Klasse zusammen in ein und derselben Schule. Die Schulpolitik der DDR verfolgte das Ziel, einen stabilen Klassenverband zu schaffen, eine Gemeinschaft, die auch außerhalb des Unterrichtes gemeinsame Angebote wahrnahm: das gemeinsame Mittagessen, das die Versorgung sicherte; der Schulhort; und schließlich die Pioniergruppe, die von etwa 90 Prozent der Kinder einer Klasse besucht wurde. Klassengruppe (einschließlich LehrerIn) und Pioniergruppe waren identisch (siehe Giessmann in Band 3 der Studie). Insgesamt formierte sich auf diese Weise eine Ganztagsorganisation, in die auch die Ferienzeit mit einbezogen war (Chalupsky/Hoffmann 1991). Schulpolitisch gefördert war ebenso die zentrale Rolle des Klassenlehrers, der Klassenlehrerin: Wenn möglich, begleitete eine Lehrerin, ein Lehrer die Kinder und Jugendlichen über mehrere Schuljahre hinweg.

Das heißt, die ostdeutschen Kinder erfuhren eine vergleichsweise stabile lokale und institutionelle Verortung. Sie lernten dafür weniger, bereits im frühen Alter mit unterschiedlichen Institutionen umzugehen und darin zu leben. Westkinder lernen früher unterschiedliche Schulorte und Schulsysteme kennen. Hinzu kommt für viele eine räumliche Mobilität aufgrund langer Schulwege nach der Grundschulzeit. Ferner erfahren Westkinder im Alter von zehn Jahren einen sozialen Wechsel, der Klassenverband wird aufgelöst und verteilt sich auf unterschiedliche Schulen. Das heißt, Kinder aus dem Westen sind in einem frühen Schulalter auf die Bewältigung institutioneller und sozialer Mobilität verwiesen. Wir finden die unterschiedliche Bedeutung von Mobilität zwischen Institutionen in den Fragen nach kritischen Lebensereignissen wieder. Ein Schulwechsel wird von Ost-Kindern häufiger als ein Ereignis eingestuft, das ihr Leben „sehr stark verändert hat" – für Westkinder hat dieses Ereignis subjektiv keine vergleichbare Bedeutung.

Allerdings, dieses Bild eines vereinheitlichten Schullebens, wie es hier gezeichnet worden ist, muß differenziert werden. Zum einen erreichten die Kinder in der DDR auf ihrem Weg durch die Schule zwei klassengruppenbezogene Statuspassagen: Im Alter von zehn Jahren wird die Mehrheit von ihnen, bis dahin Jungpionier, Mitglied der Thälmannpioniere. Sie verlassen die frühe erste Schulstufe – vergleichbar der Grundschule im Westen – und werden in die mittlere

Schulstufe aufgenommen. Da die Statuspassage klassengruppenbezogen geschieht, erfolgen Wechsel der Schulstufe und Wechsel der Pionier-Stufe zeitgleich (synchron). Nach der 8. Klasse geht wiederum die Mehrheit der Jugendlichen zur Jugendweihe. Auch in diesem Fall handelt es sich um eine kollektive Weihe, zu der die Schulklasse zu 90 Prozent gemeinsam geht. Parallel dazu werden rund 10 Prozent der leistungsschwächeren Schüler und Schülerinnen aus der Schule verabschiedet (sowie einige wenige Prozent, die Klassen für Spezialbegabungen besuchen). Die Mehrheit ist nunmehr Schüler und Schülerin der POS mit zwei Abschlußklassen. Die Ausbildung zum Facharbeiter, zur Facharbeiterin ist – insbesondere für Jungen – eine sichere Aussicht.

Neben den altersbezogenen Statuspassagen wurden die Kinder der alten DDR mit Statuspassagen konfrontiert, die innerhalb ihrer Gruppe Aufstieg bedeuten bzw. festigen: nahezu ein Drittel aller Pioniermitglieder übernimmt sozial ordnende und beaufsichtigende Funktionen (siehe Giessmann in Band 3 der Studie): Eine Belohnung für gutes Verhalten und gute Noten. Das heißt, wer in der Schulklasse bereits aufgrund von Leistungen etwas zählt, wird zusätzlich durch eine hervorgehobene Position im Klassenverband belohnt.

Auf der westlichen Seite haben es Kinder und Jugendliche mit unterschiedlichen Personen und Institutionen zu tun, die nicht zwangsläufig mit den Zielen der Schule konform gehen. Das trifft u.U. auf die Eltern, auf die in der Freizeit besuchten Vereine, auf die informellen Gruppierungen zu, denen sich westliche SchülerInnen nachmittags vermehrt anschließen (siehe hierzu Oswald in diesem Band). Die Pluralisierung der sozialen Bezugsgruppen stellt besondere Anforderungen an die Gestaltung einer stimmigen eigenen Laufbahnperspektive.

Was sagt der Vergleich von Statuspassagen auf dem Weg zur Familiengründung aus? Der Übersichtlichkeit halber unterscheiden wir drei Bereiche, die jeweils in einer Grafik repräsentiert sind:

- Stationen der Ablösung von der Herkunftsfamilie (Grafik 2);
- Stationen des Hineinwachsens in gegengeschlechtliche Beziehungen (Grafik 3);
- Stationen der Begründung einer eigenen Partnerschaft/Familie (Grafik 4).

In allen drei Bereichen läßt sich der schnellere Weg der jungen Ostdeutschen durch die Stationen der Normalbiografie belegen. Bei den frühen Passagen, die den Übergang von der Kindheit ins Jugendalter markieren, beschränkt sich die Beschleunigung auf einzelne Statustransitionen. Die Übergänge, die eingangs des Erwachsenseins liegen, nehmen Ostdeutsche um Jahre früher. Erwartungsgemäß – und anders als im Feld der Ausbildungslaufbahnen – differenzieren sich männliche und weibliche Normalbiografien im privaten, familienbezogenen Lebensfeld auf charakteristische Weise aus. Im Westen wie im Osten nehmen Mädchen und junge Frauen die Mehrzahl der Übergänge schneller als Jungen und junge Männer.

Ablösung von der Herkunftsfamilie

Beim Vergleich zwischen Jungen und Mädchen finden wir in beiden Gruppen, Ost und West, gleichgerichtete Alters-

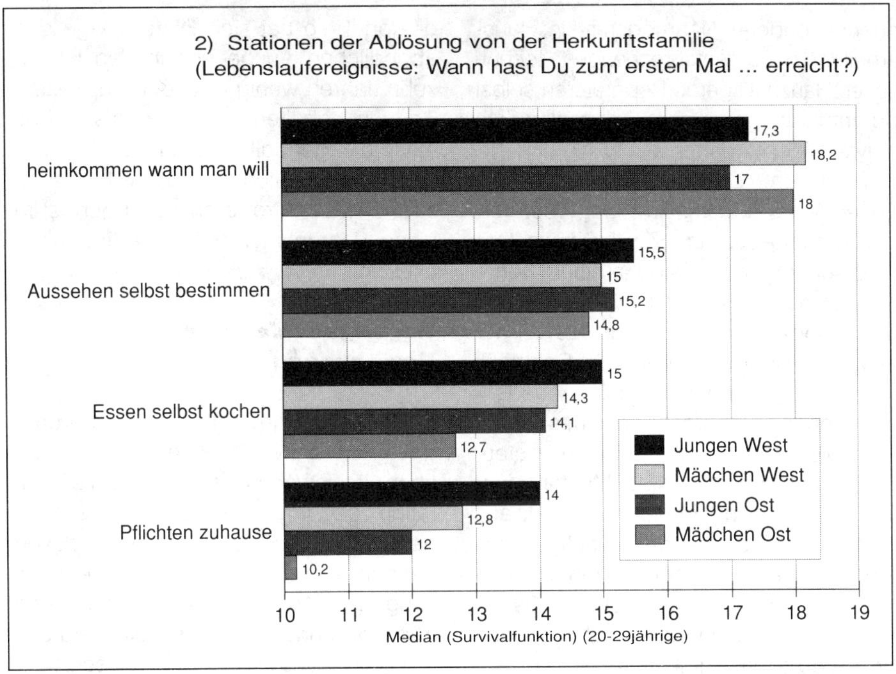

verschiebungen: Traditionelle Frauenarbeiten – Pflichten zuhause, Essen selber kochen – werden von den Mädchen durchschnittlich zwei Jahre früher übernommen als von den Jungen. Mädchen erhalten etwas früher die Selbstbestimmung über die Gestaltung ihres Körpers; und das traditionelle Pendant zur Einbindung in häusliche Pflichten, die Ausgehkontrolle, fällt für Jungen deutlich früher weg. Sie dürfen durchschnittlich ein Jahr eher als die Mädchen weggehen und heimkommen, wann sie wollen.

Auf dem Weg der Ablösung von der Herkunftsfamilie können wir drei Stationen unterscheiden, die in einer zeitlichen Abfolge stehen:

Die erste Phase: Verselbständigung innerhalb der Familie; Einübung in die nicht bezahlte Privatarbeit.

Die zweite Phase: Individualisierung in Körpergestaltung, Urteils- und Geschmacksbildung.

Die dritte Phase bezieht sich auf die persönliche raumzeitliche Mobilität.

Die erste Station: Mädchen – und zeitverschoben Jungen – aus Ostdeutschland übernehmen früher als ihre gleichaltrigen Gegenüber Pflichten zuhause und sie können sich vergleichsweise früh selbständig versorgen. In diesem Datum kommen verschiedene strukturelle Vorgaben zum Tragen: Zum einen die Berufstätigkeit von Mann und Frau, die in der DDR Normalfall war. Die Kinder hatten früh selbständig Hausarbeiten zu erledigen. Zum anderen war die frühe Mitarbeit der Kinder durch die eingeschränkte Haushaltstechnologie wie auch durch die prekäre Versorgungssituation erforderlich: langes Anstehen nach Ersatzteilen oder besonderen Nahrungsmitteln; Hausarbeiten ohne entsprechendes technisches Haushaltsgerät, Reparaturen selbst durchführen gehörten zu den alltäglich notwendigen Arbeiten.

In diesem Ergebnis kommt auch ein generelleres Muster im Ost-West-Vergleich zum Ausdruck: Kinder in westeuropäischen Ländern sind in einem höheren Ausmaß freigestellt und entlastet von familienbezogenen Pflichten als Kinder aus osteuropäischen Ländern. Das heißt für die lebensgeschichtliche Ausdehnung oder Einschränkung eines kindlichen Moratoriums, daß Kinder in westeuropäischen Ländern das Muster einer verlängerten Kindheit leben; Kinder aus osteuropäischen Ländern häufiger das Muster eines eingeschränkten Moratoriums. Die andere Seite: Osteuropäische Kinder erreichen in früheren Jahren eine gewisse Selbständigkeit in alltagspraktischen Fragen als ihre altersgleichen Gegenüber im Westen.

Die zweite Station bezieht sich auf die Individualisierung der Körpermodellierung, der Urteilsbildung, sowie des Geschmacks. Die Individualisierung in Fragen der Körpergestaltung, Urteils- und Geschmacksbildung ist in den letzten 10 Jahren deutlich in frühere Lebensalter vorverlegt worden (siehe Ergebnisdarstellung in Band 1). Gleichlautende Ergebnisse zeigt die Schülerstudie '90: Ost- wie Westjugendliche verweisen in Fragen der Urteilsbildung, des Musikgeschmacks, der Zimmergestaltung, der Wahl von Freunden und Freundinnen u. a. nahezu einstimmig auf ihre eigene Meinung als ausschlaggebend – gegen die Orientierung an Meinungen von Gleichaltrigen, Eltern u. a. (vgl. Behnken u. a. 1991).

Wird dieser Bereich zunehmend Kindern zugestanden bzw. von Kindern angeeignet, so hat sich in der Frage des abendlichen Ausgehens in den letzten zehn Jahren wenig geändert. In diesem Bereich behalten die Eltern bis in das mittlere Jugendalter hinein die Kontrolle. Auch das traditionelle Muster, Mädchen strenger zu kontrollieren als Jungen, ist im letzten Jahrzehnt nahezu unverändert geblieben.

Gegengeschlechtliche Beziehungen

Die vier ausgewählten Statusübergänge sollen die Frühphase des jugendlichen Hineinwachsens in die soziale Figuration „gegengeschlechtliche Beziehungen“ abbilden. Jeweils zwei davon trennen West- und Ostdeutsche bzw. Jungen und Mädchen. Mädchen betreten früher als Jungen das kulturelle Feld des Sich-Verliebens und der gegengeschlechtlichen Freundschaft. Junge Ostdeutsche besuchen früher Diskotheken und sind – besonders die Jungen – zeitiger mit freundschaftlichen Bindungen. Im übrigen ist die Zeittafel für die Vergleichsgruppen gleich.

Grafik 3 macht zwei zeitlich getrennte Schwerpunkte der Normalbiografie deutlich: Die erste Station stellt – Ende des 14. bis Anfang des 16. Lebensjahres – den Einstieg in jugendkulturelles Leben dar: Diskothekenbesuch, verliebt sein – hinzu kommen Ereignisse wie die Tanzstunde, das erste Parfum benutzen. Letzteres wird von allen vier Vergleichsgruppen zwischen 13 und 14 Jahren erlebt.

Die zweite Station – Mitte bis Ende des 16. Lebensjahres – umschließt intime gegengeschlechtliche Freundschaften und das erste Erleben von Sexualität. In der folgenden Phase, der dritten Station (hier nicht abgebildet), die sich über zwei Jah-

3) Stationen des Hineinwachsens in gegengeschlechtliche Beziehungen.
(Lebenslaufereignisse: Wann hast Du zum ersten Mal ... erreicht?)

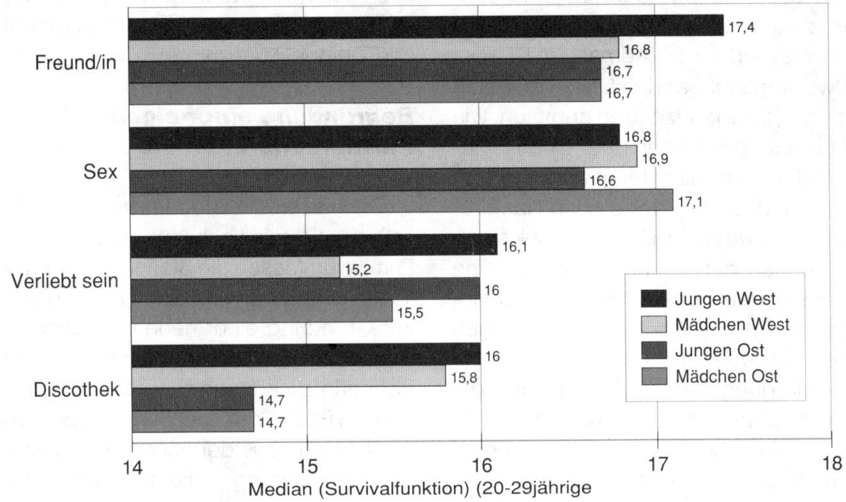

re (Ende des 16. bis Ende des 18. Lebensjahres) hinzieht, eine vergleichsweise ausgedehnte Phase, erleben viele Jugendliche ihre erste Enttäuschung in der Liebe und gehen eine erste feste, langandauernde Beziehung ein.

Betrachten wir zunächst die weiblichen und männlichen Verläufe: Bei Mädchen aus Ost und aus West finden wir eine „klassische" Abfolge wieder: Mädchen leben eine längere Zeit des Verliebtseins, die romantische Liebe ohne Sexualität. Diese Zeit dauert für beide Gruppen eineinhalb bis zwei Jahre – die Mädchen aus dem Westen dehnen diese Zeit am längsten aus. Jungen leben diese Zeit wesentlich kürzer: Vom ersten Verliebtsein bis zum ersten sexuellen Erlebnis liegt ein halbes Jahr. Die erste gegengeschlechtliche Freundschaft ist für Mädchen aus Ost und West und auch für Jungen aus Ostdeutschland eine Stufe vor dem oder parallel zum ersten sexuellen Erlebnis. Eine Ausnahme bilden die West-Jungen. Deren gegengeschlechtliche Freundschaft erfolgt gut ein halbes Jahr später als die Initiation in gegengeschlechtliche Sexualität.

Eine Besonderheit, die West- und Ostjugendliche trennt: Der frühe Zeitpunkt des Diskothekenbesuches in der ehemaligen DDR. Jungen wie Mädchen besuchen gleichermaßen deutlich früher als die West-Jugendlichen zum ersten Mal eine Diskothek. Dieses Datum – im Verlauf des 14. Lebensjahres – fällt, so erfahren wir aus biografischen Interviews, mit der Jugendweihe zusammen: Die Jugendweihe ist in den Erinnerungen von jungen Erwachsenen eine Stufe in Richtung Verselbständigung. Sie erzählen, man wurde gesiezt, bekam ein Glas Wein und durfte in die Disko. In den Erzählungen heißt es, daß die gesamte Gruppe der Jugendlichen (identisch mit der Schulklasse) abends dann zu einer Diskoveranstaltung der FDJ ging. Der Diskothekenbesuch in der ehemaligen DDR ist in etwa vergleichbar den Diskoveranstaltungen, die Jugendzentren anbieten. Die Veranstaltungen haben eher einen Club-Charakter, zum Teil ist Mitgliedschaft Voraussetzung, um bei der großen Nachfrage Einlaß zu erhalten. Die Diskothek spielte im Leben der Ost-Jugendlichen eine weitaus bedeutsamere, geradezu monopolartige Rolle. Dieser Ort war vielfach der einzige jugendkulturelle Treffpunkt. In der Befragung wählen Jugendliche die Diskomusik als Lieblingsmusik, der musikalische Geschmack der Westjugendlichen streut hier breiter; ebenso wird in Ostdeutschland der Diskostil allen anderen Tanzstilen gegenüber bevorzugt. In dem Wahlverhalten der Westjugendlichen kommt die größere Vielfalt von Musik- und Tanzangeboten für das jugendliche Zielpublikum zum Ausdruck.

Begründung einer eigenen Partnerschaft/Familie

Die weiteren Statuspassagen im Prozeß des Hineinwachsens in die eigene Familie umfassen die Stationen der räumlichen Trennung von den Eltern bis hin zur Gründung einer neuen, eigenen Lebensgemeinschaft. Mit dem Partner, der Partnerin zusammen zu wohnen, also die Ehe auf Probe, oder mit der Heirat werden Jugendliche aus der alten BRD mit einer Zeitverschiebung von ein bis drei Jahren

4) Stationen der Begründung einer eigenen Partnerschaft/Familie (Lebenslaufereignisse: Wann hast Du zum ersten Mal ... erreicht?

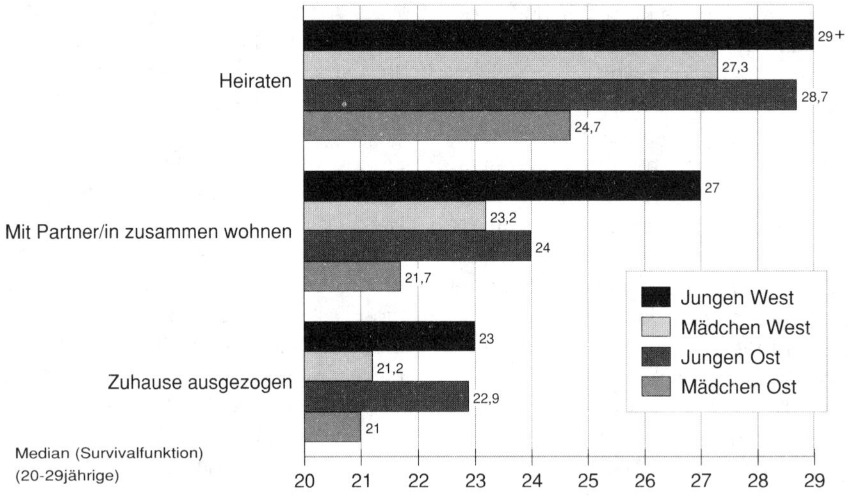

Median (Survivalfunktion)
(20-29jährige)

konfrontiert. Während Freundschaft, Sexualität, Verliebtsein in einem etwa vergleichbaren Zeitraum gelebt wurden, trennt diese Statuspassage alle vier Vergleichsgruppen. Sie folgen hier unterschiedlichen Zeitplänen. Wenn wir die vier Gruppen in eine Reihenfolge stellen, so stehen an dem einen Ende die jungen Frauen aus der ehemaligen DDR. Sie sind noch nicht 22 Jahre, wenn sie mit einem Partner zusammenwohnen; die Heirat folgt drei Jahre später. Am anderen Ende stehen die jungen Männer aus der alten BRD. Sie sind, wenn sie mit einer Partnerin zusammenwohnen, bereits 27 Jahre – eine Differenz von über fünf Jahren. Das Datum ihrer Heirat ist offen (d. h. ist bei der großen Mehrheit der 20–29jährigen Befragten noch nicht eingetroffen). Es ist offenkundig, daß im Vergleich zu den Statuspassagen Ausbildung und Beruf diese privaten Übergänge eine viel stärkere Varianz des Übergangs in den Erwachsenenstatus hervorbringen.

Für die westdeutsche Jugend zeichnet sich ein Modell der Vorläufigkeit und verminderten Verbindlichkeit des Übergangs zum Erwachsenenstatus ab. Das Ende der Jugendphase ist – in Lebensjahren gerechnet – relativ offen und läßt sich bis weit ins dritte Lebensjahrzehnt hinein verschieben. Auch erscheint die lebensgeschichtliche Zwangsläufigkeit, alle drei Hauptwege ins Erwachsensein mit persönlichen Rollenverpflichtungen abzuschließen, reduziert. Beispielsweise ist es – prinzipiell – möglich, die Adoleszenz mit einem „unvollständigen" Übergang in den erwachsenen Familienstatus, also ohne Heirat und ohne Elternschaft, zu beenden.

Im Vergleich hierzu ist die Statuspassage ins Erwachsensein für junge Ostdeutsche verbindlicher, endgültiger, auf Vollständigkeit hin angelegt. Das Ende von Jugend ist weniger offen und unentschieden, dafür geschlossener und altersnormierter.

Eine Konsequenz für das Ende von Jugend nach dem westdeutschen Modell ist eine Subjektivierung der Statuspassage vom Jugendlichen zum Erwachsenen. Die Selbstdefinition als „erwachsen" wird ein Stückweit unabhängig von den objektiv eingegangenen Verpflichtungen in den drei relevanten Statusbereichen von Familie, Arbeit und Öffentlichkeit (siehe hierzu Meulemann in diesem Band). Eine paradoxe Konsequenz: Die Jugendlichen erklären sich in Westdeutschland lebensgeschichtlich früher zu Erwachsenen, obgleich sie „objektiv" später als die Ostdeutschen die Statuspassagen zum Erwachsensein durchlaufen. Dies mag als ein Beispiel für Individualisierung im Bereich des Lebenslaufes gelten.

Anmerkungen

1 Vgl. hierzu die grundlegende Studie von B. Glaser und A. Strauss (1971) im Anschluß an den französischen Ethnologen v. Gennep (1908/1989) und den Symbolischen Interaktionismus. Zur kulturanthropologischen Tradition vergleiche insbesondere V. Turner (1969/1989).

2 Wer mit der Literatur zu lebenslaufbezogenen (Entwicklungs-) Aufgaben vertraut ist, wird Ähnlichkeiten der Zielbeschreibung von Statuspassagen mit (Entwicklungs-) Aufgaben leicht feststellen können. Diese ursprünglich von R. Havighurst (1972) entwickelte Konzeption reüssiert seit einem guten Jahrzehnt in der Sozialisationsforschung wie in der reformulierten Entwicklungspsychologie (vgl. z. B. Olbrich 1990; Liepmann; Stiksrud 1985). Warum wir gleichwohl nicht von lebenslaufbezogenen Aufgaben sprechen wollen, bedürfte einiger Begründungen. Im Wesentlichen

hängt dies mit gewissen normativ-pädagogischen Implikationen des Konzeptes zusammen, die hier vermieden werden sollen.

---

3 In der soziologischen (Neidhardt 1970) und strukturgeschichtlichen (Mitterauer 1986; „Zäsuren der Jugendphase") Literatur ist es üblich, von zwei übergeordneten Statuspassagen – die ins Erwerbsleben und die ins Familiensystem – auszugehen. Das macht insofern guten Sinn, da die Abfolge, das heißt zeitliche Ordnung im Sinne einer auf den vorangegangenen Teil-Passagen aufbauenden Laufbahn, in diesen beiden Bereichen von Statuspassage vergleichsweise stärker geregelt ist. Andererseits ist deutlich, daß im Bereich von Öffentlichkeit und Konsum starke Altersnormen wirksam sind, die einer gleichen sozialen Logik – letztlich der Scheidung von Privatheit und Öffentlichkeit im Lebenslauf – folgen. Es erscheint uns daher sinnvoll, von einer Trias von Statuspassagen auszugehen.

---

4 Verwendet wird das Programm der survival-Analyse, das im Programmpaket spss-x enthalten ist. (vgl. Schubö/Uehlinger 1986, S.439 ff.; allgemein Blossfeld/Hamerle/Mayer 1986.)
Als statistisches Maß beziehen wir uns insbesondere auf den Median der Lebenserwartung (Median Survival Time), der aus den kumulierten Überlebensanteilen für die Fälle, die den Beginn des ersten Intervalls erreicht haben, errechnet wird.

---

5 Eine solche Annahme zählt zu zentralen Aussagen über die Struktur eines „selektiven" oder „restringierten" Jugendmoratoriums im osteuropäischen Jugendraum (vgl. Zinnecker 1991).

---

6 Die statistischen Angaben orientieren sich an 22/23jährigen, d. h. den Geburtsjahrgängen 1968/69.

Literatur

Behnken, Imbke; Zinnecker, Jürgen (1991)
Vom Kind zum Jugendlichen. Statuspassagen von Schülern und Schülerinnen in Ost und West. In: P. Büchner; H.-H. Krüger (Hg.): Aufwachsen hüben und drüben. Deutsch-deutsche Kindheit und Jugend vor und nach der Vereinigung.
Leske + Budrich: Opladen (33–56)

Behnken, Imbke; Günther, Cordula; Kabat vel Job, Otmar; Keiser, Sarina u. a. (1991)
Schülerstudie '90. Jugendliche im Prozeß der Vereinigung. Gefördert durch das Jugendwerk der Deutschen Shell.
Juventa: Weinheim und München

Blossfeld, Hans-Peter; Hamerle, Alfred; Mayer, Karl Ulrich (1986)
Ereignisanalyse. Statistische Theorie und Anwendung in den Wirtschafts- und Sozialwissenschaften.
Campus: Frankfurt/M., New York

Bundesministerium für innerdeutsche Beziehungen (Hg.) (1990)
Vergleich von Bildung und Erziehung in der Bundesrepublik Deutschland und in der Deutschen Demokratischen Republik.
Köln

Chalupsky, Jutta; Hoffmann, Achim (1991)
Lernen in der Schule. Zum Verhältnis von unterrichtlichen und außerunterrichtlichen Angeboten in ostdeutschen Schulen. In: P. Büchner; H.-H. Krüger (Hg.): Aufwachsen hüben und drüben.
Leske & Budrich: Opladen(149–162)

Friebertshäuser, Barbara (1992)
Übergangsphase Studienbeginn.
Juventa: Weinheim, München

Fuchs, Werner (1982)
Jugendbiographie. In: A. Fischer u. a. (Hg.): Jugend '81.
Leske und Budrich: Opladen (124–345)

Fuchs, Werner (1983)
Jugendliche Statuspassage oder individualisierte Jugendbiographie?
Soziale Welt 34 (341–371)

Fuchs, Werner (1985)
Jugend als Lebenslaufphase. In: A. Fischer u. a.: Jugendliche und Erwachsene '85.
Leske und Budrich: Leverkusen (Bd.1, 195–264)

Fuchs-Heinritz, Werner; Krüger, Heinz-Hermann; Ecarius, Jutta; Wensierski,

Hans-Jürgen von (1991)
Feste Fahrpläne durch die Jugendphase? Jugendbiographien heute.
Leske + Budrich: Opladen

Glaser, Barney G. und Strauss, Anselm L.(1971)
Status Passage.
Kegan & Paul: London

Gennep, Arnold van (1989)
Übergangsriten.
Campus: Frankfurt/M., New York
(urspr. u.d.T.: Les rites de passage. Paris 1909)

Havighurst, R.J. (1972): Developmental Tasks and Education. New York

Kohli, Martin (1980)
Lebenslauftheoretische Ansätze in der Sozialisationsforschung. In: K. Hurrelmann/D. Ulich (Hg.): Handbuch der Sozialisationsforschung.
Beltz: Weinheim und Basel (299–320)

Kohli, Martin (1991)
Lebenslauftheoretische Ansätze in der Sozialisationsforschung. In: K. Hurrelmann/D. Ulich (Hg.): Neues Handbuch der Sozialisationsforschung.
Beltz: Weinheim und Basel (303–320)

Lenzen, Dieter (1985)
Mythologie der Kindheit. Die Verewigung des Kindlichen in der Erwachsenenkultur.
Rowohlt: Reinbek b. Hamburg

Liegle, Ludwig (1990)
Vorschulerziehung. In: Bundesministerium für innerdeutsche Beziehungen (157–170)

Liepmann, Detlev; Stiksrud, Arne (Hg.) (1985)
Entwicklungsaufgaben und Bewältigungsprobleme in der Adoleszenz.
Verlag für Psychologie Hogrefe: Göttingen

Mitterauer, Michael (1986)
Sozialgeschichte der Jugend.
Suhrkamp: Frankfurt/M.

Neidhardt, Friedhelm (1970)
Bezugspunkte einer soziologischen Theorie der Jugend. In. F. Neidhardt u. a. : Jugend im Spektrum der Wissenschaften. Beiträge zur Theorie des Jugendalters.
Juventa: München (11–48)

Olbrich, Erhard (1990)
Normative Übergänge im menschlichen Lebenslauf: Entwicklungskrisen oder Herausforderungen? In: S.-H. Filipp (123–138)

Schubö, Werner; Uehlinger, Hans-Martin (1986)
SPSS-X.
Gustav Fischer: Stuttgart, New York

Stagl, Justin (1983)
Übergangsriten und Statuspassagen: Überlegungen zu Arnold van Genneps ‚Les Rites de Passage'. In: K. Acham (Hg.): Gesellschaftliche Prozesse: Beiträge zur historischen Soziologie und Gesellschaftsanalyse.
Graz (83–96)

Strube, G.; Weinert, F.E. (1987)
Autobiographisches Gedächtnis: Mentale Repräsentation der individuellen Biographie. In: G. Jüttemann; H. Thomae (Hg.): Biographie und Psychologie.
Springer Verlag: Berlin u. a. (151–167)

Tölke, Angelika (1979)
Literaturbericht zu methodischen Problemen und Varianten von Retrospektivbefragungen bei der Erfassung von Lebensgeschichten. (SFB 3 – Mikroanalytische Grundlagen der Gesellschaftspolitik – Arbeitspapier 10)
Frankfurt/M.; Mannheim

Turner, Victor (1989)
Das Ritual: Struktur und Anti-Struktur.
Campus: Frankfurt/M., New York
(urspr. u.d.T. The Ritual Process. Structure and Anti-Structure. New York 1969)

Zinnecker, Jürgen (1991)
Jugend als Bildungsmoratorium. Zur Theorie des Wandels der Jugendphase in west- und osteuropäischen Gesellschaften. In: W. Melzer u. a. (Hg.): Osteuropäische Jugend im Wandel.
Juventa: München und Weinheim (9–25)

Zeit-, Lebens- und Zukunftsorientierungen

Heinz-Ulrich Kohr

Einleitung

Wir sind es gewohnt, daß die Zeit in Gegenwart, Vergangenheit und Zukunft eingeteilt wird. Zwar begreifen wir die Zeit als Kontinuum, aber unser Bezug zur Zeit ist, abhängig von Situationen und Lebenslagen, unterschiedlich: mal leben wir hier und jetzt – nur die Gegenwart, der Augenblick, ist für uns wichtig, mal sind wir ganz auf das fixiert, was künftig geschehen kann oder soll, mal konzentrieren wir uns auf das, was in der Vergangenheit geschehen ist. Trotz der Situationsabhängigkeit gibt es jedoch auch von Person zu Person grundsätzlich unterschiedliche, situationsübergreifende Zeitorientierungen, die sich darin ausdrücken, daß eine Person sich konsistent eher auf die Zukunft, eine andere sich eher auf die Gegenwart oder vorwiegend auf die Vergangenheit bezieht.

Aber nicht nur Personen unterscheiden sich in der Art, wie sie mit der Zeit umgehen und wie sie sich an der Zeit orientieren, sondern die Zeitperspektiven sind auch in unterschiedlichen Kulturen verschieden. So ist z. B. in Kulturen oder Subkulturen, in denen die Gegenwart und die Zukunft aus der Vergangenheit erklärt werden, die Vergangenheit von besonderer Bedeutung. Die Betonung von Tradition und Überlieferung ist gewöhnlich mit einer positiven Orientierung gegenüber der Vergangenheit verbunden. Im christlich-religiösen Zusammenhang ist beispielsweise die Existenz des Menschen auf Erden lediglich als Durchgangsstadium zur Zukunft, zum ewigen Leben konzipiert. Andere Religionsgemeinschaften kennen die Idee der Wiedergeburt. Der Mensch lebt zwar in der Gegenwart, aber er hat bereits in der Vergangenheit existiert, und er wird in der Zukunft solange wieder existieren, wiedergeboren werden, bis er erlöst wird. Das Bild des Menschen wird entscheidend davon geprägt, inwieweit der Mensch als Produkt seiner eigenen Geschichte und Entwicklung bzw. der historischen Entwicklung der Gesellschaft gesehen wird. Weltanschauungen und grundlegende Überzeugungen der Menschen sind entscheidend davon geprägt, ob primär der Gegenwart oder primär der Vergangenheit entscheidende Bedeutung beigemessen wird. Im ersten Fall ist das Handeln des Menschen in erster Linie abhängig von aktuellen Umständen, von Situationen, von der sozialen und physischen Umwelt. Im zweiten Fall handelt der Mensch nicht vor allem entsprechend dem Druck der Situation, sondern er orientiert sein Handeln an Erfahrungen, also Wissen und Einsichten, die in der Vergangenheit erworben wurden.

Mit der Industrialisierung, der technologischen Entwicklung, der Dominanz von Markt und Kapital in den westlichen Gesellschaften, hat die Zukunftsorientierung entscheidend an Bedeutung zugenommen. So sind z. B. für uns selbstverständliche Institutionen wie Versicherungen und Banken ohne eine relativ weit ausgedehnte Zukunftsvorstellung nicht denkbar. Der Mensch der Moderne kann ohne eine realistische zukunftsbezogene Zeitperspektive kaum ökonomisch erfolgreich sein. Er muß die Schritte seiner Entwicklung selbst planen, er muß in der Lage sein, Beziehungen zwischen gegenwärtig Erreichtem bzw. Erreichbarem und künftig zu Erreichendem herstellen können. In der westlichen Gesellschaft, die sehr stark an Leistung, meist ausgedrückt als ökonomischer Erfolg, orientiert ist, spielt die Zukunftsorientierung eine zentrale Rolle. Zukunftsorientierung und Leistungsmotivation, Anpassung an die allgemein geteilten Vorstellungen von Erfolg, sind eng miteinander verbunden. Wer Karriere machen will, muß in der Lage sein, auf unmittelbare Belohnungen zugunsten einer künftigen (und im weitesten Sinne besseren) Möglichkeit der Bedürfnisbefriedigung zu verzichten: Karriere und Belohnungsaufschub sind im Regelfall eng miteinander verzahnt. Das kann soweit gehen, daß viele die Gegenwart nur als eine Art „Durchgangsstadium" auf dem Weg zur Zukunft interpretieren. Nicht was derzeit ist, gilt dann als wichtig, sondern das, was als vorgestelltes Planungsziel erreicht werden soll. In diesem Sinne gilt Zukunftsorientierung in unseren westlichen Gesellschaften als ein mit Priorität versehener Wert. Frustrationstoleranz und Belohnungsaufschub sind hierfür instrumentell.

Die Identität des Menschen hängt wesentlich davon ab, in welcher Weise Vergangenheit, Gegenwart und Zukunft gewissermaßen ausbalanciert sind. Das Ich benötigt Kontinuität und Konsistenz in gewissem Ausmaß über die Zeit hinweg. Das Leben wird nur dann als sinnvoll erlebt, wenn das, was sich in Zukunft ereignet, nicht völlig beliebig und zufällig ist. Fehlt das Kontrollbewußtsein gänzlich, so fühlt sich der Mensch den Situationen, dem Schicksal ausgeliefert. Planvolles Handeln ist dann nicht mehr möglich bzw. nicht sinnvoll, weil das, was geschieht, nicht beeinflußt werden kann. Gäbe es die Erwartung von gewisser zeitlicher Kontinuität und Konsistenz nicht, so wären die Bemühungen um Bildung, Erziehung und Ausbildung letztlich ziemlich sinnlos. Könnte man nicht aus Vergangenheit und Gegenwart auf die Zukunft schließen, so hätten Liebe und Hoffnung keinen Sinn. Ob man gesund oder ungesund lebte, wäre gleichgültig und sich für etwas einzusetzen würde sich nicht lohnen.

Zum theoretischen Konzept der Zeitorientierung

In unserer Untersuchung über die Zeitorientierungen von Jugendlichen geht es uns vor allem darum, diese grundlegenden Orientierungen als psychologische Dimensionen zu erfassen. Wir greifen dabei auf Arbeiten zurück, die in den Forschungsgruppen um Philip Zimbardo (vgl. Alexander Gonzalez und Philip Zimbardo 1985; Ruth Polak und Philip Zimbardo, 1990) und um Alessandro Cavalli Anfang bis Mitte der 80er Jahre entstanden.In theoretischer Hinsicht sind insbesondere die Arbeiten von Cavalli (1985; 1988) interessant. Bei der Umsetzung und Operationalisierung haben wir uns an dem von Philip Zimbardo (1990) vorgelegten „Stanford Time Perspective Inventory" orientiert. Ferner haben wir die Operationalisierungen einbezogen, die in Anlehnung an Otthein Rammstedts theoretische Überlegungen zum Zeitbewußtsein in die Shell Jugendstudie 1981 aufgenommen wurden (vgl. Rammstedt 1975 und „Jugend'81“, Band 1, S. 28–33; 346–377).

Cavalli und seine Forschungsgruppe haben sich 1980 bis 1983 in einer Untersuchung von 200 Jugendlichen in Mailand mit deren subjektiven Zeitvorstellungen befaßt. Cavallis Absicht war es, die eigenen Vorstellungen der Jugendlichen, ihre subjektiven Bilder von der Zeit, die verschiedenen Verhaltensweisen der Jugendlichen gegenüber der Zeit, zu begreifen. Cavalli unterscheidet zwischen der historischen Zeit, der biographischen Zeit und der Zeit des Alltags. In der Darstellung der historischen Zeit artikuliere sich die Fähigkeit des Jugendlichen, seine eigene Lebensgeschichte in einen größeren Zusammenhang zu stellen. Darin zeige sich, „... daß das eigene Dasein von der Zugehörigkeit zu einer Welt abhängt, die sich durch jüngst und längst vergangene Begebenheiten gestaltet hat und die die Grenzen der persönlichen Existenz überschreiten wird – eben das, was man gemeinhin 'Geschichtsbewußtsein' nennt“ (1988, S. 388). Als biographische Zeit faßt Cavalli die Zeit des persönlichen Lebens auf, bestehend aus einer Vergangenheit, an die wir uns erinnern, aus der Gegenwart, unserem Sein hier und jetzt, und aus der Zukunft, die aus unseren Erwartungen, Plänen, Hoffnungen und Ängsten zusammengesetzt sei. Unsere Identität besteht nach Cavalli in der Art und Weise, „... wie wir die Erinnerung an das, was wir waren, das Bewußtsein dessen, was wir sind, und die Erwartung dessen, was wir sein werden, untereinander verbinden“ (1988, S. 388). Unter der Zeit des Alltags versteht Cavalli die verschiedenen Segmente, in die sich unser Handeln im Laufe eines Tages aufteilt. Die Zeit des Alltags kann der Routine oder einem Programm unterworfen sein. Sie kann Leerläufe, Überschneidungen, Wechsel von Zeitsegmenten, von verschiedenen Zeitebenen enthalten oder auch deutliche Einschnitte, Trennung und Isolierung der einzelnen Abschnitte und der Aktivitäten des Alltags. Die drei Dimensionen oder Perspektiven lassen sich – so Cavalli – entlang derselben Polarität anordnen, die als eine Achse von Strukturierung und Destrukturierung der Zeit zu sehen sei. Cavalli geht davon aus, daß es einen Zusammenhang gibt zwischen der Art und Weise, wie ein Subjekt sich selbst in die historische Zeit eingebunden sieht, wie es seinen persönlichen Lebenslauf definiert und wie es seine Zeit im Alltag einteilt.

Als Ergebnis seiner qualitativen Studien, die nach Cavalli keine Aussage über die Häufigkeit der einzelnen Zeitperspektiven erlauben, entwickelt er eine Typologie der Zeiterfahrungen. Cavalli formuliert vier Typen, die sich auf zwei zentrale Dimensionen beziehen. Erstens auf die Autonomie oder Abhängigkeit in der Vorstellung von sich selbst und zweitens auf eine strukturierte oder destrukturierte Orientierung gegenüber der persönlichen Lebenszeit. Unter Autonomie versteht Cavalli die Selbstzuschreibung des Subjekts und die Identifikation mit seinen eigenen Entscheidungen, ob diese nun positiv (als Erfolge) oder negativ (als Irrtümer und Fehler) bewertet werden. Autonom sei ein Subjekt dann, wenn es sich selbst als aktives Element, als handelnde Person innerhalb einer Situation versteht. Von Abhängigkeit spricht Cavalli dann, wenn das Subjekt seine Existenz der Wirkung äußerer Umstände zuschreibt, wenn sein Handeln fremd bestimmt ist, wenn das Subjekt sich gewissermaßen von äußeren Kräften angetrieben sieht und sich gleichsam wie ein Objekt in einem magnetischen Kraftfeld – bald angezogen, bald abgestoßen – bewegt. Die zweite Variable, die für die Typologie zentral ist, bezieht sich auf den Begriff der Strukturierung der biographischen Zeit. Es geht vor allem um den Umfang der zeitlichen Horizonte, und zwar sowohl im Hinblick auf die vergangene Zeit (Erinnerung) wie auch hinsichtlich der zukünftigen Zeit (Erwartungen, Projektionen). Eine hochgradige Strukturierung der biographischen Zeit sieht Cavalli dann, wenn die Gegenwart nicht isoliert betrachtet wird, sondern im Hinblick auf die Zukunft und die Vergangenheit. Destrukturierung der biographischen Zeit bedeute dagegen die Konzentrierung auf die Gegenwart und die Wertung dieser Zeit als einzigartiger, nicht wiederholbarer, immer wieder anderer Augenblick. Die Vergangenheit wird nicht im Zusammenhang mit der Gegenwart gesehen, nicht als eine Art Etappe eines Prozesses begriffen, sondern als eine Abfolge schon erlebter Gegenwarten. Die Zukunft erscheint dann als das, was einmal Gegenwart sein wird. Sie ist unbestimmt, nicht vorhersehbar.

Abbildung 1 zeigt die Typologie, die sich daraus ergibt.

Cavalli geht davon aus, daß man die typischen Perspektiven gegenüber der Zeit nie in reiner Form antrifft; sie könnten beim gleichen Subjekt gleichzeitig oder in aufeinanderfolgenden Phasen vorhanden sein, bald latent existieren, bald offen sichtbar werden. In den strukturierten Typen drückt sich nach Auffassung Cavallis die traditionelle Verhaltensweise gegenüber der persönlichen biographischen Zeit aus: der eigenstrukturierte Typ entspringe aus einer voluntaristischen Haltung zu sich selbst und der Welt, der fremdstrukturierte sei das Ergebnis eines Anpassungsprozesses an die äußeren, gesellschaftlichen Normen und Vorschriften. Beide Typen spiegelten verschiedene Lebensorientierungen wider, die mit den Normen der protestantischen Ethik, wie sie Max Weber beschrieb, zusammenhingen.

Der eigenstrukturierte Typ

Diesem Typ ordnet Cavalli Jugendliche zu, die in einem selbst gesteckten Ziel ihre Identität sehen. Dieses Ziel bestehe meistens in der Ausbildung oder einem Beruf, seltener in einer Berufung im Sinne eines starken ethischen, religiösen oder politischen Engagements. Das Ziel geht laut Cavalli auf persönliche Entscheidung zurück. Was einer ist oder sein wird, sei nicht das Ergebnis eines undurchschaubaren Geflechts äußerer Umstände, sondern Resultat der eigenen Entscheidungen. Die eigene Zukunft erschiene planbar, der zurückzulegende Weg und die zur Verfügung stehenden Mittel seien transparent. Das Subjekt fühle sich als handelnde Person. Das Muster der aufgeschobenen Belohnung zeige

Abbildung 1: Typologie individueller Zeitorientierungen (nach Cavalli, 1988)

	Vorstellung von sich selbst: autonom	abhängig
strukturierte Zeitvorstellung	eigenstrukturiert	fremdstrukturiert
nicht strukturierte Zeitvorstellung	eingendestrukturiert	fremddestrukturiert

sich bei diesem Typ besonders deutlich. Cavalli nimmt an, daß die Jugendlichen, die diesem Typ nahekommen, allen Schichten der sozialen Hierarchie angehörten.

Der fremdstrukturierte Typ

Während beim ersten Typ vor allem Leistungsmotivation eine wesentliche Rolle spiele, sei für den zweiten Typ eher das Verlangen nach Sicherheit dominant. Es gehe nicht um planen, sondern um sich anpassen. Die Zukunft werde bei diesem Typus als das Ergebnis äußerer Umstände gesehen, auf die das Subjekt kaum Einfluß nehmen könne. Beruflich sei für diesen Typ im wesentlichen Sicherheit dominant, z. B. müsse der Arbeitsplatz sicher sein. Die berufliche Perspektive sei konventionell, erwartet werde ein respektierter Beruf und ein Verdienst, der einen als normal akzeptierten Konsumstandard ermöglicht. Die Lebensentwürfe seien konventionell; das starke Bedürfnis, sich von der Familie zu lösen, das man bei diesem Typ fände, ließe sich verwirklichen, indem man frühzeitig eine sichere Arbeit annähme, heirate und einen eigenen Hausstand gründe. Es gehe bei diesem Typ allgemein darum, einmal getroffene Entscheidungen, die eine stabile, sichere Lebenslage versprechen, frühzeitig in die Tat umzusetzen. Cavalli vertritt die Auffassung, diese Art der Zukunftsorientierung finde man „... häufiger bei Jugendlichen der mittleren und unteren Stufen der sozialen Hierarchie ..." (1988, S.393). Das Streben nach Sicherheit sei auf die soziale Lage der Ursprungsfamilie zurückzuführen, bei der noch keine dauerhafte Sicherheit vorliege, die sich noch immer konkret vom sozialen Abstieg bedroht fühle.

Der eigendestrukturierte Typ

Cavalli veranschaulicht die subjektiven Zeitdimensionen durch räumliche Metaphern. Dabei betrachtet er die Lebenszeit als ein Territorium, auf dem sich ein Subjekt bewegt und auf dem Punkte (die Ziele) gelegen sind, die durch ein Netz von Bahnen (die Mittel) miteinander verbunden sind. Der eigenstrukturierte Typ entscheidet sich für ein Ziel. Kommt er an Kreuzungen oder Abzweigungen, trifft er eine Reihe von weiteren Entscheidungen, um den kürzesten Weg zum Ziel festzulegen. Der fremdstrukturierte Typ folgt der Hauptstraße, da diese sicherlich zu irgendeinem wichtigen Ziel führt. Für den eigendestrukturierten Typ ist das Territorium (die Zeit) dagegen ein zu erforschender Raum. Um ihn erforschen zu können ist es wichtig, sich eine Landkarte anzulegen – aber nicht, um auf die beste oder bequemste Weise an einen Ort zu gelangen, sondern um keinen Teil des Territoriums unerforscht zu lassen. Die Punkte auf der Karte sind lauter mögliche Ziele, keines ist jedoch ein Endziel. Das Endziel ist die Erforschung aller Möglichkeiten. Ein Ziel, das offensichtlich ohne Ende ist. Es ist ein Weg, auf dem alle Etappen vorläufig sind. Um von einem Punkt aus weiterzukommen, wählt der eigendestrukturierte Typ weder den kürzesten noch den bequemsten, sondern den interessantesten Weg. Es kann auch vorkommen, daß der Weg wieder zurückgegangen wird, auf dem man gekommen ist. Die Rückkehr hat aber nicht die Bedeutung einer bloßen Wiederholung, denn wenn man auf dem Weg viele Erfahrungen gesammelt und das Mögliche erforscht hat, kehrt man letztlich nicht an denselben Ort zurück. In der Rückkehr liegt auch keinerlei Sehnsucht nach der

Vergangenheit oder der Wunsch, das Vergangene nochmals zu durchleben. Dieser Typ, so Cavalli, „... sucht sorgfältig zu vermeiden, daß die Verfolgung eines Zieles andere Ziele ausschließt, jeder Verzicht wird als eine Verarmung betrachtet." (...) „Die Zukunft ist nicht die Zeit der Ernte, in der die Früchte der gegenwärtigen Mühe reif werden, sondern eher ein Lagerraum, in dem noch viele mögliche Gegenwarten gestapelt sind" (1988, S. 395). Für diesen Typ sei es wichtig, daß keine Entscheidungen getroffen werden, die absolut unwiderruflich sind, die die Bandbreite des Möglichen einschränken würden. Die Vergangenheit wird nicht als Last negativer oder positiver Bestimmungen angesehen, die die Gegenwart bedingen oder die Zukunft belasten könnten, sondern sie ist ein Repertoire von Erlebnissen und Erfahrungen: „Die Vergangenheit ist der erforschte Teil des Territoriums, die Zukunft der zu erforschende" (1988, S. 395). Die Gegenwartsbindung, die diesen Typ kennzeichnet, bedeute nicht, daß Vergangenheit und Zukunft völlig außerhalb der Sichtweite des Bewußtseins lägen. Die Lebenszeit werde aber als eine Folge von Augenblicken und Erlebnissen gesehen, die alle in der Gegenwart erlebt werden. Besonders kennzeichnend ist nach Cavalli der starke Drang, nicht abhängig zu werden, weder von den äußeren Erfordernissen, noch von den eigenen Fehlern oder Erfolgen. Wichtig für den eigendestrukturierten Typ sei es, in jedem Augenblick die Möglichkeit alternativer Entscheidung zu haben, Optionen zur Verfügung zu haben, sich nicht von der Vergangenheit oder der Zukunft fesseln zu lassen.

Während der eigenstrukturierte Typ seine Identität in einem Lebensplan findet und der fremdstrukturierte Typ seinem Schicksal folgt, sieht der eigendestrukturierte Typ in jedem Lebensplan eine Art Bedrohung seiner Identität. So wird zum Beispiel eine frühzeitige Entscheidung für einen Beruf als eine Einengung des Möglichen empfunden, als ein Verlust von Optionen. Jede Arbeit erscheint im Prinzip annehmbar, jede Erfahrung hat ihre interessanten Seiten, wenn sie sich nicht in eine lebenslange Perspektive verwandelt. Cavalli sieht diesen Typ vor allem bei jungen Leuten aus Familien, die über die wirtschaftlichen und kulturellen Mittel verfügen, den Jugendlichen sehr viel Freiheit zu lassen und keinen Druck auszuüben, um die Loslösung von der Familie zu beschleunigen.

Der fremddestrukturierte Typ

Beim Syndrom der Eigenstrukturierung und dem der Eigendestrukturierung, so nimmt Cavalli an, behält das Subjekt die Kontrolle über seine Biographie. Beim Syndrom der Fremddestrukturierung habe dagegen das Subjekt die Kontrolle über die Lebenszeit verloren. Es beschreibe seinen eigenen Lebenslauf so, als handele es sich um die Geschichte irgendeines beliebigen Menschen. Cavalli drückt den Zeitbezug unter Rückgriff auf die oben ausgeführten Metaphern so aus: „Das Subjekt hat das Gefühl, sich in einem unentwirrbaren Labyrinth voller Sackgassen zu befinden. In welche Richtung es auch gehen mag, es trifft immer auf gesperrte Straßen oder auf Strecken, die alle gleich sinnlos sind. (...) Es macht sich nicht die Mühe, eine Landkarte des Territoriums zu zeichnen, in dem es sich befindet; das Straßengeflecht scheint ihm eigens dazu gemacht zu sein, daß man sich verirrt – die Welt ist feindlich oder zumindest sinnlos" (1988, S. 400). Wenn es überhaupt einen Ausgang aus dem Labyrinth geben sollte, dann fände man ihn nur durch einen Glücksfall. Vergangenheit, Gegenwart und Zukunft seien für den Fremddestrukturierten von Schicksalslaunen und Glücksfällen gezeichnet. Gewissermaßen Spielball der Mächte zu sein, die man nicht beeinflussen kann, führe dazu, daß die Gedanken an die persönliche Vergangenheit und Zukunft negativ besetzt seien und zensiert bzw. verdrängt würden, um die Gegenwart erträglich zu machen. Cavalli spricht in diesem Zusammenhang von „... der Idee, die Zeit zu narkotisieren" (1988, S. 400). Besonders kennzeichnend sei bei diesem Typ das Fehlen jeglichen Planens. Das Subjekt lebe in einer zeitlichen Dimension, die nur auf die Gegenwart beschränkt sei. Verbunden mit dem fremddestrukturierten Typ sei häufig ein negatives Selbstbild, ein Bewußtsein der eigenen Unfähigkeit, Entscheidungen zu treffen, des fehlenden Muts, es mit der Wirklichkeit aufzunehmen. Die Dimension der Geschichte fehle in den Vorstellungen des fremddestrukturierten Typs. Was „geschichtlich" zähle, sei nur seine eigene Lebensgeschichte.

Cavalli weist darauf hin, daß dem Syndrom der Fremddestrukturierung ohne weiteres einige der häufigsten Erscheinungsformen des abweichenden Verhaltens von Jugendlichen in der heutigen Gesellschaft zugeordnet werden könnten. Er betont aber, es müsse vermieden werden, in diesem Typ von vornherein einen abweichenden Typ zu sehen. Er sieht darin ein Anzeichen für gesellschaftliches Außenseitertum, die Destrukturierung der Zeit müsse jedoch nicht unbedingt zu abweichendem Verhalten führen. Vielmehr habe jeder Zeittypus seine spezifische Pathologie: „Der Eigenstrukturierte kann sein Ziel auf zwanghafte und totalisierende Weise verfolgen, dabei seine Kräfte überschätzen und durch Scheitern und Enttäuschung verwundbar bleiben. Der Fremdstrukturierte, der die Ebenen der Vorstellungswelt und der Wirklichkeit streng auseinanderhalten muß, ist anfällig für Depressionen, wenn er bemerkt, daß es unmöglich ist, seine Wünsche in die Wirklichkeit umzusetzen. Den Eigendestrukturierten schließlich kann seine Ruhelosigkeit so weit bringen, daß er unfähig wird, eine Initiative zu Ende zu führen, die sich sowohl im Hinblick auf den persönlichen Einsatz wie im Hinblick auf das Erreichen des Zieles über längere Zeit erstreckt" (1988, S. 403).

Zeitorientierungen und gesellschaftlicher Wandel – zur Aktualität der Fragestellung im Prozeß der deutschen Vereinigung

In Zeiten des dramatischen sozialen und politischen Wandels, wie wir sie in den letzten Jahren erlebt haben, ist die Annahme plausibel, daß sich auch die Zeitperspektiven der Menschen geändert haben könnten. Jugendliche, für die in sozialer und entwicklungspsychologischer Hinsicht die Zukunft besonders strukturierungsbedürftig und ungewiß ist, könnten auf diese Veränderungsprozesse besonders sensibel reagieren. Was die Zeitorientierungen betrifft, erscheint die Richtung der möglichen Reaktionen zunächst unbestimmt. Vielfältige Reaktionsformen, darunter auch die der Konstanz, sind denkbar. Wenn wir z. B. an die radikalen Veränderungen der Lebenswelten denken, die für die Jugendlichen in den neuen Bundesländern in atemberaubender Geschwindigkeit eingetreten sind, dann liegt die Hypothese nahe, diese Veränderungen hätten zu einer negativen Veränderung der Zukunftsperspektiven insbesondere in den neuen Bundesländern geführt – etwa in dem Sinne, daß nunmehr die Destrukturierung von Zeitperspektiven zugenommen hätte. Plausibel erschiene auf den ersten Blick aber auch die Gegenthese: die neuen Optionen und Möglichkeiten gerade in den neuen Bundesländern bewirkten vielmehr eine Ausweitung der Eigenstrukturierung im Hinblick auf die Zukunftsperspektiven. Schließlich wäre es auch denkbar, daß die Ereignisse trotz ihrer Dramatik an den Zeitorientierungen von Jugendlichen nichts wesentliches verändert haben, z. B. deshalb, weil die Zeitorientierungen sich im Verlauf der Sozialisation langfristig entwickeln – kulturell vermittelt, aber nicht direkt als Reaktion auf gesellschaftliche Umstände und Veränderungen. Im Zusammenhang mit diesen Fragestellungen ist es angebracht, zwischen Einschätzungen der aktuellen Lebensumstände und Antizipationen zukünftiger Lebensumstände auf der einen Seite, und grundlegenden Orientierungen und Perspektiven zu Vergangenheit, Gegenwart und Zukunft auf der anderen, zu unterscheiden. Im ersten Fall ist mit massiven Unterschieden zwischen den Einschätzungen von Jugendlichen aus den alten und neuen Bundesländern zu rechnen, im zweiten sind gravierende Unterschiede weniger wahrscheinlich. Die Fragestellung ist zweifellos komplex. Wir hoffen, daß die empirischen Befunde etwas zu ihrer Klärung beitragen können.

Das Instrument zur Erfassung von Zeitorientierungen

In der Vorstudie zur aktuellen Jugendstudie konnten wir einerseits auf Operationalisierungen zurückgreifen, die bereits vorlagen: als Vorlagen dienten uns dabei die Übersetzung des von Zimbardo vorgelegten Stanford Time Perspective Inventory sowie der Itemsatz, der im Zusammenhang mit der Jugendstudie 1981 entlang der theoretischen Überlegungen von Rammstedt entwickelt worden war. Diese Itemsammlung wurde überarbeitet und ergänzt um Items, die zentrale, noch nicht durch die schon vorliegenden Items angesprochene Aspekte des Cavalli-Ansatzes abdecken sollten. Die Item- und Faktorenanalysen (A. Fischer/H.-U. Kohr/J. Zinnecker) des Gesamtsatzes von 61 Items führten zu einem Satz von 26 Items, die für 7 Skalen zur Erfassung der Zeitorientierung von Jugendlichen stehen. Wie Übersicht 1 zeigt, beziehen sich 3 Skalen auf die Typologie von Zukunftsperspektiven im Sinne der theoretischen Konzeption von Cavalli. Zwar konnte der Typ „Fremdstrukturierung" empirisch nicht bestätigt werden, wohl aber die drei übrigen Typen (vgl. Übersicht 1, Teil 1), d. h. eigendestrukturierte Orientierung (EIGENDES), eigenstrukturierte Orientierung (EIGENSTR) und fremddestrukturierte Orientierung (FREMDDES); in Klammern sind die mnemotechnisch mehr oder weniger geeigneten Kurzbezeichnungen angegeben, unter denen im Datenanalysesystem SPSS (Version 4.0) die Skalen angesprochen werden. Aus Platzgründen werden wir diese Kurzbezeichnungen auch in den meisten Tabellen benutzen.

Die vier übrigen Skalen (Übersicht 1, Teil 2) beziehen sich (je zwei) auf Gegenwarts- und Vergangenheitsorientierungen. Sie entsprechen inhaltlich – abgesehen von der negativen Orientierung gegenüber der Vergangenheit – in etwa den Perspektiven, die im Stanford Time Per-

Übersicht 1: Zeitorientierungen: Einzelitems[1] und Zuordnung zu den Skalen
(Teil 1) Kurzbezeichnung: Skaleninhalt und Einzelitems:

EIGENDES: Eigendestrukturierte Orientierung (nach CAVALLI); offene, positive Zukunftsperspektiven
- In der Jugend sollte man nicht gleich auf ein Ziel lossteuern, sondern möglichst vieles ausprobieren und sich vieles offenhalten
- Ein interessantes Leben in der Gegenwart ist für mich wichtiger als die Planung für die Zukunft
- Aus einem interessanten Irrweg kann man manchmal mehr profitieren als aus einer normalen Lebensplanung
- Ich will mich von nichts abhängig machen, auch nicht von meinen eigenen Entscheidungen in der Vergangenheit

EIGENSTR: Eigenstrukturierte Orientierung (nach CAVALLI); geplante, geschlossene Zukunftsperspektive
- Meine berufliche Karriere plane ich Schritt für Schritt
- Über meine weitere Zukunft sehe ich ziemlich klar
- Wenn mann seine Leben nicht präzise plant, erreicht man nie etwas
- Man soll im Leben nur vernünftige, erreichbare Ziele ins Auge fassen, sonst kommt man zu gar nichts

FREMDDES: Fremddestrukturierte Orientierung (nach CAVALLI); offene, fatalistische Zukunftsperspektive
- Im Leben ist alles Zufall
- Mein Leben ist mehr durch Zufälle als durch meine eigenen Entscheidung bestimmt
- Ich glaube nicht, daß man aus eigenen Erfahrungen viel lernen kann
- Mir ist es ziemlich egal, was mit mir in der Zukunft geschieht

1) Die Einzelitems waren auf Kärtchen geschrieben, die der Interviewer nach Mischen mit folgender Frage vorlegte
„Die Menschen gehen ja ganz unterschiedlich mit der Zeit in ihrem Leben um und planen auch unterschiedlich. Wie gut beschreiben die Sätze auf diesen Kärtchen Deine Meinung?"
Die Kärtchen waren auf ein Ablageblatt mit den Feldern „sehr gut", „gut", „weniger gut" und „überhaupt nicht" abzulegen (Kodierung: 4=sehr gut, 3=gut, 2=weniger gut, 1=überhaupt nicht).

spective Inventory angesprochen werden. Die hedonistische Gegenwartsorientierung (HEDPRES) beschreibt eine offene, lustbetont-aktive Perspektive, während in der Orientierung an der sicheren Gegenwart eine zwar ebenfalls offene, aber eher passive Gegenwartsperspektive zum Ausdruck kommt.

Hinsichtlich der Orientierung an der Vergangenheit haben die empiriegeleiteten Analysen auf zwei Perspektiven verwiesen, in denen sich wesentlich verschiedene emotionale Qualitäten ausdrücken, nämlich eine positive, akzeptierend-offene Perspektive (POSPAST) und eine negative, abgrenzende, ablehnende Perspektive zur Vergangenheit (NEGPAST).

Ergebnisse

Nachfolgend berichten wir über die Ergebnisse der Datenanalysen, die unter folgenden zentralen Fragestellungen durchgeführt wurden:
(1) Welche Zeitorientierungen sind für die Jugendlichen insgesamt kennzeichnend? Gibt es bedeutsame Unterschiede zwischen den Jugendlichen aus den alten und den neuen Bundesländern (ABL bzw. NBL)?
(2) Welche Zusammenhänge bestehen zwischen den 7 Zeitorientierungen? Wie sind diese untereinander verbunden?
(3) Wenn man für jeden Befragten unter den 7 Zeitorientierungen jeweils die pri-

Übersicht 1: Zeitorientierung: Einzelitems und Zuordnung zu den Skalen (Teil 2)

HEDPRES:	Hedonistische Gegenwartsorientierung (nach ZIMBARDO); offene, hedonistisch-aktive Gegenwartsperspektive – Manchmal macht es mir Spaß, mich einfach treiben zu lassen – Ich tue am liebsten spontan das, wozu ich gerade Lust habe – Ich lebe gern in den Tag hinein – Um etwas Aufregendes zu erleben, riskiere ich schon mal was
SECPRES:	Orientierung an der sicheren Gegenwart (nach ZIMBARDO); offene, eher passive Gegenwartsperspektive – Heute ist heute und morgen ist morgen – Was ich nächste Woche machen werde, überlege ich mir dann, wenn es soweit ist – Über Dinge, die morgen passieren können, soll man sich nicht so viele Gedanken machen – Ich vermeide es, mir unnötig viele Gedanken über das zu machen, was mir alles in der Zukunft passieren könnte
POSPAST	Positive Orientierung an der Vergangenheit (nach ZIMBARDO); akzeptierend-offene Perspektive zur Vergangenheit – Es macht mir Spaß, über meine Vergangenheit nachzudenken – Ich höre gerne Geschichten aus guten alten Zeiten – Ich denke oft darüber nach, wie es wäre, wenn ich in einer früheren Zeit leben würde
NEGPAST:	Negative Orientierung gegenüber der Vergangenheit (nach ZIMBARDO); abgrenzende, ablehnende Perspektive zur Vergangenheit – Was vergangen ist, ist aus und vorbei; warum soll ich mir viele Gedanken darum machen? – Vergangenes ist so mit unangenehmen Erinnerungen verbunden, daß ich lieber nicht daran denke – Was gestern geschehen ist, sollte man möglichst schnell vergessen

märe bestimmt und dann 7 Gruppen nach Maßgabe der individuell primären Zeitorientierung bildet, welche Gruppen treten wie häufig auf? Gibt es hier Unterschiede zwischen den Jugendlichen aus den alten und neuen Bundesländern?

(4) Vergleicht man die 7 Gruppen, die nach primärer und in diesem Sinne typischer Zeitorientierung gebildet wurden, welche Unterschiede lassen sich dann in anderen, mit den Zeitperspektiven hypothetisch verbundenen Indikatoren für sozio-politische Einstellungen und Orientierungen feststellen? In welchem Umfang stützen die Daten die von Cavalli formulierten Hypothesen zu diesem Bereich? Inwieweit stimmen die Daten zur Soziodemografie der Befragten (Alter, Geschlecht, Bildung/Ausbildung, soziale Herkunft) mit dem überein, was Cavalli hierzu formuliert hat? Ergeben sich wesentliche Unterschiede zwischen den Jugendlichen aus den alten und neuen Bundesländern? Im einzelnen werden wir im Zusammenhang mit diesen Fragestellungen tabellarisch darstellen und zusammenfassen, welche Unterschiede sich zwischen den nach primärer Zeitorientierung gebildeten Gruppen und folgenden Indikatoren/Variablen feststellen lassen:

- Einschätzungen zur persönlichen und gesellschaftlichen Zukunft
- Zeitperspektiven (Reichweite der zeitlichen Vorstellungen; Selbsteinstufungen als Jugendlicher/Erwachsener; „Dauer“ der Jugend)
- Soziodemografie

Tabelle 1 zeigt hierzu die wesentlichsten Informationen im Überblick. Die zusammenfassende Information ergibt sich aus den normierten Mittelwerten, d. h. aus den für alle 26 Items der 7 Skalen, die in Übersicht 1 wiedergegeben sind, vergleichbar gemachten Durchschnittswerten. Zunächst ist zu erkennen, daß die Durchschnittswerte der Skalen 5 bis 7 unter dem theoretischen Durchschnittswert von 2.5 liegen. Die übrigen Durchschnittswerte, mit Ausnahme der Orientierung an der sicheren Gegenwart in den alten Bundesländern (= 2.49), liegen jedoch deutlich darüber. Inhaltlich gesehen heißt dies zunächst, daß alle Befragten im Durchschnitt sowohl die eigendestrukturierte, als auch die eigenstrukturierte Zukunftsorientierung teilen. Ebenfalls verbunden fühlen sich die Befragten mit einer hedonistischen Gegenwartsperspektive. In den alten Bundesländern beschreibt ferner die Orientierung an der sicheren Gegenwart die Auffassung des Durchschnitts, während diese Zeitperspektive weniger in den neuen Ländern geteilt wird.

Besonders abgesetzt von allen anderen Durchschnittswerten ist in den alten wie in den neuen Ländern fremddestrukturierte Zukunftsorientierung: die Durchschnittswerte liegen noch erheblich unter dem Wert 2 („beschreibt meine Meinung weniger gut"). Daraus ist zu schließen, daß diese Form der Zeitorientierung bei Jugendlichen in Deutschland heute im Sinne der Häufigkeit des dominanten Auftretens nicht kennzeichnend ist. Wie wir sehen werden, bestätigen die Analysen der primären Zeitorientierungen, über deren Ergebnisse wir später berichten werden, dies klar. Zusammengenommen mit dem Fehlen einer empirischen Bestätigung für die fremdstrukturierte Orientierung (s.o.) verweist dieses Ergebnis darauf, daß Fremdstrukturierung für Jugendliche in Deutschland hinsichtlich der Zeitorientierungen insgesamt keine konsistente bzw. zentrale Rolle spielt.

Was die Orientierungen an der Vergangenheit angeht, so zeigen die Durchschnittswerte, daß die Bezüge zur Gegenwart und Zukunft für Jugendliche bedeutsamer sind als die zur Vergangenheit. Das gilt vor allem für negative, abgrenzende Perspektiven zur Vergangenheit, aber auch für akzeptierend-offene, positive Perspektiven. An den normierten Mittelwerten wird ferner deutlich, daß im Sinne der Selbstbeschreibungen der Befragten in erster Linie die offene, positive Zukunftsorientierung und die offene, hedonistisch-aktive Gegenwartsorientierung typisch sind und daß dies, wenn auch „signifikant", aber nicht praktisch-substantiell geringer, für die Jugendlichen im Westen wie im Osten gleichermaßen gilt. Was sich hier zeigt, gilt auch für die Zeitorientierungen insgesamt: die Unterschiede zwischen den Jugendlichen in den alten und neuen Bundesländern sind hinsichtlich der inhaltlichen Substanz so gering, daß sich deren Interpretation verbietet. Die signifikanten Unterschiede sind vor dem Hintergrund der dramatisch verschiedenen Lebenssituationen in den alten und neuen Ländern gewiß plausibel, der interessante Aspekt besteht aber darin, daß die Unterschiede in ihrer Substanz vernachlässigbar geringfügig sind. Wir haben deshalb auch für die weiteren Analysen hinsichtlich der Zeitorientierungen nicht mehr zwischen Jugendlichen aus den alten und neuen Ländern unterschieden, wohl aber dann, wenn es da-

Tabelle 1: Zeitorientierungen von Jugendlichen in den alten und neuen Bundesländern (ABL; NBL): Skalenmittelwerte[1] und normierte Mittelwerte[2]

Skala der Zeitorientierung (SPSS-Kurzbezeichnung)	Item-Anzahl	Skalenmittelwerte ABL	Skalenmittelwerte NBL	Normierte Mittelwerte ABL	Normierte Mittelwerte NBL	SIG[3]
1) EIGENDES	4	11.10	10.88	2.78	2.72	***
2) HEDPRES	4	11.12	10.88	2.78	2.71	***
3) EIGENSTR	4	10.31	10.42	2.58	2.60	
4) SECPRES	4	10.36	9.94	2.59	2.49	***
5) POSPAST	3	7.03	7.10	2.34	2.37	
6) NEGPAST	3	6.36	6.30	2.12	2.10	
7) FREMDDES	4	7.02	6.84	1.75	1.71	*

3) * : p .05
** : p .01
*** : p .001

Skalenbezeichnung

1) EIGENDES:	Eigendestrukturierte Orientierung (nach CAVALLI); offene, positive Zukunftsperspektive
2) EIGENSTR:	Eigenstrukturierte Orientierung (nach CAVALLI); geplante, geschlossene Zukunftperspektive
3) FREMDDES:	Fremddestrukturierte Orientierung (nach ZIMBARDO); offene, fatalistische Zukunftsperspektive
4) HEDPRES:	Hedonistische Gegenwartsorientierung (nach ZIMBARDO); offene, hedonistisch-aktive Gegenwartsperspektive
5) SECPRES:	Orientierung an der sicheren Gegenwart (nach ZIMBARDO); offene, eher passive Gegenwartsperspektive
6) POSPAST:	Positive Orientierung an der Vergangenheit (nach ZIMBARDO); akzeptierend-offene Perspektive zur Vergangenheit
7) NEGPAST:	Negative Orientierung gegenüber der Vergangenheit (nach ZIMBARDO); abgrenzende, ablehnende Perspektive zur Vergangenheit

1) Summe der Skalenwerte, geteilt durch die Anzahl der Befragten
2) Skalenmittelwerte, geteilt durch die Itemzahl (Durchschnittswert bezogen auf den Wertebereich der Item-Antwortreaktionen, also auf den Bereich von 1 = „beschreibt meine Meinung überhaupt nicht" bis 4 = „beschreibt meine Meinung sehr gut". Durch diese Normierung sind die Durchschnittswerte der 7 Skalen vergleichbar)

rum geht festzustellen, wie sich die nach primärer Zeitorientierung gebildeten Gruppen in anderen Merkmalen unterscheiden.

Zusammenhänge zwischen den Zeitorientierungen

Die 7 Skalen zur Erfassung der Zeitorientierungen sind aus den in die Vorstudie (Mai 1991) einbezogenen 61 Items durch statistische Analysen (Faktorenanalysen; Item(Cluster)-Analysen) gewonnen worden. Zwar sorgt das verwendete Konstruktionsprinzip für möglichst geringe Korrelationen der Faktoren untereinander, aber es gibt dennoch Beziehungen zwischen den Zeitorientierungen, die auch theoretisch (siehe Cavalli) begründet sind. Ferner ist zu berücksichtigen, daß die Konstruktion der 7 Skalen an einem anderen Datensatz, nämlich dem der Vorstudie, vorgenommen wurde. Es war also zu untersuchen, in welchem Umfang und in welcher Weise die Zeitorientierungen untereinander verknüpft sind. Wir haben dazu Korrelations- und Faktorenanalysen durchgeführt.

Zusammengenommen ergibt sich aus dem analysierten Beziehungsgeflecht der Eindruck, daß die Gegenwartsorientierungen, seien sie hedonistisch-aktiv oder eher offen und passiv, mit der Eigendestrukturierung verknüpft sind. Verbunden ist dieses Cluster mit einer negativen Perspektive zur Vergangenheit sowie mit Tendenzen zur Fremddestrukturierung. Dieses Cluster drückt offenbar die derzeit unter Jugendlichen in Deutschland dominante Zeitorientierung aus. Es verweist auf die Bedeutung von aktivem, selbstgestaltbarem Hinauszögern früher beruflicher und familiärer Festlegungen, auf negativ getönte Abgrenzungen gegenüber der Vergangenheit, aus der kaum etwas zu lernen sei, und schließlich auf die Präsenz eines Gefühls der Einfluß- und Machtlosigkeit, auf Hedonismus, Passivität oder fatalistische Gleichgültigkeit und Coolness. Neben diesem Muster ist eine eigenstrukturierte Zukunftsorientierung dominant, in der instrumentelle Vernunft, Planung und Karriere zentral sind. Diese Zukunftsperspektiven sind verbunden mit positiver, akzeptierend-offener Orientierung gegenüber der Vergangenheit. Zusammengenommen weist das Cluster auf einen im Sinne sozialer und gesellschaftlicher Erwünschtheit konventionellen, erfolgsbezogenen Lebensentwurf hin.

Um möglichen Mißverständnissen an dieser Stelle zu begegnen, sei betont, daß die Zeitorientierungen nie als „reine" Muster etwa in dem Sinne auftreten, daß eine und nur eine Zeitorientierung für einen Jugendlichen kennzeichnend wäre. Im Regelfall sind alle Orientierungsformen mehr oder weniger präsent. Daraus ergibt sich die interessante Frage, welche der 7 Zeitorientierungen in welcher Häufigkeit bei den Jugendlichen auftreten. Diese Frage läßt sich – wie oben bereits begründet – nicht eindeutig beantworten, und schon gar nicht durch die Angabe von „genauen" prozentualen Häufigkeiten. Was empirisch geleistet werden kann, ist lediglich die Angabe einer Schätzung darüber, welche Zeitorientierungen häufiger und welche seltener auftreten.

Primäre Zeitorientierungen von Jugendlichen in den alten und neuen Bundesländern

Die Ergebnisse der Schätzungen der Anteile, mit denen die 7 Zeitorientierungen in den alten und neuen Bundesländern aktuell (Bezug: Juni 1991) auftreten, zeigt Grafik 1. Wir haben hier auf die „genauen" Prozentzahlen bewußt verzichtet: es geht uns nur um die Größenordnungen. Zunächst ist klar zu erkennen, daß die prozentualen Unterschiede zwischen den alten und neuen Bundesländern wiederum minimal sind. Wenn es überhaupt eine bemerkenswerte Konsistenz der Unterschiede gibt, so ist sie, mit aller Vorsicht ausgedrückt, darin zu sehen, daß die primären Zeitorientierungen in den neuen Bundesländern dort minimal höher sind, wo die Zeitorientierungen Elemente enthalten (wie Offenheit, Aktivität, Lebensgenuß, Leistungsmotivation), die in den westlichen Kulturen sozial und gesellschaftlich als erwünscht gelten (und dort niedriger, wo negative Aspekte deutlich sind). Möglicherweise deutet sich hier ein Ergebnis der (Über-)Anpassung der Jugendlichen

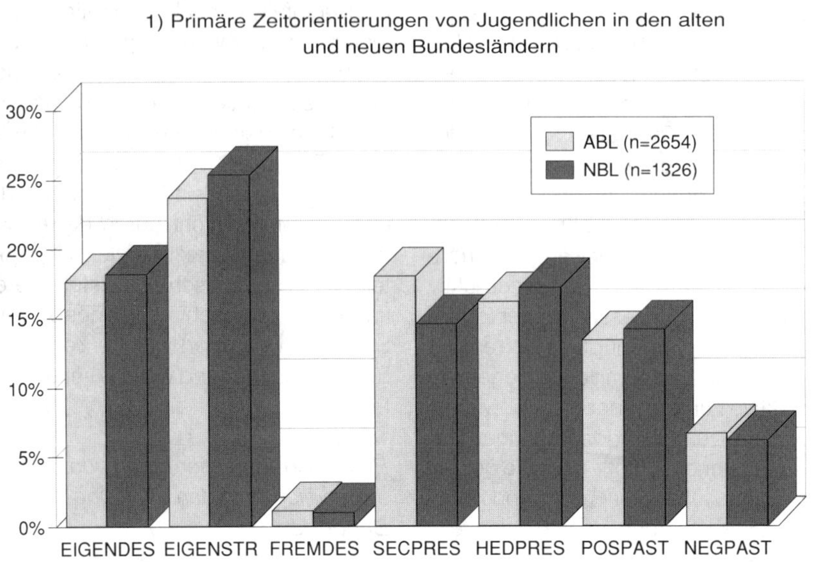

Primäre Zeitorientierung (Kurzbezeichnung)[1]	Zeitperspektive
EIGENDES:	Zukunft offen, positiv
EIGENSTR:	Zukunft geplant, geschlossen
FREMDDES:	Zukunft offen, fatalistisch
SECPRES:	Gegenwart offen, eher passiv
HEDPRES:	Gegenwart offen, hedonistisch-aktiv
POSPAST:	akzeptierend-offene Perspektive zur Vergangenheit
NEGPAST:	abgrenzende, ablehnende Perspektive zur Vergangenheit

1) Ausführliche Bezeichnungen vgl. Übersicht 1

in den neuen Bundesländern an die neuen gesellschaftlichen Erwartungen an. Hier wären aber genauere Untersuchungen erforderlich.

Am häufigsten, und deutlich abgesetzt gegenüber den anderen, ist in den alten wie in den neuen Ländern die eigenstrukturierte Zukunftsorientierung (EIGENSTR) mit eher geschlossenen, Planung und Karriere betonenden Perspektiven. Im Hinblick auf den oben beschriebenen deutlichen Zusammenhang, der zwischen der eigendestrukturierten Zukunftsorientierung (EIGENDES) und vor allem den Orientierungen an der sicheren Gegenwart (SECPRES) und der hedonistischen Gegenwartsorientierung (HEDPRES) besteht, kann allerdings die eigenstrukturierte Zukunftsorientierung (EIGENSTR) nicht als die im Sinne der Häufigkeit dominanteste, wohl aber als die prägnanteste Orientierungsform bezeichnet werden. Ebenfalls besonders prägnant, aber durch das sehr seltene Auftreten, ist die Fremddestrukturierung (FREMDDES) als individuell primäre Orientierung. Bedenkt man, daß sich in der individuellen Dominanz dieser Orientierung Verlust des Kontrollbewußtseins, Entfremdung und Anomie ausdrücken, so ist es sicherlich als positives Ergebnis zu werten, daß dieser Typ sehr selten auftritt. Ferner ist bemerkenswert, daß sich die zunächst plausibel erscheinende Annahme, Fremddestrukturierung sei als Widerspiegelung der realen Lebensverhältnisse in den neuen Ländern erheblich häufiger zu erwarten, nicht bestätigt. Gleiches gilt auch für die insgesamt kaum mehr als 5 % umfassende Gruppe (NEGPAST) der Jugendlichen, bei denen die abgrenzende, ablehnende Perspektive zur Vergangenheit primär ist. Schließlich ist noch einzugehen auf die Gruppe derer, die in erster Linie durch eine positive, akzeptierend-offene Perspektive zur Vergangenheit gekennzeichnet sind. In der Größenordnung entspricht diese Gruppe ungefähr den Gruppen mit primärer eigendestrukturierter Zukunftsorientierung (EIGENDES) sowie den beiden Gruppen mit primärer Gegenwartsorientierung (HEDPRES und SECPRES). Auch hier hätte man einen bedeutsamen Unterschied zwischen den Jugendlichen aus den alten und neuen Bundesländern erwarten können (weniger positive Perspektive zur Vergangenheit in den neuen Ländern), aber wiederum zeigt sich kein bedeutsamer Unterschied.

Wir wollen es an dieser Stelle bei der Beschreibung der Ergebnisse belassen, denn genaueres zur Kennzeichnung der Gruppen wie auch zur Interpretation der Ergebnisse wird sich erst dann feststellen lassen, wenn auch jene Unterschiede beschrieben sind, die zwischen den Gruppen mit verschiedener primärer Zeitorientierung bestehen. Diese Beschreibungen erfolgen in den nächsten Abschnitten.Da weder die Zeitorientierungen, noch die Häufigkeiten der nach Maßgabe der individuell primären Zeitorientierung gebildeten Gruppen in den alten und den neuen Bundesländern wesentlich verschieden sind, werden wir auch hier nicht zwischen den Jugendlichen der alten und neuen Bundesländer unterscheiden. Um die Gruppenvergleiche in anderen Variablen etwas übersichtlicher zu machen, sind die Gruppen in den folgenden Tabellen nach den Faktoren/„Syndromen" angeordnet, die sich für die Zeitorientierungen in der Faktorenanalyse ergeben haben. Damit der Überblick hinsichtlich der Gruppenunterschiede in den übrigen „abhängigen" Variablen erleichtert wird, sind in den Tabellen jeweils die maximalen Werte (Mittelwerte bzw. Prozentwerte) unterstrichen und die minimalen Werte mager gedruckt; dadurch läßt sich relativ leicht erkennen, in welcher Gruppe primärer Zeitorientierung die Werte in den übrigen Variablen maximal bzw. minimal sind (treten gleiche Werte auf, so werden diese ebenfalls entsprechend gekennzeichnet). Da die Gruppen FREMDDES (fremddestrukturierte Zeitorientierung primär) und NEGPAST (negative Orientierung gegenüber der Vergangenheit primär) die geringsten Umfänge haben, wäre die Interpretation von Unterschieden hier besonders problematisch. Wir haben deshalb die Markierung der Maxima und Minima nur für die übrigen fünf Gruppen vorgenommen und beziehen uns in der Ergebnisdarstellung auch nur auf diese fünf Gruppen.

Tabelle 2: Primäre Zeitorientierung von Jugendlichen in den alten und neuen Bundesländern und Einschätzungen zur persönlichen und gesellschaftlichen Zukunft

Einschätzungen		SEC PRES	HED PRES	EIGEN DES	FREMD DES	NEG PAST	EIGEN STR	POS PAST	GESAMT
		Primäre Zeitorientierung = Gruppe							
1) Zukunft des eigenen Lebens									
...eher düster	ABL	2.8	2.9	3.5	15.6	10.4	1.4	*8.7*	4.1 %
	NBL	4.0	3.0	4.0	7.7	3.5	2.3	*5.2*	3.5 %
...eher zuversichtlich	ABL	58.4	57.3	60.3	34.4	52.2	*69.2*	54.1	59.9 %
	NBL	50.5	44.7	48.6	53.8	43.5	*63.4*	43.0	51.0 %
... gemischt,	ABL	38.8	*39.8*	36.2	50.0	37.4	29.4	37.2	36.0 %
mal so – mal so	NBL	45.5	*52.3*	47.4	38.5	52.9	34.3	51.8	45.5 %
2) Zukunft des Lebens in unserer Gesellschaft									
... eher düster	ABL	24.5	*37.3*	35.8	28.1	27.5	19.4	37.0	29.4 %
	NBL	20.0	26.6	29.9	15.4	20.0	13.8	*35.2*	23.6 %
...eher zuversichtlich	ABL	75.5	62.7	64.2	71.9	72.5	*80.6*	63.0	70.6 %
	NBL	80.0	73.4	70.1	84.6	80.0	*86.2*	64.8	76.4 %
Anzahl der Befragten mit jeweiliger primärer Zeitorientierung		689	675	725	45	264	989	555	3942
und *Prozentanteil* aller Befragten		17.5	17.1	18.4	1.1	6.7	25.1	14.1	100 %

Fragentexte: 1) „Man kann ja die eigene Zukunft, wie das eigene Leben weitergehen wird, eher düster oder eher zuversichtlich sehen. Wie ist das bei Dir?“

2) „Man kann ja die Zukunft, wie das Leben in userer Gesellschaft weitergehen wird, eher düster oder eher zuversichtlich sehen. Wie ist das bei Dir?“

Primäre Zeitorientierungen von Jugendlichen und Einschätzungen zur persönlichen und gesellschaftlichen Zukunft

Tabelle 2 zeigt die Zukunftseinschätzungen in Abhängigkeit von den Gruppen primärer Zeitorientierung, unterteilt nach Jugendlichen in den alten und neuen Bundesländern. Hinsichtlich der Zukunft des eigenen Lebens ist die Mehrheit der Jugendlichen sowohl in den alten als auch in den neuen Bundesländern eher zuversichtlich, die Zuversicht ist jedoch in den neuen Ländern insgesamt deutlich weniger häufig (ABL = 60 %, NBL = 51 %) und Skepsis („gemischt, mal so – mal so“) tritt häufiger auf (45 % bzw. 36 %). Eher düstere Zukunftsperspektiven sind insgesamt selten (ABL = 4 %, NBL = 3 %). Was „das Leben in unserer Gesellschaft“ angeht, sind insgesamt 71 % der Jugendlichen in den alten und 76 % in den neuen Ländern „eher zuversichtlich“. Zwar sind die Unterschiede zwischen den Jugendlichen in den alten und neuen Bundesländern nicht sehr groß, es ist aber doch bemerkenswert, daß die eigene Zukunft eher von den Jugendlichen in den alten Bundesländern positiver eingeschätzt wird, während die Jugendlichen aus den neuen Bundesländern die Zukunft des Lebens in der Gesellschaft positiver einstufen. Mit aller Vorsicht läßt sich vermuten, daß sich in diesen Einschätzungen seitens der Jugendlichen aus den neuen Bundesländern ein projizierter Wunsch an die für sie neue Gesellschaft ausdrückt.

Am häufigsten werden zuversichtliche Einschätzungen in West und Ost von den Jugendlichen mit primär eigenstrukturierter Zukunftsorientierung abgegeben, häufiger skeptisch sind dagegen die Jugendlichen mit positiver Vergangenheitsorientierung. Sie entsprechen in dieser Hinsicht bezüglich der Einschätzung der eigenen Zukunft den übrigen drei großen Gruppen in den alten und neuen Bundesländern. Bei der Einschätzung der Zukunft des Lebens in der Gesellschaft ist die Perspektive „eher düster“ in der Gruppe POSPAST mit etwa einem Drittel am häufigsten, wobei der Abstand zu den übrigen Gruppen primärer Zeitorientierung größer ist als in den alten. Über die möglichen Ursachen der häufigeren Skepsis der Jugendlichen mit positiver Einstellung zur Vergangenheit läßt sich hier nur spekulieren. Möglicherweise hat dies damit zu tun, daß der in die Vergangenheit gewandte Blick historische Zusammenhänge klarer und Gefahren realistischer erkennen läßt. Ebenso plausibel ließe sich aber auch argumentieren, daß positive Vergangenheitsorientierung auch mit eher konservativen Einstellungen verbunden sei und daß sich darüber die Skepsis gegenüber Veränderungen erklären könnte. Eine Klärung dieser Fragen ist jedenfalls mit dem uns vorliegenden Datenmaterial nicht möglich. Hier sind weitere Untersuchungen, vor allem mit qualitativen Ansätzen, erforderlich.

Primäre Zeitorientierungen und zeitbezogene Einschätzungen

Im Hinblick auf die primären Zeitorientierungen ist die Frage besonders interessant, welche subjektiven Zeithorizonte der Jugendlichen damit verbunden sind. Wir haben hierzu eine Reihe von Fragen gestellt und die Ergebnisse in Tabelle 3 zusammengefaßt. Die erste Frage bezieht sich auf die Reichweite der zeitlichen Vorstellung. Wie zu erwarten, ist die Reichweite bei den Eigenstrukturierten deutlich am größten. Es folgt dann die Gruppe der Jugendlichen mit positiver Vergangenheitsorientierung. Der Abstand zu den übrigen drei Gruppen (HEDPRES, SECPRES und EIGENDES), die sich untereinander kaum unterscheiden, ist zwar noch deutlich (und für die West-Jugendlichen stärker ausgeprägt als für die Ost-Jugendlichen), aber weniger prägnant. Im Vergleich West-Ost fällt auf, daß die Reichweite des Zeithorizonts bei den Jugendlichen in den alten Bundesländern im Durchschnitt größer ist. Unterschiede finden sich übrigens nicht nur für diesen Aspekt des subjektiven Zeithorizonts, sondern auch für alle anderen Aspekte. Im Vergleich zu den Jugendlichen aus den neuen Bundesländern wollen die Jugendlichen aus den alten Bundesländern schneller erwachsen werden. Die Einschätzung „bin schon erwachsen“ findet sich erheblich häufiger bei den Jugendlichen aus den alten Bundesländern. Im Durchschnitt dauert die Jugend nach Einschätzung der Jugendlichen aus den neuen Bundesländern zweieinhalb Jahre länger (ABL = 21.1 Jahre, NBL = 23.7 Jahre). Konsistent hiermit bezeichnen sich die Ost-Jugendlichen erheblich häufiger als „Jugendlicher“ (ABL = 48 %, NBL = 61 %) und seltener als „Erwachsener“ (46 % bzw. 33 %). Andere Selbstzuordnungen sind mit 6 % bzw. 7 % selten. Die subjektiven Zeithorizonte sind also bei West- und Ost-Jugendlichen markant unterschiedlich. Zusammengenommen sprechen diese Ergebnisse dafür, daß die Jugendlichen in den neuen Ländern die Jugendphase vergleichsweise länger ausdehnen und den Erwachsenenstatus später sehen.

Wenn wir uns nun der Frage zuwenden, welche Zusammenhänge zwischen den primären Zeitorientierungen und den Aspekten des subjektiven Zeithorizonts gewissermaßen innerhalb der Gesamtheiten der Jugendlichen aus den alten und neuen Bundesländern bestehen, so entsprechen die Ergebnisse erneut dem bereits bekannten Muster: von allen anderen Gruppen primärer Zeitorientierung deutlich abgesetzt sind im Westen wie im Osten die Jugendlichen mit eigenstrukturierter Zukunftsorientierung. Sie zeigen die am weitesten ausgedehnte zeitliche Vorstellung, sie möchten am schnellsten erwachsen werden, sie sind am häufigsten der Meinung, bereits erwachsen zu sein, ordnen sich am häufigsten als Er-

Tabelle 3: Primäre Zeitorientierung von Jugendlichen in den alten und neuen Bundesländern und zeitbezogene Enschätzungen

		Primäre Zeitorientierung = Gruppe							
Einschätzungen[1)]		SEC PRES	HED PRES	EIGEN DES	FREMD DES	NEG PAST	EIGEN STR	POS PAST	GESAMT
1) Reichweite der zeitlichen Vorstellung*	ABL	4.3	4.5	4.3	4.4	4.6	*5.5*	5.0	4.8
	NBL	4.0	4.1	4.3	3.9	4.1	*5.0*	4.4	4.4
2) Wie schnell Erwachsener werden?*	ABL	4.5	4.0	4.0	4.4	4.7	*4.8*	4.5	4.4
	NBL	3.8	3.6	3.2	3.5	3.1	*4.3*	3.4	3.6
2a) Bin schon erwachsen+	ABL	39.2	30.6	41.2	50.0	52.2	*53.2*	36.7	42.2 %
	NBL	35.5	19.8	31.1	35.3	38.5	*44.7*	31.1	33.6 %
2b) Als Vergleich: Lebensalter (in Jahren)*	ABL	20.9	20.1	21.7	21.2	21.1	*21.8*	20.7	21.1
	NBL	20.8	19.4	21.1	21.4	20.1	*21.2*	20.6	20.6
3) Jugend – bis zu welchem Alter?*	ABL	21.1	21.1	*22.1*	19.5	19.8	20.7	21.1	21.1
	NBL	23.7	23.7	*24.5*	24.5	23.5	23.2	23.7	23.7
4) Aus eigener Sicht+									
– Jugendlicher:	ABL	51.9	*57.1*	45.1	37.5	41.2	38.8	51.9	47.7 %
	NBL	61.0	*74.7*	63.3	53.8	58.8	51.3	60.1	61.0 %
– Erwachsener:	ABL	42.5	33.0	44.7	53.1	56.6	*57.2*	41.3	45.8 %
	NBL	35.5	19.4	29.9	30.8	36.5	*42.7*	32.6	33.0 %
– andere:	ABL	5.6	9.9	*10.2*	9.4	2.2	4.0	6.0	6.7 %
	NBL	3.5	5.9	6.8	15.4	4.7	6.1	*7.3*	6.0 %

* Mittelwerte; + Prozentwerte

Fragetexte: 1) „Manche Leute glauben, sie können sich vorstellen, wie sie in 40 Jahren leben werden, andere glauben, das nur für eine Woche zu können. Wie weit reicht Deine Vorstellung?" Vorgegeben wurde eine Liste mit folgenden Alternativen:
1 = 1 Woche; 2 = 1 Monat; 3 = 1 Jahr; 4 = 2 Jahre; 5 = 3 Jahre; 6 = 4 Jahre; 7 = 5 Jahre; 8 = 10 Jahre; 9 = 20 Jahre; 11 = 40 Jahre und länger. Die berechneten Mittelwerte können hier nur als grobe Anhaltspunkte gelten.

2) „Wie schnell willst Du ein Erwachsener werden?" Vorgegeben wurde eine grafische Skala mit den Endpunkten „1 = ganz langsam" und „10 = ganz schnell"

3) „Wenn Du von der Jugend sprichst – bis zu welchen Alter rechnest Du einen Menschen zur Jugend?" Anzugeben war das Alter in Jahren.

wachsener ein und schätzen das Alter, bis zu dem die Jugend dauert, am niedrigsten ein. Die Unterschiede zwischen den übrigen Gruppen sind weniger auffällig. Lediglich die Ergebnisse für die Gruppe der Jugendlichen mit primär hedonistischer Gegenwartsorientierung (HEDPRES) zeigen deutliche Struktur: sie sind am jüngsten (im Durchschnitt ABL bzw. NBL um etwa ein Jahr jünger als die Gesamtheit), sie wollen am wenigsten rasch Erwachsener werden, sie sind am seltensten der Meinung, schon erwachsen zu sein (ABL = 31 %, NBL = 20 %) und sie ordnen sich selbst am häufigsten den Jugendlichen zu (ABL = 57 %, NBL = 75 %). Insgesamt am ähnlichsten sind wiederum die Ergebnisse der primär Eigendestrukturierten (EIGENDES) und der primär an der sicheren Gegenwart Orientierten (SECPRES). Die Ergebnisstruktur ist für die Jugendlichen aus den alten und neuen Bundesländern gleich.

Primäre Zeitorientierungen und sozio-demografische Variablen

Übersicht 2 zeigt, in welcher Weise sich sozio-demografische Variablen, je nach Gruppe primärer Zeitorientierung, unterschiedlich verteilen. Im Interesse der Übersichtlichkeit und Rezipierbarkeit gehen wir dabei nur auf die vom Betrag her wesentlichen Unterschiede (Überrepräsentierung im Vergleich zur Gesamtheit) ein.

(1) In der Gruppe der Jugendlichen mit primär eigenstrukturierter Zukunftsorientierung sind stärker als im Durchschnitt Berufstätige, männliche Jugendliche vertreten. Daraus ergibt sich auch das in dieser Gruppe höchste durchschnittliche Einkommen bzw. monatlich zur Verfügung stehende Geld. Diese Zusammenhänge gelten gleichermaßen für die Jugendlichen aus den alten und neuen Bundesländern.

(2) Charakteristische Abweichungen vom Gesamtdurchschnitt zeigen sich auch in der Gruppe der Jugendlichen mit primär eigendestrukturierter Zukunftsorientierung. In dieser Gruppe sind Jugendliche mit höherer Bildungsqualifikation (Studenten) bzw. Bildungsaspiration überrepräsentiert. Ferner wohnen Jugendliche mit dieser primären Zeitorientierung häufiger als die mit anderen primären Zeitorientierungen in größeren Städten. Diese Befunde stimmen mit dem überein, was Cavalli aus seinen Untersuchungen erschlossen hatte. Der von Cavalli formulierte Zusammenhang zwischen Eigendestrukturierung und sozialer Herkunft bestätigt sich für die Jugendlichen aus den alten Bundesländern: die formalen Bildungsabschlüsse von Vater und Mutter liegen deutlich über dem Gesamtdurchschnitt. Bei Jugendlichen aus den neuen Bundesländern läßt sich dagegen der Zusammenhang mit der sozialen Herkunft nicht bestätigen.

(3) Die Gruppe der Jugendlichen aus den alten und neuen Bundesländern mit primär hedonistischer Gegenwartsorientierung weicht ebenfalls in charakteristischen Merkmalen vom Gesamtdurchschnitt ab: in dieser Gruppe sind mehr Schüler(innen) und Jugendliche in Berufsausbildung vertreten, sie sind jünger. Daraus ergibt sich auch, daß bei ihnen der pro Monat verfügbare Geldbetrag im Durchschnitt am niedrigsten ist.

(4) Kennzeichnend für die Gruppe mit primär positiver Vergangenheitsorientierung ist die deutliche Überrepräsentanz vom weiblichen Jugendlichen. Dies gilt gleichermaßen für die Jugendlichen aus den alten und den neuen Bundesländern.

Übersicht 2: Primäre Zeitorientierungen und sozio-demografische Variablen, die in den 5 Gruppen im Verhältnis zum jeweiligen Gesamt (Jugendliche ABL bzw. NBL)überrepräsentiert sind.

Gruppe:		In der Gruppe sind relativ deutlich überrepräsentiert:
SECPRES	ABL	
	NBL	
HEDPRES	ABL	Schüler(innen); wenig verfügbares Geld pro Monat
	NBL	Schüler(innen); wenig verfügbares Geld pro Monat
EIGENDES	ABL	Student(inn)en; größere Wohngemeinden; qualifizierter eigener Schulabschluß, sowie von Vater und Mutter
	NBL	Student(inn)en; größere Wohngemeinden
EINGENSTR	ABL	männliche Jugendliche; Berufstätige; mehr verfügbares Geld pro Monat
	NBL	männliche Jugendliche; Berufstätige; mehr verfügbares Geld pro Monat
POSPAST	ABL	weibliche Jugendliche
	NBL	weibliche Jugendliche

Zusammen mit den Ergebnissen zu den Lebensorientierungen verweist dies darauf, daß sich der Zusammenhang aus der gesellschaftlichen Zuweisung der sozial-betreuenden Rolle an die Frauen und der damit verbundenen akzeptierend-positiven Perspektive zur Vergangenheit (z. B. Bezug zur Familie und deren Geschichte) ergibt.

Zusammenfassung und Diskussion

Basierend auf einer theoretischen Arbeit von Alessandro Cavalli und empirischen Ansätzen von Philip Zimbardo wurde ein Instrument zur Erfassung der Zeitorientierungen von Jugendlichen entwickelt. Die Datenanalyse zeigte, daß sich die Zeitorientierungen von Jugendlichen in den alten und neuen Bundesländern gleichen. Um die Frage beantworten zu können, ob unter Jugendlichen der Bezug zur Gegenwart, zur Vergangenheit oder zur Zukunft am häufigsten ist, wurden unter den insgesamt 7 Zeitorientierungen für jeden Befragten die primäre bestimmt und danach 7 Gruppen mit unterschiedlicher primärer, typischer Zeitorientierung gebildet. Die Auswertungen (siehe Grafik 1) ergaben, daß der Typ „eigenstrukturierte Zukunftsorientierung" (Cavalli) am häufigsten auftritt (bei ca. 25 % aller Jugendlichen). Es folgen der Typ „eigendestrukturierte Zukunftsorientierung" (Cavalli) sowie die beiden in Anlehnung an Zimbardo definierten Typen, d. h. „hedonistische Gegenwartsorientierung" und „Orientierung an der sicheren Gegenwart". Etwas weniger häufig ist mit ca. 15 % der Typ „positive Orientierung an der Vergangenheit". Die am seltensten vertretenen Typen sind die mit primär „negativer Vergangenheitsorientierung" (ca. 5 %) und mit, im Sinne Cavallis, „fremddestrukturierter Zukunftsorientierung" (ca. 1 %). Diese beiden Typen wurden aus den weiteren Auswertungen wegen zu geringen Fallzahlen ausgeklammert. Auch hinsichtlich der Häufigkeit der Typen primärer Zeitorientierung lassen sich zwischen den Jugendlichen aus den alten und neuen Bundesländern keine inhaltlich bedeutsamen Unterschiede feststellen. Entweder haben sich die Zeitorientierungen der Jugendlichen in den neuen Bundesländern nach der „Wende" sehr rasch an die der West-Jugendlichen angeglichen, oder es handelt sich um die Auswirkung eines langfristigen, kulturellen Assimilationsprozesses. Letzteres ist wahrscheinlich, aber es fehlen uns dazu empirische Befunde. Im zweiten Teil der Datenanalyse ging es uns darum zu prüfen, ob zwischen den 5 betrachteten Typen primärer Zeitorientierung wesentliche Unterschiede bestehen hinsichtlich:

- der Einschätzungen von persönlicher Zukunft und der Zukunft in der Gesellschaft;
- zeitbezogener Einschätzungen (Reichweite zeitlicher Vorstellungen, Dauer der Jugend, Selbsteinschätzung als Jugendlicher bzw. Erwachsener).

Schließlich wollten wir untersuchen, ob sich die Verteilung sozio-demografischer Merkmale in den Zeitorientierungsgruppen unterscheidet. Insgesamt gesehen, verweisen die Analyseergebnisse auf zwei relativ konsistente, voneinander deutlich getrennte, aber untereinander verbundene Muster von Zeitorientierungen. Das häufigere, aber in sich widersprüchlichere Muster ist gekennzeichnet durch einen starken Gegenwartsbezug aktiv-hedonistischer oder auch eher passiv-fatalistischer Prägung sowie durch eigendestrukturierte Zukunftsorientierung. Aber auch Tendenzen zur Fremddestrukturierung der Zukunftsorientierung sind präsent. Die Abgrenzung zur Vergangenheit ist erheblich stärker als die positive Vergangenheitsorientierung. Es scheint sich insgesamt um ein Syndrom offener Perspektiven zu Gegenwart und Zukunft zu handeln, mit dem zwar primär die Betonung von Autonomie und Selbstbestimmung verbunden ist, aber auch das Bewußtsein von Fremdbestimmung. Typische Lebensorientierungen sind persönlicher Nutzen oder Spaß und das eigene Erleben in der Gegenwart. Die Lebensziele sind häufig noch eher offen, konkrete Vorstellungen und Lebenspläne existieren (noch) nicht. Die Zukunftsperspektiven sind in bezug auf das eigene Leben und das Leben in unserer Gesellschaft zwar mehrheitlich optimistisch, doch ist die Skepsis größer als bei den Jugendlichen, die eher dem zweiten Syndrom entsprechen. Die zeitliche Planung ist weniger weitreichend, es besteht weniger häufig die Einschätzung, man sei schon Erwachsener und man will dies auch nicht so schnell werden. Aus Platzgründen konnten wir nicht alle Auswertungsergebnisse dokumentieren, die zur Beschreibung beitragen (vgl. dazu Kohr 1992). So zeigt sich in den sozio-politischen Einstellungen und Handlungsbereitschaften, daß dieser Typ jugendzentrierter ist, in bezug auf die eigenen Lebensziele weniger Ambitionen entwickelt, aber Selbstbehauptung stärker und Anpassung weniger betont; zur Durchsetzung sozialer/politischer Ziele werden deutlich häufiger auch unkonventionelle Verhaltens- bzw. Widerstandsformen akzeptiert. Eine zusammenfassende Bezeichnung für diesen Typus ist, wie alle Pauschalierungen dieser Art, problematisch. Die bestpassende Beschreibung lieferte u. E. Cavalli in seiner eingangs unseres Beitrags skizzierten Überlegung zu einer Typologie der Zeitorientierungen unter dem Begriff der Destrukturierung. Wenn auch die Komponente der eigenen Gestaltung und des Kontrollbewußtseins bei diesem Typus überwiegen dürfte, so sind doch Fremdbestimmungselemente, Entfremdung und Kontrollverlust ebenfalls präsent. Es finden sich Überschneidungen mit dem Konzept der Postadoleszenz (vgl. Keniston 1972 sowie Zinnecker 1981), mit dem der prä- bzw. postkonventionellen Soziomoral und dem der „postmateriellen Werte“ (vgl. Kohr und Räder 1985), auf die wir hier aber nur hinweisen können.

Der zweite Typus wird vor allem repräsentiert durch die Jugendlichen mit primär eigenstrukturierter Zukunftsorientierung. Mit diesem verbunden ist eine relativ klar strukturierte, deutlich karrierebezogene Zukunftsperspektive. Die Lebensorientierungen sind längerfristig als im ersten Typus, Belohnungsaufschub zugunsten künftigen Erfolgs und später zu erwartender Vorteile werden eher akzeptiert. Das Leben wird im Sinne einer Aufgabe begriffen, die es zu meistern gilt. Bereits Berufstätige sind in diesem Typus überrepräsentiert. Die eigenen Lebensziele werden hoch angesetzt. Unmittelbarer Nutzen oder Spaß sind weniger wichtig. Das künftige eigene Leben und das in der Gesellschaft werden mit größerer Zuversicht und stärkerem Optimismus eingeschätzt. Man will schneller ein Erwachsener werden bzw. fühlt sich häufiger bereits als erwachsen. Die Perspektive zum Beruf und zur Gesellschaft ist eher die eines konventionellen, sozial und gesellschaftlich erwünschten Lebensentwurfs. Entsprechend geringer sind die Ansprüche der Selbstbehauptung und Tendenzen zum Protest oder gar zum Widerstand. Die Lebensziele sind häufiger bereits konkretisiert, die Identitätsbildung erscheint vergleichsweise eher abgeschlossen als offen. Was die Lebensorientierungen betrifft, sind die Jugendlichen mit primär positiver Vergangenheitsorientierung am ähnlichsten, wenngleich ihre Perspektiven weniger prägnant erscheinen.

Insgesamt entspricht der zweite Typus den Beschreibungen, die Cavalli über Jugendliche mit eigenstrukturierter Zukunftsorientierung erarbeitet hat. Unsere Ergebnisse weisen auch darauf hin, daß sich in diesem Typus deutliche Aufstiegsorientierung zeigt. Das wird auch an der eigenen formalen Bildung wie der der Eltern deutlich. Sie entspricht dem Gesamtdurchschnitt, während die Bildungskonfiguration bei den Angehörigen des ersten Typus, vor allem bei den Eigendestrukturierten als dessen markanteste Repräsentanten, über dem Gesamtdurchschnitt liegt.

Wir bewerten die Ergebnisse im wesentlichen als eine Bestätigung der Arbeiten des Forschungsteams von Cavalli. Besonders bemerkenswert erscheint uns zum einen, daß sich die in diesem Team erarbeiteten Beschreibungen, die auf einer Jugendstichprobe aus einer norditalienischen Großstadtregion basieren, auch auf deutsche Jugendliche übertragen lassen. Dabei ist vor allem hervorzuheben, daß dies sowohl für Jugendliche aus den alten wie auch den neuen Bundesländern gilt – trotz der offensichtlich völlig unterschiedlichen Sozialisationsbedingungen. Die Zeitorientierungen und die Zusammenhänge mit Lebensorientierungen scheinen sich demnach in der westlichen Kultur eher transnational gleichförmig als spezifisch für bestimmte Nationen und deren besondere Sozialisationsbedingungen zu entwickeln. Bei Jugendlichen in West-Europa werden Zeitorientierungen und ihre Korrelate wohl eher durch die den westlichen Gesellschaften gemeinsamen Produktionsformen und Wertorientierungen geprägt als durch jeweils nationale Besonderheiten.

Abschließend wäre kritisch zu fragen, ob die hier vorliegende Form der Eigenstrukturierung, die sich ja auch in früher Übernahme und Umsetzung konventioneller Lebensentwürfe ausdrückt, nicht zu einem wesentlichen Teil eigentlich dem entspricht, was Cavalli als „Fremdstrukturierung" beschreibt. Denn es handelt sich ja um die Anpassung an ein in unseren Gesellschaften mehrheitlich positiv besetztes und erwünschtes, auf traditionelle Leistungsmotivation bezogenes Orientierungsmuster. Träfe dies zu, so könnte man vielleicht damit erklären, warum uns die empirische Bestätigung einer fremdstrukturierten Zukunftsorientierung nicht gelungen ist: diese wäre dann gewissermaßen ein überdeckter Teil der eigenstrukturierten Orientierung.

Natürlich soll dies keinesfalls heißen, daß die Mehrheit der von uns als primär eigenstrukturiert kategorisierten Jugendlichen diese Orientierungsform nur scheinbar aufwiesen und daß sich dahinter letztlich ein Produkt der Fremdstrukturierung verberge. Wir möchten hier nur darauf hinweisen, daß bei der vielleicht für viele naheliegenden positiven Bewertung eines unserer Ergebnisse, demzufolge die eigenstrukturiert Zukunftsorientierten unter den Jugendlichen in den alten wie in den neuen Bundesländern die als einzelne Zeitorientierungsgruppe stärkste, am deutlichsten von allen anderen unterscheidbare Gruppe darstellen, Vorsicht geboten sein könnte.

Literatur

Cavalli, Alessandro (Hrsg.) (1985)
Il tempo dei giovani. Bologna: Il Molino.

Cavalli, Alessandro (1988)
Zeiterfahrungen von Jugendlichen. Versuch einer Typologie. In: Rainer Zoll (Hrsg.): Zerstörung und Wiederaneignung von Zeit. Frankfurt: Suhrkamp, 387–404.

Fischer, Arthur und Kohr, Heinz-Ulrich (1980)
Politisches Verhalten und empirische Sozialforschung.
München: Juventa.

Gonzalez, Alexander und Philip Zimbardo (1985)
Time in Perspective. Psychology Today, 19 (3), S. 21–26.

Keniston, Kenneth (1972)
Psychological Development and Historical Change. The Journal of Interdisciplinary History, 2, S. 329–345.

Kohr, Heinz-Ulrich (1992)
Jugend 1991: Zeitorientierungen, Lebensperspektiven und sozio-politische Einstellungen in den alten und neuen Bundesländern.
München: Sozialwissenschaftliches Institut der Bundeswehr, Publikation als SOWI – Arbeitspapier.

Kohr, Heinz-Ulrich und Hans-Georg Räder (1985)
Jugend und gesellschaftliche Rationalität. In Jugendwerk der Deutschen Shell (Hrsg.): Jugendliche und Erwachsene '85, Band 1 (Biografien, Orientierungsmuster, Perspektiven).
Opladen: Leske und Budrich, S. 305–331.

Polak, Ruth und Philip Zimbardo (1990)
Strategies for Coping with Social Traps: Time Perspective Influences.
Paper presented at the 98th Annual Convention of the American Psychological Association, August.

Rammstedt, Otthein (1975)
Alltagsbewußtsein von Zeit.
Kölner Zeitschrift für Soziologie und Sozialpsychologie, 27, S. 47–63.

Zimbardo, Philip (1990)
Stanford Time Perspective Inventory,

Dept. of Psychology, Stanford University,
Stanford, CA 94305

Zinnecker, Jürgen (1981)
Jugend 1981: Porträt einer Generation. In Jugendwerk der Deutschen Shell (Hrsg.): Jugend '81, Band 1 (Lebensentwürfe, Alltagskulturen, Zukunftsbilder). Hamburg: Jugendwerk der Deutschen Shell, S. 80–114.

III. Entwicklungsverläufe und Entwicklungsrisiken

Körperliches Entwicklungstempo und jugendtypische Übergänge

Rainer K. Silbereisen
Bärbel Kracke
Marion Nowak

Problemstellung

Wer von Jugendentwicklung spricht, denkt an die neuen Herausforderungen, in der Regel als Entwicklungsaufgaben bezeichnet, die den Übergang von der Kindheit zum Erwachsenenstatus charakterisieren. Die zunehmende Verantwortung für die eigenständige Lebensplanung und Lebensführung verlangt die nach der Kindheit einsetzende Entwicklung komplexerer Formen des Denkens, ohne die ein selbstgestalteter Entwurf für die eigene Zukunft, also die Herausbildung einer Identität, kaum möglich wäre. Jugendentwicklung hat aber noch eine weitere, weit grundlegendere Voraussetzung, ohne die im allgemeinen Verständnis von Jugend zu sprechen keinen Sinn macht. Gemeint sind die körperlichen Veränderungen, deren Folgen für das Selbstverständnis und das Verhalten der sozialen Umwelt kaum überschätzt werden können.

Für diesen Beitrag stellen wir einen über geraume Zeit in der Forschung vernachlässigten, in den letzten Jahren allerdings vor allem in nordamerikanischen Studien wieder stärker beachteten Aspekt der Entwicklung in den Mittelpunkt: die Variation im Tempo der körperlichen Entwicklung. Kinder bzw. Jugendliche gleichen Alters zeigen beträchtliche individuelle Unterschiede, was den Zeitpunkt der charakteristischen Veränderungen anbelangt. Nehmen wir die Menarche der Mädchen als Beispiel. Während etwa zwei Drittel die erste Regel mit etwa 12–13 Jahren erleben, sind es etwa jeweils ein Sechstel, die schon mit 11 Jahren oder früher oder erst mit 14 Jahren dieses für Mädchen und Frauen wohl eindrücklichste Geschehnis während der Pubertät zu verarbeiten haben.

In der letzten Zeit gab es eine Zahl von Untersuchungen in verschiedenen Ländern, die sich mit den Folgen dieser Variation im körperlichen Entwicklungstempo für die psychosoziale Entwicklung während der Adoleszenz beschäftigen. Diese sind im Überblick bei Silbereisen und Kracke (in Druck) dargestellt. Einige Ergebnisse sind für unsere Fragestellung wichtig.

Brooks-Gunn, Petersen und Eichhorn (1985) bestätigen eine Art Asymmetrie zwischen den Geschlechtern, was die emotionale Verarbeitung von Früh- bzw. Spätentwicklung angeht. Während frühentwickelte Jungen keine Probleme zu haben scheinen, im Gegenteil auf ihr gereiftes Aussehen stolz sind, scheint die Lage der frühentwickelten Mädchen anders zu liegen, wobei sich in der Literatur auch sehr negative Beschreibungen von Niedergeschlagenheit finden (Simmons et al. 1979). Im Gegensatz zu den frühentwickelten sind die spätentwickelten Jungen über ihr Zurückbleiben in Größe und Proportionen alles andere denn glücklich. Sie werden als häufig nach Aufmerksamkeit heischend beschrieben. Spätentwickelte Mädchen wiederum fallen wenig nach der einen oder anderen Richtung auf.

An diesen Befunden läßt sich zeigen, daß die Art der Verarbeitung von Variationen im Entwicklungstempo keine festgelegte Konstante ist; im Gegenteil, sie steht in enger Beziehung zu kultur- und zeittypischen Haltungen zu Fragen von Körperlichkeit und Sexualität. Wie Dornbusch et al. (1984) zeigen konnten, sind Besorgnisse und Verstimmungen unter frühentwickelten Mädchen umso ausgeprägter, je mehr sie sich einem auf Schlankheit gegründeten Schönheitsideal verpflichtet sehen. Wenn andere Untersuchungen, etwa von Silbereisen et al. (1989) keine Beeinträchtigung des Selbstwerts unter frühentwickelten Mädchen fanden, so werden hierfür liberalere Vorstellungen über Sexualität, mehr Aufklärung über die körperlichen Veränderungen und ähnliches verantwortlich gemacht. In dieser Hinsicht scheint auch ein Unterschied zwischen nordamerikanischen und europäischen Stichproben zu bestehen.

Solche Befunde sind schon Anlaß genug, neben wahrscheinlich vorherrschenden Gemeinsamkeiten auch nach Unterschieden zwischen alten und neuen Bundesländern zu fragen. Wir haben, um das gleich zu sagen, nicht die Erwartung, daß sich in der Verteilung von Gruppen unterschiedlichen Entwicklungstempos im Durchschnitt Unterschiede zwischen Ost und West finden. Hierfür sind bzw. waren die Lebensbedingungen (Ernährung, Hygiene, usf.) zu ähnlich. Auch die säkulare Akzeleration hatte eine ähnliche Charakteristik in den beiden Landesteilen: In Ost und West gleichermaßen war für die hier untersuchten Altersgruppen keine säkulare Akzeleration mehr zu beobachten (Ewert 1989; Richter 1989).

Wohl aber ist nicht auszuschließen, daß die Folgen von Unterschieden im Entwicklungstempo in den Landeshälften teilweise ungleich ausfallen. Die Dokumentation früherer Jugendforschung in der ehemaligen DDR (Silbereisen/Rösler/Kracke/Reis 1992) zeigte, daß als Konsequenzen unterschiedlichen körperlichen Entwicklungstempos für das Verhalten Jugendlicher bisher vor allem heterosexuelle Beziehungen betrachtet wurden. Andere Aspekte vorgezogener Übergänge wie beispielsweise früher Alkoholkonsum oder Einflüsse auf die Befindlichkeit wurden bisher kaum untersucht.

Im folgenden sollen zunächst einige Erwartungen über die Folgen besprochen werden. Dabei werden auch die zwischen Entwicklungstempo und psychosozialer Entwicklung vermittelnden Erfahrungen deutlich. Beginnen wir wieder mit einem Fall, für den es in der Literatur gute Belege gibt. Wie Petersen, Graber und Sullivan (1990) und Crockett, Silbereisen und Kracke (1990) zeigten, beginnen frühentwickelte Mädchen und Jungen früher zu trinken bzw. konsumieren Alkohol häufiger als Gleichaltrige. Als wesentliche Vermittler dieses Zusammenhangs scheinen ältere Freunde zu wirken (Stattin/Magnusson 1990). Silbereisen und Kastner (1987) haben den früheren Alkoholkonsum von schneller Entwickelten als verständlichen Versuch gedeutet, eine „Passung" zwischen dem Alter der körperlichen Erscheinung und den hierfür, wenn auch nicht für ihr wirkliches Alter und psychosozialen Entwicklungsstand angemessenen, normativen Verhaltensweisen herzustellen. Für diese Deutung spricht, daß die stärkere Belastung mit Alkoholgebrauch auf ein schmales Zeitfenster während der mittleren Adoleszenz beschränkt ist, sich dann aber wieder verliert.

Dieses Beispiel macht deutlich, daß die Reaktionen der sozialen Umwelt und deren Rückwirkung auf die Heranwachsenden, natürlich vor dem Hintergrund deren eigener Initiativen, für die Folgen von Früh- bzw. Spätentwicklung bedeutsam sind. Diese Interpretationsfolie bedenkend, haben wir einige Aspekte der psychosozialen Entwicklung im Jugendalter ausgesucht, um der Frage nachzugehen, inwieweit sich männliche und weibliche Jugendliche unterschiedlichen Entwicklungstempos im Zeitpunkt des Beginns bzw. der Ausprägung von Freizeitgestaltung, Freundschaftsentwicklung und Alkoholgebrauch unterscheiden.

Im Prinzip gehen wir davon aus, daß früher als andere in die Pubertät zu kommen bedeutet, solche jugendtypischen Aktivitäten früher auszuüben, die im allgemeinen Verständnis einen entwickelteren Stand nach der körperlichen Entwicklung voraussetzen. Obwohl soziale Erwartungen zum Verhalten Jugendlicher sicher stärker an Altersnormen denn an den Entwicklungsstand im individuellen Fall gebunden sind, wird doch im Alltag ein Spielraum gegeben sein, den früher entwickelte Jugendliche nutzen können.

Bislang war ohne weitere Differenzierung vom Entwicklungstempo die Rede. Angesichts der beschränkten Möglichkeiten einer Mehr-Themen-Befragung waren nur unaufwendige Verfahren möglich, mit denen die körperliche Entwicklung erfaßt werden konnte. Das Entwicklungstempo wird sehr vereinfacht – aber durchaus verläßlich, wie frühere Studien belegen (Petersen / Crockett / Richards / Boxer 1988) – über das Menarchealter bei Mädchen bzw. den Zeitpunkt des Wachstumsschubs bei Jungen erfaßt.

Zusätzlich zu diesen (objektivierten) Daten zum Entwicklungstempo wird auch das subjektive Tempo erhoben, also die Wahrnehmung der Jugendlichen, sich schneller, mit den meisten Gleichaltrigen oder langsamer zu entwickeln. Aus vorliegenden Studien ist bekannt (Dubas / Graber / Petersen 1991), daß Angaben zum subjektiven Entwicklungstempo, insbesondere für die frühe Adoleszenz, eng mit Veränderungen der körperlichen Entwicklung und einer entsprechenden erwachseneren Erscheinung zusammenhängen. Erst später im Verlauf der Adoleszenz geht es bei der Antwort auf solche Fragen mehr um Verhaltensweisen wie beispielsweise frühe Verantwortungen.

Da es sich bei diesen Einschätzungen des Entwicklungstempos um subjektive Angaben handelt, können und werden Vorstellungen über soziale Erwünschtheit eingehen. Der Vergleich der beiden Stichproben aus Ost und West erlaubt, diese Möglichkeit genauer zu betrachten. Während sich beim objektivierten Entwicklungstempo keine Unterschiede zwischen den Landesteilen erwarten lassen, kann dies beim subjektiven Entwicklungstempo durchaus der Fall sein. Beispielsweise zeichnete sich einer Deutung

Zinneckers (1990) folgend die Orientierung in der alten Bundesrepublik gerade durch „eine Kultur der Vorzeitigkeit" aus: Früher als die meisten anderen Leistungen und Verhaltensweisen vergleichbar viel Älterer zu zeigen, findet außerordentliche Beachtung (man denke nur an die Sportszene). Schneller als andere zu sein, kann aber auch ein ungebührliches Hervorragen-wollen bedeuten, das sich umso weniger schickt, je traditioneller die Auffassungen sind: Kurz, wir waren daran interessiert festzustellen, ob sich in dieser Hinsicht ostdeutsche und westdeutsche Jugendliche unterscheiden.

Stichprobe

In diesem Kapitel wird eine Teilstichprobe der SHELL-Studie 1992 näher betrachtet: Bei 970 13- bis 16jährigen weiblichen und männlichen Jugendlichen aus den alten und neuen Bundesländern wird der Zusammenhang zwischen körperlichem Entwicklungstempo und psychosozialer Anpassung untersucht. Um Unterschiede in der Bedeutung des körperlichen Entwicklungstempos im Verlauf des Jugendalters darstellen zu können, wurden die 13- und 14jährigen sowie die 15- und 16jährigen zusammengefaßt und miteinander verglichen. Wir haben uns in diesem Kapitel auf die 13- bis 16jährigen beschränkt, weil die Jugendlichen nur bis einschließlich dieses Alters befragt wurden, wie sie ihren aktuellen Entwicklungsstand subjektiv einschätzen. Bei den älteren Jugendlichen hätten wir uns ausschließlich auf retrospektive Aussagen über teilweise lange zurückliegende Zeiten verlassen müssen.

Erfassung der körperlichen Entwicklung

Mit dem Wachstumsschub bei Jungen und der Menarche bei Mädchen wurden jene körperlichen Entwicklungsbereiche erfaßt, die in den meisten vergleichbaren Studien herangezogen werden (z. B. Andersson / Magnusson 1990; Dornbusch et al. 1981).

Jugendliche können sich gewöhnlich gut daran erinnern, wann diese körperlichen Veränderungen stattgefunden haben. Hierfür spricht schon die Vollständigkeit der Angaben auf die Frage nach dem Alter, wann die einzelnen Veränderungen eingesetzt haben. Nur 2 % der 13- bis 16jährigen Mädchen machten keine Angabe über ihr Alter bei der ersten Menstruation. Bei den untersuchten Jungen dieses Alters ließen 2 % offen, wann sie in den Wachstumsschub kamen.

Status und Tempo der körperlichen Entwicklung

Der Stand der körperlichen Entwicklung wurde danach bestimmt, ob die jeweilige körperliche Veränderung schon begonnen hatte oder nicht. Hatte sie bereits eingesetzt, wurde weiter nach dem Alter in vollen Jahren gefragt, zu dem dies geschah. Auf detaillierte Angaben zu verzichten, ist ein übliches Vorgehen, mit dem Scheingenauigkeiten vermieden werden (Starke 1984; Stattin / Magnusson 1990).

Das Tempo der körperlichen Entwicklung wurde auf zweierlei Art ermittelt, wobei sich beide Zugangsweisen ergänzen. Zum einen wurden die Jugendlichen gebeten, selbst das Tempo einzuschätzen, mit dem sie sich im Vergleich zu ihren Klassenkameraden entwickelt haben, bzw. gegenwärtig noch entwickeln. Hierzu wurden drei Zeiträume vorgegeben: 11. und 12. Lebensjahr, bzw. 5. und 6. Klasse; 13. und 14. Lebensjahr, bzw. 7. und 8. Klasse; sowie 15. und 16. Lebensjahr, bzw. 9. und 10. Klasse. Zum letzteren Zeitraum konnten sich natürlich nur Jugendliche äußern, die bereits 15 Jahre oder älter waren. Die Befragten schätzten das Tempo ihrer Entwicklung als „viel früher", „früher", „zur gleichen Zeit", „später" oder „viel später" als die Bezugsgruppe ein. Für die Auswertungen wurden die beiden äußeren Kategorien mit der jeweils nächstfolgenden zu einer dreistufigen Skala zusammengefaßt.

Mit der Unterscheidung von drei Zeiträumen wurde es bei entsprechendem Alter der Befragten möglich, gegenwärtige von weiter zurückliegenden Beziehungen zwischen subjektivem Entwicklungstempo und psychosozialer Entwicklung zu bestimmen.

Die andere Art, das Entwicklungstempo zu ermitteln, bestand in der Gruppierung der Altersangaben zum Zeitpunkt des Einsetzens der körperlichen Veränderungen danach, ob sie im gleichen Alter wie bei den meisten anderen, oder aber deutlich früher bzw. später erlebt wurden. Bei Mädchen erfolgte die Kategorisierung anhand der Menarche, bei Jungen für das Alter beim Einsetzen des Wachstumsschubs.

Diese nach objektivierten Kriterien vorgenommene Kategorisierung des Entwicklungstempos wird in entwicklungspsychologischen Studien häufiger vorgenommen als die erstgenannte, auf subjektiven Einschätzungen beruhende. Sie hat den Vorteil, weniger durch soziale Erwünschtheit und vergleichbare Faktoren beeinflußt zu sein, die bei der subjektiven Einschätzung des Entwicklungstempos bedeutsam sein können.

Jene Mädchen wurden als schneller eingestuft, die zum Zeitpunkt ihrer Menarche 11 Jahre oder jünger waren. Mädchen, die 12 oder 13 als Menarchealter angaben, wurden als in durchschnittlichem Tempo und jene, die 14 Jahre oder ein höheres Alter angaben bzw. ihre Menarche zum Befragungszeitpunkt noch nicht hatten, als langsamer im Entwicklungstempo eingestuft. Diese Einteilung findet sich beispielsweise auch bei Robertson, Burchinal und Martin (1992). Für die Gesamtgruppe der 13–16jährigen Mädchen ergab sich ein Anteil von 12.1 % schneller, 24.1 % langsamer und 63.8 % in durchschnittlichem Tempo Entwickelten.

Bei den Jungen galten folgende Altersgrenzen: Jungen, die 11 oder jünger waren, als sie ihren Wachstumsschub erreichten, wurden als schneller, jene, die 12, 13 oder 14 angaben, als durchschnittlich entwickelt in bezug auf die Mehrheit ihrer Altersgenossen eingestuft. Die Gruppe der spät Entwickelten setzte sich aus jenen zusammen, die angaben, sie seien 15 oder älter gewesen, als sie schneller gewachsen sind bzw. hätten ihren Wachstumsschub zum Befragungszeitpunkt noch nicht erreicht. Auf diese Weise ergaben sich 18.3 % schneller, 19.4 % langsamer, und 62.4 % in durchschnittlichem Tempo Entwickelte. Bei den 13jährigen werden die Jungen als langsamer entwickelt eingruppiert, die in diesem Alter noch nicht ihren Wachstumsschub erreicht hatten. Der Anteil der langsamer Entwickelten wird dadurch etwas überschätzt, da die 13-jährigen ihren Wachstumsschub ja auch noch mit 14 bekommen können, was dann bedeutete, durchschnittlich entwickelt zu sein.

Zusammenhang des objektivierten und subjektiven Entwicklungstempos

Objektiviertes und subjektiv eingeschätztes Entwicklungstempo erfassen keineswegs die gleichen Aspekte körperlicher Veränderungen. Allerdings bestehen recht eindeutige Zusammenhänge: Die Kontingenzkoeffizienten liegen bei Mädchen um .35, bei den Jungen um .30. Offenbar stehen Menarche und subjektives Entwicklungstempo bei Mädchen in vergleichbarem Zusammenhang wie Wachstumsschub und subjektives Entwicklungstempo bei Jungen.

Beim subjektiven Entwicklungstempo war es möglich, die Stabilität der Einschätzungen über die drei erfragten Zeiträume zu bestimmen. Die Stabilitäten sind insgesamt recht hoch; bei Jungen variieren sie zwischen .61 und .73 und sind damit noch etwas höher als bei Mädchen, wo die Stabilitäten zwischen .46 und .70 variieren. Wer sich also beispielsweise einmal als schneller erlebt, wird dies bevorzugt auch zu den anderen Zeiträumen tun. Hierbei kann nicht entschieden werden, ob das Tempo selbst recht einheitlich ist, oder ob aus der Erinnerung wenig Differenzierungen erfolgen.

Ergebnisse für weibliche Jugendliche

Demographie

In Überblicksartikeln wird auch für die heutige Zeit (Eveleth / Tanner 1976; Surbey 1990) festgestellt, daß sich soziodemographische Faktoren, wie der Bildungsstand der Eltern oder der Gegensatz zwischen ländlicher und städtischer Umgebung, in Unterschieden des körperlichen Entwicklungstempos äußern. Demnach sind Kinder gebildeterer Eltern oder aus städtischer Umgebung schneller in ihrer körperlichen Entwicklung, wobei sich dies aber vor allem auf Länder bezieht, in denen diesen demographischen Merkmalen große Unterschiede in der Lebensqualität (Hygiene, Ernährung usf.) entsprechen. In Schweden ergaben sich demgegenüber keine Unterschiede im körperlichen Entwicklungstempo von Mädchen je nach regionaler Herkunft und Bildung der Eltern (Stattin / Magnusson 1990). Auch in einer neuseeländischen Stichprobe fanden Moffitt und Kollegen (Moffitt / Caspi / Belsky / Silva 1992) keine Unterschiede in der körperlichen Entwicklung der Töchter je nach Berufsstatus ihrer Väter.

In jüngeren Forschungsarbeiten, die sich mit den Antezedenzien von Variationen im Entwicklungstempo beschäftigen, wird die Familienzusammensetzung als Einflußfaktor herausgestellt. Surbey (1990) fand, daß Mädchen, die ohne leiblichen Vater aufwuchsen, früher ihre Menarche erlebten. Mädchen, die einen Stiefvater hatten, waren noch stärker als diese in ihrer Entwicklung beschleunigt. Für Jungen finden sich gerade entgegengesetzte Effekte: Wer ohne Vater aufwuchs, war in seiner körperlichen Entwicklung verzögert (Reißig 1985; Mekos 1991).

Im folgenden werden die Faktoren Herkunft und Bildung der Eltern, sowie die Familienzusammensetzung in ihrer Bedeutung für das objektivierte und das subjektive Entwicklungstempo überprüft. Angesichts der geringen Unterschiede in den für die körperliche Entwicklung wichtigen Aspekten der Lebenslagen in beiden Landesteilen war aber zu erwarten, daß zumindest hinsichtlich der regionalen und sozialen Herkunft keine oder bestenfalls sehr geringe Unterschiede im körperlichen Entwicklungstempo auftreten.

Bei der Auswertung ging es im Prinzip darum festzustellen, ob die Kategorien des Entwicklungstempos in Ost und West, Stadt und Land, usf. gleich verteilt sind oder nicht. Dies zu überprüfen geschah mittels Chi^2-Tests. Falls erforderlich, wurden für die beiden Landesteile getrennte Auswertungen vorgesehen. Dies wäre dann der Fall gewesen, wenn die Analyse vorgeschalteter loglinearer Modelle eine Interaktion zwischen dem in Frage stehenden demographischen Merkmal und der Ost/West- Dimension angezeigt hätte (was nicht auftrat).

Das wichtigste Ergebnis soll gleich vorweggenommen werden. Die Familienform war das einzige Merkmal, bei dem sich nach objektiven Maßstäben des Entwicklungstempos (und der Tendenz nach auch bei der subjektiven Einschätzung) ein Unterschied ergab: Unter den Mädchen aus Stieffamilien fanden sich erheblich weniger langsamer Entwickelte und mehr schneller Entwickelte als nach Zufall zu erwarten gewesen wäre.

Regionalität

Hinsichtlich der Verteilung der Kategorien des objektivierten Entwicklungstempos fanden sich wie erwartet keine Unterschiede zwischen den Mädchen aus den alten und neuen Bundesländern.

Betrachtet man allerdings Unterschiede zwischen Mädchen aus Ost und West in der subjektiven Einschätzung ihres gegenwärtigen Entwicklungstempos, so zeigt sich, daß in der jüngeren Altersgruppe relativ mehr Mädchen aus den neuen Bundesländern angeben, sie entwickelten sich langsamer als ihre Klassenkameradinnen (Ost: 22.2 % langsamer Entwickelte; West: 10.3 % langsamer Entwickelte; $Chi^2 = 7.20$, $df = 2$, $p = .03$, $CC = .16$). In der älteren Altersgruppe aber unterscheiden sich die Mädchen aus alten und neuen Bundesländern in der Selbsteinschätzung ihres körperlichen Entwicklungstempos nicht.

Unterschiede in der Verteilung des objektiven und des aktuellen subjektiven Entwicklungstempos je nach städtischer oder ländlicher Herkunft ergaben sich in beiden Landesteilen nicht.

Bildungsstatus der Eltern

Der Bildungsstatus der Eltern wurde in drei Kategorien eingeteilt (geringe Bildung = keine abgeschlossene Berufsausbildung oder Teilfacharbeiter; mittlere Bildung = Facharbeiter bzw. Berufsfachschulabschluß, abgeschlossene Lehre; hohe Bildung = Fachhochschulabschluß oder Hochschulabschluß). Der elterliche Bildungsstatus machte für das objektivierte Entwicklungstempo keinen Unterschied. Hinsichtlich der subjektiven Einschätzung ihres gegenwärtigen Entwicklungstempos allerdings unterschieden sich die 15- und 16jährigen Mädchen je nach Bildungsstand. Relativ mehr Mädchen, deren Eltern ein niedrigeres Bildungsniveau haben, bezeichneten sich als schneller entwickelt im Vergleich zu anderen (hohe Bildung: 15.4 % schneller Entwickelte, mittlere Bildung: 10.9 % schneller Entwickelte, geringe Bildung: 38.5 % schneller Entwickelte; $Chi^2 = 12.46$, $df = 2$, $p = .01$, $CC = .24$).

Familienzusammensetzung

Es zeigt sich, daß in Stieffamilien besonders die nach objektiven Kriterien langsamer entwickelten Mädchen (6.5 %)

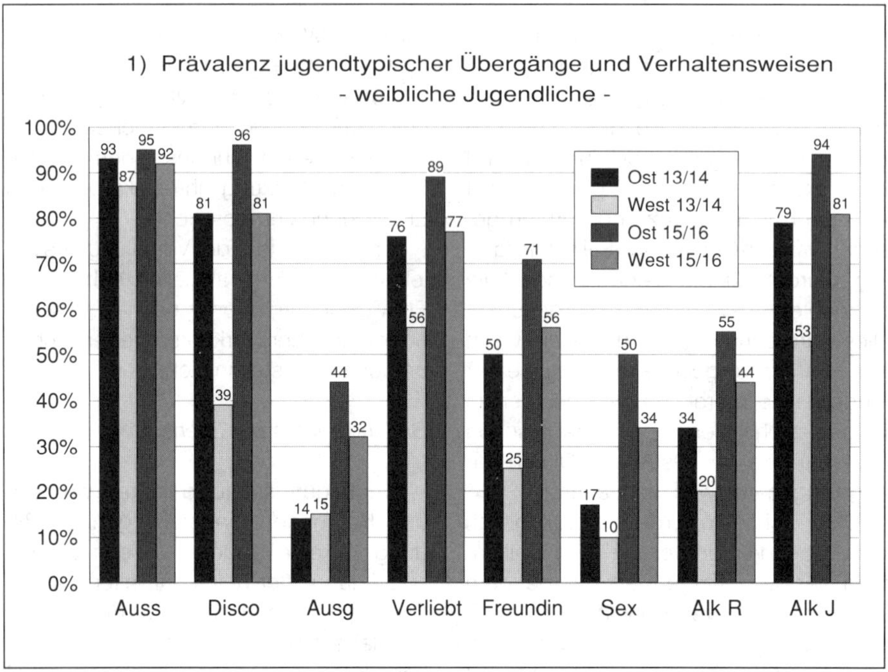

zugunsten der schneller entwickelten (22.6 %) unterrepräsentiert sind (Chi^2 = 10.7, df = 2, p = .03, CC = .15). Hinsichtlich der subjektiven Einschätzung des körperlichen Entwicklungstempos ergibt sich allerdings nur bei den Jüngeren eine Tendenz zu einem höheren Anteil schneller Entwickelter; keines der Mädchen in Stieffamilien bezeichnete sich als langsamer.

Entwicklungstempo und jugendtypische Übergänge

Im folgenden wird untersucht, ob Mädchen, die sich körperlich schneller (langsamer) entwickeln, auch früher (später) als Gleichaltrige Übergänge in jugendtypischen Entwicklungsbereichen vollziehen: Treffen sie eher als andere Entscheidungen über ihr Aussehen, bestimmen sie früher als andere selbst über ihre Heimkommenszeiten, haben sie früher einen Freund, machen sie eher erste sexuelle Erfahrungen, trinken sie früher Alkohol?

Zunächst sind ein paar Vorbemerkungen zur Auswertung nützlich. Die Frage nach der Rolle von Unterschieden im Entwicklungstempo ist offensichtlich dann sinnlos, wenn ein Entwicklungsübergang schon von fast allen erreicht wurde. Da sich dieses „Timing" von Übergängen aber zwischen Ost und West wohl unterscheiden kann (was auch tatsächlich geschah), wird zunächst überprüft, ob sich die Anteile der Jugendlichen, die einen bestimmten Entwicklungsschritt bereits vollzogen haben, je nach Herkunft aus alten oder neuen Bundesländern voneinander unterscheiden. Die Vergleiche sind über alle Entwicklungsschritte hinweg in

Abbildung 1 dargestellt. In Tabelle 1 sind die zugehörigen statistischen Kennwerte aufgeführt.

In den anderen Fällen geht es, wie schon zuvor, zumeist um den Vergleich von Mädchen unterschiedlichen Entwicklungstempos, und zwar in der relativen Häufigkeit, mit der sie den jeweiligen Entwicklungsübergang schon vollzogen haben. Hierfür dienen Chi2-Tests, wobei zuvor mit loglinearen Modellen geprüft wurde, ob die Stichproben aus den beiden Landesteilen zusammengefaßt werden können oder nicht. Letzteres war zulässig, wenn die Verteilungen in Ost und West ähnlich waren (unabhängig von möglichen Unterschieden in der Prävalenz).

Autonomie

Als Entwicklungsaufgaben, die eine stärkere Unabhängigkeit von den Eltern in bezug auf Entscheidungen ansprechen, die die Jugendlichen selbst betreffen, wurden untersucht: Ob die Jugendlichen ihr Aussehen selbst bestimmen; ob sie darüber bestimmen, wann sie nach Hause kommen; ob die Jugendlichen in die Disco gehen.

Das wichtigste Ergebnis sei gleich vorweggenommen: Langsamer Entwickelte, objektiviert oder im Selbsturteil, sind unter den Discogängern relativ seltener und zwar in Ost und West gleichermaßen.

Da in beiden Landesteilen beinahe alle Mädchen zwischen 13 und 16 Jahren selbst darüber bestimmen, wie sie sich kleiden oder welche Frisuren sie haben, erübrigen sich weitere Analysen.

In die Disco gehen

Mädchen aus den alten und neuen Bundesländern sind, wenn es um die Erfahrung des ersten Discobesuchs geht, sehr verschieden. Sowohl bei den 13- und 14jährigen als auch bei den 15- und 16jährigen waren bereits mehr Mädchen aus den neuen Bundesländern schon einmal in einer Disco, wobei der Unterschied bei den 13- und 14jährigen besonders auffällig ist: Bereits 81 % der ostdeutschen Mädchen haben diese Erfahrung gemacht, während nur 39.8 % der westdeutschen Mädchen schon einmal in einer Disco waren. Hierbei ist zu bedenken, daß Disco für ostdeutsche Jugendliche jede Art von organisierter Tanzveranstaltung ist, sei es in der Schule oder im Nachbarschaftshaus. Im Westen hingegen ist mit Disco die kommerzielle Veranstaltung gemeint.

Tabelle 1: Chi^2-Werte und Signifikanzen für Ost-West-Unterschiede in jugendtypischen Übergängen und Verhaltensweisen, Mädchen

Übergänge/		13–14jährige				15–16jährige		
Verhalten	Chi^2	df	p	CC	Chi^2	df	p	CC
Aussehen	1.74	1	ns	.09	.25	1	ns	.05
Disco	45.61	1	.00	.40	8.94	1	.003	.21
Heimkommen	.02	1	ns	.02	2.38	1	ns	.11
verliebt	11.03	1	.001	.20	3.70	1	.05	.14
Freund	18.04	1	.000	.25	4.28	1	.04	.15
sexuelle Erf.	2.76	1	.09	.11	4.78	1	.03	.16
„richtig" Alkohol	6.41	1	.01	.16	1.68	1	ns	.10
Alkohol letztes Jahr	18.36	1	.00	.26	4.78	1	.03	.16

Der Einfluß beider Arten des Entwicklungstempos konnte gemeinsam für ost- und westdeutsche Mädchen untersucht werden.

In beiden Altersgruppen zeigte sich, daß die langsamer Entwickelten etwas nachhinken: Sie sind unter den Discogängerinnen jeweils signifikant weniger vertreten als ihrem Anteil nach erwartbar (13–14jährige: $Chi^2 = 6.30$, $df = 2$, $p = .04$, $CC = .15$; 15–16jährige: $Chi^2 = 8.12$, $df = 2$, $p = .02$, $CC = .19$). Dies gilt auch für langsamer entwickelte Mädchen im Osten, obwohl dort ein höherer Anteil schon Discoerfahrungen (wenn auch anderer Art) hatte.

Abbildung 2 zeigt beispielhaft die Verhältnisse für die jüngere Altersgruppe. Hier sind auch die Ergebnisse für Jungen dargestellt, auf die weiter unten eingegangen wird.

Weggehens- und Heimkommenszeiten selbst bestimmen

Während die Selbstbestimmung über das Aussehen sehr verbreitet ist und Diskothekenbesuche mit 15 und 16 Jahren auch im Westen immer üblicher werden, ist die Zahl der Mädchen, die über ihre Heimkommenszeiten selbst bestimmen können, noch bei den 15- und 16jährigen geringer als die jener, die darüber noch nicht selbst entscheiden. Dies gilt sowohl für die Mädchen aus Ost- wie auch aus Westdeutschland.

Mit dem äußeren Erscheinungsbild scheint dieser Entwicklungsschritt aber erst im Alter von 15 und 16 Jahren etwas zu tun zu haben, und dies auch nur marginal. Mädchen, die sich für das Alter von 13/14 Jahren als schneller entwickelt einschätzen, können zu 53.1 % eher über

2) Schon einmal eine Discothek besucht (13-14jährige)

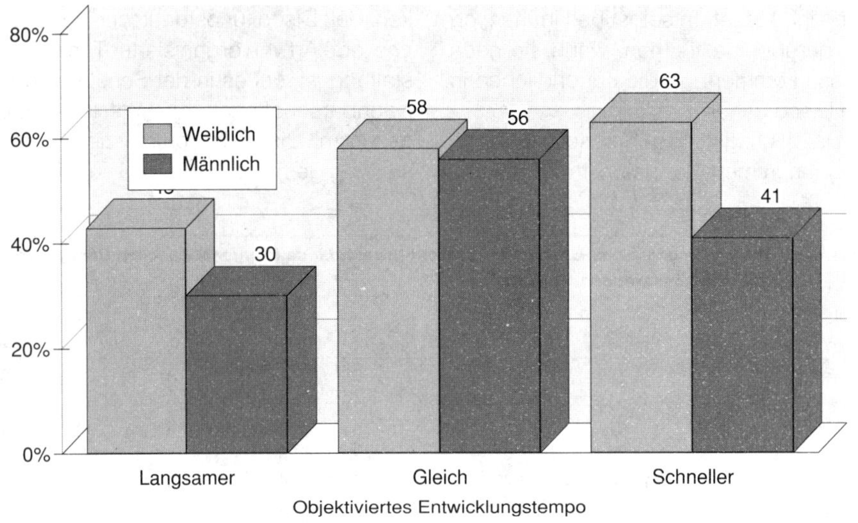

Tabelle 2: Prozentualer Anteil, erster Freund, „erreicht“ nach Entwicklungstempo 15- und 16jährige Mädchen

	subjektives Entwicklungstempo 11/12					
	langsam	gleich	schnell	Chi	p	CC
%	45.2	60.1	77.5	7.90	.02	.19
(n)	(31)	(148)	(40)			
	subjektives Entwicklungstempo 13/14					
	langsam	gleich	schnell	Chi	p	CC
%	55.6	58.4	80.6	5.84	.05	.16
(n)	(27)	(161)	(31)			

Heimkommenszeiten selbst bestimmen, während nur 29.6 % der langsamer und 34.4 % der durchschnittlich Entwickelten dies dürfen (Chi^2 = 4.67, df = 1, p = .09, CC = .14).

Der Befund könnte darauf hinweisen, daß bei Mädchen die Selbstbestimmung über das abendliche Fortgehen stärker durch soziale Normen als durch biologische Faktoren bestimmt ist. Ähnliches hatten auch Dornbusch und Mitarbeiter für U.S.-amerikanische Mädchen berichtet (Dornbusch et al., 1981).

Freundschaft mit Jungen

Als Aspekte heterosexueller Freundschaft wurden betrachtet: zum ersten Mal verliebt sein, den ersten Freund haben, zum erstenmal sexuelle Erfahrungen machen. Wie in Abbildung 2 zu sehen ist, sind in beiden Altersgruppen Mädchen aus den neuen Bundesländern in dieser Hinsicht erfahrener.

Den Zusammenhang hetereosexueller Freundschaft mit dem Entwicklungstempo betreffend, machen die Ergebnisse deutlich, daß hierfür vor allem das subjektive Tempo bedeutsam ist. Schneller als andere in der Vergangenheit gewesen zu sein, geht mit intimeren Kontakten zu Jungen einher.

Zusammenhänge zwischen dem körperlichen Entwicklungstempo und der ersten Verliebtheit bestanden nur bei den jüngeren westdeutschen Mädchen, wobei, in der Tendenz, nach objektiven Kriterien langsamer Entwickelte zu einem geringeren Prozentsatz schon einmal verliebt waren (Chi^2 = 4.74, df = 1, p = .09, CC = .16).

Für die Erfahrung der ersten festen Freundschaft mit einem Jungen spielte bei den älteren Mädchen in beiden Landesteilen gleichermaßen das subjektive Entwicklungstempo eine Rolle.

Tabelle 2 zeigt, daß wer sich mit 11/12 oder auch mit 13/14 als schneller entwickelt sah, mit größerer Wahrscheinlichkeit schon einmal einen Freund hatte.

Über erste sexuelle Erfahrungen berichten verständlicherweise relativ weniger Mädchen als über erste feste Freundschaften mit einem Jungen, wobei der Anteil von Mädchen, die erste sexuelle Erfahrungen gemacht haben, im untersuchten Altersbereich ansteigt.

Die nach objektivierten Kriterien später Entwickelten sind unter den sexuell Erfahrenen relativ weniger vertreten, egal welche Altersgruppe betrachtet wird (13–14jährige: Chi^2 = 7.24, df = 2, p= .03, CC = .16; 15–16jährige: Chi^2 = 5.37, df = 2, p = .07, CC = .16).

Geht man nach dem subjektiven Entwicklungstempo, so sind es bei den 15- und 16jährigen die nach der Erinnerung schneller Entwickelten, die überproportional von sexuellen Erfahrungen berichten, während sich langsamer und durchschnittlich Entwickelte nicht unterscheiden. Diese Verhältnisse sind in Abbildung 3 dargestellt (Entw.-tempo 11/12: Chi^2 = 5.24, df = 2, p= .07, CC = .15; Entw.-tempo 13/14: Chi^2 = 13.07, df = 2, p = .002, CC = .24). Auf jeden Fall weist dieses Ergebnis auf den engen Zusammenhang von sexuellen Erfahrungen und erlebtem Entwicklungstempo hin.

Alkoholkonsum

Als Aspekte des Alkoholkonsums wurden betrachtet, ob bzw. ab welchem Alter die Jugendlichen schon einmal „richtig Alkohol getrunken" und ob die Jugendlichen im der Befragung vorangegangenen Jahr Alkohol getrunken haben.

Wie schon bei den heterosexuellen Erfahrungen beobachtet, ist der Anteil der Mädchen in den neuen Bundesländern, die schon einmal „richtig" getrunken und im letzten Jahr Alkohol konsumiert haben, größer als in Westdeutschland (siehe Abbildung 1). Wann während der Adoleszenz mehr oder weniger passagere Erfahrungen mit Alkohol gemacht werden, steht mit dem Entwicklungstempo in Zusammenhang. Wer nach der Menarche spät ist, also vor allem körperlich weniger weit entwickelt, trinkt mit geringerer Wahrscheinlichkeit schon in der frühen Adoleszenz, ist also, was diesen Übergang angeht, langsamer als Altersgleiche.

3) Schon einmal sexuelle Erfahrungen gemacht: Weiblich (15-16jährige)

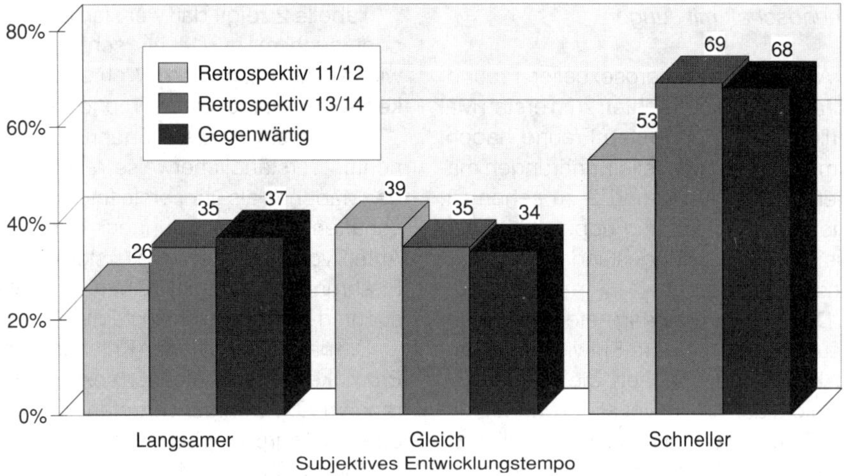

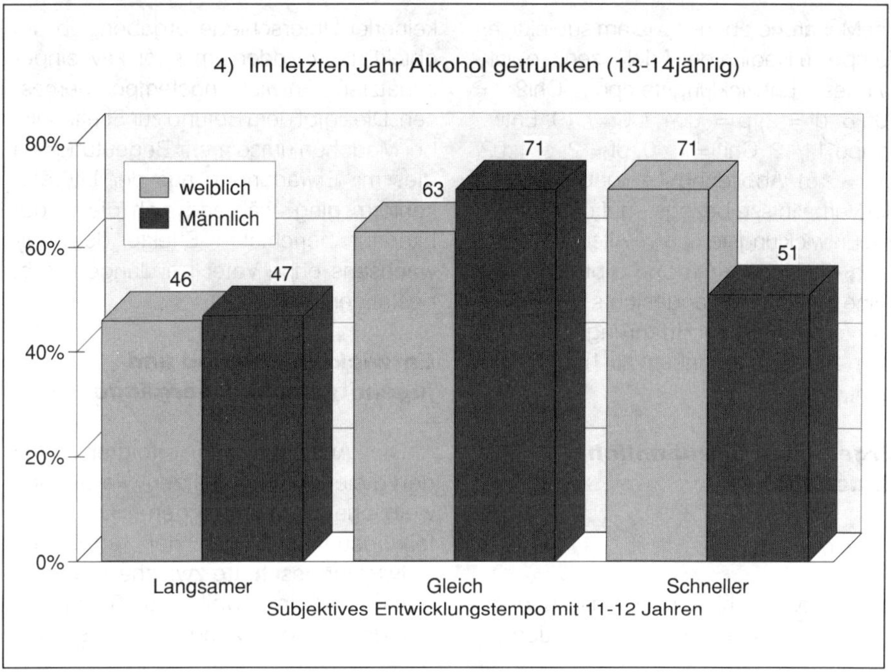

Erstmals richtig Alkohol getrunken

Im Gegensatz zur Frage nach dem Alkoholkonsum im letzten Jahr (s.u.) hat die Erfahrung des ersten „richtigen" Alkoholkonsums auch mit 15 und 16 Jahren gerade erst die Hälfte der Mädchen gemacht. Daher ist davon auszugehen, daß dieses Trinkmuster eher außerhalb des Elternhauses im Kreis von Freunden verwirklicht wird.

Wie Abbildung 1 zeigt, steigt der Anteil jener Mädchen, die schon einmal richtig Alkohol getrunken haben, für beide Landesteile mit dem Alter an.

Nur bei den 13- und 14jährigen und nur im Osten ist das körperliche Entwicklungstempo für diese Erfahrung von Bedeutung. Hier zeigt sich, daß Mädchen, die ihre Menarche später hatten als die meisten, relativ seltener diese Erfahrung gemacht haben (7.4 %) als schneller (42.6 %) und durchschnittlich Entwickelte (42.1 %), die sich kaum voneinander unterscheiden ($Chi^2 = 11.14$, $df = 2$, $p = .004$, $CC = .31$). Das subjektive Entwicklungstempo war ohne Relevanz.

Alkoholkonsum im letzten Jahr

Die Mehrzahl der Mädchen zwischen 13 und 16 Jahren berichtet, im der Befragung vorangegangenen Jahr Alkohol zumindest schon einmal probiert zu haben. Das weist darauf hin, daß es sich beim bereits beschriebenen „richtigen" Alkoholkonsum um mehr als nur Probieren handeln muß.

Ohne Unterschied zwischen Ost und West findet sich die Verzögerung von Alkoholerfahrungen bei langsamer Entwikkelten auch hier, und zwar gemessen an der Menarche ebenso wie am subjektiven Tempo zu Beginn der Adoleszenz (objektiviertes Entwicklungstempo: Chi2 = 20.96, df = 2, p = .004, CC = .19; Entw.-tempo 11/12: Chi^2 = 7.40, df = 2, p = .02, CC = .16). Abbildung 4 zeigt beispielhaft die Verhältnisse bezogen auf das subjektive Entwicklungstempo im Alter von 11/12.

In der älteren Gruppe gibt es erneut keine Effekte, was angesichts der stärkeren Verbreitung der Erfahrung, im letzten Jahr Alkohol getrunken zu haben, einsichtig ist.

Ergebnisse für männliche Jugendliche

Demographie

Wir können hier auf Details und Tabellen verzichten, weil sich für Jungen keinerlei Unterschiede ergaben, ob am objektivierten oder am subjektiv eingeschätzten Entwicklungstempo gemessen. Dies gibt dem Befund zur Stieffamilie bei Mädchen umso mehr Bedeutung, als dies mit Erwartungen aus der Literatur konform ging, während sich die in der Literatur berichteten Effekte des Aufwachsens ohne Vater bei Jungen nicht bestätigen ließen.

Entwicklungstempo und jugendtypische Übergänge

Die Auswertungen erfolgten nach den gleichen Grundsätzen wie bei den weiblichen Jugendlichen. Die Verteilungsunterschiede der erreichten Entwicklungsschritte zwischen Ost und West sind in Abbildung 5 zusammengefaßt; die zugehörigen statisti-

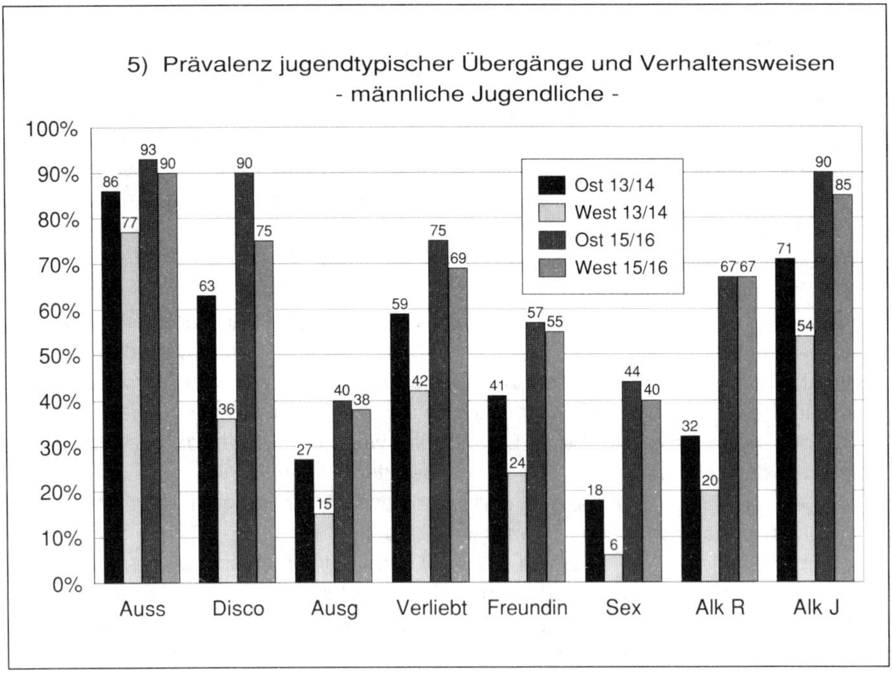

Tabelle 3: Chi^2-Werte und Signifikanzen für Ost-West-Unterschiede in jugendtypischen Übergängen und Verhaltensweisen, Jungen

Übergänge/	13–14jährige				15–16jährige			
Verhalten	Chi²	df	p	CC	Chi²	df	p	CC
Aussehen	2.74	1	.09	.12	.18	1	ns	.04
Disco	14.82	1	.000	.26	5.51	1	.02	.17
Heimkommen	4.43	1	.04	.15	.02	1	ns	.02
verliebt	5.69	1	.02	.17	.51	1	ns	.06
Freundin	7.29	1	.01	.19	.03	1	ns	.02
sexuelle Erfahrung	8.29	1	.004	.20	.18	1	ns	.04
„richtig" Alkohol	3.52	1	.06	.13	0	1	ns	.01
Alkohol letztes Jahr	5.46	1	.02	.16	.45	1	ns	.06

schen Kennwerte sind in Tabelle 3 dargestellt.

Autonomie

Die Ergebnisse zu den untersuchten Aspekten von Autonomie sind eindeutig. Wie gleich deutlich wird, sind auf jeden Fall langsamer entwickelte Jungen weniger frei in ihrer Selbstbestimmung, und zwar unabhängig vom Landesteil.

Wie bei den Mädchen gibt auch die Mehrzahl der Jungen zwischen 13 und 16 Jahren an, über ihr Aussehen selbst zu bestimmen. Auf weitere Analysen wurde deshalb verzichtet.

Wie bei den Mädchen bestehen, wenn es um die Erfahrung des ersten Discobesuches geht, deutliche Unterschiede je nachdem, ob die Jungen aus den neuen oder den alten Bundesländern kommen. Ostdeutsche Jungen geben bereits als 13- und 14jährige zu über 50 % an, schon einmal in einer Disco gewesen zu sein. Westdeutsche Jungen, die Discoerfahrung haben, sind dagegen in diesem Alter noch in der Minderzahl.

Nur bei den 13- und 14jährigen, nicht mehr in der älteren Gruppe, unterscheiden sich die Jungen im Ausmaß ihrer Discoerfahrung je nach dem Tempo ihrer körperlichen Entwicklung. Wer sich gemessen am Wachstumsschub langsamer als die Mehrzahl der Altersgleichen verändert, hat mit geringerer Wahrscheinlichkeit schon Discoerfahrung ($Chi^2 = 10.46$, df = 2, p = .005, CC = .21). Beim subjektiven Vergleich des Tempos mit Klassenkameraden zeigt sich, wie in Abbildung 6 dargestellt, ein eindeutiger Trend, wobei der Anteil der Discogänger mit zunehmendem Tempo beständig höher ausfällt (Entw.-tempo 11/12: $Chi^2 = 10.97$, df = 2, p = .004, CC = .21; Entw.-tempo 13/14: $Chi^2 = 4.86$, df = 2, p = .001, CC = .25).

Die Möglichkeit, die Heimkommenszeiten selbst zu bestimmen, ist bei den Jungen zwischen 13 und 16 Jahren recht eingeschränkt. Noch bei den 16jährigen sind es weniger als die Hälfte, die sich in ihrer Entscheidung autonom fühlen. Einen Ost/West-Unterschied gibt es nur bei den 13- und 14jährigen: Hier dürfen mehr ostdeutsche Jungen schon selbst bestimmen, wann sie nach Hause kommen wollen.

Mit dem Entwicklungstempo hat diese Art der Selbstbestimmung nur bei den 15- und 16jährigen etwas zu tun. Jungen, die ihren Wachstumsschub später als üblich gehabt haben, sind unter den selbständig Bestimmenden deutlich seltener repräsentiert (20.6 %) als durchschnittlich (40.5 %) und schneller Entwickelte (45.5 %) ($Chi^2 = 5.55$, $df = 2$, $p = .06$, $CC = .16$).

Freundschaft mit Mädchen

Wie bei den Mädchen ist es vor allem das subjektive Entwicklungstempo, das mit heterosexuellen Erfahrungen in Beziehung steht. Wer in der letzteren Hinsicht „weiter" ist, erlebt sich auch als schneller als Gleichaltrige, gegenwärtig und in der Vergangenheit. Am Anfang der Adoleszenz spielt der Wachstumsschub eine Rolle, wobei hier „off-time" zu sein, also früher oder später als die meisten, einem geringeren Anteil Erfahrener entspricht.

Zum erstenmal verliebt waren zwischen 13 und 16 Jahren schon viele Jungen. Unter den Jüngeren berichteten mehr ostdeutsche als westdeutsche Jungen davon.

Mit dem körperlichen Entwicklungstempo hat die erste Verliebtheitserfahrung in Ost und West gleichermaßen zu tun. Tabelle 4 zeigt, daß bei den 13- und 14jährigen die nach ihrer subjektiven Einschätzung schneller Entwickelten schon häufiger als andere einmal verliebt gewesen sind. Wenn man den Wachstumsschub betrachtet, weisen die langsamer Entwickelten den geringsten Anteil jener auf, die schon einmal verliebt waren.

Bei den 15- und 16jährigen ist der Einfluß des subjektiven und objektiven Entwicklungstempos auf die Erfahrung der „Schmetterlinge im Bauch" konsistenter:

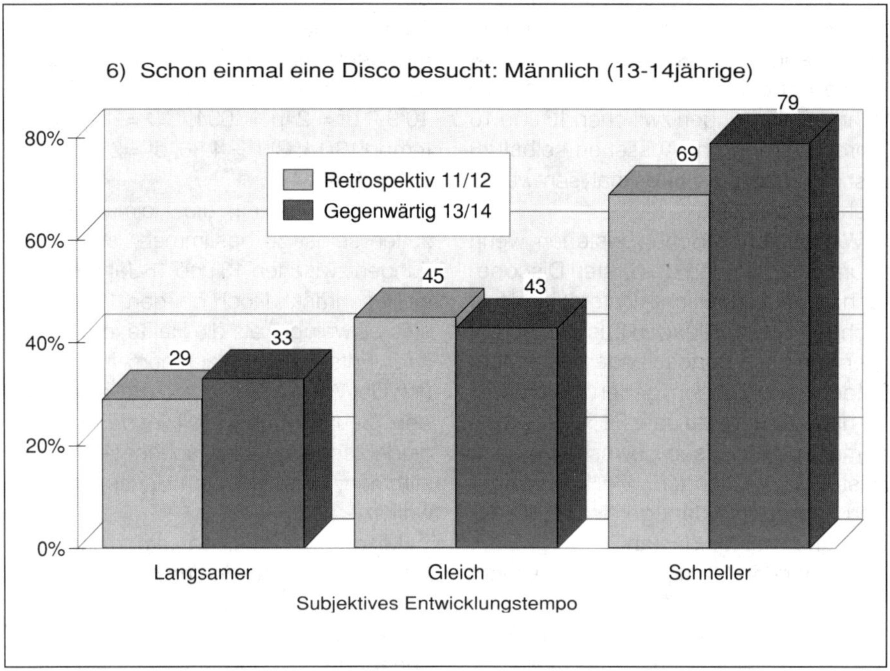

Tabelle 4: Prozentualer Anteil, verliebt sein, „erreicht" nach Entwicklungstempo 13- und 14jährige Jungen

	subjektives Entwicklungstempo 11/12					
	langsam	gleich	schnell	Chi	p	CC
%	44.1	45.7	65.7	4.92	.09	.14
(n)	(34)	(164)	(35)			
	subjektives Entwicklungstempo 13/14					
	langsam	gleich	schnell	Chi	p	CC
%	37.5	45.7	69.0	6.51	.04	.17
(n)	(24)	(164)	(29)			
	objektives Entwicklungstempo					
	WS > 14	WS 12–14	WS < 12	Chi	p	CC
%	28.3	59.5	42.9	15.41	.001	.25
(n)	(53)	(126)	(49)			

Schneller Entwickelte, gleich ob selbst eingeschätzt oder nach dem Wachstumsschub gruppiert, zählten überproportional häufig zu den Erfahrenen.

Eine feste Freundin hatte bei den 13- und 14jährigen die Minderzahl der Jungen, während die Erfahrung bei den 15- und 16jährigen schon üblicher ist. Jungen aus dem Osten hatten als 13- und 14jährige schon häufiger einmal eine feste Freundin als westdeutsche Jungen.

Die Zusammenhänge zwischen dem Entwicklungstempo und der Freundschaftserfahrung unterscheiden sich in Ost und West nicht voneinander. Wie in den Tabellen 5 und 6 zu sehen ist, zeigt sich bei beiden Altersgruppen das schon bekannte Muster: Mit dem subjektiven Entwicklungstempo nimmt der Anteil jener zu, die schon mal eine Freundin hatten. Wird das objektivierte Entwicklungstempo betrachtet, zeigt sich wie auch bei anderen Aspekten heterosexueller Freundschaft nur in der älteren Gruppe ein vergleichbarer Trend. Unter den Jüngeren sind die von der Mehrheit Abweichenden, ob langsamer oder schneller, etwas im Hintertreffen.

Erste sexuelle Erfahrungen haben bei den 13- und 14jährigen bisher nur wenige Jungen gemacht, im Osten schon häufiger als im Westen. Bei den 15- und 16jährigen sind es immerhin schon um die 40 %.

Bedeutsame Unterschiede ergaben sich nur für das subjektive Tempo, nicht für den Wachstumsschub. Tabelle 7 zeigt, daß bei den 13- und 14jährigen die Jungen, die sich selbst als schneller einschätzen, auch am ehesten sexuell aktiv waren.

Bei den 15- und 16jährigen mußten Ost und West unterschieden werden. Nur in der Stichprobe aus den neuen Bundesländern, dort aber sehr konsistent, erwies sich eine Art Sprachregelung: Während praktisch jeder, der sich als schneller entwickelt bezeichnete, schon sexuelle Erfahrungen hatte, war es nur knapp jeder Zweite jener, die sich im Einklang mit den Altersgleichen sahen. Wer aber langsamer als Kennzeichnung angab, hatte in keinem Fall sexuelle Erfahrungen. (Entw.-tempo 11/12: $Chi^2 = 18.03$, df = 2, p .001, CC = .46; Entw.-tempo 13/14: $Chi^2 = 12.33$, df = 2, p = .002, CC = .39; Entw.-

Tabelle 5: Prozentualer Anteil, erste Freundin, „erreicht" nach Entwicklungstempo 13- und 14jährige Jungen

	subjektives Entwicklungstempo 11/12					
	langsam	gleich	schnell	Chi	p	CC
%	14.7	29.3	51.5	11.03	.004	.21
(n)	(34)	(164)	(33)			
	subjektives Entwicklungstempo 13/14					
	langsam	gleich	schnell	Chi	p	CC
%	17.4	27.4	57.1	12.02	.003	.23
(n)	(23)	(164)	(28)			
	objektives Entwicklungstempo					
	WS > 14	WS 12–14	WS < 12	Chi	p	CC
%	20.8	36.3	26.5	4.70	.009	.14
(n)	(53)	(124)	(49)			

Tabelle 6: Prozentualer Anteil, erste Freundin, „erreicht" nach Entwicklungstempo 15- und 16jährige Jungen

	subjektives Entwicklungstempo 11/12					
	langsam	gleich	schnell	Chi	p	CC
%	38.7	55.0	71.9	7.01	.03	.17
(n)	(31)	(160)	(32)			
	subjektives Entwicklungstempo 13/14					
	langsam	gleich	schnell	Chi	p	CC
%	44.4	53.0	68.1	4.70	.09	.14
(n)	(27)	(149)	(47)			
	objektives Entwicklungstempo					
	WS > 14	WS 12–14	WS < 12	Chi	p	CC
%	33.3	55.3	78.8	13.82	.001	.24
(n)	(33)	(152)	(33)			

Tabelle 7: Prozentualer Anteil, sexuelle Erfahrungen, „erreicht" nach Entwicklungstempo 13- und 14jährige Jungen

	subjektives Entwicklungstempo 11/12					
	langsam	gleich	schnell	Chi	p	CC
%	5.9	8.5	22.9	7.31	.03	.17
(n)	(34)	(165)	(35)			
	subjektives Entwicklungstempo 13/14					
	langsam	gleich	schnell	Chi	p	CC
%	4.2	8.5	27.6	10.70	.005	.22
(n)	(24)	(165)	(29)			

tempo 15/16: $Chi^2 = 7.53$, $df = 2$, $p = .02$, $CC = .33$). Verglichen hiermit sind Unterschiede im subjektiven Entwicklungstempo für sexuelle Erfahrungen der westdeutschen Jugendlichen ohne Relevanz. Dies ist einer der wenigen Hinweise auf einen Effekt des regionalen Kontextes. Abbildung 7 zeigt beispielhaft die Verhältnisse, die sich für das subjektive Entwicklungtempo im Alter von 11/12 ergeben.

Alkoholkonsum

Verglichen mit den Mädchen, sind die Effekte des objektivierten Entwicklungstempos, genauer gesagt des Wachstumsschubs, bei Jungen deutlicher, und zwar für die Verbreitung des Konsums. Im Tempo auszuscheren, bedeutet zu Beginn der Adoleszenz auch ein Abweichen von der sonst üblichen Verbreitung des Konsums: früh- und spätentwickelte Jungen sind eher abstinent als Altersgleiche.

Schon einmal richtig Alkohol getrunken zu haben, wird mit zunehmendem Alter üblicher. Unter den 13- und 14jährigen hat tendenziell ein größerer Anteil der Jungen aus dem Osten schon einmal richtig Alkohol getrunken.

Tabelle 8 zeigt, daß es in dieser jüngeren Altersgruppe auch einen Effekt des Entwicklungstempos gibt: Je schneller man sich mit 11/12 Jahren einschätzt, desto mehr hat man schon einmal „richtig" Alkohol getrunken. Beim Wachstumsschub hingegen zeigt sich, aber eben nur in diesem Alter, ein geringerer Anteil Konsumerfahrener unter den langsamer und unter den schneller Entwickelten.

Was die Verbreitung des Alkoholkonsums auf das letzte Jahr bezogen angeht, finden sich die gleichen Trends wie zuvor

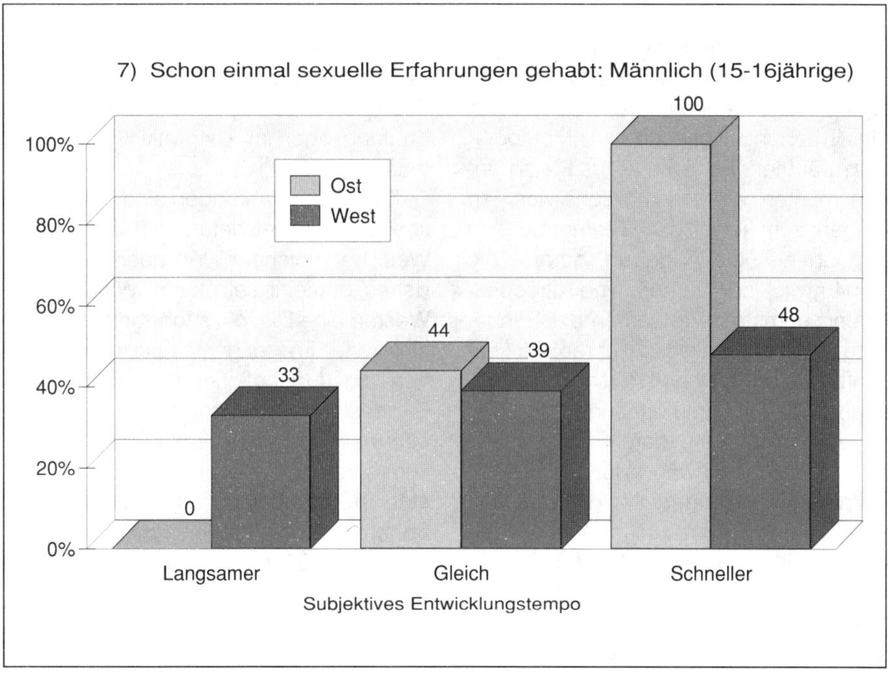

Tabelle 8: Prozentualer Anteil, richtig Alkohol trinken, „erreicht" nach Entwicklungstempo 13- und 14jährige Jungen

	subjektives Entwicklungstempo 11/12					
	langsam	gleich	schnell	Chi	p	CC
%	11.8	24.4	37.1	6.01	.05	.16
(n)	(34)	(164)	(35)			
	objektives Entwicklungstempo					
	WS > 14	WS 12–14	WS < 12	Chi	p	CC
%	15.1	32.5	16.3	8.56	.01	.19
(n)	(53)	(126)	(49)			

berichtet. Bei den 13- und 14jährigen sind Jungen, die später (47.2 %) oder früher (51 %) in den Wachstumsschub gekommen sind, gegenüber in durchschnittlichem Tempo entwickelten (70.9 %) weniger unter jenen vertreten, die im letzten Jahr Alkohol getrunken haben (Chi^2 = 11.52, df = 2, p = .003, CC = .22).

Diskussion

Bevor die Ergebnisse zusammengefaßt und bewertet werden, gehörte es sich eigentlich, Bedenken hinsichtlich der für die Erhebung verwendeten Methoden auszuräumen. Es stimmt: Aus Platzgründen mußten wir uns mit sehr wenigen Fragen zum jeweiligen Themenbereich begnügen. Viele Angaben, gerade die zum Entwicklungstempo, sind retrospektiv und damit mit Problemen der Erinnerung behaftet. Schließlich rühren alle Auskünfte von der gleichen Person, und Aussagen über Zusammenhänge zwischen Variablen könnten damit überschätzt sein. Da solche Einwände für das gesamte Vorhaben gleichermaßen gelten, sollen sie nur in den Ausschnitten thematisiert werden, die für das gegenwärtige Thema besonders wichtig sind.

Nehmen wir die Tatsache, daß retrospektive Befragungen vorgenommen wurden. Die weiblichen Jugendlichen gaben beispielsweise an, in welchem Alter sie die Menarche hatten. Da sie in den berichteten Auswertungen höchstens 16 Jahre alt waren, handelt es sich für die Erinnerung an dieses ohnehin prägnante Ereignis nicht um allzu lange Zeiträume. Beruhigend ist aber, wie zusätzliche Analysen zeigten (näheres dazu siehe Band 4), daß der zu befürchtende „Teleskopeffekt" gering ausfällt.

Nach diesen Vorbemerkungen betrachten wir als erstes den Vergleich der Stichproben aus Ost und West in der Verbreitung oder im Zeitpunkt von Verhaltensweisen.

Die Discoerfahrungen sind offensichtlich ein Beispiel dafür, daß in Ost und West bei gleichem Wort doch Verschiedenes gemeint sein kann. Während im Westen eine Disco als Inbegriff kommerzialisierter Freizeitgestaltung gilt, verstehen die Jugendlichen aus den neuen Bundesländern darunter eher das, was informell, jedenfalls nicht in vergleichbar kommerziellem und professionellem Maßstab, in Jugendclubs geboten wurde. Die früheren Discoerfahrungen in der ostdeutschen Stichprobe als Ausdruck früherer Ablösung von den Eltern zu verstehen, wäre sicher falsch, wie die bei Mädchen gar nicht und bei Jungen nur tendenziell bestehenden Unterschiede im Selbstbestimmen über abendliche Ausgangszeiten belegen. Behnken et al. (1991) wiesen darauf hin, daß der häufigere Discobesuch von DDR-Jugendlichen, den auch sie in ihrer Studie ermitteln konnten, dadurch zustande kommt, daß die DDR-Jugendlichen nur wenige andere Möglichkeiten hatten, sich „nur unter Jugendlichen" zu treffen, so daß Diskotheken, Tanzveranstaltungen in Jugendclubs oder sogar Besuche von Gaststätten sehr wichtig für sie wurden. Westdeutsche Jugendliche konnten sich dagegen auch an Orten treffen, an denen sportliche Aktivitäten im Vordergrund standen, wie Schwimmhallen, Eisstadien etc.

Bei den folgenden Unterschieden dürfte es sich aber kaum mehr um die Folgen begrifflicher Mehrdeutigkeit handeln: Bis 16 Jahre jedenfalls, dem für die Darstellung ausgewählten Altersbereich, ist der Anteil beider Geschlechter in der Stichprobe aus dem Osten des Landes jener höher, die schon einmal verliebt waren, schon einen festen Freund bzw. eine feste Freundin hatten sowie bereits über sexuelle Erfahrungen verfügen. Die weit verbreiteten Erfahrungen mit heterosexuellen Freundschaften bei den ostdeutschen Jugendlichen zeigen sich auch in anderen Studien: Ahrendt (1991) berichtet von über 90 % 15- bis 16jährigen Mädchen, die schon einmal verliebt waren, ein Anteil, der mit unseren Befunden vergleichbar ist. Starke (1992) findet, daß unter 16jährigen Jugendlichen zwei Drittel bereits feste Freundschaften haben, in denen sie auch sexuelle Erfahrungen machen.

Freilich sei zugestanden, daß hinsichtlich der sexuellen Erfahrungen erneut eine Unsicherheit bleibt, weil nicht nach konkreten Handlungen, sondern nur allgemein nach entsprechenden Erfahrungen gefragt wurde („selbst sexuelle Erfahrungen machen"). Die Durchgängigkeit der Befunde spricht aber wohl doch für einen ernstzunehmenden Unterschied.

Um die Gültigkeit unserer Ergebnisse besser einschätzen zu können, haben wir aus anderen Quellen Angaben über sexuelle Erfahrungen bei ost- und westdeutschen Jugendlichen betrachtet. Andere Studien beziehen sich meist auf den Geschlechtsverkehr, wenn sie sexuelle Erfahrungen ansprechen. Unseren Vergleich mit anderen Studien beziehen wir im folgenden vor allem auf Mädchen. Ahrendt (1991) berichtet einen Anteil von 45 % koituserfahrenen 16jährigen Mädchen in einer ostdeutschen Stichprobe. Dies entspricht in etwa den von uns bestimmten Zahlen. Für westdeutsche Mädchen ermittelte Neubauer (1990) einen ebenso hohen Anteil von 46 % koituserfahrenen 16jährigen. Diese Zahl ist wesentlich höher als in unserer Untersuchung. Neubauer hatte allerdings in seiner vergleichsweise kleinen Stichprobe auch Jugendliche, die bereits in einer Berufsausbildung waren. Schmidt und Mitarbeiter (1989) berichten dagegen Anteile koituserfahrener 15- und 16jähriger Mädchen, die mit unseren eher korrespondieren. Sie untersuchten westdeutsche Jugendliche, die noch zur Schule gingen und keine Berufsausbildung angefangen hatten, und fanden einen Anteil von 25 % koituserfahrenen Mädchen.

Der Alkoholkonsum ist ein weiteres Beispiel dafür, daß ein größerer Anteil der Jugendlichen aus der ostdeutschen Stichprobe, ob Mädchen oder Junge, schon von Erfahrungen berichtet, und zwar für das letzte Jahr ebenso wie für stärkere Gebrauchsmuster überhaupt („richtig" Alkohol getrunken).

Dies ist die beste Stelle, um auf die Probleme eines lediglich zu einem Zeitpunkt erfolgten Schnappschusses aufmerksam zu machen, denn Prävalenz und Häufigkeit des Alkoholkonsums unter Jugendlichen unterliegen einem historischen Wandel, wie man für die alten Bundesländer weiß. Unter den 12- bis 25jährigen nahm der Alkoholgebrauch seit Ende der 70er Jahre ab. Obwohl immer noch ein Drittel die positiven Auswirkungen auf die Stimmung schätzt, haben heute doch die meisten jungen Leute eine etwas skeptische Haltung gegenüber den Folgen des Alkohols (Institut für Jugendforschung 1990).

Dank einer Untersuchung von Simon, Bühringer und Wiblishäuser (1991) sind erste Befunde zum Vergleich alter und neuer Bundesländer bekannt, welche zum Trend unserer Befunde passen. Besonders im täglichen Gebrauch von Bier lagen unter den erfaßten 12- bis 24jährigen die Ostdeutschen mit fast 12 % weit vor den Westdeutschen mit etwa 4 %. Da sich unter den Älteren die Zahlen etwas angleichen, rühren die Unterschiede also vor allem von den Jugendlichen. Welche Bedeutung Alkohol für soziale Aktivitäten hat (derzeit noch, möchte man sagen), erhellt die folgende Angabe: Rund 20 % der Ost-, aber nur 10 % der Westdeutschen stimmen der Aussage zu, „eine Party ohne Alkohol ist langweilig". Die größere Selbstverständlichkeit wird auch daran deutlich, daß die Geschlechtsunterschiede im Osten weitaus geringer ausfallen als im Westen.

Im folgenden geht es um die Variation im Tempo der körperlichen Entwicklung, wobei es sich empfiehlt, objektivierte Angaben zu Menarche und Wachstumsschub von subjektiven Einschätzungen des Entwicklungstempos abzuheben. Beide korrelieren zwar, wie leicht nachzuvollziehen ist, insbesondere zu Beginn der Adoleszenz, doch geht in die subjektiven Einschätzungen mehr ein, wie wir aus früheren Untersuchungen wissen (Dubas / Graber / Petersen 1991); bei Mädchen vor allem die weiblichen Formen in der körperlichen Erscheinung, bei Jungen Größe und Muskelmasse, stets im Vergleich zu den Altersgleichen der eigenen Umgebung. Die Attraktion beider Aspekte ist mit modischen Stereotypen überlagert, und es finden sich auch kulturspezifische Unterschiede: Mädchen aus Ländern mit starker Betonung der Schlankheit als Körperideal sind bei Frühentwicklung eher unglücklich als andere.

Vor solchem Hintergrund könnte man verstehen, daß sich anfangs der Adoleszenz relativ mehr Mädchen aus dem Osten als langsamer entwickelt bezeichnen als in der Stichprobe aus dem Westen.

Doch zurück zu den objektivierten Angaben zum Tempo der körperlichen Entwicklung. Zwischen Ost und West wurden keine Unterschiede erwartet, und es fanden sich auch keine. Als Hinweis auf die Vertrauenswürdigkeit der Angaben nehmen wir den Befund, daß Mädchen (nicht aber Jungen) aus Stieffamilien seltener als nach Zufall erwartet zu den laut Menarche Spätentwickelten zählen. Das Ergebnis trifft sich gut mit Aussagen in der Literatur.

Weiter mit dem Zusammenhang zwischen dem objektivierten Entwicklungstempo und der psychosozialen Entwicklung: Bei Mädchen stehen die langsamer Entwickelten (Menarche mit 14 Jahren oder später) hinsichtlich Discobesuchen, sexuellen Erfahrungen und erstem Alkoholkonsum in der Prävalenz allen anderen nach, die Entwicklung ihrer sozialen Beziehungen ist also insgesamt verzögert.

Bei Jungen ist das am Zeitpunkt des Wachstumsschubs bestimmte Entwicklungstempo nicht minder wichtig, aber es findet sich wiederholt ein anderes Muster. Nicht, wie bei den Mädchen, frühe bzw. späte Reife machen den Unterschied, sondern beide Gruppen zusammen weichen gleichsinnig von den Jugendlichen mit durchschnittlichem Tempo ab. Gleich ob langsamer oder schneller im Entwicklungstempo, beide Gruppen haben einen relativ geringen Anteil von Jungen mit fester Freundin oder mit Alkoholerfahrung. Dies findet sich vor allem bei den 13- und 14jährigen.

Während der Befund für die langsamer Entwickelten nicht überrascht, war dies für schneller Entwickelte nicht erwartet. Es scheint so zu sein, daß schneller Entwickelte in der frühen Adoleszenz von ihren körperlichen Vorteilen noch nicht profitieren können. Im Umgang mit ihrem sich schnell wandelnden Körper sind sie wahrscheinlich unsicher und daher Mädchen gegenüber befangener. Auch andere Studien weisen darauf hin, daß sich der soziale Vorteil einer schnelleren körperlichen Entwicklung erst in der mittleren Adoleszenz abzeichnet (Simmons / Blyth 1987).

Vereinfacht man die nicht ganz konsistenten Befunde zum subjektiven Entwicklungstempo, so läßt sich wohl folgende Daumenregel für Mädchen und Jungen aufstellen: Bei der Frage nach Discobesuchen, sexuellen Erfahrungen und ersten Alkoholerfahrungen gilt, daß ein umso höherer Anteil der Befragten nicht mehr Novize ist, je akzelerierter die Einschätzung des eigenen Tempos von langsam über gleich zu schneller als die Vergleichsgruppe. Dieser Befund unterstützt im Prinzip die eingangs von uns formulierte Erwartung, daß ein schnelleres körperliches Entwicklungstempo mit früheren Übergängen in jugendtypischen Entwicklungsschritten einhergeht.

Bei der Deutung dieser Zusammenhänge gibt es allerdings mehr als eine Sichtweise. Nehmen wir die zur Befragung 15- bis 16jährigen Jugendlichen und ziehen die sexuellen Erfahrungen bei Jungen aus den neuen Bundesländern als Beispiel heran. Sie wurden gefragt, wie sie das Tempo ihrer Entwicklung mit 11/12, 13/14 und 15/16 Jahren, letzteres also zur Zeit der Befragung, einschätzen. Praktisch alle, die sich gleich zu welchem Zeitpunkt als schneller entwickelt bezeichneten, hatten solche Erfahrungen, aber keiner unter jenen, die sich als langsamer bezeichneten. Obwohl die Selbstkategorisierungen recht stabil sind, kann man doch nicht einfach davon ausgehen, daß die unter den langsamer entwickelten Jugendlichen weniger verbreitete sexuelle Erfahrung die Folge ihres Entwicklungstempos ist. Vielleicht handelt es sich eher (oder zumindest auch) um ein typisches Verständnis von Entwicklungstempo im Alter von 15/16 – wer noch keine sexuellen Erfahrungen hat, ist zurück (im Vergleich zu den meisten anderen und war es im eigenen Erinnern auch vorher). Ähnlich mag es sich bei dem Zusammenhang des selbst eingeschätzten Entwicklungstempos und heterosexueller Freundschaftserfahrungen bei Mädchen verhalten.

Das somit aufgeworfene Problem von Anlaß und Folge intraindividueller Veränderungen können wir mit den zur Verfügung stehenden Daten nicht lösen. Es weist jedoch einerseits darauf hin, daß die

Selbstauskunft, schneller entwickelt zu sein, sowohl körperliche als auch soziale Aspekte beinhalten mag. Andererseits könnten die körperlichen Befunde je nach Betrachtung objektivierter oder subjektiver Einschätzung bedeuten, daß in die subjektive Einschätzung des körperlichen Entwicklungstempos auch andere Merkmale als die hier betrachteten eingehen, die schließlich in sozialen Situationen stärker wirken. So könnten sich Mädchen auf bereits entwickelte weibliche Formen beziehen, während schneller entwickelte Jungen ihren muskulöseren Körperbau oder einen fortgeschrittenen Bartwuchs heranziehen.

Die Lage für die Interpretation ist aber noch etwas komplizierter als schon beschrieben. Was soeben als Ergebnis diskutiert wurde, findet sich nämlich bei den Jungen aus der westdeutschen Stichprobe überhaupt nicht. Bei ihnen macht das Entwicklungstempo, gleich für welches Alter berichtet, keinerlei Unterschied am Anteil der Jungen mit sexuellen Erfahrungen.

Wenn man nun noch einmal alle Entwicklungsbereiche Revue passieren läßt, zeigt sich zusammenfassend, daß in Ost und West das körperliche Entwicklungstempo ähnliche Effekte hat. Nur in einem Fall, bei den sexuellen Erfahrungen der Jungen, ergeben sich deutliche Unterschiede. Hier erhebt sich die Frage, Zuverlässigkeit des Befundes unterstellt, ob dieser Unterschied in der Beziehung von subjektivem Entwicklungstempo und sexueller Erfahrung Bestand hat, oder Ausdruck eines noch bestehenden, aber vielleicht im weiteren Verlauf der deutschen Vereinigung nicht anhaltenden Unterschieds in den Auffassungen über diesen Aspekt der psychosexuellen Entwicklung ist.

Anmerkung

Die Auswertung der Untersuchung wurde teilweise durch die Deutsche Forschungsgemeinschaft (Si 296/12–1) sowie durch ein Stipendium der Studienstiftung des Deutschen Volkes (Bärbel Kracke) unterstützt. Wir danken unseren Kolleginnen Beate Schwarz und Gisela Thiele (Humboldt-Stipendiatin) für die vielfältige Unterstützung bei der Durchführung dieses Projekts; Frau Claudia Stromberg war ebenfalls sehr hilfreich.

Literatur

Ahrendt, H.-J. 1991
Sexuelle Entwicklung, Sexualverhalten und Kontrazeption weiblicher Jugendlicher in der DDR,
in: PRO FAMILIA Landesverband Niedersachsen, Hrsg., Sexualität BRD/DDR im Vergleich, S. 69–82
Braunschweig

Andersson, T.A., Magnussen, D. 1990
Biological maturation in adolescence and the development of drinking habits and alcohol abuse among young males: A prospective longitudinal study, Journal of Youth and Adolescence, 19, S. 33–41

Behnken, I. et al. 1991
Schülerstudie '90: Jugendliche im Prozeß der Vereinigung
München

Brooks-Gunn, J., Petersen, A.C., Eichhorn, D. 1985
The study of maturational timing effects in adolescence, Journal of Youth and Adolescence, 14, S. 149–161

Crockett, L.J., Silbereisen, R.K., Kracke, B. 1990
Timing of maturation and adolescent substance use, Vortrag gehalten auf dem Biennial Meeting der SRA, March 22–25, Atlanta, GA.

Dornbusch, S.M., Carlsmith, J.M., Duncan, P.D., Gross, R.T., Martin, J.A., Ritter, P.L., Siegel-Gorelick, B. 1984
Sexual maturation, social class and the desire to be thin among adolescent females, Developmental and Behavioral Pediatrics, 5, S. 308–314

Dornbusch, S.M., Carlsmith, J.M., Gross, R.T., Martin, J.A., Jennings, D., Rosenberg, A., Duke, P. 1981
Sexual development, age and dating: A comparison of biological and social influences upon one set of behaviors, Child Development, 52, S. 179–185

Dubas, J.S., Graber, J.A., Petersen, A.C. 1991
A longitudinal investigation of adolescents' changing perceptions of pubertal timing, Developmental Psychology, 27, S.580–586

Eveleth, P.B., Tanner, J.M. 1976
Worldwide variation in human growth, Cambridge

Ewert, O.M. 1989
Körperliche und seelische Reifungsprozesse junger Menschen
in: Nave-Herz und Markefka, Hrsg, Handbuch der Familien- und Jugendforschung,Band 2: Jugendforschung, S. 293–310
Neuwied

Institut für Jugendforschung 1990
Die Entwicklung der Drogenaffinität Jugendlicher. Zusammenfassung der Ergebnisse einer Trendanalyse 1973/1976/1979/1982/1986/1990, München

Mekos, D. 1991
Changes in puberty and parent-child distance. A reciprocal process?, Poster präsentiert auf dem SRCD Biennial Meeting, April, 18–20,
Seattle, WA

Moffitt, T.E., Caspi, A. Belsky, J., Silva, P.A. 1992
Childhood experience and the onset of menarche: A test of a sociobiological model, Child Development, 63, 47–58.

Neubauer, G. 1990
Jugendphase und Sexualität,
Stuttgart

Petersen, A.C., Crockett, L.J., Richards, M., Boxer, A.M. 1988
A self-report measure of pubertal status: Reliability, validity and initial norms
Journal of Youth and Adolescence, 17, S. 117–133

Petersen, A.C., Graber, J.A., Sullivan, P. 1990
Pubertal timing and problem behavior: Variations in effects, Vortrag gehalten auf dem Biennial Meeting der SRA, March 22–25, Atlanta, GA.

Reißig, M. 1985
Körperliche Entwicklung und Akzeleration Jugendlicher
Berlin

Richter, J. 1989
Ergebnisse langfristiger Entwicklungsbeobachtungen bei Mädchen, Sozialpädiatrie in Praxis und Klinik, 9, S. 650–657

Robertson, E.B., Burchinal, M., Martin, S.L. 1992
Long-term repercussions of menarcheal timing. Poster präsentiert auf dem Biennial Meeting der SRA, 19.–22. März, Washington, DC.

Schmidt, G., Klusmann, D., Rentner, K., Radizi, R. 1989
Jugendsexualität und AIDS. Ergebnisse einer Untersuchung an Hamburger Schülerinnen und Schülern
Zeitschrift für Sexualforschung, 2, S. 42–54.

Silbereisen, R.K., Rösler, H.-D., Kracke, B., Reis, O. 1992
Dokumentation der Forschung zur biopsychosozialen Entwicklung Jugendlicher in der ehemaligen DDR
(DFG Si 296/11–1),
Gießen

Silbereisen, R.K., Kastner, P. 1987
Jugend und Problemverhalten: Entwicklungspsychologische Perspektiven, in: Oerter und Montada, Hrsg., Entwicklungspsychologie, 2. Auflage., S. 882–919
München

Silbereisen, R.K., Petersen, A.C., Albrecht, H.T., Kracke, B. 1989
Maturational timing and the development of problem behavior: Longitudinal studies in adolescence,
Journal of Early Adolescence, 9, S. 247–268

Silbereisen, R.K., Kracke, B. in Druck
Variation in maturational timing and adjustment in adolescence
in: Jackson und Rodriguez-Tomé, Hrsg., The social worlds of adolescence,
East Sussex

Simmons, R.G., Blyth, D.A. 1987
Moving into Adolescence,
New York

Simmons, R.G., Blyth, D.A., van Claeve, E.F., Bush, D.E. 1979
Entry into early adolescence: The impact of school structure, puberty and early dating on self-esteem
American Sociological Review, 44, S. 948–967

Simon, R., Bühringer, G., Wiblishäuser, P. M. 1991
Repräsentativerhebung 1990 zum Konsum und Mißbrauch von illegalen Drogen, alkoholischen Getränken, Medikamenten und Tabakwaren
(Grundauswertung für die alten und die neuen Bundesländer),
München

Stattin, H., Magnusson, D. 1990
Pubertal maturation in female development,
Hillsdale, NJ

Starke, K. 1984
Geschlechtsreife und Beginn des Sexuallebens Jugendlicher
in: K. Starke und W. Friedrich, Hrsg.
Liebe und Sexualität bis 30, S. 115–139,
Berlin

Starke, K. 1992
Unterschiede im Partner- und Sexualverhalten männlicher und weiblicher Jugendlicher
in: Wessel und Bosinski, Hrsg.,
Interdisziplinäre Aspekte der Geschlechterverhältnisse in einer sich wandelnden Zeit
S.225–240,
Bielefeld

Surbey, M.K. 1990
Family composition, stress and human menarche
in: Ziegler und Bercovitch, Hrsg.,
Socioendocrinology of primate reproduction,
S. 11–32,
New York

Zinnecker, J. 1990
Sportives Kind und jugendliches Körperkapital
Neue Sammlung, 30, S. 645–653.

Frühe Belastungen und Unterschiede im Zeitpunkt psychosozialer Übergänge

Rainer K. Silbereisen
Beate Schwarz

Problemstellung

Belastungen beeinträchtigen Entwicklungschancen – diese Aussage scheint einleuchtend und vielfältig bestätigt. Als Beispiel kann man an die Auswirkungen von ökonomischen Belastungen auf die Beziehungen zwischen den Eltern denken, die folgende Beeinträchtigung der Erziehungsqualitäten und schließlich die hiervon ausgehende Gefahr zu Problemverhalten bei den Kindern (Elder/Van Nguyen/ Caspi 1985). Diese Forschung zeigt aber auch, daß Belastungen bis zu einem gewissen Grad kompensiert werden können.

Belastungen, etwa durch die Lebensumstände, negative Ereignisse, wie Krankheit oder Scheidung der Eltern, beeinträchtigen Entwicklungsperspektiven vor allem dann, wenn sie gehäuft auftreten. Dies kann, muß aber keineswegs schon aus der Eigenheit solcher Umstände herrühren, sich wechselseitig beeinflussen und verstärken. Nach einer Scheidung kommen beispielsweise ökonomische Einschränkungen, die im schlimmsten Fall zur Vernachlässigung der Gesundheitsvorsorge führen, welche dann Anstoß zu weiteren Problemen sein kann.

Diese, wie man sagt, Risikokumulation, muß keineswegs zwangsläufig auftreten und hat auch nicht für alle Betroffenen gleiche Auswirkungen. Manche Menschen sind widerständiger, können mehr verkraften als andere. Letzteres ist nicht so sehr besonderen individuellen Eigenschaften zuzuschreiben als dem Wechselspiel von Kontext und Person – wer aktiver ist, mehr von Selbstsicherheit getragen, wird beispielsweise auch eher in der Lage sein, für die Bewältigung von Widrigkeiten, die ansonsten die Lebens- und Entwicklungsperspektive beeinträchtigen, soziale Unterstützung aus der Umgebung zu mobilisieren, die sich anderen, weniger glücklichen, erst gar nicht erschließt.

Bekannt ist, daß Risikokumulation gefährlich ist, und vertraut ist ebenfalls, welche Arten von Risiken gelungene Entwicklung besonders gefährden (Rutter 1978). Ohne Vollständigkeit anzustreben, zählen hierzu für die Entwicklung von Kindern und Jugendlichen Geschehnisse wie (wiederholte) Umzüge der Familie, Scheidung der Eltern, ökonomische Belastung, Schulschwierigkeiten usf. Aus dem Vorangegangenen dürfte deutlich sein, daß die Brisanz einer Kumulation solcher Risiken keineswegs unabhängig vom Kontext ist: dazu zählen z. B. gesetzliche Regelungen zur Versorgung Alleinerziehender oder die Unterstützung im Erziehungsalltag durch Betreuungseinrichtungen für Kinder.

Dieser Sachverhalt gab uns den Anstoß, die Auswirkungen (besser gesagt Korrelate, weil es sich nicht um prospektive Daten handelt) einer Reihe von Risiken bzw. deren Kumulation im Vergleich von Stichproben aus den alten und den neuen Bundesländern zu untersuchen. Die Frage ist, ob ein vergleichbares Ausmaß von nominell gleichen Belastungen in Ost und West gleichermaßen abträglich ist. Wie das genannte Beispiel von Alleinerziehenden schon andeuten sollte, kann man sich durchaus eine stärkere Resistenz in einem gesellschaftlichen Kontext vorstellen, der zur Zeit des Eintretens der Risiken in gewisser Weise behütender und vor allem von individueller Vorsorge unabhängiger gestaltet war. Da uns insbesondere solche Ereignisse interessieren, die Jahre vor den Erhebungen in der Kindheit lagen, gilt diese Charakterisierung vor allem für den Lebenskontext der Befragten aus den neuen Bundesländern.

Bislang war nur allgemein von Beeinträchtigungen gelungener Entwicklung die Rede. Wir haben aber einen ganz bestimmten, freilich für die Jugendentwicklung grundlegenden Aspekt vor Augen: individuelle Unterschiede im Tempo der psychosozialen Entwicklung. Was ist damit gemeint? Die Entwicklung während der Jugendzeit wird gerne als aufeinander aufbauende Folge sogenannter Entwicklungsaufgaben beschrieben, wie etwa das Hineinwachsen in die Gruppe Gleichaltriger, den Aufbau von vertrauensvollen Beziehungen zu Partnern, die allmähliche Orientierung auf ein berufliches Ziel usf. (Havighurst 1972).

Obwohl es sich bei dem „Fahrplan“, der hinter solchen Abfolgen steckt, um eine relativ konventionalisierte, weithin geteilte Auffassung über angemessene Entwicklung handelt, ergeben sich doch individuell beträchtliche Variationen. Die in diesem Beitrag untersuchte These ist, daß die Belastung durch kumulierte Risiken geeignet ist, das Tempo solcher Entwicklungsübergänge zu beschleunigen: Wer die Balance zwischen Anforderung und Bewältigungsmöglichkeiten nicht mehr wahren kann, lebt sozusagen schneller, was für den persönlichen und gesellschaftlichen Erfolg in längerer Perspektive kein Vorteil sein dürfte. Dabei sind die hier behandelten Themen für sich genommen nicht problematisch, wie zum Beispiel der erste Discobesuch oder die erste Liebesbeziehung, oder sie gehören zur körperlichen Entwicklung im Jugendalter, wie Stimmbruch oder Menarche. Ihre Problematik liegt in der Unzeitigkeit des Eintretens. Wer Verhaltensweisen zeigt, die im allgemeinen für das Lebensalter als nicht angemessen angesehen werden, nimmt innerhalb der Gleichaltrigengruppe eine Sonderposition ein und wird vor allem mit den Eltern, aber auch zum Beispiel mit den Lehrern in Konflikt geraten. Dies muß keine langfristigen Folgen für die Entwicklung im jungen Erwachsenenalter haben, denn einige Zeit später werden die Gleichaltrigen den Entwicklungsvorsprung aufgeholt haben, aber immerhin besteht ein erhöhtes Risiko.

Bevor diese These weiter erläutert wird, muß auf einen Teilaspekt der Entwicklung im Jugendalter eingegangen werden (vgl.dazu das Kapitel von Silbereisen, Kracke und Nowak in diesem Band), der die Hintergründe der Fragestellung weiter vertieft. Verschiedene Autoren haben in der letzten Zeit die Auffassung vertreten (im Überblick beschrieben bei Silbereisen/Kracke in Druck), daß Beeinträchtigungen der Eltern-Kind-Beziehung vor der Pubertät, die ihrerseits vielleicht schon in Schwierigkeiten bei der frühkindlichen Bindungsentwicklung angelegt sind, zu einer beschleunigten pubertären Entwicklung führen. Insbesondere Belsky, Steinberg und Draper (1991) haben diese Einschätzung für Frühentwicklung bei Mädchen (frühere Menarche) vorgetragen und dabei verschiedene Gründe, auch solche evolutionsbiologischer Herkunft, dingfest gemacht. Einer der bislang besten Belege stammt von Surbey (1990), die bei Mädchen aus Familien, in denen sich die Eltern deutlich vor Beginn der Pubertät scheiden ließen, eine Beschleunigung der Entwicklung fand. Diese Mädchen hatten die Menarche mehr als ein halbes Jahr früher.

Vor diesem Hintergrund interessierte uns, ob die Kumulation von Risiken mit einer Beschleunigung der körperlichen Entwicklung der Mädchen einhergeht; wenn, dann war erneut offen, ob diese Effekte in beiden Landesteilen gleichermaßen auftreten oder nicht. Für die Jungen sind die Annahmen weniger klar, da es hier noch an Forschungsbelegen fehlt.

Wie aus verschiedenen Untersuchungen bekannt ist (Magnusson/Stattin/Allen 1986; Petersen/Graber/Sullivan 1990; Silbereisen/Kracke/Crockett 1990), bestehen zwischen dem Tempo der körperlichen Entwicklung und dem Zeitpunkt psychosozialer Übergänge Zusammenhänge. Wer beispielsweise als Mädchen früher als andere in die Pubertät kommt, wird eher mit älteren Jungen beisammen sein und sich deren Verhaltensweisen angleichen, also früher als Altersgleiche auf Parties gehen, um einen Fall zu nennen. Von langsamer entwickelten Jungen ist bekannt, daß sie sehr um Anerkennung bemüht sind und dabei auch gerne über die Stränge schlagen, solange es sie nur ins Zentrum der Aufmerksamkeit bringt.

Die körperliche Entwicklung bzw. deren Tempovariation kann also bei der Vermittlung von Risikokumulation und Beschleunigung der psychosozialen Übergänge im Jugendalter eine Rolle spielen. Andere Wege der Vermittlung sind aber sicher ebenso beteiligt und insgesamt vielleicht auch wichtiger. Hierzu zählt schon die bei den genannten Risiken häufig geringere Möglichkeit der Eltern (bzw. der nicht selten alleinerziehenden Mütter), Sohn oder Tochter mit Zuwendung und Aufsicht zugleich zu betreuen, was als autoritative Erziehung aus der Literatur bekannt ist (Baumrind, 1989). Es konnte gezeigt werden, daß autoritative Erziehung, im Unterschied zu autoritärer Erziehung, unter den verschiedensten Lebensumständen jeweils beste Entwicklungsbedingungen bietet (Steinberg/Mounts/Lamborn/Dornbusch 1991), doch ist zu vermuten, daß diese günstige Erziehungshaltung bei Risikokumulation weniger umgesetzt werden kann. Die sich selbst überlassenen Jugendlichen werden den Angeboten vergleichbar geschädigter Gruppen Gleichaltriger folgen. Wer so erzogen wird, hat zudem Schwierigkeiten einzusehen, warum Verzicht auf Vergnügen hier und jetzt sich lohnen sollte. Wir erwarten also, daß Jugendliche mit den geschilderten familiären Belastungen früher als Gleichaltrige über ihr Kommen und Gehen bestimmen, romantische Beziehungen anfangen und sich weitere Privilegien aneignen, die einen früheren Entwicklungsübergang zum Erwachsenenstatus anzeigen.

Der Eindruck, daß Risikokumulation vor allem die Beschleunigung „individualistischer" Freiheiten bedeutet, darf aber so nicht stehen bleiben. In mancher Hinsicht wird die Bewältigung widriger Lebensumstände auch die frühere Übernahme von Verantwortung für Dritte (etwa Geschwister) bedeuten, die sicherlich nicht die Verwirklichung der eigenen Bedürfnisse zum obersten Ziel hat. In vergleichbarer Weise kann familiäre Not oder Belastung durch Versagen in der Schule dazu führen, daß ein wenig chancenreicher Beruf nach zu wenig Zeit zum Überlegen gewählt wird.

Wir glauben, zusammengefaßt, daß die Kumulation von Belastungen mit einem etwas beschleunigten „Fahrplan" für die Entwicklung einhergeht. Wie stark und ob in alten und neuen Bundesländern in gleichem Ausmaß, ist eine spannende Frage. Beispielsweise ließe sich vorstellen, daß im Osten manche Übergänge ohnehin früher als im Westen lagen, etwa was die Sicherheit über den künftigen Beruf betrifft. Dies wiederum könnte bedeuten, daß weniger Spielraum für individuelle Variation im Tempo bleibt.

In diesem Zusammenhang sei aus der kulturvergleichenden Forschung erinnert, daß Unterschieden in den Ausprägungen von Variablen (im vorliegenden Fall Risiken und/oder das Alter für bestimmte Übergänge) in der Regel keine Unterschiede in den Beziehungen zwischen diesen Variablen entsprechen. Wir müssen also auf die Ergebnisse warten.

Bislang war die besondere Relevanz früher Belastungen genannt worden, die bis zur späten Kindheit erfolgten, auf jeden Fall aber deutlich vor der Pubertät lagen. Dies soll nicht heißen, daß etwa spätere Belastungen keine Rolle spielten. Nur, dies ist unsere Annahme, sind sie weniger geeignet, das Tempo von Entwicklungsübergängen während der Adoleszenz zu beeinflussen. Wir glauben, daß frühe Belastungen sozusagen die Bühne bereiten helfen, auf der später gespielt wird. Belastungen in späteren Jahren kommen zu spät oder sind sogar vielleicht selbst die Folge von Entwicklungen während des Jugendalters.

Wie im folgenden deutlich wird, sind die Untersuchungsanlage und die erfaßten Themen für eine bündige Beantwortung unserer Fragestellung keineswegs optimal. Da uns nur ein Erhebungszeitraum und dies nur bei den Jugendlichen selbst zur Verfügung stand, müssen wir auf retrospektive Angaben vertrauen, die teils lange zurückliegende Zeiträume betreffen, um wenigstens so ein Vorher/Nachher als Grundlage der Interpretation zu gewährleisten. Schließlich konnten nur die Verhaltensbereiche im Umfeld der Entwicklung interpersoneller Beziehungen, Autonomie und Identität berücksichtigt werden. Bei den Fragen zum Alter, zu dem man das erste Mal richtig geraucht bzw. Alkohol getrunken hatte, lag die Lebenszeitprävalenz in der Stichprobe zu niedrig, so daß dieser für das Jugendalter wichtige Bereich nicht in die Auswertungen eingehen konnte.

Wer wird untersucht?

Die Analysen dieses Beitrags beziehen sich nur auf einen Teil der zur Verfügung stehenden Daten, denn die jüngsten Altersgruppen wurden bei den meisten Auswertungen ausgelassen. Wer dies im einzelnen war und warum, wird deutlich, wenn man bedenkt, daß es um Unterschiede im Entwicklungstempo je nach dem Ausmaß belastender Lebensumstände geht. Dies festzustellen ist im

Prinzip erst möglich, wenn von allen Befragten bekannt ist, wann sie die in Frage stehende Entwicklung abgeschlossen haben. Hierin aber liegt für die Auswertung ein Problem.

Objektiviertes Entwicklungstempo

Bei den meisten zur Verfügung stehenden Messungen des Entwicklungstempos geht es nämlich um eine Altersangabe, wann ein bestimmtes Ereignis das erste Mal erlebt wurde. Das Alter der in der Shell-Studie Befragten reicht von 13 bis 29 Jahre. Unter den jüngeren Jahrgängen finden sich aber viele, die die meisten der Ereignisse noch nicht erlebt haben.

Für jedes Ereignis wurde deshalb ermittelt, ab welchem Befragungsalter welcher Prozentsatz an Personen es schon erlebt hatte. Angestrebt war, die Auswertungen auf jene Altersgruppen zu beschränken, die zu wenigstens 80 % das Ereignis bewältigt hatten. Da die erfragten Ereignisse nicht normativ sind, gibt es immer einen gewissen Anteil von Befragten, die selbst im Alter von 29 noch nicht die entsprechende Erfahrung gemacht haben. Deshalb mußten auch niedrigere Prozentsätze akzeptiert werden.

Die Analysen beziehen sich somit auf unterschiedliche Altersbereiche und damit Stichprobenumfänge, abhängig vom betrachteten Ereignis.

Für die folgenden Ereignisse mußte keine Beschränkung der Altersgruppe vorgenommen werden: „über politische Themen reden können", „sein Aussehen selbst bestimmen", „zum ersten Mal verliebt sein", „zum ersten Mal in die Disco gehen", „wissen, was man beruflich machen will".

Bei den folgenden Ereignissen wurden nur Befragte, die mindestens 16 Jahre alt waren, einbezogen: „weggehen und heimkommen, wann man will", „erste(r) feste(r) Freund(in)" sowie Menarche, Stimmbruch und Beginn des Wachstumsschubs.

Eine Beschränkung auf Befragte, die mindestens 17 Jahre alt waren, fand statt bei: „erste sexuelle Erfahrungen".

Die Berechnungen wurden für männliche und weibliche Befragte getrennt durchgeführt, da je nach Geschlecht mit unterschiedlichen Auswirkungen von Belastungen gerechnet werden konnte.

Subjektives Entwicklungstempo bei den Entwicklungsübergängen

Bei einigen der Entwicklungsübergänge wurde nicht nur das Alter bei Eintritt des Ereignisses erfragt, sondern die Jugendlichen mußten darüberhinaus einschätzen, ob sie im Vergleich zu Gleichaltrigen früher, gleich schnell oder später in der Entwicklung waren. Aus sieben dieser Angaben wurden zwei neue Variablen gebildet. Bei der einen wird die Anzahl der Ereignisse, die früher durchlaufen wurden, in der anderen die Übergänge, die später erlebt wurden, für jede Person aufsummiert. Thematisch umfassen die beiden Maße die folgenden Entwicklungsaufgaben: „Weggehen und heimkommen, wann man will"; „erste sexuelle Erfahrungen"; „über politische Themen reden können"; „zum ersten Mal in die Disco gehen"; „wissen, was man beruflich machen will"; „erster fester Freund/erste feste Freundin"; „zum ersten Mal richtig Alkohol trinken".

Auch bei diesen Indizes mußten für die berichteten Auswertungen jüngere Altersgruppen ausgeschlossen werden, denn es gab erst ab dem Alter von 19 Jahren etwa jeweils 80 % der Befragten, die Angaben zum subjektiven Timing machen konnten. Genauere Angaben zur Zusammensetzung und Verteilung der beiden aggregierten Maße können einem gesonderten Kapitel in Band 4 entnommen werden.

Stichprobe

Die folgende Tabelle 1 zeigt die Anzahl der Befragten, die in den im Alter nach unten beschränkten Stichproben verbleiben, aufgeschlüsselt nach alten und neuen Bundesländern und Geschlecht der jungen Leute.

Erfassung der Belastung durch widrige Lebensumstände

Entwicklung der Belastungsindizes

Um die Belastungserfahrungen der Befragten erfassen zu können, wurde auf einen Ansatz aus der Forschung zu Risikofaktoren für Störungen der normalen Entwicklung zurückgegriffen. Rutter (1978) stellte mit einem Belastungsindex, dem sogenannten Adversity-Index, ein Maß für die Kumulation belastender und die Entwicklung beeinträchtigender Lebensbedingungen in der Familie vor. Er konnte zeigen, daß einzelne Belastungen für sich kaum zu psychischen Auffälligkeiten führen, sondern letztlich nur die Häufung von Belastungen ungünstige Entwicklungsbedingungen schaffen. Somit geht man bei diesem Konzept davon aus, daß weniger die Art der belastenden Geschehnisse entscheidend ist als ihre Zahl.

Die thematische Zusammensetzung von Indikatoren für kumulierte familiäre Belastungen unterscheidet sich je nach Studie und Autor. Das Verfahren zur Erstellung eines Index ist aber ähnlich, denn es wird jeweils die Anzahl von Risikofaktoren aufsummiert. Auch das Kriterium, welche Ausprägung der betrachteten Bereiche als Risiko zu bewerten ist, wird unterschiedlich gehandhabt. Gängige Vorgehensweisen sind beispielsweise, das obere oder schlechteste Zehntel als Risikogruppe zu wählen, am Median aufzuteilen oder ein vorher festgelegtes inhaltliches Kriterium zu benutzen.

Die thematische Ausrichtung des von uns entwickelten Index lehnt sich stark an Dishion (1990) an. Der Themenbereich wurde aber so erweitert, daß ein allgemeinerer Indikator für belastende Lebenssituationen entstand, der über den familiären Bereich hinausgeht. Der Index umfaßt folgende Bereiche: Verlust wenigstens eines Elternteils, schwere Krankheiten in der Familie, Arbeitslosigkeit der Eltern, Schulschwierigkeiten, häufige Umzüge an andere Orte, Vater ohne Berufsausbildung.

Für die meisten Analysen wird einfach zwischen Nicht-Belasteten und Hoch-Belasteten unterschieden. Die letzteren, auch einfach als Belastete oder Risiko-

Tabelle 1: Verteilung der Befragten in den altersbeschränkten Stichproben in neuen und alten Bundesländern

	alte Bundesländer		neue Bundesländer	
	männl.	weibl.	männl.	weibl.
≥16 J.	1089	1095	545	531
≥17 J.	1009	1025	510	481

gruppe bezeichnet, umfassen die oberen 10 % der Verteilung und damit jene Personen, welche die meisten Risiken auf sich vereinigen.

Da die zentrale Fragestellung dieses Kapitels die Auswirkung früher Streßerlebnisse auf das Timing der körperlichen und psychosozialen Entwicklung ist, wurde ein Belastungsindex zusammengestellt, für den nur Belastungen vor der Pubertät aufsummiert wurden, bestimmt als Belastungen, die bis einschließlich des 8. Lebensjahrs bestanden. Um festzustellen, ob es darüberhinaus auch Zusammenhänge von im Lebenslauf späteren Belastungen mit dem Entwicklungstempo gibt, wurden je ein weiterer Index für Belastungen erstellt, die im gesamten bisherigen Leben der Befragten bzw. die erst nach dem 8. Lebensjahr auftraten. Weitere Informationen zu den Indizes und den Details ihrer Gestaltung können dem gesonderten Kapitel in Band 4 entnommen werden.

Demographie

Regionalität

Obwohl die Stichprobe eine Unterteilung in kleinere örtliche Einheiten zuließe, begnügen wir uns mit einer Gegenüberstellung der beiden Landesteile in Deutschland. Sowohl beim Index für vorpubertäre Belastungen als auch beim Gesamtindex zeigen sich Unterschiede, die in Tabelle 2 zusammengestellt sind: In der Risikogruppe ist der Anteil der Befragten aus den alten Bundesländern größer, der Befragten aus den neuen Bundesländern geringer als der jeweilige Anteil an der Gesamtstichprobe. In den neuen Bundesländern wären beispielsweise 82 früh Belastete zu erwarten gewesen, es waren aber nur 67, rund 20 % weniger. Hinsichtlich des Index für Belastungen, die erst nach dem 8. Lebensjahr auftraten, läßt sich kein Unterschied nach der regionalen Herkunft feststellen.

Die Unterschiede legen die Annahme nahe, daß in der ehemaligen DDR eine Kumulation belastender Lebensumstände der untersuchten Art seltener war als in der Bundesrepublik.

Bildungsstatus

Beim Bildungsstatus handelt es sich um eine dreigestufte Variable, die den erreichten bzw. angestrebten Schulabschluß der Befragten abbildet. In der niedrigsten Kategorie sind Befragte zusammengefaßt, die einen Hauptschulabschluß, den Abschluß nach der 9. Klasse

Tabelle 2: Verteilung von Risiko- und Nicht-Risikogruppen der Belastungsindizes in neuen und alten Bundesländern (in Klammern erwartete Häufigkeiten)

	Vorpubertäre Belastungen		Gesamtbe–lastungsindex		Belastungen nach 8. Lebensj.	
	niedrig	hoch	niedrig	hoch	niedrig	hoch
neue Bundesländer	1269	67	1241	95	1206	127
	(1254)	(82)	(1221)	(115)	(1206)	(127)
alte Bundesländer	2490	179	2419	250	2387	251
	(2505)	(164)	(2439)	(230)	(2387)	(251)
	Chi^2=4.1, df=1, p = .04		Chi^2=5.5, df=1, p = .02		Chi^2=0.0, df=1, p = 1.00	

in der ehemaligen DDR oder keinen Abschluß haben/anstreben. In der mittleren Kategorie befinden sich Befragte, die in den alten Bundesländern einen Realschulabschluß haben/anstreben und in den neuen Bundesländern mit der 10. Klasse abgeschlossen haben bzw. abschließen werden. In der obersten Kategorie wurden Hochschul- und Fachhochschulreife zusammengefaßt.

In Tabelle 3 sind die Unterschiede in den Anteilen der Bildungsgänge für die beiden Risikogruppen, getrennt nach den Spielarten der Indizes, dargestellt. Obwohl auch einige Unterschiede je nach Region bestehen, sollten sie nicht überbewertet werden, zumal auch die Stichprobengröße unterschiedlich ausfällt. Ein Blick auf die Signifikanz der Chi^2-Tests zeigt, daß sich Bildungsunterschiede vor allem beim Index für Belastungen vor dem 9. Lebensjahr zeigen. Jugendliche mit niedriger Bildung vereinen auf sich, ob alte oder neue Bundesländer, einen größeren Anteil der Risikogruppe, als bei Unabhängigkeit der Belastung vom Bildungsstatus zu erwarten gewesen wäre.

Anders ausgedrückt sind die Bildungsunterschiede vor allem bei vorpubertären Belastungen wahrscheinlich: Diese können die spätere Bildungsentwicklung beeinträchtigen. Allerdings muß man bedenken, daß die Berufsausbildung der Eltern in die Belastungsindizes eingeht. Da auch ein Zusammenhang von elterlicher Berufsausbildung und Schulbildung der Kinder besteht, könnte schon so ein Unterschied je nach Bildung zustande kommen. Hinter der Überrepräsentation von Risikofällen unter den niedrig Gebildeten steht aber sicher mehr als die Ausbildung der Eltern, denn diese geht in alle Belastungsindizes ein. Die Überrepräsentation zeigt sich aber, wie erwähnt, vor allem bei den vorpubertären Belastungen.

Folgen von Belastungen für weibliche Jugendliche

In den folgenden Auswertungen stehen Varianzanalysen im Mittelpunkt, die zunächst den Effekt von Region und Risikoausprägung (hoch gegenüber niedrig) auf das von den Jugendlichen berichtete

Tabelle 3:* *Verteilung von Risiko- und Nicht-Risikogruppen der Belastungsindizes in der Gesamtstichprobe je nach Schulbildung der Befragten (in Klammern erwartete Häufigkeiten)

	Vorpubertäre Belastungen		Gesamtbelastungsindex		Belastungen nach 8. Lebensj.	
	niedr.	hoch	niedr.	hoch	niedr.	hoch
nied. Bild.	911	81	887	105	866	112
	(931)	(61)	(907)	(86)	(885)	(93)
mitt. Bild.	1694	90	1649	135	1617	158
	(1674)	(110)	(1630)	(154)	(1606)	(169)
hohe Bild.	1153	75	1123	105	1109	108
	(1153)	(75)	(1122)	(106)	(1101)	(116)
	Chi^2=10.8, df=2, p = .005		Chi^2=7.4, df=2, p = .03		Chi^2=5.6, df=2, p = .06	

Alter beim Eintritt eines Übergangs bestimmen lassen. Entsprechende Unterschiede im Zeitpunkt verschiedener Aspekte der Autonomie werden außerdem mit statistischer Kontrolle (Auspartialisierung) von Unterschieden im Alter zur Zeit der Befragung mitgeteilt. Auf diesem Wege lassen sich Auswirkungen des unterschiedlich weit zurückreichenden Erinnerns ausgleichen.

In der Darstellung der Ergebnisse stehen Unterschiede je nach Ausprägung von Belastungen im Vordergrund. Vergleiche von alten und neuen Bundesländern kommen nur dann ins Spiel, wenn sich die Belastungen in den beiden Landeshälften unterschiedlich darstellen sollten.

Unterschiede in den Mittelwerten zwischen Ost und West, etwa im Alter bestimmter Entwicklungsübergänge, werden also im folgenden nicht besonders kommentiert; dies geschieht schon an anderem Orte in diesem Band.

Zeitpunkt physischer Reife

Als bekannt zuverlässiges Maß für die körperliche Entwicklung während der Pubertät bei Mädchen stand die Angabe über das Menarchealter als objektiviertes Kriterium zur Verfügung. Die Analysen über den Zusammenhang von widrigen Lebensumständen und physischer Reife bei Mädchen wurden nur für Befragte durchgeführt, die wenigstens 16 Jahre alt waren, da erst in diesem Alter bei allen die Menarche eingetreten war.

Wie in Tabelle 4 gezeigt, ergab sich, daß vorpubertäre Belastungen zu einem früheren Einsetzen der Menarche beizutragen scheinen. Frauen und weibliche Jugendliche, die vor dem 9. Lebensjahr hohe Belastungen erlebten, gaben fast 4 Monate früher für die Menarche an. Bei Kontrolle des Alters zum Zeitpunkt der Befragung wird der ursprünglich signifikante Unterschied aber auf nun noch knapp 3 Monate vermindert.

Tabelle 4: Menarchealter in Abhängigkeit von regionaler Herkunft und vorpubertären Belastungen (Ergebnisse der Varianzanalysen mit und ohne Kovariate Befragungsalter)

		ohne Kovariate					mit Kovariate					
		M	F	df	p	Eta^2	M	F	df	p	Eta^2	n
Bundesl.			.00	1	ns			.02	1	ns		1596
	alte	13.0					12.8					1070
	neue	13.0					13.0					526
Belastung			4.07	1	.04	.003		3.51	1	.06	.002	
	niedrig	13.0					13.0					1527
	hoch	12.7					12.8					69
Bundesl.x Belast.			.82	1	ns			.83	1	ns		
	a0	13.0					13.0					
	a1	12.6					12.6					
	n0	13.0					13.0					
	n1	12.9					13.0					

Anm.: a0 = Befragte aus alten Bundesl. mit niedriger Belastung, a1 = Befragte aus alten Bundesl. mit hoher Belastung, n0 = Befragte aus neuen Bundesl. mit niedriger Belastung, n1 = Befragte aus neuen Bundesl. mit hoher Belastung

Auch wenn der Gesamtindex abträglicher Belastungen betrachtet wird, gehen widrige Lebensumstände mit einer um fast 3 Monate früheren Menarche einher. Dieser Unterschied bleibt auch bei Kontrolle des Befragungsalters erhalten. Beim Index für späte Belastungen zeigt sich allerdings kein Unterschied zwischen Risiko- und Nichtrisikogruppe. Es sind also tatsächlich die früheren Belastungen, die hinter den Unterschieden stehen.

Subjektives Entwicklungstempo

Die Jugendlichen und jungen Erwachsenen wurden nicht nur nach diesen objektivierten Angaben gefragt, sondern sollten auch eine subjektive Einschätzung des Tempos ihrer körperlichen Entwicklung abgeben. Dabei mußten sie jeweils beurteilen, ob sie zwischen 11 und 12, zwischen 13 und 14 und zwischen 15 und 16 Jahren im Vergleich zu ihren Klassenkameraden früher, gleich schnell oder später in ihrer körperlichen Entwicklung waren.

Um feststellen zu können, ob sich Befragte mit vorpubertären Belastungen in ihrem subjektiven Timing von den Befragten ohne solche Belastungen unterscheiden, wurden loglineare Modelle unter Einschluß der Region berechnet. Es ergab sich, daß die frühen Belastungen bei den weiblichen Befragten nichts mit dem subjektiven Timing während der untersuchten Zeiträume zu tun hatten.

Da der Zeitpunkt der Menarche mit subjektiven Schätzungen des Entwicklungstempos nur zu etwa .30 korreliert, muß dieses Ergebnis mit dem zuvor berichteten nicht in Konflikt stehen.

Freundschaft mit Jungen

In der Erhebung wurde gefragt, in welchem Alter die Befragten ihren ersten festen Freund hatten, und wann sie zum ersten Mal sexuelle Erfahrungen gemacht hatten. Außerdem gab es die Frage nach dem Alter beim ersten Verliebtsein. Diese drei Aspekte wurden nun in Zusammenhang mit belastenden Lebensumständen betrachtet. Die Ergebnisse zeigt Tabelle 5.

Für das Alter beim ersten Freund und den ersten sexuellen Erfahrungen machten vorpubertäre widrige Lebensumstände keinen signifikanten Unterschied. Mädchen, die frühe Belastungen erfahren hatten, gaben jedoch an, ein Jahr früher als andere zum ersten Mal verliebt gewesen zu sein. Dieser Unterschied ist zwar bei Kontrolle des Befragungsalters schwächer, bleibt aber signifikant, er beträgt nun noch 7 Monate.

Auch der Gesamtindex für Belastungen machte keinen Unterschied für das Alter beim ersten Freund und bei ersten sexuellen Erfahrungen.

Entwicklungsübergänge

Aus dem umfangreichen Katalog von Fragen zu Entwicklungsübergängen werden hier die jugendtypischen Aspekte behandelt. Untersucht wurde im einzelnen der Zusammenhang von Belastungen und dem Alter, zu dem man nach eigenem Wunsch weggehen und heimkommen konnte; dem Alter, ab dem man sein Aussehen selbst bestimmen konnte, zum ersten Mal in die Disco gegangen ist sowie dem Alter, ab dem man über politische Themen reden konnte; schließlich das Alter, zu dem man wußte, was man beruflich machen wollte.

Tabelle 5: Altersangaben der weiblichen Befragten zu drei Aspekten der Freundschaft mit Jungen in Abhängigkeit von regionaler Herkunft und vorpubertären Belastungen (Ergebnisse der Varianzanalysen mit und ohne Kovariate Befragungsalter)

		ohne Kovariate					mit Kovariate					
		M	F	df	p	Eta^2	M	F	df	p	Eta^2	n
erste sexuelle Erfahrung												
Bundesländer			8.12	1	.01	.006		10.25	1	.00	.007	1374
	Alte	16.3					16.1					924
	Neue	16.6					16.2					450
Belastung			3.70	1	.06	.003		2.07	1	ns		
	niedrig	16.4					16.4					1323
	hoch	15.8					15.9					51
Bundesl.xBelast.			.27	1	ns			.29	1	ns		
	a0	16.3					16.2					
	a1	15.9					15.9					
	n0	16.6					16.6					
	n1	15.8					15.9					
erster fester Freund												
Bundesländer			.22	1	ns			.00	1	ns		1484
	Alte	16.1					15.9					1007
	Neue	16.1					16.1					477
Belastung			1.11	1	ns			.05	1	ns		
	niedrig	16.1					16.0					1419
	hoch	15.8					16.0					65
Bundesl.xBelast.			.36	1	ns			.56	1	ns		
	a0	16.1					16.0					
	a1	15.8					15.8					
	n0	16.1					16.0					
	n1	16.1					16.2					
erstes Mal verliebt sein												
Bundesländer			2.52	1	.11	.001		9.05	1	.01	.004	1816
	Alte	14.1					13.6					1205
	Neue	14.3					13.8					611
Belastung			13.50	1	.00	.007		5.06	1	.03	.002	
	niedrig	14.2					14.0					1676
	hoch	13.2					13.4					95
Bundesl.xBelast.			1.45	1	ns			.80	1	ns		
	a0	14.2					13.8					
	a1	13.4					13.4					
	n0	14.4					14.2					
	n1	12.9					13.3					

Anm.: a0 = Befragte aus alten Bundesl. mit niedriger Belastung, a1 = Befragte aus alten Bundesl. mit hoher Belastung, n0 = Befragte aus neuen Bundesl. mit niedriger Belastung, n1 = Befragte aus neuen Bundesl. mit hoher Belastung

Wie Tabelle 6 zeigt, gingen vorpubertäre Belastungen fast durchweg einher mit einem früheren Alter, zu dem die Befragten diese Übergänge erreicht hatten. Mädchen, die von starken Belastungen vor der Pubertät berichteten, durften fast 11 Monate früher als die Unbelasteten nach eigenem Gutdünken heimkommen, bestimmten 1 Jahr und 4 Monate früher ihr Aussehen selbst und gingen gut 7 Monate früher zum ersten Mal in die Disco. Ebenso gehen hohe vorpubertäre Belastungen mit einem um 1 Jahr und 6 Monate früheren Alter einher, zu dem man sich beruflicher Ziele sicher war. Der ebenfalls signifikante Unterschied hinsichtlich des Alters, ab dem man über Politik reden konnte, bleibt nicht erhalten, wenn das Befragungsalter berücksichtigt wird.

Einzig die Frage, ab welchem Alter man nach eigenem Belieben weggehen und heimkommen konnte, führt auch dann zu den erwähnten Unterschieden, wenn der Gesamtindex oder auch nur die Belastungen nach dem 8. Lebensjahr herangezogen werden.

Betrachtet man das Durchschnittsalter, zu dem die Befragten die einzelnen Übergänge erreichten, so zeigt sich, daß „weggehen und heimkommen, wann man will" erst zu einem vergleichsweise spä-

Tabelle 6: Altersangaben der weiblichen Befragten zu fünf Übergängen in Abhängigkeit von regionaler Herkunft und vorpubertären Belastungen (Ergebnisse der Varianzanalysen mit und ohne Kovariate Befragungsalter)

		ohne Kovariate					mit Kovariate				
	M	F	df	p	Eta^2	M	F	df	p	Eta^2	n
weggehen und heimkommen, wann man will											
Bundesländer		10.76	1	.00	.007		7.35	1	.01	.005	1427
Alte	17.1					16.7					980
Neue	16.8					16.5					447
Belastung		18.46	1	.00	.013		12.11	1	.00	.008	
niedrig	17.1					16.9					1365
hoch	16.2					16.3					62
Bundesl.xBelast.		.16	1	ns			.16	1	ns		
a0	17.2					17.1					
a1	16.3					16.3					
n0	16.9					16.8					
n1	16.1					16.3					
über Politik reden können											
Bundesländer		87.45	1	.00	.057		69.11	1	.00	.034	1452
Alte	16.7					16.0					932
Neue	15.3					15.1					530
Belastung		11.67	1	.00	.008		1.11	1	ns		
niedrig	16.2					15.7					1375
hoch	15.2					15.4					77
Bundesl.xBelast.		.04	1	ns			.30	1	ns		
a0	16.7					16.2					
a1	15.6					15.8					
n0	15.4					15.1					
n1	14.4					15.1					

Tabelle 6: Fortsetzung

		ohne Kovariate				mit Kovariate					
	M	F	df	p	Eta^2	M	F	df	p	Eta^2	n
sein Aussehen selbst bestimmen											
Bundesländer		.25	1	ns			.58	1	ns		1933
Alte	13.3					12.7					1290
Neue	13.2					12.5					643
Belastung		18.45	1	.00	.009		5.35	1	.02	.002	
niedrig	13.3					13.0					1831
hoch	12.0					12.2					102
Bundesl.xBelast.		2.38	1	ns			1.52	1	ns		
a0	13.3					12.9					
a1	12.3					12.5					
n0	13.3					13.0					
n1	11.3					11.9					
zum ersten Mal in die Disco gehen											
Bundesländer		189.3	1	.00	.094		160.1	1	.00	.072	1817
Alte	14.9					14.6					1189
Neue	13.8					13.6					628
Belastung		11.99	1	.00	.006		3.75	1	.06	.002	
niedrig	14.6					14.3					1725
hoch	14.0					13.9					92
Bundesl.xBelast.		.34	1	ns			.07	1	ns		
a0	15.0					14.7					
a1	14.4					14.4					
n0	13.9					13.8					
n1	13.1					13.4					
wissen, was man beruflich machen will											
Bundesländer		107.8	1	.00	.059		85.75	1	.00	.042	1691
Alte	15.4					14.6					1096
Neue	13.9					13.4					595
Belastung		24.21	1	.00	.013		9.57	1	.01	.005	
niedrig	15.0					14.4					1601
hoch	13.5					13.5					90
Bundesl.xBelast.		.04	1	ns			.01	1	ns		
a0	15.5					15.0					
a1	14.0					14.1					
n0	14.0					13.8					
n1	12.4					12.9					

Anm.:a0 = Befragte aus alten Bundesl. mit niedriger Belastung, a1 = Befragte aus alten Bundesl. mit hoher Belastung, n0 = Befragte aus neuen Bundesl. mit niedriger Belastung, n1 = Befragte aus neuen Bundesl. mit hoher Belastung

ten Zeitpunkt erreicht wird. Befragte aus den neuen Bundesländern gaben im Schnitt 16.8 Jahre, aus den alten Bundesländern 17.1 Jahre an. Schon deshalb können darauf auch Belastungen Einfluß nehmen, die nach dem 8. Lebensjahr auftraten.

Insgesamt kann festgehalten werden, daß bei den untersuchten weiblichen Jugendlichen vor allem die vorpubertären

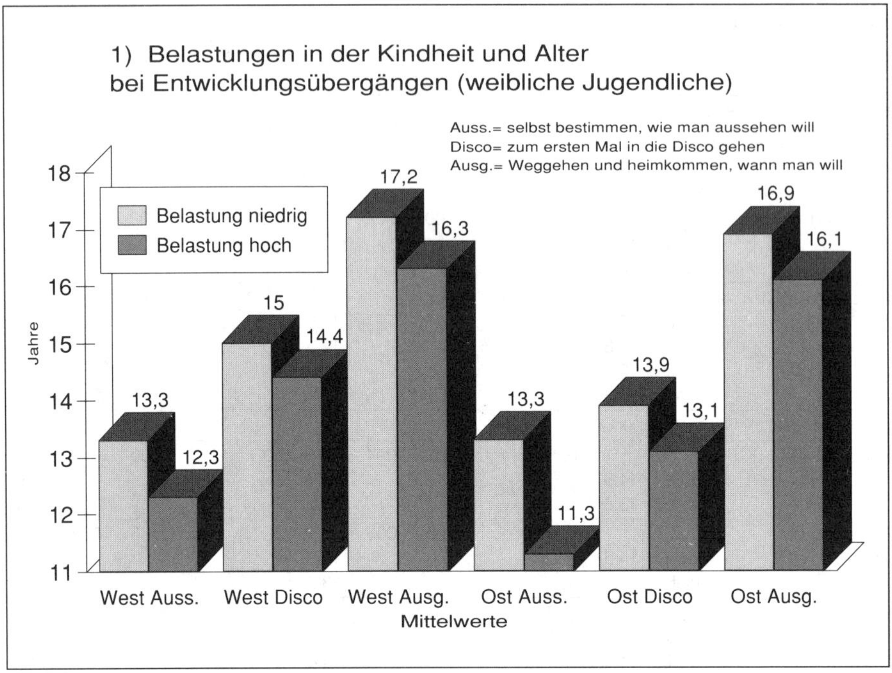

Belastungen zu akzelerierten Entwicklungsübergängen führen, und das über einen breiten Themenbereich hinweg. Einen zusammenfassenden Überblick über die Ergebnisse zur Autonomieentwicklung vermittelt Abbildung 1.

Bislang wurde das (erinnerte) chronologische Alter für jeden der Übergänge betrachtet. Eine ergänzende Perspektive auf die Rolle von Risikofaktoren ergibt sich, wenn die subjektiven Einschätzungen des eigenen Entwicklungstempos im Vergleich zu Gleichaltrigen betrachtet werden. Um eine dichtere Darstellung zu erhalten, werden die Angaben zu mehreren Entwicklungsübergängen aggregiert. Sowohl die Zahl von Ereignissen, bei denen man sich als früher bezeichnete, als auch die Zahl von Ereignissen, bei denen man sich als später einschätzte, wurden aufsummiert und für die neuen und alten Bundesländer getrennt analysiert. Details zu den verwendeten Konzepten finden sich im gesonderten Kapitel in Band 4.

Vorpubertäre Belastungen scheinen für die subjektiven Einschätzungen relevant zu sein, wie in Abbildung 2 deutlich wird. Unter den hoch belasteten weiblichen Befragten aus den alten Bundesländern werden durchschnittlich mehr Übergänge als früher erreicht bezeichnet als dies unter gering Belasteten der Fall ist. Hinsichtlich der Beurteilung als später gab es keine Unterschiede. In den neuen Bundesländern hingegen zeigt sich für keinen der Indizes ein Unterschied zwischen durch Lebensereignisse belasteten und nicht belasteten jungen Leuten.

Zu diesen Ergebnissen ist anzumerken, daß Unterschiede im subjektiven Tempo der körperlichen Entwicklung

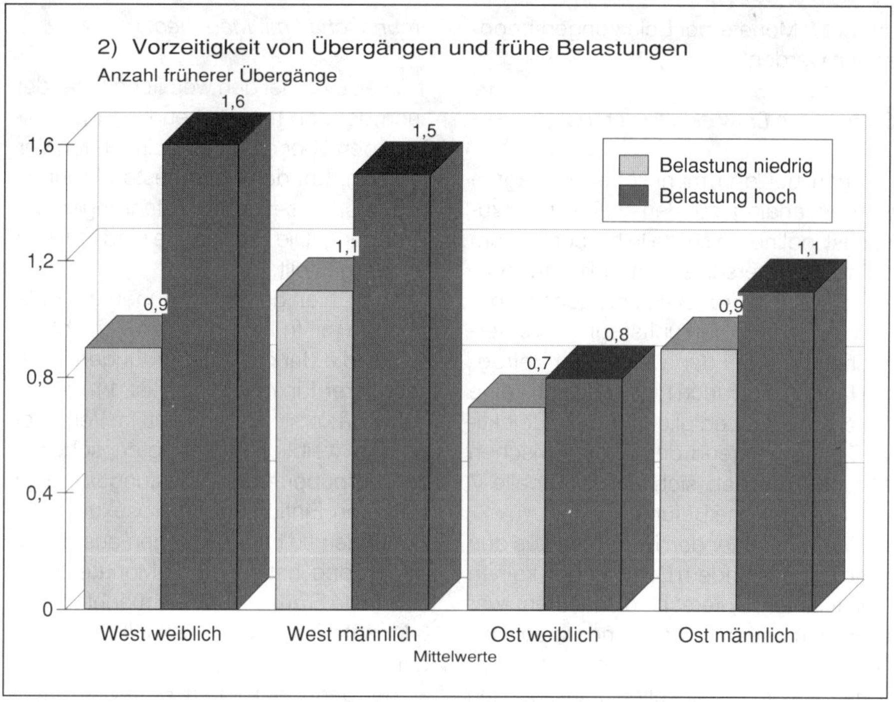

zwar nicht bestanden, wohl aber solche im Tempo der Entwicklung jugendtypischer Aspekte von Autonomie. Weibliche Jugendliche, die von frühen Belastungen berichteten, hatten im Vergleich zu nicht von Risiken belasteten im Durchschnitt mehr solcher Übergänge früher als Gleichaltrige bewältigt.

Folgen von Belastungen für männliche Jugendliche

Zeitpunkt physischer Reife

Für die Betrachtung der Zusammenhänge von Belastungen und physischer Reife bei Jungen standen zwei Messungen zur Verfügung. Zum einen gaben die Jungen ihr Alter beim Stimmbruch an, zum anderen wurden sie auch nach dem Alter beim Wachstumsschub gefragt. Beide Maße wurden für die folgenden Analysen nur für die bei der Befragung 16- bis 29jährigen berücksichtigt.

Weder bei Jungen mit frühen Belastungen noch für Belastungen, die über das ganze bisherige Leben verteilt sein können, finden sich im Vergleich zu den Nichtbelasteten Altersunterschiede hinsichtlich des Stimmbruchs oder des Wachstumsschubs.

Lediglich beim Gesamt-Index ergibt sich für den Wachstumsschub eine tendenziell signifikante Interaktion von regionaler Herkunft und Belastung. Während die kumulierten Belastungen bei Jungen in den alten Bundesländern mit einem um fast 5 Monate früheren Wachstumsschub einhergehen, kann bei Jungen aus den neuen Bundesländern eine Verzögerung um gut 2 Monate bei Belastungen beobachtet werden.

Subjektives Entwicklungstempo

Auch bei den männlichen Befragten wurden analog zu den weiblichen zunächst loglineare Modelle berechnet, um mögliche Unterschiede im subjektiven Timing zwischen früh Belasteten und Unbelasteten je nach Herkunftsregion zu untersuchen. Wie bei den weiblichen Befragten fanden sich auch hier praktisch keine Unterschiede. Lediglich für das subjektive Timing während des Alters zwischen 11 und 12 ergab sich der in Tabelle 7 wiedergegebene Befund.

Während unter den Befragten aus den alten Bundesländern Belastungen keinen signifikanten Unterschied machten, war es in den neuen Bundesländern so, daß Belastete unter den zu Beginn der Pubertät langsamer entwickelten über-, bei den schneller entwickelten hingegen unterrepräsentiert waren.

Freundschaft mit Mädchen

Wie zuvor bei den weiblichen standen auch bei den männlichen Befragten die Angaben über das Alter beim ersten Verliebtsein, bei der ersten festen Freundin und ersten sexuellen Erfahrungen zur Verfügung. Die Ergebnisse sind in Tabelle 8 dargestellt.

Auch hier gehen vorpubertäre Belastungen mit früherem ersten Verliebtsein einher; die stark belasteten Jungen waren nach ihrer Einschätzung fast 11 Monate früher das erste Mal verliebt. Im Vergleich zu den weiblichen Befragten scheinen die vorpubertären Belastungen einen stärkeren Einfluß auf heterosexuelle Beziehungen zu haben. Jungen aus der Risikogruppe hatten gut 9 Monate früher eine feste Freundin und sie machten etwa 8 Monate früher erste sexuelle Erfahrungen.

Bei den männlichen Befragten ergeben sich auch Unterschiede zwischen Belasteten und Nichtbelasteten, wenn

Tabelle 7: *Absolute und – in Klammern – erwartete Häufigkeiten der subjektiven Einschätzung des relativen körperlichen Entwicklungstempos im Alter von 11/12 in Abhängigkeit von den vorpubertären Belastungen, getrennt für alte und neue Bundesländer, männliche Befragte*

		subjekt. Entwicklungstempo		
		früher	gleich	später
alte Bundesländer				
frühe Belastungen	niedrig	183	861	167
		(188)	(855)	(168)
	hoch	21	65	15
		(16)	(71)	(14)
neue Bundesländer				
frühe Belastungen	niedrig	117	436	76
		(112)	(435)	(81)
	hoch	2	25	10
		(6)	(26)	(5)

Anm.: alte Bundesl.: $Chi^2 = 2.6$, $df = 2$, $p = .27$
neue Bundesl.: $Chi^2 = 9.5$, $df = 2$, $p = .01$

Tabelle 8: Altersangaben der männlichen Befragten zu drei Aspekten der Freundschaft mit Mädchen in Abhängigkeit von regionaler Herkunft und vorpubertären Belastungen (Ergebnisse der Varianzanalysen mit und ohne Kovariate Befragungsalter)

		ohne Kovariate					mit Kovariate					
		M	F	df	p	Eta2	M	F	df	p	Eta2	n
erste sexuelle Erfahrung												
Bundesländer			1.22	1	ns			.57	1	ns		1348
	Alte	16.1					15.7					893
	Neue	16.0					15.7					455
Belastung			11.62	1	.00	.009		8.50	1	.01	.006	
	niedrig	16.1					16.0					1274
	hoch	15.4					15.4					74
Bundesl.xBelast.			.10	1	ns			.04	1	ns		
	a0	16.2					16.1					
	a1	15.4					15.4					
	n0	16.0					16.0					
	n1	15.3					15.4					
erste feste Freundin												
Bundesländer			11.00	1	.00	.008		8.23	1	.01	.006	1372
	Alte	16.4					16.0					911
	Neue	16.0					15.6					461
Belastung			9.80	1	.01	.007		4.50	1	.03	.003	
	niedrig	16.3					16.1					1289
	hoch	15.6					15.5					83
Bundesl.xBelast.			.36	1	ns			.15	1	ns		
	a0	16.5					16.3					
	a1	15.8					15.8					
	n0	16.0					15.9					
	n1	15.0					15.2					
erstes Mal verliebt sein												
Bundesländer			.02	1	ns			.68	1	ns		1672
	Alte	14.6					14.1					1106
	Neue	14.6					14.3					566
Belastung			10.13	1	.00	.006		2.15	1	ns		
	niedrig	14.7					14.4					1558
	hoch	13.8					14.0					114
Bundesl.xBelast.			.03	1	ns			.11	1	ns		
	a0	14.7					14.3					
	a1	13.8					13.9					
	n0	14.6					14.4					
	n1	13.7					14.2					

Anm.: a0 = Befragte aus alten Bundesl. mit niedriger Belastung, a1 = Befragte aus alten Bundesl. mit hoher Belastung, n0 = Befragte aus neuen Bundesl. mit niedriger Belastung, n1 = Befragte aus neuen Bundesl. mit hoher Belastung

man den Gesamtindex für ihr bisheriges Leben betrachtet. Auch hier berichten die Belasteten, daß sie die erste feste Freundin früher hatten und erste sexuelle Erfahrungen früher machten. Der Unterschied für das Alter des ersten Verliebtseins hingegen ist nur marginal.

Die Unterschiede im Gesamtindex sind aber eher auf die Rolle der früheren Belastungen zurückzuführen, denn Analysen mit den Belastungen nach dem 8. Lebensjahr ergaben keine signifikanten Unterschiede hinsichtlich des Alters beim ersten Verliebtsein, fester Freundin oder sexuellen Erfahrungen.

Entwicklungsübergänge

Für die männlichen Befragten wurden die gleichen Berechnungen wie für die weiblichen durchgeführt. Die Ergebnisse waren insgesamt ähnlich, wie in Tabelle 9 gezeigt.

Auch bei den männlichen Befragten gehen vorpubertäre Belastungen mit einer Akzeleration in den Entwicklungsübergängen einher. Wer vor dem Alter von 9 Jahren starke Belastungen erfahren hat, darf gut 8 Monate früher weggehen und heimkommen, wann er will; bestimmt 1 Jahr und 4 Monate früher selbst über sein Aussehen und geht 7 Monate früher in die Disco. Alle Unterschiede werden zwar bei Kontrolle des Alters etwas schwächer, bleiben aber signifikant. Der Unterschied für das Weggehen liegt nun bei 6 Monaten, für selbstbestimmtes Aussehen bei 9 Monaten und für die Disco bei 6 Monaten.

Weiterhin konnten die Belasteten im Durchschnitt 1 Jahr und 2 Monate früher über Politik reden und wußten 1 Jahr und 4 Monate früher, was sie beruflich machen wollten.

Deutlicher als bei den Mädchen und jungen Frauen ergeben sich auch hinsichtlich des Gesamtindex einige Unterschiede. So berichten auch diese Belasteten von einem früheren Alter, in dem sie selbst über ihr Weggehen und ihr Aussehen bestimmten und in dem sie zum ersten Mal in eine Disco gingen. Betrachtet man nun, wie diese Unterschiede bei Belastungen aussehen, die nach dem 8. Lebensjahr auftraten, so wird nur der Unterschied für Weggehen marginal bedeutsam. Das heißt, daß im Gesamtindex erneut vor allem die frühen Belastungen für die Unterschiede verantwortlich sind.

Die abschließenden Analysen über die aggregierten Maße für die Tendenz zu subjektiv im Vergleich zu Klassenkameraden frühen bzw. späten Übergängen erbrachten ebenfalls den weiblichen Befragten vergleichbare Ergebnisse. Wie in Abbildung 2 ersichtlich, gehen frühe Belastungen bei den Jungen aus den alten Bundesländern mit einer durchschnittlich größeren Zahl früher als üblich vollzogener Übergänge einher. Bei Kontrolle des Alters ist der Effekt der frühen Belastungen allerdings nur noch marginal. In den neuen Bundesländern findet sich dagegen wiederum kein Unterschied zwischen Belasteten und Nichtbelasteten, gleich ob die Häufung früher oder später Übergänge gezählt werden.

Diskussion

Um die Zusammenhänge zwischen widrigen Lebensumständen und Variationen im Tempo der psychosozialen Entwicklung untersuchen zu können, mußte zunächst ein Meßverfahren entworfen werden. In Anlehnung an das Adversity-Konzept wurden jene etwa 10 % Jugendlichen identifiziert, die eine Reihe von Risikofaktoren in besonderer Häufung auf sich vereinen.

In den Index gingen teils Merkmale aus der Familie ein (etwa Verlust eines Elternteils), teils Belastungen der Jugendlichen selbst (etwa Schulschwierigkeiten). Da es bei den Zielvariablen um die Entwicklung der Jugendlichen geht, wäre es besser gewesen, die beiden Arten von Belastungen nicht im gleichen Index zu behandeln. Für jetzt hatten wir aber keine andere Wahl, weil die gesonderten Erhebungen der Eltern noch nicht erfolgt waren und deshalb nicht genü-

Tabelle 9: Altersangaben der männlichen Befragten zu fünf Entwicklungsübergängen in Abhängigkeit von regionaler Herkunft und vorpubertären Belastungen (Ergebnisse der Varianzanalysen mit und ohne Kovariate Befragungsalter)

		ohne Kovariate					mit Kovariate					
		M	F	df	p	Eta^2	M	F	df	p	Eta^2	n
weggehen und heimkommen, wann man will												
Bundesländer			14.04	1	.00	.009		11.65	1	.00	.007	1481
	Alte	16.5					16.2					994
	Neue	16.2					15.9					487
Belastung			14.75	1	.00	.009		9.23	1	.01	.006	
	niedrig	16.5					16.3					1393
	hoch	15.8					15.8					21
Bundesl.xBelast.			.14	1	ns			.01	1	ns		
	a0	16.6					16.5					
	a1	15.9					15.9					
	n0	16.2					16.2					
	n1	15.4					15.6					
über Politik reden können												
Bundesländer			71.45	1	.00	.043		62.29	1	.00	.029	1559
	Alte	16.3					15.6					1017
	Neue	15.2					14.7					542
Belastung			23.04	1	.00	.014		6.92	1	.01	.003	
	niedrig	16.0					15.4					1463
	hoch	14.8					14.9					96
Bundesl.xBelast.			.57	1	ns			.07	1	ns		
	a0	16.3					15.9					
	a1	15.2					15.2					
	n0	15.3					15.0					
	n1	13.7					14.5					
sein Aussehen selbst bestimmen												
Bundesländer			.34	1	ns			.23	1	ns		1845
	Alte	13.9					13.3					1221
	Neue	13.8					13.3					624
Belastung			26.12	1	.00	.014		9.62	1	.01	.004	
	niedrig	14.0					13.7					1716
	hoch	12.7					12.9					129
Bundesl.xBelast.			.80	1	ns			.30	1	ns		
	a0	14.0					13.6					
	a1	12.9					13.0					
	n0	13.9					13.7					
	n1	12.3					12.8					

Tabelle 9: Fortsetzung

		ohne Kovariate				mit Kovariate				
	M	F	df	p	Eta^2	M	F	df	p	Eta^2	n
zum ersten Mal in die Disco gehen											
Bundesländer		216.4	1	.00	.109		206.0	1	.00	.094	1750
Alte	15.1					14.8					1140
Neue	13.9					13.6					610
Belastung		20.11	1	.00	.010		7.91	1	.01	.004	
niedrig	14.7					14.4					1634
hoch	14.1					13.9					116
Bundesl.xBelast.		1.94	1	ns			.94	1	ns		
a0	15.1					14.9					
a1	14.6					14.6					
n0	14.0					13.9					
n1	13.0					13.3					
wissen, was man beruflich machen will											
Bundesländer		129.0	1	.00	.071		113.3	1	.00	.055	1652
Alte	15.8					15.1					1050
Neue	14.2					13.5					602
Belastung		26.23	1	.00	.015		9.40	1	.01	.005	
niedrig	15.3					14.8					1541
hoch	14.0					13.9					111
Bundesl.xBelast.		1.91	1	ns			.66	1	ns		
a0	15.9					15.4					
a1	14.7					14.8					
n0	14.3					14.1					
n1	12.4					13.0					

Anm.: a0 = Befragte aus alten Bundesl. mit niedriger Belastung, a1 = Befragte aus alten Bundesl. mit hoher Belastung, n0 = Befragte aus neuen Bundesl. mit niedriger Belastung, n1 = Befragte aus neuen Bundesl. mit hoher Belastung

gend Risikomerkmale zur Verfügung standen. Dies wird sich ändern: In einen künftigen Index familiärer Risiken können beispielsweise noch das Einkommen, das Alter der Mutter bei der Geburt des ersten Kindes und die Geschwisterzahl eingehen.

Die betrachteten Risiken sind für die Stichproben aus alten und neuen Bundesländern teilweise unterschiedlich einschlägig, und zwar in Abhängigkeit vom betrachteten Abschnitt der Lebensspanne und der Altersgruppe. Arbeitslosigkeit der Eltern, beispielsweise, kann in den neuen Bundesländern praktisch nur erlebt haben, wer für die Zeit nach der deutschen Vereinigung, also angesichts der untersuchten Altersgruppen nach dem 8. Lebensjahr, davon betroffen war. Wir haben dieses Ungleichgewicht in Kauf genommen, um für künftige Erhebungen die gleichen Maßstäbe anlegen zu können.

Insbesondere bei den frühen Risiken geht es darum, Aussagen über teilweise weit zurückliegende Geschehnisse zu machen. Deshalb kann es nicht wundern, daß beim Vergleich von Altersgruppen die zum Befragungszeitpunkt jüngeren relativ mehr Fälle mit früheren Risiken umfassen als die älteren. Weil durchgängig mit Erinnerungseffekten zu rechnen war, wurde deshalb bei den Auswertungen das Befragungsalter auspartialisiert.

Der interessanteste demographische Unterschied zeigte sich im Vergleich der alten und neuen Bundesländer. Wiederum beim Index für vorpubertäre Belastungen, nicht bei den erst später im Leben aufgetretenen Risiken, gab es unter den Befragten aus der alten Bundesrepublik relativ mehr hoch Belastete als in den neuen Ländern. Die Unterschiede sind nicht dramatisch, verweisen aber doch darauf, daß einige der hier betrachteten Belastungsaspekte eher typisch für die alte Bundesrepublik waren, wie eben Arbeitslosigkeit.

Weiterhin ergab sich ein Unterschied in der Betroffenheit der verschiedenen Bildungsgruppen. Junge Leute der niedrigsten Bildungsschicht, insbesondere in den neuen Bundesländern, waren frühen Risiken besonders ausgesetzt. Hierbei ist allerdings zu bedenken, daß die niedrigste Bildungsgruppe in der ehemaligen DDR relativ seltener vertreten war und wohl auch eine größere Benachteiligung bedeutete. Obwohl wir annehmen, daß die Unterschiede im Bildungsniveau an den Folgen früher Belastungen – beispielsweise für das elterliche Interesse an der Schule und die Unterstützung des Lernens – liegen, läßt sich doch nicht ausschließen, daß der Unterschied mit der Konstruktion des Index selbst zusammenhängt (Schulschwierigkeiten sind eines der Merkmale). Gegen diese Bedenken spricht allerdings, daß nur frühe Belastungen, nicht auch die später im Leben aufgetretenen diese Benachteiligungen für die Bildungsentwicklung beinhalten.

Im Mittelpunkt des Interesses stehen Unterschiede im Tempo von Entwicklungsübergängen als Funktion der Belastung mit Risiken. Während sich bei den Jungen hinsichtlich des Alters beim Stimmbruch bzw. beim Wachstumsschub keine Unterschiede ergaben, sind die Ergebnisse bei den weiblichen Jugendlichen eindrücklich. Unter jenen, die besonders durch frühe Risiken belastet waren, liegt der Durchschnitt des Alters zur Menarche um vier Monate früher als für die Mehrheit der wenig belasteten Mädchen bzw. Frauen. Bei diesen wie bei den folgenden Altersangaben muß allerdings berücksichtigt werden, daß lediglich volle Jahre erfragt wurden. Dies, zusammen mit Erinnerungseffekten, macht die Erfassung von Unterschieden zu einem etwas grobschlächtigen Verfahren (siehe dazu auch das Kapitel von Silbereisen, Kracke und Nowak in diesem Band). Wahrscheinlich handelt es sich aber eher um Unter- denn Überschätzungen. Die Befunde passen zu den von Surbey (1990) mitgeteilten Ergebnissen, nach denen bei Mädchen, die vor der Pubertät durch eine Häufung kritischer Lebensereignisse starkem Streß ausgesetzt waren, die Menarche früher eintrat.

Es bleibt in der vorliegenden Studie zunächst ungeklärt, wodurch der Zusammenhang von frühen Belastungen und früher einsetzender Menarche vermittelt wird. Belsky et al. (1991, S. 651–653) argumentieren, daß der familiäre Streß zu wenig fürsorglichen Erziehungspraktiken und somit zu einer unsicheren Eltern-Kind-Bindung führt. Bei Mädchen werden infolge dessen vor allem internalisierende Symptome wie Depressivität und Ängstlichkeit auftreten, die über die Verlangsamung des Stoffwechsels eine stärkere Fettanlagerung bewirken können und damit eine Beschleunigung der körperlichen Reife anstoßen.

Zu bedenken ist aber weiterhin, daß das Menarchealter der Befragten zu einem gewissen Teil durch das Menarchealter der Mutter bestimmt ist. Der Zusammenhang von familiärem Streß und körperlicher Entwicklung könnte dann damit erklärt werden, daß eine frühe Menarche der Mutter zum Beispiel mit früherer Heirat, früher Geburt des ersten Kindes und schlechterer Bildung zusammenhängen kann, was wiederum die Wahrscheinlichkeit anderer familiärer Belastungssituationen wie Scheidung oder ökonomische Deprivation erhöht und gleichzeitig auch das Menarchealter der Tochter mitbestimmt (Surbey 1990). Wenn die Daten der Erhebung für die Eltern der Befragten vorliegen, kann das Menarchealter der Mutter kontrolliert werden, was, folgt man der Studie von Surbey (1990), aber keine vollständige Erklärung bieten wird.

Bei den Fragen zur Entwicklung erotischer Beziehungen zum anderen Geschlecht zeigten frühe Risiken bei männlichen Jugendlichen den erwarteten Effekt. Wer stark belastet war, so zeigen es Mittelwertsunterschiede an, war knapp ein Jahr früher dabei als die anderen. Bei den weiblichen Befragten mit vorpubertären Belastungen läßt sich dagegen nur ein früheres Interesse am anderen Geschlecht beobachten. Die tatsächlichen heterosexuellen Beziehungen werden kaum früher eingegangen. In gleicher Weise stehen frühe Risiken mit beschleunigten Übergängen zu jugendtypisch autonomem Handeln und gefestigten, aber vielleicht vorzeitigen Berufsvorstellungen in Zusammenhang. Die Risikogruppe beiderlei Geschlechts ist in diesem Themenbereich noch deutlicher akzeleriert, denn die Unterschiede zu den Nichtbelasteten liegen teilweise weit über einem Jahr.

Zusammenfassend erbringt der Vergleich der Ergebnisse männlicher und weiblicher Befragter Übereinstimmung für die psychosozialen Entwicklungsübergänge: frühe Belastungen gehen einher mit vorzeitiger Autonomie- und Identitätsentwicklung. Bei den Liebesbeziehungen scheinen die Auswirkungen früher Belastungen bei Jungen deutlicher. Auch die Auswirkungen für die körperliche Entwicklung sind unterschiedlich, einzig bei den Mädchen fanden sich Zusammenhänge von vorpubertären Belastungen und früherer körperlicher Entwicklung.

Auf die Ost/West-Unterschiede im Alter, zu dem Entwicklungsübergänge bewältigt werden, wurde im Ergebnisteil nicht eingegangen, da es sich nicht um die zentrale Fragestellung dieses Artikels handelt. Hier sei nur soviel festgehalten: Die Befragten aus den neuen Bundesländern waren früher über Politik und Beruf orientiert, gingen früher in die Disco und entschieden eher, wann sie abends weggingen. Dies läßt sich zum einen durch die staatlichen Eingriffe in die Berufsfindung und politische Bildung erklären, zum anderen durch eine andersgestaltete, geregeltere Jugendkultur, wie dies an anderer Stelle in diesem Band ausführlicher diskutiert wird. Über diese Mittelwertsunterschiede hinaus läßt sich festhalten, daß die Entwicklungsfolgen früher Belastungen für Befragte aus neuen und alten Bundesländern sehr ähnlich ausfielen.

In ihrer Gesamtheit belegen die Ergebnisse, daß für beide Geschlechter und über alte und neue Bundesländer hinweg eine Kumulation von vorpubertären Belastungen mit einem beschleunigten Durchlaufen von Entwicklungsübergängen einhergeht. Die Unterschiede zwischen Belasteten und Nicht-Belasteten sind beeindruckend groß, nämlich bis zu 18 Monaten. Für die Befragten aus den neuen Bundesländern galt zwar, daß sie viele Übergänge deutlich früher als die Befragten aus den alten Bundesländern machten, doch der Zusammenhang zwischen starken Belastungen und Frühzeitigkeit bestand hier nicht weniger.

Das Hauptergebnis einer unter Risiken in beiden Landesteilen gleichermaßen beschleunigten psychosozialen Entwicklung bezieht sich auf Altersangaben für Übergänge. Parallel haben wir versucht, auch das subjektive Empfinden von beschleunigter bzw. verlangsamter Entwicklung relativ zu Altersgleichen zu erfassen. Besonders aufschlußreich waren die Befunde zu einem Indikator, welcher die Häufung relativ schnellerer Entwicklung zu den Themen Autonomie und Identität erfaßt.

Nur in der Stichprobe aus den alten Bundesländern berichteten beide Geschlechter über mehr beschleunigte Entwicklungsübergänge, wenn sie zur Gruppe mit massierten vorpubertären Risiken zählen. Bei den jungen Leuten aus den neuen Bundesländern hingegen fand sich keinerlei Unterschied. Vorpubertäre Belastungen zeigen also in einem eher fürsorglichen, aber auch normierten Kontext wie in der ehemaligen DDR, keine Beschleunigung des subjektiven Tempos der Entwicklung.

Im Vergleich von objektivierten Altersangaben zu Übergängen und dem Index zur Vorzeitigkeit nach subjektivem Empfinden zeigt sich ein Unterschied. Während hohe Belastungen nach Jahren deutlich frühere Übergänge in Ost und West bedeuten, ist dies für das subjektive Tempo nur im Westen der Fall. Eingangs war vermutet worden, daß vergleichbar massierte Risiken je nach Umfeld unterschiedlich folgenreich sein können. Dies scheint im Licht der harten Altersangaben nicht zuzutreffen, denn belastet zu sein heißt gleichermaßen, Entwicklungsschritte früher zu absolvieren. „Dem Gefühl nach“, also bei dem Empfinden schneller zu sein (gewissermaßen auszuscheren), schlägt sich dieser Unterschied zwischen Belasteten und Nicht-Belasteten aber nur im Westen nieder.

Die bisherigen Auswertungen schöpfen das, was wir uns für die Zukunft vorstellen, bei weitem nicht aus. Zu prüfen wäre in weiteren Analysen, ob die beschleunigte psychosoziale Entwicklung im Jugendalter Auswirkungen auf die Entwicklung im frühen Erwachsenenalter hat. Bei den vorliegenden Daten läßt sich dies natürlich nur für die Gruppe der 20- bis 29jährigen untersuchen. Problembereiche, die überprüft werden könnten, wären die Berufsausbildung und das momentane psychische Wohlbefinden der jungen Erwachsenen, ihr Zigaretten- und Alkoholkonsum als Indikatoren einer gelungenen oder mißlungenen Anpassung.

Nicht zuletzt interessieren uns die Mechanismen der Vermittlung zwischen Belastungen und Variationen im Tempo und Qualität der Entwicklung. Das körperliche Entwicklungstempo ist ein Beispiel, dem wir uns zunächst widmen werden. Da es bei Mädchen gleichsinnige Unterschiede im Menarchealter und Unterschiede im Alter erster Liebesbeziehung je nach Belastung gab, soll untersucht werden, ob der Zeitpunkt der Menarche bzw. die damit zusammenhängenden Erfahrungen die Verbindung zwischen den frühen Belastungen und den vorzeitigen sexuellen Beziehungen darstellt. Bezieht man die Jungen ein, stellen sich interessante Fragen unterschiedlicher Rollen von körperlicher Reife für soziale Entwicklungsprozesse.

Anmerkung

Die Auswertung der Untersuchung wurde teilweise durch die Deutsche Forschungsgemeinschaft (Si 296/12–1) sowie durch ein Stipendium der Graduiertenförderung des Landes Hessen (Beate Schwarz) unterstützt. Wir danken unseren Kolleginnen Bärbel Kracke, Marion Nowak und Gisela Thiele (Humboldt-Stipendiatin) für die vielfältige Unterstützung bei der Durchführung dieses Projekts; Frau Hanna Bohnenkamp war ebenfalls sehr hilfreich. Unser Dank gilt ferner Klaus Hurrelmann (Bielefeld), Hans-Dieter Rösler (Rostock) und Dieter Wolke (München), die wichtige Anregungen anhand einer früheren Version die-

Literatur

Baumrind, D. 1989
Rearing competent children, in: Damon, Hrsg., Child Development Today and Tomorrow S. 349–378
San Francisco

Belsky, J., Steinberg, L.D., Draper, P. 1991
Childhood experience, interpersonal development and reproductive strategy: An evolutionary theory of socialisation
Child Development, 62, S. 647–670

Dishion, T.J. 1990
The family ecology of boys' peer relations in middle childhood
Child Development, 61, S. 874–892

Elder, G.H., Van Nguyen, T., Caspi, A. 1985,
Linking family hardship to childrens' lives,
Child Development, 56, S. 361–375

Havighurst, R.J. 1972
Developmental tasks and education
New York

Magnusson, D., Stattin, H., Allen, V.A. 1986
Differential maturation among girls and its relevance to social adjustment: A longitudinal perspective
in : Featherman & Lerner Hrsg., Life-span development and behavior, Vol. 7, S. 135–172
New York

Petersen, A.C., Graber, J.A., Sullivan, P. 1990
Pubertal timing and problem behavior: Variations in effects. Vortrag gehalten auf dem Biennial Meeting der SRA
Atlanta

Rutter, M. 1978
Family, area and school influences in the genesis of conduct disorders in: Hersov, Berger & Shaffer Hrsg, Aggression and anti-social behavior in childhood and adolescence, S. 95–113
Oxford

Silbereisen, R.K.; Kracke, B. in Druck
Variation in maturational timing and adjustment in adolescence
in: Jackson & Rodriguez-Tomé Hrsg., The social world of adolescence
East Sussex

Silbereisen, R.K., Kracke, B.; Crockett, L.J. 1990
Effects of maturational timing on adolescent substance use in Berlin
Vortrag gehalten auf dem Biennial Meeting der SRA
Atlanta

Steinberg, L.D., Mounts, N.S., Lamborn, S.D., Dornbusch, S.M. 1991
Authoritative parenting and adolescent adjustment across varied ecological niches,
Journal of Research on Adolescence, 1, S.19–36.

Surbey, M.K. 1990
Family composition, stress, and the timing of human menarche
in: Ziegler, Bercovitch Hrsg,
Socioendocrinology of primate reproduction
S. 11–32
New York

Lebensverändernde Ereignisse, soziale Ungleichheit und Belastungen

Siegfried Geyer

Einführung

Studien zu lebensverändernden Ereignissen beschränken sich zum überwiegenden Prozentsatz auf das mittlere und höhere Erwachsenenalter. Die untersuchten Endpunkte sind ein breites Spektrum akuter und chronischer körperlicher (Brown; Harris, 1989) sowie psychischer Erkrankungen (Coyne; Downey, 1991). Die Jugendphase ist dabei eher unterrepräsentiert: In einer Literaturübersicht zählt Johnson (1986: 11) für die vorangegangenen fünf Jahre unter mehr als 1000 Veröffentlichungen zu lebensverändernden Ereignissen nur 38, die sich auf Untersuchungen an Kindern und Jugendlichen beziehen. Dieses Bild hat sich bis heute nur wenig gewandelt, und auch in neueren Arbeiten werden Veränderungen, die Jugendliche nicht entwicklungsbedingt durchlaufen, eher am Rande behandelt (z. B. Mansel; Hurrelmann, 1991: 236f.).

Dabei ist die Spanne möglicher Konsequenzen, die unerwartete belastende und schwer zu bewältigende Ereignisse nach sich ziehen können, genauso breit wie für ältere Personengruppen beschrieben: Hodges et al. (1984) und Greene et al. (1985) berichten über Zusammenhänge zwischen belastenden Ereignissen und chronischen Bauchschmerzen in einer Stichprobe von Kindern und Jugendlichen; Harris (1989) stellt Zusammenhänge zwischen Menstruationsstörungen und solchen Lebenssituationen her, die für die Betroffenen eine Herausforderung bedeuten, und Jacobs; Charles (1980) schließlich untersuchten den Zusammenhang zwischen dem Ausbruch von Leukämie bei Kindern und lebensverändernden Ereignissen. Sie fanden bei den Kindern mit maligner Erkrankung eine höhere Rate von elterlichen Scheidungsfällen und familienbezogenen Todesfällen.

Neben solchen Studien, die als Zeitraum zwischen Ereignissen und dem Ausbruch einer Krankheit nur relativ kurze Intervalle von ein bis zwei Jahren abdecken, wurden Untersuchungen durchgeführt, die langzeitliche Folgen von Lebensveränderungen zum Gegenstand haben. Bei diesen vorwiegend sozialisationstheoretisch orientierten Studien geht es um Konsequenzen in psychischen und sozialen Bereichen. So kann angenommen werden, daß z. B. durch Verlusterlebnisse im Kindes- und Jugendalter den Betroffenen wichtige Bezugspersonen verlorengehen. Ohne Möglichkeiten der Kompensation werden dadurch Lernerfahrungen verhindert, die für die Bewältigung des Alltags oder späterer belastender Situationen erforderlich sind. Die resultierenden Defizite können über erhöhte Belastungsvulnerabilität zu erhöhten Krankheitsanfälligkeiten führen. Der Zusammenhang zwischen frühem Verlust wichtiger Bezugspersonen und einer erhöhten Krankheitswahrscheinlichkeit wurde in einer Reihe von Studien bestätigt (Harris et al., 1986; 1987; Scherg; Blohmke, 1988; McLeod, 1991), ist aber nicht unumstritten.

Sozialisationstheoretisch erklärt werden können auch Befunde, in denen als Folge des Verlusts von Bezugspersonen im Kontext starker sozialer Benachteiligungen die Neigung zu deviantem Verhalten (Werner, 1990: 223) und Anpassungsstörungen (vgl. Hurrelmann, 1988) steigt. In den folgenden Untersuchungen können diese Fragen wegen der fehlenden Datenbasis aber nicht weiterverfolgt werden. Die Analysen müssen sich auf Distreß beschränken, der als mögliche Folge von Lebensveränderungen betrachtet werden kann, die innerhalb der vor den Interviews liegenden Zeitperiode auftraten. Eine weitere Thematik ist die ungleiche Verteilung von Lebensereignissen über soziale Schichten (Brown; Harris, 1978; McLeod; Kessler, 1990). Schichtenspezifische Vulnerabilität für belastende Lebenssituationen könnte zumindest eine Teilerklärung für Häufungen von Krankheiten in unteren Statusgruppen liefern (vgl. Marmot et al., 1987).

Durch die Ausweitung der Jugendstudie auf die neuen Bundesländer ist es zusätzlich möglich, Stichproben aus Ost- und Westdeutschland daraufhin zu vergleichen, ob bestimmte Ereignisse, z. B. durch strukturelle Gegebenheiten, in der DDR häufiger auftraten als in der alten BRD. Zusätzlich kann geprüft werden, ob sich durch verschiedene soziale Rahmenbedingungen die Wahrnehmung der Bedeutung von Lebensveränderungen unterscheidet. Dies könnte z. B. für Arbeitslosigkeit gelten, die im Sozialismus zumindest an der Oberfläche nicht existierte und als Möglichkeit bis Ende 1989 kaum im Bereich des Erfahrbaren lag.

Die Lebensveränderungen, die nun untersucht werden, beschränken sich auf solche, die in ihrem Auftreten zeitlich lokalisierbar sind, die in ihrer Art bezeichnet werden können (z. B. als Todesfall, Scheidung oder Unfall) und die typischerweise keine sind, die im Lebenslauf zwangsläufig auftreten. *Chronische Bedingungen*, wie dauernde Konflikte, Partnerschaftsprobleme, Schwierigkeiten an der Arbeits- oder Ausbildungsstelle werden ausgeblendet, da deren retrospektive Erfassung zusätzliche methodische Probleme aufwirft, die derzeit noch kaum gelöst sind.

In Anlehnung an die vorangegangenen Überlegungen werden folgende Problemstellungen bearbeitet:

- Gibt es im Auftreten lebensverändernder Ereignisse Unterschiede nach sozialer Schichtzugehörigkeit?
- Gibt es im Auftreten lebensverändernder Ereignisse Unterschiede zwischen Ost und West?
- Gibt es zwischen Ost und West Unterschiede in der Bewertung lebensverändernder Ereignisse?
- Zeigen die von Ereignissen betroffenen Personen ein höheres Maß an Distreß als Befragte ohne solche Lebensveränderungen?

Die Erfassung lebensverändernder Ereignisse

Bei der Erfassung lebensverändernder Ereignisse im Rahmen einer Surveystudie treten eine Reihe von Problemen auf, die sich aus z.T. widersprüchlichen Anforderungen ergeben. Da Lebensereignisse nur retrospektiv erfragt werden können, drehen sich diese Schwierigkeiten um das Problem der Erinnerung. Ein Ereignis, das Jahre zurückliegen kann, muß unter der Bedingung eines kurzen Zeitfensters innerhalb des Gesamtinterviews erinnert und eingeschätzt werden. Dem Instrument kommt damit die Doppelfunktion zu, das Aktivieren der erfragten Information anzuregen und das Erinnern weiterer vergangener Erfahrungen durch detailliertere Beschreibung vorzubereiten.

Grundsätzlich gilt, daß die Erinnerungsqualität mit steigendem Abstand zwischen Ereigniseintritt und Befragung abnimmt, und mit zunehmender Länge des Interviews werden mehr Ereignisse und Details erinnert. Damit wird deutlich, daß das Herstellen optimaler Bedingungen im Rahmen der vorliegenden Untersuchungsanlage nur schwer möglich war. Es galt, zwischen Zeitökonomie und optimalen Erfassungsbedingungen einen Kompromiß zu finden: Ein ausführliches Interview mit der Sammlung einer großen Zahl von Kontext- und Ereignisdetails, wie es z. B. für Auswertungen mit der Life Events and Difficulties Scale (Brown, 1989; Brown; Harris, 1978) erforderlich ist, schied wegen des erforderlichen Aufwands aus. Eine minimalistische Lösung stellt die Anwendung einer einfachen Liste dar, auf der die für einen definierten Zeitaum erlebten Ereignisse angekreuzt werden (Holmes; Rahe, 1967; Coddington, 1972). Jedem Ereignis ist ein fester Lebensveränderungsscore (Life-Change-Score) zugeordnet, der addiert die für den in Frage stehenden Zeitraum erforderliche Anpassung bezeichnen soll. Dieses Verfahren wurde jedoch wegen einer Reihe konzeptueller Schwächen (vgl. Katschnig, 1980, 1986) und wegen des geringen Informationsgehaltes ebenfalls ausgeschlossen.

Als gangbarer Kompromiß wurde schließlich ein Abfragen mittels einer Liste und einer durch die Befragten vorzunehmenden Einschätzung nach dem Ausmaß der mit dem in Frage stehenden Ereignis verbundenen Lebensveränderung auf fünf Stufen (1; gar nicht/ 2; weniger/ 3; mittel/ 4; stark/ 5; sehr stark) gewählt. Dieses Verfahren liegt der Mehrzahl der verwendeten Ereignisinventare zugrunde. Die Einschätzung der Betroffenen als dem entscheidenden Moment des Belastungserlebens (vgl. Folkman; Lazarus, 1984) wird zur zentralen Prämisse der Meßtheorie. Die Frage, für welchen retrospektiven Zeitraum derartige Einschätzungsdaten aussagekräftig sind, ist damit aber nicht beantwortet.

Aufgrund der kurzen zur Verfügung stehenden Befragungszeit wurden nur solche Ereignisse berücksichtigt, von denen a priori angenommen werden kann, daß sie mit starken lebensverändernden Konsequenzen verbunden sind (vgl. dazu Brugha et al., 1985). Aufgrund ihrer guten Verankerung im Gedächtnis ist anzunehmen, daß sie auch nach mehreren Jahren noch gut erinnert werden (Uhlenhuth et al., 1977; Brown; Harris, 1989; Glickman et al., 1990). Das letzte Kriterium ist insbesondere deshalb von Bedeutung, weil anders als in der Mehrzahl der Lebensereignisstudien kein abgegrenztes Zeitintervall Gegenstand des Interviews war. Die Befragten sollten alle auf sie zutreffenden Ereignisse nennen und sie einschätzen. Da kein Erinnerungszeitraum definiert wurde, konnte nicht erwartet werden, daß eine Datierung nach Monaten gute Angaben erbringt. Die Befragten sollten deshalb lediglich das Jahr des Ereigniseintritts nennen.

Die Erinnerungsbedingungen konnten nicht über eine detaillierte Charakterisierung der Ereignisse oder über eine Verlängerung dieses Frageteils optimiert werden. Es mußten andere Wege gefunden werden, die Aktivierung des Gedächtnisses der Befragten zu verbessern: Das Interview enthält eine Reihe von biographischen Fragen, die sich auf z.T. gut erinnerbare Inhalte beziehen. Bei deren Beantwortung sollten eine Reihe anderer Informationen mitaktiviert werden, die mit Lebensereignissen assoziiert sein können. Eine Plazierung der Abfrage nichtnormativer Ereignisse hinter eine Reihe biographischer Fragen sollte daher eine gangbare Möglichkeit sein, die Gedächtnisleistungen zu verbessern (vgl. Glickman et al., 1990).

Die Liste für die Vorerhebung enthält schließlich 21 Ereignisse, für die Haupterhebung wurde sie auf 14 (s. Tab. 1) reduziert.

Die Ereignisse wurden den Befragten auf Karten präsentiert, die Angaben wurden vom Interviewer in den Fragebogen eingetragen.

Die Untersuchung von Fragestellungen zu *Lebensereignissen und sozioökonomischem Status* (SES) machte es notwendig, die Befragten nach SES zu klassifizieren. Dies wurde über die berufliche Stellung vorgenommen. Da zum Zeitpunkt des Interviews nur ein Teil der Jugendlichen einer Berufstätigkeit nachging, wurde für die verbleibenden die Position des Vaters eingesetzt, war dieses Datum nicht verfügbar, die Angabe über die Mutter.

Zur Bestimmung wurde den Positionen zunächst ein Score zugeordnet, wie er in der Statusskala von Handl (1977) enthalten ist. Danach wurde in fünf Gruppen geteilt (I: Selbständige, freie Berufe, höhere Beamte, Unternehmer / II: gehobene Beamte und Angestellte / III: mittlere Angestellte, mittlere Beamte, Meister, kleine Gewerbetreibende, etc./ IV: einfache Angestellte, Facharbeiter, etc. / V: Un- und Angelernte). Durch die Zusammenfassung sollten sich Klassifikationsfehler in vertretbaren Grenzen halten lassen. Eine Alternative, die alleinige Einordnung über den Elternstatus, wurde verworfen. Ein Vergleich zwischen der hier gewählten Lösung und der alleinigen Klassifikation nach dem Elternstatus zeigt, daß eine erhebliche intergenerationale Mobilität stattgefunden hat, die bei einer ausschließlichen Klassifikation nach dem Elternstatus unberücksichtigt bleiben würde.

Ein weiteres Problem mußte ungelöst bzw. unberücksichtigt bleiben, weil noch keine klärenden Studien verfügbar sind: Die Klassifikation der DDR-Positionen wurde als äquivalent zu den Klassifikationen der BRD angenommen. In der DDR wurden jedoch (insbesondere lt. bundesrepublikanischem Verständnis höher bewertete) Berufsgruppen nach sozialem Prestige und nach Gehalt niedriger bewertet als in der Alt-BRD. Es ist deshalb nicht klar, ob und in welchem Ausmaß durch das hier praktizierte Verfahren Fehleinstufungen vorgenommen werden und wie sie sich auswirken.

In die Analysen zur Untersuchung der Wirkung lebensverändernder Ereignisse auf *Distreß* gehen auf der Seite der abhängigen Variablen folgende Items als Indikatoren ein (vgl. Fragebogen, Fragekomplex 15):

1) Ich habe Schwierigkeiten durchzuschlafen, wenn ich einmal eingeschlafen bin.

2) Ich habe den Eindruck, daß ich nichts tun kann, weil ich nicht mehr genug Mut habe.

3) Ich fühle mich gereizt, nervös und schlecht gelaunt.

4) Ich kann wegen der Sorgen, die ich habe, wenig schlafen.

5) Das Leben erscheint mir völlig hoffnungslos.

6) Ich halte mich für einen wertlosen Menschen.

Jedes Item ist mit einer 4-stufigen Antwortmöglichkeit versehen:

1: trifft überhaupt nicht zu/ 2: trifft weniger zu/ 3: trifft zu/ 4: trifft sehr zu.

In den folgenden Abschnitten werden nun die Resultate der Lebensereignisanalysen präsentiert. Neben der Darstellung der inhaltlichen Ergebnisse wird auf die methodischen Aspekte dieser Daten nur am Rande eingegangen, obwohl Beschränkungen bei der Dateninterpretation ohne eine Klärung methodischer Gesichtspunkte nicht immer verständlich werden. Da dies eine breitere Behandlung erfordert, sei auf das entsprechende Kapitel im Band 4 der Studiendarstellung verwiesen.

Bei den Analysen wird zunächst mittels Kreuztafeln auf vorhandene Unterschiede bei nichtnormativen Ereignissen zwischen Ost- und Westdeutschland eingegangen. In einem zweiten Schritt wird über die reinen Ereignishäufigkeiten hinausgegangen und deren Bewertungen betrachtet.

Darstellung der Ergebnisse

In die Analysen gehen 3991 Befragte (1327 aus Ostdeutschland und 2664 aus Westdeutschland) ein. Über alle Befragten wurden 1348 Ereignisse ausgewertet. Tabelle 1 zeigt die entsprechenden Häufigkeiten und Prozentwerte für Ost und West getrennt sowie die Ergebnisse der chi^2- Tests auf Unterschiede im Auftreten zwischen Ost- und Westdeutschland.

Die in der Literatur als sogenannte „major life events“ geführten Ereignisse „Trennnung oder Scheidung der Eltern“, „Tod eines Elternteils“, „Verlust eines nahestehenden Freundes oder Freundin“ und „eigene schwere Krankheit“ sind in der Gesamtstichprobe für den gesamten retrospektiv abgedeckten Zeitraum mit 11,2%, 9,3%, 18% und 9,9% selten vertreten. Die verbleibenden, meist als weniger lebensverändernd eingestuften Ereignisse treten dagegen wesentlich häufiger auf.

Bei der getrennten Betrachtung nach Ost und West gibt es bei einer Reihe von Ereigniskategorien deutliche Unterschiede: Das Wiederholen einer Klasse war im Osten ein wesentlich selteneres Ereignis als im Westen. Die starke Abweichung zwischen den beiden Verteilungen verweist auf ein zwischen DDR und Alt- BRD unterschiedliches Umgehen mit leistungsschwachen Schülern.

Ebenfalls wesentlich seltener als im Westen war im Osten ein Wechsel von Schule oder Ausbildungsplatz, ein Ergebnis, das ebenfalls auf unterschiedliche Zuweisungs- und Steuerungsprozesse verweist. Davon weitgehend unabhängig ist offensichtlich der Abbruch von Lehre oder Ausbildung.

Schule oder Ausbildung markierten offensichtlich in der DDR mehr noch als in der Alt-BRD einen Lebensabschnitt, der mit der räumlichen Trennung vom Elternhaus verbunden war . Es bleibt zu untersuchen, ob dies auch unterschiedliche Anpassungsleistungen erfordert.

Für eine Reihe weiterer Ereignisse, wie „Umzug an einen anderen Ort“, „Verlust

Tabelle 1: Nennung von lebensverändernden Ereignissen in der Haupterhebung über alle 14 Kategorien (mit Häufigkeiten und Prozentanteilen für West- und Ostdeutschland getrennt sowie für die Gesamtstichprobe) und Ergebnisse der chi^2-Tests auf Länderunterschiede (df=1)

	Wechsel d. Schule od. Ausbildungsplatz	Sitzenbleiben/ Schule	wg. Schule/ Ausbild. Elternhaus verlass.	Lehre/ Ausbild. abbrechen, Schule o.ä.	schwere Abschlußprüfung	Geburt/ Adoption Bruder/ Schwester	Umzug	Trennung/ Scheidung der Eltern	Vater/ Mutter arbeitslos	Tod Vater/ Mutter	Tod Großvater/ Großmutter	Verlust Freund/ Freundin	eigene schwere Krankheit	schwere Krankheit nahest. Person
Anzahl Ereignisse WEST	1513	420	205	136	1255	604	796	255	180	256	1536	468	241	670
% Substichprobe	56.8	15.8	7.7	5.1	47.1	22.7	29.9	9.6	6.8	9.6	57.7	17.6	9.9	25.2
Anzahl Ereignisse OST	569	40	222	45	746	328	397	192	294	114	801	252	156	329
% Substichprobe	42.9	3.0	16.7	3.4	56.2	24.7	29.9	14.5	22.2	8.6	60.4	19.0	11.8	24.8
Anzahl Ereignisse GESAMT	2082	460	427	181	2001	932	1139	447	474	370	2337	720	397	1513
% Gesamtstichprobe	52.2	11.5	10.7	4.5	50.1	23.4	29.9	11.2	11.9	9.3	58.6	18.0	9.9	56.8
chi^2	68.18	139,99	74,72	5,62	29,03	1,96	0.00	20,86	199,21	0.98	2.56	1.11	6,96	0.04
p	<.001	<.001	<.001	.02	<.001	.16	1.00	<.001	<.001	.32	.11	.29	.001	.83

eines nahen Freundes oder Freundin", „Geburt oder Adoption" sowie „Krankheit einer nahestehenden Person" gibt es keine Unterschiede zwischen Ost und West. Deutliche Ungleichverteilungen gibt es wiederum bei „Trennung oder Scheidung der Eltern": Die Rate liegt mit 192/1327 in Ostdeutschland deutlich höher als in Westdeutschland (255/2664). Es bleibt zu diskutieren, ob auch hier unterschiedliche Rahmenbedingungen die Gründe dafür liefern können.

Länderunterschiede gibt es auch bei von den Befragten angegebenen eigenen schweren Krankheiten. Für diese Ereignisklasse können aber kaum unterschiedliche gesellschaftliche Rahmenbedingungen verantwortlich gemacht werden.

Eine hochsignifikante, wenn auch aufgrund der unterschiedlichen ökonomischen Situation zu erwartende, Differenz gibt es bei „Arbeitslosigkeit der Eltern". Hier findet sich der deutlichste Unterschied zwischen Ost und West.

Ereignis und die Ländervariable korrelieren hier mit r= .22. Eine Inspektion der zeitlichen Verteilung zeigt, daß sich die Nennungen von Arbeitslosigkeit im Westen mit leichten Schwankungen gleichmäßig über den Erhebungszeitraum verteilen, während sie im Osten bei nahe Null liegen. Ab 1989 steigen sie kontinuierlich an, um im Juni 1991 (dem Monat der Haupterhebung) ein Niveau zu erreichen, das bereits doppelt so hoch liegt wie für das gesamte vorangegangene Jahr 1990. Es wird anhand der Bewertung von Ereignissen zu zeigen sein, wie sich diese für Ostdeutschland bis dahin ungewohnte Ereignisart in der Wahrnehmung umsetzt.

Gruppenspezifische Verteilungen von Lebensereignissen

Die Betrachtung der Kreuztabellierung nach sozioökonomischem Status zeigt, daß Unterschiede, wenn sie auftreten, zwischen den Statusgruppen 5 (Un- und Angelernte) und 4 einerseits und den Gruppen 1 bis 3 andererseits verlaufen. Dabei erweisen sich die unteren Statusgruppen als stetiger und weniger mobil: Sie wechseln seltener Schule oder Arbeitsplatz (chi^2 (4)=18,87; p.001), verlassen wesentlich seltener wegen Schule und Ausbildung das Elternhaus (Tab. 2) und ziehen seltener um (chi^2 (4)=36,83; p.001). Die beiden letzten Ereignisklassen haben mit r=.13 aber nur einen sehr niedrigen Zusammenhang.

„Verlust eines nahen Freundes oder Freundin" ist ein Ereignis, das ein dem oben genannten Ereignis entgegengesetztes Muster zeigt: es tritt in den Schichten 4 und 5 deutlich seltener auf als in 1 bis 3 (chi^2 (4)=26,22; p .001).

„Eigene schwere Krankheit" zeigt eine zwar signifikante, aber in der Verteilung auf Statusgruppen uneinheitliche Verteilung (chi^2 (4)= 17,06; p= .001), was eine Interpretation sehr erschwert. Das gleiche trifft zu für „schwere Krankheit einer nahestehenden Person". Diese Kategorie wird für die Statusgruppen 4 und 5 häufiger genannt als für 1 bis 3 (chi^2 (4)=53,49; p.001), was zu diskutieren sein wird.

Im Kontrast dazu steht die Nennung von Todesfällen eines Elternteils. Hier treten wiederum Häufungen in den Statusgruppen 4 und 5 auf. (Tab. 3). Weniger als 10% der Befragten nennen ein derartiges Ereignis. Der Vergleich des genannten Alters beim Eintritt des Ereignisses zeigt, daß die Altersunterschiede zwischen den Statusgruppen minimal und in keinem Fall signifikant sind.

Ungleichheiten beim Auftreten dieser Ereigniskategorie finden sich auch bei der Betrachtung nach Schulbildung der Eltern: Für die westdeutsche Stichprobe ergeben sich für die beiden unteren Kategorien (kein Abschluß/ Hauptschulabschluß) deutlich mehr Ereignisnennungen, für die beiden oberen weniger als erwartet (chi^2 (3)=23,56; p.001). Für die ostdeutsche Stichprobe zeigen sich da-

Tabelle 2: Verlassen des Elternhauses wegen Schule oder Ausbildung nach Statusgruppen

Anzahl zu erwartender Häufigkeit Residuum		leitende Angest./ Freiber.	gehob. Angest.	Meister/ mtl. Angest.	Facharb./ einf. Angest.	Un- u. Angel. Pos.	Total
		Schichtzugehörigkeit					
Lebensereignis	nein	472	154	650	2061	204	3541
		515.0	159.8	686.4	1987.0	192.8	89.3%
		–43.0	–5.8	–36.4	74.0	11.2	
Lebensereignis	ja	105	25	119	165	12	426
		62.0	19.2	82.6	239.0	23.2	10.7%
		43.0	5.8	36.4	–74.0	–11.2	
		577	179	769	2226	216	3967
		14.5%	4.5%	19.4%	56.1%	5.4%	100.0%

chi^2=85.18; df=4; p<.001

gegen nur geringe Abweichungen von der Zufallsverteilung ($chi^2(3)$= 1,482; p=.69).

Interpretierbare Geschlechterunterschiede bei der Nennung von Ereignissen treten nur bei einer Klasse, „Sitzenbleiben in der Schule", ($chi^2(4)$=68,18; p.001) auf. Auf die männlichen Befragten entfallen dabei deutlich mehr Nennungen als auf weibliche. Bei näherer Betrachtung ist dieser Unterschied ausschließlich auf die westdeutschen Stichprobe rückführbar: 57% (241/ 1308) der Wiederholer-/innen sind dabei männlichen, aber nur 43% (179 / 1356) weiblichen Geschlechts ($chi^2(1)$=13,30; p.001). Bei den ostdeutschen Befragten zeigen sich dagegen nur minimale Abweichungen von der Unabhängigkeitsverteilung ($chi^2(1)$ = .03; p=.88).

Lebensverändernde Ereignisse in der Wahrnehmung der Befragten

Wie in der Beschreibung des Fragebogenkonzeptes dargestellt, sollten die abgefragten Ereignisse neben einer Datierung nach der wahrgenommenen Lebensveränderung eingestuft werden. Eine solche Einschätzung sollte für jedes genannte Ereignis vorgenommen werden.

Eine Untersuchung dieser Angaben zeigt, daß keineswegs von einer Unveränderlichkeit der Bewertungen über die Zeit ausgegangen werden kann. Sie verändern sich vielmehr mit steigendem Abstand zwischen dem erinnerten Eintrittszeitpunkt und dem Interviewdatum in Richtung weniger lebensverändernd (siehe dazu die Untersuchungen zur Methodik in Band 4). Es sollte sich hier mit großer Wahrscheinlichkeit um einen Erinnerungseffekt handeln, da nicht anzunehmen ist, daß Ereignisse, die vor mehreren Jahren auftraten, weniger verändernd sind als solche, die nahe am aktuellen Zeitpunkt liegen. In der Stressliteratur wird hier eine Konfundierung zwischen Ereignisschwere und Copingerfolg postuliert (vgl. Cohen, 1988), d. h., in die Bewertung der Lebensveränderung geht weniger die wahrgenommene Belastung zum Zeitpunkt des Ereigniseintritts ein als vielmehr der Erfolg individueller Bewälti-

Tabelle 3: Tod eines Elternteils nach Statusgruppen

		Schichtzugehörigkeit					
Anzahl zu erwartender Häufigkeit Residuum		leitende Angest./ Freiber.	gehob. Angest.	Meister/ mtl. Angest.	Facharb./ einf. Angest.	Un- u. Angel. Pos.	Total
Lebensereignis	nein	534	166	702	2010	185	3597
		523.2	162.3	697.3	2018.4	195.9	90.7%
		10.8	3.7	4.7	–8.4	–10.9	
Lebensereignis	ja	43	13	67	216	31	370
		53.8	16.7	71.7	207.6	20.1	9.3%
		–10.8	–3.7	–4.7	8.4	10.9	
		577	179	769	2226	216	3967
		14.5%	4.5%	19.4%	56.1%	5.4%	100.0%

chi^2=10.47; df=4; p=.03

gungsbemühungen, wie sie sich dem Individuum zum Zeitpunkt des Interviews darstellen. Dem entspricht auch die Annahme, daß Bewertungen sich vor dem Hintergrund eines dynamischen Prozesses verändern (Lazarus und Folkman, 1984).

Damit sind die Ereigniseinschätzungen nicht ohne weiteres über den gesamten Befragungszeitraum als valide Indikatoren subjektiv wahrgenommener Lebensveränderung zu betrachten. Es wurde deshalb ein eher konservatives Vorgehen gewählt und nur der unmittelbar vor der Befragung liegende Zeitraum, d. h. Ereignisse aus dem Jahre 1991 (Stichmonat Juni) und, in einigen Fällen, 1990 in die Analysen miteinbezogen. Dies erfordert es, daß Ereignisse unberücksichtigt bleiben, die nur selten in diesen Zeitraum lokalisiert wurden. Die Frage nach der Validität aktueller Einschätzungen wird nicht behandelt, ist jedoch nicht irrelevant.

Tests auf Mittelwertsdifferenzen nach dem Ausmaß wahrgenommener Lebensveränderung zwischen Ost- und Westdeutschland erbringen mit einer Ausnahme keine bedeutsamen Unterschiede. Lediglich „Sitzenbleiben in der Schule" ($T(73) = -2{,}47$; $p = .01$) wird von den Befragten aus Ostdeutschland als signifikant lebensverändernder eingeschätzt als von den westdeutschen Jugendlichen. Die Gründe für diesen Unterschied werden vor dem Hintergrund zu diskutieren sein, daß dieses Ereignis im DDR-Schulalltag im Vergleich zu Westdeutschland relativ selten auftrat.

Unerwartet ist es, daß die Einschätzung der Lebensveränderung durch Elternarbeitslosigkeit sich über die beiden Teilpopulationen (Ost und West) nicht unterscheidet. Trotz der ungleichen Stichprobengrößen sind die Varianzen gleich. Um Beurteilungsveränderungen zu erfassen, die sich während der Periode zwischen Ende der Arbeitslosigkeit und Befragungsdatum ergeben, wurden die Analysen nochmals durchgeführt: Es wurde getrennt zwischen Personen, die angaben, daß mindestens ein Elternteil zum gegenwärtigen Zeitpunkt arbeitslos ist und Befragten, deren Eltern innerhalb des letzten halben Jahres ohne Beschäftigung waren. Ein letzter Vergleich wurde für die Befragten vorgenommen, die angaben, daß sie überwiegend von den Eltern finanziert werden, da anzunehmen ist, daß das durch Arbeitslosigkeit reduzierte Elterneinkommen, z. B. über eine Verringerung elterlicher Finanzhilfen, zu Lebensveränderungen führt. Auch hier gab es keine Bewertungsunterschiede.

Lebensverändernde Ereignisse und Belastungen

In der sozialepidemiologischen Literatur werden lebensverändernde Ereignisse als Prädiktoren für psychische und körperliche Erkrankungen bzw. Symptome untersucht. Es hat sich jedoch gezeigt, daß nicht Lebensveränderung per se, sondern die Qualität als negativ oder belastend erkrankungsbegünstigende Wirkungen haben kann. Hier ist aber wiederum nur eine kleine Gruppe von Belastungen von Bedeutung.

Unter den hier inventarisierten Ereignissen trifft dies auf „Trennung/ Scheidung der Eltern", „Tod von Vater oder Mutter" oder „eigene schwere Krankheit" zu. Da aber Belastungswirkungen – bezogen auf den in der Studie abgedeckten Zeitraum – nur für eine relativ kurze Periode angenommen werden können, wurde ausschließlich das Jahr 1991 betrachtet. Dadurch reduziert sich die Zahl der genannten Ereignisse drastisch und die Anwendung multivariater Verfahren ist nicht möglich. Ich beschränke mich daher auf korrelative Befunde. Die Gültigkeit der Zusammenhänge kann weniger über die Signifikanz oder eine große Zahl von Fällen plausibel werden als über vergleichbare Effekte über die betrachteten Kategorien. Ereignisse werden in ihrer Qualität als lebensverändernd mit Indikatoren depressiver Verstimmung und psychosomatischer Störungen in Beziehung gesetzt.

„Trennung / Scheidung der Eltern" (n=10) korreliert mit Durchschlafschwierigkeiten mit r=.32; damit verbunden ist die Angabe, wegen Sorgen nicht mehr schlafen zu können (r=.32). Den stärksten Zusammenhang eingeschätzter Lebensveränderung gibt es mit der Angabe, nichts mehr tun zu können und keinen Mut mehr zu haben (r=.53), einem Depressionsindikator. Es lag zunächst nahe anzunehmen, daß die Zusammenhänge primär auf die jüngeren Jahrgänge in der Stichprobe zurückgehen. Eine Inspektion der Altersverteilung der betrachteten Fälle zeigt jedoch, daß dies nicht zutrifft.

Der „Tod von Vater oder Mutter" wird für die letzte Befragungsperiode 20 Mal genannt. Die Zusammenhänge sind hier durchweg niedriger als für die letztgenannte Ereignisklasse: Durchschlafstörungen korrelieren mit dem Lebensveränderungsrating mit r=.28, mit dem Mutlosigkeitsitem mit r=.30 und mit der Angabe zu „Sorgen" mit r=.38.

Es werden nur solche Zusammenhänge mitgeteilt, die über die schwersten Ereignisklassen konsistent auftreten. Angesichts der Größe der eingehenden Stichproben können die Ergebnisse nicht mehr als eine Hinweisfunktion haben, d. h. an diesem Punkt sollten weitere Untersuchungen anknüpfen.

Schwere Lebensereignisse und Distreß

Da die Betrachtung von Einzelereignissen wegen der geringen Auftretenswahrscheinlichkeiten problematisch erscheint, werden im letzten Schritt Ereignisse gemeinsam betrachtet, die mit großer Wahrscheinlichkeit über eine längere Zeitspanne als schwer bedrohlich eingeschätzt werden. Dies gilt für „Trennung/ Scheidung der Eltern", „Tod von Vater oder Mutter", „Verlust eines nahen Freundes oder einer Freundin" und „eigene schwere Krankheit". Sie werden wiederum mit den oben besprochenen sechs Distreßindikatoren in Beziehung gesetzt. Es wurde als Referenzzeitraum das aktuelle und das vergangene Jahr gewählt, die Ereignisbewertungen wurden nicht berücksichtigt, sondern die Ereignisse gingen als aufgetreten / nicht aufgetreten in die Analysen ein.

Ereignisse und Distreßindikatoren werden jeweils kreuztabelliert und in Tabelle 4 unter Einbeziehung von „schwerer eigener Krankheit" sowie ohne dieses Ereignis getrennt dargestellt. Eine separate Analyse ist gerechtfertigt, da bei der Ereigniserfassung nicht nach Krankheitsart differenziert wurde und es durchaus möglich ist, daß einzelne Indikatoren (Co-)Manifestationen von Erkrankungen sind.

Für die Analysen werden die jeweils letzten Antwortkategorien der Distreßindikatoren zusammengefaßt, da für die Gruppe der Befragten mit schweren Ereignissen diese Zellen nur sehr schwach oder nicht besetzt waren. Tabelle 4 zeigt die chi^2- Werte für die beiden Analysestränge getrennt. Die Kreuztafeln wurden zugunsten einer sparsameren Darstellung weggelassen.

Die Ergebnisse der Kreuztabellierung zeigen, daß die Zusammenhänge zwischen Belastung und Lebensereignissen z. T. deutlich signifikant sind. Dabei spielt es kaum eine Rolle, ob eine „schwere eigene Erkrankung" enthalten ist oder weggelassen wurde.

Die Verteilung der Residuen zeigt, daß die Abweichungen ausnahmslos in die Richtung gehen, wie sie aus der Lebensereignisliteratur zu erwarten waren. Die mit Lebensereignissen belasteten Befragten haben auf den (Distreß-) Items höhere Ausprägungen. Dies trifft sowohl für Fragen zu, deren Abweichungen signifikant sind, als auch für Items, die von der Unabhängigkeitsverteilung abweichen, ohne signifikant zu sein.

Befragte, die für die vorangegangenen Perioden (d. h., in den vergangenen 18 Monaten) schwere belastende Ereignisse mit potentiell langzeitlicher Bedrohung angaben, haben damit stärkere Distreßwerte als solche, die keine derartigen Ereignisse angaben.

Diskussion

Mit den vorangegangenen Analysen wurde eine erste Bestandsaufnahme des Themas „lebensverändernde Ereignisse" unternommen. Nichtnormative Ereignisse wurden daraufhin untersucht, ob ihr Auftreten sich zwischen der westdeutschen und der ostdeutschen Stichprobe unterscheidet, ob es noch andere Dimensionen der Ungleichheit gibt und ob sie für die Betroffenen belastend sind. Die Umwälzungen, die seit dem Oktober 1989 stattgefunden haben, schlagen sich deutlich in den Daten nieder: Arbeitslosigkeit der Eltern ist ein Ereignis, das in der DDR ein weitgehend unbekanntes Phänomen war, während es im Westen durchaus immer im Bereich des möglichen war (und ist) und ein Thema der öffentlichen Diskussion bildet. Seit Ende 1989 steigen die Arbeitslosenzahlen in Ostdeutschland konstant, was eine Neuanpassung bei den Betroffenen erfordert. In einer Reihe von Untersuchungen wurde gezeigt, daß Arbeitslosigkeit mit einer Reihe von Konsequenzen, wie z. B. Depressivität (Hamilton et al., 1990) einhergehen können. Da dies aufgrund der Neuheit des Phänomens noch stärker für den Osten als für den Westen gelten sollte, war anzunehmen, daß dieses Ereignis für die Jugendlichen zu einer Lebensveränderung führen sollte, etwa durch die

***Tabelle 4:* Kumulierte Belastungen durch schwere lebensverändernde Ereignisse und Distreßindikatoren: Ergebnisse der Kreuztafelanalysen**

Item	mit „schwere Erkrankung"			ohne „schwere Erkrankung"		
	chi^2	df	p	chi^2	df	p
Durchschlafstörungen	1,85;	2	.40	0,57	2	.75
... nicht mehr genug Mut	13,99	2	<.001	16,20	2	<.001
Gereizt, nervös	20,78	2	<.001	17,52	2	<.001
Sorgen ...	7,67	2	.02	5,80	2	.05
Hoffnungslosigkeit	7,71	2	.02	5,02	2	.08
... wertlos ...	8,83	2	.01	6,36	2	.04

Verringerung materieller Zuwendungen oder über eine Veränderung in der Stimmungslage der Eltern. Der Vergleich zeigt allerdings, daß die Wahrnehmung elterlicher Arbeitslosigkeit als Lebensveränderung sich zwischen West und Ost nicht unterscheidet. Mit einer Ausnahme gilt dies auch für die restlichen Ereigniskategorien. Dieses Ergebnis sollte kaum durch ein Artefakt zustandegekommen sein, Mansel et al. (1991) kommen in einer 1989 an westdeutschen und polnischen Jugendlichen durchgeführten Studie zu einem ähnlichen Schluß. Über Systemunterschiede hinweg gleichen sich die Wahrnehmungen von Belastungen, was die Autoren auf universell vergleichbare Bewältigungsmuster schließen läßt. Worauf dies zurückzuführen ist, läßt sich den Daten jedoch nicht entnehmen. Denkbar wäre, daß die Jugendlichen die Möglichkeit eigener Betroffenheit ignorieren oder daß sie sich bewußt sind, auf eine solche Situation flexibel reagieren zu können. In einer Studie von Seiffge-Krenke (1990: 243) erscheinen Jugendliche insgesamt als gute Problembewältiger, die in der Lage sind, vorhandene Bewältigungsressourcen (z. B. soziale Netzwerke) zu nutzen. Dies läßt die zweite Deutung als eher plausibel erscheinen.

Bewertungsunterschiede zeigen sich stattdessen beim „Wiederholen einer Klasse". Dieses Ereignis war in der DDR wesentlich seltener als in der Alt-BRD (vgl. Tabelle 1). Das DDR-System war darauf abgestellt, daß dies möglichst selten vorkam. Das Wiederholen einer Klasse klassifizierte die Betroffenen automatisch als Teil einer Minderheit. Der soziale Vergleich sollte deshalb im Osten für das Individuum deutlich ungünstiger ausfallen und auf das Selbstbild potentiell bedrohlicher wirken. Die ostdeutschen Jugendlichen schätzen dieses Ereignis auch als deutlich lebensverändernder ein als die westdeutschen. Es sollte nochmals betont werden, daß dieser Bewertungsunterschied nicht als systembedingt, sondern als Ergebnis individueller Vergleichsprozesse der Jugendlichen mit ihrer Referenzgruppe zu interpretieren ist.

Ein gut reproduziertes Ergebnis epidemiologischer Studien ist die Häufung von Krankheiten in unteren sozialen Schichten, ohne daß eine Differenzierung nach einzelnen Krankheitsbildern vorgenommen werden müßte (Marmot et al., 1987). Für den deutschen Sprachraum sind solche Studien sehr rar (z. B. Neumann und Liedermann, 1981); der weitaus größte Teil dieser Studien stammt aus Großbritannien. Unter diesen wiederum sind jüngere Altersgruppen (d. h. unterhalb des dreißigsten Lebensjahres) nur unzureichend repräsentiert. Aus diesem Grund ist eine genauere Betrachtung von Krankheiten interessant. Die Analyse der Kategorie „eigene schwere Krankheit" zeigt jedoch, daß in Statusgruppe 5 die Nennungen zwar höher, in 4 dagegen niedriger sind als erwartet. Diese Abweichung von der erwarteten Verteilung fällt aber nicht sehr deutlich aus, insbesondere, weil in den Statusgruppen 1 und 2 wieder eine gegenüber der Zufallsverteilung erhöhte Zahl von Nennungen vorliegt. Dieses Bild ändert sich auch nicht, wenn nur Nennungen berücksichtigt werden, die von den Befragten als oberhalb des zwanzigsten Lebensjahres aufgetreten genannt werden. Eine mögliche Interpretation ist die, daß sich krankheitsbezogene Ungleichheiten erst im späteren Lebensalter manifestieren, da die Entwicklungsdauer von chronischen Erkrankungen deutlich länger ist als der hier abgedeckte Zeitraum abbilden kann (nicht chronische Symptomatiken sollten davon jedoch nicht betroffen sein). Diese Überlegungen werden durch eine britische Studie gestützt, die das Auftreten schwerer Erkrankungen über die Lebensspanne betrachtet (Arber, 1992): Demnach ist in der Altersgruppe der 15- bis 24jährigen die Rate an chronischen Erkrankungen in Statusgruppe 5 nur unwesentlich höher als in den Gruppen 1 bis 4. Deutliche Differenzen zeigen sich erst ab dem 25. Lebensjahr. In der vorliegenden Studie ist das Fehlen einer Differenzierung nach Erkrankungen im Fragebogen problematisch, denn es läßt den Befragten einen weiten Interpretationsspielraum für die Einschätzung einer Krankheit als leicht oder schwer. Leichte Erkrankungen (wie z. B. eine Grippe oder eine Blinddarmoperation), die nahe am Befragungszeitraum liegen, können dann aufgrund der akuten Betroffenheit als schwerer eingeschätzt werden als z. B. ein lange zurückliegender schwerer Unfall mit Krankenhausaufenthalt. Ähnliche Interpretationsprobleme ergeben sich bei „schwere Krankheit einer nahestehenden Person". Hier werden von Angehörigen der Schichten 4 und 5 deutlich weniger Ereignisse als erwartet genannt, für 1 bis 3 dagegen deutlich mehr. Unter der Annahme, daß die „nahestehende Person" der gleichen sozialen Schicht angehört wie die Befragten, ergibt sich ein Ergebnis, das epidemiologischen Studien widerspricht (vgl. Marmot et al., 1977). Eine mögliche Erklärung bezieht sich wiederum auf die Interpretation der vorgegebenen Kategorie. Da nicht spezifiziert wurde, um welche Krankheiten es sich hier handelt, steht es im Ermessen der Befragten, zu beurteilen, was als schwer zu klassifizieren ist und was nicht. Dies wiederum sollte davon abhängen, ab welcher Grenze oder bei welchen Beschwerden von Betroffenen eine Krankheit angenommen wird, d. h., wie Symptome subjektiv interpretiert werden (Siegrist, 1988: 181ff.). Die schichtspezifischen Nennungen dieser Ereigniskategorie sollten daher eher Unterschiede in der subjektiven Krankheitswahrnehmung reflektieren als tatsächliche Erkrankungsraten.

Einen deutlich geringeren Interpretationsspielraum gibt es dagegen für den „Tod eines Elternteils". Hier nennen Angehörige der Statusgruppen 5 deutlich mehr, Angehörige der Gruppen 1 bis 3 dagegen deutlich weniger Ereignisse, als es nach der Unabhängigkeitsverteilung zu erwarten gewesen wäre. Das Ergebnis steht in Übereinstimmung mit Studien, in denen soziale Unterschiede in der Lebenserwartung gefunden wurden (z. B. Schepers und Wagner, 1989). Die Differenzierung nach der Schulbildung der Eltern und Ost-/ West- Zugehörigkeit beim „Tod eines Elternteils" zeigte wesentlich deutlichere Ungleichheiten, als es nach der SES- Zuordnung der Fall war. Dies trifft jedoch nur für Westdeutschland zu, für den Osten kann nicht von einem Zusammenhang gesprochen werden. Ohne außer acht zu lassen, daß es in der DDR eine kleine, in vielerlei Hinsicht privilegierte Schicht gab, könnte die Hypothese aufgestellt werden, daß es in der DDR möglich war, die begrenzten Ressourcen (speziell hinsichtlich der medizinsichen Versorgung) gleichmäßig zu verteilen. Ein anderer Grund für das Fehlen der genannten (in mindestens allen westlichen Ländern vorhandenen) Ungleichheiten in der Mortalität könnte in der gleichmäßigen Verteilung einer Reihe von Arbeitsbelastungen in Gestalt von Anforderungen oder Zeitdruck liegen. Beide Hypothesen scheinen plausibel, bedürfen aber dringend einer weiteren empirischen Klärung. Eine Grundvoraussetzung hierzu ist eine genauere Klärung der Vergleichbarkeiten von Angaben zum sozioökonomischen Status zwischen den BRD- und DDR- Klassifikationen, die hier nicht geleistet werden konnte.

Ein weiteres Problem der Interpretation ergibt sich aus dem Fehlen von Angaben über das Alter des verstorbenen Elternteils, so daß hier die Annahme eingeht, daß sich das Durchschnittsalter der Eltern zum Zeitpunkt der Geburt der Befragten über soziale Schichten nicht wesentlich unterscheidet und daß das Durchschnittsalter der Befragten über soziale Schichten ebenfalls keine relevanten Unterschiede aufweist. Für die erste Annahme liegen für die hier untersuchte Stichprobe keine Daten vor. Das Lebensalter beim Ereigniseintritt unterscheidet sich über die Statusgruppen zwar kaum, aber Scheller (1985: 563f.) und Huinink (1987) haben gezeigt, daß sich das Heiratsalter und damit das Alter der Geburt des ersten Kindes mit steigender sozialer Schicht nach oben verschiebt. Es ist daher anzunehmen, daß die Eltern aus Statusgruppe 1 älter sind als in Statusgruppe 5.

Ein frühes Todesalter wichtiger Bezugspersonen schneidet die Betroffenen von der Möglichkeit wichtiger Sozialisationserfahrungen ab und erhöht über das Fehlen von Bewältigungsressourcen die Wahrscheinlichkeit einer Reihe problematischer Sekundärfolgen, wie unangepaßtes Verhalten und Erkrankungen (vgl. Johnson, 1986). Diese Überlegungen führen zu der Frage, ob die hier untersuchten Ereignisse zu einer Belastung der Jugendlichen beigetragen haben. Die Ereignisse, die in den Mittelpunkt der Betrachtung gestellt wurden, sind solche, die sich auch früheren Studien als „Major Life Events" erwiesen haben und mit einer erhöhten Wahrscheinlichkeit des Krankheitsauftretens verknüpft sind (vgl. Brugha et al., 1985). Sie sind durchweg mit einer starken Bedrohung verbunden und zeigen auch in der vorliegenden Studie an Jugendlichen zum Teil deutliche Zusammenhänge mit Indikatoren von Distressreaktionen. Der nächste Schritt, die Betrachtung von Erkrankungen, ist im Rahmen dieser Studie nicht möglich, da sie nicht erhoben wurden. Darüberhinaus manifestieren sich chronische Erkrankungen erst in Lebensphasen, die jenseits der hier erfaßten liegen.

Die Untersuchungen des letzten Abschnitts haben Lebensereignisse als Dimensionen von Ungleichheit aufgezeigt, wobei die Schichtzugehörigkeit ein Faktor der Vulnerabilität für belastende Erfahrungen darstellt (vgl. McLeod; Kessler, 1990). Diese Ereignisse sind mit erhöhtem Distress assoziiert. Der nächste Schritt zu einer umfassenderen Studie könnte eine Langzeituntersuchung sein, im Rahmen derer auftretende Krankheiten erfaßt werden. Damit könnte ermittelt werden, ob die Kenntnis von Ungleichheiten im Auftreten lebensverändernder Ereignisse zur Aufklärung von Krankheitsverteilungen beitragen kann.

Literatur:

Arber, S., 1992:
Chronic illness over the life course: Class inequalities among men and women in Britain. In: Abel, T.; Geyer, S.; Gerhardt, U.; Siegrist, J.; van den Heuvel, W.J. (Hrsg.): Chronic Illness: Research in Medical Sociology.
Bonn

Brown, G., 1989:
Life Events and Measurement. In: Brown, G.; Harris, T.: Life Events and Illness. London

Brown, G.; Harris, T., 1978:
Social Origins of Depression. London

Brown, G.; Harris, T. (Hrsg.), 1989:
Life events and illness. London

Brugha, T.; Bebbington, P.; Tennant, C.; Hurry, J., 1985:
The list of threatening experiences: a subset of 12 life event categories with considerable long- term contextual threat. Psychological Medicine, 15:189–194.

Coddington, R.D., 1972:
The Significance of Life Events as Etiologic Factors in the Diseases of Children. Journal of Psychosomatic Research. 16:7–18.

Cohen. L., 1988:
Measurement of Life Events. In: Cohen, L.H. (Hrsg.): Life Events and Psychological Functioning. Beverley Hills

Coyne, J.C.; Downey, G., 1991:
Social Factors and Psychopathology: Stress, Social support, and Coping Processes. Annual Review of Psychology, 42:401–425.

Geyer, S., 1991:
Lebensverändernde Ereignisse und Brustkrebs. Bern

Glickman , L.; Hubbard, M.; Liveright, T.; Valciukas, A. , 1990:
Fall- off in reporting life events: Effects of life change, desirability, and anticipation. Behavioral Medicine, 16:31–37.

Greene, J.W.; Walker, L.S.; Hickson, G.; Thompson, J., 1985:
Stressful Life Events and Somatic Complaints in Adolescents. Pediatrics, 75:19–22.

Hamilton, V.L.; Broman, C.L.; Hoffman, W.S.; Renner, D., 1990:
Hard times and vulnerable people: Initial effects of plant closing on autoworker's mental health.
Journal of Health and Social Behavior, 31:123–140.

Handl, J., 1977:
Sozioökonomischer Status und der Prozeß der Statuszuweisung – Entwicklung und Anwendung einer Skala. In: Handl, J.; Mayer, K.-U.; Müller, W.: Klassenlagen und Sozialstruktur. Frankfurt

Harris, T., 1989:
Disorders of menstruation. In: Brown, G.; Harris, T.: Life Events and Illness. London

Harris, T.; Brown, G.; Bifulco, A., 1986:
Loss of parent in childhood and adult psychiatric disorder: the role of lack of adequate parental care. Psychological Medicine 16:641–659.

Harris, T.; Brown, G.; Bifulco, A., 1987:
Loss of parent in childhood and psychiatric disorder: the role of social class position and premarital pregnancy. Psychological Medicine 17:163–183

Hodges, K; Kline, J.J.; Barbero, G.; Flanery, R., 1984:
Life Events Occurring in Families with Recurrent Abdominal Pain. Journal of Psychosomatic Research 28:185–188.

Holmes, T.; Rahe, R.H., 1967:
The Social Readjustment Rating Scale. Journal of Psychosomatic Research, 11:213–218.

Huinink, J., 1987:
Soziale Herkunft, Bildung und das Alter des ersten Kindes.
Zeitschrift für Soziologie, 16:367–384.

Hurrelmann, K., 1988:
Sozialisation und Gesundheit. München

Jacobs, T.J.; Charles, E., 1980:
Life Events and the Occurrence of Cancer in Children. Psychosomatic Medicine, 42:11–24.

Johnson, J.H., 1986:
Life Events as Stressors in Childhood and Adolescence. Beverley Hills

Katschnig, H., 1980:
Measuring Life Stress. A Comparison of two Methods. In: Farmer, R.D.T.; Hirsch, S.R. (Hrsg.): The Suicide Syndrome. London

Katschnig, H., 1986:
Measuring Life Stress-A Comparison of the Checklist and the Panel Technique. In: Katschnig, H. (Hrsg.): Life Events and Psychiatric Disorders. Cambridge

Lazarus, R. S.; Folkman, S., 1984:
Stress, Appraisal, and Coping. New York

Mansel, J.; Hurrelmann, K., 1991.
Alltagsstreß bei Jugendlichen. München

Mansel, J.; Hurrelmann, K.; Wlodarek, J., 1991:
Problematische Lebenssituationen und Symptome der Belastung bei polnischen und deutschen Jugendlichen. Kölner Zeitschrift für Soziologie und Sozialpsychologie 43:44–69.

Marmot, M.; Kogevinas, M.G.; Elston, M.A., 1987:
Social/ Economic Status and Disesase. Annual Review of Public Health, 8:111–135.

Mcleod, J., 1991:
Childhood parental loss and adult depression. Journal of Health and Social Behavior, 32:205–220.

Mcleod J.D.; Kessler, R.C., 1990:
Socioeconomic Status Differences in Vulnerablity to Undesirable Life Events. Journal of Health and Social Behavior, 31:162–172.

McQueen D. V.; Siegrist, J., 1982:
Social factors in the etiology of chronic disease: an overview. Social Science and Medicine, 16:353–367.

Neumann G.; Liedermann, A., 1981:
Mortalität und Sozialschicht. Bundesgesundheitsblatt, 24:173–181.

Scheller, G., 1985:
Erklärungsversuche des Wandels im Heirats- und Familiengründungsalter seit 1950. Zeitschrift für Bevölkerungswissenschaft, 11:549–576.

Schepers, J.; Wagner, G.1989:
Soziale Differenzen in der Lebenserwartung in der BRD. Neuere empirische Analysen. Zeitschrift für Sozialreform, 11/12:670–681.

Scherg, H.; Blohmke, M., 1988:
Associations between selected life events and cancer. Behavioral Medicine, 14:119–124.

Seiffge- Krenke, I., 1990:
Coping and Health- Related Behavior.A Cross- Cultural Perspective. In: Hurrelmann, K.; Lösel, F.(Hrsg.): Health Hazards in Adolescence. Berlin

Siegrist, J., 1988:
Medizinische Soziologie. München

Uhlenhuth, E.H.; Balter, M.D.; Habermann, M.D.; Lipman, R.S., 1977:
Remembering Life Events. In: Strauss, J.S., Babigian, H.M.; Roff, M. (Hrsg.): The origins and course of psychopathology. New York

Werner, E., 1990:
Antecedents and Consequences of Deviant Behavior. In: Hurrelmann, K.; Lösel, F.(Hrsg.): Health Hazards in Adolescence. Berlin

IV. Stile – Kulturen – Bezugsgruppen

Zwei Jugendkulturen? Freizeitmuster in Ost und West

Hartmut Lüdtke

Freizeit ist derjenige Verhaltensraum, in dem sich die altersspezifische Alltagserfahrung und die Kultur der Jugendlichen wohl am deutlichsten artikulieren können. Als Sozialisations-, Moratoriums-, Konsum-, Distinktions- und Identifikationsfeld ist Freizeit in dieser typischen Mehrfachfunktion auf vielfältige Weise gesamtgesellschaftlich geprägt und vernetzt. Zwei Jahre nach Öffnung der innerdeutschen Grenze und ein Jahr nach dem Anschluß der DDR an die Bundesrepublik müssen sich daher, so ist zu erwarten, bloße Spuren ebenso wie längerfristig wirksame Unterschiede zwischen den Freizeitmustern der ost- und westdeutschen Jugend erkennen lassen, die auf die getrennten wirtschaftlichen und soziokulturellen, aber auch im engeren Sinne politischen Entwicklungen in beiden Gesellschaften zurückzuführen sind. In Anbetracht der besonderen, empirischen und theoretischen, Bedeutung solcher Unterschiede konzentriert sich dieser Beitrag auf den mehrstufigen Vergleich des Freizeitverhaltens der beiden Jugendpopulationen, die Ursachen und Reflexe der Differenzen, wobei auf eine breite Beschreibung der Freizeit Jugendlicher generell verzichtet wird. Auf deren allgemeinere jüngere Bestandsaufnahmen kann daher nur verwiesen werden (u. a. Eckert, Drieseberg, Willems 1990; Lange 1991; Lüdtke 1989b).

Freizeit als Artikulationsfeld der Jugendkultur

Freizeit, ursprünglich extremer Gegenpol zur entfremdeten Industriearbeit, stellt zunehmend einen Bereich individuellen Handelns und gesellschaftlichen Sektor dar, der vom Arbeitssektor nicht scharf getrennt werden kann. Vielmehr bildet Freizeit – und mit zunehmender gesellschaftlicher, wirtschaftlicher und politischer Bedeutung in wachsendem Maß – einen Überschneidungsbereich von Muße und relativ selbstbestimmter Erwerbsarbeit, Alltag und Feiern, Haushaltsproduktion, Eigen-, Konsum- und Beziehungsarbeit, freiwilligen öffentlichen und privaten Verpflichtungen, Rekreation usw. dar, der durch besondere Qualitäten der Erfahrung und des Erlebens charakterisiert, also vornehmlich in seiner subjektiven Bedeutung als „Freizeit" zu entschlüsseln ist (siehe näher Lüdtke 1989a, b, 1992a):

- Er ermöglicht persönlichen Ausdruck (Expressivität), die Handlungen in ihm sind primär selbstzweckgerichtet und fungieren erst in zweiter Linie als Mittel für andere Zwecke.
- Die normativen Erwartungen an das Individuum und die soziale Bewertung seines Handelns sind relativ diffus, vielfältig und nicht besonders eindeutig-verbindlich.

- Die Aktivitäten sind relativ wahlfrei, der Zeitaufwand für sie ist jeweils relativ flexibel.
- Es dominieren informale oder spontane Gruppen und relativ unbürokratische Organisationsformen geselliger Aktivitäten.

Es liegt auf der Hand, daß dieser expressive Charakter die Freizeit zu einem bevorzugten Artikulationsraum, teilweise auch einem Verdrängungs-, Flucht- oder Nischenraum der Jugend werden läßt, wenn man Moratorium, Entwicklungs- und Identitätskonflikte, Experimentieren mit sozialen Rollen, Auseinandersetzung mit Gleichaltrigen, Partnersuche und strukturell bedingten Ausschluß von verantwortlichen, insbesondere Erwerbs-Tätigkeiten und ökonomischer Selbständigkeit als typische psychosoziale Kennzeichen der modernen Jugendphase versteht. Freizeit ist daher, sehr viel ausgeprägter als Unterricht, Ausbildung, Arbeitswelt oder häusliche Verpflichtungen, das zentrale Artikulationsfeld der Jugendkultur. Die Vorstellung ist indes unangebracht, daß Freizeitsituationen, kumulativ und in dieselbe Richtung weisend, entsprechende Sozialisations- und Übergangshilfen ermöglichen, sozusagen als „Schnelltransportschiene" der Statuspassage fungieren. Im Gegenteil: in bezug auf jugendliche Orientierungs- und Integrationsprobleme fungiert die Freizeit widersprüchlich, mit sich gegenseitig verstärkenden wie gegenläufigen Tendenzen, mit den Intentionen und Interessen Jugendlicher folgenden Effekten ebenso wie mit unbeabsichtigten Konsequenzen. Zum Verständnis des typischen, problematischen und starkem sozialen Wandel ausgesetzten Verhältnisses von Freizeit und Jugend seien einige der bedeutsamsten Umstände und Mechanismen für dieses kurz skizziert:

1. Die von Jugendlichen mit am häufigsten aufgesuchten Freizeitsituationen sind solche mit mehr oder minder intensiven Kontakten mit Gleichaltrigen: der große Bereich der geselligen Kommunikation der „Peers" in Verbindung mit Spiel, Sport, „Gammeln", Musik hören, Diskos, „Alltagsflips", Wettbewerben um Gruppenzugehörigkeit und individuelle Anerkennung u. dgl. (u. a. Lüdtke 1972, Deutsche Shell 1985, Schilling 1977). Auch wenn Vaitkus (1988, S. 162 ff.) zu Recht darauf hinweist, daß Kontakte mit Gleichaltrigen nach Häufigkeit, Dauer und emotionaler Bindung kein jugendspezifisches Merkmal sind, kann kaum bestritten werden, daß der Peer-Kontext, zentraler Sozialrahmen der Jugendfreizeit, als einer der signifikantesten Reflexe der relativen Ausgliederung von Jugendlichen aus den institutionellen Ernstbereichen der Gesellschaft zu verstehen ist. Bis heute ist Eisenstadts (1966) These nicht widerlegt, daß die altershomogenen Gruppen der Adoleszenz in modernen Gesellschaften einen „notwendigen" Verbindungsbereich zwischen Familie und erweiterter Gesellschaft darstellen, der die Sozialisationsschwächen ersterer kompensiert. Unter entwicklungspsychologischen Aspekten fördern Freizeitorte, die zugleich Treffpunkte der zwanglosen Interaktion Jugendlicher sind, den Entwicklungsverlauf im Jugendalter, verstanden als sinnvolle Abfolge der Bewältigung unterschiedlich bedeutsamer Aufgaben (Hendry 1989, Noack 1990, Silbereisen 1986).

2. In dieser relativen Eigenwelt der altershomogenen Gruppen können sich die kulturellen Sonderformen der Jugend in besonderer Weise artikulieren (Tenbruck

1962, Lüdtke 1989c). Freizeit ist infolgedessen das nächstliegende Material und situative Angebot zur Herausbildung der kulturellen Formen altershomogener Gruppen. Fast alle Tätigkeiten, Rituale, Artefakte, Genußmittel, Medien und Accessoirs, die Jugendliche zur Demonstration und Kommunikation ihrer spezifischen Werte und Symbole ausüben bzw. verwenden, treten in typischen Freizeitsituationen auf (vgl. Zinnecker 1987).

3. Die Konsumentenrolle ist eine zentrale Freizeitrolle und wird von Jugendlichen meist früher und problemloser eingeübt als Leistungsrollen, zumal sie über eine erhebliche Gesamtkaufkraft verfügen. Ihre Funktion als Marktteilnehmer ist für sie mit wichtigen verhaltensstabilisierenden und entwicklungsfördernden Effekten verbunden, allerdings mit der Einschränkung, daß ihr gleichzeitiger Ausschluß von autonomem Handeln in der Erwerbs- und Leistungswelt in der Form fehlender „Gegengewichte" zu Orientierungsproblemen führen kann (Lüdtke 1989b, S. 642 ff.).

4. Freizeit bildet also zunächst ein für Jugendliche hoch valentes, zugleich ambivalentes Feld der intrinsischen Befriedigungen, des Ausgleichs und der sozialen Auseinandersetzung. Sie bildet ein Wertsystem und eine subjektive Sinnwelt, die Angebote und Hilfen für Identitätsbildung und Selbstdarstellung bereitstellt (Eckert, Drieseberg, Willems 1990). Sie liefert die wichtigsten Möglichkeiten für Entspannung und Spaß. In ihr artikulieren sich zugleich wesentlich Konflikte zwischen persönlicher und sozialer Identitätsbildung, zwischen Gruppenloyalitäten, zwischen Abhängigkeit und Ablösung von der Herkunftsfamilie. Da Freizeit für die Jugend relativ geringer sozialer Kontrolle unterliegt und ihre Aktivitäten nicht vorher genau festgelegt sind, ist sie zwangsläufig eine häufige Quelle des Streits, des Konflikts zwischen Jugendlichen und ihren Bezugsgruppen, vor allem dem Elternhaus (Clausen 1976, S. 121).

5. Jugendliche beginnen, neben ihrer Schul- und Berufsausbildung, „Freizeitkarrieren", d. h. sie benutzen den Markt der Freizeitgüter, Medien und Jugendorganisationen selektiv zur persönlichen Qualifikation (besonders deutlich z. B. bei Computern, Sport und anderen mit Fachwissen verbundenen Hobbies), zum Aufbau sozialer Beziehungsnetze, zur Statussuche und sozialen Distinktion (Ekkert, Drieseberg, Willems 1990). Hinsichtlich dieser Bedeutung eines spezifischen Erprobungs-, Lern- und Erfahrungsfeldes hat Freizeit für Jugendliche, wahrscheinlich noch mehr als für Erwachsene, also auch eine deutlich instrumentale Funktion.

Vermutungen über Ost-West-Unterschiede der Jugendfreizeit

Es kann wohl ohne Übertreibung behauptet werden, daß die zuvor skizzierten allgemeinen, im industriegesellschaftlichen Kontext verankerten Bedingungen und typischen Verhaltenstendenzen von Jugendlichen im großen und ganzen „grenzüberschreitend" gelten, wenn schon im spezielleren Bereich von Freizeit, Konsumorientierung und kultureller Praxis bereits seit den 70er Jahren Internationalisierungsschübe gewirkt haben, die Ost- und West-Jugend gemeinsam beeinflußt haben (Behnken u. a. 1991, S. 164; Kühnel 1990, 1991). Daher, und wegen des Fehlens geeigneter Vergleichsdaten aus jüngeren Forschungen (mit wenigen Ausnahmen), scheint es kaum möglich, genauere Hypothesen über zu erwartende Unterschiede zwischen den Freizeitmustern der ost- und westdeutschen Jugend zu formulieren. Ich beschränke mich auf wenige, mir gleichwohl anhand der vorliegenden Literatur plausibel scheinende Annahmen.

1. Die bedeutsamsten Unterschiede lassen sich durch eine Ressourcenhypothese erklären: Die Freizeitbedingungen der ostdeutschen Jugendlichen sind in verschiedenen Bereichen deutlich ungünstiger entwickelt als die ihrer westlichen Altersgenossen: geringere zeitliche und finanzielle Budgets, schlechtere Ausstattung mit neuen Medien, geringere Wohnressourcen, mangelnde Angebote im öffentlichen und kommerziellen Freizeit- und Kulturbereich (Behnken u. a. 1991, Kühnel 1991). Daraus folgt eine im Osten geringere Differenzierung und Spezialisierung der Muster und Stile der Freizeitpraxis. Die ressourcenbedingten Differenzen werden sich in relativ kurzer Zeit einebnen.

2. Bekanntlich waren die ostdeutschen Jugendlichen seit ihrer Kindheit in weitaus stärkerem Ausmaß politisch-ideologischer Indoktrination auf der Basis eines anderen Gesellschaftsbildes ausgesetzt, die freilich in den aktuellen Freizeitmustern kaum Spuren hinterlassen hat. Offenbar bestand schon vor der Wende kein nennenswertes Interesse der DDR-Jugend an den „staatlicherseits verordneten politisch-ideologischen Formeln und organisatorischen Angebote(n)", während die staatliche Jugendorganisation selbst auf den „langsamen Loyalitätsverfall" mit „Umorientierung ihrer Angebote auf den Freizeit- und Kulturbereich" reagierte (Kühnel 1991). Gleichwohl können sich die ostdeutschen Jugendlichen, zumindest in Teilen, von den westdeutschen durch indirekte gesellschaftspolitisch-sozialstrukturelle Besonderheiten in folgender Hinsicht unterscheiden:

- Ihr Moratorium und damit ihre Freizeit sind stärker reglementiert und in den individuellen sowie altersgruppenbezogenen Dispositionsspielräumen eingeschränkter (Behnken u. a. 1991, S. 175; Zinnecker 1991).
- Sie sind weniger individualistisch und stärker gleichheits- oder „solidarisch" orientiert; ihr Interesse an Freizeitkarrieren ist weniger stark ausgeprägt.
- Ihre Freizeit ist weniger stark nach ökonomischen und Bildungs-Unterschieden geschichtet.

Sollten sich diese Differenzen im Datenmaterial nachweisen lassen, so dürften sie noch längerfristig anhalten.

3. Als Mischeffekt der Unterschiede in der Ressourcenlage und der soziokulturellen Prägung ergeben sich vermutlich folgende Abweichungen:

- Die Ost-Jugend ist stärker durch Schule, Familie und private Reproduktionsarbeit (Do-it-yourself) in die Pflicht genommen (Behnken u. a. 1991, S. 175 f.).
- Ihr Freizeitverhalten ist stärker durch gemeinsame Familienaktivitäten, häusliche Gespräche, Entspannung und Briefeschreiben ohne Zeitstress charakterisiert, während ihre westdeutschen Altersgenossen häufiger telefonieren, Gaststätten, Kinos und andere Angebote öffentlicher Geselligkeit und Unterhaltung aufsuchen (vgl. Opaschowski 1991).
- Sie artikulieren weniger stark Freizeitmuster, die durch Jugendzentrismus, d. h. den mental-emotionalen Gegensatz zur Welt der Erwachsenen als Ein-

stellungssyndrom der Sensibilität gegenüber dem Generationsgegensatz (vgl. Frage 44) geprägt sind.

Es liegt auf der Hand, daß solche Unterschiede noch weiter nach verschiedenen Alters- und Geschlechtskategorien spezifiziert werden müssen, da die in dieser Studie berücksichtigte Altersspanne mehrere Phasen der Statuspassage und psychosozialen Entwicklung einschließt, die sich hinsichtlich der Art und des Grades „jugendspezifischer" Orientierungen, Probleme und Verhaltensweisen zum Teil deutlich unterscheiden (vgl. u. a. Behnken u. a. 1991, S. 190 ff.; Fuchs 1985, Hendry 1989, Lüdtke 1981). Daher wurde im folgenden, dem Schema der Untersuchungsleiter weitgehend folgend, in verfeinerten Formen des Vergleichs die Gesamtstichprobe in drei Subpopulationen geteilt: die 13- bis unter 17jährigen (Pubeszente: „Pubis"), die 17- bis unter 21jährigen (Adoleszente: „Ados") und die 21- bis 29jährigen (Jungerwachsene oder Postadoleszente: „Postados").

Die Zeit als Ressource

Die individuellen Möglichkeiten der Verfolgung von Freizeitpräferenzen und -interessen, der Konzentration auf bestimmte oder der Kombination von verschiedenen Tätigkeiten sowie der Stilisierung der Freizeit insgesamt richten sich zuallererst nach der Menge der mehr oder minder disponiblen Zeit, d. h. nach den zeitlichen Ressourcen, insbesondere denen der Eigenzeit selbst. In Anbetracht der äußerst begrenzten Möglichkeit, die Ressource „freie Zeit" objektiv zu messen, wurde in der Erhebung die bewährte Praxis früherer Studien weitergeführt, die Definition von freier Zeit den Befragten selbst zu überlassen, allerdings mit der eindeutigen Vorgabe in Frage 23b: die „reine Freizeit zu Deiner ganz persönlichen Verfügung" in der letzten

Tabelle 1: Durchschnittliche Zeitbindungen und freie Zeit in einer „normalen" Woche in Stunden

	OSTEN	WESTEN	N	F	Signifikanz
Reine Unterrichtszeit	26.8	25.0	2107	13.6	s.s.
Reine Arbeitszeit (Erwerbsarbeit)	39.6	36.6	1874	36.6	s.s.
Jobben (bezahlte Gelegenheitsarbeit)	11.2	9.3	747	5.1	s.
Persönlich lernen, sich weiterbilden	7.7	7.8	2147	0.1	n.s.

	Gesamte freie Zeit			
	OSTEN	Differenz m – w	WESTEN	Differenz m – w
Pubis, männlich	50.6		54.9	
		–2.1		2.6
Pubis, weiblich	52.7		52.3	
Ados, männlich	64.5		63.9	
		15.9		4.9
Ados, weiblich	48.6		59.0	
Postados, männlich	49.0		59.9	
		10.1		9.2
Postados, weiblich	38.9		50.7	

Woche. Außerdem wurden in Frage 23a die Wochenquanten von vier Arten der gebundenen Zeit abgefragt. Aufgrund unterschiedlicher Anteile der jeweils von einer Kategorie Nichtbetroffenen variiert bei den Zeitdaten der Stichprobenumfang entsprechend. In Tabelle 1 sind die relevanten Durchschnittswerte pro Gebiet bzw. Teilpopulation dokumentiert.

Mit Ausnahme der persönlichen Bildungszeiten sind die ostdeutschen Jugendlichen und Jungerwachsenen zeitlich stärker eingebunden: Die Differenz Ost minus West beträgt bei der Erwerbsarbeit 3, beim Jobben 2 und bei der Unterrichtszeit fast 2 Wochenstunden. Da sich diese Verpflichtungen kumulieren können, sind viele junge Ostler grob mit 5–10 % der überhaupt verwendungsvariablen Zeit (d. h. ohne Zeit für Schlaf und persönliche Hygiene) allein durch diese Verwendungsarten mehr gebunden, wozu noch andere Zeitbindungen kommen können. Als Gesamteffekt schlägt sich dies in der Differenz der mittleren freien Zeit pro Woche von 6 ½ Stunden zugunsten der Westler nieder.

Als noch deutlicheres Indiz der zeitlichen Unterprivilegierung des Ostens kann gelten, daß die freie Zeit die Arbeitszeit im Westen durchschnittlich um fast 20 Stunden, im Osten aber nur um etwa 10 Stunden übertrifft. (Diese Differenz darf natürlich nicht als durchschnittliche individuelle Differenz zwischen Erwerbsarbeitszeit und freier Zeit interpretiert werden, da Nichterwerbstätige in diesen Aggregaten ja enthalten sind.) Diese Unterschiede werden wohl noch einige Jahre anhalten, wenn man sich die deutlich erschwerteren, relativ zeitverzehrenden Alltagsbedingungen im Osten vor Augen hält: größere verkehrs- und kommunikationstechnische Hindernisse; längere Warte-, Fahr- und Beschaffungszeiten; Rückständigkeit der Struktur von Behörden, Betrieben, Schulen und anderer Einrichtungen, größere zeitliche Bindungen durch Do-it-yourself u. dgl.

Der kombinierte Gebiets-, Alters- und Geschlechtsgruppen-Vergleich läßt noch extremere partielle Unterschiede sichtbar werden. Mit Ausnahme der östlichen Pubis, wo die Mädchen einen leichten Zeitvorteil haben, nannten die Jungen und Männer im Durchschnitt überall mehr freie Zeit, und dieser Unterschied wächst mit dem Altersrang, und zwar im Osten stärker als im Westen. Zwei Hauptursachen dessen sind zu vermuten: a) die auch bei den jungen Leuten im Osten noch stärkere Erwerbsbeteiligung der Mädchen und Frauen und b) ihre zugleich stärkere Belastung durch familial-häusliche Verpflichtungen, d. h. geschlechtsspezifische Arbeitsteilung im privaten Raum. Beides führt zu dem Effekt, daß weiblichen Postados gegenüber weiblichen Pubis im Osten fast 14 Stunden, im Westen aber unter zwei Stunden freie Zeit in der Woche weniger zur Verfügung stehen. Im gesamtdeutschen Jugendvergleich lassen sich schließlich zwei Kontrastgruppen dingfest machen: die männlichen Ados beider Gebiete mit rund 64 Stunden als „Freizeitprivilegierte“ auf der einen Seite und die weiblichen Postados des Ostens mit nur rund 39 Stunden als „Freizeitdeprivierte“ auf der anderen.

Globaler Ost-West-Vergleich

Die Freizeitaktivitäten wurden in der Weise erhoben, daß die Befragten zu 35 Tätigkeitsvorgaben (z. B. Auto, Motorrad, Moped, Fahrrad reparieren oder damit in der Freizeit herumfahren; tanzen; flirten;

mit der Familie zusammensein; Bücher lesen) jeweils den Häufigkeitsgrad der Ausübung zwischen 1 = „nie" bis 4 = „sehr oft" angaben (psydata 1991, Frage 6). Diese Methode ist aus mindestens vier Gründen nicht unproblematisch:

1. Die Häufigkeitsmaße sind subjektiv gefärbt, z. B. nach Vorstellungen sozialer Erwünschtheit, und daher verzerrt.

2. Jede einzelne Aktivitätskategorie hat denselben theoretischen Rang; die Berechtigung dessen müßte eigentlich erst zuvor expliziert werden.

3. Was als „oft" oder „selten" erlebt wird, hängt vom Inhalt der Tätigkeit selbst ab und wird daher nach variablen Maßstäben beurteilt.

4. Innerhalb ein und derselben Kategorie (z. B.: mit einem Freund zusammensein) können ganz verschiedene situative Erlebnisqualitäten und Sub-Aktivitäten angesprochen werden, daher können eine Tätigkeitsvorgabe und ihre Häufigkeiten Unvergleichbares subsumieren.

Nur ein Teil der dadurch ermöglichten Produktion von Artefakten wird wahrscheinlich durch interindividuelle Zufälle neutralisiert. Dennoch hat sich diese Methode als einigermaßen robust und praktikabel bewährt (z. B. Giegler 1982; Uttitz 1985, 1986), wenn man von ihr nicht allzu tiefe Aufklärung erwartet und den relativ groben Struktur- und Motivationsvergleich verschiedener Gruppen des Freizeitverhaltens für sinnvoll hält.

Der undifferenzierte Vergleich der Ost- und West-Jugendpopulation entlang den mittleren Häufigkeitsgraden der 35 Aktivitäten zeigt zunächst eine große Gleichförmigkeit ihrer Gewichte. Die Westler telefonieren häufiger mit Freund(inn)en, treiben etwas stärker aktiv Sport und lesen häufiger Comics. Sie bewegen sich insgesamt vergleichsweise mehr im privaten und öffentlichen Raum der Geselligkeit und des Konsums mit Gleichaltrigen, die Ostler sind in ihrer Freizeit entsprechend stärker familienzentriert. Diese Unterschiede sind aber, wie gesagt, gering und lassen sich durch die Ressourcenhypothese erklären; eine kulturelle Differenz scheint auf dieser Globalebene nicht erkennbar, und die Abweichungen werden im Laufe weniger Jahre verschwinden.

Betrachten wir die *Freizeitpräferenzen,* d. h. die Antworten auf die offene Frage 5 nach den liebsten Freizeitbeschäftigungen, so sind in diesem noch undifferenzierten Vergleich mehr oder minder deutliche Ost-West-Unterschiede gemäß zweier Hypothesen zu erwarten:

a) Die Differenzen zwischen Wunsch und Wirklichkeit sind im Osten größer. Die Präferenzen sind stärker wunsch- als wirklichkeitsgefärbt. Da das allgemeine Leitbild stärker dem westlichen Freizeitsystem angenähert ist, sind infolgedessen die Unterschiede relativ groß.

b) Die Freizeitpräferenzen sind weitgehend dem Freizeitverhalten assimiliert, und vice versa – eine Folge des Strebens junger Leute nach möglichst hoher kognitiver Konsistenz. Da hier Angaben auf eine offene Frage vorliegen, die individuelle Unterschiede stärker zur Geltung kommen läßt als vorgegebene Tätigkeitskategorien, werden Ost-West-Unterschiede der Freizeitmuster deutlicher abgebildet als beim Tätigkeitenvergleich.

Über den empirischen Gehalt dieser Hypothesen kann hier nicht entschieden werden, in ihren Konsequenzen – relativ deutliche Unterschiede – weisen sie aber in dieselbe Richtung.

In Tabelle 2 sind die 13 Freizeitpräferenzen (von insgesamt 98; vgl. psydata 1991, Frage 5) nach ihren relativen Nen-

Tabelle 2: Kontrastierende Freizeitpräferenzen im globalen Ost-West-Vergleich – Angaben in % –

Liebste Tätigkeiten	Ost	West	Differenz	Häufiger im Gebiet
Lesen	32.8	28.8	4.0	Ost
Musik hören	26.6	21.5	5.1	Ost
Mit Freunden, Bekannten	13.5	21.7	8.2	West
Sport treiben (allgemein)	13.7	16.9	3.2	West
Fußball	4.9	8.1	3.2	West
Schwimmen	3.9	7.4	3.5	West
Tennis	1.4	5.2	3.8	West
Mit einem Fahrzeug fahren	14.7	8.5	6.2	Ost
Ausgehen, Vergnügen, Trinken gehen	4.0	12.7	8.7	West
Familie, Kind	11.7	4.7	7.0	Ost
Diskothek	10.1	3.7	6.4	Ost
Schlafen, Faulenzen	5.3	8.6	3.3	West
Mit Pflanzen, Natur beschäftigen	5.4	2.4	3.0	Ost

nungshäufigkeiten zusammengestellt, deren Ost-West-Differenz mindestens 3 Prozentpunkte beträgt. Die ostdeutsche Jugend umfaßt danach immer noch deutlich mehr „Leseratten", Familienzentrierte sowie Pflanzen- und Naturliebhaber – eine „kulturelle" Differenz, die im großen und ganzen den Befunden von Opaschowski (1991) in bezug auf die Gesamtbevölkerung entspricht. Daß sie häufiger gern mit Fahrzeugen umherfährt, seltener gern Sport treibt, seltener gern ausgeht, aber häufiger gern Diskotheken besucht, läßt sich wiederum ressourcentheoretisch aus erfahrenen Mangellagen bzw. Nachholbedarfen erklären. Insgesamt sind aber auch hier die Unterschiede keinesfalls als dramatisch zu bezeichnen.

Muster des Freizeitverhaltens

Eine gewisse Vertiefung im Gesamtvergleich der Freizeitaktivitäten ergibt sich, wenn man die Dimensionen des gemeinsamen Auftretens verschiedener Aktivitäten in der Form von Freizeitmustern oder -konstrukten und deren Abhängigkeit von soziodemographischen und sozialisatorischen Bedingungen untersucht. Zu diesem Zweck wurden die empirischen Beziehungen zwischen den 35 Aktivitätskategorien in, für die beiden Gebietspopulationen getrennten, Hauptkomponentenanalysen auf ihre jeweils 9 gewichtigsten gemeinsamen Dimensionen (Faktoren) reduziert. Diese schöpfen 51 % (Ost) bzw. 50 % (West) der gemeinsamen Varianz der Aktivitäten aus. Wenn ich mich im folgenden auf diese Freizeitdimensionen beschränke, so ist damit eine gewisse Glättung der Daten in der Weise vorentschieden, daß sehr exklusiv ausgeübte Freizeitaktivitäten und sehr kleine, spezielle Freizeitstile nicht weiter berücksichtigt werden, die freilich vorhandene Ost- oder West-Besonderheiten auch kaum charakterisieren könnten. Die anhand der in diesen Faktoren hoch „ladenden“ Aktivitäten identifizierten Dimensionen sind statistisch voneinander unabhängig: Sie bilden jeweils ein bestimmtes Bündel von Freizeittätigkeiten ab, die typischerweise zusammen ausgeübt werden (positive Ladungen), bzw. (im Fall hoher positiver und negativer Ladungen in einem Faktor) die sich gegenseitig ausschließen. Auf ähnliche Weise hat kürzlich Georg (1991, S. 364 ff.) 11 Faktoren/Dimensionen von Freizeitaktivitäten identifiziert (Maximum-Likelihood-Schätzung, 51 % Varianzausschöpfung). Seine Stichprobe von 130 Jugendlichen und Jungerwachsenen ist allerdings regional und strukturell stark selektiv, so daß sich seine Ergebnisse nicht mit unseren vergleichen lassen. Dennoch erkennt man die meisten unserer Freizeitdimensionen in seinen Daten wieder, wenn auch in anderer „Mischung“. Gleiches gilt für die Studie von Giegler (1982). Die gewichtigsten Dimensionen des Freizeitverhaltens als Präferenzen-Aktivitäten-Muster oder auch als Lebensstile erweisen sich offenbar sogar über Jahrzehnte als erstaunlich stabil (Uttitz 1985, 1986; Lüdtke 1992b).

Der Vergleich der zweimal 9 Faktoren läßt somit bestimmte gebietsübergreifende wie gebietsspezifische Subsysteme der Präferenzen, Gewohnheiten oder „arbeitsteiligen“ Subkulturen der Freizeit erkennen. Im folgenden werden nur diejenigen Aktivitäten genannt, die in einem Faktor mit Werten (d. h. Partialkorrelationen zwischen Faktor und Aktivität) größer als +/- 0.40 geladen sind. Die meisten Ladungen in den insgesamt 18 Faktoren, die hier genannt werden, sind allerdings deutlich höher als +/- 0.50.

Hinsichtlich einer Trivialdimension der Freizeit unterscheiden sich beide Gebietspopulationen gar nicht: Der *„Passiven Rekreation“,* in der die beiden (Non-)Aktivitätskategorien Ausruhen, Erholen und Schlafen zusammengefaßt sind. Im Osten wie im Westen ist diese Freizeitform kaum mit anderen Aktivitäten verbunden.

Das Muster der *„Familienfreizeit“,* das die Gemeinsamkeit von: Mit der Familie zusammensein, Verwandte besuchen und spazierengehen abbildet, findet sich auch im Westen wie im Osten, dort jedoch zusätzlich mit der Kategorie Gartenarbeit/sich mit Pflanzen beschäftigen. Obwohl insgesamt die Westler diese Aktivität kaum seltener ausüben als die Ostler, kreist die ostdeutsche Familienfreizeit auch bei den Jugendlichen und Jungerwachsenen (noch) stark um das Verhaltenssyndrom „Kleingarten und Datsche“.

Fast perfekte Übereinstimmungen bestehen beim Freizeitmuster *„Bildung, Politik und Kunst“,* mit Gemeinsamkeiten bei: Politische, kulturelle oder wissenschaftliche Fernsehsendungen; Theater, Museen, Kunstausstellungen; Berufliche Weiterbildung.

Im Muster *„Musisch-introvertierte Freizeit“* bestehen Ost-West-Ähnlichkeiten hinsichtlich der Gemeinsamkeit von: Persönliche Briefe schreiben, Tagebuch schreiben und Zeichnen, malen. Im *Osten* gehören dieser Dimension aber zugleich noch deutlich an: Seinen Träumen nachhängen und Zeichnen, malen; dagegen ist die Tätigkeit Mit einem Fahrzeug herumfahren von ihr fast ausgeschlossen (Ladung -.52). Für die *Westdeutschen* gehört zu diesem Muster noch Musizieren (.57).

Die Tätigkeitsklasse Ein Instrument spielen, Musik machen (.69) bildet hingegen im *Osten* die eigenständige Dimension *„Aktive und passive Musik“* zusammen mit Rock-, Popkonzerte besuchen

(.57) und Klassische Musikkonzerte besuchen (.48). Ich möchte diesen Befund als Indiz dafür interpretieren, daß im soziokulturellen Kontext der ostdeutschen Jugend ein engerer Verflechtungsgrad von musikalischer Aktivität und Musikkonsum, von U- und E-Musik, von Pop- und „Hochkultur"-Musik besteht. Nimmt man eine skeptische Perspektive ein, so läßt sich dies auch so deuten: Die Ausdifferenzierung der Musikkultur nach ästhetisch-normativen Subsystemen, Aktivitätsmustern und Marktsegmenten ist im Westen erheblich weiter fortgeschritten.

Im *Westen* zeigt sich noch eine ganz andersartige strukturelle Besonderheit, indem sich die *„Comicfreaks"* als eigenständiges Freizeitmuster erweisen, das man zugleich als „mediale Kompensation" einer bestimmten Art der sozialen Isolierung interpretieren kann. Dieser Faktor bildet nämlich die partielle negative Beziehung zwischen Comics lesen (.69) und Mit einer Freundin zusammensein (-.41) ab.

Der erheblich stärkeren Verbreitung von Autos, Motorrädern u. dgl. im *Westen* ist es zuzuschreiben, daß im hiesigen Freizeitsystem die negative Beziehung zwischen Umherfahren (.66) und Bücherlesen (-.54) als eigenständiger Faktor ausdifferenziert ist, dessen Muster man als *„Motorfreaks und Lesemuffel"* bezeichnen kann.

Das Freizeitmuster *„Aktivsport und Computer"* bildet interessanterweise im Osten wie im Westen ab, daß Aktiv Sport treiben und Am Computer spielen oder arbeiten typischerweise gemeinsam auftreten. Allerdings bestehen hier regionale Besonderheiten: Im *Osten* gehört dazu teilweise auch Comics lesen (.47), während im Westen dieses Muster mit Seinen Träumen nachhängen (-.41) und Persönliche Probleme besprechen (-.41) eher unvereinbar ist. Allerdings hinkt dieser Vergleich ein wenig: Während die PC-Verbreitung im Osten ja noch viel geringer ist und Computer dort eher am Arbeitsplatz und in der Weiterbildung genutzt werden, haben sie unter der West-Jugend eher die Bedeutung eines Spielmediums.

Im Raum der weitaus häufigsten Freizeitaktivitäten: der Geselligkeit mit Gleichaltrigen, der gegengeschlechtlichen Kontakte, der Unterhaltung und des Musikhörens in privaten und, mehr noch, öffentlichen Situationen, zeigen sich im Ost-West-Vergleich ebenso deutliche Übereinstimmungen wie Abweichungen. Sie lassen sich auf folgenden gemeinsamen theoretischen Nenner bringen: Differenziertere Ressourcenausstattung und Infrastruktur der Freizeit sowie größere Verhaltensroutine forcieren bei den westdeutschen Jugendlichen und Jungerwachsenen die Verdichtung der Freizeitaktivitäten und die Zeitvertiefung, d. h. Fähigkeit und Anreiz, verschiedene Dinge gleichzeitig oder hintereinander zu tun, stärker als dies bei ihren ostdeutschen Altersgenossen möglich ist. Dies schlägt sich in dem empirisch-statistischen Befund nieder, daß dieser Aktivitätskomplex im Westen durch zwei, aber im Osten durch drei unabhängige Faktoren/Dimensionen repräsentiert ist, die in Tabelle 3 dokumentiert werden.

Als deutlichste Unterschiede sind erkennbar: a) Der Gebrauch des (seltenen) Telefons im Osten ist mit einer zweiten Geselligkeitsdimension verbunden, die weniger „erotisch gefärbt" ist als die erste. b) Kino, Tanzen und Schaufensterbummel bilden im Westen eine eigenständige Dimension, zweifellos aufgrund der beträchtlich höheren Attraktivität der

Tabelle 3: Faktorenstruktur im Freizeitraum Geselligkeit, Unterhaltung, Musikhören und Partnerschaft (Ladungen > ± 0.40)

	Faktoren				
	OSTEN			WESTEN	
Aktivitäten	Geselligkeit, Unterhaltung, Flirts,	Geselligkeit, Telefonieren,	Musikhören	Geselligkeit, Flirts, Musikhören	Kino, Tanzen, Bummeln
Mit Freunden zusammen sein	.45	.45		.77	
Tanzen	.69				.51
Ausgehen, Feste, Parties	.69			.56	
Mit Freund zusammen sein		.68		.65	
Mit Freundin zusammen sein	.68				
Kinobesuch					.68
Musik hören			.60	.54	
Telefonieren mit Freunden/ Freundinnen		.50		.55	
Flirten, Mädchen/ Jungen kennenlernen	.53			.53	
Schaufensterbummel					.44
Gartenarbeit, Pflanzen			–.58		

in ihr implizierten Unterhaltungs- und Konsumangebote.

Als Zwischenfazit sind die folgenden zusammenfassenden Feststellungen erlaubt:

1. Die anhand der in der Umfrage erhobenen 35 Freizeitaktivitäten identifizierten Verhaltensmuster der Ost- und Westjugend weisen mehr dimensionale Gemeinsamkeiten als Unterschiede auf. Sie treten dort am stärksten hervor, wo a) die Tätigkeiten von ausgeprägten Kompetenzen, Interessen und Motivationen abhängen, was für die drei Dimensionen Musisch-introvertierte Freizeit; Bildung, Politik und Kunst; Aktivsport und Computer zweifellos zutrifft; b) wo sie relativ ressourcen- und kompetenzunspezifisch sind: in den Dimensionen Passive Rekreation und Familienfreizeit; c) wo die für Jugendliche sehr bedeutsame Situation der Geselligkeit und Unterhaltung mit Gleichaltrigen und der gegengeschlechtlichen Kontakte dominiert.

2. Der größte Teil der Ost-West-Unterschiede läßt sich auf im Westen differenziertere und attraktivere Infrastruktur, Freizeitangebote, Marktsegmente, den damit stärker ausgeprägten Wahlmöglichkeiten, Routinen und Formen der Zeitvertiefung zurückführen und ist daher als Übergangserscheinung aufzufassen.

3. Daneben wurden drei östliche Besonderheiten der Jugend sichtbar: mehr „Leseratten", ein engerer Zusammenhang von Aktiv- und Passivmusik, Hochkultur- und Popmusik sowie die private Nische von Schrebergarten und „Datsche" im System familienzentrierter Freizeit, vielleicht auch ein Ausdruck breiterer „Ländlichkeit" im Osten – soweit dies aus dem Kontext der Aktivität „Mit Pflanzen,

Natur beschäftigen" ablesbar scheint. Möglicherweise bleiben diese Besonderheiten längerfristig bestehen, weil sie im Wertsystem und in der familialen Sozialisation Ostdeutschlands verankert sind. Ich lasse dies zunächst dahingestellt.

Strukturkontexte der Freizeitmuster

Vergleichen wir nun die Abhängigkeiten der Freizeitmuster von strukturellen und sozialisatorischen Bedingungen. Zunächst wurden, getrennt für jedes Gebiet, um die östlichen bzw. westlichen Besonderheiten nicht zu überdecken, neun Freizeitkonstrukte gebildet. Dadurch wurde die Datenreduktion der Faktorenanalysen auch auf die Unterscheidung der Befragten ausgedehnt. Diese werden nun nicht mehr anhand der 35 Aktivitäten unterschieden, sondern anhand der neun Freizeitkonstrukte, die durch Zusammenfassen der jeweils markantesten Aktivitätsvariablen einer Dimension zu einem Index gebildet wurden. Anschließend wurden die Korrelationen dieser Konstrukte mit folgenden Lagemerkmalen und Sozialisationsbedingungen, deren theoretische Relevanz hier unterstellt und nicht näher begründet wird, berechnet:

1. Alter;
2. Geschlecht (männlich = 0, weiblich = 1);
3. Ausbildungsstatus des Vaters (drei Werte);
4. Wohnressourcen (Frage 20c): Grad der verfügbaren Zimmer bzw. Wohnung;
5. Verfügbare Geldmittel im Monat (bei Partnerschaften: gemeinsamer Betrag);
6. Schulbildung: erreichter oder wahrscheinlicher Schulabschluß (drei Werte im Osten, zwei Werte im Westen);
7. Organisationsmitgliedschaft: Nein/Ja;
8. Vernetzung mit Gleichaltrigen (Frage 56): Kontakte mit informellem Kreis junger Leute (drei Werte);
9. Elterliche Versorgung (Frage 50): Index = Summe der nach Häufigkeit gewogenen 12 Versorgungstätigkeiten der Eltern für den Befragten bzw. die Befragte; Sozialsationseinflüsse der Familie in der Kindheit: die vier Skalen, zu denen sich die Items der Frage 48 zusammenfassen lassen:
10. Pläne und Hoffnungen ehrgeiziger Eltern für ein begabtes Kind („Ehrgeiz");
11. Schulzentriertes Elternhaus („Schulzentriertheit");
12. Gemeinsame Freizeit von Eltern und Kindern („Freizeitgemeinschaft");
13. Nutzung des häuslichen Literatur- und Medienangebots („Häusliche Medien").

Diese Determinantenreihe enthält neben den üblichen sozioökonomischen Lagemerkmalen, einschließlich der Indikatoren für Alters- und Geschlechtsrollen, auch solche der materiellen und psychosozialen Versorgungsleistungen der Eltern (9.), sowie des „sozialen Kapitals" (7. und 8.) und der Vermittlung von „kulturellem Kapital" (10.–13.) im Sinne von Bourdieu (1983).

Das Freizeitverhalten von Erwachsenen in einem Teil unserer Dimensionen kann als sozioökonomisch schwach bis mäßig geschichtet gelten (vergleiche Giegler 1982; Uttitz 1985, 1986); bei Jugendlichen ist diese Kontextverankerung noch eher schwach entwickelt. Eine perfekte strukturelle Determinierung der Freizeitmuster würde dann vorliegen, wenn in jedem Landesteil 117 (9 mal 13) Korrelationen der Freizeitkonstrukte mit den Bedingungsvariablen deutlich ausgeprägt sind. Diese Vorstellung ist zwar äußerst unrealistisch, sie kann aber als Maßstab der tatsächlichen Determinierung des Freizeitverhaltens dienen.

Für den Osten liegen 21, für den Westen 15 Korrelationen mit Koeffizienten ab +/-0.20 vor, die aber größtenteils den Wert von 0.30 nicht überschreiten. Die strukturelle Abhängigkeit der Freizeitmuster ist also insgesamt gering.

Widerlegt ist zunächst die Annahme engerer Beziehungen zwischen Kontextmerkmalen und Freizeitverhalten im Westen; im Gegenteil: dies trifft eher noch für den Osten zu. Vergleichen wir nun die Ost- und West-Jugend hinsichtlich der fünf Konstruktpaare, die als die einander ähnlichsten Freizeitmuster identifiziert wurden, so ergeben sich folgende Gleichförmigkeiten bzw. Unterschiede (mit Angabe der Korrelationskoeffizienten, die mindestens +/-.20 betragen):

Passive Rekreation: Keine Abhängigkeiten.

Familienfreizeit: Nur im Osten: Geldmittel .26, Geschlecht: mehr Mädchen .27.

Diese Abhängigkeiten verweisen wahrscheinlich darauf, daß in Ostdeutschland junge Frauen häufiger und früher erwerbstätig sind und eine eigene Familie gründen.

Aktivsport und Computer: In beiden Gebieten: Elterliche Versorgung .29 (Ost), .23 (West) und Organisationsmitgliedschaft .26, .35.

Osten: Geldmittel -.27, Alter -.31;

Westen: Geschlecht: mehr Jungen -.24, Freizeitgemeinschaft als Sozialisationseinfluß .22.

Dieses Freizeitsyndrom gehört im Osten eher zu jüngeren Jugendlichen, im Westen eher zu männlichen und solchen Jugendlichen, die sich an gemeinsame Freizeitaktivitäten der Familie in ihrer Kindheit besonders erinnerten. Interessant scheint, daß in beiden Regionen offenbar inzwischen der Aktivsport häufig im Zusammenhang mit Vereinen ausgeübt wird.

Musisch-introvertierte Freizeit: In beiden Gebieten: Geschlecht: mehr Mädchen .50, .30 und Freizeitgemeinschaft als Sozialisationseinfluß .25, .23.

Osten: Häusliche Medien als Sozialisationseinfluß .25;

Westen: Alter -.26, Geldmittel -.24.

Deutlicher als im Westen sind ostdeutsche Jugendliche mit diesem Verhaltenssyndrom etwas stärker durch mediale Sozialisationseinflüsse im Elternhaus geprägt, während im Westen seine Protagonisten jünger sind. Dies scheint mit den Annahmen vereinbar, daß die westdeutschen Freizeitmuster differenzierter und spezialisierter sind, auch Reflex der Tatsache, daß sich die Jugendlichen hier stärker und früher an den familienexternen Freizeitangeboten orientieren, was der musisch-introvertierten Freizeit nicht gerade förderlich ist. Eine gewisse Konkurrenz zwischen Familie und externen Freizeitmärkten wird hier, wie auch bei einigen anderen Freizeitkonstrukten, sichtbar.

Bildung, Politik und Kunst: In beiden Gebieten: Freizeitgemeinschaft als Sozialisationseinfluß .30, .26; Alter .29, .25; Ausbildung des Vaters .28, .23;

Osten: Ehrgeiz .23 und Häusliche Medien .22 als Sozialisationseinflüsse, Wohnressourcen .21;

Westen: Schulbildung .21.

Dieses „Hochkultursyndrom“ scheint im Westen stärker bildungsspezifisch ausgeprägt, im Osten stärker im normativ-medialen Familienkontext verankert.

Auch das Muster *Aktive und Passive Musik* im *Osten* ist schwach abhängig von dem Merkmal Freizeitgemeinschaft .24 und Ausbildung des Vaters .21. Die ausgeprägten *Musikhörer* sind hier eher die Jüngeren (Alter -.20).

Die *westlichen* Freizeitmuster *Comicfreaks* und *Motorfreaks* sind eher männliche Domänen (Geschlecht -.22 bzw. -.33), während *Kino, Tanzen, Bummeln* ein sehr kontextunspezifisches Syndrom darstellt (keine Abhängigkeiten).

Alle drei Freizeitkonstrukte der informalen Geselligkeit, eines im Westen, zwei im Osten, hängen schwach von der Vernetzung mit Gleichaltrigen ab (Werte von .22 und .25). Dieser triviale Befund reflektiert die Wechselwirkung zwischen sozialem Kapital unter altershomogenen Bezugsgruppen einerseits und der Häufigkeit geselliger Kontakte andererseits.

Auch auf dieser Ebene des Regionalvergleichs der Struktur-Performanz-Zusammenhänge wurden keine Unterschiede sichtbar, die für langfristig wirksame differentielle gesellschaftliche Prägungen der Jugendfreizeit sprechen würden. Allenfalls läßt sich konstatieren, daß Unterschiede im westlichen Freizeitverhalten eher aus kategorialen Eigenschaften hervorgegangen sind, die eine höhere Ausdifferenzierung des Freizeitsystems der Jugend reflektieren, während im Osten etwas stärker normative und Ausstattungsmerkmale des Familienmilieus die Unterschiede in der Freizeit erklären; ihre Bedeutung wird aber mit der Entfaltung der öffentlichen Freizeitangebote rasch schwinden.

Stiltypen des Freizeitverhaltens: Freizeit-Cluster

Der Ost-West-Vergleich soll nun noch informativer werden, indem er weiter in die Tiefe geführt wird: In die Suche nach unterschiedlichen und ähnlichen Stilgruppen oder Typen des Freizeitverhaltens. Dabei beschränke ich mich, zum Erhalt der Übersichtlichkeit und aus Raumgründen, auf die Ados, d. h. auf die zentrale und theoretisch wohl interessanteste Subpopulation der „Gesamtjugend“. Um eine möglichst einheitliche Vergleichsgrundlage zu schaffen, werden zwei formale Bedingungen gesetzt:

a) Es werden gleich große Stichproben der Ados von jeweils 360 Befragten nach Zufallsauswahl aus den bestehenden regionalen Samples verglichen. Die Ausgangsstichproben der Ados nach der hier vorgenommenen groben Zusammenfassung der Altersgruppen betragen 374 (Ost) bzw. 657 (West) Fälle.

b)Für beide Regionen werden nach demselben Klassifikationsverfahren und derselben Zahl standardisierter Variablen zehn Subgruppen gebildet. Diese Anzahl wurde aus pragmatischen Gründen und wegen des damit erreichten statistischen Kriteriums einer befriedigenden Homogenität dieser Gruppen festgelegt.

Als geeignetes Partitionierungsverfahren werden Clusteranalysen (CA) durchgeführt, in denen die Ost- und West-Ados jeweils in zehn Teilgruppen aufgespalten werden, die in sich deutlich homogener sind, d. h. möglichst verhaltensähnlichere Fälle zusammenfassen als die Gesamtstichproben. Als „aktive“ Variablen, nach denen die Distanzen bzw. Ähnlichkeiten zwischen den Individuen, und dann auch zwischen den Clustern gemessen werden, dienen jeweils die neun Freizeitkonstrukte. Die erhaltenen Cluster sind also Verhaltenstypen der Freizeit, definiert als relativ homogene Subgruppen. Nachdem sie bestimmt sind, werden sie nach Merkmalen des Strukturkontextes und der Mentalität (Lebensziele, soziale Identitäten und Jugendzentrismus werden dabei berücksichtigt) beschrieben, soweit diese („passive" Variablen) für sie charakteristisch sind. Danach lassen sich die Typen in komplexer Weise als Syndrome von Freizeitpraxis, Struktur- und Sozialisationsbedingungen, sowie subjektiv-mentalen Äußerungen interpretieren (vgl. Georg in diesem Band im Zusammenhang mit umfassenderen Lebensstilen und ausführlicher: Lüdtke 1990).

Bei der Entscheidung für eine Modellvariante der CA kann zwischen zahlreichen Möglichkeiten gewählt werden. Ich habe mich bei der hier vorgesehenen explorativen Anwendung für ein iteratives Maximum-Likelihood-Modell und das entsprechende CONCLUS-Programm von Hans Bardeleben (vgl. Blasius und Georg 1992) entschieden, das vergleichsweise stark homogene Cluster mit nicht allzu extrem abweichenden Fallzahlen erzeugt. Die Optimierung der clusterinternen Homogenität erfolgt in der Weise einer sukzessiven Verringerung der Abweichungen der individuellen Meßwerte (Gesamtmittelwerte der aktiven Variablen) vom Gesamtmittel (Centroid) eines (am Anfang nach dem Zufall gebildeten) Clusters, das diesbezüglich gegen alle anderen Cluster optimiert wird, bis durch weiteren Austausch von Fällen zwischen den Clustern keine Verbesserung des Gesamtergebnisses mehr möglich ist. Unterscheidet man die Varianz innerhalb der Cluster und die Varianz zwischen den Clustern, so läßt sich der Homogenitätseffekt der CA messen als Verhältnis der Zwischenvarianz zur Gesamtvarianz zwischen den Individuen. Er beträgt bei unserer 10-Cluster-Lösung 44 % (Ost) bzw. 41 % (West), was als ein recht eindeutiges Ergebnis gelten kann, zumal die inneren Konsistenzen der Cluster kaum voneinander abweichen.

Die Tabellen 4 und 5 enthalten eine vereinfachte Übersicht derjenigen Merkmale, deren Clustermittelwerte jeweils deutlich unter bzw. über dem Gesamtmittelwert liegen. Sie beschreiben ein Cluster inhaltlich, wozu bei den aktiven Variablen ein höherer Schwellenwert (Einheit der Standardabweichung) gewählt wurde als bei den passiven Variablen, die sozusagen von der Klassifikationsprozedur her eine „geringere Chance" hatten, über die Clustertrennung zu entscheiden. Bevor ich die Cluster interpretiere, müssen noch die Mentalitätsvariablen erläutert werden, mit Ausnahme des bereits weiter oben erwähnten Jugendzentrismus.

Analog zu den Freizeitkonstrukten wurden mittels Faktorenanalyse vier Lebenszielkonstrukte oder „Wertorientierungen" (Frage 27) gebildet: Ordnung und Sicherheit (Zusammenfassung der Ziele Soziale Ordnung, Höflichkeit, Nationale Sicherheit, Familiäre Sicherheit), Selbstverwirklichung (Freiheit, Aufregendes Leben, Innere Harmonie), Kreativität und Harmonie (Einheit mit der Natur, Kreativität, Abwechslungsreiches Leben, Eine Welt der Schönheit); sowie Macht und Reichtum (Autorität, Soziale Macht, Reichtum). Auf gleiche Weise wurden die Angaben auf die Frage 18 (Orientierung an öffentlichen Gruppenstilen) zu vier sozialen Identitäten transformiert: Subkulturen (Skinheads, Hooligans mit Randale, okkulte Gruppen, Grufties, Rocker,

Tabelle 4: Ostdeutsche Freizeitstile der Adoleszenz (N = 360)

	CLUSTER = FREIZEITSTILTYPEN									
	O1	O2	O3	O4	O5	O6	O7	O8	O9	O10
%	9.2	9.2	8.6	8.9	11.1	9.4	11.9	9.7	13.3	8.6
FREIZEITAKTIVITÄTEN										
Geselligkeit, Unterhaltung, Flirts	+			–					– –	+ +
Musisch-introvertierte Freizeit		–			+ +		–	+ +		
Bildung, Politik und Kunst			+ +	–	+ +		–	+	–	
Familienfreizeit		–	+	+ +			–			
Aktive und passive Musik			+ +		+	–	–	+	–	
Geselligkeit und Telefonieren	+								– –	+
Passive Rekreation	– –		+		–	+	+		–	
Aktivsport und Computer	–	+ +	+	–				–	–	+
Musikhören					–	–	+			+
MENTALITÄT										
Ziele: Ordnung und Sicherheit										+
Ziele: Selbstverwirklichung				–	+			+		+
Ziele: Kreativität und Harmonie		+			+			+		
Ziele: Macht und Reichtum						+	+	–		–
Identität: Subkulturen										
Identität: Action,Fans		+ +					+	–		
Identität: Soziale Bewegungen			+				–	+		
Identität: Bodybuilding-/PC-Fans								–		+
Jugendzentrismus		+		–	–					
STRUKTURKONTEXT										
Geschlecht		M		W	W W	M	M M	W W	M	
Ausbildung des Vaters					+			+		
Schulbildung		–			+			+		
Wohnressourcen					+			+		–
Verfügbare Geldmittel				+ +						
Organisationsmitgliedschaft		+					–			
Vernetzung mit Gleichaltrigen		+							–	
Elterliche Versorgung					–	+	+	–	+	
Sozialisationseinflüsse der Familie:										
Ehrgeiz			+			+	–		–	
Schulzentriertheit						+			+	
Freizeitgemeinschaft					+		–		–	
Häusliche Medien							–			

Legende:

FREIZEIT: +/- = 0.5 – 0.9 Standardabweichung
+ +/– – = mind. 1.0 Standardabweichung

MENTALITÄT/STRUKTURKONTEXT: 1 Symbol = 0.33 – 0.66 Standardabweichung
2 Symbole = mind. 0.67 Standardabweichung

Tabelle 5: Westdeutsche Freizeitstile der Adoleszenz (N = 360)

		CLUSTER = FREIZEITSTILTYPEN								
%	W1	W2	W3	W4	W5	W6	W7	W8	W9	W10
	7.2	13.3	8.6	11.1	13.3	6.7	9.4	10.8	8.1	11.4
FREIZEITAKTIVITÄTEN										
Geselligkeit, Flirts, Musikhören		+			–	– –			+	
Musisch-introvertierte Freizeit	–		–		+	–	–	+ +	+	–
Bildung, Politik und Kunst						–	– –	+ +	–	–
Familienfreizeit	+					+	–	+	+	–
Kino, Tanzen, Bummeln	– –	+	–			–		+ +	+	
Passive Rekreation	–	– –	+							
Aktivsport und Computer	+	+	+		–	– –	– –	+		
Comicfreaks			–	– –	+		–		+	+
Motorfreaks und Lesemuffel	+		+	– –	–		+	–		
MENTALITÄT										
Ziele: Ordnung und Sicherheit									+	
Ziele: Selbstverwirklichung						–				
Ziele: Kreativität und Harmonie	–					–				
Ziele: Macht und Reichtum				–						
Identität: Subkulturen									+	
Identität: Action, Fans				– –		–			+	
Identität: Soziale Bewegung				+	+		–			–
Identität: Bodybuilding-/PC-Fans					–	–			+	
Jugendzentrismus	–								+	
STRUKTURKONTEXT										
Geschlecht	M			W				W		M
Ausbildung des Vaters						–		+		
Schulbildung							–	+		
Wohnressourcen										
Verfügbare Geldmittel						+	+			
Organisationsmitgliedschaft	+	+	+				– –			
Vernetzung mit Gleichaltrigen				–	–	–			+	
Elterliche Versorgung	+			–		–	–	+	+	
Sozialisationseinflüsse der Familie:										
Ehrgeiz						–				
Schulzentriertheit										
Freizeitgemeinschaft						–	–	+ +		–
Häusliche Medien			–							

Legende:

FREIZEIT: +/– = 0.5 – 0.9 Standardabweichung
++/– – = mind. 1.0 Standardabweichung

MENTALITÄT/STRUKTURKONTEXT: 1 Symbol = 0.33 – 0.66 Standardabweichung
2 Symbole = mind. 0.67 Standardabweichung

Punks); Action-Fans (Fans von Musikgruppen, Motorrad-, Disco-, Fußball-Fans), Soziale Bewegungen (Umweltschützer, Friedensbewegung, Anti-Atomkraft) sowie Bodybuilding- / PC-Fans (FKK-Bewegung, Body-Building/Fitness-Training, Jogging, Computer-Fans).

Da die Unterschiede in den Sample-Anteilen der Cluster teilweise vom gewählten CA-Modell abhängig sind, gehe ich auf die in den Tab. 4 und 5 dokumentierten Prozentwerte, die nur sehr bedingt miteinander in Beziehung gesetzt werden können, nicht näher ein.

Interpretation der Typen

Ostdeutsche Stiltypen:

O1: Geselligkeitsaktive ohne besonderes Struktur- und Mentalitätsprofil.

O2: Männliche, sozial stark vernetzte Sport- und Computeraktive mit eher niedriger Schulbildung; sie betonen Ziele der Kreativität, Abwechslung und Harmonie mit der Natur, identifizieren sich mit Action-Fans und sind jugendzentristisch eingestellt.

O3: Jugendliche mit familienzentrierter Freizeit der aktiven und passiven Vielseitigkeit aus ehrgeizigem Sozialisationsmilieu und mit Identifikation mit sozialen Bewegungen.

O4: Familienfreizeit junger Frauen mit eigenem Haushalt.

O5: Freizeit der „Hochkultur" von Mädchen des Bildungsbürgertums aus dem Sozialisationsmilieu der Freizeitgemeinschaft in der Kindheit und mit Zielorientierungen der Selbstverwirklichung und Kreativität.

O6: Jungen mit passiver Rekreation in der Freizeit, stark umsorgt von ehrgeizigen und schulzentrierten Eltern, orientiert an Macht und Reichtum als Lebenszielen.

O7: Jungen mit dominanter passiver Rekreation und Musikhören in der Freizeit, stark umsorgt von ihren Eltern, an Lebenszielen von Macht und Reichtum orientiert, sich identifizierend mit Action-Fan-Subkulturen und unterdurchschnittlich jugendzentristisch eingestellt.

Die Cluster O6 und O7 scheinen sich stark zu überschneiden, zwischen ihnen besteht aber nur eine schwache formale Ähnlichkeit (Profil-Korrelation) von 0.16.

O8: Freizeit der „Hochkultur" von Mädchen des Bildungsbürgertums mit Zielorientierungen der Selbstverwirklichung und Kreativität sowie Identifizierung mit sozialen Bewegungen.

Die Ähnlichkeit zwischen den Clustern O5 und O8 beträgt 0.28; der Überschneidungsgrad ist also noch relativ gering.

O9: Männliche Passive und Isolierte, die von ihren Eltern häuslich stark umsorgt werden, ohne charakteristisches Mentalitätsprofil.

O10: Geselligkeitsaktive, Musikhörer, Sport- und Computeraktive mit Schulzentriertheit der häuslichen Sozialisation, Zielorientierungen an Ordnung und Sicherheit sowie Selbstverwirklichung und Identifikation mit Bodybuilding-/PC-Fans.

Westdeutsche Stiltypen:

W1: Jungen mit familienzentrierter, sport- und computeraktiver Freizeit, zugleich „Motorfreaks", mit Organisationsbindung, stark von den Eltern umsorgt und unterdurchschnittlich jugendzentristisch eingestellt.

W2: Gesellige, Sport- und Computeraktive, an Kino/Tanzen/Bummeln Interessierte mit Organisationsbindung und ohne charakteristisches Mentalitätsprofil.

W3: Aktivsportler, Motorfreaks, aber auch „Faulenzer" mit Organisationsbindung und ohne charakteristisches Mentalitätsprofil.
W4: Mädchen mit durchschnittlichem Freizeitprofil, geringer Vernetzung mit Gleichaltrigen und mit Identifikation mit sozialen Bewegungen.
W5: Jugendliche mit musisch-introvertierter Freizeit und Comicliebhaber mit geringer Vernetzung mit Gleichaltrigen und mit Identifikation mit sozialen Bewegungen.
W6: Jugendliche mit familienzentrierter, sonst passiver Freizeit, mit geringer Vernetzung mit Gleichaltrigen und überdurchschnittlichen Geldmitteln.
W7: Privatistische Motorfreaks und Lesemuffel, mit sonst unterdurchschnittlich ausgeprägten Freizeitaktivitäten und überdurchschnittlichen Geldmitteln.
W8: Freizeit der „Hochkultur" von zugleich sport-, unterhaltungsaktiven und familienzentrierten Mädchen aus dem Bildungsbürgertum, stark umsorgt von den Eltern, ohne charakteristisches Mentalitätsprofil.
W9: Mit Gleichaltrigen stark vernetzte und von den Eltern umsorgte Jugendliche mit vielfältigen geselligen, musischintrovertierten, familialen und unterhaltenden Freizeitaktivitäten, stark jugendzentristisch eingestellt, mit der Zielorientierung Ordnung und Sicherheit sowie mit Identifikation mit auffälligen Subkulturen und Gruppenstilen.
W10: Comics bevorzugende, sonst relativ freizeitpassive und unauffällige Jungen.

In diesen Kurzbeschreibungen wurden Tendenzen überzeichnet, d. h. die Charakteristiken der jeweiligen Kerngruppen der Cluster hervorgehoben. Die Cluster enthalten immer auch Fälle, die nur in Ausschnitten einer solchen Charakteristik entsprechen. Dies ist bei weiteren Verallgemeinerungen zu berücksichtigen. Es wurde auch bereits darauf hingewiesen, daß diese Stiltypen des Freizeitverhaltens auf der Basis der neun quantitativ bedeutsamsten Freizeitkonstrukte zwar noch relativ allgemeine, aber doch die hervorstechendsten Unterschiede der Freizeitkultur der Ados abbilden. Von einzelnen Cluster ließen sich nun noch kleinere homogenere Untergruppen (mit selteneren Freizeitinteressen und -mustern) abspalten, diese wären aber immer weniger repräsentativ. Der Vergleich der Ost- und West-Cluster ermöglicht daher eine hinreichend informative Abschätzung der freizeitkulturellen Unterschiede. Sie führt zu folgenden Ergebnissen:

1. Betrachten wir zunächst die relativ stilähnlichsten Typen, so bleiben gleichwohl etliche partielle Unterschiede interessant:
O2 vs. W1: Bei den sport- und computeraktiven Jungen sind die ostdeutschen Ados deutlich jugendzentristisch, die westdeutschen jedoch unterdurchschnittlich jugendzentristisch eingestellt. Das entspricht der Hypothese von den im Westen strukturell wahrscheinlicheren Freizeitkarrieren, die auch eine relative mentale Distanziertheit gegenüber der Bezugsgruppe „Jugend" implizieren.
O4 vs. W6: Familienzentrierte, sonst eher passive Freizeit: Sie ist im Osten eher eine Domäne junger Frauen, die früher zur Haushaltsgründung veranlaßt werden.
O5 und O8 vs. W8: Hochkultur-Freizeitstile von hauptsächlich Mädchen. Auffällig sind hier Unterschiede in zweierlei Hinsicht: a) Die westdeutschen Ados pflegen eine größere Vielfalt von Aktivitätsarten, und b) die Ost-Ados reflektieren diesen

Stil deutlicher in der Form einer charakteristischen Mentalität. Die Differenz in der Genese dieser Stile ließe sich daher verkürzt und grob als Wertverinnerlichung (Bezug auf familiale Ressourcen, Normen und Kommunikation) im Osten versus soziale Routine (Förderung durch externe Anreize und Situationen) im Westen interpretieren.
O9 vs. W10: Männliche Passive, die im Osten relativ altersgruppenisoliert, im Westen zugleich als Comicliebhaber erscheinen.

2. Im Osten lassen sich vier relativ spezielle Freizeitstile identifizieren:
O1: Geselligkeitsaktive ohne besonderes Mentalitäts- und Strukturprofil; sie stellen am weitestgehenden den „Durchschnitt" der Ost-Ados unter den hier verfolgten Aspekten dar.
O3: Der in sich komplexeste Typ von Freizeitaktivitäten, allerdings ohne ausgesprochen altersgruppen-, partner- und geselligkeitsbezogene Elemente, dafür auf die Familie konzentriert. Auffällig sind dabei die Identifikation mit sozialen Bewegungen und der Einfluß eines Sozialisationsmilieus ehrgeiziger Eltern. In diesem Stil zeichnet sich möglicherweise ein (noch) DDR-typisches Freizeitmilieu geschlechts- und schichtunspezifischer aktiver Familienkultur mit differenziertem Interessenprofil und gezielter Sozialisationsstrategie der Förderung begabter Kinder ab, das sich stark auf Bildung und Politik konzentriert.
O6: Junge männliche „Materialisten", die sich weitgehend auf passive Rekreation, freilich der ganz „unmusikalischen" Art, beschränken. Da sie auffällig häufig gute elterliche Versorgungsleistungen sowie Sozialisationseinflüsse des Ehrgeizes und der Schulzentriertheit genannt haben, läßt sich dieser Stil, mit einiger Spekulation, als ambivalent und konfliktreich deuten.
O7: Musikhörende, passiv-rekreative Jungen, sonst ähnlich O6, aber eher ohne familiale Sozialisationsanregungen. Diese „Materialisten" passen eher in ein theoretisches Bild der Strukturgenese eines solchen Stils als die des Typs O6.

3. Im Westen haben wir es mit fünf relativ speziellen Freizeitstilen zu tun:
W3: Die Mischung von Fahrzeugfans und Aktivsportler mit Vereinsbindungen, die ansonsten passiver Rekreation frönen und nicht näher charakterisierbar sind – ein typischer Ausfluß der Anreize zur Kombination von hoher Technisierung und Motorisierung und Bewegungsaktivitäten unter westlichen Ados.
W4: Sozusagen dem „Durchschnitt" der weiblichen Ados am nächsten. Besonderheit ist allerdings die Gemeinsamkeit von: relativer Unabhängigkeit von elterlichen Versorgungsleistungen, geringer Vernetzung mit Gleichaltrigen, eher Ablehnung der Ziele Macht und Reichtum, negativer Identifikation mit Action-Fans und positiver mit sozialen Bewegungen. Es handelt sich offenbar um eine Art „freizeitunauffälliger" Postmaterialistinnen.
W5: Ein geschlechtsunspezifischer Typ der musisch-introvertierten Freizeit mit relativer Distanz zur altershomogenen Szene und Identifikation mit sozialen Bewegungen, also mit partieller Ähnlichkeit mit W4.
W7: Sehr deutlich „westlich geprägt" in ihrer relativen Einseitigkeit sind die Motorfreaks mit besserer Finanzausstattung, jedoch ohne Organisationsbindung, bei denen auch gewisse Defizite der soziokulturellen Anregung und familialen Ver-

sorgung aufscheinen. Die jungen Arbeiter/innen dürften in dieser Gruppe dominieren.
W9: Dieser Stil der vielfältigen geselligen, musischen, familialen und unterhaltenden Freizeitaktivitäten, verbunden mit hoher elterlicher Versorgung, Vernetzung mit Gleichaltrigen, überdurchschnittlichem Jugendzentrismus, starker Tendenz der Identifikation mit Subkulturen und Fan-Gruppen, aber auch dem konservativen Zielsyndrom Ordnung und Sicherheit, repräsentiert wohl am eindeutigsten die typische westliche, konventionelle Jugendkultur der Mittelschicht.

4. Hinsichtlich der strukturellen Einlagerung der Freizeitstile fallen deutlich mehr Effekte der Kontextmerkmale bei den Ost-Ados auf, und zwar in zweierlei Hinsicht:
a) Es existieren hier mehr geschlechtsspezifische Freizeitstile als im Westen.
b) Mehr Stile als im Westen sind durch über- oder unterdurchschnittliche Werte bei den Sozialisationseinflüssen der Familie in der Kindheit charakterisiert.
c) Mehr West-Stile sind durch Unterschiede der Organisationsmitgliedschaft und der Vernetzung mit Gleichaltrigen charakterisiert.

Da die Annahme methodenspezifischer Artefakte – z. B.: die Ost-Ados lebten familienabhängiger, daher evozierte die Frage nach früheren kulturellen Anregungen durch das Elternhaus mehr „Erinnerungsspuren“ – nicht sehr plausibel scheint, lassen sich diese Befunde hypothetisch folgendermaßen erklären: Aufgrund geringerer, undifferenzierterer und unattraktiverer Freizeitangebote im nichtstaatlich reglementierten öffentlichen und halböffentlichen Raum im Osten war die Sozialisation in bezug auf Freizeitinteressen und -aktivitäten hier stärker durch partikularistische Mechanismen (insbesondere Geschlechtsrollen und familiale Interaktion) gesteuert. Die Freizeitmuster der West-Ados konnten sich hingegen stärker unter dem Einfluß der Freizeitmärkte sowie pluralistischer Angebote im Kontext staatlich unreglementierter Altersgruppen und Vereine differenzieren, d. h. im Sinne Eisenstadts (1966), sich stärker aus partikularistischer Abhängigkeit in Richtung eines höheren Universalismus entwickeln. Es liegt heute nahe, diese Differenz als einen Aspekt fortgeschrittenerer Individualisierung der West-Ados zu interpretieren, wenn man darunter die stärkere strukturelle und mentale Ablösung des Freizeitverhaltens von partikularistischen Kontexten und askriptiven Merkmalen versteht.

5. In diesem Zusammenhang ist auch die anfangs aufgestellte Teilhypothese wieder aufzunehmen, daß die ostdeutschen Jugendlichen weniger stark an Freizeitkarrieren interessiert sind. Dieses komplexe Verhaltensmuster ist freilich nach gegebener Datenlage nur schwer operationalisierbar. Nach den von Eckert, Drieseberg und Willems (1990) theoretisch begründeten Kriterien liegt es am ehesten dann vor, wenn folgende Bedingungen auftreten:
- die Freizeitmuster „Aktivsport und Computer“ oder „Motorfreaks“ als ausgeprägte „Special Interests“;
- geringer Jugendzentrimus;
- starke Vernetzung mit Gleichaltrigen oder Organisationsmitgliedschaft (Vereine) als Bühne von Distinktionsbemühungen;
- Identifikation mit Action-Fans oder Bodybuilding-/PC-Fans;

- Zielorientierungen Selbstverwirklichung oder Macht und Reichtum.

Prüft man nach diesen hypothetischen Bedingungen die Freizeitstile, so findet sich unter ihnen kein ausgeprägter „Karrieretyp". Die größte Affinität mit einem solchen hat im Westen noch W1: Er vereint die beiden einschlägigen Freizeitmuster, ist durch geringen Jugendzentrismus und häufige Organisationsmitgliedschaft geprägt und wird von Jungen dominiert, die vermutlich auch häufiger „Freizeitkarrieristen" sind.

Im Osten finden sich Spuren dieses Syndroms in zwei Typen:
O2: Aktivsport und Computer; Action-Fans-Identität; Männer; häufige Organisationsmitgliedschaft und Vernetzung mit Gleichaltrigen, aber – abweichend vom Modell – hoher Jugendzentrismus;
O10: Aktivsport und Computer; Zielorientierung Selbstverwirklichung; Bodybuilding-/PC-Fans als soziale Identität.

Zweifellos ist auf der Basis dieser Daten die Hypothese nicht zu entscheiden. Ich habe daher noch einmal auf die Stichproben der Gesamtjugend zurückgegriffen und für beide Gebiete die relevanten Korrelationen berechnet (signifikant auf dem 1 %-Niveau) (vgl. Tabelle unten).

Danach gilt für beide: Junge Leute, die dem Freizeitmuster Aktivsport und Computer frönen, sind häufiger in Vereinen oder Clubs organisiert, identifizieren sich stärker mit Bodybuilding-/PC-Fans und Action-Fans, allerdings in einer sehr schwachen bis schwachen Ausprägung. Die Annahme entsprechender Ost-West-Differenzen kann nicht eindeutig entschieden werden. Der wohl deutlichste Hinweis auf ausgeprägtere westliche Karrieremuster ergab sich beim O2/W1-Vergleich: Die sport- und computeraktiven Jungen sind im Westen deutlich weniger jugendzentristisch orientiert. Doch scheint mir dieses Einzelindiz nicht hinreichend als „Konfirmator" der Hypothese geeignet zu sein.

Resümee und Schluß

Die Zusammenfassung unserer Befunde im Lichte der im zweiten Abschnitt formulierten Hypothesengruppen erlaubt folgendes Resümee: Die auf verschiedenen Ebenen des Ost-West-Vergleichs analysierten Unterschiede und Gemeinsamkeiten des Freizeitverhaltens weisen in eine Richtung: die letzteren dominieren die ersteren. Sie finden sich vor allem da, wo Tätigkeiten besonders von speziellen Kompetenzen, Interessen und Motivationen abhängen; wo sie keine besonderen Hilfsmittel voraussetzen oder wo sie im Bereich geselliger, unterhaltender und erotischer Kontakte mit Gleichaltrigen angesiedelt sind. Hüben wie drüben folgt das Freizeitverhalten der Jugend im großen und ganzen den soziokulturellen

Freizeit-konstrukt	Korrelation mit Vernetzung	Organis.	Ziel Macht+ Reicht.	Ziel Selbst-verw.	Ident. Action-Fans	Ident. Bodyb.-Fans	Jugend-zentrism.
Ost:							
Aktivsport u. Computer	.07	.26	.10	0	.17	.32	-.09
West:							
Aktivsport u. Computer	0	.35	0	0	.19	.27	0

Grundformen und Orientierungen, wie sie in modernen Industriegesellschaften für diese Übergangs- und Entwicklungsphase typisch sind. Der größte Teil der Unterschiede ist auf Abweichungen in den privaten und infrastrukturellen materiellen und situativen Mitteln der Freizeit zurückzuführen. Besonders drastisch zeigen sich diese bereits bei der Ressource „freie Zeit“, die im Osten umso weniger zur Verfügung steht, je mehr dort die Effekte von früher Haushaltsgründung (vor allem der jungen Frauen), längeren Arbeitszeiten und größerem Familismus für die Betroffenen kumulieren. Die 1. Hypothese („Ressourcenhypothese“) wurde uneingeschränkt bestätigt.

Die 2. Hypothese läßt sich nur begrenzt und in modifizierter Form halten: Zunächst scheint nach verschiedenen Indikatoren die Annahme einer stärkeren Reglementierung der Freizeit im Osten weiterhin gerechtfertigt. Eine ausgeprägtere Orientierung an sozialer Gleichheit oder gar „Solidarität“ läßt sich nach unseren Daten für die ostdeutschen Jugendlichen nicht feststellen. Für die Vermutung, daß dort auch die Tendenz einer Instrumentalisierung der Freizeit zur Karriereplanung geringer sei, finden sich keine eindeutigen Belege. Dies ist aber vor allem der begrenzten Möglichkeit einer Operationalisierung von „Freizeitkarriere“ nach dem Datenmaterial zuzuschreiben.

Keinesfalls ist das östliche Freizeitverhalten, wie vermutet, weniger stark geschichtet bzw. vom Strukturkontext abhängig. Daß die östlichen Freizeitstile mehr nach Geschlechtern differieren, ist wohl ein eindeutiger Effekt der höheren Mehrfachbelastung der Mädchen durch Ausbildung und Beruf sowie Haushaltsproduktion, der mehr selektive Zugangsbarrieren vor bestimmte Freizeitfelder setzt als im Westen. Der zentrale Ost-West-Unterschied läßt sich, noch sehr vorläufig, folgendermaßen deuten: Im Westen erlauben das differenziertere, optionsreiche Freizeitangebot und die größere Entscheidungs- und Verhaltensroutine der Jugendlichen eine stärkere Individualisierung der Freizeitmuster. Dabei werden Unterschiede im finanziellen Budget relativiert, d. h. weniger zugangsentscheidend. Je nach Aktivitätsart wird die Geschlechtszugehörigkeit als Zugangskriterium irrelevant oder auch bedeutsamer, ist sowohl höhere Spezialisierung als auch größere Vielfalt im individuellen Freizeitprofil möglich; d. h.: die Art und Kombination der individuellen Ressourcen und Präferenzen können sich situationsangemessener, mal flexibler, mal spezifischer, entfalten.

Im Osten entscheiden noch stärker das normative und symbolische Milieu und die Sozialisationsstrategie der Eltern über die Art der individuell entwickelten Freizeitmuster. Dies gilt insbesondere für den hier wohl noch relativ verbreiteten Typ der „solidarischen Freizeitfamilie“. Bei den Freizeitmustern der Hochkultur zeigt sich im Westen eine größere Vielfalt der Aktivitäten, zurückführbar auf höhere soziale Routine und externe Anreize, im Osten dagegen eine festere Anbindung an eine bestimmte Mentalität, eine Wertverinnerlichung. Stark verkürzt lassen sich diese Differenzen als mehr „Partikularismus“ (Ost) versus „Universalismus“ (West) bezeichnen, die jeweils freilich wiederum sensibel mit entsprechenden Umweltherausforderungen durch materielle Infrastrukturen rückgekoppelt und daher mit den letzteren auch veränderlich sind.

Damit hat sich auch die 3. Hypothese bestätigt, mit der Ausnahme, daß die ostdeutschen Jugendlichen keineswegs mehr „jugendzentristische“ Freizeitstile artikulieren; es existieren keine diesbezüglich deutlichen Unterschiede.

Der Titel dieses Beitrags war als Frage „Zwei Jugendkulturen?“ formuliert. Sie läßt sich auch umformen in die schwächere Frage: Enthalten die westliche und die östliche Freizeitwelt abweichende Subkulturen der Jugend, die auf absehbare Zeit stabil bleiben? Gemessen an den Differenzierungsmöglichkeiten von Jugendsubkulturen nach den Kriterien: Dichte der Interaktionskontexte und Formen kleiner Gruppen; Art der identitätsfördernden Erfahrungen, der Bezugsgruppen und Solidarität; stilistischer Habitus in Image, Jargon und Verhalten; Abhängigkeit von ökonomischen und kulturellen Ressourcen (vgl. Lüdtke 1989c), sind beide Fragen zu verneinen. Auch die an anderer Stelle in diesem Band untersuchten besonderen subkulturellen Auffälligkeiten von ostdeutschen Jugendlichen im Zusammenhang von Deprivationserscheinungen, Fremdenfeindlichkeit und Autoritarismus in der Sozialisationsvergangenheit, Gewalt gegen Ausländer, Skin-Syndrom u. dgl., scheinen nicht „freizeitinterferierend“ und bleiben (hoffentlich) ein Übergangsphänomen.

Freizeit stellt für Jugendliche als Lern- und Aktionsfeld zahlreiche kognitiven und affektiven Verknüpfungen von Konsum, Kultur, Identität und sozialer Ungleichheit her. Mit dem entwickelteren westlichen Freizeitsystem, das hinsichtlich der wirtschaftlichen Entwicklung, seiner Wahlmöglichkeiten der Ausdifferenzierung unterschiedlicher sozialer Situationen und seiner Rückkoppelung mit jugendspezifischen Verhaltensmustern überlegen scheint, ist für die Ost-Jugend eindeutig ein hoch valenter Orientierungspunkt gesetzt, deren Konturen durch Medienwirkung bereits weitgehend bekannt sind. Gegenwärtig zeichnet sich nicht ab, welche besonderen Bedürfnis-Wert-Orientierungen, Präferenzen, kulturelle Praxen oder Stilisierungen der ostdeutschen Jugend oder einzelner Teile von ihr ein kollektiv verhaltenswirksames Gegen- oder Moderatormodell zu jenem konstituieren könnten. Zugegeben, die empirische Analyse mußte auf recht groben und äußerlichen Indikatoren des Freizeitverhaltens basieren. Wie schon anfangs bemerkt, können sich in gleichen Aktivitätskategorien ungleiche Erlebnisqualitäten und psychische Befindlichkeiten verbergen. Die bedeutsamsten Dimensionen des Freizeitverhaltens weisen jedoch, wie gezeigt wurde, intern zahlreiche gesamtdeutsche Strukturgemeinsamkeiten auf, sozusagen hohe „Konstruktvaliditäten“, so daß eine kulturbedeutsame abweichende „Freizeitsensitivität“ der ostdeutschen Jugendlichen unwahrscheinlich ist. Auch einige ostdeutsche Freizeitnischen in Gestalt relativ isolierter oder auch aktiv-solidarischer Familienmilieus dürften ihre prägende Bedeutung für die jugendlichen Mitglieder mit den im Osten zu erwartenden Schüben von Individualisierung und Erweiterung öffentlicher Freizeit verlieren.

Wenn mir eine, hoffentlich nicht überheblich anmutende, Metapher gestattet ist, möchte ich die ostdeutschen Jugendlichen als hoch motivierte Entdecker in Kenntnis der Seekarten bezeichnen, die im Ozean der Freizeit zum Teil sich noch freischwimmen und Segeln lernen, um dann als Schweifer im Archipel der Freizeitstile die Inseln zu entdecken, auf der sie für längere Zeit heimisch werden. Einige haben sie schon in Besitz genommen, andere sind am Horizont längst aufgetaucht, und auf sie wird Kurs gehalten.

Literatur

Behnken, Imbke et al. 1991
Schülerstudie '90. Jugendliche im Prozeß der Vereinigung
Weinheim und München

Blasius, Jörg, Werner Georg 1992
„Clusteranalyse und Korrespondenzanalyse in der Lebensstilforschung", ZA-Information 30, S. 112–133

Bourdieu, Pierre 1983
„Ökonomisches Kapital, kulturelles Kapital, soziales Kapital",
in: Reinhard Kreckel, Hrsg.,
Soziale Ungleichheiten. Sonderband 2 der Sozialen Welt, S. 183–198
Göttingen

Clausen, Lars 1976
Jugendsoziologie
Stuttgart

Deutsche Shell 1985
Jugendliche + Erwachsene '85, Band II: Freizeit und Jugendkultur, hrsg. vom Jugendwerk der Deutschen Shell
Opladen

Eckert, Roland, Thomas Drieseberg, Helmut Willems 1990
Sinnwelt Freizeit. Jugendliche zwischen Märkten und Verbänden
Opladen

Eisenstadt, Samuel N. 1966
Von Generation zu Generation
München

Fuchs, Werner 1985
„Jugend als Lebenslaufphase", in: Jugendliche + Erwachsene '85, Bd. 1, hrsg. vom Jugendwerk der Deutschen Shell
S. 195–263
Opladen

Georg, Werner 1991
„Lebensstile Jugendlicher in der Freizeit – eine Fallstudie",
neue praxis 21, S. 358–370

Giegler, Helmut 1982
Dimensionen und Determinanten der Freizeit
Opladen

Hendry, Leo B. 1989
„The Influence of Adults and Peers on Adolescents' Lifestyles and Leisure-Styles",
in: Klaus Hurrelmann und Uwe Engel, Hrsg.,
The Social World of Adolescents, S. 245–263
Berlin und New York

Kühnel, Wolfgang 1990
„Scheinbar konfliktfrei aneinander vorbei. Retrospektive auf die Generationsbeziehungen in den 80er Jahren in der DDR", PROKLA, H. 80, S. 28–39

Kühnel, Wolfgang 1991
„‚Doppelte Identität' zwischen offizieller Norm und eigener Erfahrung", Frankfurter Rundschau Nr. 232 v. 7.10.1991, S.8

Lange, Elmar 1991
Jugendkonsum. Empirische Untersuchungen über Konsummuster, Freizeitverhalten und soziale Milieus bei Jugendlichen in der Bundesrepublik Deutschland
Opladen

Lüdtke, Hartmut 1972
Jugendliche in organisierter Freizeit.
Weinheim und Basel

Lüdtke, Hartmut 1981
„Vom Jugendlichen zum Jungerwachsenen. Empirische Befunde zur Sozialisationsdynamik und ihre theoretische Deutung", in:
Rosemarie Nave-Herz, Hrsg.,
Erwachsenensozialisation, S. 149–163
Weinheim und Basel

Lüdtke, Hartmut 1989 a
„Freizeitsoziologie", in: Günter Endruweit und Gisela Trommsdorff,
Hrsg., Wörterbuch der Soziologie
S. 211–216, Stuttgart

Lüdtke, Hartmut 1989 b
„Jugendliche in ihrer Freizeit: Interessen und Verhalten", in:
Manfred Markefka und Rosemarie Nave-Herz, Hrsg., Handbuch der Familien- und Jugendforschung, Bd. 2:Jugendforschung, S. 635–646
Neuwied und Frankfurt/M.

Lüdtke, Hartmut 1989 c
„Jugend – Gesellschaft in der Gesellschaft: die These von der Subkultur", in: Manfred Markefka und Rosemarie Nave-Herz, Hrsg., Handbuch der Familien- und Jugendforschung, Bd. 2: Jugendforschung, S. 113–124
Neuwied und Frankfurt/M.

Lüdtke, Hartmut 1990
„Lebensstile als Dimension handlungsproduzierter Ungleichheit", in: Peter A. Berger und Stefan Hradil, Hrsg., Lebenslagen, Lebensläufe, Lebensstile. Sonderband 7 der Sozialen Welt, S. 433–454
Göttingen

Lüdtke, Hartmut 1992 a
„Freizeitverhalten in sozialwissenschaftlicher Sicht", Freizeitpädagogik 14, H. 2, S. 1–12

Lüdtke, Hartmut 1992 b
„Der Wandel von Lebensstilen", in: Wolfgang Glatzer, Hrsg., Entwicklungstendenzen der Sozialstruktur
Frankfurt/M.

Noack, Peter 1990
Jugendentwicklung im Kontext. Zum aktiven Umgang mit sozialen Entwicklungsaufgaben in der Freizeit
München

Opaschowski, Horst W. 1991
Freizeitstile der Deutschen in Ost und West. B.A.T. Freizeit-Forschungsinstitut
Hamburg

psydata 1991
Shell-Jugendstudie. Grundauszählung. Tabellenband
Frankfurt/M.

Schilling, Johannes 1977
Freizeitverhalten Jugendlicher
Weinheim und Basel

Silbereisen, Rainer K. 1986
„Entwicklung als Handlung im Kontext", ZSE 6, S. 29–46

Tenbruck, Friedrich W. 1962
Jugend und Gesellschaft
Freiburg

Uttitz, Pavel 1985
Freizeitverhalten im Wandel. Deutsche Gesellschaft für Freizeit
Erkrath

Uttitz Pavel 1986
„Stile und Determinanten des Freizeitverhaltens in der Umfragenforschung über 30 Jahre",
in: Hartmut Lüdtke, Sigurd Agricola, Uwe Karst, Hrsg., Methoden der Freizeitforschung, S. 157–187
Opladen

Vaitkus, Alfons 1988
„Jugend" gibt es nicht
Frankfurt/M.

Zinnecker, Jürgen 1987
Jugendkultur 1940 – 1985
Opladen

Zinnecker, Jürgen 1991
„Zur Modernisierung von Jugend in Europa. Adoleszente Bildungsschichten im Gesellschaftsvergleich",
in: Arno Combe und Werner Helsper, Hrsg., Hermeneutische Jugendforschung, S. 71–98
Opladen

Jugendliche Lebensstile – ein Vergleich

Werner Georg

Ob unser gegenwärtiges Zeitalter ein postmodern zu nennendes ist (vgl. Lyotard 1985), oder ob wir gerade eine Zuspitzung dessen erleben, was die Moderne charakterisiert (vgl. Giddens 1990), auf jeden Fall befinden wir uns in einer gesellschaftlichen Umbruchphase. Der Niederschlag dieses Umbruchs auf der Ebene der Sozialstruktur hat die Soziologie sozialer Ungleichheit in zwei Lager gespalten, von denen das eine von einer ungebrochenen Gültigkeit des Schichtungsparadigmas ausgeht und nach wie vor auf deutliche, zum Teil sogar verschärfte Unterschiede zwischen den Schichten verweisen kann (vgl. Geißler 1990, Mayer & Blossfeld 1990, Strasser 1987), während das andere argumentiert, veränderten strukturellen Rahmenbedingungen müsse mit neuen analytischen Konzepten begegnet werden (vgl. Hradil 1987, 1989, 1991, Bolte 1990). Ob dieser Wandel aus veränderten äußeren Rahmenbedingungen resultiert oder nur aus einer Verfeinerung des wissenschaftlichen Instrumentariums, soll hier nicht diskutiert werden. Vielmehr reicht es aus festzustellen, daß in der Sozialstrukturanalyse nach neuen Konzepten gesucht wird, Konzepten, die näher an der Lebenswelt der Akteure sind. Ein Versuch, „handlungsproduzierte Ungleichheit" (Lüdtke 1990) zu erfassen, ist die Bezugnahme auf Lebensstile. Eine begriffsgeschichtliche „Archäologie" dieses Terminus führt uns vor allem auf drei definitorische Stränge:

Thorstein Veblen (Veblen 1899) untersucht die müßigen Oberschichten der angelsächsischen Länder um die Jahrhunderwende und verwendet zwei Begriffe für deren prätentiöses, soziale und kulturelle Dominanz indizierendes Verhalten: demonstrative Muße („conspicious leisure") und demonstrativer Konsum („conspicious consumption"). Sowohl ein ausgefeiltes symbolisches Verhaltensrepertoire, wie es in den Verhaltenscodes dieser Schichten zum Ausdruck kommt, als auch die Verwendung funktionsloser, aber teurer Accessoires bei Kleidung und Einrichtung hat nach Veblen die Funktion der Abgrenzung von den Schichten, die sich durch Arbeit ernähren müssen.

Georg Simmels Beschäftigung mit der Moderne führt ihn zu einer Begriffsbestimmung, die sich auf das Verhältnis von Individuum und Gesellschaft bezieht. Der „Stil des Lebens" ist für Simmel das Verhältnis, in dem Individuen sich den „objektiven Geist", also die Summe des gesellschaftlich akkumulierten Wissens aneignen. Einer Zunahme von verfügbarem Wissen, oder allgemeiner, verfügbaren kulturellen Zeichenrepertoires, steht dabei eine Abnahme der „Tiefe" gegenüber, mit der sich Individuen diese Zeichen aneignen: „Erst eine Mehrheit der gebotenen Stile wird den einzelnen von seinem Inhalt lösen, derart, daß seiner Selbständigkeit und von uns unabhängigen Bedeutsamkeit, unsere Freiheit, ihn oder einen anderen zu wählen, gegenübersteht. Durch die Differenzierung der Stile wird jeder einzelne und damit der Stil überhaupt zu etwas objektivem, dessen Inhalt vom Individuum und dessen Interessen, Wirksamkeiten, Gefallen oder Mißfallen unabhängig ist." (Simmel 1989:642).

Max Weber ist der in der soziologischen Lebensstilforschung wohl am häufigsten zitierte Klassiker. Hierbei wird zumeist auf Webers Unterscheidung zwischen der ökonomischen Untergliederung der Gesellschaft („Klassen", „Klassenlage") und der sozialen, prestigebezogenen Differenzierung („Stände", „ständische Lage") Bezug genommen. Stände sind bei Weber soziale Gruppen, die sich durch bestimmte symbolische Privilegien (Kleidung; Nahrung; das Recht, Waffen zu tragen) in der Hierarchie der Prestigeschichtung unterscheiden (vgl. Weber 1972:531ff.).

Auf diese Unterscheidung Webers bezieht sich explizit auch Pierre Bourdieu (vgl. Bourdieu 1982), in dessen „Raum der sozialen Position" und „Raum der Lebensstile" die Weber'sche Aufteilung enthalten ist. Während sich bei Weber jedoch Stand und Klasse relativ unabhängig gegenüberstehen, unterstellt Bourdieu eine Homologie zwischen beiden Bereichen, die über den Habitus vermittelt wird. Möglich wird dies über die von Bourdieu getroffene „Inkorporationsannahme", d. h. die Verinnerlichung der sozialen Strukturiertheit des Elternhauses während der prägenden Jahre von Kindheit und Jugend. Diese prägenden Muster werden im Rahmen des Habituserwerbs generalisiert und situationsspezifisch angepasst, so daß sie selbst strukturgenerierend wirken.

Aus den bisherigen Begriffsbestimmungen möchte ich versuchen, die Lebensstildefinition abzuleiten, die ich im folgenden verwenden werde.

Lebensstile sind erstens, wie Veblen dies skizziert und Bourdieu explizit ausführt, Ausdruck symbolischer Kämpfe zwischen sozialen Gruppen mit dem Ziel, Definitionsmacht hinsichtlich lebensstilrelevanter Bereiche zu erlangen. Sie sind somit verstehbar aus dem Bedürfnis von Gruppen nach sozialer Anerkennung. Resultat dieser Dynamik ist zum einen die Schaffung von Identität über gemeinsame symbolische Codes und Referenzsysteme nach innen und die Bildung sozialer Schließungsprozesse nach außen, die sich in häufigerer Kontaktfrequenz und entsprechendem generativen Verhalten innerhalb von Lebensstilgruppen ausdrücken.

Zweitens sind Lebensstile, wie Weber in seiner Ständedefinition ausführt, bezogen auf wahrnehmbare Unterscheidungsmerkmale, wie die Art sich zu kleiden, sich einzurichten, sich soziale Netze zu schaffen und dienstbar zu machen, sprachliche Codes zu verwenden oder spezifische Freizeitaktivitäten auszuüben und ästhetische Präferenzen auszudrükken.

Drittens, und dies ist bereits bei Weber klar unterschieden, stellt sich die Frage nach dem Zusammenhang zwischen sozio-ökonomischer Schichtung und Lebensstilgruppen. Während, wie bereits erwähnt, Bourdieu eine Strukturähnlichkeit zwischen sozialer Lage und Lebensstil annimmt, verweisen etwa Lüdtke (1989, 1990,1991) und Zapf (1987) auf eine Pluralisierung von Lebensstilen. Ich denke, daß die Frage nach dem Zusammenhang von Lebensstil und sozialer Lage nicht unabhängig vom jeweiligen Lebensstilbereich zu beantworten ist. Während es sicherlich Bereiche gibt, die inzwischen weitgehend „demokratisiert" sind (Konsum von freizeitkulturellen Angeboten, Alltagskleidung), existieren nach wie vor Bereiche, die hochgradig durch die soziale Lage eines Akteurs bestimmt werden (z. B. Konsum von Hochkultur).

Ein Desiderat der bisherigen Lebensstilforschung ist sicherlich die Verknüpfung von Lebensstil und Lebenslauf. Dabei könnte die Untersuchung des Zusammenhangs zwischen beiden Forschungslinien eine Reihe bedeutsamer Fragen zu beantworten helfen:

- Gibt es, in Anlehnung an Lévi-Strauss (1978), eine Tiefenstruktur und eine Oberflächenstruktur bei Lebensstilen, d. h. gibt es an der Oberfläche sich relativ schnell wandelnde Moden, denen jedoch auf der Ebene der Tiefenstruktur relativ konstante soziale Muster im Sinne von funktionalen Äquivalenten entsprechen?
- Wie stabil sind Lebensstile über Lebensphasen hinweg?
- Existiert so etwas wie eine prägende Phase, in der sich Lebensstile ausdifferenzieren und nach der sie relativ konstant bleiben?
- Wie resistent sind Lebensstile gegenüber einer Veränderung der Handlungsressourcen? Diese Frage hat bedeutsame handlungstheoretische Konsequenzen, denn sie zielt auf die Frage, ob Individuen im Rahmen von Lebensstilen ihr Verhalten ständig nach Mittel-Ziel-Relationen optimieren, oder eher, wie Bourdieus Ansatz unterstellt, einmal Erworbenes tradieren.

Die bisherige Erforschung von Lebensstilen blieb zumeist begrenzt auf die Lebenslaufphase der berufstätigen Bevölkerung. Dieses Vorgehen enthält implizit die Annahme, Jugend sei eine Lebensphase, in der die bedeutsamen kulturellen Orientierungen noch nicht stabil genug sind, um zu klaren Lebensstilgruppen zu kommen. Nimmt man jedoch das von Zinnecker (1987) entwickelte Modell des erweiterten Bildungsmoratoriums ernst, nach dem die Jugend nicht mehr eine kurze Übergangsphase vom Kind zum jungen Erwachsenen darstellt, sondern sich inzwischen als eigenständige Lebensphase mit hoher kultureller Autonomie etabliert hat, so scheint es sinnvoll zu sein, die Analyse von Lebensstilen auf die Gruppe der Jugendlichen auszudehnen. Dieses Vorgehen scheint insbesondere deswegen angemessen zu sein, weil im Rahmen der Individualisierung der Jugendphase (vgl. Heitmeyer & Olk 1990) Vergemeinschaftung sich nicht mehr vorwiegend innerhalb schichthomogener peer-groups vollzieht, sondern entlang gemeinsamer individueller Präferenzen und Konsummuster. Hinsichtlich der gesellschaftlichen Modernisierungsprozesse, die zu einer Hinwendung zu Lebensstilansätzen geführt haben, sind Jugendliche sicherlich die Pioniere dieser Bewegung.

Im Rahmen der Shell-Jugendstudie 1992 besteht erstmalig die Möglichkeit eines Vergleichs der Altersgruppen zwischen 13 und 29 Jahren zwischen West- und Ostdeutschland hinsichtlich einiger Lebensstilbereiche (Kinogenres, Kleidungsstil, Freizeitaktivitäten, Musikgeschmack, Präferenz für jugendkulturelle Gruppen und, als mentale Grundlage der Lebensstile, Wertorientierungen). Dieser Kulturvergleich innerhalb eines Landes stößt, trotz der gemeinsamen Sprache, auf Probleme, die hier kurz benannt werden sollen. Kulturvergleiche unterstellen immer eine ähnliche Semantik und eine ähnliche relationale Struktur der untersuchten Zeichen. Bei verschiedenen Sprachen soll zumeist eine Übersetzung und Rückübersetzung die Bedeutungsäquivalenz sicherstellen (vgl. etwa Krebs/Schüssler 1987). Doch selbst innerhalb der gleichen Sprache können sich Bedeutungsverschiebungen ergeben, die in quantitativen Untersuchungen nur schwer überprüft werden können. Ob ein Yuppie in Ostdeutschland das gleiche ist wie in Westdeutschland, kann mit Recht angezweifelt werden, und ob Casablanca auch für ostdeutsche Jugendliche ein Kultfilm ist, diese Frage wird hier nicht beantwortet, sondern, und dies schränkt die Gültigkeit der hier vorgestellten Analyse ein, die Bedeutungsäquivalenz in beiden Kulturen muß vorausgesetzt werden. Demgegenüber läßt sich, parallel zur Internationalisierung der Kulturindustrie, eine Internationalisierung der Jugendkulturen feststellen, die die Annahme ähnlicher Bedeutungen der gleichen Zeichen in verschiedenen Kulturen nicht allzu problematisch erscheinen läßt.

Instrumente und Methoden

Folgende Instrumente bildeten die Grundlage für die Analyse von Lebensstilen in West- und Ostdeutschland. Alle Instrumente wurden aufgrund von Expertisen entwickelt und im Rahmen der quantitativen Vorerhebung zur Shell-Jugendstudie in West- und Ostdeutschland erprobt und dimensioniert (vgl. methodische Berichte in Band 4 der Studie):

- ein vom Autor entwickeltes Freizeitinventar mit 35 Freizeitaktivitäten, das auf der Grundlage einer eigenen Erhebung (vgl. Georg 1991) und der Auswertung mehrerer Studien zum Freizeitverhalten Jugendlicher konstruiert wurde und nach Maßgabe subjektiver Häufigkeiten beantwortet wurde (vgl. Lüdtke in diesem Band);
- eine Liste von acht Film-Genres (Kriminalfilm, Spionagefilm, zeitgeschichtlicher Film, Dokumentarfilm, Abenteuer- und Actionfilm, Sensations- und Katastrophenfilm, aktueller Problemfilm, geschichtlicher Film), die nach Gefallen und Mißfallen eingeschätzt werden sollten (vgl. C. Fischer/Wiedemann in diesem Band);
- 16 verschiedene Musik-Genres, die von Giegler in einer Hamburger Lebensstil-Studie verwendet wurden (Chanson, Jazzrock, populäre Klassik, deutsche Schlager, heavy metal, deutsche Volksmusik, Kammermusik, Blues, independent, Kirchenmusik, traditioneller Jazz, „schwierige Klassik", Popmusik, Discomusik, modern Jazz und James Last) und die ebenfalls hinsichtlich der persönlichen Präferenz gerated wurden;
- 10 Attribute, die sich auf den Kleidungsstil beziehen (frech, verrückt, zeitlos, zurückhaltend, korrekt, sportlich, praktisch, markenorientiert, qualitätsbewußt, ausgefallen) und die zur Charakterisierung der modischen Verortung herangezogen wurden;
- Eine aktualisierte Fassung der „Gruppenstile" aus den Shell-Studien 1981 und 1984, die die affektive Einschätzung von 19 für Jugendliche relevanten Gruppen messen (Punks, Fußball-Fans, Hausbesetzer, Fans von Musikgruppen, Motorrad-Fans, Disco-Fans, Rocker, Kernkraftgegner, Umweltschützer, Friedensbewegung, FKK-Bewegung, Body-Building, Jogging, Computer-Fans, Yuppies, Grufties, Skinheads, okkulte Gruppen, Hooligans);

- eine von Schwartz und Montada entwickelte Skala zur Erfassung von persönlichen Wertorientierungen. Während die anderen Bereiche durchaus dem zuzurechnen sind, was Lüdtke (1989, 1990, 1991, 1992) als „Performanz" von Lebensstilen bezeichnet, nämlich die beobachtbare, expressive Seite dieser Stile, bezieht sich diese Skala auf deren Mentalitätsebene. Die Items der Skala sollten nach der Wichtigkeit für das eigene Leben eingeschätzt werden (vgl. Krebs in diesem Band).

Zunächst war für die Analyse die Dimensionalität der einzelnen Instrumente von Bedeutung. Deshalb wurden für West- und Ostdeutschland getrennt Hauptkomponentenanalysen für die einzelnen Lebensstilbereiche berechnet. Eine detaillierte Wiedergabe dieser zwölf Faktorenanalysen würde den Rahmen des vorliegenden Beitrags sprengen, jedoch soll im folgenden für West- und Ostdeutschland getrennt ein Überblick über die einzelnen Faktoren gegeben werden.

Ergebnisse der Hauptkomponentenanalysen für Westdeutschland

Freizeitaktivitäten

Es wurden neun Faktoren extrahiert, die insgesamt 49.1 % Varianz erklärten. Im Einzelnen ergaben sich folgende Dimensionen des Freizeitverhaltens:

- Sozialkontakte und Vergnügen (12 % erklärte Varianz: flirten, telefonieren mit Freunden, mit Freunden zusammensein, mit einem Freund zusammensein, Musik hören, ausgehen)
- Produktion subjektiver Kultur und Entspannung (8.1 % erklärte Varianz: malen, Schaufensterbummel, telefonieren, Briefe- und Tagebuch schreiben)
- Kulturkonsum und Informationsaneignung (6.2 % erklärte Varianz: im Fernsehen politische, kulturelle oder wissenschaftliche Sendungen sehen, fotografieren, Bücher lesen, sich weiterbilden, Theater, Konzerte, Kunstausstellungen besuchen, klassische Konzerte besuchen)
- outdoor-Vergnügen (5.1 % erklärte Varianz: tanzen, ins Kino gehen, Rock-Konzerte besuchen, ausgehen)
- familienzentrierte Freizeit (4.3 % erklärte Varianz: mit der Familie zusammensein, Verwandte besuchen, im Fernsehen Spielfilme ansehen)
- Regeneration (4.1 % erklärte Varianz: sich ausruhen, schlafen, seinen Träumen nachhängen)
- Beschäftigung mit dem Computer und Lesen von Comics (3.4 % erklärte Varianz)
- Ein Instrument spielen und klassische Konzerte besuchen (3.1 % erklärte Varianz)
- häusliche Freizeit (2.9 % erklärte Varianz: Reparaturarbeiten an Fahrzeugen, Beschäftigung mit Haustieren und Gartenarbeit).

Filmgenres

Die zwei Faktoren dieses Bereichs erklärten zusammen 54.5 % Varianz, wobei auf den ersten Faktor (kritisch-informative Filme: zeitgeschichtlicher Film, Dokumentarfilm, aktueller Problemfilm und geschichtlicher Film) 30.8 % und auf den zweiten (Action-Filme: Kriminalfilm, Spionagefilm, Abenteuerfilm und Katastrophenfilm) 23.7 % entfielen.

Musikgenres

Es ergaben sich fünf Dimensionen des Musikgeschmacks, die 63.3 % Varianz erklärten:

- Jazz, Chanson und Blues (23.4 % erklärte Varianz: Chanson, Jazzrock, Blues, traditioneller Jazz und modern Jazz)
- Klassik (14.0 % erklärte Varianz: populäre Klassik, Kammermusik, Kirchenmusik, schwierige Klassik)
- deutsche Unterhaltungsmusik (11.5 % erklärte Varianz: deutsche Schlager, deutsche Volksmusik und James Last)
- Pop- und Disco-Musik (7.6 % erklärte Varianz)
- Heavy metal und independent (6.7 % erklärte Varianz)

Kleidungssstil

In diesem Bereich erklärten vier stilistische Ausprägungen insgesamt 69 % Varianz.

- ausgefallen-freche Kleidung (28.4 % erklärte Varianz: frech, verrückt, ausgefallen)
- markenorientiert und qualitätsbewußt (17.4 % erklärte Varianz)
- zeitlos-zurückhaltend (11.7 % Varianz).
- sportlich-praktisch (11.5 % Varianz).

Gruppenstile

Vier dominante Typen von affektiver Gruppenorientierung, die gemeinsam 50.6 % Varianz erklärten, ließen sich hier isolieren:

- Subkulturelle Gruppenstile (19.3 % erklärte Varianz: Punks, Hausbesetzer, Rocker, Yuppies, Grufties, Skinheads, okkulte Gruppen und Hooligans)
- Neue Soziale Bewegungen (12.9 % erklärte Varianz: Atomkraftgegner, Umweltschützer und Friedensbewegung)
- Körpernarzißmus (11.8 % erklärte Varianz: Body-Building, Jogging, Computer)
- kommerzielle Gruppenstile (6.5 % erklärte Varianz: Fußball-Fans, Fans von Musikgruppen, Motorrad-Fans und Disco-Fans).

Wertorientierung

Hier erklärten vier Wertorientierungen insgesamt 50.7 % Varianz.

- Konvention und Sicherheit (23.4 % erklärte Varianz: soziale Ordnung, Höflichkeit, nationale Sicherheit, Frieden, familiäre Siicherheit)
- Ungebundenheit, Abwechslung und Kreativität (11.6 % erklärte Varianz: innere Harmonie, Freiheit, ein anregendes Leben, Kreativität, ein abwechslungsreiches Leben, wahre Freundschaft)
- soziale Dominanz und Reichtum (8.4 % erklärte Varianz: soziale Macht, Reichtum und Autorität)
- ökologisch-ganzheitliche Orientierung (7.4 % erklärte Varianz: Kreativität, Achtung vor der Tradition, Loslösung, Einheit mit der Natur, eine Welt der Schönheit).

Ergebnisse der Hauptkomponentenanalysen für Ostdeutschland

Freizeitaktivitäten

Wie in Westdeutschland wurden auch hier neun latente Dimensionen des Freizeitverhaltens der Jugendlichen deutlich (50.4 % Varianzerklärung):

- Sozialkontakte und outdoor-Vergnügen (erklärte Varianz 12.2 %: flirten, telefonieren mit Freunden, mit Freunden zusammensein, mit einem Freund zusammensein, tanzen, ins Kino gehen, Rockkonzerte besuchen, ausgehen). Dieser Faktor ist fast identisch mit der ersten Hauptkomponente in Westdeutschland, allerdings wird durch die Aktivitäten „tanzen", „ins Kino gehen" und „Rockkonzerte besuchen" noch stärker die außerhäusliche Komponente des Freizeitverhaltens betont.
- Produktion subjektiver Kultur und Entspannung (erklärte Varianz 8.8 %): Zeichnen, persönliche Briefe schreiben, Bücher lesen, spazierengehen, Schaufensterbummel und eine negative Ladung für die Reparatur von Fahrzeugen prägen diesen Freizeitstil, der große Ähnlichkeit mit dem zweiten Faktor in Westdeutschland besitzt.
- Kulturkonsum und Informationsaneignung (erklärte Varianz 6.6 %: im Fernsehen politische, kulturelle oder wissenschaftliche Sendungen sehen, Bücher lesen, sich weiterbilden, Rockkonzerte besuchen, Theater, Museen und Kunstaustellungen besuchen und klassische Konzerte besuchen). Diese Dimension ist wiederum der dritten westdeutschen sehr ähnlich. Daß in Ostdeutschland Rockkonzerte mit der Rezeption von Hochkultur zusammengehen, kann dabei als eine interessante Ergänzung angesehen werden.
- Produktion subjektiver Kultur und musische Interessen (Varianzerklärung: 4.9 %: fotografieren, Tagebuch schreiben, klassische Konzerte besuchen und ausgehen).
- Regeneration (erklärte Varianz 4.6 %: Musikhören, sich ausruhen, schlafen) In Westdeutschland tritt an die Stelle des Musikhörens das Nachhängen von Träumen. Ansonsten ist diese Dimension identisch mit der entsprechenden in Westdeutschland.
- Familienzentrierte Freizeit (3.8 % erklärte Varianz: mit der Familie zusammensein, Verwandte besuchen, fotografieren). Obwohl in Westdeutschland statt des Fotografierens bei der familienzentrierten Freizeit das Ansehen von Spielfilmen im Vordergrund steht, kann die Grundausrichtung dieser Verhaltensdimension als sehr ähnlich zwischen West- und Ostdeutschland angesehen werden.
- Das Ansehen von Spielfilmen im Fernsehen und das Lesen von Comics prägen diesen Faktor. In Westdeutschland tritt an die Stelle des Fernsehens das Spielen mit dem Computer (3.5 % Varianzaufklärung).
- Häusliche Freizeit und Sport (3.2 % Varianzaufklärung: Beschäftigung mit Haustieren, aktiv Sport treiben und Gartenarbeit). Abgesehen davon, daß westdeutsche Jugendliche statt der Gartenarbeit mit der Reparatur ihres Fahrzeugs beschäftigt sind, ist dieser Faktor identisch.

Filmgenres

Wie in Westdeutschland ergaben sich in diesem Bereich zwei Faktoren, von denen der erste (in Westdeutschland der zweite) alle Action-Genres abbildet (Kriminalfilme, Spionagefilme, Abenteuerfilme und Katastrophenfilme, 34.3 % Varianzerklärung), während der zweite sich auf kritisch-informative Filme bezieht (21.4 % Varianzerklärung: zeitgeschichtliche Filme, Dokumentarfilme, aktuelle Problemfilme, geschichtliche Filme).

Musikgenres

Während in Westdeutschland hier fünf Dimensionen des Musikgeschmacks zu verzeichnen waren, wurden in Ostdeutschland nur vier Faktoren extrahiert. Die in Westdeutschland getrennten Geschmacksrichtungen „Jazz“ und „heavy metal, independent“ bilden in Ostdeutschland einen gemeinsamen Faktor (13 % erklärte Varianz). Ansonsten existieren die gleichen Dimensionen wie in Westdeutschland, nämlich „Klassik“ (26.3 % erklärte Varianz), Pop- und Disco-Musik“ (10.5 % erklärte Varianz) und „deutsche Unterhaltungsmusik“ (7.4 % erklärte Varianz).

Kleidungsstile

Hier handelt es sich um die gleichen vier Geschmacksstile wie in Westdeutschland, nämlich „frech und ausgefallen“ (26.0 % erklärte Varianz), „markenorientiert und qualitätsbewußt“ (17.9 % erklärte Varianz), „zeitlos, zurückhaltend“ (12 % erklärte Varianz) und „sportlich, praktisch“ (10.4 % erklärte Varianz).

Gruppenstile

Bei den ersten drei Dimensionen bilden sich zwischen den alten und den neuen Bundesländern die gleichen affektiven Orientierungen hinsichtlich signifikanter Gruppen ab wie in Westdeutschland: der erste Faktor (22.3 % erklärte Varianz) bezieht sich auf alle subkulturellen Stile (Punks, Hausbesetzer, Rocker, Yuppies, Grufties, Skinheads, okkulte Gruppen und Hooligans), der zweite (in Westdeutschland der vierte) beinhaltet vor allem Gruppen mit kommerziellen Stilen (14.4 % erklärte Varianz: Fußball-Fans, Fans von Musikgruppen, Motorrad-Fans und Disco-Fans) und der dritte (im Westen der zweite) subsumiert Neue Soziale Bewegungen: Atomkraftgegner, Umweltschützer und Mitglieder der Friedensbewegung (10.2 % erklärte Varianz). Der vierte Faktor schließlich (Körpernarzißmus) nimmt, wie in Westdeutschland, Bezug auf Body-Building, Jogging und – mit einer Nebenladung – Computerfans, wird jedoch in Ostdeutschland durch Sympathie für FKK-Fans ergänzt.

Wertorientierungen

Im Gegensatz zur Vier-Faktoren-Lösung in Westdeutschland lassen sich hier fünf latente Wertorientierungen feststellen. Die erste, „Konvention und Sicherheit“ (20.6 % erklärte Varianz: Höflichkeit, nationale Sicherheit, Frieden, familiäre Sicherheit, wahre Freundschaft), findet sich in ähnlicher Form auch im Westen. Auch die zweite – „Ungebundenheit, Abwechslung und Kreativität“ (9.8 % erklärte Varianz: Freiheit, ein anregendes Leben, Kreativität, ein abwechslungsreiches Leben, wahre Freundschaft) – und dritte – „Soziale Dominanz und Reichtum“ (8.1 % erklärte Varianz: soziale Macht, Reichtum, Autorität) – unterscheiden sich nicht wesentlich von den entsprechenden Orientierungen in Westdeutschland. Anders ist dies mit der vierten Dimension „Stabilität und Harmonie“ (7.2 % erklärte Varianz), die die Werte „innere Harmonie“, „Freiheit“, „soziale Ordnung“ und „Höflichkeit“ umfaßt und als einzige Dimension typisch für die neuen Bundesländer ist. Der fünfte Faktor schließlich ist, bis auf die fehlende „Kreativität", mit dem vierten Faktor in Westdeutschland identisch.

Betrachtet man diesen Vergleich der sechs Lebensstil-Bereiche in West- und Ostdeutschland zusammenfassend, so kommt man nicht umhin, eine unerwartete und überraschende Einheitlichkeit festzustellen. Bis auf kleine Nuancen und Nebenladungen sind fast alle Dimensionen zwischen West- und Ostdeutschland stabil, was angesichts der unterschiedlichen politischen und ökonomischen Systeme, in denen die Jugendlichen und Adoleszenten der Befragung sozialisiert wurden, nicht auf jeden Fall zu erwarten war. Existierte neben der Welt der offiziellen Ideologie ein ungebrochener jugendspezifischer Alltag, eine große Koalition, oder besser, ein nicht „proletarischer", aber dafür freizeitindustrieller und massenmedialer „Internationalismus" zwischen beiden Teilen Deutschlands, wie er sich in der These der „Westernization" (vgl. Watts/Georg 1991), der Dominanz der über Massenmedien vermittelten westlichen Kultur niederschlägt? Um diese Frage zu beantworten, müssen wir zunächst klären, wie sich die einzelnen Lebensstilbereiche zu homogenen, ganzheitlichen Lebensstilmustern verdichten und wie diese wiederum in beiden Kulturen sozialstrukturell eingebettet sind.

Vergleich von jugendlichen Lebensstilen in West- und Ostdeutschland

Obwohl die Analyse der einzelnen Lebensstilbereiche für sich genommen eine große Ähnlichkeit zwischen den neuen und den alten Bundesländern erwies, können sich die verschiedenen Dimensionen doch zu kulturell sehr unterschiedlichen „Legierungen" mischen. Es gilt also, in einem zweiten Schritt zu klären, wie sich die einzelnen Bereiche zu unterschiedlichen Lebensstilen zusammensetzen. Zu diesem Zweck führte ich eine Faktorenanalyse 2. Ordnung durch, bei der die Faktorwerte der oben beschriebenen Faktorenanalyse 1. Ordnung als Ausgangsbasis dienten. Diese Faktorenanalyse 2. Ordnung (genauer gesagt: Hauptkomponentenanalyse 2. Ordnung) führte nach Maßgabe des Eigenwertkriteriums (Eigenwerte > 1) zur Extraktion von 11 Faktoren in West und Ostdeutschland, die 59.4 % (Westdeutschland) und 59.6 % (Ostdeutschland) Varianz erklärten. Da die letzten fünf Hauptkomponenten jedoch nur noch um 4 % Varianz erklärten und auch inhaltlich eher randständige Lebensstile beschrieben, beschränke ich mich im folgenden auf die ersten sechs Faktoren, die in beiden Ländern um 40 % zur Varianzaufklärung beitragen.

Die typologische Beschreibung der Lebensstile allein ist jedoch unbefriedigend, denn ihre soziale Bedeutung ergibt sich auch aus dem sozialstrukturellen Kontext, in dem sie stehen. Um diesen Zusammenhang zu untersuchen, berechnete ich mit Hilfe von linearen Strukturgleichungen (LISREL) ein multivariates Regressionsmodell, in dem die kausalen Effekte der Bildung des Befragten (Westdeutschland: 1: Hauptschule, 2: Realschule oder Fachschule, 3: Fachabitur, Abitur oder Hochschule; Ostdeutschland: 1: 8. Klasse, 2: 10. Klasse 3: Abitur oder Hochschule) und seiner Eltern (Mittelwert der analog zur Bildung des Befragten kodierten Abschlüsse beider Eltern), des monatlich zur Verfügung stehenden Geldbetrages, der Wohnortgröße, des Alters und des Geschlechts, des

Tabelle 1: Faktorladungen des Lebensstils „Hochkulturelle Orientierung" in West- und Ostdeutschland (Faktorladungen >.30)

a) Westdeutschland		
Dimension		Faktorladung 2. Ordnung
Freizeit:	Kulturkonsum und Informationsaneignung	.785
Film:	kritisch-informative Filme	.752
Musik:	Jazz	.371
	Klassik	.418
	Pop und Disco	–.333
Kleidung:	zeitlos - zurückhaltend	.495
Gruppenstile:	Neue Soziale Bewegungen	.337
b) Ostdeutschland		
Dimension		Faktorladung 2. Ordnung
Freizeit:	Kulturkonsum und Informationsaneignung	.759
Film:	kritisch-informative Filme	.673
Musik:	Jazz und Blues	.461
	Klassik	.419
Kleidung:	zeitlos-zurückhaltend	.539
Gruppenstile:	Neue Soziale Bewegungen	.461

Erwerbsstatus (1: in Ausbildung, 2: erwerbstätig) und des Familienstandes (1: ledig, 2: zusammenlebend mit festem Partner, 3: verheiratet) simultan auf alle elf Lebensstile, für West- und Ostdeutschland getrennt, geschätzt wurden.

In dem folgenden Vergleich der Lebensstile in West- und Ostdeutschland werde ich, von den ersten sechs Faktoren 2. Ordnung ausgehend, jeweils einzeln ähnliche Lebensstile in West- und Ostdeutschland vergleichen und die mit ihnen verknüpfte soziale Lage mit Hilfe der signifikanten Regressionskoeffizienten der LISREL-Modelle beschreiben.

Lebensstil: Hochkulturelle Orientierung:

In beiden Kulturen bildete dieser Lebensstil die erste Hauptkomponente mit 10.6 % (Westdeutschland) und 10.9 % (Ostdeutschland) erklärter Varianz. Aus den Tabellen 1 und 2 können die Faktorladungen und die Regresssionkoeffizienten entnommen werden.

Bis auf die Ablehnung von Pop- und Disco-Musik in Westdeutschland bildet sich eine identische Struktur dieses Lebensstils in Ost- und Westdeutschland ab: Zu einer an hochkulturellen Stoffen und Informationsaneignung orientierten Freizeit gesellt sich ein Interesse an kritisch-informativen Filmen, den komplexesten musikalischen Geschmacksrichtungen Jazz und Klassik, sowie eine Präferenz für Neue Soziale Bewegungen. Während die Stilisierungsleistung sich auf den Bereich kulturellen Kapitals bezieht, wird hinsichtlich der Kleidung jede modische Schrillheit vermieden: man setzt auf einen zeitlos-zurückhaltenden Stil.

Hinsichtlich der sozialen Kontextmerkmale herrscht ebenfalls weitgehend Übereinstimmung. Zunächst „erklären" in beiden Modellen die sozialen Kontextmerkmale etwa gleich viel Varianz (24.4 % in Westdeutschland und 22.4 % in Ostdeutschland). Das Alter ist mit Abstand die bedeutsamste Variable (beta:.469 bzw. .477): dieser Lebensstil wird vor allem von den älteren Jugendlichen bevorzugt. Eine höhere Bildung sowohl der Befragten (beta:.146 bzw. .121) als auch ihrer Eltern (beta:.138 bzw. .121) legt in beiden Teilen Deutschlands eine Präferenz für hochkulturelle Orientierungen nahe, ebenso wie Bewohner größerer Städte (beta: .071 bzw. .079) eher Interesse für diesen Stil zeigen. Unterschiede bestehen vor allem in dem fehlenden Geschlechtseffekt in Ostdeutschland (dieser war jedoch auch in Westdeutschland grenzwertig) und den deutlichen familialen und beruflichen Lebenszykluseffekten in Ostdeutschland, die indizieren, daß ledige (beta:.083), vor allem aber in Ausbildung befindliche Jugendliche (beta:.234) diesen Stil eher bevorzugen. Dies könnte darauf hinweisen, daß dieser Stil in Westdeutschland von der familialen und beruflichen Statuspassge unabhängig eine verallgemeinerte Bedeutung besitzt, während er in Ostdeutschland, unabhängig vom Lebensalter, stärker an Jugendliche gebunden ist, die noch nicht verheiratet sind und sich noch in Ausbildung befinden.

Die Struktur dieses Stils unterstützt Bourdieus Schilderung der Klassenfraktionen mit mittlerem und hohem kulturellen Kapital: sowohl die nüchtern-dis-

Tabelle 2: Soziale Lagerung des Lebensstils „Hochkulturelle Orientierung" (standardisierte Regressionskoeffizienten, p< .05)

a) Westdeutschland
erklärte Varianz: 24.4 %

Kontextmerkmal	Koeffizient	t-Wert
Alter	.469	15.590
Geschlecht (männlich)	.066	3.509
Bildung der Eltern	.138	6.629
Bildung	.146	6.535
Wohnortgröße	.071	3.813

b) Ostdeutschland
erklärte Varianz: 22.4 %

Kontextmerkmal	Koeffizient	t-Wert
Alter	.477	10.307
Bildung der Eltern	.154	5.421
Bildung	.121	3.965
Wohnortgröße	.079	2.928
Familienstand (ledig)	.083	2.542
Berufsstatus (in Ausbildung)	.234	5.496

krete Stilisierung (in diesem Fall des Wohnbereichs) der Klassenfraktion mit hohem kulturellen Kapital (vgl. Bourdieu 1982:414 f.), die sich hier in einem zeitlos-zurückhaltenden Kleidungsstil wiederfindet und der Bourdieu das Etikett des „asketischen Aristokratismus“ (vgl. Bourdieu 1982:447) gibt, als auch seine Bemerkungen über die Nähe von Neuem Kleinbürgertum und Alternativbewegungen, hier indiziert durch die Sympathie für Neue Soziale Bewegungen (Bourdieu 1982: 581 f.), finden sich in diesem „gesamtdeutschen“ Lebensstil wieder.

Lebensstil: „konventionell-kommerzielle Orientierung“

In Westdeutschland ist dieser Stil der zweitwichtigste (7.8 % erklärte Varianz), während sein Äquivalent in Ostdeutschland an sechster Stelle steht (4.4 % erklärte Varianz). In den Tabellen 3 und 4 werden die Faktorladungen und Regressionskoeffizienten für diesen Lebensstil wiedergegeben.

Familienzentrierte oder häusliche Freizeit, ein Musikgeschmack, der sich vorwiegend auf Popularkultur bezieht (Pop- und Disco-Musik im Westen, deutsche U-Musik im Osten), eine Präferenz für sportlich-praktische Kleidung und eine Orientierung an Gruppenstilen, die sich auf Körpernarzißmus beziehen, sind die kulturübergreifenden Aspekte dieses Lebensstils. In Westdeutschland werden diese Merkmale noch ergänzt durch einen Markenbezug beim Kleidungskauf und eine auf Sicherheit und Konvention bezogene Wertorientierung.

Die Determinationskraft der sozialen Kontextmerkmale ist in Westdeutschland (9.1 % erklärte Varianz) ähnlich stark wie in Ostdeutschland (7.9 % erklärte Varianz). Eine gleichsinnige Wirkungsrichtung sowohl in der ehemaligen BRD als auch in der ehemaligen DDR haben das Geschlecht (weibliche Befragte zeigen stärkere Präferenzen; beta .113 bzw. .085), die Bildung der Eltern (die Kinder von Eltern mit niedriger Bildung bevorzugen diesen Stil eher; beta:-.126 bzw. -.071) und die Wohnortgröße (Bewohner kleinerer Gemeinden sind typischer für diesen Stil; beta:-.050 bzw. -.201). Dieser Effekt ist in Ostdeutschland besonders bedeutsam und verweist auf deutliche Unterschiede zwischen Stadt und Land in Hinblick auf das hier beschriebene „Trivialschema“ (vgl. Schulze 1992). In Westdeutschland sind es zusätzlich jüngere, verheiratete und niedrig gebildete Befragte, die diesen Stil prägen.

Lebensstil: „modisch-hedonistische Orientierung“

In Westdeutschland bildet dieser Lebensstil mit 7.0 % erklärter Varianz die dritte Hauptkomponente, während er in Ostdeutschland mit 7.8 % an zweiter Stelle steht (siehe Tabellen 5 und 6).

Das Zusammensein mit Gleichaltrigen, ein auffallender und verrückter Kleidungsstil und eine Wertorientierung, die sich auf Abwechslung, Ungebundenheit und neue Eindrücke bezieht, prägen diesen Stil. Gemeinsam wird in Ost- und Westdeutschland deutsche Unterhaltungsmusik, die möglicherweise die Welt der „Spießer“ symbolisiert, abgelehnt. Der einzige Unterschied zwischen diesen jugendtypischen Stilen, liegt in der Präferenz für Neue Soziale Bewegungen in Westdeutschland und einer kommerziellen Gruppenstil-Orientierung in Ostdeutschland.

Tabelle 3: Faktorladungen des Lebensstils „konventionell-kommerzielle Orientierung" in West- und Ostdeutschland (Faktorladungen > .30)

a) Westdeutschland

Dimension		Faktorladung 2. Ordnung
Freizeit:	familienzentriert	.552
Musik:	Pop und Disco	.511
Kleidung:	markenorientiert, qualitätsbewußt	.340
	sportlich, praktisch	.301
Gruppenstile:	Körpernarzißmus	.667
Wertorientierung:	Konvention und Sicherheit	.720

b) Ostdeutschland

Dimension		Faktorladung 2. Ordnung
Freizeit:	häusliche Freizeit und Sport	.786
Musik:	deutsche Unterhaltungsmusik	.405
Kleidung:	sportlich, praktisch	.343
Gruppenstile:	Körpernarzißmus	.428

Tabelle 4: *Soziale Lagerung des Lebensstils: „konventionell-kommerzielle Orientierung" (standardisierte Regressionskoeffizienten, p< .05)*

a) Westdeutschland
erklärte Varianz: 9.1%

Kontextmerkmal	Koeffizient	t-Wert
Alter	–.153	–4.636
Geschlecht (weiblich)	.113	5.451
Bildung der Eltern	–.126	–5.526
Bildung	–.061	-2.514
Wohnortgröße	–.050	–2.490
Familienstand (verheiratet)	.175	7.178

b) Ostdeutschland
erklärte Varianz: 7.9%

Kontextmerkmal	Koeffizient	t-Wert
Geschlecht (weiblich)	.085	2.894
Bildung der Eltern	–.071	2.300
Wohnortgröße	–.201	–6.835

Tabelle 5: Faktorladungen des Lebensstils „modisch-hedonistische Orientierung" in West- und Ostdeutschland (Faktorladungen >.30)

a) Westdeutschland Dimension		Faktorladung 2. Ordnung
Freizeit:	Sozialkontakte und Vergnügen	.552
Musik:	deutsche Unterhaltungsmusik	–.509
Kleidungsstil:	auffallend, frech	.387
Gruppenstile:	Neue Soziale Bewegungen	.392
Wertorientierung:	Ungebundenheit, Abwechslung und Kreativität	.673
b) Ostdeutschland Dimension		**Faktorladung 2. Ordnung**
Freizeit:	Sozialkontakte und Vergnügen	.795
Musik:	deutsche Unterhaltungsmusik	–.414
Kleidungsstil:	auffallend, frech	.641
Gruppenstile:	kommerzielle Stile	.377
Wertorientierung:	Ungebundenheit, Abwechslung und Kreativität	.458

Tabelle 6: Soziale Lagerung des Lebensstils „modisch-hedonistische Orientierung" (standardisierte Regressionskoeffizienten, p <.05)

a) Westdeutschland
erklärte Varianz: 7.8 %

Kontextmerkmal	Koeffizient	t-Wert
Alter	.084	2.558
Bildung der Eltern	.080	3.506
Bildung	.097	3.946
Familienstand (ledig)	.199	8.092

b) Ostdeutschland
erklärte Varianz: 13.6 %

Kontextmerkmale	Koeffizient	t-Wert
Alter	–.136	–2.790
Geschlecht (weiblich)	.148	5.217
Familienstand (ledig)	.282	8.170
Erwerbsstatus (in Ausbildung)	.093	2.069
Einkommen	.194	4.310

In beiden Teilen Deutschlands sind es ledige Befragte, die bei diesem Lebensstil im Vordergrund stehen, während in Ostdeutschland auch Jugendliche in Ausbildung zu diesem Stil neigen. Hinsichtlich der übrigen sozio-demographischen Merkmale ist weiterhin bemerkenswert, daß modisch-hedonistische Orientierungen in Westdeutschland von Älteren bevorzugt werden, während in Ostdeutschland hier die jüngeren aktiver sind. Zudem ist in Westdeutschland dieser Lebensstil durch eine hohe Bildung der Befragten und ihrer Eltern beschreibbar, während er in Ostdeutschland bildungsunabhängig ist. Daß auch Hedonismus seinen Preis hat (besonders in „ärmeren" Gesellschaften) wird durch die Einkommensabhängigkeit dieses Stils in Ostdeutschland deutlich.

Lebensstil: „Subjektbezogenheit und ökologisch-ganzheitliche Wertorientierung"

Dieser Stil steht in Westdeutschland an vierter Stelle (5.4 % Varianzaufklärung), während er in den neuen Bundesländern mit 5.0 % erklärter Varianz die fünfte Hauptkomponente bildet (siehe Tabellen 7 und 8).

Aktivitäten, die sich auf subjektive kulturelle Praktiken beziehen, nämlich schreiben, malen und fotografieren, sowie entspannende Tätigkeiten (Schaufensterbummel) kennzeichnen diesen Lebensstil in der Freizeit. Kulturell invariant für diesen Stil ist ebenso eine Präferenz für Jazz und eine ökologisch-ganzheitliche Wertorientierung. Unterschiede zwischen Ost- und Westdeutschland liegen hingegen in einem auffällig-frechen Kleidungsstil und einer Orientierung an Neuen Sozialen Bewegungen im Westen.

Während dieser Stil in Westdeutschland stark durch die sozialen Kontextmerkmale erklärt wird (27.9 % erklärte Varianz), ist er in Ostdeutschland mit nur 5.3 % Varianzerklärung vergleichsweise unterdeterminiert. Wendet man sich den einzelnen Prädiktoren zu, so fällt der in Westdeutschland dominante Einfluß des Geschlechts auf (Mädchen bilden die Bezugsgruppe dieses Stils; beta:.453), während in Ostdeutschland das Geschlecht als Einflußgröße eher randständig ist. Offensichtlich spiegelt dieser Stil im Westen eine bedeutsame Facette von „Mädchenkultur" wider, die – möglicherweise als Ergebnis der Frauenbewegung – sich als weiblich monopolisiertes Lebensstilsegment herausgebildet hat, während er in der ehemaligen DDR eher geschlechtsneutral ist und etwa gleich stark durch Befragte, die aus Elternhäusern mit höherer Bildung kommen, Ledige und Jugendliche mit niedrigerem Einkommen konstituiert wird. In der ehemaligen BRD sind neben dem Geschlecht insbesondere das Alter (beta:-.161), die Bildung der Eltern (beta:.049), die Wohnortgröße (beta:.087) und ein verzögerter Lebenszyklus im Bereich der famialen (beta:.106) und beruflichen Statuspassage (beta:.062) sozio-demografische Merkmale des hier beschriebenen Lebensstils.

Lebensstil: „konsumorientiert-materialistische Orientierung"

Aus Platzgründen können die beiden letzten beschriebenen Lebensstile, die auch von der erklärten Varianz her weniger bedeutsam sind, nur kurz umrissen werden. Der Stil „konsumorientiert-materialistische Orientierung" wird im Westen (4.9 % Varianzerklärung) durch die Freizeitdimension „outdoor-Vergnügen" (La-

Tabelle 7: Faktorladungen des Lebensstils „Subjektbezogenheit und ökologisch-ganzheitliche Wertorientierung“ (Faktorladungen > .30)

a) Westdeutschland

Dimension		Faktorladung 2. Ordnung
Freizeit:	Produktion subjektiver Kultur und Entspannung	.796
Musik:	Jazz	.325
Kleidungsstil:	auffallend, frech	.461
Gruppenstile:	Neue Soziale Bewegungen	.332
Wertorientierung:	ökologisch-ganzheitlich	.489

b) Ostdeutschland

Dimension		Faktorladung 2. Ordnung
Freizeit:	Produktion subjektiver Kultur und Entspannung	.763
Musik:	Jazz und Blues	.307
Kleidungsstil:	sportlich, praktisch	–.306
Wertorientierung:	Sicherheit und Konvention	-.558
	ökologisch-ganzheitlich	.313

Tabelle 8: Soziale Lagerung des Lebensstils „Produktion subjektiver Kultur und ökologisch-ganzheitliche Orientierung“ (standardisierte Regressionskoeffizienten, p <.05)

a) Westdeutschland
erklärte Varianz: 27.9 %

Kontextmerkmal	Koeffizient	t-Wert
Alter	–.161	–5.492
Geschlecht (weiblich)	.453	24.438
Bildung der Eltern	.049	2.438
Wohnortgröße	.087	4.825
Familienstand (ledig)	.106	4.908
Erwerbsstatus (in Ausbildung)	.062	2.058

b) Ostdeutschland
erklärte Varianz: 5.3 %

Kontextmerkmal	Koeffizient	t-Wert
Geschlecht (weiblich)	.061	2.064
Bildung der Eltern	.126	4.004
Familienstand (ledig)	.116	3.212
Einkommen	–.110	–2.572

dung .52), eine Präferenz für Action-Genres im Kino (.34), eine „markenorientiert-qualitätsbewußte" Kleidung (.57), die Ablehnung Neuer Sozialer Bewegungen (-.35) und eine auf soziale Macht und Reichtum bezogene Wertorientierung (.73) strukturiert. Sein östliches Äquivalent (vierte Hauptkomponente, 5.2 % erklärte Varianz) wird ebenfalls durch „markenorientiert-qualitätsbewußte" Kleidung (.68), eine Ablehnung Neuer Sozialer Bewegungen (-.39), auf Körpernarzißmus bezogene Gruppenstile (.30) und ein Streben nach sozialer Macht und Reichtum (.69) bestimmt.

Dieser Stil wird kaum durch die soziale Lage differenziert (4.6 % erklärte Varianz im Westen und 5.0 % im Osten), wobei im Westen Jugendliche mit hohem Einkommen (beta: .148), männliche Jugendliche (beta: 106) und Ledige (beta:.148) diesen Stil bevorzugen, während es im Osten ebenfalls männliche (beta:.105) Jugendliche mit hohem Einkommen sind (beta: .216), die aus Elternhäusern mit niedriger Bildung kommen (beta:.075).

Lebensstil: „Unterhaltung und action"

Dieser Stil erklärt in Westdeutschland 4.7 % Varianz, während er in Ostdeutschland mit 7.0 % die dritte Hauptkomponente bildet. Die Beschäftigung mit Computern und Comics in der Freizeit (.86), eine Vorliebe für alle Action-Genres im Kino (.37), ein Musikgeschmack, der sich vor allem auf Heavy Metal und independent Musik bezieht (.49), sowie eine Präferenz für kommerzielle Gruppenstile (.40) konstituieren diesen Lebensstil. In Ostdeutschland sind es vor allem Jugendliche, die sich in ihrer Freizeit mit Fernsehen und Comics beschäftigen (.69), Action-Genres im Kino bevorzugen (.66), klassische Musik ablehnen (-.52), hingegen Jazz, Blues und Heavy Metal als Musikrichtungen mögen (.34) und an kommerziellen Gruppenstilen orientiert sind (.37), die diesen Lebensstil pflegen.

Die sozialen Kontextmerkmale „erklären" diesen Stil sowohl in Westdeutschland (27.7 % Varianz) als auch in Ostdeutschland (23.0 % Varianz) in einem hohen Maß. Eine Präferenz für diesen Lebensstil kann im Westen vor allem durch das Alter (beta: -.312), das Geschlecht (beta: .415) und das monatliche Einkommen (beta:.077) vorhergesagt werden, d. h. vor allem männliche Befragte der jüngeren Altersgruppen mit mehr Taschengeld oder Verdienst wählen diesen Stil, während es in Ostdeutschland ebenfalls die jüngeren (beta:-.248) männlichen (beta:.344) noch ledigen (beta:.081) Jugendlichen mit niedrigerer Bildung (Bildung der Befragten beta:-.161; Bildung der Eltern: beta:-.070) sind, die diesem Lebensstil nahestehen.

Diskussion

Lebensstile, so wurde im einleitenden Teil behauptet, führen auf der Mikroebene der Sozialstruktur zu Schließungsprozessen, die – im Gegensatz zu bisherigen theoretischen Annahmen – auch bei Jugendlichen wirksam sind und eine klare Differenzierung Jugendlicher in unterschiedliche Lebenstilgruppen ermöglichen.

Dabei bewegt sich die theoretische Konzeptualisierung des Zusammenhangs zwischen Lebensstilen und Sozialstruktur zwischen den Extrempolen der Homologieannahme (Bourdieu 1982) und der Annahme einer Pluralisierung von Lebensstilen, die eine tendentielle Entkoppelung dieses Zusammenhangs unterstellt (vgl. etwa Lüdtke 1989, Zapf 1987).

Vor diesem Hintergrund ging es im vorliegenden Beitrag um folgende Fragen:

- bilden sich auf der ersten Ebene der Konstruktion von Lebensstilen, nämlich der dimensionalen oder semantischen Ebene der einzelnen Lebensstilbereiche zwischen der Ost- und Westdeutschen Jugend ähnliche Strukturen ab?
- Verbinden sich diese Einzelbereiche zu ähnlichen oder unterschiedlichen Lebensstilkonstrukten?
- Wie ist kulturspezifisch die sozialstrukturelle Einbettung dieser Lebensstile beschaffen?

Die erste Frage kann klar bejaht werden. Unterschiedliche Lebensstilbereiche wie Freizeitverhalten, Geschmack in Hinblick auf Mode, Film und Musik, die Orientierung an jugendkulturell bedeutsamen Gruppen, sowie Dimensionen von Wertorientierungen bilden sich in Ost- und Westdeutschland sehr ähnlich ab. Auch auf der zweiten Ebene der Verknüpfung der einzelnen Lebensstilbereiche zu kulturübergreifenden Lebensstilen existiert, bis auf einzelne Akzentverschiebungen, eine sehr ähnliche Struktur zwische Ost- und Westdeutschland.

Deutliche Unterschiede bestehen jedoch z. T. in der sozialstrukturellen Einbettung der Lebensstile in Ost- und Westdeutschland. So spielen beim ersten Stil („hochkulturelle Orientierung") in Ostdeutschland die familiale und berufliche Statuspassage eine Rolle (Ledige und in Ausbildung befindliche Jugendliche wählen diesen Stil eher), während dies in Westdeutschland nicht der Fall ist. Beim Lebensstil „konventionell-kommerzielle Orientierung" dominieren in Westdeutschland, neben einem übergreifenden Muster (weiblich, aus kleineren Gemeinden kommend, Eltern mit niedriger Bildung) jüngere Befragte, die verheiratet sind und selbst über eine niedrigere Bildung verfügen. Einen „modisch-hedonistischen" Lebensstil zeigen in Westdeutschland vor allem ältere Jugendliche mit höherer Bildung, während es im Osten jüngere, weibliche Jugendliche sind, die sich noch in Ausbildung befinden und über relativ viel eigenes Einkommen verfügen.

Das bedeutsamste Ergebnis ist jedoch die weibliche Einbettung des Lebensstils „Subjektbezogenheit und ökologisch-ganzheitliche Orientierung" in Westdeutschland, während dieser durch die soziale Lage in der ehemaligen DDR nur geringfügig determinierte Stil hier eher geschlechtsneutral ist und durch jüngere Befragte aus Großstädten charakterisierbar ist, deren beruflicher und familialer Status noch nicht die Insignien des Erwachsenseins trägt. Der „konsumorientiert-materialistische" Lebensstil wird sowohl in West-, als auch in Ostdeutschland von männlichen Jugendlichen mit überdurchschnittlich hohem Einkommen bevorzugt.

„Unterhaltung und action" als Lebensstil wird schließlich in den beiden ehemaligen Teilen Deutschlands von jüngeren, männlichen Befragten präferiert, ein Muster, das nicht nur von seiner „Semantik", sondern auch nach seinem sozialen Kontext in Opposition zu dem (in Westdeutschland) weiblichen der Subjektbezogenheit steht. Diese sozio-demografische Gemeinsamkeit wird ergänzt durch ein hohes Taschengeld (oder Einkommen) im Westen und eine niedrige Bildung im Osten.

Die Lebensstilen eigene soziale Semantik erschließt sich aus der ihnen innewohnenden (alltags)ästhetischen Präferenzstruktur und ihrer sozialstrukturellen Einbettung gemeinsam. Ich möchte deshalb abschließend – zumindest ansatzweise – versuchen, kulturspezifisch unterschiedliche Deutungsmuster in West- und Ostdeutschland zu rekonstruieren.

Unterschiede in Hinblick auf den hochkulturellen Lebensstil lagen vor allem in seiner Abhängigkeit vom beruflichen und familialen Lebenszyklus in Ostdeutschland; Verheiratete und insbesondere Arbeitende zeigten hier weniger Beteiligung. Dies ist möglicherweise darauf zurückzuführen, daß in der ehemaligen DDR der Konsum von Hochkultur in der Ausbildungsphase institutionell geregelt war (etwa über gemeinsame Veranstaltungsbesuche), während Kulturkonsum in Westdeutschland auch bei Jugendlichen inzwischen weitgehend individualisiert ist. In Ostdeutschland erfolgt offensichtlich bei Eintritt ins Berufsleben und der Gründung einer Familie, sicherlich auch aus Gründen des Zeitbudgets, ein Abbruch der hochkulturellen Orientierungsmuster, während im Westen diese Statuspassagen, die hier in der Regel auch später durchlaufen werden, keinen Einfluß auf die Rezeption von Hochkultur haben.

Das „Trivialschema" (Schulze 1992), das durch den Lebensstil „konventionell-kommerzielle Orientierung" repräsentiert wird, ist in Westdeutschland stärker als in Ostdeutschland eine Angelegenheit von Verheirateten mit niedriger Bildung. Dieser Unterschied kommt möglicherweise dadurch zustande, daß frühe Heirat im Lebenslaufkonzept der westdeutschen Jugend seltener ist und kulturspezifisch auch für etwas anderes steht, nämlich das traditionelle Lebenslaufkonzept der „Normalbiographie" (vgl. Kohli 1985, 1986, 1988), das für hochgebildete, urbane Jugendliche, die Zinneckers Modell des „Bildungsmoratoriums" entsprechen (vgl. Zinnecker 1987), nur noch eingeschränkte Gültigkeit besitzt.

Ein modisch-hedonistischer Lebensstil wird in Westdeutschland vor allem von älteren Jugendlichen mit höherer Bildung ausgeübt, während in Ostdeutschland jüngere, weibliche Jugendliche mit höherem Einkommen diesen Stil pflegen. Im Rahmen der Wertewandeldiskussion (vgl. etwa Inglehart 1990) wird deutlich, daß in der BRD seit den 70er Jahren eine Abkehr von der säkularisierten protestantischen Wirtschaftsethik der innerweltlichen Askese (vgl. Weber 1920:84ff.) hin zu hedonistischen und postmaterialistischen Wertorientierungen stattfindet (vgl. zum Konsumbereich Spiegel 1990:10; Conrad; Burnett 1991:129f.), wobei die postmaterialistischen Gruppen besonders diejenigen mit hoher Bildung sind (vgl. De Graaf 1988). Hedonismus ist also in Westdeutschland eine Werthaltung, die in einem postmaterialistischem Kontext steht, während er, darauf könnte die Bedeutung des Einkommens hinweisen, in der ehemaligen DDR eher eine auf Konsum und Mode bezogene Wertorientierung darstellt.

Der Lebensstil „Subjektbezogenheit und ökologisch-ganzheitliche Orientierung" ist in Westdeutschland eine Domäne der weiblichen Jugendlichen und wird hier durch das Geschlecht in hohem Maße determiniert, während er in Ostdeutschland eher geschlechtsunabhängig ist und nur zu einem geringen Umfang durch die sozialen Kontextmerkmale „erklärt" werden kann. Dieses Ergebnis deutet darauf hin, daß dieser Bereich, möglicherweise als Ergebnis der Frauenbewegung, geschlechtsspezifisch „angeeignet" wurde und inzwischen einen zentralen Ausschnitt von „Mädchenkultur" in Westdeutschland repräsentiert.

Interessanterweise gilt diese Differenz jedoch nicht für die zwei männlichen Stilausprägungen, nämlich die „konsumorientiert-materialistische Orientierung" und „Unterhaltung und action", denn sowohl der Grad der sozio-demografischen Determiniertheit, als auch die wichtigsten Prädiktoren sind für beide Stile in Ost- und Westdeutschland ähnlich gelagert.

Zusammenfassend kann man feststellen, daß sowohl auf der Ebene der Dimensionierung der einzelnen Lebensstilbereiche als auch hinsichtlich der Zusammenfügung dieser Bereiche zu Lebensstilen nur graduelle Unterschiede zwischen West- und Ostdeutschland bestanden. Im Gegensatz hierzu unterschieden sich die Lebensstile hinsichtlich ihrer sozialen Handlungskontexte z. T. beachtlich, wobei diese Unterschiede unter Rückgriff auf Ansätze aus dem Bereich sozialen Wandels durchaus plausibel erschienen. So wurde versucht, Unterschiede bei dem Lebensstil „hochkulturelle Orientierung" durch eine Veränderung der Rezeptionsweise von Hochkultur (institutionell eingebunden vs. individualisiert) zu erklären. Der zweite Lebensstil, der sich auf eine konventionell-kommerzielle Orientierung bezog und der im Westen für Verheiratete typisch war, könnte vor dem Hintergrund der Beibehaltung des Konzepts einer „Normalbiographie" in Zeiten der Individualisierung des Lebenslaufs als traditionalistischer Stilisierungsversuch gedeutet werden. Die konsumistische Bedeutungsvariante eines modisch-hedonistischen Lebensstils im Osten, im Gegensatz zu seinem postmaterialistisch gefärbten Pendant im Westen, wurde vor dem Hintergrund der Wertewandeldiskussion interpretiert. Die weibliche Einbettung des vierten, durch Subjektbezogenheit charakterisierten Lebensstils schließlich deutet auf eine stärkere geschlechtsspezifische Segmentierung der Lebensstile im Westen hin, die möglicherweise als ein Produkt der Problematisierung überkommener Geschlechtsrollen im Gefolge der Frauenbewegung entstanden ist.

Literatur

Bolte, K. M. (1990):
Strukturtypen sozialer Ungleichheit.
In: P. A. Berger; S. Hradil (Hrsg.):
Lebenslagen, Lebensläufe, Lebensstile.
Soziale Welt, Sonderband 7.
Göttingen. 27–50

Bourdieu, P. (1982):
Die feinen Unterschiede.
Frankfurt

Conrad, M.; Burnett, L. (1991):
Life Style Research 1990. Band 1 des Abschlußberichts. Unveröffentlichtes Manuskript.
Frankfurt a.M. und Heidelberg

De Graaf, N. D. (1988):
Postmaterialism and the Stratification Process.
Utrecht

Georg, W. (1991):
Lebensstile Jugendlicher in der Freizeit. Eine Fallstudie.
In: Neue Praxis 4, 1991. 358–370

Geißler, R. (1990):
Schichten in der postindustriellen Gesellschaft. Die Bedeutung des Schichtbegriffs für die Analyse unserer Gesellschaft. In: P. A. Berger; S. Hradil (Hrsg.): Lebenslagen, Lebensläufe,

Lebensstile. Soziale Welt, Sonderband 7. Göttingen. 81–102

Giddens, A. (1990):
The Consequences of Modernity.
Stanford

Hradil, S. (1987):
Sozialstrukturanalyse in einer fortgeschrittenen Gesellschaft.
Opladen

Hradil, S. (1989):
Milieus, Subkulturen, Lebensstile – Alte Begriffe und neue Strukturen.
Unveröffentlichtes Manuskript.
Bamberg

Hradil, S. (1990):
Postmoderne Sozialstruktur? Zur empirischen Relevanz einer „modernen" Theorie sozialen Wandels.
In: P. A. Berger; S. Hradil (Hrsg.):
Lebenslagen, Lebensläufe, Lebensstile.
Soziale Welt, Sonderband 7.
Göttingen. 125–152

Inglehart, R. (1990):
Culture Shift in Advanced Industrial Society.
Princeton, New Jersey

Kohli, M. (1985):
Die Institutionalisierung des Lebenslaufs: Historische Befunde und theoretische Argumente.
In: Kölner Zeitschrift für Soziologie und Sozialpsychologie 37. 1–29

Kohli, M. (1986):
Gesellschaftszeit und Lebenszeit.
In: J. Berger (Hrsg.).
Die Moderne – Kontinuitäten und Zäsuren.
Soziale Welt, Sonderband 4. 183–208

Kohli, M. (1988):
Normalbiographie und Individualität: Zur institutionellen Dynamik des gegenwärtigen Lebenslaufregimes.
In: Brose, H.-G.; Hildenbrand, B. (Hrsg.):
Vom Ende des Individuums zur Individualität ohne Ende.
Opladen. 33–54

Krebs, D.; Schuessler, K. F. (1987):
Soziale Empfindungen. Ein interkultureller Skalenvergleich bei Deutschen und Amerikanern.
Frankfurt

Lévi Strauss, C. (1978):
Strukturale Anthropologie, Bd. 1.
Frankfurt

Lüdtke, H. (1989):
Expressive Ungleichheit. Zur Soziologie der Lebensstile.
Opladen

Lüdtke, H. (1990):
Lebensstile als Dimension handlungsproduzierter Ungleichheit. Eine Anwendung des Rational-Choice-Ansatzes.
In: P. A. Berger; S. Hradil (Hrsg.):
Lebenslagen, Lebensläufe, Lebensstile.
Soziale Welt, Sonderband 7.
Göttingen. 433–454

Lüdtke, H. (1991):
Lebensstile und Subkulturen als Kontexte der Interessenartikulation. Unveröffentlichtes Manuskript.
Marburg

Lüdtke, H. (1992):
Der Wandel von Lebensstilen.
In: W. Glatzer (Hrsg.):
Entwicklungstendenzen der Sozialstruktur.
Im Druck

Lyotard; J. F. (1985):
The Post-Modern Condition.
Minneapolis

Mayer, K. U.; Blossfeld, H. P. (1990):
Die gesellschaftliche Konstruktion sozialer Ungleichheit im Lebensverlauf.
In: P. A. Berger; S. Hradil (Hrsg.):
Lebenslagen, Lebensläufe, Lebensstile.
Soziale Welt, Sonderband 7. 297–318

Heitmeyer, W.; Olk, T. (1990) (Hrsg.):
Individualisierung von Jugend.
Weinheim und München

Strasser, H. (1987):
Diesseits von Stand und Klasse: Prinzipien einer Theorie der sozialen Ungleichheit.
In: Giesen, B.; Haferkamp, H. (Hrsg.):
Soziologie der sozialen Ungleichheit.
Opladen. 50–92

Schulze, G. (1992):
Die Erlebnisgesellschaft. Kultursoziologie der Gegenwart.
Frankfurt

Simmel, G. (1989):
Philosophie des Geldes.
Frankfurt

Spiegel (1990):
Outfit 2. Kleidung, Accessoires, Duftwässer.
Hamburg

Veblen, T. (1989):
Theorie der feinen Leute.
Frankfurt

Watts, M.; Georg, W. (1991):
Youth in a United Germany: „Easternization" and „Westernization".
Vortrag beim „Annual Meeting of the American Science Association",
28.August–2. September 1991,
Washington D.C.

Weber, M. (1972):
Wirtschaft und Gesellschaft.
Tübingen

Weber, M. (1920):
Die protestantische Ethik und der Geist des Kapitalismus.
Tübingen

Zapf, W.; Breuer, S.; Hampel,J.; Krause, P.; Mohr, H.-M.; Wiegand, E. (1987):
Individualisierung und Sicherheit.
München

Zinnecker, J. (1987):
Jugendkultur 1940–1985.
Opladen

Kino: zwischen Kunst und Kommerz

Cornelia Fischer

Jugendliche als Träger der Kinokultur

„Aus den Bretterbuden oder Zeltbauten mit Holzbänken sind im Verlauf von 80 Jahren Kinos, Lichtspieltheater, Freilichttheater, Autokinos, Kinopaläste, Kinozentren und Pornokinos geworden. Vielen der Zuschauer ist das Kino ein Ort heimlicher Sehnsüchte; für die einen bietet es Kunst, für die anderen Ware." (Schäfer 1985, 247) Obwohl die Videotheken in immer rasanterem Tempo aktuelle Kinofilme anbieten und das Fernsehen – gerade durch die Privatsender – mehr denn je Spielfilme ausstrahlt, hat das Kino bei Jugendlichen keineswegs an Attraktivität eingebüßt.

Es ist der Altersgruppe der unter 30jährigen zu verdanken, daß nicht noch mehr Kinos sterben mußten. Denn „seit dem Höhepunkt der Kinonutzung in der Bundesrepublik im Jahre 1958 mit ca. 800 Mill. Besuchern hat sich nicht nur die Anzahl der verkauften Eintrittskarten auf ca. 100 Mill. im Jahre 1985 drastisch verringert. Auch die Zusammensetzung des Publikums hat sich wesentlich verändert." (Filmförderungsanstalt 1985, 45) Um so verwunderlicher ist es, daß sich, trotz eines immensen filmpublizistischen Booms hierzulande, so gut wie keine Film- und Kinoforschung entwickelt hat. Studien, die die Motive und Interessen der Kinogänger näher charakterisieren, fehlen gänzlich. Neben den jeweils aktuellen Besucherzahlanalysen kann man nur auf wenige Repräsentativ-Erhebungen zurückgreifen, in denen das Kino eine Rolle spielt. „Über Film gibt es viele Theorien, über das Kino nicht – wiewohl darüber sehr viel geschrieben wurde. Hierzu zählen auf der einen Seiten die ‚Liebeserklärungen' der Cineasten, auf der anderen Seite die ‚moralischen' Bedenken, die sich in einem früheren Stadium gegen verdunkelte Kinosäle überhaupt und 50 Jahre später für eine ‚saubere Leinwand' aussprachen." (Schäfer 1985, 246) In der ehemaligen DDR stellt sich die Forschungssituation deutlich besser dar: Eine Vielzahl film- bzw. kinosoziologischer Analysen, meist empirischer Natur, gibt über den Stellenwert des Kinos im Rahmen der Freizeitgestaltung, Filmpräferenzen, Erwartungshaltungen und Struktur des Publikums Aufschluß. (Repräsentative Kinobesucherstudien 1980 und 1989 durchgeführt vom Zentralinstitut für Jugendforschung, Leipzig, vgl. Wiedemann, D.; Stiehler, H.-J. 1990)

Die jährlichen Daten der Media-Analysen für die Kinowerbung bestätigen, daß die Anzahl der jugendlichen Kinobesucher über die Jahre konstant geblieben ist. „Kernzielgruppe des Mediums Kino sind nach wie vor die 16–29jährigen. Hier weist die MA 91 eine Reichweite von 69,1 % im weitesten Nutzerkreis (in Großstädten sogar bis zu 81,3 %) aus." (Ancora Information, März 1992) Kinobesuch ist laut Media-Analysen nicht nur eine Frage der formalen Schulbildung, sondern die Häufigkeit steigt auch mit städtischer Lebensweise und höherem Familieneinkommen.

In der ehemaligen DDR ist der Kinobesuch seit Herbst 1989 generell rückläufig. Im Spiegel (38/1990) heißt es: „Die Filmtheater in der DDR–40 Jahre lang kulturelle Fluchtstätte – stehen seit der Wende leer." Die drastische Erhöhung der Eintrittspreise, die Schließung einer Vielzahl von Filmtheatern – gerade in der Provinz – aufgrund baulicher Mängel, zunehmende Arbeitslosigkeit und steigende Lebenshaltungskosten tragen sicherlich dazu bei. Hinzu kommt vor allem die nahezu flächendeckende Ausbreitung von Videotheken bis hin in kleinste Ortschaften. Neben langersehnten Publikumsrennern aus dem Westen, kann man sich hier relativ aktuelle Kinohits ausleihen und eine Art Heimkinoerlebnis in den eigenen vier Wänden gestalten. Wer Freunde und Bekannte einlädt und mehrere Filme in der Videothek ausleiht, hat es erheblich preiswerter und bequemer als in einem weiter entfernten Kino mit geringem Komfort. Dennoch muß man die rückläufigen Zahlen in Relation zu den Besucherzahlen der alten Bundesländer sehen. „Obwohl systemkritische Produktionen immer wieder in der Zensur hängenblieben, gingen die DDR-Bürger noch 1989 mehr als doppelt so häufig ins Kino wie die cineastisch verwöhnten Bundesrepublikaner." (Der Spiegel 38/1990) Die Medienforscher Wiedemann und Stiehler (1990, 417) konstatieren in diesem Zusammenhang, daß „in den ersten Monaten 1990 (...) ca. 40 Prozent weniger Kinokarten in der DDR verkauft (wurden) als im gleichen Zeitraum des Vorjahres. Setzt sich diese Entwicklung in den nächsten Monaten fort – und manches spricht dafür –, dann werden am Ende des Jahres 1990 in den Filmtheatern auf dem Gebiet der DDR etwa 15 bis 20 Millionen Kinokarten weniger verkauft worden sein als 1989. Damit würden die Bürger im Osten Deutschlands immer noch etwas häufiger ins Kino gehen als die im Westen, die bis 1989 gravierenden Unterschiede von jährlich 3,6 (DDR) zu 1,7 (BRD) Kinobesuchern je Einwohner werden 1990 wahrscheinlich nur noch 2,2 zu 1,7 betragen."

Der jugendliche Kinobesucher im Spiegel der Zahlen

In der Vorstudie (Februar 1991) wurden insgesamt 780 Jugendliche der alten und neuen Bundesländer befragt. Hinsichtlich Häufigkeit des Kinobesuchs kommt es zu folgender Verteilung (Tabelle 1):

Die Jugendlichen „West", gleichgültig, ob männlich oder weiblich (Tabelle 2), sind zum Zeitpunkt der Befragung etwas häufiger ins Kino gegangen als ihre Altersgenossen im Osten.

Der Kinobesuch ist hüben wie drüben stark altersabhängig. Hier gilt die Formel: Je jünger die Befragten sind, desto häufiger gehen sie ins Kino. Tabelle 3 zeigt, daß vor allem die 13–19jährigen zu den kinoaktiven Jahrgängen zählen. Bei den 25–29jährigen nimmt der Kinobesuch bereits wieder ab. Man findet deutlich mehr Kinomuffel. Als absoluten Kinofan tituliert sich ein knappes Drittel der Besucher „West" und „Ost". Vornehmlich jüngere Mädchen behaupten das so eindeutig von sich selbst.

Wie schon andere Studien belegten, ist der Kinobesuch nicht nur eine Angelegenheit der Großstädter. Städte mittlerer Größenordnung sowie Großstädte mit 500.000 Einwohnern und mehr weisen

Tabelle 1: Häufigkeit des Kinobesuchs (Angaben in Prozent)

	Total n=773	West n=391	Ost n=382	
mehrmals pro Woche	1	1	1	
einmal pro Woche	6	5	7	Häufige
2 mal im Monat	23	24	22	Kinogänger
1 mal im Monat	18	20	16	
alle 6 Wochen	12	15	10	Gelegentliche
1 mal im Vierteljahr	17	14	19	Kinogänger
1 mal im halben Jahr	8	7	8	
1 mal im Jahr	7	6	7	Nicht-
alle paar Jahre	5	4	7	Kinogänger
nie	5	5	5	
	102	101	102	

Tabelle 2: Häufigkeit des Kinobesuchs nach Geschlecht (Angaben in Prozent)

	WESTEN		OSTEN	
	männlich n= 193	weiblich n= 198	männlich n= 145	weiblich n=160
Häufige Kinogänger	51	48	43	44
Gelegentliche Kinogänger	36	37	40	35
Nicht-Kinogänger	14	16	17	21
	101	101	100	100

Tabelle 3: Kinobesuch: Alle Jugendlichen nach Alter (Angaben in Prozent)

Alter	13–17 n=246	18–19 n= 95	20–24 n=219	25–29 n=136
Häufige Kinogänger	52	53	47	33
Gelegentliche Kinogänger	37	31	42	33
Nicht-Kinogänger	11	17	12	34
	100	101	101	100

Tabelle 4: Mit wem wird ins Kino gegangen (Angaben in Prozent) – Mehrfachnennungen –

	WESTEN		OSTEN	
Letzter Kinobesuch mit anderen:	männlich n= 168	weiblich n= 186	männlich n=169	weiblich n=184
Mit Partner (in)	22	23	23	34
Mit einer Freundin	19	38	19	28
Mit einem Freund	27	15	23	18
Mit meiner Clique	37	23	34	16
Mit Eltern, Geschwistern	7	11	8	7
Mit anderen	5	5	5	10
	117	115	112	113

(mit 21 % bzw. 20 %) noch die höchsten Zahlen an „Häufigen Kinogängern“ auf. Dennoch sind in Dörfern, die nahe einer mittleren Stadt oder Großstadt liegen, wie auch in ländlichen Kleinstädten immerhin schon je 17 % „Häufige Kinogänger“ zu finden. Selbst in kleineren Ortschaften unter 2.000 Einwohner rechnen sich 11 % der Jugendlichen zu dieser Gruppe. Das hängt vermutlich mit der verkehrstechnischen Anbindung kleinerer Orte an größere Wohngemeinden zusammen, aber auch mit der zunehmenden Motorisierung Jugendlicher. Die hohe Attraktivität des Kinos läßt sich möglicherweise auch dadurch erklären, daß kleinere Gemeinden über ein weitaus geringeres Freizeitangebot verfügen als Großstädte. Insofern hat man noch nicht die Qual der Wahl! Schlußlicht bilden industrielle Kleinstädte bis zu 50.000 Einwohner mit 8 % und Dörfer in rein ländlicher Umgebung mit 7 % „häufigen Kinogängern“. Aus den Zahlen zu erreichtem bzw. angestrebtem Schul- und Ausbildungsabschluß ist ersichtlich, daß sowohl im Osten als auch im Westen ein Zusammenhang zwischen Häufigkeit des Kinobesuchs und Bildungsniveau besteht. Unter den besser Gebildeten sind mehr „häufige Kinogänger“ anzutreffen. Ähnliche Zusammenhänge hat Prokop (1970) bereits feststellt. Daß die Häufigkeit des Kinobesuchs mit zunehmendem Bildungsgrad wächst, bestätigen Rathsack (1978) wie auch Untersuchungen der Filmförderungsanstalt (1985).

Kinobesuch ist nichts, was man alleine macht. 95 % aller Jugendlichen geben an, sich zusammen mit anderen Filme anzuschauen. Demgegenüber stehen 5 % – vornehmlich männliche Jugendliche –, die alleine ins Kino gehen. Wer mit wem dorthin geht, ist nicht nur alters- und geschlechtsabhängig, sondern hängt ebenfalls davon ab, ob jemand in der ehemaligen DDR oder BRD aufgewachsen ist. Generell schätzen 27 % aller Jugendlichen das Gemeinschaftserlebnis in einer Clique Gleichaltriger. Weitere 26 % ziehen ein tête-à-tête mit dem jeweiligen Partner oder der Partnerin vor. Ebenfalls 26 % aller Jugendlichen geben an, mit einer Freundin ins Kino zu gehen, wohingegen 21 % einem Freund den Vorzug geben. Der Besuch mit den Eltern oder Geschwistern ist bedeutungslos.

Kurzum: Das Mädchen „Ost“ geht am liebsten mit ihrem Lebenspartner, das Mädchen „West“ mit der Freundin und die Jungen hüben wie drüben zusammen mit ihrer Clique ins Kino. Allerdings spielt dabei auch das Alter eine entscheidende Rolle. Jüngere aus den alten und neuen Bundesländern bevorzugen den Kinobesuch innerhalb ihrer Clique, während Ältere logischerweise dem jeweiligen Partner den Vorzug geben. So gesehen hat der Kinobesuch auch heutzutage noch seinen ganz eigenen Charme. Abgesehen von einer viel größeren Leinwand und sämtlichen technischen Raffinessen, die der heimische Fernseher nicht bietet, ist es ein völlig anderes Erlebnis, einen Film im Kino anzuschauen. Hier kann man ungestört mit dem Freund/ der Freundin schmusen, gemeinsam lachen, weinen oder durch laute Zwischenrufe und Kommentare die Aufmerksamkeit anderer erheischen. Es geht nicht nur darum, das Neueste aus der Filmwelt erleben zu wollen, sondern auch um das kollektive Erlebnis, das die jugendlichen Besucher schätzen. Oftmals ist der Besuch in weitere Freizeitaktivitäten eingebettet. Demzufolge ist der Kinobesuch vielfach vorhergeplant (bei 48 % aller Jugendlichen).

Die restlichen 52 % entscheiden sich spontan dazu.

Alles in allem ist das Kino für die Jugendlichen ein Ort der Geborgenheit. Hier fühlen sie sich heimisch und vertraut. Nur 1 % aller Jugendlichen gibt an, sich im Kino eher unsicher zu fühlen, 6 % können sich nicht dazu äußern, da sie noch nie dort waren. Für alle anderen gehört Kino zu den Orten, die ihnen am vertrautesten sind. Bei einer 5er-Skala (5=fühle mich sehr vertraut/1= bin dort sehr unsicher) wählt über ein Drittel (36 %) beim Kino die Ziffer 5 für sehr vertraut. Darüber rangiert lediglich Schule (42 %), die von vielen tagtäglich aufgesucht wurde bzw. wird. Andere Orte wie beispielsweise Disco, Videothek, Spielhalle, Jugendzentrum, Musikladen- oder -kneipe, sind ihnen längst nicht so vertraut.

Befragt nach ihren Reaktionen auf diverse Neuerscheinungen ist bemerkenswert, daß knapp die Hälfte aller Jugendlichen mit als erstes in einen gerade erschienenen Kinofilm gehen will.

Diejenigen, die die Nase vorn haben, findet man im Westen am ehesten in der Gruppe der 13–20jährigen. 50 % dieser Altersgruppe würde versuchen, als einer der ersten den neuesten Kinohit zu sehen. Nur 41 % der Älteren würden sich so verhalten. Sie sind eher abwartend und somit zu den „Mitläufern“ bzw. „Nachzüglern“ zu rechnen. Bei den Jugendlichen „Ost“ ist der Altersunterschied noch etwas stärker ausgeprägt: 57 % der 13–16jährigen, 49 % der 17–20jährigen und nur 38 % der Älteren gehen als Erste in einen neuen Kinofilm. Im Vergleich zu anderen Neuheiten, die man als erstes ausprobieren kann oder auch nicht, wird deutlich, daß die Mehrheit der Kinogänger die Nase vorn hat. Der Kinobesuch ist für die meisten Jugendlichen ein mehr oder weniger fester Bestandteil ihrer Freizeitgestaltung und gehört nach dem Lesen, sportlichen Aktivitäten, sich mit Freunden treffen, Musik hören, ausgehen, faulenzen, Motorrad, Mofa oder Auto fahren, fernsehen, Musik machen mit zu den beliebtesten Aktivitäten (aus einer Liste von 98 Möglichkeiten in der Hauptstudie).

Umso interessanter ist es herauszufinden, was es mit den Jugendlichen auf sich hat, die überhaupt nicht ins Kino gehen. Von den 773 Befragungspersonen der Vorstudie mit Angaben zum Kinobesuch kann man 646 zu den Kinogängern rechnen (die Angaben 1 = mehrmals pro Woche bis hin einschließlich 7 = einmal im halben Jahr zusammengefaßt) und 127 zu denjenigen, die nicht ins Kino gehen (umfaßt die Angaben 8 = 1 mal im Jahr; 9 = alle paar Jahre; 10 = nie).

Die typischen Nichtkinogänger

- sind eher weiblich und in der Altersgruppe der über 25jährigen anzutreffen. Sie sind vielfach verheiratet und haben mitunter schon eigene Kinder. Ihr Bildungsniveau sowie das ihrer Eltern ist vergleichsweise niedrig. Sie sind in der Regel erwerbstätig oder zumindest teilzeitbeschäftigt. Neben mehr Hausfrauen befinden sich in dieser Gruppe überproportional viele Arbeitslose. Sie leben vorwiegend in der Provinz, d. h. in Ortschaften unter 2.000 bis zu 50.000 Einwohnern;
- sind in ihrem ganzen Denken und Handeln auf den Ehepartner fixiert. Er ist Hauptansprechpartner für Probleme des alltäglichen Lebens bis hin zu Modefragen. Folglich betonen sie, daß man mit frühen Entscheidungen sei-

nen Platz im Leben gefunden hat und weiß, wer man ist;
- sie bejahen in hohem Maße einen konventionellen Lebensentwurf. Ihre Devise lautet: Bewährte Wege gehen und durch nichts auffallen. Ihr Kleidungsstil ist entsprechend zurückhaltend, die Wohnungseinrichtung ähnlich gutbürgerlich wie die der Eltern;
- sie gehören zwar durchaus einem Kreis junger Leute an, der sich regelmäßig trifft. Aber insgesamt scheinen ihre außerhäuslichen Aktivitäten eingeschränkt zu sein. Flips sowie Rauchen und Trinken sind bei ihnen nicht gefragt. Wenn sie sich alle Jubeljahre doch einmal zu einem Kinobesuch aufraffen, gehen sie anschließend sofort wieder nach Hause. Unternehmungen vorher oder nachher sind ihnen fremd. Sich während der Vorführung gehen zu lassen und womöglich laut zu lachen, dazwischenzurufen oder zu essen und zu trinken, ist für sie undenkbar. Ihre Film- wie auch Musikinteressen muten eher bieder an. Sie favorisieren Heimatfilme und Western und bringen Deutschen Schlagern oder Volksmusik ein hohes Interesse entgegen.

Das Instrumentarium

Anhand der Vorstudie lassen sich eine Reihe von Fragestellungen, insbesondere über die Häufigkeit des Kinobesuchs und die damit verbundene Beschreibung Jugendlicher, die ins Kino gehen, im Vergleich zu ihren Altersgenossen, die dies nicht tun, hinreichend beantworten. Die Hauptstudie (Juli 1991) konzentriert sich auf zwei Fragen. Zum einen werden die Gründe für den Filmbesuch näher beleuchtet und zum anderen steht die Beliebtheit von Filmgenres im Mittelpunkt. Durch die Einteilung der bevorzugten Filmarten in Actionfilme (hier wurden Kriminal- / Gangster- / Detektivfilm / Thriller, Spionagefilm, Abenteuer- / Science-fiction-Film, Sensations- / Katastrophenfilm zusammengefaßt) und Problemfilme (dazu zählen Zeitgeschichtlicher Film, Dokumentarfilm, Aktueller Problemfilm sowie Geschichtlicher Film), die bei Jugendlichen „West" wie „Ost" gleichermaßen beliebt sind, soll versucht werden zu ergründen, ob bestimmte Filmpräferenzen an unterschiedliche Typen von Jugendlichen gebunden sind. Fragen der Vorstudie, die für diesen Zusammenhang bedeutsam sind, werden miteinbezogen. Es wird die Gesamtstichprobe (n= 4005) zugrunde gelegt, da die Jugendlichen „West" und „Ost" in den wesentlichen Ausprägungen Übereinstimmung erzielen. Wo gravierende Unterschiede zu Tage treten, wird gesondert darauf verwiesen. Die genaue Formulierung der Fragen ist dem Fragebogen in Band 4 zu entnehmen, ebenso wie eine Beschreibung der Faktoren und des Untersuchungsinstruments.

„Sage mir, was du dir anschaust und ich sage dir, wer du bist"

Jugendliche, die Actionfilme favorisieren, unterscheiden sich deutlich von ihren Altersgenossen, die dieses Filmgenre ablehnen, ebenso wie problemfilmorientierte Kinogänger mit Ablehnern dieser Filmart kaum Gemeinsamkeiten aufweisen. Kurzum: Ob jemand eher auf Actionfilmen steht oder Anhänger von aktuellen Problemfilmen ist, verrät eine Menge über seine sonstigen Ansichten und Vorlieben. Die folgende Typologie verdeutlicht, wie sich die jeweilige soziodemographische Zusammensetzung dieser Gruppen darstellt, welches ihre liebsten Freizeitbeschäftigungen sind, wie es um Lebensgewohnheiten, aber auch Politikinteresse und Wertvorstellungen der einzelnen Gruppen bestellt ist.

Bei der Besprechung von Actionfilmfans bzw. problemorientierten Kinogängern stehen diese Gruppen im Vordergrund. Auf die ausdrückliche Gegenüberstellung mit den jeweiligen Ablehnern dieses Genres wird verzichtet. Die wichtigsten Unterschiede werden anhand der Tabellen ersichtlich.

Der Faktor Actionfilme setzt sich aus 4 Filmarten zusammen, die von den Fans dieses Genres unterschiedlich gern gesehen werden. Ganz oben auf der Beliebtheitsskala steht der Abenteuer- / Actionfilm (89 %), gefolgt vom Kriminal-/ Gangster- / Detektivfilm / Thriller (72 %), Sensations- / Katatstrophenfilm (68 %) und Spionagefilm (63 %). Für actionfilmorientierte Kinogänger steht vielfach gar nicht einmal das spezielle Thema des Films im Vordergrund. Das gemeinsame Erlebnis mit anderen ist oftmals von größerer Bedeutung für den Kinobesuch. Der Faktor Problemfilme setzt sich ebenfalls aus 4 Filmarten zusammen. Die Anhänger dieses Genres präferieren den aktuellen Problemfilm (64 %), geschichtlichen Film (51 %), zeitgeschichtlichen Film (50 %) und Dokumentarfilm (45 %).

Porträt der Actionfilmfans

Bei der Gruppe der actionfilmorientierten Kinogänger überwiegen die Jungen mit 72 %. Ob jemand Actionfilme mag, ist indes keine Frage des Alters. Jüngere wie Ältere sehen sich diese Filmart gleichermaßen gern an. Offenkundig ist aber der Zusammenhang zu den Bildungsvariablen: Actionfilmfans sind vielfach Haupt- oder Realschüler, sie stammen zu hohen Anteilen aus Elternhäusern der unteren Bildungsschichten. Die erlernten oder angestrebten Berufe sind vorwiegend auf einem Arbeiter- oder Facharbeiterniveau angesiedelt. Ob jemand in der Großstadt oder Provinz lebt, ist ebenfalls für den jeweiligen Filmgeschmack von Bedeutung. Der Actionfilmfan ist häufiger in kleineren Ortschaften unter 2.000 Einwohnern bis maximal 50.000 Einwohnern anzutreffen.

Entsprechend der soziodemographischen Gegebenheiten erübrigt sich die Interpretation einiger Zusammenhänge, z. B. was bevorzugte Kinderspiele, Lieblingsfächer in der Schule, Freizeitbeschäftigungen, Technikinteresse oder Musikgeschmack angeht. Sie tragen eindeutig geschlechtsspezifische Züge oder sind bildungsabhängig. Actionorientierte Kinogänger sind häufig Mitglied im Fußball- oder Kampfsportverein, haben ein stark ausgeprägtes technisches Interesse und finden großen Gefallen daran, Autos und Motorräder zu reparieren oder damit durch die Gegend zu fahren. Mit anspruchsvoller Musik, sei es Klassik, Jazz oder Chansons, können sie nicht viel anfangen. Popmusik (57 % sehr gern) und Discomusik (60 % sehr gern) gefällt ihnen eher. Entsprechend ihres Musikgeschmacks nimmt auch der Discotanz mit Abstand den ersten Platz ein. 75 % von ihnen versichern, daß sie diese Art des Tanzes bevorzugen.

Ihre Ernährung ist nicht vom allgemein gesundheitsbewußten Trend beeinflußt. Sie essen, wie eh und je üblich, viel Fleisch (82 %). Zudem raucht knapp die Hälfte von ihnen (47 %), und sie leben so gesehen risikoreicher.

Daneben besteht eine Vielzahl von Bezügen, die in unmittelbarem Zusammenhang mit der Vorliebe für dieses Genre stehen. Vor allem was das Interesse an Politik, Wertvorstellungen oder die persönliche Lebensplanung angeht.

Actionorientierte Kinogänger wollen schneller erwachsen werden als die Ablehnergruppe. Sie ziehen die Grenzen, welche Altersgruppen man noch zur Jugend zählen kann, deutlich enger. Sie haben schon in jungen Jahren eine feste Freundin (44 %) bzw. einen festen Freund (62 %). Über einen wirklichen Freund/eine wirkliche Freundin verfügen sie dagegen weniger. Das ist umso erstaunlicher, da sie vielfach (42 %) einem Kreis junger Leute angehören, mit dem sie sich regelmäßig treffen. Bei kleinen Unvernünftigkeiten wird eher mal ein Auge zugedrückt. Die Hälfte der Actionfilmfans gibt beispielsweise an, daß ihre Clique nichts dagegen hat, wenn man sich mal richtig betrinkt.

Die Mittelwerte der Skalen verdeutlichen das Porträt der actionorientierten Kinogänger. Die Differenzen zwischen Actionfilmfans „Ost“ und „West“ sind minimal. Sie lassen sich zumeist auf die unterschiedlichen gesellschaftspolitischen Ausgangsbedingungen zurückführen.

Die actionorientierten Kinogänger sind bei den Zielen, die sie sich für ihr Leben

Tabelle: Actionfilme

	Ablehner		Liebhaber	
Mittelwerte der Skalen	Ost n=226	West n=469	Ost n=292	West n=433
Zeitskalen nach Zimbardo				
Orientierung an der sicheren Gegenwart	9.4	10.0	10.3	11.0
Hedonistische Gegenwartsorientierung	10.4	10.7	11.2	11.5
Negative Einstellung gegenüber Vergangenheit	5.9	6.1	6.7	6.8
Skalen zur Zukunftsorientierung nach Cavalli				
Eigenstrukturierter Typ	9.7	9.8	10.8	10.8
Fremd-destrukturierter Typ	6.8	6.9	7.1	7.3
Wertorientierungen nach Schwartz/Montada				
Ordnung und Sicherheit	22.2	20.6	23.4	22.5
Macht und Reichtum	9.1	9.2	11.6	11.6
Orientierungsmuster				
Privatisierung	11.5	12.1	13.2	14.2
Anpassungsbereitschaft	12.7	12.8	14.1	14.1
Kinderspiele als Indikatoren für Entwicklung von Orientierungen/Interessen				
Aggress. Jungenspiele	7.4	7.5	11.1	10.9
Medien-Konsum	7.8	9.1	9.3	10.2
Technische Aktivitäten	6.5	5.6	8.6	7.3
Orientierung an öffentlichen Gruppenstilen*				
Orientierung an körperbezogenen, kommerziellen Stilen	15.1	15.8	12.8	13.7

* Niedrige Skalenwerte = starkes Maß an Orientierung

setzen und auch darin, wie sie sich ihren jeweiligen Partner wünschen, nicht sonderlich anspruchsvoll und ehrgeizig. Sie wollen ihr Leben genießen und möchten sich nicht unnötig abmühen. Bei ihrer Lebensplanung überlassen sie alles mehr oder weniger dem Zufall oder gehen bewährte Wege. Sie haben nicht den Eifer, sich von anderen Menschen unterscheiden zu wollen. Im Gegenteil, 65 % der Actionfilmfans möchte stattdessen die Gemeinsamkeiten mit anderen betonen. Kurzum, es sind eher Jugendliche, die um keinen Preis aus der Rolle fallen, sondern im Strom anderer mitschwimmen wollen. Sie beabsichtigen, in jeder Hinsicht am Bestehenden festzuhalten. Familiäre wie nationale Sicherheit sind für sie von größter Bedeutung. Macht und materieller Besitz sind wichtige Werte ihres Lebens. Infolgedessen ist es nicht weiter verwunderlich, daß bei den Jugendlichen, die Actionfilme bevorzugen, die Orientierungsmuster „Privatisierung" und „Anpassungsbereitschaft" großen Anklang finden. Die Actionfilmfans orientieren sich an körperbezogenen, kommerziellen Gruppenstilen. Mit jugendkulturellen Stilen oder sozialen Bewegungen haben sie weniger im Sinn. Sie sind trotz des deutlichen Übergewichts an männlichen Jugendlichen weniger an Politik interessiert als die Ablehnergruppe (50 % gegenüber 62 %). In der Regel stehen sie der CDU/CSU bzw. SPD nahe, während GRÜNE oder BÜNDNIS 90 zumeist abgelehnt werden. 38 % von ihnen geben zudem an, keiner Partei nahezustehen. Die meisten (80 %) sehen optimistisch in die Zukunft. Insbesondere im Politikbereich kristallisiert sich heraus, daß Actionfilmfans eher passiver Natur sind. Knapp die Hälfte von ihnen (48 %) lehnt selbst die Teilnahme an einer genehmigten Demonstration ab. Gegen Aktivitäten des zivilen Ungehorsams sprechen sie sich erst recht aus. Die Beteiligung an einem wilden Streik oder womöglich das Aufhalten des Verkehrs mit einer Demonstration ist für sie undenkbar.

Was die Veränderungen seit 1989 angeht, stehen für die Actionfilmfans Medienereignisse wie Öffnung der Grenzen, Fall und Abriß der Mauer, praktisch alles, was mit Sensationsgier und Action verbunden war, im Mittelpunkt des Interesses. Bei den Veränderungen im Westen werden die immensen Kosten angeführt, die den eigenen Wohlstand und das alltägliche Leben möglicherweise berühren könnten, wie z. B. „die Erhöhung der Steuern", daß „der Westen die ganze Vereinigung zahlt", daß man mit längeren Lieferzeiten, Warenknappheit oder einem Handwerkermangel rechnen muß. Was den Osten betrifft, argumentieren sie ähn-

Tabelle: Flips (Angaben in Prozent)

(gelegentlich + öfter)	Ablehner von Actionfilmen n= 683	Actionfilmfans n=708
Spaß daran haben, schwarzzufahren	49	55
Musik irrsinnig laut hören	77	88
In einem Kaufhaus oder Geschäft etwas mitgehen lassen	17	24
Auto, Motorrad, Moped ohne Führerschein fahren	35	51
Lange an einem Glücksspielautomaten spielen	11	36
Ältere Leute provozieren und ihnen Angst machen	8	17
Sich mit anderen Personen ernsthaft prügeln	10	31

lich vordergründig: Die vorrangigen Veränderungen in den neuen Bundesländern sind für sie Reise-, Kauf- und Konsumfreiheit sowie die Einführung der DM, für die man alles bekommen kann.

Actionfilmfans unterbrechen den Alltag häufiger durch kleine Unvernünftigkeiten (Tabelle Flips).

Es ist nicht weiter verwunderlich, daß die Actionfilmfans einen besonderen Spaß an kleinen Unvernünftigkeiten haben. Ansonsten spielt sich die ganze Action ihres Lebens auf der Leinwand ab. Ihr Leben verläuft in weitgehend vorgefertigten Bahnen, so daß Alltagsflips ein bißchen Abwechslung bringen. Sie können möglicherweise ihre Phantasien ausleben und ein stückweit Erlebnishunger stillen. Was die Glimmerwelt der Discos auf der einen Seite vermag, leistet das Spiel am Glücksautomaten oder die laute Musik auf der anderen. Dem grauen Alltag wird zumindest einen momentlang Farbe gegeben. Wer ohne Führerschein herumfährt, sich mal richtig betrinkt oder herumprügelt, fühlt sich möglicherweise an Filmhelden à la James Bond, Schwarzenegger oder Rambo und Co. erinnert. Kurzum: bewundert zu werden, was für ein toller Hecht man ist. Der Hauch von selbst erlebter Action ist schnell wieder vorbei, die tägliche Routine hält Einzug. Denn im Grunde seines Herzens ist der actionorientierte Kinogänger eher passiv und an einem konventionellen Lebensstil orientiert. Er lebt nach dem Motto: „Nur nicht auffallen".

Porträt der Anhänger des aktuellen Problemfilms

Bei der Gruppe der problemfilmorientierten Kinogänger besteht ein leichtes weibliches Übergewicht (55 %). Jugendliche unter 20 Jahren sind an dieser Filmart kaum interessiert, es ist eher das bevorzugte Genre der Älteren. Anhänger von Problemfilmen verfügen über ein ausgesprochen hohes Bildungsniveau, was sich auch bei den Schulabschlüssen beider Elternteile widerspiegelt. Ein Großteil von ihnen hat bereits Abitur oder strebt die Hochschulreife an. Sie präferieren Gesundheitsberufe, möchten als Angestellte arbeiten, auf geistes- oder naturwissenschaftlichem Gebiet tätig sein oder eine Ingenieneurlaufbahn einschlagen. Liebhaber von Problemfilmen findet man insbesondere in Städten mittlerer Größenordnung oder in Großstädten. Entsprechend ihrem Alter haben sie vielfach feste Partnerschaftsbeziehungen, aber auch genügend Zeit für ihren Freundeskreis. Problemfilmorientierte Kinogänger sind häufig Mitglied eines Sportvereins. Sie engagieren sich aber auch in weltanschaulichen oder politischen Vereinigungen, sind bei Greenpeace oder den Alternativen aktiv. Die Mittelwerte der Skalen veranschaulichen die Präferenzen der Anhänger des aktuellen Problemfilms auf einen Blick:

Das Hauptaugenmerk der problemfilmorientierten Kinogänger liegt auf kulturell hoch angesiedelten Tätigkeiten. Schon in jungen Jahren machen sie sich das häusliche Literatur- und Medienangebot zunutze. Bei gemeinsamen Unternehmungen mit den Eltern besichtigen sie Sehenswürdigkeiten, besuchen Schauspiel- und Opernaufführungen oder Museen. Es macht ihnen Spaß, selbst Theater zu spielen, sich zu verkleiden oder zu malen. Alles Tätigkeiten, die ein hohes Maß an Phantasie und Kreativität erfordern. Daran hat sich bei den Liebhabern des Problemfilms bis heute nichts geändert. Klassisch-kulturelle Aktivitäten stehen nach wie vor im Mittelpunkt ihres Interesses. Ihr anspruchsvoller Geschmack betrifft nicht nur die Auswahl von Kinofilmen, sondern ebenso ihre Fernsehgewohnheiten. Politische, kulturelle oder wissenschaftliche Sendungen haben für sie Priorität. Alltagsflips sind für sie weitestgehend bedeutungslos. Ein paar Albernheiten wie aus Spaß mal schwarzfahren, mit anderen die Nacht bis zum Morgen durchmachen oder ganz verrückte Sachen anziehen, kommen gelegentlich vor. Liebhaber von Problemfilmen sind vielseitig interessiert: Ihr Musikgeschmack reicht von Blues, Soul, Gospel, Chansons, Jazz, populärer Musik, Klassik bis hin zu Kirchenmusik. Bei ihren Tanzvorlieben bringen sie ebenfalls verschiedene Stilrichtungen in Einklang. Sie ziehen den freien Stil (51 %) vor, sind aber durchaus auch mit den konventionell festgelegten Bewegungsformen des Gesellschaftstanzes (42 %) vertraut.

Bereits während der Schulzeit gab es kaum Fächer, die nicht ihr Interesse weckten. Geisteswissenschaftliche Fach-

Tabelle: Problemfilme

	Ablehner		Liebhaber von Problemfilmen	
	Ost	West	Ost	West
Mittelwerte der Skalen	n=246	n=554	n=212	n=369
Interesse am Film/Schauspielern	7.2	7.6	8.1	8.0
Zeitskalen nach Zimbardo				
Positive Orientierung an der Vergangenheit	6.5	6.5	7.6	7.4
Wertorientierungen nach Schwartz/Montada				
Freiheit, Freundschaft, Abwechslung	28.0	28.3	30.9	30.6
Einheit, Schönheit, Loslösung	15.8	16.0	18.7	18.9
Orientierungsmuster				
Selbstbehauptung	13.4	13.3	13.9	13.9
Kinderspiele als Indikatoren für Entwicklung von Orientierungen/Interessen				
Soziale Mädchenspiele	8.1	8.0	9.7	8.7
Klassische Bildung	7.3	6.8	9.9	8.6
Kultur. Aktivitäten	7.8	8.7	10.3	10.5
Jugendzentrismus	24.4	23.9	22.5	22.6
Übermittlung von „kulturellem Kapital" (Bourdieu) während der Kindheit durch das Elternhaus				
Pläne/Hoffnungen ehrgeiziger Eltern für ein begabtes Kind	9.6	9.6	10.4	10.5
Schulzentr. Elternhaus in der Kindheit	11.5	11.3	12.0	11.7
Gemeinsame Freizeit/Hobbies von Eltern übernommen	6.5	6.7	8.4	8.1
Nutzung des häusl. Literatur-/Medienangebots	7.5	7.6	8.6	8.5
Orientierung an öffentlichen Gruppenstilen				
Soziale Bewegungen *	7.4	7.4	6.0	6.1

* Niedrige Skalenwerte = starkes Maß an Orientierung

richtungen zählen ebenso dazu wie Sprachen, Biologie, Geographie oder Kunst und Musik. Ihre Eltern, voller Hoffnung und Pläne, standen bei schulischen Belangen mit Rat und Tat zur Seite. Die problemfilmorientierten Kinogänger messen ihrer Lebensplanung eine außerordentlich hohe Bedeutung zu. 70 % bezeichnen sich selbst als anspruchsvoll und ehrgeizig. Sie scheuen keinerlei Mühen und Schwierigkeiten, um selbstgesteckte Ziele zu verwirklichen. Eventuelle Unbequemlichkeiten sind dabei kein Hindernis, sondern werden eher als Herausforderung verstanden. Sie favorisieren einen unkonventionellen Lebensstil, bei dem das Individuelle ganz hoch im Kurs steht. Das geht einher mit einer hohen Verankerung des Orientierungsmusters „Selbstbehauptung". Liebhaber von Problemfilmen schätzen einerseits die Vergangenheit, sie haben in gewisser Weise Achtung vor Traditionen, andererseits setzen sie ihrer eigenen Kreativität und Phantasie keine Grenzen. Sie wollen ein abwechslungsreiches Leben voller Anregung, Neuem und Veränderungen führen. Soziale Bewegungen wie Anti-Atomkraft-Initiativen, Umweltschutzorganisationen oder Friedensbewegung sind ihre Sache. Sie sind ohnehin sehr stark politisch interessiert (80 %). Sie stehen insbesondere der SPD (24 %) und den Grünen (23 %) nahe. 75 % sind der Auffassung, daß die Bundesregierung nicht genügend für die Jugend tut. Hinsichtlich ihres politischen Selbstverständnisses sind es eher „Kämpfernaturen", die für ihre Überzeugung eintreten: 48 % befürworten beispielsweise Bürgerinitiativen, 47 % begrüßen Unterschriftenaktionen und weitere 44 % halten Demonstrationen für sinnvoll. Dementsprechend ist ihr technisches Interesse vorwiegend auf Fragen des Umweltschutzes, neue Formen der Energie, Fahrrad, Photo, Optik sowie Technik im Haushalt gerichtet. Problemfilmorientierte Kinogänger sind auch allem Neuen gegenüber sehr aufgeschlossen. Das zeigt sich beispielsweise auch bei Ernährungsfragen. Knapp die Hälfte von ihnen zieht fleischarme bzw. vegetarische Kost der herkömmlichen Küche vor.

Literatur

Ancora Information 1992
Kinowerbung
Die Kinobesucher in der Media-Analyse
München

Bisky, L./ Wiedemann, D. 1977
Jugend und Spielfilm
Potsdam

Bisky, L./ Wiedemann, D. 1985
Der Spielfilm – Rezeption und Wirkung
Kultursoziologische Analyse
Berlin

Bonfadelli, H. u. a. 1986
Jugend und Medien
Eine Studie der
ARD/ZDF-MedienKommission und der
Bertelsmannstiftung
Frankfurt a. M.

Bourdieu, P. 1984
Die feinen Unterschiede
Frankfurt a. M.

Filmförderungsanstalt (Hrsg.) 1985
Das Kino und sein Publikum
Ergebnisse einer Marktstudie und
Anregungen für ihre Anwendung
Berlin

Fritze, Ch./ Seeßlen, G./ Weil, C. 1973
Der Abenteurer
Geschichte und Mythologie des

Abenteuer-Films
Reinbek bei Hamburg

Hartwig, H. 1980
Jugendkultur.
Ästhetische Praxis in der Pubertät
Reinbek bei Hamburg

Kommer, H. 1979
Früher Film und späte Folgen. Zur Geschichte der Film- und Fernseherziehung
Berlin

„Nimmst du Halle, krieg' ich Jena" 1990
in: Der Spiegel 38, S.272–278

Prokop, D. 1970
Soziologie des Films
Frankfurt a. M.

Prokop, D. (Hrsg.) 1971
Materialien zur Theorie des Films
München

Rathsack, H. 1978
Junge Leute und das Kino
(Referat) Symposium über Film und Staat
Lissabon

Schäfer, H. 1985
Film im Film
Selbstporträts der Traumfabrik
Frankfurt a. M.

Stempel, H./ Ripkens, M. 1989
Das Kino im Kopf
Eine Anthologie
Frankfurt a.M.

Stiehler, H-J. 1979
Kino und Zuschauer
Potsdam

Wiedemann, D./ Stiehler, H-J. 1990
Kino und Publikum in der DDR – der kurze Weg in eine neue Identität?
in: Media Perspektiven 7

Witte, K. 1972
Theorie des Kinos
Ideologiekritik der Traumfabrik
Frankfurt a. M.

Interesse männlich – Interesse weiblich

Eberhard Todt

Einleitung

Der Begriff des Interesses hat in der Soziologie, der Politologie, in den Wirtschaftswissenschaften und in der Psychologie sehr verschiedene Bedeutungen. Aber auch in der Psychologie ist die Bedeutung dieses Begriffs bzw. Konstrukts nicht einheitlich. Nur auf die Bedeutungen in der Psychologie will ich mich im folgenden beziehen.

Interessen können sich auf Schulfächer, auf Freizeitaktivitäten und auf Berufe bzw. Berufstätigkeiten beziehen. Interessen können allgemeine Orientierungen sein, die vor umfangreichen Erfahrungen Entscheidungshandeln ermöglichen, sie können aber auch auf sehr spezielle Tätigkeiten (Objekte oder Erlebnisse) bezogen sein, auf längeren positiven Erfahrungen beruhen und hier zu Motiven des Handelns werden. Schließlich kann der Begriff Interesse aber auch für Zustände stehen, die durch bestimmte Bedingungen (z. B. in einer Unterrichtssituation durch gute Darstellung eines Sachverhalts, durch Anschaulichkeit der Darstellung, durch die Ermöglichung von Eigenaktivität) zustande kommen können (Todt, 1990 a).

Es wäre eine Überforderung der vorliegenden Erhebung, wenn man erwartete, daß sie alle diese Facetten des Interesses ausleuchten sollte. Es sind vielmehr nur Orientierungen (allgemeine Interessen) gegenüber Technik und Politik und eher spezifische Interessen gegenüber Musik und Tanzen, sowie Lieblingsfächer und erinnerte Spielaktivitäten (für den Zeitraum 3 bis 12 Jahre) erfragt worden.

Die Antworten zu den Bereichen Musik, Politik und Tanzen werden an anderer Stelle dargestellt. Der Bericht in diesem Kapitel bezieht sich auf die übrigen Inhalte bzw. Tätigkeiten.

Erfassung der Interessen

Die Interessen – über die hier berichtet wird – wurden auf ganz verschiedene Art erfaßt. Das impliziert nicht nur gewisse Probleme bei der Auswertung, sondern auch bei der Interpretation.

Die *Spiel-Interessen* (Frage 41) der Altersspanne 3 bis 12 Jahre wurden so erfaßt, daß die Befragten aufgefordert wurden, zu insgesamt 24 Spielmöglichkeiten anzugeben, wie häufig sie diese in dem o.g. Zeitraum gespielt haben. Hier werden nur die Antworten der Altersgruppe 13 bis 15 Jahre dargestellt, weil bei den Erinnerungen der älteren Gruppen Erinnerungsphänomene und Kohortenunterschiede unentwirrbar miteinander verwoben sein dürften.

Man kann natürlich darüber streiten, ob Angaben über die Häufigkeit von Spielaktivitäten angemessene Indizes von Spielinteressen sind. Erhebungen von Angaben von Tätigkeiten und Interessen korrelieren recht unterschiedlich miteinander. Hier wird einmal davon ausge-

1) Erinnerungen der 13-15jährigen zur Häufigkeit ihrer Spielinteressen in der Altersspanne 3 bis 12 Jahre

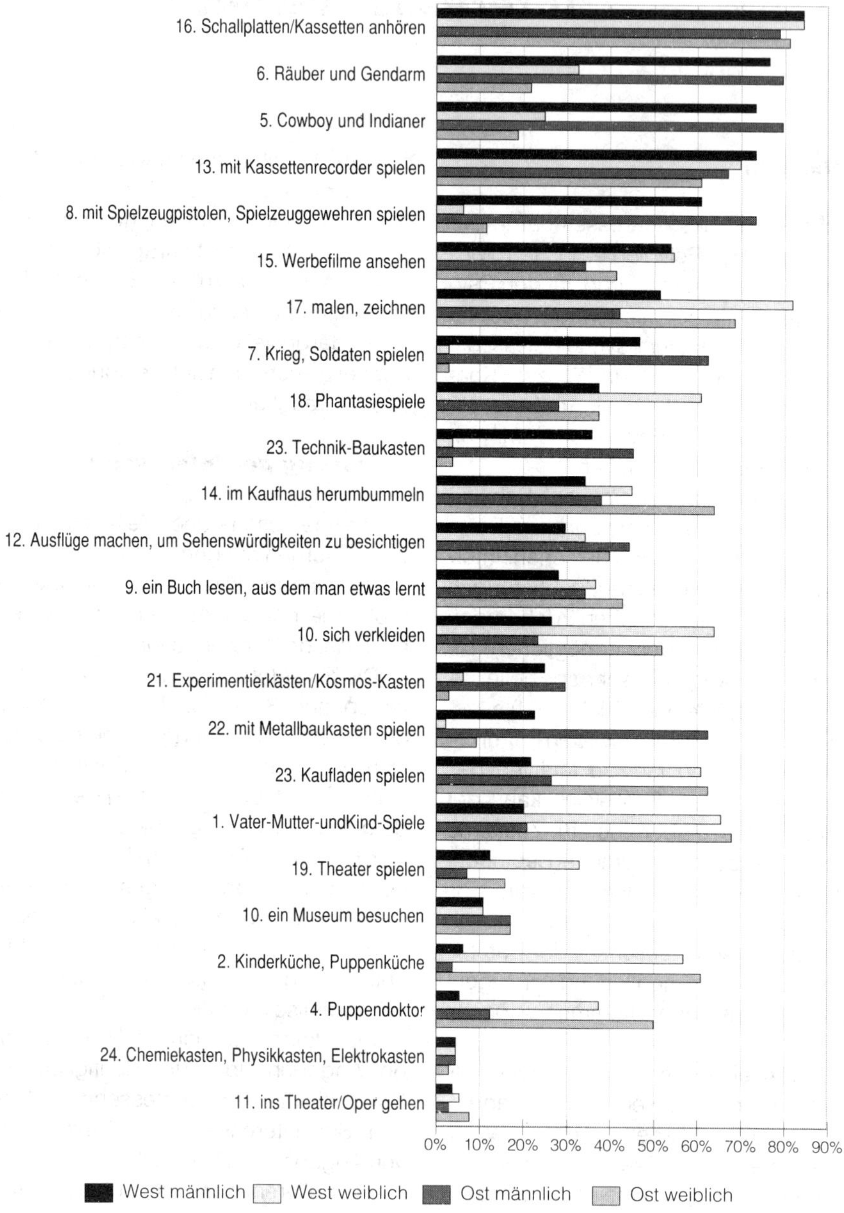

gangen, daß die Häufigkeit von Spielaktivitäten als akzeptable Indizes von Spielinteressen angesehen werden können.

Die *Unterrichtsfach-Interessen* (Frage 40) wurden so erfaßt, daß die Lieblingsfächer bei 23 vorgegebenen Fächern bzw. schulbezogenen Aktivitäten anzugeben waren (Mehrfachnennungen waren möglich). Hier ergibt sich das Problem, daß zwar die Mehrzahl, aber nicht alle Fächer bzw. Aktivitäten zum gemeinsamen Erfahrungshintergrund der Jugendlichen in den ost- und in den westdeutschen Ländern zu zählen sind. Die Darstellung der Ergebnisse bezieht sich daher auf diejenigen Fächer bzw. Aktivitäten, die der Bezeichnung nach offensichtlich in beiden Ländergruppen auf dem Lehrplan der Schulen standen bzw. stehen.

Das *Interesse an Technik* (Frage 16) wurde einmal global (Interessierst Du Dich für Technik und technische Fragen? – mit fünf Antwortalternativen von „sehr" bis „gar nicht") und einmal differenziert (Frage 17) erfaßt, letzteres dadurch, daß zu 15 technik-bezogenen Aktivitäten anzugeben war, welche davon interessieren (Mehrfachnennungen waren möglich).

Spielinteressen

Die Ergebnisse in Abbildung 1 lassen die bekannte Geschlechtsspezifität vieler Kinderspiele (Maccoby und Jacklin, 1974) deutlich werden, sie lassen aber auch schon gewisse Unterschiede zwischen der Spielhäufigkeit von Kindern in den ost- und in den westdeutschen Bundesländern erkennen. Die letztgenannten Unterschiede sollen in den Abbildungen 2 und 3 noch etwas genauer herausgestellt werden.

Im statistischen Sinne signifikant ($p \leq .05$) unterschiedlich häufig sind hier die folgenden Angaben:

- Jungen im Westen berichten häufiger als Jungen im Osten Aktivitäten wie: Werbefilme ansehen, Phantasiespiele.

Abb. 2: *Rangreihe der Erinnerung der 13 bis 15jährigen Jungen nach am häufigsten im Alter zwischen 3 und 12 Jahren ausgeführten Freizeittätigkeiten (spielen) (Antworten sehr häufig bzw. häufig (in %) in Klammern)*

	Jungen (13 bis 15 Jahre)		
	Rang (West)		Rang (Ost)
1.	Schallplatten/Kassetten anhören (83,4 %)	1.	Räuber und Gendarm (80,0 %)
2.	Räuber und Gendarm (77,3 %)	2.	Cowboy und Indianer (79,3 %)
3.	Cowboy und Indianer (74,0 %)	3.	Schallplatten/Kassetten anhören (77,5 %)
4.	mit Kassettenrecorder spielen (73,5 %)	4.	mit Spielzeugpistolen, Spielzeuggewehren spielen (73,3 %)
5.	mit Spielzeugpistolen, Spielzeuggewehren spielen (61,6 %)	5.	mit Kassettenrecorder spielen (66,8 %)
6.	Werbefilme ansehen (53,6 %)	6.	Krieg, Soldaten spielen (62,5 %)
7.	malen, zeichnen (52,1 %)	7.	mit Metallbaukasten spielen (61,6 %)
8.	Krieg, Soldaten spielen (46,0 %)	8.	Technik-Baukasten (45,8 %)
9.	Phantasiespiele (38,4 %)	9.	Ausflüge machen, um Sehenswürdigkeiten zu besichtigen (44,1 %)
10.	Technik-Baukasten (36,4 %)	10.	malen, zeichnen (41,6 %)

usw.

Abb. 3: Rangreihe der Erinnerung der 13 bis 15jährigen Mädchen nach am häufigsten im Alter zwischen 3 und 12 Jahren ausgeführten Freizeittätigkeiten (spielen) (Antworten sehr häufig bzw. häufig (in %) in Klammern)

Mädchen (13 bis 15 Jahre)			
	Rang (West)		Rang (Ost)
1.	Schallplatten/Kassetten anhören (83,5 %)	1.	Schallplatten/Kassetten anhören (89,5 %)
2.	malen, zeichnen (82,0 %)	2.	Vater-Mutter-und-Kind-Spiele (68,3 %)
3.	mit Kassettenrecorder spielen (68,6 %)	3.	malen, zeichnen (67,6 %)
4.	Vater-Mutter-und-Kind-Spiele (65,5 %)	4.	im Kaufhaus herumbummeln (63,8 %)
5.	sich verkleiden (64,4 %)	5.	Kaufladen spielen (62,6 %)
6.	Kaufladen spielen (61,5 %)	6.	Kinderküche, Puppenküche (61,8 %)
7.	Phantasiespiele (60,4 %)	7.	mit Kassettenrecorder spielen (60,8 %)
8.	Kinderküche, Puppenküche (55,1 %)	8.	sich verkleiden (52,9 %)
9.	Werbefilme ansehen (54,5 %)	9.	Puppendoktor (49,0 %)
10.	im Kaufhaus herumbummeln (45,1 %)	10.	ein Buch lesen, aus dem man etwas lernt (45,4 %)
usw.			

- Jungen im Osten berichten häufiger als Jungen im Westen Aktivitäten wie:
  Krieg, Soldaten spielen,
  mit Spielzeugpistolen, Spielzeuggewehren spielen,
  Ausflüge machen, um Sehenswürdigkeiten zu besichtigen,
  mit Metallbaukasten spielen,
  Chemiekasten, Physikkasten, Elektrokasten,
  Puppendoktor.

In Abbildung 3 sind statistisch signifikant ($p \leq .05$) die folgenden Unterschiede:

- Mädchen im Westen berichten häufiger als Mädchen im Osten Aktivitäten wie:
  Werbefilme ansehen,
  malen, zeichnen,
  Phantasiespiele,
  Theater spielen,
  sich verkleiden,
  Räuber und Gendarm,
- Mädchen im Osten berichten häufiger als Mädchen im Westen Aktivitäten wie:
  Puppendoktor,
  mit Metallbaukasten spielen,
  im Kaufhaus herumbummeln.

Nicht alle dargestellten Unterschiede sind einleuchtend zu interpretieren. Vielleicht kann man aber folgende allgemeine Tendenz festhalten:

- Jungen in den ostdeutschen Bundesländern berichten deutlich mehr technik- und militärbezogene Aktivitäten aus ihrer Kindheit als Jungen in den westdeutschen Bundesländern.
- Mädchen in den westdeutschen Bundesländern berichten deutlich mehr Phantasietätigkeiten aus ihrer Kindheit als Mädchen aus den ostdeutschen Bundesländern.

Die dargestellten Ergebnisse lassen natürlich keinen Schluß auf den Altersbezug der einzelnen Spielaktivitäten zu – hier muß man Übersichten wie die von Gesell (1960^3, 1958) heranziehen – und sie lassen den Verdacht aufkommen, daß die altersmäßig näheren Freizeitaktivitäten/Spiele (Kassetten hören, Räuber und Gendarm) in der Häufigkeit gegen-

Abb. 4: Mathematik: Prozentanteil derer, die Mathematik als Lieblingsfach angaben

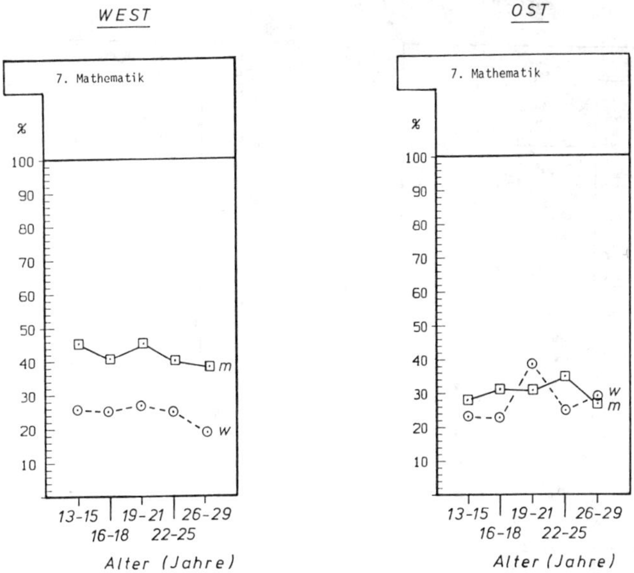

über früheren Spielen überbetont wurden.

Lieblingsfächer

Betrachtet man die derzeitigen bzw. die erinnerten Lieblingsfächer der Befragten, so zeigen sich die bekannten Geschlechtsdifferenzen. Im einzelnen – in den im Osten und Westen im Prinzip vergleichbaren Fächern – ergibt sich folgendes Bild:

Mathematik und Naturwissenschaften

Im Unterschied zum in anderen Untersuchungen (Todt; Händel-Mattes, 1990; Hoffmann; Lehrke, 1985) geäußerten (deutlich höheren) Interesse an Mathematik bezeichnet hier nur eine Minderheit der Befragten Mathematik als Lieblingsfach (Abb. 4). Auffällig ist, daß sich in den ostdeutschen Bundesländern der deutliche Geschlechtsunterschied der Präferenzen nicht zeigt, der sich in den westdeutschen Bundesländern (und in der Mehrzahl der sonstigen Interessenuntersuchungen) findet.

In der Physik (Abb. 5) zeigen sich die bekannten Geschlechtsdifferenzen in beiden Ländergruppen. In den ostdeutschen Bundesländern bezeichnen bei den 16- bis 25jährigen männlichen Befragten aber deutlich mehr Physik als eines ihrer Lieblingsfächer als das in den westdeutschen Bundesländern zum Ausdruck kommt.

Chemie zeigt ein ähnliches Bild wie Physik, nur sind in Chemie die Geschlechtsdifferenzen in der Bevorzugung geringer und die männlichen Befragten rechnen dieses Fach seltener zu ihren Lieblingsfächern als Physik.

Abb. 5: Physik: Prozentanteil derer, die Physik als Lieblingsfach angaben

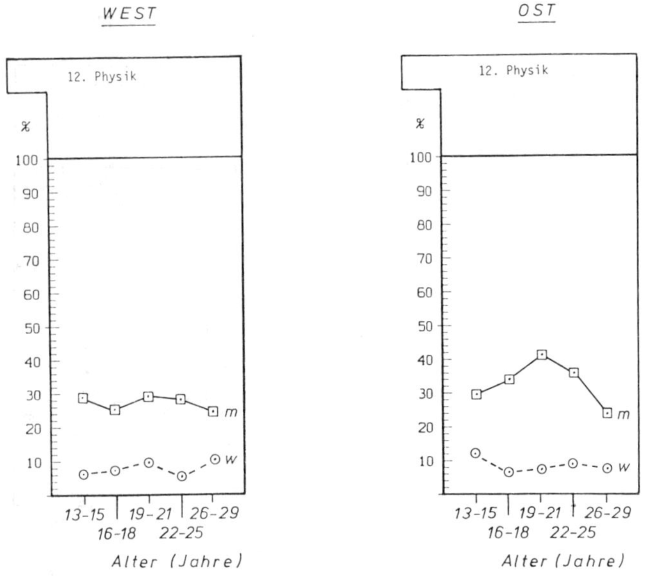

Abb. 6: Biologie: Prozentanteil derer, die Biologie als Lieblingsfach angaben

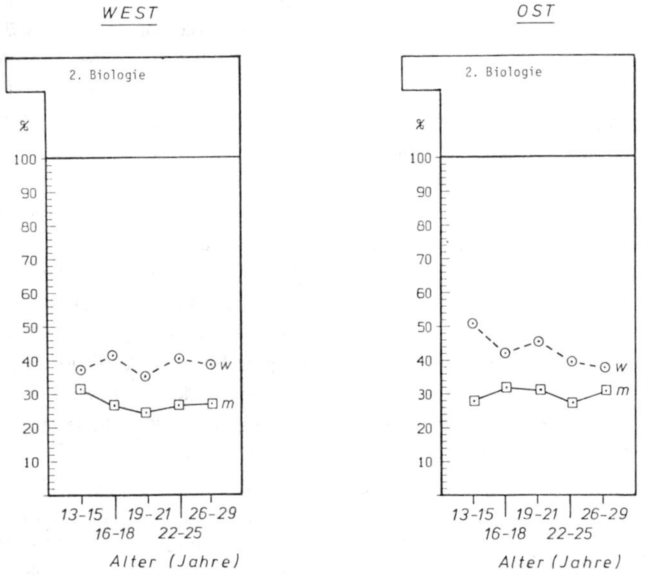

Abb. 7: Deutsch: Prozentanteil derer, die Deutsch als Lieblingsfach angaben

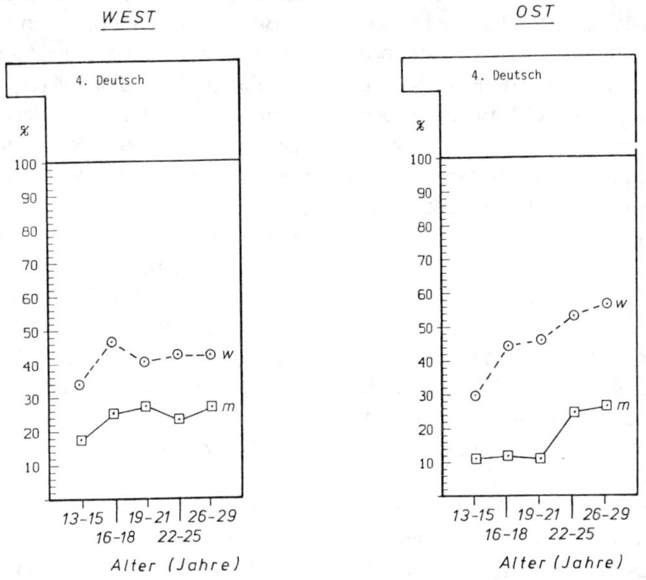

Abb. 8: Englisch: Prozentanteil derer, die Englisch als Lieblingsfach angaben

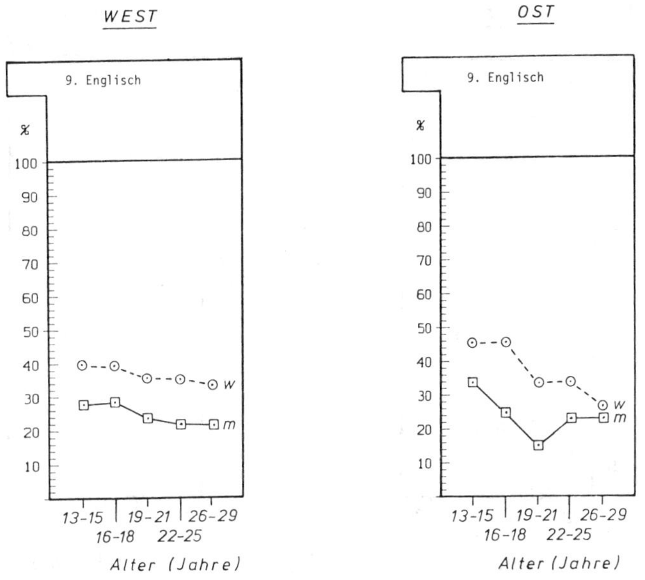

Biologie ist in Ost und West das beliebteste naturwissenschaftliche Fach (Abb.6). Es rechnen deutlich mehr weibliche Befragte Biologie zu ihren Lieblingsfächern als das männliche Befragte tun. Bei letzteren entspricht Biologie etwa dem Beliebtheitsgrad von Physik. Systematische Unterschiede der Beliebtheit von Biologie in Ost und West lassen sich nicht erkennen.

Sprachen

Auch hier zeigen sich die bekannten Geschlechtsdifferenzen: Weibliche Befragte bezeichnen deutlich häufiger als männliche Befragte Deutsch als eines ihrer Lieblingsfächer (Abb. 7). Auffällig ist, daß die älteren weiblichen Befragten der ostdeutschen Bundesländer Deutsch in deutlich besserer Erinnerung haben als die jüngeren Befragten. Hier fällt eine überzeugende Interpretation schwer.

Bei den Fremdsprachen ist vielleicht nur die Darstellung der Ergebnisse des Faches Englisch sinnvoll (vgl. Abb. 8).

Russisch, Französisch und alte Fremdsprachen wurden offensichtlich wenigstens in einer der beiden Ländergruppen zu selten unterrichtet. In Englisch zeigt sich – wie in Deutsch – der bekannte sprachbezogene Geschlechtsunterschied in der Präferenz. Die Altersunterschiede in der Bewertung des Faches Englisch in den ostdeutschen Bundesländern sind nicht eindeutig zu interpretieren.

Sport, Kunst, Musik

Sport ist – in Ost und West – das beliebteste Fach (Abb. 9). Dieses Ergebnis stimmt mit den Ergebnissen vieler ande-

Abb. 9: Sport: Prozentanteil derer, die Sport als Lieblingsfach angaben

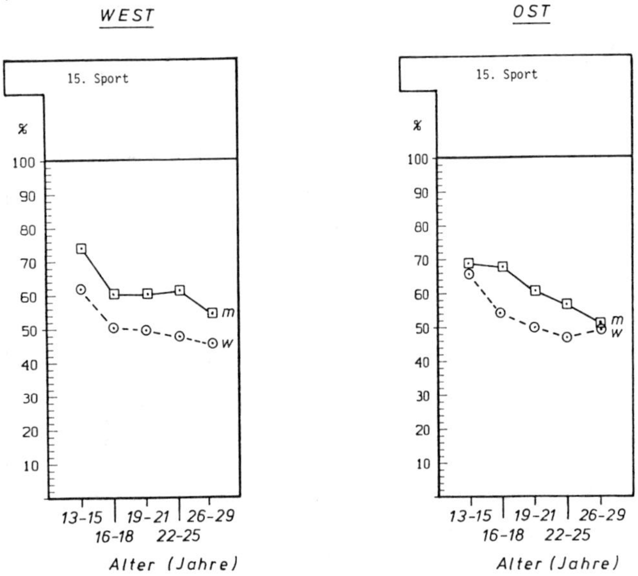

Abb. 10: Kunst: Prozentanteil derer, die Kunst als Lieblingsfach angaben

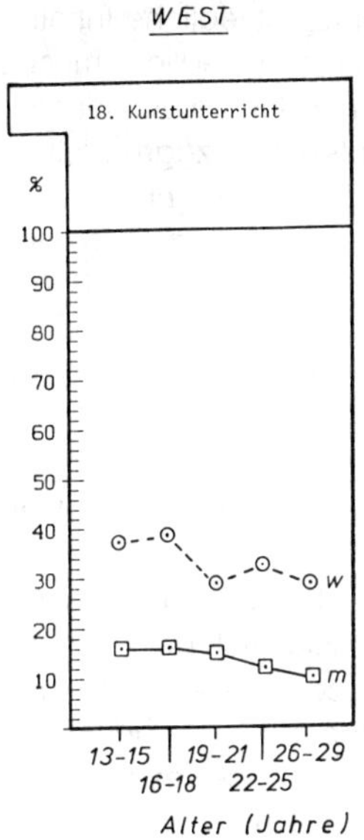

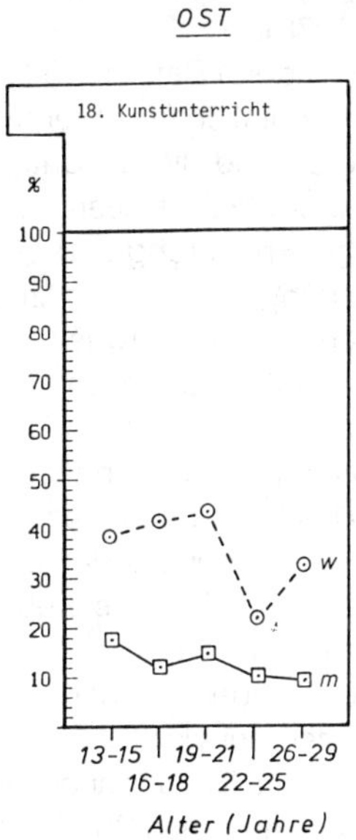

Abb. 11: Musik: Prozentanteil derer, die Musik als Lieblingsfach angaben

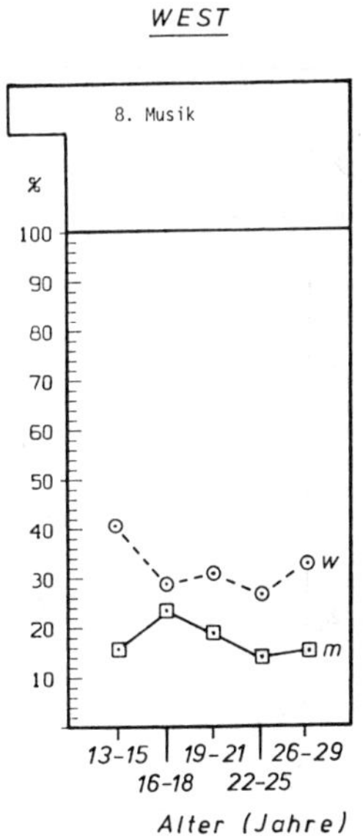

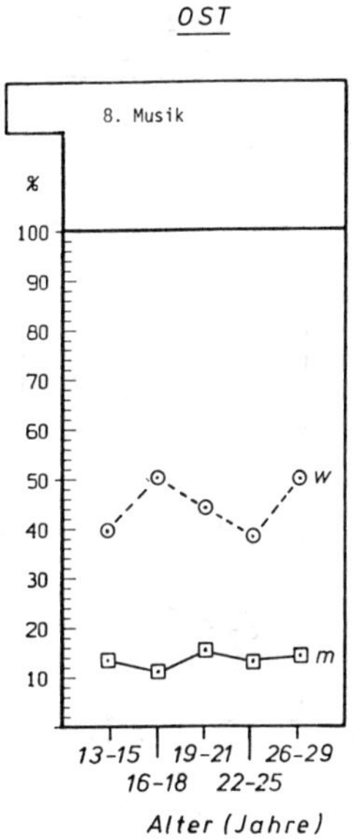

rer Untersuchungen überein (Todt; Händel-Mattes, 1990; Hoffmann; Lehrke, 1985; Müller, 1978).

In der Sicht jüngerer Befragter ist Sport in Ost und West deutlich beliebter als bei älteren Befragten (die diesen Unterricht nicht mehr haben). Hier fließen bei den älteren vielleicht Erinnerung und gegenwärtige Bewertung des Sports zusammen und machen so die etwas weniger positive Bewertung verständlich.

Im Fach Kunst zeigen sich in Ost und West keine systematischen Unterschiede (Abb. 10). Weibliche Befragte bezeichneten in beiden Teilen der Bundesrepublik Kunst wesentlich häufiger als Lieblingsfach als männliche Befragte.

Im Fach Musik zeigen sich deutlich häufigere Präferenzen bei weiblichen Befragten der ostdeutschen Bundesländer als bei solchen der westdeutschen Bundesländer (Abb. 11). Interpretierbar ist dieser Unterschied jedoch nicht. Hier können sehr wohl unterschiedliche Inhalte des Unterrichts, unterschiedliche musikalische Traditionen oder unterschiedliche Formen des Unterrichts zugrundeliegen. Männliche Befragte zeigen in beiden Ländergruppen deutlich größere Distanz zu diesem Fach als weibliche Befragte.

Sozial- bzw. Kulturwissenschaftliche Fächer

Interessant erscheint hier die große Übereinstimmung der Voten in den ost- und in den westdeutschen Bundesländern hinsichtlich der Fächer Geographie und Geschichte – obwohl die Inhalte dieser Fächer in Ost und West recht unterschiedlich gewesen sein dürften (Abb. 12, 13).

Abb. 12: Erdkunde/Geographie: Prozentanteil derer, die Erdk./Geogr. als Lieblingsfach angaben

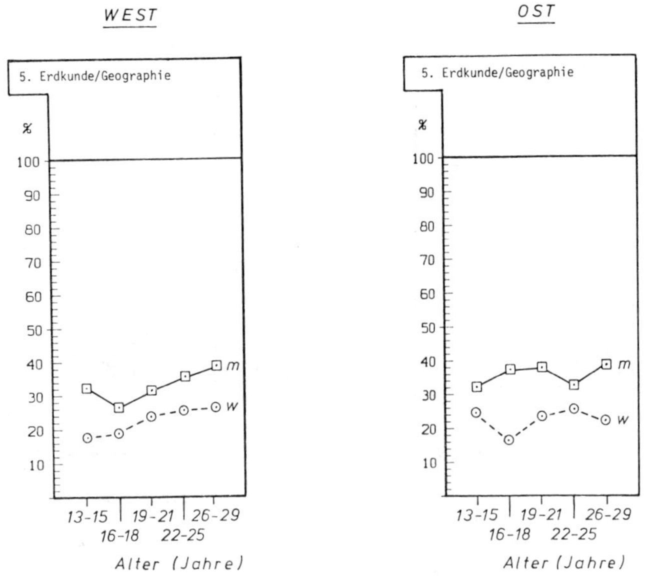

Abb. 13: Geschichte: Prozentanteil derer, die Geschichte als Lieblingsfach angaben

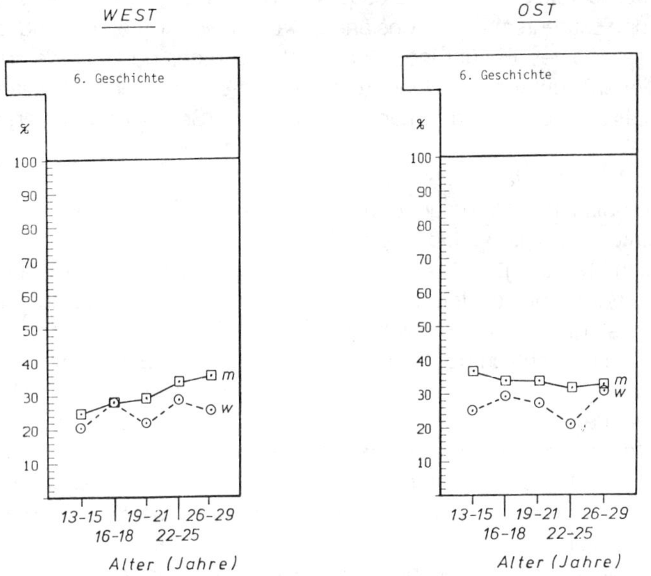

Abb. 14: Sozialkunde/Gesellschaftslehre: Prozentanteil derer, die dies als Lieblingsfach angaben

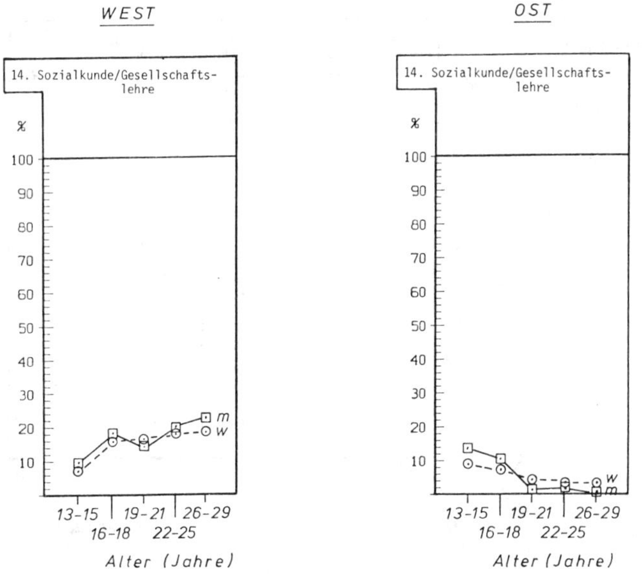

Anders sieht es bei dem Fach Sozialkunde / Gesellschaftslehre aus: Dieses Fach hat in den ostdeutschen Bundesländern erst seit seiner Einführung 1990 Liebhaber(innen) unter den Jüngeren (13–18 Jahre) gewinnen können (Abb. 14).

Es gibt zwar seit Anfang dieses Jahrhunderts empirische Untersuchungen über Fachinteressen bzw. Lieblingsfächer (Lobsien, 1909; vgl. Müller, 1978). So unterschiedlich diese Untersuchungen auch angelegt waren hinsichtlich der Befragung und hinsichtlich der Stichprobe der Befragten: Die hier dargestellten Geschlechtsdifferenzen zeigten sich so gut wie immer. In einer neueren Untersuchung (Todt, 1990 b) behaupteten Schüler und Schülerinnen der Sekundarstufe II, daß die Schule (bzw. der Unterricht) diese „Geschlechtsdifferenzierung" der Fächer wesentlich unterstütze. Die Beliebtheitsrangfolge der einzelnen Fächer variiert von Untersuchung zu Untersuchung mehr oder minder deutlich. Bestimmte Fächer behaupteten aber ihre oberen (Sport) bzw. unteren (Religion) Rangpositionen.

Technik

Interessen bzw. Einstellungen gegenüber der Technik sind beliebte Forschungsgegenstände der letzten 10 bis 15 Jahre (Der Bundesminister für Bildung und Wissenschaft 1982; Ministerium für Wissenschaft und Kunst Baden-Württemberg 1982; Gardner 1975, Hoffmann; Lehrke, 1985). Dieses Thema war auch Gegenstand der Shell-Studien 1966, 1981 und 1985. Technikinteresse ist insofern berechtigterweise ein zentrales Thema

Abb. 15: Antworten (sehr bzw. ziemlich stark interessiert in %) auf die Frage 16:
Interessierst Du Dich
für Technik und
technische Fragen,
und zwar
sehr (1)
ziemlich stark (2)
etwas (3)
kaum (4)
oder gar nicht (5)

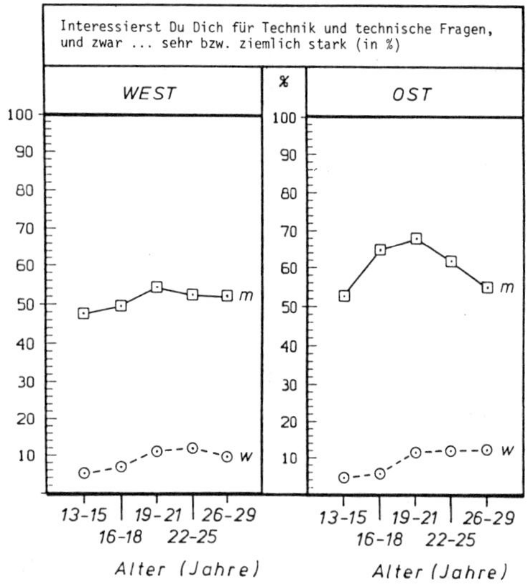

der Interessenforschung, als sich am Interesse gegenüber Technik bereits früh „die Geister scheiden". Die erste Differenzierung der allgemeinen (als Orientierung dienenden) Interessen erfolgt bereits in der Vorschulzeit und diese Differenzierung spiegelt bereits deutlich die entstehende Geschlechtsidentität der Kinder wider. Interesse gegenüber Technik ist hier – wie lebenslang – ein zentraler Organisationsaspekt der Interessenstruktur (Todt, 1990). Die massiven Geschlechtsdifferenzen in dem Interesse gegenüber Technik sind – zumindest bei älteren Befragten – nicht ganz unabhängig von den Konnotationen des Wortes Technik zu sehen.

Nach einer Untersuchung von 1982 (Ministerium für Wissenschaft und Kunst Baden-Württemberg) verbindet die Bevölkerung der Bundesrepublik Deutschland vor allem folgende Konnotationen mit Technik: Fortschritt, Kernenergie, Rüstung, Leistung. Das sind traditionellerweise im wesentlichen Konnotationen, die auf das männliche Geschlecht hinweisen. Es wäre jedoch voreilig, die Reaktionen auf den globalen Begriff „Technik" mit den Reaktionen auf die verschiedensten Aspekte der Technik gleichzusetzen. Hier zeigen sich interessante Differenzierungen, von denen nur einige angegeben werden sollen (Frage 17).

Die deutlichsten Geschlechtsdifferenzen in den Interessen zeigen in Ost und West die Begriffe Auto und Motorrad (Abb. 16).

Ähnliche Ergebnisse finden sich bei den Vorgaben „Motoren, Maschinen".

So gut wie keine Geschlechtsunterschiede zeigen sich bei den Vorgaben „Neue Formen der Energie (z. B. Wind)" (Abb. 17).

Abb. 16: Technische Interessen: Auto, Motorrad: Prozentanteil derjenigen, die solche Interessen angaben

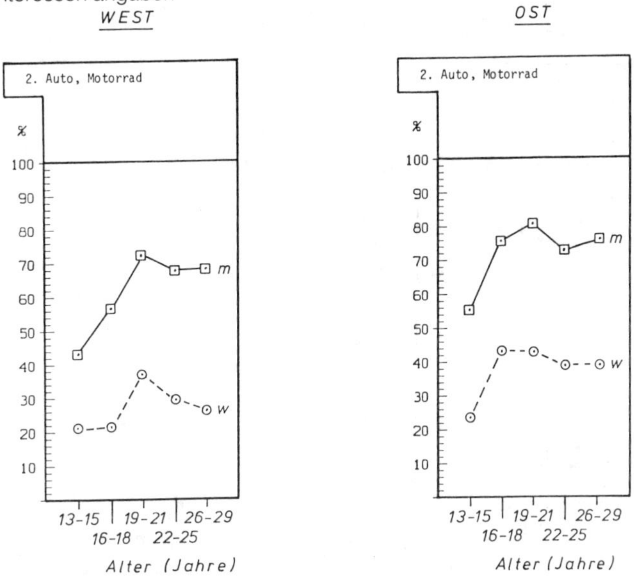

Abb. 17: Technische Interessen: Neue Formen der Energie (z. B. Wind): Prozentanteil derjenigen, die solche Interessen angaben

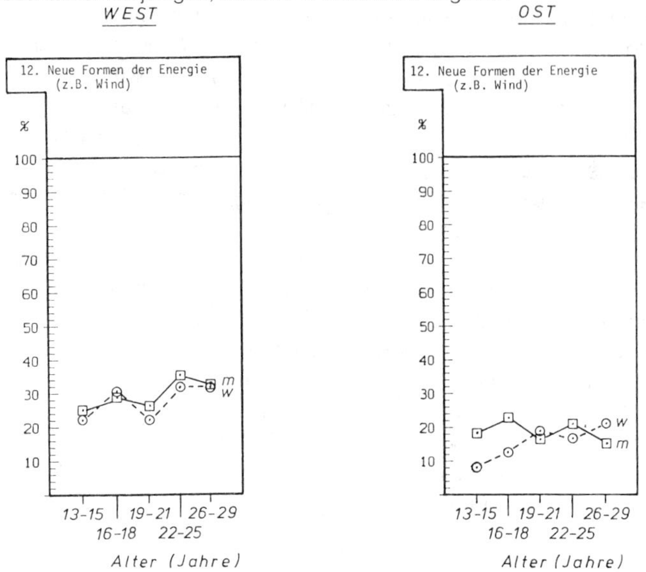

Abb. 18: Technische Interessen: Technik im Haushalt: Prozentanteil derjenigen, die solche Interessen angaben

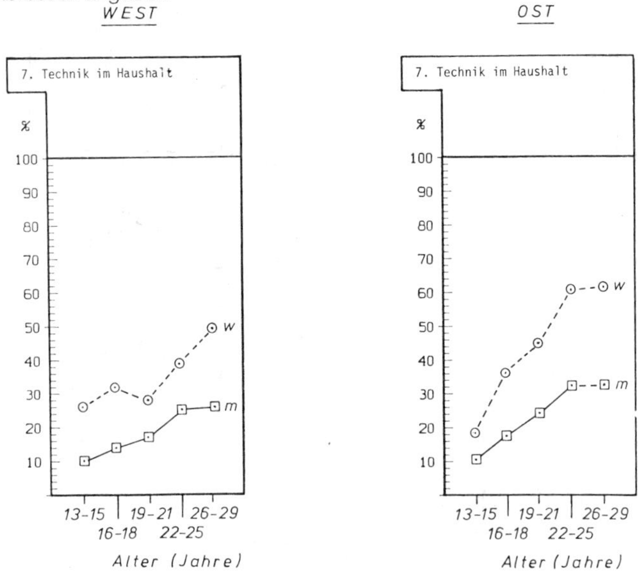

Ähnliche Ergebnisse kann man auch für „Bauen, technisches Zeichnen" finden.

Bei „Technik im Haushalt" (Abb. 18), „Photo, Optik" und „Umweltschutz" erweisen sich sogar die weiblichen Befragten in Ost und West als interessierter als die männlichen Befragten.

Diese Interessen nehmen mit dem Alter (und damit mit der persönlichen Bedeutsamkeit) deutlich zu. Eher mittlere Geschlechtsdifferenzen und mit dem Alter z.T. abnehmende Interessen zeigen sich gegenüber den folgenden Aspekten: Weltraum, Raketen; Video-Technik; Computer; Funk, Fernsehen, Fernmeldetechnik. Auffallend an diesen Reaktionen auf die verschiedensten Aspekte der Technik erscheint die relativ hohe Übereinstimmung der Häufigkeit und der Geschlechtsdifferenzen der geäußerten Interessen in den ostdeutschen und in den westdeutschen Bundesländern.

Der offensichtliche Mangel an individuellen Bedingungen der Interessenreaktion auf „Technik" wird auch aus weiteren Analysen deutlich: Von allen weiteren in dieser Befragung erhobenen „Bezugsvariablen", die vielleicht Varianz des Interesses an Technik aufklären könnten, erwies sich nur eine Variable (bei weiblichen Befragten in Ost und West) als tragfähig: Frauen mit anspruchsvollen und ehrgeizigen Lebenszielen (Frage 26) erwiesen sich besonders in den westdeutschen Bundesländern als signifikant ($p \leq .05$) technik-interessierter als Frauen mit wenig anspruchsvollen bzw. ehrgeizigen Lebenszielen. Das Bildungsniveau des Vaters (Abitur vs. kein Abitur) sowie Zukunftsoptimismus vs. Zukunftspessimismus zeigten keinerlei bedeutsame Beziehung zum Interesse an Technik.

Die oben berichteten Ergebnisse – besonders was die differenzierte, von der Einbettung der Technik in persönlich relevante Kontexte (Umwelt, Haushalt ...) abhängige Reaktion angeht – sind sehr ähnlich denjenigen Ergebnissen, die in neuerer Zeit in anderen, auf Physik und Technik bezogenen Untersuchungen gefunden wurden (Todt; Händel-Mattes, 1990; Hoffmann; Lehrke, 1985). In diesen Untersuchungen zeigte sich wiederholt, daß vor allem Mädchen bei ihrer Reaktion auf Technik davon abhängig sind, inwieweit die Technik so eingebettet bzw. funktionalisiert ist, daß sie für das Leben und die Lebensziele der Mädchen bedeutsam ist.

Diskussion

Die vorliegende Befragung bezieht sich – wenn auch jeweils nur in Ausschnitten – auf die Interessenfelder Freizeit, Schule und Beruf. Sie erfaßt auch – wiederum selektiv – allgemeine, orientierungsbezogene Interessen (Technik, Politik) und spezifische Interessen (Musik, Tanzen, Spiele, Lieblingsfächer). Interesse als Zustand wurde – verständlicherweise – nicht thematisiert. Im Mittelpunkt der Befragung standen eher Dispositionen.

Bei allen hier berichteten Befragungsergebnissen zeigten sich die aus anderen – auch anders angelegten – Untersuchungen bekannten mehr oder minder großen Geschlechtsdifferenzen der Interessen. Die Geschlechtsidentität ist offensichtlich der zentrale Organisationsaspekt individueller Interessen. Damit sind Interessen weit weniger individuell als viele Individuen für sich behaupten würden und so sind auch die so eindrucksvoll übereinstimmenden Ergebnisse so vieler, unterschiedlich konzipierter Untersuchungen zu erklären.

Auch die offensichtlich recht unterschiedlichen Sozialisationsbedingungen der ostdeutschen und der westdeutschen Befragten haben allem Anschein nach selten zu unterschiedlichen Interessen in beiden Teilen Deutschlands geführt. Wo Unterschiede zu beobachten sind, sind sie meist schwer zu erklären. Auch wenn Interessen für individuelle Entscheidungen (in Schule, Freizeit und Beruf) und für engagiertes Handeln in umgrenzten Teilen dieser Bereiche von hoher Bedeutung zu sein scheinen, ist die Entwicklung von Struktur und Ausprägung dieser Interessen offensichtlich häufig eher „überindividuellen" Bedingungen unterworfen. Diese Erkenntnis untermauern auch die Ergebnisse dieser Untersuchung.

Literatur

Der Bundesminister für Bildung und Wissenschaft 1982
Materialien zur Bildungsplanung. Bildungs- und Beschäftigungssystem 5. Jugend und Technik – Technik und Schule.
Bad Honnef: Bock

Gardner, P.L. 1975
Attitudes to science: A review.
Studies in science education, 2, p. 1–41

Gesell, A. 1958
Jugend. Die Jahre von zehn bis sechzehn.
Bad Nauheim: Christian-Verlag

Gesell, A. 1960[3]
Das Kind von fünf bis zehn.
Bad Nauheim: Christian-Verlag

Haladyna, T.; Shaughnessy, J. 1982
Attitudes toward science: A quantitative synthesis.
Science Education, 66 (4), p. 547–563

Häussler, P.; Hoffmann, L. 1990
Wie Physikunterricht auch für Mädchen interessant werden kann.
IPN-Blätter, 7 (2), S. 5–8

Hoffmann, L.; Häussler, P. 1987
Mädchenunterstützende Zugänge zum naturwissenschaftlich-technischen und informationstechnischen Unterricht.
Manuskript,
Institut für die Pädagogik der Naturwissenschaften,
Kiel

Hoffmann, L.; Lehrke, M. 1985
Eine Zusammenstellung erster Ergebnisse aus der Querschnitterhebung 1984 über Schülerinteressen an Physik und Technik vom 5. bis 10. Schuljahr.
Kiel: Institut für die Pädagogik der Naturwissenschaften

Hoffmann, L. 1988
Mädchen/Frauen und Naturwissenschaften/Technik. In: Giesche, S.; Sachse, D. (Hrsg.), Frauen verändern Lernen. Dokumentation der 6. Fachtagung der AG Frauen und Schule, S. 2–14
Kiel: Hypatia

Hoffmann, L. 1989
Die Interessen von Schülerinnen an Physik und Technik.
Die Realschule, 97 (5), S. 201–206

Lehrke, M., Hoffmann, L.; Gardner, P.L. (Hrsg.) 1985
Interests in science and technology education.
Kiel: Institut für die Pädagogik der Naturwissenschaften

Lobsien, M. 1909
Beliebtheit und Unbeliebtheit der Unterrichtsfächer
Langensalzen

Löschenkohl, E., Schobenberger, Ch.; Köberl, I. 1979
Geschlechtsspezifische Motivation im technischen Bereich.

Psychologie in Erziehung und Unterricht, 26, S. 341–347

Maccoby, E. E.; Jacklin, C. N. 1974
The psychology of sex differences.
Standford: Stanford University Press

Ministerium für Wissenschaft und Kunst Baden-Württemberg (Hrsg.) 1982
Kritik an der Technik und die Zukunft einer Industrienation.
Reihe: Bildung in neuer Sicht Nr. 47, Villingen-Schwenningen: Neckar

Müller, F. J. 1978
Die Beliebtheit des Faches Gesellschaftslehre und der anderen Schulfächer. Unveröff.Diplomarbeit, Justus-Liebig-Universität, Gießen, Fachbereich Psychologie

Raat, J.H., Harding, J.; Mottier, I. 1981
Proceedings GASAT (Girls and Science and Technology) conference 1981.
Eindhoven (The Netherlands): Eindhoven University of Technology

Todt, E.; Händel, B. 1988
Kontextabhängigkeit von Physikinteressen.
Der mathematische und naturwissenschaftliche Unterricht, 41, S. 137–140

Todt, E.; Händel-Mattes, B. 1990
Motivation und Motivierung im Unterricht.
Unveröff. Manuskript, Justus-Liebig-Universität, Gießen, Fachbereich Psychologie

Todt, E. 1988
Erfassung von Interessen gegenüber Physik und Technik.
In: I. Oomen-Welke; Ch. von Rhöneck (Hrsg.), Schüler: Persönlichkeit und Lernverhalten, S. 58–84.
Tübingen: Narr-Verlag

Todt, E. 1990 a
Entwicklung des Interesses. In: H. Hetzer, E. Todt, I. Seiffge-Krenke; R. Arbinger (Hrsg.), Angewandte Entwicklungspsychologie des Kindes- und Jugendalters (2. neubearbeitete Aufl., S. 213–264.)
Heidelberg/Wiesbaden: Quelle & Meyer Verlag

Todt, E. 1990 b
Studien- und Berufswahl. Erfahrungen und Wünsche von Schülern und Schülerinnen der Sekundarstufe II.
Unveröff. Manuskript, Justus-Liebig-Universität, Gießen, Fachbereich Psychologie

Weltner, K. et al. 1979
Das Interesse von Jungen und Mädchen an Physik und Technik.
Naturwissenschaften im Unterricht, 11, S. 321–326

Beziehungen zu Gleichaltrigen

Hans Oswald

Mangels einer guten Übersetzung ist es in der deutschsprachigen Literatur üblich geworden, von Peers zu sprechen, wenn von den Gleichaltrigen die Rede ist, mit denen Kinder und Jugendliche in Beziehung stehen. Bereits Piaget (1973/1932) hat die These vertreten, daß in Beziehungen zu Gleichaltrigen ein unverzichtbarer Beitrag zur Entwicklung soziokognitiver Fähigkeiten geleistet wird, und die Evidenz für die positive sozialisatorische Bedeutung dieser Beziehungen wächst zunehmend (Krappmann 1991). Insbesondere der aus den übrigen Beziehungen herausgehobene beste Freund gleichen Geschlechts, der „wirkliche Freund", die „wirkliche Freundin", scheinen von besonderer Wichtigkeit zu sein (Youniss 1982). In diesen Beziehungen entwickeln die Kinder zunehmend eine Vorstellung davon, was eine enge, vertrauensvolle Beziehung ausmacht (Selman 1984), sowie die Fähigkeit, solche Beziehungen einzugehen. Vielleicht ist die Entwicklung dieses Konzepts und dieser Fähigkeit eine Voraussetzung dafür, später enge intime Beziehungen zu Jugendlichen des anderen Geschlechts aufnehmen zu können, zum „festen Freund", zur „festen Freundin", die mit zunehmendem Alter auch zu Sexualpartnern werden.

Soziologen tendieren dazu, mit dem Begriff der Peer-group den Gruppencharakter kindlicher und jugendlicher Zusammenschlüsse zu betonen (zusammenfassend Oswald, im Druck a), in den Gesamtschulen der USA scheinen Cliquen eine besondere Rolle zu spielen. Seit den 40er Jahren werden sie als ubiquitäres Phänomen erforscht (Hollingshead 1975/1949) und teilweise sehr negativ beurteilt (Coleman 1961). Demgegenüber wurde schon früh in wichtigen theoretischen Entwürfen die gesellschaftliche Funktionalität der Peer-group betont (Eisenstadt 1966/1956; Parsons 1955). Die Forschung der letzten 20 Jahre erbrachte eine Fülle von Ergebnissen, die zeigen, daß sich der Einfluß von Peers und Eltern nicht ausschließt, daß die meisten Gruppen im Sinne des Elterneinflusses wirken (zusammenfassend Brown 1990), daß die meisten Jugendlichen gleichzeitig ein gutes Verhältnis zu ihren Eltern und zu den Gleichaltrigen haben (Oswald/Boll 1992) und daß ein negativer Peereinfluß vor allem dann stattfindet, wenn das Verhältnis zu den Eltern gestört ist (zusammenfassend Steinberg 1990). Bronfenbrenner schlägt vor (1989), solchen synergistischen Effekten mehr Aufmerksamkeit zu schenken. Damit ist gemeint, daß Bedingungen in einem Kontext (z. B. Eltern) die Wirkungen von Bedingungen eines zweiten Kontextes (z. B. Peers) auf Einstellungen und Verhaltensweisen ändern. Eine entsprechende Hypothese lautet, daß ein negativer Einfluß der Peer-group nur dann stattfindet, wenn das Verhältnis zu den Eltern gestört ist.

In der Bundesrepublik der Nachkriegszeit spielten Cliquen eine geringere Rolle als in den USA, was teilweise mit dem andersartigen Schulsystem (Halbtagsschule, kaum extracurriculare Aktivitäten), teilweise mit einer stärker individualistischen Ideologie zusammenhängt. So gibt es in Deutschland bis heute kein Pendant zu der großen Bedeutung, die die „Popularität“ in der Schülerschaft einer amerikanischen Highschool hat. Zwischen 1964 und 1984 ist aber in der ehemaligen Bundesrepublik der Anteil der Jugendlichen, der angab, einer Clique anzugehören, von 16 % auf 60 % gestiegen (Allerbeck/Hoag 1985). Die Shell-Studien zeigen, daß diese Steigerung von Mitte der 60er Jahre bis Mitte der 70er Jahre stattfand, zwischen 1975 und 1984 sind die Antworten fast unverändert geblieben (Zinnecker 1987, S. 264).

Entsprechend den vorstehenden Ausführungen werde ich zunächst die dyadischen Beziehungen und die Cliquenbindung beschreiben. Dabei gehe ich darauf ein, ob sich in den alten Bundesländern Veränderungen ergeben haben und wie sich die Jugendlichen in den alten und neuen Bundesländern unterscheiden. Danach versuche ich die sozialisationstheoretisch und pädagogisch wichtigere Frage zu beantworten, in welchem Verhältnis die Beziehungen zu Eltern und zu Peers zueinander stehen. Zuletzt werde ich durch multivariate Analysen zeigen, daß sich Bedingungen im Elternhaus und in der Peer-group gleichzeitig auf die Abkoppelung von der Erwachsenenwelt (Jugendzentrismus) auswirken und daß es zusätzlich synergistische Effekte gibt, daß also Bedingungen im Elternkontext Wirkungen des Gleichaltrigenkontextes moderieren.

Wirklicher Freund, wirkliche Freundin (gleichgeschlechtlich)

Die überwiegende Mehrheit der Jugendlichen, nämlich 86 %, sagen, sie hätten einen wirklichen (gleichgeschlechtlichen) Freund bzw. eine wirkliche Freundin. Das nimmt mit dem Alter von 92 % bei den Jüngsten auf 82 % bei den 21- bis 24jährigen ab, ist bei Schülern weiter verbreitet (90 %) als bei Lehrlingen (85 %), Angestellten (85 %) und Arbeitern (79 %) und ist bei niedriger Schichtzugehörigkeit etwas niedriger. Diejenigen, die mit einem Partner zusammenleben oder verheiratet sind, haben etwas seltener einen wirklichen Freund (74 %) als Ledige (88 %), das heißt aber auch, daß der feste andersgeschlechtliche Partner bei fast drei Vierteln der Jugendlichen doch nicht den Busenfreund, die Busenfreundin verdrängt.[1]

Vergleicht man die Angaben in den alten Bundesländern mit den Ergebnissen der Emnid-Befragungen (Shell '85, Bd. 3, S. 475 ff.), dann zeigt sich, daß sich der Anstieg bei den Jungen von 65 % (1953), über 72 % (1975) auf 86 % (1991) fast ebenso beschleunigt hat wie bei den Mädchen von 62 % (1953) über 65 % (1975) auf 88 % (1991). Heute sagen also in den alten Bundesländern ebensoviele Mädchen, eine wirkliche Freundin zu haben, wie Jungen einen wirklichen Freund.

Im Westen geben etwas mehr Jugendliche an, einen echten Freund zu haben (87 %), als im Osten (82 %), bei den Jungen ist dieser Unterschied bedeutsamer (86 % vs. 78 %) als bei den Mädchen (88 % vs. 85 %) (Tab. 1). Die angegebenen Tendenzen sind in beiden Staatshälften dieselben, aber im Osten haben die Mädchen etwas häufiger eine wirkliche

Freundin als die Jungen einen wirklichen Freund. Diesen geringfügigen Geschlechtsunterschied, der 1975 auch in der Bundesrepublik vorhandenen war, gibt es in den alten Bundesländern nicht mehr.

Fester Freund, feste Freundin (andersgeschlechtlich)

Mit zunehmendem Alter kommt zum besten Freund der andersgeschlechtliche Partner, der feste Freund bzw. die feste Freundin hinzu, ab etwa 18 Jahren dann auch schon mal der Ehepartner. In der frühen Adoleszenz mit 13 oder 14 Jahren sind es erst 19 %, die angeben, einen festen Freund bzw. eine feste Freundin zu haben. Zwischen 15 und 17 Jahren steigt dieser Anteil auf ein Drittel, ab 18 haben dann über die Hälfte, ab 21 über zwei Drittel eine feste Partnerschaft. In diesen Angaben ist enthalten, daß 8 % mit einem festen Partner zusammenleben und 6 % bereits verheiratet sind.[2]

Mädchen haben in der gesamten Bundesrepublik (gewichtet) häufiger einen festen Freund (57 %) als Jungen eine feste Freundin (44 %), wobei dieser Geschlechtsunterschied in den alten Bundesländern etwas stärker ist als in den neuen (vgl. Tab. 1). Ansonsten gibt es in bezug auf feste andersgeschlechtliche Freundschaften keine bemerkenswerten West-Ost-Unterschiede.

Vergleicht man die Angaben in den alten Bundesländern 1991 mit den Ergebnissen der früheren Emnid-Befragungen (Shell '85, Bd. 3, S. 475 ff.)[3], dann zeigt sich, daß sich der Anstieg bei den Jungen von 30 % in 1964 auf 45 % in 1975 nicht fortgesetzt hat (42 % in 1991). Bei den Mädchen gibt es dagegen einen kontinuierlichen Anstieg von 40 % (1964) über 47 % (1975) auf 54 % (1991). Während sich also in bezug auf die feste andersge-

Tabelle 1: An männliche Befragte: „Hast du einen wirklichen Freund?"
„Hat du eine feste Freundin?"
An weibliche Befragte: „Hast du eine wirkliche Freundin?"
„Hast du einen festen Freund?"
Vergleich der 13- bis 24 jährigen in den alten und neuen Bundesländern nach Geschlecht
– Angaben in % –

	Alte Bundesländer						Neue Bundesländer					
	Wirkliche(r) Freund(in)			feste(r) Freund(in)*			Wirkliche(r) Freund(in)			feste(r) Freund(in)*		
	alle	Mädchen	Jungen	alle	Mädchen	Jungen	alle	Mädchen	Jungen	alle	Mädchen	Jungen
n =	(2068)	(1058)	(1010)	(2068)	(1058)	(1010)	(1084)	(546)	(538)	(1084)	(546)	(538)
ja	87	88	86	51	57	44	82	85	78	50	55	46
nein	13	12	14	49	43	56	18	15	22	50	45	55
	100	100	100	100	100	100	100	100	100	100	100	101**
		n.s.			p<.001			p<.01			p<.01	

* einschließlich mit Partner zusammenlebend/ verheiratet (Frage nach dem Familienstand)

** Rundungsfehler

Tabelle 2: „Bist du in einem Kreis von jungen Leuten, der sich regelmäßig oder öfter trifft und sich zusammengehörig fühlt? Ich meine nicht einen Verein oder Verband." (Antwortmöglichkeiten vorgegeben)
Vergleich der 13- bis 24 jährigen nach alten und neuen Bundesländern, Geschlecht, Alter und Familienstand – Angaben in % gewichtet –

		Region		Geschlecht		Alter				Familienstand		
	alle	West	Ost	Jungen	Mädchen	13–14	15–17	18–20	21–24	ledig	fester Partner	verh.
n =	(2500)	(1947)	(553)	(1225)	(1275)	(401)	(517)	(627)	(955)	(2133)	(210)	(145)
ja, regelmäßig	40	42	34	46	35	28	37	41	47	40	44	41
ja, öfter	37	37	38	35	40	35	37	40	37	37	36	42
nein	23	21	29	20	25	38	26	19	17	23	20	17
	100	100	101**	101**	100	101**	100	100	101**	100	100	100
		p<.001		p<.001			p<.001				n.s.	

* ohne geschieden/getrennt (N = 12)
** Rundungsfehler

schlechtliche Partnerschaft in der Mitte der 70er Jahre die Jungen an die Mädchen angeglichen hatten, ist zu Beginn der 90er Jahre der alte Abstand auf höherem Niveau wiederhergestellt: Mädchen haben wieder häufiger einen festen Freund als Jungen eine feste Freundin.

Die Clique

Auf die Frage „Bist du in einem Kreis von jungen Leuten, der sich regelmäßig oder öfter trifft und sich zusammengehörig fühlt? Ich meine nicht einen Verein oder Verband", antworteten 40 % aller deutschen Jugendlichen in Ost und West mit „Ja, regelmäßig", zusätzliche 37 % mit „ja, öfter", nur 23 % verneinten eine derartige Zugehörigkeit (gewichtetes Ergebnis, vgl. Tab. 2). Die zitierte Frage, die in Umfragen als Ersatz für die Feststellung tatsächlicher Cliquen an Schulen oder in Nachbarschaften genommen wird, hat den Vorteil, in Zeitreihen die Dokumentation der Veränderung der Cliquenzugehörigkeit zu erlauben. Sie hat den Nachteil, daß wir nicht wissen, welche Arten von Gruppenformationen sich hinter den Angaben verbergen. Zusammenhänge mit abweichenden Verhaltensweisen – die „Regelmäßigen" geben signifikant häufiger als die „Öfter"-Sagenden verbotene Handlungen zu – weisen darauf hin, daß mit „ja, regelmäßig" im Durchschnitt andere Gruppierungen gemeint sind als mit „ja, öfter". Möglicherweise sind mit ersteren häufiger Cliquen i. S. von Gruppen, mit letzteren häufiger lockere Netzwerke gemeint.

Zu Kreisen, mit denen man sich „regelmäßig" trifft, gehören mehr Jugendliche im Westen als im Osten und mehr Ältere als Jüngere. Während wir oben feststellten, daß die dyadischen Beziehungen häufiger von Mädchen als von Jungen genannt werden, ist es bei Cliquen umgekehrt. Cliquen werden häufiger von Jungen als von Mädchen genannt. Alle bivariaten Zusammenhänge bestätigen sich in einem multiplen Regressionsmodell. Danach gibt es mehr Cliquen im Westen, unter Jungen und unter älteren Jugendlichen, ein Zusammenhang mit Familienstand und Berufstätigkeit besteht dagegen nicht, d. h. das alte Muster, nach dem mit der Übernahme von Erwachsenenrollen, mit Heirat und mit der Übernahme von Berufspflichten die Bindung an die Gleichaltrigen in Cliquen abnimmt, gilt nicht mehr. Die jungen Erwachsenen, die im Arbeitsleben stehen, gehören genauso Cliquen an wie Schüler und Studenten, oft zusammen mit ihren Ehepartnern.

Vergleicht man die Angaben in den alten Bundesländern mit den Ergebnissen der Shell-Studien '64 und '84, dann zeigt sich eine erneute Steigerung der Cliquentätigkeit (vgl. Tab. 3). Dies gilt zwar nicht für die 15- bis 17jährigen, wohl aber für die über 18jährigen. Damit ist nicht nur das Ausmaß an Cliquenbindung weiter gestiegen, darüber hinaus hat sich der Alterstrend umgekehrt. In den 60er Jahren nahm die Cliquentätigkeit ab dem Alter von 21 Jahren ab, 1991 nimmt sie ab 18 Jahren mit dem Alter stetig zu. Besonders bemerkenswert ist der Anstieg bei den Arbeitern von 37 % Regelmäßigen im Jahr 1984 auf 55 % im Jahr 1991 und bei den Angestellten/Beamten von 32 % Regelmäßigen auf 44 % im selben Zeitraum. Dies bedeutet, daß Berufstätigkeit heute die Cliquentätigkeit nicht mehr reduziert sondern steigert, man kann darüber spekulieren, ob dies mit der Arbeitszeitreduktion und der Verfügung über mehr Geld zusammenhängt.

Vereine

Vereine werden von Jugendlichen sehr gezielt in Anspruch genommen, um bestimmten, überwiegend sportlichen, Tätigkeiten nachgehen zu können. Oft geht man mit Freunden in den Verein, selten findet man dort neue, so daß Vereine für die Integration in die Welt der Gleichaltrigen im Vergleich zu Freundschaften und Cliquen wenig bedeutsam sind. Ich will mich deshalb auf einige Zahlenangaben beschränken.

Nach der Auflösung der staatlichen Massenorganisation FDJ, der fast alle Jugendlichen angehörten, ist die Vereinstätigkeit in den neuen Bundesländern mit 26 % deutlich geringer als in den alten mit

***Tabelle 3:* „Sind Sie in einem Kreis von jungen Leuten, der sich regelmäßig oder öfter trifft und sich zusammengehörig fühlt? Ich meine nicht einen Verein oder Verband." (Antwortmöglichkeiten vorgegeben; 1991 wurde die Frage in einer Du-Version gestellt) Vergleich Jugend '64 – '84 – '91 nach Alter für die alten Bundesländer – Angaben in % –**

	Jugend '64				Jugend '84				Jugend '91 (West)			
					Alter in Jahren							
	15–17	18–20	21–24	alle	15–17	18–20	21–24	alle	15–17	18–20	21–24	alle
n =	(634)	(707)	(1039)	(2380)	(422)	(473)	(577)	(1472)	(432)	(507)	(806)	(1745)
ja, regelmäßig	28	27	21	25	38	38	36	37	39	44	48	45
ja, öfter	24	30	25	26	40	40	37	39	37	39	36	37
nein	46	41	53	48	22	22	27	24	24	17	16	18
(k.A)	2	2	1	2	–	–	–	–	–	–	–	-
	100	100	100	101*	100	100	100	100	100	100	100	100

* Rundungsfehler

47 %. Jungen sind im Osten (33 %) und im Westen (53 %) stärker organisiert als Mädchen (19 % vs. 42 %). Mit dem Alter nimmt die Vereinstätigkeit in den alten Bundesländern von 67 % bei den Jüngsten auf 38 % bei den Ältesten ab. In den neuen Bundesländern ist diese Abnahme von 31 % auf 23 % nicht signifikant ($p<.08$).

In den alten Bundesländern hat die Vereinstätigkeit bei den 21- bis 24jährigen deutlich von 51 % in 1984 (Zinnecker 1987, S. 254) auf 38 % in 1991 abgenommen.

Zusammenfassung zur Einbindung der Jugendlichen in die Welt der Gleichaltrigen

Die Gleichaltrigen spielen für Jugendliche in allen Formen eine große Rolle. Am wichtigsten ist dabei der gleichgeschlechtliche wirkliche Freund bzw. die wirkliche Freundin. Auch noch bei den 21- bis 24jährigen haben über vier Fünftel eine solchen Busenfreund bzw. eine Busenfreundin. Allerdings nimmt der Anteil mit dem Alter sowie mit Berufstätigkeit und Heirat etwas ab. Umgekehrt haben die Jugendlichen mit zunehmenden Alter immer häufiger eine andersgeschlechtliche feste Freundin bzw. einen festen Freund und gehören immer häufiger zu einer Clique. Im Unterschied zu früher sind heute auch Berufstätige und Verheiratete in Cliquen. In den alten Bundesländern hat die Cliquentätigkeit der über 18jährigen in den letzten fünf Jahren noch zugenommen. Mädchen haben häufiger eine Busenfreundin und einen festen Freund als Jungen einen Busenfreund und eine feste Freundin. Jungen sind dafür häufiger als Mädchen in einer Clique.

Insgesamt sind die Jugendlichen in den neuen Bundesländern etwas weniger in die Welt der Gleichaltrigen integriert als die Jugendlichen in den alten Bundesländern. Sie haben etwas seltener wirkliche Freunde und gehören etwas seltener zu einer Clique. Nach dem Zusammenbruch der staatlichen Zwangsorganisation FDJ gehören heute auch wesentlich weniger Jugendliche in den neuen Bundesländern zu einem Verein als in den alten Bundesländern. Bei den festen andersgeschlechtlichen Partnerschaften gibt es dagegen keinen Unterschied zwischen den beiden zusammenwachsenden Teilen der Bundesrepublik.

Die Wichtigkeit der Eltern im Vergleich zu den Peers

Um herauszufinden, ob Eltern oder Gleichaltrige im Leben von Jugendlichen wichtiger sind, stellten wir die Frage: „Wie wichtig sind die Personen oder Personengruppen auf dieser Liste zur Zeit für dein Leben?" Die Antworten konnten von (1) „unwichtig" bis (4) „sehr wichtig" abgestuft werden. Wie in vielen Studien der letzten 20 Jahre in unterschiedlichen Ländern zeigt sich auch hier wieder die große Bedeutung der Eltern, insbesondere der Mutter, und gleichzeitig die große Bedeutung der Gleichaltrigen im Leben der Jugendlichen (vgl. Tab. 4).

Die Jugendlichen in den neuen Bundesländern sind häufiger familienorientiert als die Jugendlichen in den alten Bundesländern. Auch bei allen anderen sich auf Familie und Eltern beziehenden Fragen des Fragebogens zeigt sich, daß die Familie im Osten für mehr Jugendliche eine große Bedeutung hat als im Westen.

Gemessen an den zusammenfassenden Indikatoren „mindestens ein Elternteil sehr wichtig" und „mindestens einmal

Tabelle 4: „Wie wichtig sind die Personen oder Personengruppen auf dieser Liste zur Zeit für dein Leben?" (Mutter, Vater, gute(r) Freund(in) gleichgeschlechtlich, gute(r) Freund(in) andersgeschlechtlich, fester Partner/Ehepartner, Freundesgruppe) Vergleich der 13- bis 24jährigen nach alten und neuen Bundesländern – Angaben in % –

	(1) Mutter		(2) Vater		(1) oder (2) mindestens ein Elternteil		(3) guter Freund (gleichgeschlechtlich)		(4) guter Freund* (andersgeschlechtlich)		(5) Freundesgruppe		(3) od. (4) od. (5); mindestens 1x gleichaltrig	
	West	Ost	West	Ost	West	Ost	West	Ost	West	Ost	West	Ost	West	Ost
n =	(2058)	(1072)	(2027)	(1038)	(2066)	(1082)	(2049)	(1075)	(1965)	(1007)	(2040)	(1048)	(2062)	(1038)
(4) sehr wichtig	62	72	48	55	66	75	51	42	59	62	32	26	74	72
(3)	28	22	31	29	28	21	40	45	26	24	49	47	24	24
(2)	7	4	13	9	5	3	7	10	8	7	15	20	2	3
(1) unwichtig	4	1	8	7	2	1	2	3	8	6	4	7	0	1
	101**	99**	100	100	101**	100	100	100	101**	99**	100	100	100	100
	p<.001		p<.01		p<.001		p<.001		n.s.		p<.001		n.s.	

* bzw. fester Partner/Ehepartner
** Rundungsfehler

Gleichaltrige sehr wichtig" hält sich darüberhinaus im Osten die Wichtigkeit der Eltern und Gleichaltrigen fast die Waage, während im Westen die Gleichaltrigen etwas häufiger wichtig sind: Mindestens einen Elternteil bezeichnen 66 % der Jugendlichen im Westen und 75 % der Jugendlichen im Osten für „sehr wichtig", mindestens einmal Gleichaltrige bezeichnen 74 % im Westen und 72 % im Osten als „sehr wichtig". Die Mädchen bezeichnen in der gesamten Bundesrepublik (abweichend von Tabelle 4 gewichtete Ergebnisse) häufiger als die Jungen die Mutter (69 % vs. 59 %), die gleichgeschlechtliche Freundin (55 % vs. 42 %) und den andersgeschlechtlichen Freund oder festen Partner (66 % vs. 53 %) als „sehr wichtig", in bezug auf den Vater (50 % vs. 49 %) und Clique (30 % vs. 31 %) bestehen keine Geschlechtsunterschiede.

Durch eine Kombination der beiden zusammenfassenden Indikatoren kann man darstellen, wieviele Jugendliche die Eltern oder die Gleichaltrigen vorziehen (vgl. Tab. 5). Ungefähr zwei Drittel aller Jugendlichen nennen mindestens einmal einen Elternteil, ungefähr drei Viertel nennen mindestens einmal eine(n) Gleichaltrige(n) als „sehr wichtig" für ihr Leben. Der Anteil, der nur Eltern nennt, sinkt von fast einem Drittel bei den Jüngsten auf ein Zehntel bei den Ältesten, umgekehrt steigt der Anteil, der nur Gleichaltrige nennt, von unter einem Zehntel auf fast ein Drittel. In jeder Altersgruppe bilden aber diejenigen, die zu Eltern und Gleichaltrigen ein sehr gutes Verhältnis ausbilden, die stärkste Gruppe, ungefähr die Hälfte aller Jugendlichen in jeder Altersgruppe hat in diesen Sinne eine Doppelorientierung an Eltern und Gleichaltrigen. Die Mädchen orientieren sich stärker als die Jungen gleichzeitig an Eltern und an Gleichaltrigen (58 % vs. 42 %). Die Jungen haben häufiger als die Mädchen eine ausschließliche Bindung an Eltern (21 %

vs. 14 %). Diese Ergebnisse entsprechen in der Tendenz recht genau den 1986 mit ganz anderen Fragen in West-Berlin gewonnenen Resultaten (Oswald/Boll 1992, S. 38). Die für die Analyse der Doppelorientierung an Eltern und Peers besser geeignete Frage der hier dargestellten Shell-Studie erbrachte einen noch höheren Anteil an Doppelorientierung als die ältere Untersuchung in West-Berlin (49 % vs. 39 % im Westen).

Die Unterschiede zwischen den neuen und den alten Bundesländern sind nicht stark. In Übereinstimmung mit den bisherigen Ergebnissen ist aber in den neuen Bundesländern im Vergleich mit den alten Bundesländern die Orientierung an den Eltern (einschließlich der Doppelorientierung) etwas häufiger (75 % vs. 66 %), die alleinige Orientierung an den Gleichaltrigen etwas seltener (18 % vs. 25 %).

Die Bedeutung der Gleichaltrigen wird auch dadurch unterstrichen, daß in den alten Bundesländern wahre Freundschaft von 87 % aller 13- bis 24jährigen als „sehr wichtig" oder „äußerst wichtig" bezeichnet wird, in den neuen Bundesländern sagen dies gar 91 %. Die Bedeutung der Eltern wird dadurch unterstrichen, daß 64 % der Jugendlichen in den alten Bundesländern sagen, die Eltern hätten ihnen in den vergangenen zwölf Monaten bei persönlichen Problemen „regelmäßig" oder „öfter" geholfen, in den neuen Bundesländern sagten dies gar 71 %. Wieder sind diese Ergebnisse zugunsten der Eltern in den neuen und zugunsten der Gleichaltrigen in den alten Bundesländern signifikant.

Insgesamt kann man also sagen, daß für eine Mehrheit der Jugendlichen Eltern und Gleichaltrige wichtige Bezugspunkte des Handelns sind, daß sich die Orientierung an Eltern und an Gleichaltrigen nicht ausschließen. Eine ganz andere Frage ist, mit wem man seine Zeit verbringt. Bei aller Wertschätzung der Eltern dürfte es in vieler Hinsicht spaßiger sein, die Frei-

Tabelle 5: Die Wichtigkeit von Eltern und Gleichaltrigen im Vergleich: „Wie wichtig sind die Personen oder Personengruppen auf dieser Liste zur Zeit für dein Leben?" (Kombination von „mindestens ein Elternteil sehr wichtig" und „mindestens einmal Gleichaltrige von den vier Möglichkeiten Gute(r) Freund(in) gleichgeschlechtlich, Gute(r) Freund(in) andersgeschlechtlich, fester Partner/Ehepartner, Freundesgruppe sehr wichtig") Vergleich der „sehr wichtig" – Antworten der 13- bis 24jährigen nach alten und neuen Bundesländern, Geschlecht und Alter – Angaben in % gewichtet –

		Region		Geschlecht		Alter			
	alle	West	Ost	Jungen	Mädchen	13–14	15–17	18–20	21–24
n =	(2492)	(1940)	(552)	(1220)	(1272)	(399)	(515)	(626)	(952)
nur Eltern	18	17	21	21(!)	14	32	23	15	10
Eltern und Gleichaltrige	50	49	54	42	58(!)	55	50	48	49
nur Gleichaltrige	23	25	18	25	22	7	17	27	31
niemand	9	10	7	13	6	6	9	10	10
	100	100	100	101*	100	100	99*	100	100
		p<.001		p<.001			p<.001		

* Rundungsfehler

zeit mit Gleichaltrigen zuzubringen als mit den Eltern.

Zusammensein mit Eltern und Gleichaltrigen

Tatsächlich wird die Freizeit in den alten und den neuen Bundesländern häufiger mit Freunden verbracht als mit Eltern. Im Westen sind die Jugendlichen mit mehreren Freunden und mit einem gleichgeschlechtlichen Freund noch häufiger „sehr oft“ oder „oft“ zusammen (92 %, 83 %) als im Osten (86 %, 74 %). Trotz der deutlichen Freizeitpräferenz für Gleichaltrige kommen bei etwa zwei Dritteln der ledigen Jugendlichen aber auch die Eltern nicht zu kurz, im Westen verbringen 59 %, im Osten 70 % der ledigen Jugendlichen ihre Freizeit „sehr oft“ oder „oft“ mit der Familie.

Bildet man analog zum Vorgehen im vorangegangenen Abschnitt (Tab. 5) eine Variable, in der die „sehr oft“- und „oft“-Antworten für Gleichaltrige und für die Familie kombiniert werden, dann bekommt man auch für den Verhaltensbereich das Ergebnis, daß die Doppelorientierung vorherrscht: 60 % der Jugendlichen sind in der Freizeit oft sowohl mit der Familie als auch mit Peers zusammen, 38 % ziehen die Gleichaltrigen vor. Anders als bei der Einstellungsfrage kommt die alleinige Freizeitorientierung an den Eltern nur in 2 % der Fälle vor, nur 1 % ist weder mit Eltern noch mit Gleichaltrigen oft zusammen. Mädchen sind wieder häufiger doppelorientiert als Jungen (65 % vs. 55 %), Jungen häufiger peerorientiert als Mädchen (42 % vs. 33 %). Mit dem Alter nimmt zwischen 13 und 24 Jahren die Doppelorientierung von 73 % auf 50 % ab, die alleinige Orientierung an Peers von 23 % auf 48 % zu.[4]

Die Ergebnisse der Abschnitte 6 und 7 zeigen, daß die Doppelorientierung an Eltern und Gleichaltrigen sowohl im Einstellungs- als auch im Verhaltensbereich vorherrschend ist. Während sich aber im Einstellungsbereich ein Fünftel der Jugendlichen stärker an den Eltern als an Gleichaltrigen orientiert, gibt es kaum Jugendliche, die ihre Freizeit nur mit der Familie verbringen. Die Bedeutung der Gleichaltrigen nimmt mit dem Alter deutlich zu, aber auch noch die Älteren sind mehrheitlich verhaltens- und einstellungsmäßig an ihren Eltern orientiert. Die vorherrschende Doppelorientierung zeigt, daß viele Jugendliche ihr Verhältnis zu Eltern und zu Gleichaltrigen gut vereinbaren können.

Es stellt sich aber doch die Frage, ob diejenigen Jugendlichen, die sich nur an Peers orientieren, problematisch sind. Dies soll abschließend mit komplexeren Analysemethoden nachgeprüft werden.

Jugendzentrismus

Obgleich die Mehrheit der Jugendlichen, wie im Vorstehenden gezeigt, gut mit den Eltern auskommt, gibt es Jugendliche, die sich abkoppeln, die nichts von der Erwachsenenwelt wissen wollen. Wir nennen diese Verweigerungshaltung „Jugendzentrismus“.[5] In diesem abschließenden Teil versuchen wir zunächst, mit einem multiplen Regressionsmodell zu zeigen, daß Bedingungen im Elternkontext und im Peerkontext unabhängig voneinander, also additiv, Jugendzentrismus vorhersagen. Danach versuchen wir durch den Nachweis von Interaktionseffekten zwischen Variablen des Eltern- und des Peerkontextes die Existenz von synergistischen Effekten im Sinne Bronfenbrenners (1989) nachzuweisen.

Bei der Betrachtung der Tabelle 6 fällt zunächst auf, daß Jugendzentrismus weder mit Geschlecht noch Schichtzugehörigkeit zusammenhängt und daß sich die Jugendlichen in den alten und neuen Bundesländern in dieser Hinsicht nicht unterscheiden. Lediglich mit dem Alter nimmt der Jugendzentrismus leicht ab.

Sowohl Variablen des Peerkontextes als auch Variablen des Elternkontextes sagen Jugendzentrismus unabhängig voneinander voraus, die Variablen des Elternkontextes wirken sich aber deutlich stärker aus, das heißt, sie tragen wesentlich mehr zu der erklärten Varianz von 17 % in der abhängigen Variablen „Jugendzentrismus" bei als die Variablen des Peerkontextes. Wer wenig mit Vater und Mutter redet, wem die Eltern im Leben weniger wichtig sind und wer nicht elternzentriert[6] ist, der ist mit größerer Wahrscheinlichkeit jugendzentriert als die anderen. Aus dem Peerkontext tragen Variablen wie „irrsinnig laut Musik hören", „Schwarzfahren", „sich verrückt anziehen", „eigene Clique billigt Saufen" und „Wichtigkeit der Peers im Leben" zur Voraussage des Jugendzentrismus bei. Damit spricht einiges für die Hypothese, daß sowohl Bedingungen im Elternhaus als

Tabelle 6: Multiple Regression von Jugendzentrismus auf Variablen des Peerkontextes, des Elternkontextes und auf Kontrollvariablen

	Abhängige Variable: Jugendzentrismus		
Unabhängige Variablen	B	SE B	Beta
1. Peerkontext			
Wichtigkeit der Peers[1]	.24100	.09945	.04878*
Eigene Clique billigt Saufen	.14280	.05199	.05971**
Schwarzfahren	.20946	.07308	.06157**
Irrsinnig laut Musik hören	.36085	.07609	.10432***
Verrückt anziehen	.18146	.07354	.05326*
2. Elternkontext			
Reden mit Mutter	–.32222	.04050	–.19577***
Reden mit Vater	–.16724	.03352	–.11375***
Wichtigkeit der Eltern[2]	–.23371	.08471	–.06195**
Elternzentrismus[3]	.31347	.17503	.03759+
3. Kontrollvariablen			
Alter	–.30256	.04777	–.12956***
Geschlecht	–.04622	.10611	.0
SES	.02842	.04269	.01314
Region (West-Ost)	.02067	.10587	.0

R = 42 Standardfehler = 2.22787

R^2 = .17 F = 34.73462; p<.001

N = 2.175

* p < .05 ** p < .01 *** p < .001 + p<.10

1 Mindestens 1x Gleichatrige genannt (wie in Tab.4)

2 Mindestens ein Elternteil genannt (wie in Tab. 4)

3 Dummy: 1 = wenig elternzentriert 0 = elternzentriert

Tabelle 7: Multiple Regression von Jugendzentrismus auf Variablen des Peerkontextes, auf die Dummy-Variable „Elternzentrismus" und auf zwei Eltern-Peer-Interaktionsterme.

	Abhängige Variable Jugendzentrismus		
	B	SE B	Beta
Wichtigkeit der Peers[1]	.16570	.09789	.03360+
Eigene Clique billigt Saufen	.25301	.05276	.10568***
Schwarzfahren	.32349	.07074	.09503***
Irrsinnig laut Musik hören	.37916	.07876	.10942***
Verrückt anziehen	.14982	.07095	.04399
Elternzentrismus[2]	–1.11684	.65165	–.13545+
1. Interaktionsterm[3]	.55895	.24265	.17257*
2. Interaktionsterm[4]	.31169	.17173	.11272+
Alter	–.28339	.04720	–.12152***

R = .32 Standardfehler = 2.32124
R2 = .10 F = 29.78431; p < .001
N = 2.350
+ P < .10 * p < .05 ** < .01 *** < .001
1 Mindestens 1x Gleichaltrige gennant (wie in Tab 4)
2 Dummy: 1 = wenig elternzentriert, 0 = elterzentriert
3 „Elternzentrismus" mal „irrsinnig laut Musik hören"
4 „Elternzentrismus" mal „eigene Clique billigt Saufen"

auch in der Gleichaltrigenwelt zu Jugendzentrismus führen, daß aber der Elternkontext wichtiger ist.

Zusätzlich gibt es synergistische Effekte dahingehend, daß negative Bedingungen im Elternhaus dazu führen, daß Bedingungen im Peerkontext sich auf Jugendzentrismus auswirken, wohingehend normale Bedingungen im Elternhaus diesen Einfluß der Peers herabsetzen. Diese synergistischen Effekte können als Interaktionseffekte in multiplen Regressionsmodellen nachgewiesen werden.[7] Mit dieser Methode konnten wir synergistische Effekte für die Verbindung von zwei dichotomisierten Elternvariablen („Elternzentrismus", „Familienzusammenhalt"[8]) mit drei Peervariablen („eigene Clique billigt Saufen", „eigene Clique billigt(e) Schulschwänzen", „irrsinnig laut Musik hören") nachweisen. Danach wirkt sich die Billigung des Saufens, die Billigung des Schulschwänzens und das Irrsinnig-laut-Musik-Hören dann um ein Vielfaches stärker auf Jugendzentrismus aus, wenn die Jugendlichen besonders wenig elternzentriert sind oder wenn sie besonders wenig von Familienzusammenhalt berichten. Aus Platzgründen wird nur eines dieser Modelle vorgestellt.

Wie schon in Tabelle 6 wirken sich die Peervariablen und die Eltern-Dummy-Variable „Elternzentrismus" auf Jugendzentrismus in dem nicht abgedruckten ersten Modell aus. Tabelle 7 ist zu entnehmen, daß die Interaktionsterme im zweiten Modell signifikant zur erklärten Varianz beitragen.[9] Die beiden Modelle unterscheiden sich signifikant.[10] Die Berechnung der „B's", d. h. der Steigungen der Regressionsgeraden für die Wirkung der Peervariablen „irrsinnig laut Musik hören" und „eigene Clique billigt Saufen" auf Jugendzentrismus unter der negativen und positiven Ausprägung der Eltern-Dummy-Variablen zeigt, daß die Wirkung des Irrsinnig-laut-Musik-Hörens fast dreimal stärker[11] und die Wirkung der Billigung des Saufens durch die Clique über zweimal stärker ist[12], wenn die Jugendlichen wenig elternzentriert sind, als wenn sie elternzentriert sind. Dies bedeutet, daß die Peers dann einen negativeren Einfluß ausüben, wenn die Jugendlichen sich nicht mehr an den Eltern orientieren.

Synergistische Effekte derselben Richtung – negative Bedingungen des Elternkontextes führen zu stärker negativen Wirkungen von Bedingungen des Peerkontextes – mit anderen Variablenkombinationen bestehen v. a. dann in noch stärkerem Ausmaß, wenn nur ein Interaktionsterm in die Gleichung aufgenommen wird.[13] Obgleich in keinem Modell das Geschlecht signifikant zur Vorhersage beiträgt, sind bei getrennter Berechnung nur die Modelle für Jungen gut bestätigt. Am stärksten ist folgender Unterschied für Jungen: Die Wirkung der Billigung des Schulschwänzens durch die eigene Clique auf Jugendzentrismus ist 23mal stärker, wenn die Jungen wenig elternzentriert sind, als wenn sie elternzentriert sind.

Alle gefundenen Interaktionseffekte lassen sich zusammenfassend als synergistische Effekte dahingehend interpretieren, daß sich die Gleichaltrigen nur dann negativ auf die Verweigerungshaltung gegenüber der Erwachsenenwelt auswirken, wenn die Eltern für die Jugendlichen keine Rolle spielen. Jugendliche kommen dann in „schlechte Gesellschaft", wenn das Elternhaus für sie ein schlechtes Zuhause ist. Jugendliche, so könnte man noch weitergehend verallgemeinern, können erst dann von Gleichaltrigen negativ beeinflußt werden, wenn ihr Verhältnis zu den Eltern beschädigt ist.

Anmerkungen

1 Alle Angaben im vorstehenden Absatz sind gewichtet, d. h. repräsentativ für die gesamte Bundesrepublik.

2 Alle Angaben im vorstehenden Absatz sind wieder gewichtet.

3 Im Unterschied zu den Ausführungen in den letzten beiden Absätzen und den Zahlen in Tabelle 1 wurde hier nur die Frage nach dem festen Freund/der festen Freundin, nicht aber nach Familienstand (mit Partner zusammenlebend oder verheiratet sein) beigezogen, um den Vergleich mit den früheren Daten zu ermöglichen.

4 Die Angaben im vorstehenden Absatz sind wieder gewichtet.

5 Die Skala „Jugendzentrismus" wurde aus vier Items gebildet („die wenigsten Erwachsenen verstehen die Probleme von Jugendlichen wirklich"; „ich halte nicht viel von den Erfahrungen der Erwachsenen, ich verlasse mich lieber auf mich selbst"; „bei gleichaltrigen Freunden/Freundinnen erfahre ich mehr als von meinen Eltern"; „Eltern mischen sich dauernd in Sachen ein, die sie nichts angehen"). Diese vier Items laden hoch auf einen Faktor „Jugendzentrismus", der mit einer Faktorenanalyse über zehn Items zum Verhältnis von Jüngeren und Älteren gewonnen wurde. Der Skalenwert ist mit $\alpha = .63$ ausreichend. Für eine aus zwei dieser zehn Items gebildete Skala „Elternzentrismus" („eigentlich verdanke ich meinen Eltern sehr viel"; „ich bemühe mich darum, meine Eltern zu verstehen, auch wenn es manchmal schwer ist") beträgt $\alpha = .61$. Zur Skala „Jugendzentrismus", die 1981 im Rahmen der damaligen Shell-Jugendstudie entwickelt wurde, siehe den methodischen Beitrag von W. Georg in Band 4 der Jugendstudie 1991.

6 Um mit dieser Variable Interaktionsterme bilden zu können, wurde sie dichotomisiert, wobei die Minder-

heit der Jugendlichen (9 %), die sehr wenig elternzentriert ist, als 1 gekodet wurde, die Mehrheit der Elternzentrierten ist mit 0 gekodet.

7 Zunächst wird ein kleines Modell mit den Peervariablen und einer Eltern-Dummy-Variablen, die signifikant zur erklärten Varianz beiträgt, gerechnet. Danach wird ein zweites Modell gerechnet, das zusätzlich einen oder zwei Interaktionsterme zwischen der Elternvariablen und einer Peervariablen enthält. Das R2 des ersten und das R2 des zweiten Modells müssen sich signifikant unterscheiden, und die Interaktionsterme im zweiten Modell müssen signifikant zur erklärten Varianz beitragen (Jaccard u. a. 1990). Sind diese Bedingungen erfüllt, dann läßt sich mit Hilfe der „B's" im zweiten Modell errechnen, wievielmal größer der Effekt der Peervariablen auf Jugendzentrismus unter der ungünstigen Ausprägung der Elternvariablen „wenig elternzentriert" ist als unter der günstigen „elternzentriert".

8 Die Skala „Familienzusammenhalt" (α= .65) wurde als dritter Faktor durch eine Faktorenanalyse über 15 Aussagen über das Familienleben gewonnen. Sie setzt sich zusammen aus den auf den Faktor hoch ladenden vier Items „in meiner Familie haben wir gemeinsam Musik gemacht", „in meiner Familie haben wir gemeinsam Sport getrieben", „in meiner Familie haben wir gemeinsam gelesen" und „mein Vater/meine Mutter haben Hobbies, die ich als Kind von ihnen übernommen habe".

9 Der zweite Interaktionsterm ist im präsentierten Modell nur auf dem 10 %-Niveau signifikant. Gibt man aber nur diesen Interaktionsterm ein, dann ist ß = .15967 und p<.01. Der Effekt, zu einer Clique zu gehören, die Saufen billigt, auf Jugendzentrismus ist in diesem Fall dreimal stärker, wenn die Jugendlichen wenig elternzentriert sind, als wenn sie elternzentriert sind.

10 F = 6.19413, df = 2,2340, p<.01. Die zweite Gleichung lautet: y' = a + b1x1 + b2x2 + b3x3 ... + d1x1x2 + d2x1x3. Dabei ist x1 eine Dummy-Variable, die 1 für „wenig elternzentriert" und 0 für „stärker elternzentriert" gekodet ist, x2 ist die Variable „irrsinnig laut Musik hören", x3 ist die Variable „eigene Clique billigt Saufen", d1 ist der Koeffizient des ersten, d2 der Koeffizient des zweiten Interaktionsterms. Die Gleichung ist für „wenig elternzentriert" geschrieben als y' = (a + b1) + (b2 + d1)x2 + (b3 + d2)x3 ...; die Gleichung für „stärker elternzentriert" ist geschrieben als y' = a + b2x2 + b3x3 ...

11 b2 + d1 = .38 + .56 = .94 vs. b2 = .38

12 b3 + d2 = .25 + .31 = .56 vs. b3 = .25

13 Das Beispiel in Tabelle 7 wurde trotz der relativ niedrigen Effekte deshalb gewählt, weil es nur selten gelingt, zwei Interaktionsterme, die mit derselben Eltern-Dummy-Variablen gebildet sind, gleichzeitig in das Modell hineinzubekommen (vgl. auch Fußnote 9).

Literatur

Allerbeck, K. und W. Hoag (1985)
Jugend ohne Zukunft?
München: Piper

Bronfenbrenner, U. (1989)
Ökologische Modelle in der Jugendforschung:
Anspruch und Wirklichkeit.
In: W. Melzer u. a. (Hrsg.): Jugend in Israel und in der Bundesrepublik.
Weinheim: Beltz, 33–54.

Brown, B. B.(1990)
Peer groups and peer cultures.
In: S. S. Feldman und G. R. Elliott (Hrsg.):
At the threshold: The developing adolescent.
Cambridge/MA: Harvard University Press, 171–196.

Coleman, J. S. (1961)
The adolescent society.
New York: The Free Press

Eisenstadt, S. N. (1966, zuerst 1956)
Von Generation zu Generation.
München: Juventa .

Hollingshead, A. B. (1975, zuerst 1949)
Elmtown's youth and Elmtown revisited.
New York: Wiley

Jaccard, J., Turrisi, R. und Wan, Ch. K. (1990)
Interaction effects in multiple regression.
Newbury Park: Sage

Krappmann, L. (1991)
Sozialisation in der Gruppe der

Gleichaltrigen.
In: K. Hurrelmann/D. Uhlich (Hrsg.): Neues Handbuch der Sozialisationsforschung.
Weinheim: Beltz, 355–376.

Oswald, H.:
Gruppenformationen von Kindern.
In: M. Markefka und B. Nauck (Hrsg.): Handbuch der Kindheitsforschung.
Neuwied: Luchterhand (im Druck).

Oswald, H. und Boll, W. (1992)
Das Ende des Generationenkonflikts? Zum Verhältnis von Jugendlichen zu ihren Eltern.
In: Zeitschrift für Sozialisationsforschung und Erziehungssoziologie 12, Heft 1, 30–51.

Parsons, T. (1955)
Family structure and the socialization of the child.
In: T. Parsons und R. F. Bales: Family, socialization, and interaction process.
London: Routledge + Kegan , 35–131.

Piaget, J. (1973, zuerst 1932)
Das moralische Urteil beim Kinde.
Frankfurt/M.: Suhrkamp

Selman, R. L. (1984)
Die Entwicklung des sozialen Verstehens.
Frankfurt/M: Suhrkamp

Steinberg, L. (1990)
Autonomy, conflict, and harmony in the family relationship.
In: S. S. Feldman und G. R. Elliott (Hrsg.): At the threshold: The developing adolescent.
Cambridge/MA: Harvard University Press, 255–276.

Youniss, J. (1982)
Die Entwicklung und Funktion von Freundschaftsbeziehungen.
In: W. Edelstein/M. Keller (Hrsg.): Perspektivität und Interpretation.
Frankfurt/M.: Suhrkamp, 78–109.

Zinnecker, J. (1987)
Jugendkultur 1940–1985.
Opladen: Leske + Budrich.

V. Sozialstrukturelle Ausdifferenzierung der Jugendphase

Geteilte Welten. Geschlechterverhältnis und Geschlechterpolarisierung in West und Ost.[1]

Sigrid Metz-Göckel
Ursula Müller
Hildegard Maria Nickel

Vereinigung als Polarisierung der Geschlechterbeziehungen?

Die Vereinigung der beiden Teile Deutschlands wirkt, so hat es den Anschein, in den Köpfen der Menschen gegenläufig: Während die alten Bundesländer – zunächst zumindest – eher ‚verschönt' erscheinen, geraten ‚gute Seiten' der DDR in den Schatten. In diesen Sog einer jeweiligen Polarisierung könnte auch das Geschlechterverhältnis geraten, war doch in der DDR die Frauen-Realität eine deutlich andere als in der BRD.

Im Blick auf die äußeren Rahmenbedingungen läßt sich zugespitzt behaupten: Für Mädchen schien die Zukunft in der DDR klarer und zuverlässiger planbar als in der BRD. Die offizielle Politik reagierte konsequenter auf die doppelten Orientierungen des weiblichen Geschlechts. Zugunsten einer lebenslangen Berufstätigkeit von Frauen und Müttern wurde sozialpolitisch interveniert, ohne die Struktur der Arbeitsteilung nach dem Geschlecht auch nur ansatzweise zu problematisieren. (Das Babyjahr gab es z. B. lange Zeit nur für Mütter, ebenso den Hausarbeitstag etc.) Damit wurde die geschlechtsspezifische Arbeitsteilung im familiären Bereich verfestigt, aber auch Entlastung für Frauen geschaffen als Schutz und Begrenzung zugleich (Beer/Müller 1992, Nickel 1991 b).

Geschlechtsneutralität in Bildung und Beruf war herrschende Ideologie, die sich im nachhinein als Mythos einer verwirklichten Gleichberechtigung entlarvte (Nickel 1991 a). Berufsausbildung und Berufswahllenkungen gab es in unterschiedlicher Weise für beide Geschlechter (Bertram 1992). Jedoch gehörte technische Bildung zeitweilig zum ‚offiziellen Leitbild der Frau', auch wenn Frauen nicht durchgängig für technische und zukunftsträchtige Berufe interessiert wurden. Zum Frauenleitbild gehörte zwar die selbstverständliche Berufstätigkeit von Müttern, aber nicht die Wahrnehmung höherer Leitungspositionen in Wirtschaft und Politik (Bartmann 1992).

Für diese Form der Emanzipation hat Hildegard Nickel (1990 a) den Begriff ‚patriarchale Gleichberechtigung' eingeführt. Mit ihm ist eine geschlechtshierarchische Arbeitsteilung benannt, die zulasten der Frauen unter dem Mantel der offiziell als erreicht geltenden Gleichberechtigung fortbestand.

Weitgehend unangetastet blieben im DDR-Alltag die kulturellen Stereotypisierungen der Geschlechter; sozusagen unberührt von der politisch geleiteten Umdefinition des traditionellen Frauenbildes erhielt sich ein Traditionalismus, der ein Grund war für die sich rapide entwickelnden Scheidungsraten in der Ex-DDR. Über Partnerschaft und Sexualität wurde kaum öffentlich debattiert, wohl aber praktisch gehandelt: z. B. auf der persönlichen Ebene mit dem Auflösen und Wiedereingehen von Beziehungen oder auch politisch durch vielfältige Maßnahmen zugunsten alleinerziehender Mütter (immerhin 16 % der weiblichen Erwerbstätigen in der DDR, vgl. Brinkmann/Engelbrech 1991).

Bei allen Widersprüchen und unbestreitbaren Belastungen bleibt doch als hervorstechendes Merkmal die finanzielle und rechtliche Unabhängigkeit der DDR-Frauen von jedwedem männlichen Partner zu erwähnen. Ihre starke Familienorientierung, die sich schon vor der Wende kaum von derjenigen der Westdeutschen unterschied, ist vor dem Hintergrund zu sehen, daß sie sich vom Partner trennen konnten, ohne ein Absinken in Armut, einen Verlust der Wohnung oder einen Streit um Sorgerecht befürchten zu müssen. Kind und Wohnung wurden im Streitfall in jedem Fall der Mutter zugesprochen.

Wir können daher für die DDR zwar von einer kulturellen Polarisierung und einer Segregation der Geschlechter im Beschäftigungssystem, aber von einer ökonomischen Egalisierung der Geschlechterbeziehungen ausgehen, für die eine komplementäre, aber weniger hierarchische Struktur zutrifft.[2]

Die westdeutsche Gesellschaft privilegiert auf dem Arbeitsmarkt eindeutig die Männer. Andererseits wurde hier die Konfliktstruktur in der ‚Doppelrolle der Frau' öffentlich thematisiert und die Beziehung der Geschlechter insgesamt zum öffentlichen Thema. Für die ehemalige DDR hingegen gilt eine Geschlechterkultur, derzufolge zumindest in öffentlichen Diskursen bei Fortdauer einer Arbeitsmarktsegregation eine weitgehend symbolische Angleichung der Geschlechter behauptet wird. Die realen Geschlechterbeziehungen aber sind durch große Einkommensdifferenzen und die Abhängigkeit des weiblichen Geschlechts geprägt. Unter dem Postulat der Partnerschaftlichkeit vollzieht sich zudem im Westen eine Aushöhlung der wenigen Vorrechte, die Frauen aufgrund der geschlechtlichen Arbeitsteilung haben (z. B. zunehmende Sorgerechtsstreitigkeiten unter dem Vorwand des Kindeswohls) bei gleichzeitiger Zementierung der Abhängigkeit der Ehefrauen vom Einkommen und Wohlwollen ihres Ehemannes (z. B. auch in der letzten Rentenreform).

Wir wollen mögliche Formen der Verarbeitung dieser objektiven Widersprüche bei Jugendlichen anhand ihrer Zukunftsvermutungen, ihrer persönlichen Partnerschaftswünsche und Vorstellungen von Geschlechterbeziehungen beleuchten. Diese Herangehensweise beleuchtet ausgewählte Themen der Jugendstudie '91 daraufhin, welche latenten oder manifesten Dimensionen des Geschlechterverhältnisses darin zum Ausdruck kommen. Mit Geschlechterverhältnis ist eine Perspektive gemeint, die der Geschlechtszugehörigkeit eine strukturierende Bedeutung für den individuellen

Lebensverlauf und die gesellschaftliche Orientierung beimißt.

Das Zusammenfügen der beiden Teile Deutschlands brachte ein neuartiges soziales Gefälle unter ein politisches Dach und eine Dynamik in das Leben von DDR – Menschen, deren Tempo und Entwicklungsrichtung Angst machen kann (Winkler 1992). Wenn alte Sicherheiten schwinden und neue Risiken auftauchen, entstehen massive Herausforderungen für beide Geschlechter. In Umbruchsituationen und riskanten Lagen erweist sich aber erst, wieweit etablierte Strukturen und eingespielte Normen verinnerlicht sind und äußerem Druck standhalten, wieweit Gleichberechtigung und gleiche Achtung der Geschlechter selbstverständlich geworden sind. Modernisierungstheoretisch gesehen brachte der Fall der Mauer eine ‚grenzenlose' Offenheit für die Jugendlichen in der DDR. Rasch setzte sie sich in eine neugierige, nachholende Reiseaktivität um (Behnken u. a. 1991). Keineswegs ließ sich aber ebenso rasch ermitteln, welche unsichtbaren Schranken und Gefährdungen sich damit für die Lebensentwürfe insbesondere weiblicher Jugendlicher und die Geschlechterbeziehungen verbanden. Lebenslauftheoretisch ist die „Wende" ein kritisches Lebensereignis. Sie prägt womöglich eine sozio-politische Generation, wie dies bei der Nachkriegsgeneration der Fall war. ‚Grenzenlose' Freiheit und Grenzenlosigkeit der Ansprüche auf der einen, begrenzte subjektive Möglichkeiten und sich verschlechternde Rahmenbedingungen auf der anderen Seite bilden einen schwankenden Boden für die Identitätsfindung von Jugendlichen. Sie können sozialen Stress hervorrufen, der geschlechtsspezifisch akzentuiert ist. Arbeitsplatzrisiken und -verluste, Qualifikationsentwertung und neue Verdrängungsmechanismen, öffentlicher Sexismus, Aufwertung als KonsumentInnen und Abwertung als ProduzentInnen, das Unglaubwürdigwerden der politischen „Macher" und Zusammenbrechen vieler menschlicher Beziehungen und Vertrauensverhältnisse sowie die Abkehr von einer Mütterpolitik, die den fast vollständigen Einbezug von Frauen in die Erwerbsarbeit zum Resultat hatte – dies alles u. a. m. schafft eine neue Qualität von Fremdheit für die Menschen in der DDR, die bisher keineswegs durch neue Angebote von westlicher Seite kompensiert wird (Beer/Müller 1992).

Unter fremder Regie und doch selbstbestimmt leben, so ließe sich eine Selbst- und Fremdanforderung weiblicher und männlicher Jugendlicher in dieser Wendezeit beschreiben. Diese ‚Konstellation eines Widerspruchs' nimmt sowohl die spannungsreichen gesellschaftlichen Verhaltenserwartungen an Jugendliche auf als auch die Verarbeitung innerer Konflikte der Heranwachsenden selbst. In die Zukunft für das weibliche Geschlecht sind dabei größere Unwägbarkeiten eingeschlossen als für das männliche. Denn die Wende brachte eine neuartige ‚Ökonomisierung' aller Beziehungen und Tätigkeiten entlang von ‚unbegriffenen' Marktgesetzen mit sich, die traditionelle westliche Verteilungsmuster in Familie und Betrieb allein schon deshalb begünstigt, weil DDR-Muster grundsätzlich desavouiert wurden. Von einer notwendigen Reduktion der Frauenerwerbsquote ist bereits offen die Rede (Biedenkopf 1992). Massive Kritik am Schulsystem, an der institutionalisierten Kinderbetreuung und „Versorgungsmentalität" in der DDR wird so laut artikuliert, daß Jugendliche davon nicht unberührt bleiben können. Davon besonders betroffen sind die Lebensentwürfe von weiblichen Jugendlichen, denn die implizit und teils ganz explizit vorgetragene Botschaft, „wo der Staat eine Aufgabe abgibt, sollen Frauen eine übernehmen", ist in dieser ‚geschlechtsneutral' formulierten Kritik enthalten. Überlegungen zu differentiellen Auswirkungen der „Wende" auf die beiden Geschlechter begründen die leitenden Hypothesen unserer Auswertung:

Hypothesen zu Geschlechterdifferenzen in Ost und West

1. Die Lebenssituation junger Frauen ist stärker vom Wandel der gesellschaftlichen Rahmenbedingungen abhängig als die junger Männer. Wir gehen davon aus, daß bei weiblichen Jugendlichen in den neuen Bundesländern eine größere Fremdheit gegenüber dem neuen System, als auch eine größere Sorge um die eigene Zukunft vorherrscht. Während z. B. die bisher für sie als selbstverständlich antizipierte Erwerbstätigkeit legitimierungsbedürftig wird, können männliche Jugendliche die politische Wende deutlich widerspruchsfreier verarbeiten.

2. Wir erwarten bei weiblichen Jugendlichen insgesamt eine größere Kritik-Bereitschaft und eine ausgeprägtere Orientierung an sozialen Bewegungen, verstärkt aber in den neuen Bundesländern, da Frauen dort in der Phase des Umbruchs stark engagiert waren und an den „Runden Tischen", sowie in der Öffentlichkeit, markanter in Erscheinung traten als in DDR-Zeiten zuvor und nach der Wende. Wir greifen damit ein Ergebnis auf, das sich bereits in früheren Jugendstudien für die alten Bundesländer abzeichnete. Diese hatten bei jungen Frauen in den letzten Jahrzehnten wachsendes politisches Interesse, Kritikfähigkeit und alternatives Denken konstatiert (Fischer 1985, S. 12ff).

3. Angesichts der Bedrohung einer früher selbstverständlichen ökonomischen und rechtlichen Unabhängigkeit der Frauen in der DDR und neuartiger Diskriminierungen durch eine kulturelle Abwertung (Sexismus) erwarten wir bei den Vorstellungen zur Partnerschaft Anzeichen heftiger Irritationen und neuer ‚Machtkämpfe' zwischen den Geschlechtern.

Zwei Welten: Gesellschaftliche Zukunft und persönliche Zuversicht

Die Jugendlichen zeigen im letzten Jahrzehnt einen ansteigenden Trend des Vertrauens in die allgemeine und persönliche Zukunft. Waren die Jugendlichen '81 mehrheitlich noch düster in der Einschätzung der Zukunft der Gesellschaft (58 % zu 42 %), war dies '84 bereits die geringere Hälfte (46 % zu 54 %), wobei die Jugendlichen skeptischer waren als die Erwachsenen (Fischer 1985 S. 116). Im Jahre 1991 betrugen die Pessimisten noch knapp ein Drittel (29,5 % zu 70,5 %). Der weibliche Teil (der Erwachsenen) schätzte die Zukunft der Gesellschaft 1984 ein wenig häufiger düster ein (31 % zu 26 %, Fischer 1985, S. 117), in der Jugendgeneration 1991 verhält es sich ebenso.

Die Gesamtgruppe der Jugendlichen im Westen ist geringfügig skeptischer eingestellt als im Osten. Dabei tendieren etwas mehr Mädchen und junge Frauen in Ost und West zu düsteren Einschätzung. Die Unterschiede sind statistisch zwar signifikant, aber sehr gering.

Tabelle 1: Einschätzung der gesellschaftlichen Zukunft nach Geschlecht und Bundesland (Angaben in Prozent) – gewichteter Datensatz für 13–29jährige

	Jugendliche im Westen			Jugendliche im Osten		
	weibl.	männl.	insg.	weibl.	männl.	insg.
eher düster	30,7	27,9	29,3	25,5	23,2	24,3
eher zuversichtlich	69,3	72,1	70,7	74,4	76,8	75,7
	100,0	100,0	100,0	99,9	100,0	100,0

Tabelle 2: Einschätzung der persönlichen Zukunft nach Geschlecht und Bundesland (Angaben in Prozenten) – Gewichteter Datensatz für 13–29jährige

	Jugendliche im Westen			Jugendliche im Osten		
Sehen ihre Zukunft	weibl.	männl.	Insg.	weibl.	männl.	Insg.
eher düster	3,5	4,2	3,8	2,3	6,3	4,3
eher zuversichtlich	59,0	63,2	61,0	48,1	55,5	51,8
gemischt	37,5	32,7	35,1	49,6	38,2	43,9
	100,0	100,1	99,9	100,0	100,0	100,0

Auch in der Einschätzung der persönlichen Zukunft gibt es im Zeitverlauf eine ansteigende Zuversicht. Dieser Zugewinn gilt generell für die Jugendlichen im Westen, unter denen die düsteren (9 % zu 4,1 %) und gemischten (44 % zu 36,1 %) Einschätzungen abgenommen und die zuversichtlichen zugenommen haben (47 % zu 59,8 %, Fischer 1985, S.106). Etwas mehr weibliche als männliche Jugendliche in beiden Teilen Deutschlands sehen aber ihre persönliche Zukunft in düsterem Licht. Allerdings ist die weibliche Jugend im Westen vertrauensvoller als im Osten. Jugendliche in den neuen Bundesländern sind in zwei Gruppen gespalten: knapp die Hälfte blickt für sich persönlich eher zuversichtlich, die andere Hälfte eher mit gemischten Gefühlen auf die nächsten Jahre. Im Westen überwiegen die Optimisten.

Mit der skeptischeren Zukunftseinschätzung der weiblichen Jugendlichen korrespondiert ihre häufiger positive Einschätzung der Vergangenheit. Bei einem generell hohem Kritikniveau der Jugendlichen zeigen ihre größere Distanz gegenüber der Politik, insbesondere gegenüber den politischen Parteien, wie auch ihre insgesamt noch kritischere Haltung zur Regierung bei gleichzeitig stärkerer Orientierung an sozialen Bewegungen an, daß sie in den sich neu formierenden Politikstrukturen ihre Interessen als junge weibliche Generation so gut wie nicht repräsentiert sehen.

Diese Befunde können in Übereinstimmung mit unserer ersten Hypothese gedeutet werden. Auf die gesamtgesellschaftliche Entwicklung reagiert die weibliche Jugend in beiden Teilen Deutschlands skeptischer und kritischer als die männliche; im Osten allerdings im Persönlichen noch pessimistischer, im allgemeinen aber optimistischer. Wir deuten diese Diskrepanz zwischen allgemeiner und persönlicher Zukunftseinschätzung im Osten als Indiz für die neuartige Spannung zwischen sich verschlechternden Rahmenbedingungen und ‚persönlichem Überlebenwollen' durch individuelle Anstrengungen. Eine Dissonanz zwischen

Strukturbedingungen und persönlichem Bemühen zeigt sich auch in der jugendlichen Haltung gegenüber der Politik.

Unsere zweite Hypothese von der größeren Kritikfähigkeit der weiblichen Jugend ist wohl zu differenzieren. Mit der Stärke der sozialen Aufbruchbewegung in der DDR verändert sich auch das Engagement der jungen Frauen. Die neuen Strukturen offizieller Politik marginalisieren Frauen aufs Neue. Frauen und Frauenbewegung verschwinden tendenziell wieder aus der Öffentlichkeit, so daß Kritikfähigkeit sich eher als Distanz denn als Engagement ausdrücken kann. In den Äußerungen der weiblichen Jugend, so nehmen wir an, kommt eine Verlustahnung zum Ausdruck, die sie skeptisch in die Zukunft blicken und den etablierten Parteien wenig Glauben schenken läßt.

Wertorientierung und individuelle Leistungsbereitschaft

Für den Zusammenhang von Selbstkonzept und Gesellschaftsbild oder für ‚die Bilder vom Ich in der Sozialwelt‘ hat Fuchs in der Jugendstudie ’84 (Fuchs 1985, S. 133 ff) den Begriff „Orientierungsmuster“ eingeführt. Orientierungsmuster sind zugleich ‚ich-nah und institutionalisiert‘ und wurden in der Jugendstudie 1991 zum zweiten Mal in einer Skala mit den Dimensionen: Privatisierung, Anpassungsbereitschaft und Selbstbehauptung eingesetzt.

Mit Privatisierung ist ein Verhältnis entworfen, in dem die Einzelnen ihre Lebensbedingungen hinnehmen und sich kaum für makrosoziale Zusammenhänge interessieren. Sie bestehen allerdings auf den freien Gestaltungsmöglichkeiten des privaten Daseins (Statement z. B.: ‚Ich will in Frieden für mich leben und komme gar nicht auf die Idee, mich gegen alles aufzulehnen‘). Mit Anpassungsbereitschaft ist ein Spannungsverhältnis entworfen, bei dem „individuelle Ziele und sozial gegebene Möglichkeiten nur dadurch für erreichbar gehalten werden, daß die Individuen ihre Einstellungen ändern, ihre Motive und Ziele verschieben, ihre Ansprüche senken“ (Statement z. B.: ‚Ich glaube nicht, daß alle meine Wünsche in Erfüllung gehen, denn ich muß mich der allgemeinen Lage anpassen‘, Fuchs 1985, S. 148). Selbstbehauptung unterstellt ein „Leben gegen eine feindliche Umwelt, die das eigene Ich bedroht, nicht

Tabelle 3: Mittelwerte der Skalen „Soziale Orientierungsmuster“ nach Geschlecht und Bundesland ’91

	Westen			Osten			Insgesamt	
	weibl.	männl.	gesamt	weibl.	männl.	gesamt	weibl.	männl.
Privatisierung	12.88	13.08*	12.98	12.01	12.73***	12.37	12.59	12.95***
Anpassungsbereitschaft	13.64	13.34*	13.49	13.62	13.48	13.55	13.63	13.39**
Selbstbehauptung	13.39	13.54*	13.45	13.35	13.52	13.43	13.36	13.53**

Legende: Die Berechnung der Signifikanz der Mittelwertdifferenzen durch t- Test; paarweise entweder männlich-weiblich oder West-Ost.

* p<.05: tendenziell signifikant

** p<.01: signifikant

*** p<.001: hochsignifikant

Tabelle 4: Leben als Pflicht versus Leben genießen bei Jugendlichen in Ost und West nach Geschlecht (Angaben in Prozent)

	weibl.Jugendliche		männl. Jugendliche	
	Westen	Osten	Westen	Osten
Leben als Pflicht	48,7	61,8	43,8	53,7
Leben genießen	51,3	38,2	56,2	46,3
	100,0	100,0	100,0	100,0

als innerer Vorbehalt, sondern als alltäglicher Widerstand ... gegen die Normalität und allumfassende Reguliertheit des sozialen Lebens" (ebda, S. 156, Statement z. B.: ‚Ich strenge mich an, um mich von den gesellschaftlichen Anforderungen nicht unterkriegen zu lassen', vgl. Fischer. Methodenbeschreibung in Band 4).

Uns interessieren geschlechterdifferente Reaktionen im Zeitverlauf. Während Jugendliche der Studie '84 zufolge im Hinblick auf ‚Selbstbehauptung' und ‚Privatisierung' nicht geschlechtsabhängig reagierten, wohl aber bei ‚Anpassungsbereitschaft', erwarten wir angesichts unterschiedlicher Betroffenheit beider Geschlechter durch die politische Wende abweichende Reaktionsweisen.

Im Orientierungsmuster ‚Privatisierung' unterscheiden sich männliche und weibliche Jugend '91 signifkant, wobei das Muster der Privatisierung mehr im Westen vertreten ist. Weibliche Jugendliche sind im Osten signifikant weniger privatistisch eingestellt als weibliche Jugendliche im Westen, durchaus im Sinne unserer Hypothese. Andererseits ist die ‚Anpassungsbereitschaft' bei jungen Frauen deutlich ausgeprägter als beim anderen Geschlecht, im Westen mehr als im Osten. Auf der Skala ‚Selbstbehauptung' wird das traditionelle Muster von der stärkeren ‚männlichen' Selbstbehauptung im Westen signifikant, im Osten der Tendenz nach bestätigt.

In bezug auf ihre Lebensziele sind weibliche Jugendliche im Osten am anspruchsvollsten. Sie geben sich zu 19,6 % gegenüber 14,7 % der männlichen Jugendlichen im Osten sogar als sehr anspruchsvoll und ehrgeizig aus.

Eine Lebensauffassung, die die Pflichterfüllung in den Vordergrund stellt, auch wenn es schwerfällt, im Gegensatz zu einer Haltung, die das Leben zu genießen trachtet, fand sich signifikant häufiger in den neuen Bundesländern und beim weiblichen als in den alten Bundesländern bzw. beim männlichem Geschlecht.

Wie auch andere Untersuchungen zeigten, sind Mädchen und junge Frauen lernbereit, mobil und flexibel. Sie strengen sich an, leisten keinen gewalttätigen Widerstand und passen sich im Sinne einer aktiven Bewältigung an neue Gegebenheiten an. Daß sie dennoch die schlechteren Chancen erwarten, läßt für sie sozial erzeugten Stress entstehen.

Weitere Belege für diese Interpretation, die wir hier nicht im Detail erläutern können, sehen wir in der geringer ausgeprägten ‚hedonistischen Gegenwartsorientierung' der Ost- gegenüber den West-Jugendlichen, wobei die weibliche Jugend in den neuen Bundesländern signifikant weniger hedonistisch ist als in den alten, insgesamt aber kein Geschlechtseffekt auszumachen ist (siehe Beitrag Kohr in diesem Band).

Partnerschaftliche Geschlechterbeziehungen: Machtverteilung und Kinderbetreuung

Wie spiegeln sich die gesellschaftlich arrangierten Geschlechterverhältnisse in den Vorstellungen zu den Geschlechterbeziehungen, oder sind die privaten Partnerbeziehungen von dieser Skepsis unberührt? Wie der Umgang mit Jugend ein Testfall für gesellschaftliche Rationalität ist, so ist Partnerschaft der Testfall für eine beidseitig verinnerlichte Gleichberechtigung. Partnerschaftsvorstellungen wurden in den vorangegangen Shell-Jugendstudien nicht untersucht (außer: Ecarius, in: Behnken 1985).

Die Partnerschaftsskala

Aus einer repräsentativen Untersuchung deutscher Männer im Jahre 1985 war zu entnehmen, daß Partnerschaft eine breit akzeptierte Norm westdeutscher Geschlechterkultur ist, dies aber eine asymmetrische Machtverteilung und Aufgabenverteilung der Partner nicht ausschließt (Metz-Göckel/Müller 1986).

Es wurden daher Aussagen zusammengestellt, die von einer generellen Gemeinsamkeit in allen Belangen bis zu kritischen Scheidepunkten der Partnerschaft – wie Machtverteilung und Kinderbetreuung – reichen. Sie wurden im Frühjahr 1991 in einer bundesweiten Vorerhebung 780 Jugendlichen – je zur Hälfte in West und Ost – im Alter von 13–29 Jahren zur Stellungnahme vorgegeben. In dieser Vorerhebung wurde kein in demographischer Hinsicht repräsentatives Abbild der gleichaltrigen Bevölkerung angestrebt, sondern es war Ziel, gleich große Gruppen für die Vergleiche nach den Kriterien Alter, Geschlecht und Bildung zusammenzustellen (vgl. Bd 4 dieser Studie, Fischer: Methodenübersicht).

Sieben Aussagen bilden die Partnerschaftskala. Auf diese Statements konnte in einer Vierer-Abstufung geantwortet werden: 4 = trifft sehr zu, 3 = trifft zu, 2 = trifft weniger zu, 4= trifft überhaupt nicht zu. Die durchschnittlichen Antworttendenzen von Jungen und Mädchen bzw. von West- und Ostdeutschen sind in Tabelle 5 wiedergegeben.

Bei der Analyse der Zustimmungen zu Einzelaussagen zeigt sich, daß Mädchen der Partnerschaftsskala in fünf von sieben Aussagen mehr zustimmen als Jungen. Mädchen und junge Frauen wünschen sich entschiedener als das andere Geschlecht eine Partnerschaft, in der beide Partner gleich viel zu sagen haben. Sie legen auch mehr Wert darauf, daß beide Partner gleich viel in ihrer beruflichen Planung auf Kinder Rücksicht nehmen, sich gleich viel Gedanken über ihre Kinder machen, die Hausarbeit teilen und gleiche Zeit haben, ihren Freizeitinteressen nachzugehen.

Partnerschaftliches Verhalten in den Beziehungen ist offizieller Konsens bei jungen Leuten. Die Abweichungen zwischen den Geschlechtern liegen darin, daß männliche Jugendliche ihr halbherziger, weibliche nachdrücklicher zustimmen.

Unterschiede bestehen auch in Abhängigkeit vom Gesellschaftssystem. Sie sind allerdings weniger ausgeprägt als die Geschlechtsdifferenzen. In drei von sieben Einzelaussagen votieren die jungen Ostdeutschen etwas gleichheitsorientierter. Die Jugendlichen in den neu-

Tabelle 5: Partnerschaftswünsche von weiblichen und männlichen Jugendlichen in Ost und West (Einzelaussagen zur Partnerschaftsskala)

Ich wünsche mir eine Partnerschaft ...	Mittelwerte			
	weibl.	männl.	West	Ost
I. in der beide alles gemeinsam machen	2.88	2.94	2.86	2.97*
2. in der sich die Partner in die Situation des anderen hineinversetzen	3.43	3.40	3.37	3.47**
3. in der beide Partner gleich viel zu sagen haben	3.63	3.39**	3.50	3.52
4. in der beide Partner gleich viel in ihrer beruflichen Planung auf Kinder Rücksicht nehmen	3.34	3.19**	3.24	3.30
5. in der sich beide Partner gleich viel Gedanken über ihre Kinder machen	3.63	3.45**	3.50	3.59**
6. in der sich beide Partner in allen Bereichen die Hausarbeit teilen	3.14	2.80**	3.04	2.91**
7. in der beide Partner gleich viel Zeit haben, ihren Freizeitinteressen nachzugehen	3.45	3.29**	3.37	3.37

(t-Test auf Mittelwertdifferenz; paarweise für Männlich-Weiblich bzw. West-Ost.)

* p<.05: tendenziell signifikant

** p<.01: signifikant

Tabelle 6: „Ich wünsche mir eine Partnerschaft, in der beide Partner gleich viel zu sagen haben" – Vorerhebung – Angaben in Prozenten

	weibliche Jugendliche		männliche Jugendliche	
	West	Ost	West	Ost
total (n)	203	192	194	185
trifft überhaupt nicht zu	0	0	0,5	0
trifft weniger zu	1,5	1,0	3,6	7,6
trifft zu	36,5	32,8	52,1	45,9
trifft sehr zu	62,0	66,2	43,8	46,5
	100,0	100,0	100,0	100,0

en Bundesländern beurteilen häufiger positiv, daß beide alles gemeinsam machen, sich in die Situation des anderen hineinversetzen und daß beide sich gleich viel Gedanken über ihre Kinder machen.

Die Ansprüche an Partnerschaft sind unabhängig von der Institutionalisierung in Form der Ehe, wie die Analyse der Items in Abhängigkeit vom Familienstand zeigt. Zwischen den Alleinlebenden, den Verheirateten bzw. Zusammenlebenden in West und Ost gibt es keine Unterschiede.

Die Überprüfung der Altersvariablen ergab – auch für alle Untergruppen nach Geschlecht und Bundesland – keine weiteren Befunde. Offensichtlich sind die

Partnerschaftsvorstellungen als Norm schon sehr früh bei den Jugendlichen verankert und im Altersverlauf mit diesem Instrument nicht weiter meßbar.

Mittels explorativer Faktorenanalyse wurde geprüft, ob die sieben Aussagen zur gleichberechtigten Partnerschaft für die Jugendlichen auf einer gemeinsamen Dimension liegen. Nehmen wir alle Befragten zusammen, erhalten wir in der Tat nur einen einzigen Faktor, bei dem nur „alles gemeinsam" machen eine geringe Ladung zeigt. Dieser Faktor erklärt 43 % der gemeinsamen Varianz.

Wir dürfen die sieben Einstellungssätze folglich zu einer gemeinsamen Skala zusammenfassen. Wie schon die Antworten auf die Einzelitems andeuteten, findet die Skala zur gleichberechtigten Partnerschaft eine hohe Zustimmung bei den Jugendlichen, was methodisch auf eine hohe soziale Erwünschtheit von Partnerschaftlichkeit schließen läßt und somit einen positiven Antwortbias enthält. Sie repräsentiert – das sollte betont werden – Idealvorstellungen und nicht die Praxis der Partnerschaft. Bei einer grundsätzlich übereinstimmenden breiten Befürwortung von Partnerschaftlichkeit ergeben sich jedoch bei weiblichen und männlichen Jugendlichen unterschiedliche Akzentuierungen. Männliche Jugendliche in Ost und West zeigen keine Unterschiede, was den Grad ihrer Zustimmung angeht, während Mädchen und jungen Frauen in Ost und West deutliche Unterschiede aufweisen. Ostdeutsche Mädchen stimmen der gleichberechtigten Partnerschaft etwas stärker zu als westdeutsche Mädchen.

In einem zweiten Schritt wurde geklärt, ob der gemeinsame Faktor auch für alle vier Untergruppen nach Geschlecht und West/Ost gilt. Es wurden jeweils getrennte Faktorenanalysen für westliche Jungen, ostdeutsche Jungen, westliche Mädchen und ostdeutsche Mädchen gerechnet. Dabei stellte sich heraus, daß sich für westdeutsche Mädchen – anders als bei allen drei anderen Gruppen – die Einstellungssätze in zwei relativ unabhängige Dimensionen (Zwei-Faktoren-Lösung) aufteilen lassen

Faktor 1: Egalität in Freizeit, Hausarbeit und Macht (Ladungen in Klammern)

- In der beide Partner gleich viel Zeit haben, ihren Freizeitinteressen nachzugehen (.80);
- In der sich die Partner in allen Bereichen die Hausarbeit teilen (.77);
- In der beide Partner gleich viel zu sagen haben (.59);

Faktor 2: Gemeinsamkeit und Rücksichtnahme

- In der beide alles gemeinsam machen (.74);
- In der sich beide Partner in die Situation des anderen hineinversetzen (.73);
- In der sich beide Partner gleich viel Gedanken über ihre Kinder machen (.59);
- In der beide Partner in ihrer beruflichen Planung auf ihre Kinder Rücksicht nehmen (.55);

Anders als die drei anderen Gruppen trennen die westdeutschen jungen Frauen zwischen einer politisch und individualistisch auf Egalität beharrenden Partnerschaftsvorstellung und einer Konzeption, die eher empathisch, symbiotisch und kindzentriert ist.

Sexismus: Mit weiblichem und männlichem Blick betrachtet

Welche Vorstellungen von Männlichkeit und Weiblichkeit Jugendliche ihren

PartnerInnen entgegenbringen, ist nicht unabhängig davon, welche kulturellen Muster von Männlichkeit und Weiblichkeit vorherrschen, sei es als Leitbilder, sei es als Abwehr und Abgrenzung. Wir wollen im folgenden einigen Stereotypen nachgehen, die sozusagen die Schattenseite der individuellen Partnerbeziehungen auf kollektiver bzw. gesellschaftlicher Ebene repräsentieren.

Bei Fahrten durch die neuen Bundesländer fällt auf, daß die Sex-Welle nun ungeniert auch auf diesen Teil der Bundesrepublik herübergreift. Die westliche Gesellschaft läßt die öffentliche Benutzung von Frauen als Objekte männlicher Schaulust zu. Diese Art der öffentlichen Frauenverachtung war zu DDR-Zeiten relativ unterentwickelt. Das „öffentliche Anbieten weiblicher Körper als Objekte des Marktes“ berührt Frauen und Männer auf differentielle Weise, davon gehen wir aus: Zwar nicht zwingend, so doch in der Tendenz wirkt eher als Herabsetzung auf Frauen, was Männern (in nicht genau zu bestimmender Weise) als ‚Befreiung‘ vom prüden DDR-Alltag erscheinen mag. Für diese Art der Diskriminierung aufgrund des Geschlechts hat sich in der Frauenforschung der Begriff Sexismus eingebürgert. Es gab diesen Begriff unseres Wissens nicht in der öffentlichen DDR-Kultur, sehr wohl ist er inzwischen theoretisch in der alten Bundesrepublik eingeführt (Janssen-Jurreit 1976) und in letzter Zeit auch empirisch, z. B. am Arbeitsplatz, untersucht worden, in einer drastischen Ausprägung als sexuelle Belästigung.

In der Shell-Studie '91 zeigt sich eine breite Zustimmung der ostdeutschen Jugendlichen beiderlei Geschlechts zur FFK-Bewegung, die mit dem Alter ansteigt und bei jungen Frauen deutlich häufiger als bei Männern anzutreffen ist. Möglicherweise ist dies eine DDR-Variante ‚sexueller Befreiung‘ in einem tolerierten Rahmen, wenn auch nicht als sexuelle Revolution wie in den 60er und 70er Jahren der BRD.

In der Vorerhebung erhielten weibliche und männliche Jugendliche jeweils eine teils übereinstimmende, teils unterschiedliche Liste von stereotypen Aussagen zur Stellungnahme. Es ist dies unseres Wissens die erste Untersuchung zum Sexismus an einer größeren Gruppe von Jugendlichen in den neuen und alten Bundesländern.

(Auf diese Statements konnte in einer Vierer-Abstufung geantwortet werden: 4 = trifft sehr zu, 3 = trifft zu, 2 = trifft weniger zu, 4 = trifft überhaupt nicht zu.)

Gemeinsame Statements für Frauen und Männer

- Viele Männer machen eine Frau nur deshalb an, um sich und anderen Männern ihre Männlichkeit zu beweisen.
- Ich finde es nicht gut, daß Männer in ihren Beziehungen zu Frauen sich gegenseitig unter Druck setzen.
- Viele Frauen verhalten sich so, daß ein Mann sie bedrängen muß.
- Frauen zeigen deutlich, was sie wollen und was nicht; aber Männer wollen das oft nicht wahrhaben.
- Angemacht zu werden ist für Frauen eigentlich ein Kompliment.
- Die vielen Bilder von nackten Frauen überall verletzen die Würde der Frau.

Die folgenden Statements wurden jeweils nur dem einen Geschlecht vorgelegt:

Frauen	Männern
– Ich weiß oft selbst nicht, wie ich mich bei einer sexuellen Annäherung verhalten soll. – Ich kann ganz deutlich werden, wenn mir jemand zu nahe kommt. – Ich fühle mich meinem Partner gegenüber in der Klemme, wenn er mich bedrängt. – Typen, die mich anmachen, sind für mich erledigt – Sexuelle Belästigung ist auf jeden Fall eine Verletzung der Menschenwürde der Frau. – Ich fühle mich verletzt, wenn Männer in meiner Gegenwart blöde Witze über Frauen und Mädchen machen.	– Wenn ich eine Frau näher kennenlernen will, weiß ich oft nicht, wie ich mich verhalten soll. – Als Mann steht es mir zu, einen Schritt weiterzugehen als die Frau es will. – Auch ich als Mann fühle mich manchmal von Frauen bedrängt. – In der Regel setze ich alles dran, eine Frau rumzukriegen. – Ich mache schon mal bei blöden Witzen über Frauen und Mädchen mit.

Der „weibliche Blick" auf Sexismus

Eine Faktorenanalyse der Antworten ergibt für die weiblichen Jugendlichen insgesamt fünf und für die männlichen vier Dimensionen (Abbruchkriterium Eigenwert >1), die im folgenden beschrieben werden. Die Faktorenanalyse (Hauptkomponentenanalyse mit Varimax-Rotation) wurde jeweils für die männlichen und weiblichen Jugendlichen insgesamt gerechnet. Die fünf Faktoren für die weiblichen Jugendlichen erklären 61,8 % der gemeinsamen Varianz. Die Faktorenscores der einzelnen Faktoren wurden einem t-Test nach Unterschieden zwischen westdeutschen und ostdeutschen jungen Frauen unterzogen.

Faktor 1: Macht-Ohnmacht
- Viele Männer machen eine Frau nur deshalb an, um sich und anderen Männern ihre Männlichkeit zu beweisen (Faktorladung: .69);
- Ich finde es nicht gut, daß Männer in ihren Beziehungen zu Frauen sich gegenseitig unter Druck setzen (Faktorladung .66);
- Viele Frauen verhalten sich so, daß ein Mann sie bedrängen muß (Faktorladung -.65);
- Frauen zeigen deutlich, was sie wollen und was nicht, aber Männer wollen das oft nicht wahrhaben (Faktorladung .54);

(Erklärte Varianz 19.4, Mittelwerte: Westen = .1624, Osten = –.1841, $p < .001$)

Faktor 2: Verletzheit durch sexistische Kultur
- Die vielen Bilder von nackten Frauen überall verletzen die Würde der Frauen Faktorladung .83);
- Ich fühle mich verletzt, wenn Männer in meiner Gegenwart blöde Witze über Frauen und Mädchen machen (Faktorladung .80);

(Erklärte Varianz 13.8 , Mittelwerte: Westen = .1139, Osten = -.1291, Differenz der Mittelwerte $p < .020$)

Faktor 3: Aktive Bewältigung sexueller Belästigung
- Ich kann ganz deutlich werden, wenn mir jemand zu nahe kommt (Faktorladung .81);

Tabelle 7: „Viele Männer machen eine Frau nur deshalb an, um sich und anderen Männern ihre Männlichkeit zu beweisen" (Angaben in Prozent)

	Weibliche Jugendliche	
	Westen	Osten
Trifft überhaupt nicht zu	2,5	5,3
trifft weniger zu	20,8	29,6
trifft zu	52,5	48,2
trifft sehr zu	24,3	16,9
	101,1	100,0

- Sexuelle Belästigung ist auf jeden Fall eine Verletzung der Menschenwürde (Faktorladung .73);

  (Erklärte Varianz 10.6, Mittelwerte: Westen = -.0236, Osten = .0268, Differenz der Mittelwerte p <.630 , nicht signifikant)

Faktor 4: Akzeptanz von Anmache

- Angemacht zu werden, ist für Frauen eigentlich ein Kompliment (Faktorladung .77);
- Typen, die mich anmachen, sind für mich erledigt (Faktorladung -.71);

  (Erklärte Varianz 9.5, Mittelwerte Westen = .0208, Osten = -.0236, Differenz der Mittelwerte p< .672, nicht signifikant)

Faktor 5: Unsicherheit

- Ich fühle mich meinem Partner gegenüber in der Klemme, wenn er mich bedrängt (Faktorladung .86);
- Ich weiß oft selbst nicht, wie ich mich bei einer sexuellen Annäherung verhalten soll (Faktorladung .59);

  (Erklärte Varianz 8.4, Mittelwerte: Westen = -.0049, Osten = .0055, Differenz der Mittelwerte p< .921, nicht signifikant)

Die Faktorenanalyse ergibt eine sehr klare Strukturierung der Einzelitems. Im ersten Faktor werden Interaktionen beider Geschlechter entlang einer Macht-Ohmacht-Dimension beschrieben. Dieser Faktor erklärt ein Fünftel der gemeinsamen Varianz. Im zweiten Faktor wird die Reaktion von Frauen auf die sexistische Kultur in Form von Verletztheit zum Ausdruck gebracht. Im dritten Faktor sind die Bewältigungsmöglichkeiten von sexueller Belästigung erfaßt. Im vierten Faktor wird die Bejahung Anmache geäußert und im fünften Faktor Unsicherheit ausgedrückt.

Im Hinblick auf die Dimensionen Bewältigung sexueller Belästigung, Akzeptanz von Anmache und eigene Unsicherheit gibt es einheitliche ‚weibliche' Reaktionen in West und Ost, d. h. keine Differenzen in der Zustimmung zu diesen Einstellungssätzen Die weiblichen Jugendlichen in West und Ost unterscheiden sich dagegen in der Ablehnung des männlichen Machtgehabes (Faktor 1) und der persönlichen Verletztheit durch die sexistische Kultur (Faktor 2). Die jungen Frauen aus dem Westen stimmen beiden Dimensionen, in denen antisexistische Einstellungen geäußert werden, stärker zu. Weibliche Jugendliche im Westen reagieren hier also kritischer gegenüber Männern als ihre Geschlechtsgenossinnen im Osten. Als Beispiel für die Tendenz wird in Tabelle 7 die Verteilung der Antworten auf einen Einstellungssatz zu Faktor 1 wiedergegeben.

Daß Mädchen und junge Frauen in den neuen Bundesländern sich vom sexistischen Machtgehabe weniger betroffen fühlen als in der BRD, mag daran liegen, daß sie diese Erfahrung in der öffentlichen Kultur bisher noch nicht in ausgiebiger Weise gemacht haben. Es mag aber auch daran liegen, daß es einen öffentlichen Diskurs zu dieser Thematik in der DDR nicht gegeben hat, während in den alten Bundesländern die Auseinandersetzungen mit und durch die Frauenbewegung einen Einfluß auf die Bewußtseinsbildung gehabt haben.

Der „männliche" Umgang mit Sexismus

Dieses Thema bezieht sich auf sexistisches Verhalten von Männern sowie traditionelle Männlichkeitsstereotype. Es hat einen eigenartigen Stellenwert in der ‚Männerkultur'. In den letzten Jahrzehnten wurde es allerdings mehr und mehr zum öffentlichen Angriffspunkt seitens der Frauenbewegung. Während es die älteren erwachsenen Männer als Problem möglicherweise eher aufgedrängt bekommen, wachsen Jugendliche einerseits mit dieser „Traditionslast", andererseits mit der Kritik daran auf. Wie reagieren nun männliche Jugendliche in West und Ost auf sexistische Phänomene?

Die Faktorenanalyse ergab vier Faktoren, die 55 % der Varianz erklären und im folgenden näher beschrieben werden. Es wurden die gleichen statistischen Verfahren und Regeln eingesetzt wie oben.

Faktor 1: Rechtfertigung von gewalttätigem Sexismus
- Als Mann steht es mir zu, einen Schritt weiter zu gehen, als die Frau es will (Faktorladung .75) ;
- In der Regel setze ich alles dran, eine Frau rumzukriegen (Faktorladung .69);
- Ich mache schon mal bei blöden Witzen über Frauen mit (Faktorladung .67);
- Viele Frauen verhalten sich so, daß ein Mann sie bedrängen muß (Faktorladung .51);

(Erklärte Varianz 18,5 %, Mittelwerte der Faktorscores: Westen =.0538, Osten = -.0561, t-Test, p< .286, nicht signifikant)

Faktor 2: Fremdbestimmtheit und Eindeutigkeit
- Frauen zeigen deutlich, was sie wollen und was nicht (Faktorladung .75);
- Viele Männer machen eine Frau nur deshalb an, um sich und anderen Männern ihre Männlichkeit zu beweisen (Faktorladung .73);

(Erklärte Varianz 15,3 %, Mittelwerte der Faktorscores: Westen = .0174, Osten = -.0181, t-Test p< .730, nicht signifikant)

Faktor 3: Männliche Unsicherheit
- Wenn ich eine Frau näher kennenlernen will, weiß ich oft nicht, wie ich mich verhalten soll (Faktorladung .77);
- Ich finde es nicht gut, daß Männer in ihren Beziehungen zu Frauen sich gegenseitig unter Druck setzen (Faktorladung .59);
- Auch ich als Mann fühle mich manchmal von Frauen bedrängt (Faktorladung .55);

(Erklärte Varianz 11,2 %, Mittelwerte der Faktorscores: Westen = -.0839, Osten = .0876, T-Test, p< .096 , tendenziell signifikant)

Faktor 4: Sexistische Kultur
- Angemacht zu werden ist für Frauen eigentlich ein Kompliment (Faktorladung .74)
- Die vielen Bilder von nackten Frauen überall verletzen die Würde der Frau (Faktorladung -.73);

(Erklärte Varianz 9,9 %, Mittelwerte der Faktorscores: Westen = -.0693, Osten = .0876, T- Test, p< .169, nicht signifikant)

Die Mittelwerte der Faktorscores zeigen eine weitgehende Übereinstimmung der Antworttendenzen zwischen Ost und West bei drei Faktoren. Lediglich beim Faktor männliche Unsicherheit gibt es geringfügige Unterschiede, die auf eine größere Unsicherheit im Osten hindeuten.

Sexismus und Partnerschaftlichkeit

Wir sind dem Zusammenhang zwischen Partnerschaftlichkeit und Sexismus mit einer Korrelation der Einzelaussagen der Partnerschaftsskala mit den Faktorenscores der Sexismusdimensionen für Männer und Frauen jeweils für die neuen und alten Bundesländer nachgegangen. Wir beziehen uns im folgenden nur auf signifikante und tendenziell signifikante Unterschiede. Die westdeutschen jungen Frauen zeigen ein feines Gespür für die Machtdimension in den Geschlechterbeziehungen, die sich in dem Zurückweisen männlicher Überheblichkeit zeigt. Anmache verträgt sich für sie nicht mit Partnerschaftlichkeit und die Bereitwilligkeit zur neuen Arbeitsteilung nicht mit Unsicherheit. Für die jungen Frauen im Osten zeigt sich ein deutlicher Zusammenhang zwischen gleicher Machtverteilung im Privaten und dem Faktor Macht/Ohnmacht sowie eine negative Beziehung zwischen sexueller Belästigung und Rücksichtnahme auf Frau und Kinder. Junge Männer im Westen sehen einen Widerspruch zwischen einem gewalttätigen Sexismus (Faktor 1) und den Vorstellungen von einer Machtsymmetrie in der Partnerschaft, ebenso zwischen Fremdbestimmtheit (Faktor 2) und dem Wunsch, „alles gemeinsam zu machen". Gleichverteilung von Hausarbeit und sexistische Haltung zu Frauen gehen bei westdeutschen männlichen Jugendlichen nicht zusammen. Bei den männlichen Jugendlichen im Osten zeigt sich ein negativer Zusammenhang zwischen Empathie und Fremdbestimmtheit.

Unsere dritte Hypothese können wir nicht klar beantworten. Es gibt also einige Irritationen in den jugendlichen Geschlechterbeziehungen, auch sich leise abzeichnende Machtkämpfe, die ‚unbewußte' Koalitionen zwischen männlichen Jugendlichen in West und Ost und einen Angleichungsprozeß der Ost-Jugendlichen an den Westen andeuten. Aber es gibt auch widerständige Orientierungen der jungen Frauen, die wir im Sinne unserer dritten Hypothese deuten können.

Die Vereinigung als allmähliche Wiederherstellung von Geschlechter-Ungleichheit?

Zeichnet sich ein Prozeß zunehmender Bedeutungslosigkeit von Geschlechtszugehörigkeit und Geschlechterdifferenzen ab, oder verstärkt sich die soziale Ungleichheit zwischen den Geschlechtern im Kontext der politischen Vereinigung?

Bezogen auf unsere Auswertung schneiden beim Geschlechtervergleich die Mädchen, beim Länder-Vergleich die Jugendlichem im Osten schlechter ab. Weibliche Jugendliche im Osten nehmen die sich verengenden Rahmenbedingungen verschärft wahr und beziehen diese auch auf das eigene Leben zurück. Sie reagieren auf eine Antizipation steigender Belastungen mit einer größeren Anstrengungsbereitschaft, jedoch eher individualisierend als protestierend, in einer Spannung von „fremder Regie und Anspruch auf ein selbstbestimmtes Leben". Nach unserer Interpretation wird die differentielle Bedeutsamkeit der Geschlechtszugehörigkeit in den nächsten Jahren für die Zuteilung von Lebenschancen, aber auch für die Orientierungen zunehmen. Diese werden sich partiell mit den gleichzeitig fortbestehenden Ost-West-Unterschieden überlagern und eine Angleichung ans ‚Westniveau' auch in den Geschlechterbeziehungen begünstigen.

Geschlechterungleichheit könnte damit als Geschlechterhierarchie ländcrübergreifend restauriert werden und einige Unterschiede in den Äußerungen der jungen Frauen und Männer dieser Untersuchung lassen hiervon etwas erkennen: Der skeptischere Blick in die Zukunft und die höhere Bewertung der Vergangenheit bei den ostdeutschen jungen Frauen sind ein solches Indiz, das sie deutlich trennt von der optimistischeren Unbekümmertheit der männlichen Jugendlichen im Osten. Die Orientierungssuche der weiblichen Jugend aus dem Osten wird erschwert durch die Entwertung der Ex-DDR, die mittlerweile als massive und rigide Selbstentwertung verläuft. Unsere Ergebnisse bestätigen die Fortdauer der Geschlechterkomplementarität, z. B. im Befund, daß die Mütter im Osten noch viel stärker als im Westen die wichtigste Ansprechperson für die Jugendlichen sind. Sie weisen jedoch auch auf Aufweichungen hin, (z. B. stärkeres Technikinteresse bei Mädchen im Osten als im Westen, größere Bereitschaft junger Männer zur Hausarbeit im Osten). Messen wir mit dem westlichen ‚Gleichheitsmaß' der Aufhebung der geschlechtsspezifischen Aufteilung der Hausarbeit, schneidet die DDR mit ihrer Mütterpolitik und ihrem Hausarbeitstag schlecht ab. Übersehen können wir dabei leicht, daß aus den überlasteten, aber in ihrer Existenz gesicherten ‚DDR-Müttern' durch die ‚Wende' überlastete und auf private Abhängigkeit von Männern verwiesene gesamtdeutsche ‚Mütter' werden. Dieser Anpassungsprozeß vollzieht sich nämlich in einer Gesellschaft, deren Marktliberalismus zugunsten des männlichen Geschlechts wirkt und deren ökonomische Differenzierung im Vergleich zur DDR extrem ausgeprägt ist. Forscherinnen der DDR beurteilen die Realität von Frauen in ihrer Gesellschaft überaus kritisch: die Geschlechterstereotypen seien festgefügt, emanzipatorische Postulate nur Mittel zur Instrumentalisierung von Frauen gewesen (Nickel 1991 b).

Eher paradox zur westlich kritischen Sichtweise mutet an, daß es in der DDR eine ausgeprägte kulturelle Komplementarität der Geschlechter gab, die nicht hinterfragt wurde. Hierzu gehört auch die größere Unempfindlichkeit gegenüber einer sexistischer Kultur bei Ost-Jugendlichen, die zugleich aber mit einer strukturell weniger verfestigten Geschlechterhierarchie einherging. Dies mag die größere Ruhe von DDR Jugendlichen gegenüber Problemen der Geschlechterhierarchie und Sexismus begründen. Sie waren hiervon letztlich weniger bedroht als im Westen. Die aktuell hinterfragte östliche Geschlechterkomplementarität mit weniger Hierarchie als im Westen kann jedoch ein guter Nährboden sein für die problemlose Durchsetzung westlicher Komplementarität mit ausgeprägterer Hierarchiestruktur.

Anmerkungen

1 Für die statistische Beratung und Durchführung der Rechenarbeiten danken wir Hellmuth Metz-Gökkel sowie Dirk Taeger.

2 Für Hilfe zum Verstehen dieses Phänomens, der unseren Blick für die Frauen-Realität in der Ex-DDR erweiterte, danken wir Barbara Bertram.

Literatur:

Bartmann, Marita 1992
Das Frauenleitbild der SED, seine Modifikation im Rahmen des Paradigmas der Wissenschaftlich-technischen Revolution und seine Umsetzung in der Frauenpresse
Dissertation Dortmund

Beer, Ursula/ Müller, Ursula 1992
Coping with new realities. Barriers and potentials,
in: Cambridge Journal of Economics (in Druck)

Behnken, Imbke u.a 1991
Schülerstudie '90. Jugendliche im Prozeß der Vereinigung
Weinheim und München

Behnken, Imbke (Hg.) 1985
Jugend in Selbstbildern,
in: Jugendliche und Erwachsene '85: Band 4, Jugendwerk der Deutschen Shell, hrsg. von Fischer, Arthur/Fuchs, Werner/ Zinnecker, Jürgen
Opladen

Bertram, Barbara u. a. 1989
Typisch weiblich – typisch männlich?,
Berlin Ost

Bertram, Barbara 1992
Zwischen Orientierungslosigkeit und neuer Perspektive. Frauen in den neuen Bundesländern,
in: Kulke, Christine; Kopp-Degethoff, Heidi; Ramming, Ulrike (Hg): Wider das schlichte Vergessen. Der deutsch-deutsche Einigungsprozeß: Frauen im Dialog,
Berlin

Biedenkopf, Kurt: Kurt Biedenkopf und der Abschied von der Aufholjagd, in: Frankfurter Rundschau. Dokumentation vom 27.3.1992

Brinkmann, Christian/ Engelbrech, Gerhard 1991
Erwerbsbeteiligung und Erwerbstätigkeit von Frauen,
in: Wagner, Gert/ von Rosenbladt, Bernhard/ Blaschke, Dieter (Hg): An der Schwelle zur sozialen Marktwirtschaft. Ergebnisse aus der Basiserhebung des Sozio-ökonomischen Panels in der DDR im Juni 1990, Beiträge zur Arbeitsmarkt- und Berufsforschung
NÜrnberg

Fischer, Arthur 1985
Zukunft und Politik,
in: Fischer, Arthur/Fuchs, Werner/ Zinnecker, Jürgen: Jugendliche und Erwachsene im Generationenvergleich, Bd 1: Biographien, Orientierungsmuster, Perspektiven
Opladen

Fuchs, Werner 1985
Soziale Orientierungsmuster: Bilder vom Ich in der sozialen Welt,
in: Fischer, Arthur/ Fuchs, Werner/Zinnecker, Jürgen: Jugendliche und Erwachsene ,85. Generationen im Vergleich
Opladen

Janssen-Jurreit, Marielouise 1976
Sexismus. Über die Abtreibung der Frauenfrage
München

Metz-Göckel, Sigrid/ Müller, Ursula 1985
Der Mann
Weinheim

Nickel, Hildegard Maria 1990 a
Frauenarbeit im Beruf und in der Familie. Geschlechterpolarisierung in der DDR, in: Frauen zwischen Ost und West. Offene Frauenhochschule. Dokumentation
Kassel

Nickel, Hildegard Maria 1990 b
Gemeinsame Strecke bis zur Weggabelung. Geschlechtstypische Übergänge von DDR-Jugendlichen in den Beruf,
in: Ypsilon, H.2

Nickel, Hildegard Maria 1991 a
Sozialisation im Widerstand. Alltagserfahrungen von DDR-Jugendlichen in Schule und Familie,
in: Zeitschrift für Pädagogik, 37.Jg., H.4

Nickel, Hildegard Maria 1991 b
Geschlechterverhältnisse und Sozialisationserfahrungen im DDR-Alltag. Rüstzeug für den Weg in eine andere Moderne?,
in: Deppe, F. u. a.: Eckpunkte moderner Kapitalimuskritik
Hamburg

Winkler, Beate 1992
Zu welcher Gesellschaft wird sich die neue Republik entwickeln? Über die Ängste bei der deutschen Bevölkerung und das Fremde in uns,
in: Zukunftsangst Einwanderung
München

Intergenerative Bildungsmobilität in den alten und neuen Bundesländern

Helmut Apel

Der Beitrag beschäftigt sich mit dem momentanen Stand der Bildungsmobilität, vergleichend für die alten und neuen Bundesländer. Anhand der sehr aktuellen und hinreichend repräsentativen Daten der Shell-Jugendbefragung 1991 wird der heutige Zusammenhang zwischen dem Bildungsniveau der Eltern- und Kindergeneration untersucht. Der Erwerb schulischer Qualifikationen stellt zwar nur einen von mehreren Aspekten von sozialer Mobilität dar, ist jedoch nach wie vor von entscheidender Bedeutung für den beruflichen Status und ist deswegen als einer der bedeutungsvollsten Faktoren im sozialen Allokationsprozeß anzusehen.

An der sehr großen Bedeutung der schulischen Qualifikation für die beruflichen Plazierungen ändert auch das in neuerer Zeit vornehmlich als Krise des höheren Bildungswesens empfundene Mißverhältnis von Bildungs- und Beschäftigungssystem nichts Grundlegendes. Es verweist nur auf die derzeitige Spezifik dieses Zusammenhangs: Bildungszertifikate stellen heute in vielen Bereichen keine hinreichenden, aber umso notwendigere Bedingungen für erfolgreiche berufliche Plazierungen dar. Und in nur schwer zu revidierender Konsequenz wird der Grundstein für die späteren beruflichen Chancen in aller Regel schon relativ früh gelegt, im bundesrepublikanischen Schulsystem mit dem Übertritt in die 5. Klasse.

Aus diesem Grunde gilt das Prinzip der Gleichheit der Bildungschancen als ein zentraler Wert in demokratischen Gesellschaften, welcher an grundlegende Vorstellungen von sozialer Gerechtigkeit anknüpft. Beide deutschen Staaten hatten sich gleichermaßen auf die Verwirklichung dieses Prinzips verpflichtet, wenn auch mit unterschiedlicher Konzeption und Prioritätensetzung. Und in beiden Gesellschaften folgte in ähnlicher Weise auf eine Phase der gleichsam euphorischen Bildungsanstrengungen und -reformen eine Phase der Ernüchterung, d. h. einer „realistischeren" Einschätzung der Möglichkeit, über das Bildungssystem soziale Gerechtigkeit verwirklichen zu können. Diese Phasen liefen in beiden Gesellschaften etwas zeitversetzt ab, in der DDR jeweils ungefähr ein Jahrzehnt früher.

Je nach politischer oder wirtschaftlicher Opportunität wurden unterschiedliche Konzepte der Chancengleichheit präferiert. Doch alle lassen sich auf die Grundformel „gleiche Chancen nach Fähigkeit und Leistung" zurückführen (vgl. Geißler 1990). Dies bedeutet, daß die Mechanismen sozialer Auslese möglichst weit zurückgedrängt und durch eine Auslese aufgrund individuell erbrachter Leistung ersetzt werden sollen. Als sichtbarstes Anzeichen für soziale Auslese gilt, wenn Bevölkerungsgruppen kollektiv, aufgrund ihrer Zugehörigkeit zu einer bestimmten Schicht, oder aufgrund ihres Geschlechts, in deutlicher Weise von der Teilhabe an gesellschaftlichen Gütern ausgeschlossen werden, die als wertvoll empfunden werden. Bildung gilt als ein solches wertvolles Gut, nicht zuletzt, weil sie, wie dargelegt, sehr eindeutig über die Lebenschancen der Menschen mitentscheidet.

Zur Beschreibung des Bildungsniveaus der befragten Jugendlichen und jungen Erwachsenen beschränke ich mich aus theoretischen und pragmatischen Gründen auf das Niveau der besuchten allgemeinbildenden Schulen. Die theoretischen Gründe wurden schon skizziert: Die Grundentscheidung für die späteren Berufschancen fällt im großen und ganzen schon durch die Weichenstellung für unterschiedliche Schullaufbahnen. Im dreigliedrigen bundesrepublikanischen Schulsystem früher als im Schulsystem der DDR-Gesellschaft, in welchem erst nach der 10. Klasse eine Bildungsentscheidung ansteht (s. u.).

Der pragmatische Grund hängt mit der Besonderheit der Datengrundlage einer Jugendbefragung zusammen, in welcher Jugendliche und junge Erwachsene im Alter von 13 bis 29 Jahren befragt wurden. Zumindest im traditionellen dreigliedrigen Schulsystem ist mit 13 Jahren die Entscheidung für den späteren Schulabschluß schon potentiell gefallen. Und aufgrund dieser Tatsache werden die jüngeren Altergruppen im Hinblick auf das Schulniveau mit den älteren Befragten, die nicht mehr die Schule besuchen, wenigstens in etwa vergleichbar. Das Manko, daß dadurch die individuellen Laufbahnkorrekturen nach oben und unten durch Schulwechsel nicht berücksichtigt werden, und somit notgedrungen bestimmte Vergröberungen entstehen, muß in Kauf genommen werden. Es ist jedoch davon auszugehen, daß individuelle Korrekturen der einmal eingeschlagenen Schullaufbahn nur sehr selten vorkommen (Meulemann 1989: 93 ff).

Da in diesem Beitrag die intergenerative Bildungsmobilität im Mittelpunkt stehen soll, also das von den Jugendlichen und jungen Erwachsenen erreichte Bildungsniveau im Vergleich zum Bildungsniveau ihrer Eltern, bietet es sich an, zur Beschreibung des Bildungsstatus der Eltern in gleicher Weise zu verfahren und ebenfalls auf das Niveau des Schulabschlusses der Eltern zu rekurrieren.

Zur Situation in den alten Bundesländern

In Tabelle 1a sind die befragten Jugendlichen und jungen Erwachsenen aus den alten Bundesländern nach ihrem Schulniveau und dem ihrer Eltern dargestellt. Die Grundlage der Zuordnung der Befragten zu einem der drei Schulniveaus bilden bei noch in Schulausbildung befindlichen Jugendlichen die Antworten auf die Frage nach dem Schultyp der derzeit besuchten Schule (Hauptschule, Realschule, Gymnasium). Schüler und Schülerinnen integrierter Gesamtschulen wurden entsprechend des von ihnen genannten Kursniveaus dem Hauptschul- Realschul- oder Gymnasiumsniveau zugeordnet. Jugendliche, die nicht mehr zur Schule gehen, wurden entsprechend ihres höchsten allgemeinbildenden Schulabschlusses zugeordnet (keiner oder Hauptschulabschluß; Realschulabschluß

Tabelle 1a: Schulniveau der Jugendlichen und jungen Erwachsenen in den alten Bundesländern nach Schulabschluß der Eltern (in Prozent)

Schulniveau der Eltern:		Schulniveau der Kinder:	Haupt-schule	Real-schule	Gymnasium	insgesamt %	n
Hauptschule	Vater		82	57	29	54	1391
	Mutter		83	62	37	59	1543
Realschule	Vater		12	28	25	23	583
	Mutter		14	31	39	29	762
Gymnasium	Vater		6	15	46	24	622
	Mutter		2	7	24	12	316
	Vater		100	100	100	100	2596
	Mutter		100	100	100	100	2621
insgesamt			28	35	37		

oder gleichwertiger Abschluß; Fachhochschul-, fachgebundene oder allgemeine Hochschulreife).

Betrachtet man die Ergebnisse, die das soziale Rekrutierungsprofil der allgemeinbildenden Schulen auf der Datenbasis der Shell-Jugendbefragung abbilden, fällt eine auf dem unteren und dem oberen Schulniveau sehr geringe soziale Mobilität auf. Jugendliche und junge Erwachsene, die die Hauptschule besuchen oder besuchten, haben zu 82 Prozent Väter und zu 83 Prozent Mütter, die früher selbst zur Hauptschule gegangen waren. Dementsprechend selten sind unter den Eltern von Hauptschülern und Hauptschülerinnen Eltern mit Abitur zu finden: Lediglich 6 Prozent der Väter und gar nur 2 Prozent der Mütter von Hauptschülern verfügen über die allgemeine Hochschulreife. Es ist also von einer sehr starken Segmentierung auf der untersten Stufe des bundesrepublikanischen Schulsystems zu sprechen: In der Hauptschule reproduziert sich heute fast ausschließlich das unterste Bildungsniveau. Auch Kinder aus der mittleren Bildungsschicht befinden sich relativ selten in der Hauptschule. Nur 12 bzw. 14 Prozent der Eltern von Hauptschülern und Hauptschülerinnen sind ehemalige Realschüler.

Es ist des weiteren festzustellen, daß die (formale) *Abwärtsmobilität* allgemein *sehr gering* ist. Dies betrifft nicht nur den intergenerativen Abstieg in die Bildungsschicht der Hauptschule. Auch in der Realschule finden sich vergleichsweise nur wenige Kinder von Eltern, die selbst das Gymnasium besucht hatten: Von den Vätern heutiger Gymnasiasten und Gymnasiastinnen ist fast jeder zweite selbst auf dem Gymnasium gewesen (46 %), von den Vätern von Realschülern und -schülerinnen jedoch nur 15 Prozent.

Das Verhältnis von Mütter und Vätern mit Abitur ist unter den Eltern in allen drei Schularten nahezu identisch. Es entspricht dem Gesamtverhältnis von insgesamt doppelt so vielen Vätern wie Müttern mit Abitur in dieser Stichprobe (24 % zu 12 %). Dieses auf allen drei Schulniveaus der Kinder nahezu identische Verhältnis spricht eher gegen die Annahme einer besonderen oder kumulativen Wirkung im Hinblick auf die Bildungsaspiration von Jugendlichen bei hoher Bildung der Mutter.

An dieser Stelle ist anzumerken, daß die Stichprobe der Shell-Jugendbefragung bezüglich der Verteilung der Bildungsschichten nicht ganz repräsentativ ist. Dies liegt daran, daß zu wenige Hauptschüler und Hauptschülerinnen interviewt worden sind.[1] Dementsprechend überrepräsentiert sind Eltern mit Realschul- und Gymnasiumsniveau. Es ist für die hier relevante Elterngeneration von folgenden Werten auszugehen: Ehemalige Hauptschüler: Männer 68,6 %, Frauen 70,6 %; ehemalige Realschüler: Männer 15,1 %, Frauen 20,0 %; ehemalige Gymnasiasten: Männer 15,6 % Frauen 8,3 % (BMBW 1989: 311, Werte für die 40- bis 50-Jährigen).

Die *(formale) Aufwärtsbewegung ist hingegen sehr groß.* Viele Kinder besuchen eine höhere Schulart als ihre Eltern. So waren über die Hälfte der Eltern von Realschülern und Realschülerinnen selbst nur auf der Hauptschule (52 % bzw. 62 %). Und noch ein Drittel der heutigen Gymnasiasten und Gymnasiastinnen haben Väter oder Mütter mit höchstens Hauptschulabschluß.

Doch ist bei der Betrachtung von schulartspezifischen sozialen Rekrutierungsprofilen zweierlei zu beachten. Zum einen ein statistisches Problem. Die sozialen Herkunftsschichten sind unterschiedlich groß. Über die Hälfte der Väter der Befragten besuchten die Hauptschule, während jeweils nur ca. ein Viertel der Väter die Realschule oder das Gymnasium besuchten. Bei den Müttern fallen die Größenunterschiede nach Schulniveau noch extremer aus: 59 Prozent der Mütter sind ehemalige Hauptschülerinnen und nur 12 Prozent verfügen über Abitur oder Fachabitur. Über die tatsächlichen individuellen Chancen oder Wahrscheinlichkeiten im Hinblick auf die Bildungslaufbahn von Jugendlichen in Abhängigkeit von der sozialen Herkunft können Rekrutierungsprofile von Bildungseinrichtungen deswegen nur unzureichend Auskunft geben. Hierzu sind auf die jeweiligen sozialen Herkunftsgruppen bezogene Beteiligungs*quoten* notwendig, welche den auf die tatsächliche Größe der jeweiligen sozialen Gruppe bezogenen Anteil in einem bestimmten Bildungszweig beschreiben. Diese Art der statistischen Darstellung bietet darüber hinaus noch den Vorteil, die erwähnten Stichprobenverzerrungen auszugleichen.

Der andere zu berücksichtigende Aspekt ist inhaltlicher Art. Der allgemeine „Bildungsaufstieg" der gesamten jüngeren Generation gegenüber der Elterngeneration, der Ausdruck der Bildungsexpansion der 70er Jahre ist, darf nicht in jedem Fall als ein auch auf individueller Ebene sich auswirkender Bildungsaufstieg interpretiert werden. Denn dieser allgemeine Anstieg des gesellschaftlichen Bildungsniveaus in der Bundesrepublik hat nicht zu einer Verringerung der sozialen Unterschiede beigetragen, sondern zu einer Festschreibung dieser Differenzen auf einem lediglich höheren Niveau; meist sogar mit der Tendenz zur Vergrößerungen der sozialen Ungleichheiten. Dies ist vielfach und sehr eindeutig dargelegt worden (z. B. von Hradil 1987: 17–28, Bargel / Framhein-Peisert / Sandberger 1989: 58 ff, Meulemann 1989, Mayer / Blossfeld 1990). D. h. durch die insgesamt gestiegene Bildungsnachfrage sind gleichzeitig Prozesse der sukzessiven Abwertung von Bildungszertifikaten in Gang gekommen, die dazu führten, daß es, um den realen Berufsstatus der Eltern halten zu können, heute notwendig ist, einen Bildungsabschluß zu erwerben, der über dem der Eltern liegt: „... für die meisten Gruppen sind trotz höherer Qualifikation die relativen

Tabelle 1b: Schulniveau der Eltern und Kinder als Beteiligungsquoten am dreigliedrigen BRD-Schulsystem nach Schulabschluß der Eltern in den alten Bundesländern (in Prozent)

Schulniveau der Eltern:		Schulniveau der Kinder:	Hauptschule	Realschule	Gymnasium	%	insg. n
Hauptschule	Vater		43	37	20	100	1391
	Mutter		41	36	23	100	1543
Realschule	Vater		15	44	42	100	583
	Mutter		14	37	49	100	762
Gymnasium	Vater		8	22	71	100	622
	Mutter		6	19	74	100	316
insg.	(Vater)		28	35	37	100	2596
	(Mutter)		28	35	37	100	2621

Erfolgschancen gleichgeblieben, z. T. haben sie sich sogar verschlechtert."(Hradil 1987: 28)

In Tabelle 1b sind die Werte für das elterliche Schulniveau als Beteiligungsquoten an den adoleszenten Bildungsschichten nach Bildungsherkunft zu lesen.[2]

Aus Tabelle 1b wird somit ersichtlich, daß *zwei Mobilitätsmuster, der Erhalt des elterlichen Bildungsstatus* (der, wie gesagt, de facto eine teilweise Statusverschlechterung bedeuten kann) und *der intergenerative Bildungsaufstieg auf das nächst höhere Schulniveau, zu in etwa gleichen Teilen vorkommen und beide gleichsam den gesellschaftlichen Normalfall darstellen:* Ca. 40 Prozent der Jugendlichen, deren Eltern die Hauptschule besuchten, finden sich auch selbst in der Hauptschule wieder. Andere 40 Prozent dieser Jugendlichen besuchen hingegen die Schule der nächsthöheren Bildungsstufe, die Realschule. Der gleiche Effekt ist bei Jugendlichen anzutreffen, deren Eltern die Realschule absolviert haben. Sie besuchen wiederum zu etwa 40 Prozent die Realschule oder aber das Gymnasium. Das häufige Vorkommen dieses „einstufigen" Bildungsaufstieges (vom Hauptschulniveau der Eltern zum Realschulniveau der Kinder oder vom elterlichen Realschul- zum Gymnasiumsniveau der Kinder) stellt den auch als „Fahrstuhleffekt" (Beck 1983) bezeichneten allgemeinen Anstieg des Bildungsniveaus durch die Bildungsexpansion dar.

Auf der höchsten Stufe des Schulsystems, dem Gymnasium, kumuliert der Effekt des Statuserhalts und des Aufstiegs in Ermangelung einer weiteren schulischen Bildungsstufe in einer intergenerativen gymnasialen Reproduktionsquote von gut 70 Prozent: *Die Kinder von Vätern mit Abitur gehen zu 71 Prozent wiederum auf das Gymnasium. Das Abitur von Müttern hat sogar eine noch etwas höhere „Determinationskraft"; mit 74 prozentiger Wahrscheinlichkeit besucht das Kind einer Mutter mit Abitur wiederum das Gymnasium.*

Ein „einstufiger" Bildungsabstieg hingegen kommt vergleichsweise selten vor: vom Realschulniveau der Eltern zum Hauptschulniveau der Kinder zu 15 Prozent, vom elterlichen Gymnasiumsbesuch zum Realschulbesuch der Kinder zu ca. 20 Prozent. Der einzige mögliche „zweistufige" Bildungsabstieg, daß Kinder von ehemaligen Gymnasiasten zu

Tabelle 2: *Intergenerative Bildungsmobilität in den alten Bundesländern. Beteiligungsquoten nach Alter, regionaler Lebenssituation und Geschlecht (in %)*

Bildungsniveau		Beteiligungsquoten nach ...									insgesamt	
		... Altersgruppen				... regionaler Lebenssituation			... Geschlecht			
Vater	Kind	13–16 Jahre	17–20 Jahre	21–24 Jahre	25–29 Jahre	Land	Kleinstadt	Großstadt	männl.	weibl.	n	%
Hauptschule	Hauptschule	45	36	47	44	45	37	46	49	38	604	23
	Realschule	37	43	33	35	36	40	34	31	42	508	20
	Gymnasium	18	21	21	21	19	23	20	20	20	279	11
	%	100	100	101	100	100	100	100	100	100		54
	n	303	303	427	358	611	315	465	672	719	1391	
Realschule	Hauptschule	15	10	14	21	15	11	18	19	12	87	3
	Realschule	42	53	42	37	46	46	39	39	48	254	10
	Gymnasium	43	37	44	42	39	43	43	43	41	242	9
	%	100	100	100	100	100	100	100	100	100		22
	n	158	133	174	118	252	122	209	278	305	583	
Gymnasium	Hauptschule	8	6	9	6	9	6	7	7	6	47	2
	Realschule	23	19	23	23	22	17	39	19	25	136	5
	Gymnasium	69	75	68	71	69	77	68	72	70	439	18
	%	100	100	100	100	100	100	100	100	100		25
	n	145	178	190	109	184	156	282	327	295	622	
insgesamt (%)		23	24	30	23	40	23	37	49	51	2596	100

Hauptschülern werden, hat nur eine Wahrscheinlichkeit von 8 Prozent bezogen auf die Väter und sogar nur von 2 Prozent bezogen auf die Mütter mit Abitur.

Die hier vorgestellte Statistik zur Transformation des Bildungsniveaus von der Eltern- zur Kindergeneration läßt, wie erwähnt, keine Rückschlüsse auf individuelle Korrekturen des anfänglich eingeschlagenen Bildungswegs zu. Auch eine nach Altersgruppen unterteilte Betrachtung dieser Population kann dies nicht leisten. Denn Verschiebungen der durchschnittlichen Schulniveaus zwischen den Alterskohorten können in einer Querschnittsuntersuchung wie dieser aus methodischen Gründen nur als Kohorteneffekt interpretiert werden. Doch scheint eine solche Vernachlässigung der individuellen Korrekturen der Schullaufbahn kein allzu großer analytischer Verlust, denn in einer Längsschnittuntersuchung des Max-Planck-Instituts für Bildungsforschung stellte sich heraus, daß individuelle Schullaufbahnkorrekturen von vergleichsweise geringer, jedoch zunehmender Bedeutung sind (Blossfeld 1989).

Betrachtet man die in Tabelle 2 nach Altersgruppen dargestellten Beteiligungsquoten am dreistufigen Schulsystem, zeichnet sich für die Zeitspanne von maximal 16 Jahre ein insgesamt bemerkenswert stabiles Bild des Zusammenhangs zwischen dem Schulniveau von Vätern und Kindern in der alten Bundesrepublik ab. Vor allem die Gruppe der ältesten Geburtsjahrgänge, welche ihre Schulausbildung bereits abgeschlossen haben müßten, und die Gruppe der Jüngsten, die fast alle noch die Schule besuchen dürften, weisen nahezu identische Mobilitätswerte auf.

Die wenigen Abweichungen zwischen den Geburtenkohorten sind fast ausschließlich auf Abweichungen der zweitjüngsten Gruppe, die zum Befragungszeitpunkt 1991 17- bis 20-Jährigen, zurückzuführen. In dieser Gruppe, die überwiegend in den Jahren zwischen 1980 und 1983 eingeschult worden sein dürfte, ist ein vergleichsweise häufiger Besuch der Realschule zu verzeichnen, der hauptsächlich zulasten des Hauptschulbesuches geht, die Übertrittsquoten ins Gymnasium aber kaum berührt. Besuch(t)en in den anderen drei Geburtenkohorten Kinder von Vätern mit Hauptschulabschluß zu ca. 45 Prozent wiederum die Hauptschule und gingen oder gehen gut ein Drittel dieser Kinder in die Realschule, so dreht sich in der erwähnten Altersgruppe dieses Verhältnis um (36 % zu 43 %). Eine analoge Tendenz zum vermehrten Realschulbesuch findet sich in dieser Kohorte auch bei den Kindern von Vätern mit Realschulabschluß. Bei diesem mittleren väterlichen Schulniveau führt dieser Trend zur Realschule auch zu einem etwas geringeren Übergang in das Gymnasium. Andererseits findet gerade bei dieser Altersgruppe die stärkste „soziale Schließung" auf gymnasialem Niveau statt (75 % Gymnasiumsbesuch bei väterlichem Abitur). Eine Erklärung für diese zeitweilige starke Frequentierung der Realschule aus unterem und mittlerem Bildungsniveau kann ich allerdings nicht anbieten. Diese punktuelle Veränderung läßt jedoch keine Interpretation im Sinne eines grundlegenden Wandels zu.

Ein anderer leichter Trend zeichnet sich jedoch ab. Der intergenerative Bildungsabstieg vom väterlichen Realschulniveau zum Hauptschulbesuch der Kinder scheint über die vergangenen 16 Jahre abgenommen zu haben. Doch sind angesichts dieser insgesamt sehr kleinen Gruppe von Bildungsabsteigern, vom väterlichen Realschulniveau zu eigenem Hauptschulbesuch (n = 87), statistische Vorbehalte angebracht.

Um zumindest einen groben Anhaltspunkt für die Frage nach der regionalen Bildungsbenachteiligung zu erhalten, wurden die intergenerativen Beteiligungsquoten am Schulsystem nach der Einwohnerzahl des Wohnortes differenziert. Wohnorte mit weniger als 20 000 Einwohner werden als ländliche Regionen bezeichnet, Orte zwischen 20 000 und 100 000 Einwohner als Kleinstädte und Städte mit über 100 000 Einwohner als Großstädte (ebenfalls Tabelle 2). Dieses Maß kann freilich spezifische infrastrukturelle Unterschiede oder Unterschiede zwischen einzelnen Bundesländern nicht erfassen. Wie der Beitrag Hoffmeyer-Zlotniks zu regionalen Bildungschancen in diesem Band zeigt, muß die Wohnortgröße als alleiniger Indikator für regionale Disparitäten im Hinblick auf die Berufs- und Bildungschancen als unzureichend angesehen werden. Denn die teilweise bedeutsamen Unterschiede zwischen kleinen, aber im Einzugsgebiet urbaner Zentren liegenden Gemeinden und solchen in rein ländlichen Gebieten werden hiermit nicht erfaßbar. Aber zur zumindest groben Kontrolle der intergenerativen Bildungsmobilität bezüglich des Stadt-Land-Gefälles mag dieser Indikator hier genügen.

Die in Tabelle 2 dargestellten, nach Wohnortgröße kontrollierten Mobilitätsmuster sprechen dafür, daß die ländliche Wohnsituation allein noch keine Bildungsbenachteiligung bewirkt. Denn die Verteilung der Mobilitätsmuster unterscheiden sich zwischen den kleinen Wohnorten und den Großstädten nicht nennenswert. *Also kann bei Kontrolle der familialen Bildungsherkunft* nicht (mehr) von einer regionalen Bildungsbenachteiligung gesprochen werden.

Eher ist sogar von einer größeren Gefahr des Abstiegs vom Abiturniveau des Vaters zur Realschule für Jugendliche in der Großstadt auszugehen: Mit dieser intergenerativen Abwärtsbewegung haben auf dem Land 22 Prozent der Kinder von Vätern mit Abitur zu rechnen, in der Kleinstadt 17 Prozent, in der Großstadt aber immerhin 39 Prozent. Am seltensten findet dieser Bildungsabstieg also in der Kleinstadt statt. Die Werte für die regionalen Mobilitätschancen sprechen m. E. sogar dafür, *das günstigste Bildungsklima in den Kleinstädten zu sehen* (20.000 Einwohner bis 100.000 Einwohner). Denn in den Kleinstädten sind die Mobilitätsmuster mit Aufwärtsbewegung fast durchgängig am häufigsten anzutreffen, die mit Abwärtsbewegung durchgängig am seltensten und das Muster der Bildungskonsistenz auf obersten Niveau (Vater: Gymnasium, Kind: Gymnasium) sogar noch häufiger als auf dem Land oder in der Großstadt (77 % gegenüber 69 % bzw. 68 %).

Abgesehen von den in den ländlichen Wohnorten im Vergleich zu den Großstädten nicht schlechteren Bedingungen für einen intergenerativen Bildungsaufstieg muß jedoch festgehalten werden, daß weiterhin die Bildungschancen in den Großstädten generell etwas günstiger sind als auf dem Land; ganz einfach deshalb, weil es auf dem Land weniger Eltern mit höherer Bildung gibt als in den Städten (vgl. Tabelle 2a). In den Orten bis 20 000 Einwohnern haben 58 Prozent der Väter höchstens Hauptschulabschluß, in den Kleinstädten 53 Prozent und in den Großstädten 49 Prozent. Spiegelbildlich verfügen in den kleinen Gemeinden weniger Väter (18 %) über ein Abitur als in den Kleinstädten (26 %) und den Großstädten (29 %).

Insofern werden durch diese aktuellen Daten Befunde aus früheren Untersuchungen bestätigt, die für die 70er und 80er berichteten, daß sich an der Bildungsbenachteiligung in ländlichen Regionen durch die Bildungsreform nichts Grundsätzliches geändert hätte (vgl. Büchner 1985). Es kann aber hier deutlich werden, daß ländliche Bildungsbenachteiligung nicht als ein eigenständiger Effekt zu betrachten ist. Nicht die Lebenssituation in ländlichen Regionen an sich, etwa eine schlechtere Zugänglichkeit zu höheren Schulen oder sonstige infrastrukturelle Bedingungen, sondern das dort durchschnittlich niedrigere Bildungsniveau der Eltern ist, ausgehend von diesen Ergebnissen, als der maßgebliche Faktor regionaler Bildungsbenachteiligung anzusehen.

Zur Darstellung der Bildungsmobilität nach Geschlecht: Wie auch durch andere Untersuchungen und aufgrund von amtlichen Statistiken schon seit längerer Zeit deutlich geworden ist, lassen sich innerhalb des allgemeinbildenden Schulwesens keine formalen Benachteiligungen der Mädchen und Frauen mehr finden. Auch die aktuellen Ergebnisse dieser Erhebung fügen sich in das bekannte Bild und bestätigen auch den in diesem Zusammenhang im Grunde einzigen bekannten Effekt einer geschlechtsspezifischen Frequentierung der Schulen: Auf der Ebene des Gymnasiumsbesuchs lassen sich zwischen Mädchen und Jungen

Tabelle 2a: Schulniveau des Vaters nach regionaler Lebenssituation (Wohnortgröße) in den alten Bundesländern (in Prozent)

Schulniveau des Vaters	regionale Lebenssituation Land	Kleinstadt	Großstadt	insg.
Hauptschule	58	53	49	54
Realschule	24	21	22	22
Gymnasium	18	26	29	24
insg.	100	100	101	2596

keine bedeutsamen Unterschiede feststellen. Es läßt sich aber ein bei den Mädchen stärkerer Trend zur Realschule finden, der generell, auf allen drei Stufen der familialen Bildungsherkunft, zu einem vergleichsweise geringeren Hauptschulbesuch der Mädchen führt. Dadurch, daß mehr Mädchen als Jungen die Realschule besuchen und sie deswegen seltener in die Hauptschule gehen, verlassen junge Frauen heute im Durchschnitt das allgemeinbildende Schulsystem mit sogar etwas höherem Abschlußniveau als junge Männer (vgl. auch Köhler/Schreier 1990: 129).

Zur Situation in den neuen Bundesländern

Eine vergleichende Betrachtung der Bildungsmobilität in den neuen Bundesländern kann nur annäherungsweise gelingen, weil die beiden Schulsysteme sehr verschieden sind. Wir haben es im Bereich der alten DDR nicht mit einem dreigliedrigen Schulsystem zu tun, sondern dort wurde die sozialistische Idee eines einheitlichen Schulsystems sehr weitgehend verwirklicht, allerdings mit einer recht exklusiven weiterführenden Elitenausbildung durch die Hochschule verbunden. Die allgemeine Schulpflicht von 10 Jahren wurde fast unterschiedslos auf der „polytechnischen Oberschule" absolviert. Daran schloß für die meisten eine berufliche oder Fachschulausbildung an. Der Weg zu Abitur und Studium über die zweijährige „erweiterte Oberschule" (EOS) oder über eine dreijährige „Berufsausbildung mit Abitur" stand hingegen nur wenigen Schülern und Schülerinnen offen. Im Jahr 1980 traten 8,3 % eines Jahrgangs in die EOS ein und 3,9 % begannen eine Berufsausbildung mit Abitur (Köhler/Schreier 1990: 130).

Aufgrund dieser Tatsache kommt dem Abitur – und dem Studium – in beiden deutschen Gesellschaften eine verschiedene Bedeutung zu. In der alten Bundesrepublik stellt es den „Normalfall" der gehobenen Schulbildung dar: Etwa ein Drittel der Jugendlichen eines Jahrgangs erwerben in der BRD derzeit das Abitur. Im ehemaligen DDR-Schulsystem erwarben in den letzten Jahren vor der Vereinigung ca. 12–13 Prozent der Jugendlichen die Hochschulreife. Die Anzahl der Studienberechtigten wurde in der DDR nicht dem „freien Spiel" der Bildungsnachfrage aus der Bevölkerung und dem Beschäftigungssystem überlassen, sondern je nach prognostiziertem Bedarf und politischem Willen durch amtliche Anordnungen geregelt. So wurde die Anfang der 70er Jahre noch bei ca. 16 Prozent liegende Studienanfängerquote auf die erwähnten ca. 12–13 Prozent Studienberechtigte in einem Jahrgang gedrosselt (ebd.). Dies bedeutete zum einen eine sehr starke Konkurrenz um die Zulassung zur abiturvorbereitenden EOS. In der Regel gelang nur zwei Schülern oder Schülerinnen einer 10. Klasse der Übergang in die erweiterte Oberschule (Baske 1990: 215).[3] Zum anderen hatte diese strenge Selektion eine sehr hohe und unmittelbar an das Abitur anschließende Studienneigung der Studienberechtigten zur Folge, während in der alten BRD die Studienneigung der Abiturienten seit der Bildungsexpansion geringer ist und oft erst einige Jahre nach dem Erwerb der Hochschulreife ein Studium ergriffen wird. Bis Mitte der 80er Jahre war die Studienneigung der studienberechtigten Schulabgänger rückläufig. So hatten in der Bundesrepublik von den Studienberechtigten des Jahres 1976 nach fünf Jahren noch 89,6 Prozent ein Studium begonnen. Von den Studienberechtigten des Jahres 1984 studierten fünf Jahre später jedoch nur 75,5 Prozent. Dieser Trend kehrt sich allerdings seit neuester Zeit wieder um. Nicht nur viele derer, die nach dem Abitur zunächst eine berufliche Ausbildung (Lehre) erworben haben, beginnen anschließend noch ein Studium. Auch das unmittelbar an die Schulzeit anknüpfende Studieren nimmt laut neuesten Trendmeldungen wieder zu.

Aufgrund des geschilderten Schulsystems der DDR läßt sich das Schulniveau der Jugendlichen und jungen Erwachsenen für die neuen Bundesländer nicht in Analogie zum dreigliedrigen Schulsystem der Bundesrepublik darstellen, sondern nur zweistufig. Für die Elterngeneration der Kinder aus den neuen Bundesländern hingegen ist eine dem bundesrepublikanischen Schulsystem analoge dreistufige Beschreibung des Bildungsniveaus angemessen, weil die allgemeine Schulpflicht von zehn Jahren erst seit 1966 verbindlich eingeführt wurde und das Schulkonzept einer nur zweijährigen, direkt an die zehnklassige Pflichtschulzeit anschließenden Abiturvorbereitung durch die EOS im Grunde erst seit 1983 flächendeckend verwirklicht wurde. Viele der befragten Eltern verfügen deswegen noch über eine nur achtjährige Schulausbildung.

In Tabelle 3a ist die soziale Zusammensetzung der beiden Bildungsstufen nach dem Schulabschluß der Eltern für die neuen Bundesländer dargestellt, wie sie sich aus Stichprobe der Shell-Jugendbefragung ergibt. Ein Vergleich mit anderen Statistiken über das Bildungswesen in der DDR (vgl. Köhler/Schreier 1990: 133) verweist jedoch auch hier auf bestimmte bildungsspezifische Verzerrungen der vorliegenden Jugendstichprobe. Von den hier Befragten haben 25 Prozent Väter und 17 Prozent Mütter mit Abitur, laut amtlicher Statistiken trifft dies für diese Generation jedoch höchstens für 10 bis 12 Prozent zu. Dieser „Bias" der Stichprobe der Shell-Jugendbefragung zugunsten einer akademischen Bildungsherkunft der Befragten ist Folge eines anderen Verzerrungsefekts: Es wurden, ähnlich wie in den alten Bundesländern, zu wenige Schüler und Schülerinnen mit niedrigem Schulniveau interviewt. Gegenüber einem wahrscheinlichen Anteil von maximal 13 Prozent befinden sich in der Stichprobe der Shell-Jugendbefragung 26 Prozent Schüler oder Absolventen der Abiturstufe (vgl. Köhler/Schreier 1990: 130–133).

Allerdings sind keine der verfügbaren Statistiken als sehr zuverlässig anzusehen. Denn abgesehen von der generellen Problematik amtlicher DDR-Statistiken werden gerade auch sehr aktuelle Daten, die kurz vor oder nach der Vereinigung in der ehemaligen DDR erhoben worden sind, von den sich dort sehr rasch vollziehenden Veränderungsprozessen permanent überholt. So können auch die eben angeführten „repräsentativen" Vergleichsdaten, die die Situation in der DDR für das Jahr 1988 beschreiben, nur als ungefähre Anhaltswerte dienen.

Auch wenn Tabelle 3a ein etwas verzerrtes Abbild der sozialen Realität abbildet, weil die Bildungselite in der DDR-Gesellschaft dort überproportional vertreten ist, läßt sich aus dieser Tabelle dennoch ersehen, daß die Schülerinnen und Schüler der Abiturstufe viel häufiger aus Familien mit gehobenem Bildungsniveau stammen als jene, die nach der 10. Klasse eine berufliche Ausbildung beginnen. Geht man von einem sehr engen Zusammenhang von Abitur und Studium in der DDR aus – sowohl für die Eltern- wie die Jugendgeneration – entsprechen diese Ergebnisse über das Rekrutierungsprofil der jugendlichen Bildungselite an den Schulen in der DDR den sehr verläßlichen Daten des ehemaligen Zentralinstituts für Jugendforschung über Studierende an DDR-Hochschulen. Sie zeigen, daß im Jahr 1989 bei 52 Prozent der Studierenden mindestens ein Elternteil über einen Hochschulabschluß verfügte (Bathke 1990: 121).

Im Vergleich hierzu ist der Anteil an Akademikerkindern unter Hochschulstudierenden in der Bundesrepublik geringer. 1988 betrug er 32 Prozent. Allerdings schwankt er beträchtlich zwischen den einzelnen Fächern, von einem Anteil an Akademikern von 45 Prozent im Medizinstudium und 41 Prozent in den Rechtswissenschaften bis zu 28 Prozent in den Sozial- und 22 Prozent in den Wirtschaftswissenschaften (BMBW 1989: 126). Dem Hochschulstudium kam in der DDR-Gesellschaft der letzten Jahre also stärker die Funktion einer intergenerativen Reproduktion des akademischen Status zu als in der Bundesrepublik. (Vgl. zu den spezifischen Veränderungsprozessen in der DDR von einem sozial offenen zu einem geschlossenen System der Elitenrekrutierung Geißler 1990 und Bathke 1990.)

In Tabelle 3b werden die Ergebnisse zum Zusammenhang zwischen dem Schulniveau von Eltern und Kindern wiederum als Beteiligungsquoten dargestellt. Auch in diesem Falle wird dadurch der beschriebene Bildungs-Bias der Stichprobe kontrolliert.

Auffällig ist, daß keines der abgebildeten sechs Mobilitätsmuster große Unterschiede aufweist, abhängig davon, ob das Schulniveau des Vaters oder der Mutter zur Beschreibung der Bildungsherkunft herangezogen wird. Das Schulniveau von Vater und Mutter hat nahezu die gleiche Aussagekraft über die Plazierung im zweistufigen allgemeinbildenden Schulsystem der DDR. Für das dreigliedrige Schulsystem der Bundesrepublik waren diesbezüglich jedoch ebenfalls kaum größere Differenzen festzustellen (vgl. Tabelle 1b).

Des weiteren fällt auf, daß sich die Bildungschancen der Kinder von Eltern mit achtjähriger und mit zehnjähriger Schulbildung in der DDR wenig unterschieden. Der entscheidende Sprung findet zum Abiturniveau der Eltern statt (welches in der DDR mit relativ hoher Zuverlässigkeit auf eine akademische Familienherkunft verweist). Haben die Eltern, zumindest ein Elternteil, Abitur, bestand in den vergangenen Jahren eine Chance von etwa 50 zu 50, daß das Kind den Übergang in die EOS (oder die Berufsausbildung mit Abitur) schaffte. Angesichts der generell äußerst geringen

Tabelle 3a: Schulniveau der Eltern und Kinder als Beteiligungsquoten nach Schulabschluß der Eltern in den neuen Bundesländern (in Prozent)

Schulabschluß der Eltern		der Kinder bis 10. Klasse	EOS/Abitur	insgesamt %	n
Bis Abschluß 8. Klasse	Vater	34	13	29	366
	Mutter	35	17	31	404
Abschluß 10. Klasse	Vater	50	37	46	594
	Mutter	53	51	52	691
Abitur	Vater	16	50	25	320
	Mutter	12	32	17	227
		100	100	100	1280
		100	100	100	1322
		74	26		

Übertrittsquoten (nur zwei aus jeder 10. Klasse; s. o.) bedeutet dies eine sehr starke Überrepräsentanz von Akademikerkindern in der Abiturstufe; also ein deutlicher Hinweis auf soziale Auslese bei der Rekrutierung der Bildungselite in der DDR.

Die deutlich erhöhte Bildungschance von Akademikerkindern in der DDR spiegelt sich auch in der sehr geringen jener, deren Eltern nur über eine acht- oder zehnjährige Schulausbildung verfügen. Für Jugendliche, deren Eltern kein Abitur haben, betrug die Chance für den Erwerb einer Studienberechtigung ca. 20 Prozent. Dieser Wert einer ca. 20-prozentigen Abiturchance entspricht ziemlich genau der für die Bundesrepublik berechneten Abiturchance für Kinder von Eltern mit Hauptschulniveau (vgl. Tabelle 1b). Der Unterschied zwischen den beiden Gesellschaften besteht jedoch vor allem darin, daß das Abitur der Eltern in der DDR dennoch die Kinder weniger auf das Abitur festlegt wie in der Bundesrepublik. In der DDR bedeutete das Abitur der Eltern eine Abitur„neigung" von „nur" etwa 50 Prozent, in der Bundesrepublik hingegen von gut 70 Prozent (ebenfalls Tabelle 1b).

Will man diesen Befund zur sozialen Auslese bei der Rekrutierung der Bildungseliten zwischen den beiden deutschen Gesellschaftssystemen miteinander vergleichen, muß bedacht werden, daß das Abitur in der Bundesrepublik bei weitem keine so eindeutige Option für ein Hochschulstudium und einen entsprechenden gehobenen Arbeitsplatz darstellt, wie dies in der DDR der Fall war. Insbesondere durch das System der Eigenfinanzierung des Studiums und durch die teilweise in der Bundesrepublik sehr problematische Situation des Berufseinstiegs für Hochschulabsolventen muß davon gesprochen werden, daß im Gegensatz zur vergangenen DDR-Situation das Abitur in der BRD noch lange nicht das Ende der Bildungsselektion und der beruflichen Plazierungsprozesse markiert. Für zunehmend mehr Berufsbereiche stellt das Abitur in der BRD im Grunde eher den Ausgangspunkt für langwierige Ausbildungs- und Berufsfindungsprozesse dar, die teilweise über das dritte Lebensjahrzehnt hinausreichen. In der DDR hingegen war nach der Überwindung der hohen Selektionsbarriere, zum überwiegenden Teil in Gestalt der Zulassung zur 11. Klasse der EOS oder zur Berufsaus-

Tabelle 3b: Schulniveau der Eltern und Kinder als Beteiligungsquoten am zweistufigen DDR-Schulsystem nach Schulabschluß der Eltern in den neuen Bundesländern (in Prozent)

Schulabschluß der Eltern		der Kinder bis 10. Klasse	EOS/Abitur	insgesamt %	n
Bis Abschluß 8. Klasse	Vater	88	12	100	366
	Mutter	85	15	100	404
Abschluß 10. Klasse	Vater	79	21	100	594
	Mutter	75	25	100	691
Abitur	Vater	48	53	100	320
	Mutter	52	48	100	227
insgesamt		74	26	100	1280
		74	26	100	1322

bildungen mit Abitur, kaum noch mit weiteren Bildungshürden zu rechnen. So war in der DDR bis dato die Zahl der Studienabbrecher weit geringer als in der Bundesrepublik und auch die „Statuspassage" des Berufseintritts galt dort bis vor kurzem ebenfalls nicht als problematische Situation.

Zur Einschätzung der Bildungsaspiration unter den Jugendlichen in der DDR gilt es noch weiteres zu berücksichtigen. Bathke gibt zum einen zu bedenken, daß Bildungstitel in der materiell nivellierten sozialistischen Gesellschaft der DDR nicht besonders honoriert wurden. Sie zahlten sich, etwa im Vergleich zu qualifizierten Facharbeiterberufen, weder finanziell noch bezüglich besonderer Vergünstigungen aus. Außer traditioneller Wertbindungen seitens akademischer Eltern gab es wenige Anreize, welche die Jugendlichen in der DDR hätten motivieren können, eine akademische Ausbildung anzustreben (Bathke 1990: 126). Zum anderen führte neben der erwähnten Nivellierung auch die ideologische Gängelung der „Intelligenz-Schicht" in der DDR zu einer abnehmenden Bereitschaft unter den Jugendlichen, im späteren Berufsleben Leitungspositionen zu übernehmen. Auch aus diesem Grunde bestand in der DDR zuletzt relativ wenig Anlaß für Jugendliche, den Erwerb höherer Bildung als ein erstrebenswertes Privileg zu betrachten, für das es sich – abgesehen von traditionellen Bildungswerten – lohnte, überdurchschnittliche Anstrengungen zu unternehmen. Daß sich dies seit der Wende in der DDR schon drastisch geändert hat, zeigt die „Schülerstudie '90", die für die Schüler und Schülerinnen der neuen Bundesländer mindestens so starke Bildungs- und Berufsambitionen feststellt wie für die Schülerinnen und Schüler der alten Bundesländern (vgl. Behnken u. a. 1991: 127 ff).

Die wiederum nach *Altersgruppen* aufgeteilten Beteiligungsquoten in Tabelle 4 vermitteln ein für die DDR sehr konstantes Bild der intergenerativen Bildungsmobilität über die letzten Jahre.[4] Mit Ausnahme der jüngsten unterscheiden sich die drei älteren Gruppen hinsichtlich der Verteilung der Mobilitätsmuster nur geringfügig. Vor allem wird kein Veränderungstrend in eine bestimmte Richtung sichtbar. Für die Gruppe der jetzt 21- bis 24-Jährigen zeichnet sich eine etwas höhere Abiturchance für Kinder von Vätern mit niedrigeren Schulabschlüssen ab.

Tabelle 4: Intergenerative Bildungsmobilität in den neuen Bundesländern. Beteiligungsquoten nach Alter, regionaler Lebenssituation und Geschlecht (in %)

Bildungsniveau		Beteiligungsquoten nach ...									insgesamt	
		... Altersgruppen				... regionaler Lebenssituation			... Geschlecht			
Vater	Kind	13–16 Jahre	17–20 Jahre	21–24 Jahre	25–29 Jahre	Land	Kleinstadt	Großstadt	männl.	weibl.	n	%
bis 8.Klasse	bis 10. Kl.	92	89	85	88	93	85	76	89	87	322	25
	Abitur	8	11	15	12	7	15	24	11	13	44	3
	%	100	100	101	100	100	100	100	100	100		28
	n	49	102	122	93	229	66	71	180	186	366	
10. Klasse	bis 10. Kl.	92	78	65	74	80	78	76	82	75	468	37
	Abitur	8	22	35	26	20	22	24	18	25	126	10
	%	100	100	100	100	100	100	100	100	100		47
	n	201	155	147	91	312	150	132	290	304	594	
Abitur	bis 10. Kl.	70	40	40	42	49	51	44	49	46	152	12
	Abitur	30	60	60	58	51	49	56	51	54	168	13
	%	100	100	100	100	100	100	100	100	100		25
	n	76	89	95	60	96	80	144	171	149	320	
insgesamt (%)	26	27	38	19	50	23	27	50	50	1280	100	

Tabelle 4a: Schulniveau des Vaters nach regionaler Lebenssituation (Wohnortgröße) in den neuen Bundesländern (in Prozent)

Schulniveau des Vaters	regionale Lebenssituation			insg. (n)
	Land	Keinstadt	Großstadt	
bis 8. Klasse	36	22	21	366
bis 10. Klasse	49	51	38	594
Abitur	15	27	42	320
insg.	100	100	101	1280

Drei bis vier Prozent mehr Kinder von Vätern mit achtjähriger Schulausbildung gelangten in dieser Zeit im Vergleich zu den beiden anderen Altersgruppen zum Abitur. Unter den Kindern von Vätern mit zehnjähriger Schulbildung fanden in dieser Zeitspanne sogar neun bis 13 Prozent mehr Jugendliche zum Abitur. Womit diese zeitweilige Öffnung des DDR-Schulsystems zu erklären ist, oder ob sich hinter diesen Werten bestimmte statistische Artefakte verbergen, entzieht sich jedoch meiner Erkenntnis.

Die jüngste Gruppe muß bei dieser Betrachtung ausgeklammert werden, da es sich bei dem unter den 13- bis 16-Jährigen auffällig geringen Anteil von Jugendlichen der Abiturstufe eindeutig um ein Artefakt handelt. Da sich im DDR-Schulsystem die Weichenstellung in eine berufliche oder in eine Hochschulausbildung (über das Abitur) in der Regel erst nach der 10. Klasse entscheidet, kann sich im Alter zwischen 13 bis 16 Jahren diese Bildungsentscheidung noch nicht so deutlich manifestieren wie in der Bundesrepublik. Dort fällt diese Entscheidung meistens schon mit dem Übergang in die 5. Klasse.

Die Aufteilung der Beteiligungsquoten nach *regionaler Lebenssituation* (nach Einwohnerzahl des Wohnortes) weist auf einen leicht negativ kumulierenden Effekt zwischen niedrigstem Bildungsniveau des Vaters und ländlicher Lebenssituation hin. Die ohnehin schon schlecht Abiturchance von 24 Prozent für Kinder von Vätern mit einer acht- oder zehnjährigen Schulbildung in der Großstadt (dort ist die Bildungschance beider Gruppen gleich groß) verschlechtert sich für die erste Gruppe auf nur 7 Prozent, während sie sich für die andere Gruppe bei geringer werdender Einwohnerzahl des Wohnortes nur unbedeutend schmälert. Ansonsten zeichnen sich, wie schon für die alten Bundesländer, auch für die ehemalige DDR – bei Kontrolle der Bildungsherkunft – kaum Anzeichen für eine in ländlichen Regionen stärkere Bildungsbenachteiligung oder ein geringeres Bildungsinteresse ab.

Allerdings muß für die ehemalige DDR eine sehr ungleiche Verteilung der Bildungsherkunft nach regionaler Lebenssituation festgehalten werden. Wie aus Tabelle 4a ersichtlich, haben dort von den befragten Jugendlichen und jungen Erwachsenen in Orten mit weniger als 20 000 Einwohner nur 15 Prozent Väter mit Abitur, während in den Großstädten 42 Prozent der Väter über ein Abitur verfügen. Es ist also sicher angemessen, in den Gebieten der ehemaligen DDR von einer *starken urbanen Bildungszentrierung* auszugehen.

Von einer *geschlechtsspezifischen* Bildungsbenachteiligung in der DDR-Gesellschaft läßt sich zumindest für die Frauen in keinerlei Hinsicht sprechen. Dies ist ein oft und eindeutig belegtes Faktum. Auch diese Untersuchung kann dies bestätigen. Eher wäre sogar von einer leichten Bildungsbenachteiligung oder einem geringeren Bildungsinteresse von jungen Männern zu sprechen. Denn auf allen hier abgebildeten Ebenen zeichnen sich leichte Bildungsvorteile für die Frauen ab.

Resümee

(1) In der alten Bundesrepublik hängen die Bildungschancen junger Menschen noch immer sehr deutlich vom Bildungsniveau der Eltern ab. Es ist im untersten Bereich des Schulsystems, der Hauptschule, eine starke Segmentierung festzustellen. Die Hauptschule wird zu gut 80 Prozent von Jugendlichen frequentiert, deren Eltern selbst zur Hauptschule gingen. Der intergenerative Bildungsaufstieg vom Hauptschulniveau der Eltern in die gymnasiale Schulstufe gelang indes in den letzten anderthalb Jahrzehnten nur etwa 20 Prozent der Jugendlichen, während 70 Prozent der Kinder von Eltern mit Abitur auch selbst wieder das Gymnasium (oder entsprechende Kurse in integrierten Gesamtschulen) besuchen.

(2) Auch im DDR-Schulsystem spielte – zumindest in den beiden letzten Jahrzehnten – das Bildungsniveau der Eltern eine ähnlich bedeutsame Rolle für den Bildungsweg der Jugendlichen. Bezogen auf das Ziel, das Schulsystem mit Abitur zu verlassen, hatten in der DDR Kinder von Eltern ohne Abitur annähernd gleiche Startchancen wie in der Bundesrepublik Kinder von ehemaligen Hauptschülern; nämlich ebenfalls von ca. 20 Prozent.

(3) Jedoch haben in der alten Bundesrepublik Kinder mit mittlerer Bildungsherkunft, deren Eltern also die Realschule

besuchten, eine vergleichsweise hohe gymnasiale Chance. Sie entspricht mit etwa 40–50 Prozent der Abiturchance, die Kinder in der DDR hatten, wenn ihre Eltern über ein Abitur verfügten. D. h. das mittlere Schulniveau der Realschule stellt eine bedeutsame Zwischenstufe für den intergenerativen Bildungsaufstieg dar, für welchen es, seit dem faktischen Wegfall der Bauern- und Arbeiterfakultäten und der anfänglichen sozial-kompensatorischen Quotierungen der Hochschulzulassungen, im DDR-Schulsystem kein Pendant gibt.

(4) Allerdings stellt die allgemeine Hochschulreife aufgrund der Inflation der Bildungszertifikate in der Bundesrepublik keine so sichere Option auf eine spätere akademische Berufstätigkeit dar wie in der DDR vor der Vereinigung. Bei der Auslese durch das Bildungssystem spielte in der DDR das dirigistische Regulativ der Zulassung zur Abiturstufe die bedeutsamste Rolle. In der Bundesrepublik finden durch Studium und Einmündung in den Arbeitsmarkt noch weitere, wenn auch diffusere und individualisiertere Selektionsprozesse nach dem Erwerb der Hochschulreife statt.

(5) Veränderungen während der vergangenen anderthalb Jahrzehnte im Sinne einer weiteren sozialen Öffnung des Bildungswesens werden auf der Basis der vorliegenden Daten nicht erkennbar. Dies war angesichts anderer aktueller Studien zur sozialen Mobilität auch nicht anders zu erwarten, die eher auf eine Verfestigung und soziale Schließung der bundesrepublikanischen Gesellschaft seit Mitte der 80er Jahre verweisen.

(6) Für eine soziale Auslese aufgrund des Geschlechts oder eines Stadt-Land-Gefälles – bei Kontrolle der Bildungsherkunft – sind hingegen für die Bundesrepublik und die ehemalige DDR keine Anzeichen mehr zu finden. Jedoch ist nach wie vor eine – vor allem in den Gebieten der ehemaligen DDR starke – Zentrierung der gehobenen Bildungsschichten in den Großstädten festzustellen, an der sich zumindest über die Zeitspannen der letzten zwei Generationen relativ wenig geändert hat.

Seit kurzem können den teilweise euphemistischen – und deswegen irreleitenden – sozialwissenschaftlichen Interpretationen der Individualisierungsprozesse in unserer Gesellschaft neuere empirische Studien (vor allem des Max-Planck-Instituts für Bildungsforschung) über das reale Ausmaß der Veränderungen im Hinblick auf die soziale Mobilität und Durchlässigkeit unserer Gesellschaft zur Seite gestellt werden. Eine solche Korrektur des sozialwissenschaftlichen Blicks ist notwendig. Geht es doch darum, ein möglichst realistisches Bild der sozialen Wirklichkeit zu zeichnen. Auch die aktuelle Umfrage unter Jugendlichen und jungen Erwachsenen der alten und neuen Bundesländer muß bestätigen, daß weder der Pluralismus der „postmodernen" westlichen, noch der Dirigismus der DDR-Gesellschaft, es nachhaltig verhindern konnten, daß sich die Ungleichheit der Bildungschancen trotz immenser Anstrengungen in den 60er und 70er Jahren lediglich auf insgesamt gestiegenem Bildungsniveau verfestigt hat.

Anmerkungen

1 Laut Statistik des Bundesministeriums für Bildung und Wissenschaft befanden sich 1988 im 7. bis 9. Schuljahr 35,7 Prozent der Schüler auf Hauptschulen, 29,3 Prozent auf Realschulen, 29,3 Prozent auf Gymnasien und 5,4 Prozent auf integrierten Gesamtschulen (BMBW 1989: 54).

2 Die Prozentwerte stellen nun die Verteilung der Kinder über die drei Schulniveaus bezogen auf das elterliche Schulniveau dar. Tabelle 1b basiert also auf denselben absoluten Werten wie Tabelle 1a, nur wurde die Prozentuierungsbasis geändert (Die Spaltenprozente in Tabelle 1a werden in Tabelle 1b durch Zeilenprozente ersetzt).

3 Daß ein solch enges und dirigistisch gesteuertes „Nadelöhr" sozialen und persönlichen Konfliktstoff birgt, ist naheliegend. Vor allem deswegen, weil explizit nicht nur schulische Leistungskriterien über die Zulassung zur EOS herangezogen werden durften, sondern auch die Staatsloyalität – insbesondere der Eltern – ein zu beachtendes Auslesekriterium darstellte (vgl. Geissler 1990: 92 f u. 99).

4 Der Übersicht halber wurde hier wiederum nur das Bildungsniveau des Vaters als Indikator für das der Herkunftsfamilie herangezogen. Auch wenn Bathke sicher zu Recht darauf verweist, daß gerade „beim gegenwärtigen Stand des beruflichen und gesellschaftlichen Engagements der Frauen in der DDR eine vaterzentrierte Bestimmung der sozialen Lage nicht zu akzeptieren" ist (Bathke 1990: 118), scheint mir dies dennoch möglich, weil, worauf Bathke ebenfalls verweist, „sich ein deutlicher Zusammenhang zwischen der Qualifikation der Eltern nachweisen" läßt (Bathke 1990: 121). Er spricht in diesem Zusammenhang von „sozial ‚homogenen' Intelligenzfamilien" (Bathke 1990: 122), da sich in den Studenten-Untersuchungen des ZIJs für die 80er Jahre herausstellte, daß beispielsweise bei Hochschulabschluß des Vaters ebenfalls 76 Prozent der Mütter einen Hoch- oder Fachschulabschluß hatten. Bei Hochschulabschluß der Mutter verfügten sogar 92 Prozent der Väter über einen Hochschul- oder Fachschulabschluß (ebd.).

Literatur

Beck, U., (1983)
Jenseits von Stand und Klasse? Soziale Ungleichheiten, gesellschaftliche Individualisierungsprozesse und die Entstehung neuer sozialer Formationen und Identitäten. S. 35–74
in: R. Kreckel (Hrsg.): Soziale Ungleichheiten. Sonderband 2 der Sozialen Welt
Göttingen.

Bargel, T./G. Framhein-Peisert/J.-U. Sandberger, (1989)
Studienerfahrungen und studentische Orientierungen in den 80er Jahren. Trends und Stabilitäten
Bonn.

Baske, S., (1990)
Die erweiterte Oberschule in der DDR. S. 210–217 in: Bundesministerium für innerdeutsche Beziehungen (Hrsg.).

Bathke, G.-W., (1990)
Soziale Reproduktion und Sozialisation von Hochschulstudenten in der DDR. S. 114–128 in 1. Beiheft der Zeitschrift für Sozialisationsforschung und Erziehungssoziologie (ZSE)
Weinheim.

Behnken, I. u. a., (1991)
Schülerstudie '90. Jugendliche im Prozeß der Vereinigung
Weinheim und München.

Blossfeld, H.-P., (1989)
Kohortendifferenzierung und Karriereprozeß. Eine Längsschnittstudie über die Veränderung von Bildungs- und Berufschancen im Lebenslauf
Frankfurt/Main.

Büchner, P., (1985)
Einführung in die Soziologie der Erziehung und des Bildungswesens
Darmstadt.

Bundesministerium für Bildung und Wissenschaft (Hrsg.) (1989)

Grund- und Strukturdaten. Ausgabe 1989/90
Bad Honnef.

Bundesministerium für innerdeutsche Beziehungen (Hrsg.) (1990)
Vergleich von Bildung und Erziehung in der Bundesrepublik Deutschland und in der Deutschen Demokratischen Republik. Wissenschaftliche Kommission unter Leitung von O. Anweiler
Köln.

Geißler, R., (1990)
Entwicklung der Sozialstruktur und Bildungswesen. S. 83–111 in: Bundesministerium für innerdeutsche Beziehungen (Hrsg.).

Geißler, R., (1991)
Transformationsprozesse in der Sozialstruktur der neuen Bundesländer. S. 177–194
in: Berliner Journal für Soziologie, H. 2.

Hradil, S., (1987)
Sozialstrukturanalyse in einer fortgeschrittenen Gesellschaft. Von Klassen und Schichten zu Lagen und Milieus
Opladen.

Köhler, H. u. G. Schreier, (1990)
Statistische Grunddaten zum Bildungswesen. S. 112–156 in: Bundesministerium für innerdeutsche Beziehungen (Hrsg.).

Mayer, K.- U. u. H.- P. Blossfeld, (1990)
Die gesellschaftliche Konstruktion sozialer Ungleichheit im Lebensverlauf. S. 297–318 in P. A. Berger u. S. Hradil (Hrsg.): Lebenslagen, Lebensläufe, Lebensstile. Sonderband 7 der Sozialen Welt
Göttingen.

Meulemann, H., (1989)
Schullaufbahn, Ausbildungskarrieren und die Folgen im Lebensverlauf. Der Beitrag der Lebenslaufforschung zur Bildungssoziologie. S. 89–117 in: K.- U. Mayer: Lebensverläufe und sozialer Wandel. Sonderheft 31 der Kölner Zeitschrift für Soziologie
Opladen.

Wahrnehmung siedlungsstruktureller Regionstypen

Jürgen H.P. Hoffmeyer-Zlotnik

Vorbemerkung

Es muß nicht darüber diskutiert werden, daß die Wohnumgebung einen gewichtigen Einfluß auf die Entwicklung eines Jugendlichen hat. Die Stadt bietet im Gegensatz zum Land eine konzentrierte Vielfalt an Möglichkeiten der Wahl hinsichtlich Bildung und Ausbildung und Tätigkeit. Das Leben auf dem Land erschwert es, die Vielfalt der Möglichkeiten der Stadt zu nutzen; das Leben in peripheren ländlichen Regionen schränkt die Wahlmöglichkeiten sogar drastisch ein, ohne sie allerdings nur auf die Landwirtschaft zu beschränken. Geht man nun von der Tatsache aus, daß in den neuen Bundesländern etwa 80 % aller Gemeinden weniger als 2.000 Einwohner aufweisen und ein Blick auf die Karte hier eher ländlich geprägte denn großstädtische Regionen zeigt, ist es angebracht, der Frage nachzugehen, wie die Jugendlichen selbst ihre Wohngemeinden wahrnehmen.

Ortstypeinschätzung durch die befragten Jugendlichen

Zur Einschätzung des Ortstyps der Wohngemeinde, in der der Jugendliche jeweils lebt, wurde, mit der Anweisung,

Tabelle 1: Wahrnehmung des Ortstypes, in dem Befragte(r) wohnt

Kategorie	Stichprobe gesamt	West	Ost
Einzelgehöft/Weiler	0.5	0.7	0.1
Dorf in rein ländlicher Gegend	12.0	12.4	11.0
Dorf in der Nähe einer mittleren Stadt oder Großstadt	17.8	16.9	19.5
ländliche Kleinstadt (bis 30.000 Einwohner)	17.6	15.8	21.0
industrielle Kleinstadt (bis 50.000 Einwohner)	8.5	7.0	4.5
Stadt mittlerer Größe mit wenig Industrie (bis 100.000 Einwohner)	7.4	7.9	6.5
Stadt mittlerer Größe mit viel Industrie (bis 100.000 Einwohner)	4.7	4.5	5.3
kleine bis mittlere Großstadt (bis 500.000 Einwohner)	12.8	14.6	9.1
große Großstadt (über 500.000 Einwohner)	14.3	14.6	13.6
Vorort einer Großstadt	4.5	5.6	2.2

die zutreffende Kategorie eher nach der subjektiven Wahrnehmung und weniger nach dem Wissen über die Gemeinde im Verwaltungssinn zu wählen, das in Tabelle 1 wiedergegebene Kategorienschema benutzt.

Ein Ordnungsmerkmal dieses Kategorienschemas ist die Ortsgröße, die sich dann auch in den Antworten bemerkbar macht: Bei allen Kategorien mit definierten Größenordnungen achteten die Befragten darauf, ihren Wohnort entsprechend seiner administrativen Größe zu verorten. Selbst von jenen, die ihren Wohnort als „Dorf in rein ländlicher Umgebung" wahrnehmen, überschritten bei der Größenordnung nur etwa 3 % der Befragten die definierte Grenze zur Stadt, obwohl es doch am Rand vieler Großstädte sehr dörflich-ländlich anmutende Wohnquartiere gibt. Die Korrelation zwischen eingeschätztem Ortstyp und der administrativen Ortsgrößenklasse beträgt Gamma =.88.

Sucht man nach Unterschieden bei der Ortstypbeurteilung zwischen west- und ostdeutschen Jugendlichen, so zeigt sich ein solcher hauptsächlich bei gering besetzten Kategorien: Die kleine Gruppe derer, die ihren Wohnort als „Einzelgehöft" wahrnehmen (0,5% aller Befragten), lebt fast ausschließlich in den alten Bundesländern. Ebenso gibt es kaum einen ostdeutschen Jugendlichen, der seinen Wohnort als „Vorort einer Großstadt" betrachtet. In den neuen Bundesländern werden allerdings jene Kategorien für den eigenen Wohnort häufiger gebraucht, die das kleinstädtisch-ländliche unterstreichen wie „ländliche Kleinstadt" oder „Dorf in der Nähe einer mittleren Stadt oder Großstadt". Diese Ergebnisse besagen zunächst nur, daß die Befragten sich bemüht haben, eine möglichst objektive Zuordnung der Kommune, in der sie wohnen, zu geben. Damit fallen leider Rückschlüsse auf das Wohnquartier, in dem die jeweiligen Befragten leben, fort. Aber auch Rückschlüsse auf einen wie auch immer gearteten Regionstyp sind über die Ortstypwahrnehmung zunächst nicht möglich.

Betrachtet man die Bundesrepublik Deutschland aber, so wird sehr schnell deutlich, daß es nicht nur einen Unterschied zwischen ländlichen und städtischen Räumen gibt, einen Unterschied nach Ortsgröße und „Industrie" vs. „Nicht-Industrie", sondern daß sowohl „Land" als auch „Stadt" jeweils unterschiedliche Qualitäten aufweisen, die sich in einer differenzierten Regionstypik widerspiegeln. Daneben ist, durch die vergangene Zugehörigkeit beider deutscher Teilstaaten zu unterschiedlichen Wirtschaftssystemen mit hier föderativer und dort zentralistischer Ausrichtung, heute auch hinsichtlich regionaler Strukturen ein starkes West-Ost-Gefälle auszumachen. Hinzu kommt, daß sowohl im Westteil als auch im Ostteil der Bundesrepublik, aus historischer Entwicklung heraus, ein wirtschaftliches Süd-Nord-Gefälle sich entwickelt hat, welches heute deutliche Auswirkungen auf den Arbeitsmarkt zeigt.

Siedlungsstrukturelle Regionstypen

Bevor Rückschlüsse über spezifische Regionstypen auf die Situation der deutschen Jugendlichen versucht werden, soll zunächst die verwendete Regionstypik (siehe auch Bundesraumordnungsbericht 1991) vorgestellt werden. Zunächst werden unter den Gesichtspunkten von Zentralität und Verdichtung drei siedlungsstrukturelle Regionstypen unterschieden:

a) Regionen mit großen Verdichtungsräumen – diese definieren sich über Agglomerationsräume, die insgesamt ein höheres Bevölkerungspotential aufweisen; deren Zentren bestehen aus Städten von zentraler Bedeutung, die mindestens 300.000 Einwohner aufweisen, und/oder die Bevölkerungsverdichtung der Region liegt im Mittel bei mehr als 300 Einwohnern pro qkm;

b) Regionen mit Verdichtungsansätzen – hierbei handelt es sich um Regionen mit Verdichtungskernen, aber noch sehr ländlich geprägtem Umfeld; deren Zentren sind ausgeprägte Industrie- oder Dienstleistungszentren mit einer Bevölkerung von mehr als 100.000 Einwohnern, und/oder die Bevölkerungsverdichtung der Region liegt im Mittel bei mehr als 150 Einwohnern pro qkm; und

c) ländlich geprägten Regionen, egal, ob im weiteren Einzugsbereich größerer Verdichtungsräume oder peripher gelegen.

Führt man zur weiteren Differenzierung die unter der Region liegende Ebene des Kreises ein, so ergibt sich eine Regionstypik auf Kreisebene, wie sie in Tabelle 2 dargestellt ist.

Vergleicht man anhand dieser Typisierung die Stichproben der Erhebung in den alten und neuen Bundesländern miteinander, so wird deutlich, daß, bei nur drei vorhandenen Großstädten und einer Vielzahl sehr kleiner Kommunen, die Stadtstruktur in den neuen Bundesländern (Ost-Berlin eingerechnet) anders aussieht als in den alten Bundesländern des Westens. Der Norden und Osten Ostdeutschlands wird dominiert von ländlichen Kreisen in einer ländlich geprägten Region; nur die Regionen um Rostock und Cottbus zeigen Verdichtungsansätze. Die Regionen mit großen Verdichtungsräumen sind, einmal abgesehen von Berlin und seinem Umland, anders als in den alten Bundesländern, voll konzentriert auf die altindustrialisierten Gebiete um Dresden, im Bereich von Leipzig, Halle und Bitterfeld und zwischen Chemnitz und Plauen. Ein Gegengewicht zu den alten Industriezentren wie für Westdeutschland in Baden-Württemberg und Bayern gegeben, gibt es im

Tabelle 2: Regionstypen auf Kreisebene

A	Region mit großen Verdichtungsräumen
1	Kernstädte bzw. kreisfreie Städte mit mehr als 100.000 Einwohnern
2	hochverdichtete Kreise
3	verdichtete Kreise
4	ländlich geprägte Kreise
B	Regionen mit Verdichtungsansätzen
5	Kernstädte
6	verdichtete Kreise
7	ländlich geprägte Kreise
C	Ländlich geprägte Regionen
8	verdichtete Kreise
9	ländliche Kreise

Quelle: BfLR 1991

Tabelle 3: Ortstyp in Verbindung mit Regionstyp

wahrgenommener Ortstyp	tritt auf bei Regionstyp
01 Einzelgehöft/Weiler:	in Regionen mit Verdichtungsansätzen und in rein ländlich geprägten Regionen, jedoch nicht in Kernstädten (Typ 6–9)
02 Dorf in rein ländlicher Gegend:	mit Schwerpunkt in ländlichen Kreisen ländlich geprägter Regionen, vorkommend in allen Regionstypen außer in Kernstädten großer Verdichtungsräume
03 Dorf in Nähe einer mittleren Stadt oder Großstadt:	mit Schwerpunkt in den an die Kernstädte bzw. Regionen hoher Verdichtung angrenzenden Kreisen (Typ 2, 3, 6); quasi die ländlichgeprägte „Vorstadt"
04 ländliche Kleinstadt:	in den ländlichen Kreisen aller drei Strukturtypen gelegen (Typ 4, 7, 9), auch zahlreich in der zweiten Zone von Regionen mit Verdichtungsansätzen zu finden (Typ 6)
05 industrielle Kleinstadt:	in den verdichteten Kreisen aller drei Strukturtypen zu finden (Typ 3, 6, 8)
06 Stadt mittlerer Größe mit wenig Industrie:	mit Schwerpunkt in den verdichteten Kreisen ländlicher Regionen gelegen (Typ 8), stellt auch kompakte Wohnsiedlungen in Nachbarschaft von Kernstädten dar (Typ 2, 3, 6)
07 Stadt mittlerer Größe mit viel Industrie:	ist eine sehr schwammige Kategorie, da subjektiv auf fast jede mittlere bis größere Stadt zutreffend. Trifft nur für rein ländliche Kreise nicht zu
08 kleine bis mittlere Großstadt:	beschreibt die Kernstädte sowohl in großen Verdichtungsräumen als auch in Regionen mit Verdichtungsansätzen (Typ 1, 5)
09 große Großstadt:	beschreibt die Kernstädte in großen Verdichtungsräumen (Typ 1)
10 Vorort einer Großstadt:	beschreibt Kernstadtteile in großen Verdichtungsräumen (Typ 1)

Osten Deutschlands nicht. Auch spielen, anders als in den alten Bundesländern, in den neuen Bundesländern Regionen mit Verdichtungsansätzen bisher (einmal abgesehen von Thüringen und Anhalt) eine nachgeordnete Rolle. Diese Strukturunterschiede, die sich auch in der Ortsgröße der Städte und Orte niederschlagen, weisen den großen Verdichtungsräumen im Osten eine andere Qualität zu als jenen im Westen oder gar im Süden Deutschlands. Und eine ländlich geprägte Region im Nord-Osten ist so durch und durch ländlich und so sehr peripher zu großstädtischen Räumen gelegen, wie sonst nirgends in der Bundesrepublik. Das Süd-Nord-Gefälle im Osten ist nicht mit jenem im Westen zu vergleichen.

Betrachtet man jetzt die Wohnorte der befragten Jugendlichen unter dem Gesichtspunkt von Ortsgröße und Regionstyp, so zeigt sich kein Zusammenhang zwischen den Variablen, abgesehen von den wenigen Kategorien, bei denen per Definition ein Zusammenhang bestehen muß, wie bei „Großstadt“ und „Kernstadt in Verdichtungsraum“, bzw. sich ein Zusammenhang ausschließt, wie bei „ländlichem Kreis in ländlich geprägter Region“ und „Großstadt“.

Ortstypeinschätzung unter Regionstypgesichtspunkten

Eine Betrachtung der individuellen Ortstypeinschätzung durch die Befragten unter dem Gesichtspunkt der Verortung der eingeschätzten Orte nach dem Regionstyp (auf der räumlichen Ebene der Kreisgröße) ergibt, daß die administrative Größe des eingeschätzten Ortes nicht mehr die zentrale Aussage über den Wohnort darstellt, sondern auch Dichte und Zentralität mit in die Bewertung eingehen (Tabelle 3).

Unterschiedliche Ortstypwahrnehmung in „Ost“ und „West“

Die Zuordnung des Ortstyps zu den vorgegebenen Kategorien ergibt in Verbindung mit dem jedem Ort zugewiesenen Regionstyp eine unterschiedliche Wahrnehmung von Ortstypen durch die Jugendlichen in den alten und in den neuen Bundesländern: Unter „großer Großstadt“ wird in Ost und West das gleiche verstanden, jedoch sind in den neuen Bundesländern nicht alle Kernstädte auch Städte mit mehr als 100.000 Einwohnern, so daß vor allem „Städte mittlerer Größe mit viel Industrie“ eine unterschiedliche objektive Einordnung erfahren, rangieren sie doch bei den Jugendlichen in den alten Bundesländern eher in der die Kernstädte umgebenden Zone. Überhaupt scheinen Industriestandorte in den östlichen Bundesländern häufiger als funktionale Einheiten und nicht als Teile von Agglomerationsräumen gesehen zu werden. Die Masse der als „industrielle Kleinstadt“ wahrgenommenen Orte Ostdeutschlands liegt allerdings in den „verdichteten Kreisen“, den Regionen des Typ 3 und 6, an der Peripherie der großen und kleinen Ballungsgebiete. In den alten Bundesländern hingegen wird die „industrielle Kleinstadt“ überwiegend im „hochverdichteten Raum“ des Typ 2, unmittelbar an die großen Kernstädte anschließend, gesehen.

Betrachtet man den der Definition nach relativ farblosen Typ der „Stadt mittlerer Größe mit wenig Industrie“, so zeigt sich auch hier ein großer Unterschied aus der Sicht von „Ost“ und „West“: Für den Jugendlichen der neuen Bundesländer kennzeichnet dieser Typ Stadt die typische „Landstadt“, die zentrale Stadt in ländlich geprägten Regionen des Typ 8. Für die Jugendlichen der alten Bundesländer stellt dieser Typ Stadt die Wohnbereiche, die die großen Zentren umgeben, dar, liegt also in den Regionstypen 2 und 6. Ähnlich unterschiedlich wird in „Ost“ und „West“ das „Dorf in rein ländlicher Gegend“ gesehen: Zwar ist jeweils ein Drittel der von beiden Gruppen so zugeordneten Orte im ländlich peripheren Raum angesiedelt, der Hauptanteil der Restgruppe ist bei den westdeutschen Jugendlichen aber im ehemaligen ländlichen, heute peripheren Vorstadtraum zu suchen (Regionstyp 2 und 6); bei den ostdeutschen Jugendlichen hingegen ist dieser Ortstyp hauptsächlich in der äußersten, die Kernstädte der großen Verdichtungsräume umgebenden und immer noch ländlichen Zone des Regionstyp 4 angesiedelt.

Ein weiterer Unterschied zwischen westdeutscher und ostdeutscher Klassifikation des Wohnortes ist gegeben durch das sehr gering wahrgenommene Auftreten des „Vorort einer Großstadt" in den neuen Bundesländern, obwohl die Lokalisation dieses Ortstyps, sofern er ausgemacht wird, in beiden Teilen Deutschlands mehrheitlich im Kernstadtbereich geschieht (Regionentyp 1).

Als letzter Unterschied zwischen Ost und West soll der in der Wahrnehmung der Befragten fast vollständige Wegfall von Einzelgehöften in der ehemaligen DDR genannt werden. Dieses mag an der unterschiedlichen Struktur der landwirtschaftlichen Betriebe und der daraus bedingten unterschiedlichen Bebauung liegen, es kann allerdings auch ein Mangel an „Romantik" bei der Betrachtung des eigenen Wohnquartieres sein.

Das doppelte Süd-Nord-Gefälle

Zum Abschluß dieser Betrachtung sollen eher die siedlungsstrukturellen Bedingungen in den Vordergrund gerückt werden, um deren Einfluß auf die Möglichkeiten der Bewohner einer Region aufzuzeigen.

Ich hatte anfangs auch das Süd-Nord-Gefälle als eine Bedingung für objektiv bestehende Unterschiede benannt und darauf hingewiesen, daß jeweils ein Süd-Nord-Gefälle in den alten und in den neuen Bundesländern besteht, bedingt durch die unterschiedliche historische Entwicklung der Regionen von der beginnenden Industrialisierung bis heute. Betrachtet man die Strukturen, so ist der Norden im „Westen", Schleswig-Holstein, und der Norden im „Osten", Mecklenburg-Vorpommern, weil insgesamt als sehr stark ländlich dominiert und industriell auf die niedergehende Werftenindustrie ausgerichtet, als vergleichbar anzusehen. In der Mitte der alten Bundesrepublik und im Süden der neuen Bundesländer sind mit Nordrhein-Westfalen und Sachsen ebenfalls zwei Länder vorhanden, die insofern vergleichbare Strukturen aufweisen, als alte Großindustrien erneuert werden müssen und daher dem Einzelnen relativ wenige Möglichkeiten auf dem Arbeitsmarkt gelassen sind. Ist der Erneuerungsprozeß in Sachsen erst einmal abgeschlossen, so könnte dieses sich dann ähnlich Baden-Württemberg entwickeln, denn von der Industriestruktur ist Sachsen in weiten Teilen mit dem Schwerpunkt „Maschinen-, Fahrzeug- und Elektrogerätebau" wohl in einer positiveren Situation als jene Regionen, die mit dem Schwerpunkt „Chemische Industrie, Energie, Bergbau und Metallurgie" aufwarten, wie einerseits das Ruhrgebiet und andererseits der Raum um Leipzig-Halle-Bitterfeld. Als dritte Großregion für die alte Bundesrepublik wird Baden-Württemberg angeführt mit einer Vielzahl von Standorten hohen Entwicklungsstandes in den Bereichen „Maschinen-, Fahrzeug- und Elektrogerätebau" sowie „Leichtindustrie".

Um der Frage nachzugehen, ob der Regionstyp, in Abhängigkeit vom bestehenden Süd-Nord-Gefälle, einen Einfluß auf die Chancen für Ausbildung und beruflichen Status hat, wurde für die oben benannten fünf Bundesländer untersucht, unter welchem Regionstyp sich jeweils die Jugendlichen konzentrieren, die in eine der folgenden 7 Status-Kategorien fallen: 1. „in Berufsausbildung", 2. „im Studium", 3. „qualifizierter Facharbeiter", 4. „qualifizierter Angestellter, mittlerer Beamter", 5. „Hausfrau/Hausmann", 6. „vorübergehend nicht berufstätig, arbeitslos" und 7. (spezifisch für die östlichen Bundesländer:) „Kurzarbeit mit 0 Stunden". Eine 8. Kategorie, „freiberuflich, freischaffend, freipraktizierende Tätigkeit", konnte nicht in die Betrachtung mit einbezogen werden, da die Fallzahlen auf der Ebene des Bundeslandes, aufgebrochen nach Regionstypen, zu klein werden, um eine Analyse durchführen zu können.

Vergleicht man die Verteilung der Gruppen über die Regionstypen in den ausgewählten Bundesländern, so wird sehr schnell deutlich, daß hinsichtlich des Süd-Nord-Gefälles ein beträchtlicher Niveauunterschied besteht. Während in Schleswig-Holstein die Auszubildenden und die Studenten in der Kernstadt dominieren, sind diese in Mecklenburg-Vorpommern dominant auf dem Lande zu finden. Dieses ist einerseits sicher über die geringere Verdichtung der Siedlungsstruktur in Mecklenburg-Vorpommern zu erklären, muß aber wohl auch über den noch angespannteren Wohnungsmarkt in den Kernstädten Ostdeutschlands erklärt werden. Auch in Nordrhein-Westfalen ist die Ausbildung auf den Bereich der Kernstädte konzentriert (die hier allerdings besonders massiert auftreten). In Baden-Württemberg und Sachsen ist keine eindeutige Konzentration von Auszubildenden und Studenten auf nur einen Regionstyp auszumachen, obwohl auch diese beiden Länder große Verdichtungsräume aufweisen.

Betrachtet man die qualifizierten Tätigkeiten bei den Arbeitern, den Angestellten und den Beamten (ohne hierbei zu vergessen, daß Jugendliche untersucht werden, von denen allein altersbedingt erst eine kleine Gruppe von Personen in die Berufsbereiche, die ein Hochschulstudium voraussetzen, eingemündet sind), so zeigt sich, daß in den altindustrialisierten Regionen, in Nordrhein-Westfalen und Sachsen die Inhaber qualifizierter Jobs sich in den Kernstädten der großen Verdichtungsräume ballen. Auch in Mecklenburg-Vorpommern konzentrieren sich die Inhaber qualifizierter Jobs auf die Kernstädte, während in Schleswig-Holstein wie in Baden-Württemberg Inhaber qualifizierter Jobs nicht nur in den Kernstädten, sondern auch in verdichte-

Tabelle 4: Regionstypen dominierende Statusgruppen nach ausgewählten Bundesländern

Statusgruppe	Bundesland				
	SH	NRW	BaWü	MeVo	Sa
1 Berufsausbildung	5	1	2,5,8	8,9	2,1,3
2 Studium	5	1,5	8,5,1,2	9,8	1,6
3 qualif. Facharbeiter	6	1	2,1	5	1
4 qualif. Angestellter, mittlerer Beamter	5,6	1	2,1	5	1
5 Hausfrau/Hausmann	*)	1,2	2	*)	*)
6 arbeitslos	*)	1	*)	9,8	1,3
7 Null-Kurzarbeit	**)	**)	**)	9	1

*) für eine Auswertung zu geringe Zellenbesetzung

**) Per Definition nur in den neuen Bundesländern vorkommend

ten Kreisen siedeln, also wesentlich dezentraler anzutreffen sind.

Über das Auftreten des Hausfrauen/-männer-Status läßt sich bei der Gruppe der jungen Menschen sehr wenig aussagen – nur scheint dieser Status in der Eigendefinition sichtbar bisher nur in den westdeutschen Ländern vorzukommen und dort ein Phänomen der Vorstädte zu sein. Etwas anders sieht es mit der Arbeitslosigkeit aus: Mit der Arbeitslosigkeit wird man massiv in den Kernstädten der altindustrialisierten Regionen konfrontiert, was hier für Nordrhein-Westfalen und Sachsen gleichermaßen gilt. Andererseits sind von der durch die Auflösung der Planwirtschaft ausgelösten Arbeitskräftefreisetzung in den östlichen Bundesländern nicht nur die Kernstädte betroffen, wie über die ländlichen Bereiche von Mecklenburg-Vorpommern belegt wird. Unter diesem Aspekt des Systemwechsels ist auch die Verteilung unter der Kategorie der Null-Kurzarbeit zu sehen. Im Gegensatz hierzu ist in den südwestdeutschen Regionen Arbeitslosigkeit kein primäres Kernstadtphänomen, sondern eher ein Umlandproblem.

Betrachtet man die Tabelle 4 auf Gemeinsamkeiten und Unterschiede zwischen den Bundesländern, so zeigt sich, vernachlässigt man einmal die durch die derzeitig beginnende Umstrukturierung des Arbeitsmarktes bedingte massive Arbeitskräftefreisetzung in den neuen Bundesländern, daß Mecklenburg-Vorpommern mit ausgeprägten ländlichen Regionen von der Chancenvielfalt eines Karriereaufstiegs her noch hinter Schleswig-Holstein rangiert. Der qualitative Sprung vom Norden in die Mitte Deutschlands führt in die Kernstädte der großen Ballungsgebiete: So zeigt sich, daß sowohl in Nordrhein-Westfalen als auch in Sachsen die Chancen für den beruflichen Status in den Kernstädten der großen Verdichtungsräume zu finden sind, wohingegen in Baden-Württemberg die Chancenvielfalt für Ausbildung und berufliche Karriere nicht nur auf die großen Ballungszentren konzentriert ist, sondern auch deren Umland mit einschließt. Damit wird die Situation der Jugendlichen erst vor dem Hintergrund des Regionstyps ihrer Heimat umfassend interpretierbar.

Literatur

Der Bundesminister für Raumordnung, Bauwesen und Städtebau (Hg.) 1991
Raumordnungsbericht 1991 der Bundesregierung
Bonn

Bundesanstalt für Landeskunde und Raumordnung (Hg.), 1991
Erläuterung der Regions- Kreis- und Gemeindetypik der BfLR
Bonn (maschinenschr.)

Hoffmeyer-Zlotnik, Jürgen H.P., 1981
Wohnquartiersbeschreibung als Mittel zur Messung soziologischer Merkmale von Ausfällen; in: ZUMA Nachrichten 8/1981, S. 5–24

Hoffmeyer-Zlotnik, Jürgen H.P., 1984
Zur Beschreibung von Wohnquartieren – Die Entwicklung eines Instruments; ZUMA-Arbeitsbereicht Nr 84/05
Mannheim

Hoffmeyer-Zlotnik, Jürgen H.P., 1986
Wohnquartiersbeschreibung – die Entwicklung eines Instruments zur sozial-räumlichen Klassifikation städtischer Teilgebiete; in: ZUMA Nachrichten 18/1986, S. 63–78

VI. Jugend und Familie

Wohnformen bei Jugendlichen und in der Postadoleszenz

Hanspeter Buba,
Laszlo A. Vaskovics,
Frank Früchtel

Wohnen und Familie bestimmen in enger Verbindung den unmittelbaren Lebenskontext junger Menschen. Die Wohnung bildet dabei den Rahmen für die Ausführung von Alltagsfunktionen, ist Identifikations- und Gestaltungsraum, begrenzt bzw. eröffnet Chancen für den Sozialisationsprozeß. Insofern ist der Qualitätsaspekt des Wohnens von Interesse. Bezogen auf diesen Aspekt beschreiben wir eingangs die Wohnbedingungen von Jugendlichen. Mit dem Wohnen ist aber auch die Einbindung in einen sozialen Kontext verbunden. Wichtiger noch als die Frage der Wohnbedingungen erscheint uns daher die Frage der wohnungsmäßigen Einbindung bzw. Ablösung junger Erwachsener vom elterlichen Haus. Unter diesem Aspekt bildet das „Wohnen" eine Dimension der Ablösung von der Herkunftsfamilie. In einem zweiten Analyseschritt verfolgen wir diesen Ablösungsprozeß, konzentrieren uns dabei auf die Phase der Postadoleszenz. Ein Gesichtspunkt scheint uns dabei besonders wichtig: In der Forschungsliteratur wird oft die Vorstellung vermittelt, daß die Ablösung junger Erwachsener punktuell erfolgt, festgemacht am Datum des Auszugs der Kinder. Wir haben im Rahmen einer Pilotstudie „Familienabhängigkeit junger Erwachsener und ihre Folgen"[1] deutliche Hinweise darauf erhalten, daß diese Ablösung einen oft über längere Zeit andauernden Prozeß darstellt. Teilweise haben die jungen Erwachsenen eine eigene Wohnung, behalten aber noch ihr Zimmer bei den Eltern. Diese partielle wohnungsmäßige Einbindung ist Grundlage und Indikator dafür, daß junge Erwachsene auch in anderen Lebensbereichen in den sozialen Kontext „Herkunftsfamilie" integriert sind. Wir werden versuchen, Phasen und Formen dieses Ablösungsprozesses junger Erwachsener etwas genauer zu dokumentieren und dafür Bedingungszusammenhänge ausfindig zu machen.

Wohnbedingungen von Jugendlichen

Wie und mit wem wir wohnen, bestimmt in verschiedener Hinsicht unseren Alltag, unsere Persönlichkeit und unsere sozialen Beziehungen. Unsere „eigenen vier Wände" bilden eine Lebensgrundlage, den Raum für Alltagsfunktionen, den Bereich, in dem wir essen, schlafen, unsere „Klamotten" und andere Habe verwahren, einen Teil unserer Freizeit verbringen etc. Die Wohnung, vor allem das eigene Zimmer, ist aber auch Identifikations- und Gestaltungsraum, in dem wir uns mit den Dingen umgeben können, die uns wichtig sind, die wir mögen, in denen wir uns wiederfinden, die unsere Geschichte erzählen.

Wohnbedingungen und Wohnumgebung begrenzen und eröffnen Chancen für den Sozialisationsprozeß.[2] Bieten die elterlichen Wohnungen, in denen 13–17jährige aufwachsen, genug Platz für die Alltagsbedürfnisse von Jugendlichen, bieten sie die Chance, sich zurückzuziehen, Raum für Individualität?

Der erste Blick auf die Ergebnisse ist ernüchternd. Nur 20 % der 13–17jährigen in den westlichen Bundesländern, im östlichen Teil der Bundesrepublik nur 10 % haben in der elterlichen Wohnung ein eigenes Zimmer mit einer Größe von mehr als 10 qm. Der überwiegende Teil der Jugendlichen lebt unter beengten Wohnverhältnissen: 70 % der Jugendlichen verfügen zwar über ein eigenes Zimmer, müssen sich aber mit einem Raum begnügen, der kleiner als 10 qm ist. Weitere 10 % (in den östlichen Bundesländern 20 %) teilen sich das Zimmer mit Geschwistern oder anderen Personen, haben also die Rückzugschance des eigenen Zimmers nicht.[3] Insgesamt sind also in den alten Bundesländern 80 %, in den neuen Bundesländern 90 % der Jugendlichen von Wohnraumknappheit betroffen, haben in der elterlichen Wohnung nur wenig Platz für ein „persönliches Refugium".

Nun geben diese Daten zwar einen ersten Anhaltspunkt, spiegeln aber die Wohnbedingungen von Jugendlichen nur auszugsweise wider. Neben dem eigenen Zimmer sind die Bedingungen, die die gesamte elterliche Wohnung und das Wohnumfeld bieten, von Bedeutung. Zwei Aspekte des Wohnkontextes konnten in dieser Studie einbezogen werden: die Frage, ob die Familie ein eigenes Haus bewohnt oder sich die elterliche Wohnung in einem Mehrfamilienhaus befindet, sowie die Frage nach dem Wohneigentum. Daran läßt sich die Individualität und Freizügigkeit des Wohnens ermessen. Die Ergebnisse relativieren das eben vermittelte Bild der Wohnbedingungen von Jugendlichen. Sie belegen, daß immerhin 60 % der Familien in den alten Bundesländern in einem eigenen Haus wohnen bzw. über Wohneigentum verfügen. Die Wohnungs- und Einkommenspolitik in der früheren DDR hinterließ in den neuen Bundesländern eine deutlich andere Situation: Hier wohnt der Großteil in Mietwohnungen; nur etwa ein Drittel der Familien hat ein eigenes Haus zur Verfügung oder besitzt Wohneigentum.[4]

Im folgenden sind die bisher dargestellten Ergebnisse in einem Index (Grafik 1) zu Wohnverhältnissen zusammengeführt. Er berücksichtigt, daß die Enge des Kinderzimmers durch das Wohnen in einem eigenen Haus u.U. wettgemacht wird, bzw. daß eine Mietwohnung, auch wenn sie mehr als 10 qm Raum für ein Kinderzimmer läßt, an den Wohnwert eines Hauses nicht heranreicht. Bemißt man die Wohnverhältnisse von Jugendlichen in den alten und neuen Bundesländern an diesen Maßstäben, ergibt sich folgendes zusammenfassendes Bild:

39 % der Jugendlichen in den alten Bundesländern sind von ungünstigen und beengten Wohnverhältnissen betroffen: Sie wohnen in einer Mietwohnung und haben kein oder nur ein kleines eigenes Zimmer zur Verfügung. Für weitere 42 % bieten die elterlichen Wohnungen zwar nur wenig persönlich verfügbaren Raum (eigenes Zimmer unter 10 qm), im eigenen Haus aber insgesamt wohl ausreichenden Platz. Die

übrigen 19 % leben in guten bzw. in sehr guten Wohnverhältnissen (ein größeres eigenes Zimmer in Mietwohnung oder eigenem Haus). Dieses Gesamtbild vermittelt eine Vorstellung davon, mit welchen Schwierigkeiten des Wohnungsmarktes Familien heute kämpfen und belegt, daß Kinder und Familien relativ häufig zu den Verlierern des freien Wohnungsmarktes gehören, auch wenn im westlichen Teil der Bundesrepublik durch wohnungspolitische Maßnahmen in erheblichem Umfang Wohneigentum geschaffen werden konnte.

Das wohnungspolitische Erbe der ehemaligen DDR stellt sich noch ungünstiger dar: In den neuen Bundesländern sind (gemessen am verfügbaren Wohnraum) 62 % von ungünstigen und beengten Wohnbedingungen betroffen, 28 % verfügen über ausreichenden Wohnraum, 10 % über gute bis sehr gute Wohnverhältnisse. Die Wohnungen, in denen Jugendliche in der Bundesrepublik aufwachsen, lassen also im wortwörtlichen wie im übertragenen Sinn oft nur wenig Raum für die eingangs erwähnte Individualität . Die Enge der elterlichen Wohnung erhöht bei vielen Jugendlichen den alltäglichen Zwang, sich in der Familie miteinander zu arrangieren, schränkt für alle Familienmitglieder Freiräume ein und erhöht die gegenseitige Kontrolle. Führt dies dazu, daß junge Menschen die elterliche Wohnung so bald wie möglich zu verlassen suchen? Gelingt mit der Ablösung vom elterlichen Haushalt eine Besserung der Wohnverhältnisse? An welche Voraussetzungen ist der Auszug aus der elterlichen Wohnung geknüpft? Der nachfolgende Abschnitt geht auf diese Fragen ein.

1) Wohnverhältnisse von Jugendlichen
(Vergleich alte und neue Bundesländer

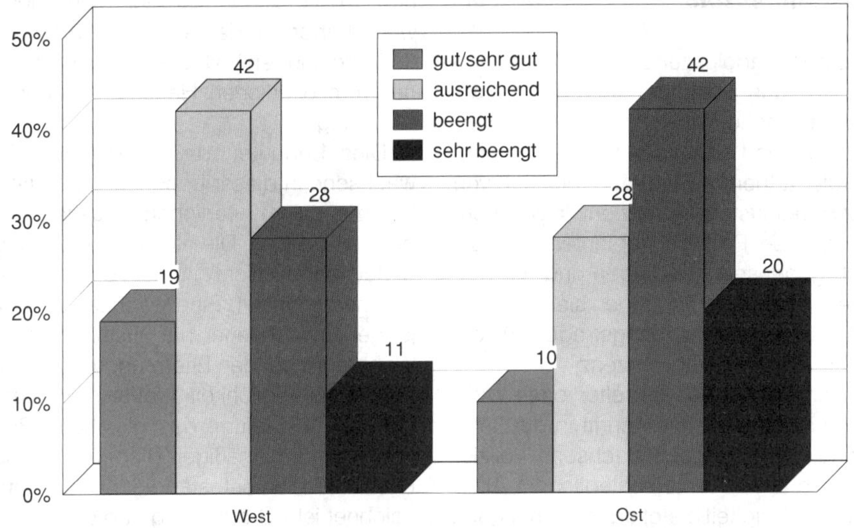

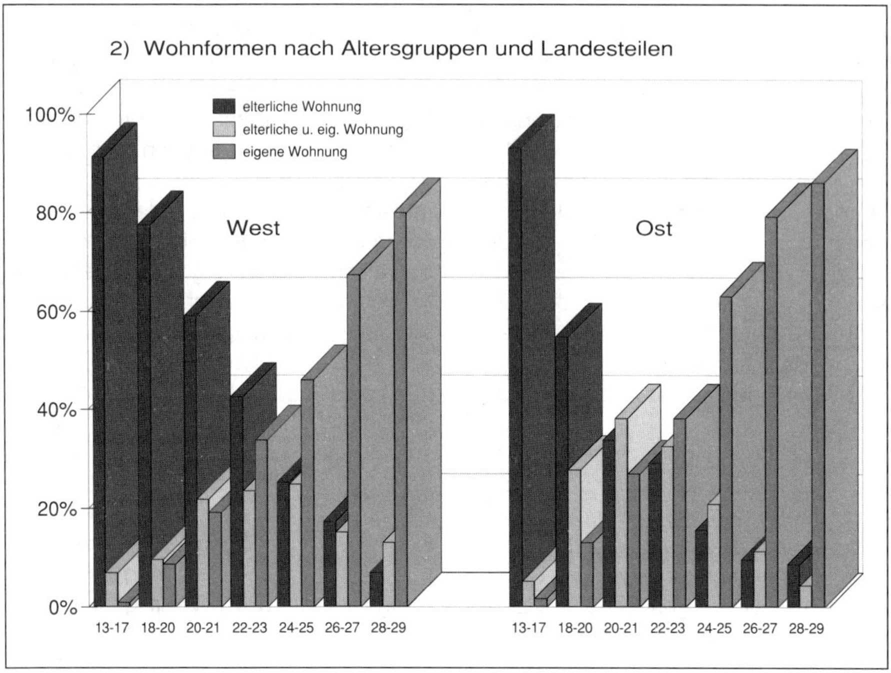

Wohnformen und Wohnbedingungen in der Postadoleszenz

Die Postadoleszenz wird im folgenden als Übergangsstadium beschrieben, als biographische Phase, in der sich in verschiedenen Lebensbereichen (Wohnen, Beruf, Partnerbindung) die Ablösung von der Herkunftsfamilie vollzieht. In welchem Alter diese Prozesse ablaufen, wie sie sich gegenseitig bedingen und mit welchen Rahmenbedingungen sie verknüpft sind, bildet die Ausgangsfragen für die Analyse von Postadoleszenz.

Der Auszug aus der elterlichen Wohnung ist oft der erste Schritt in die Selbständigkeit. Junge Erwachsene vollziehen ihn in sehr unterschiedlichem Alter. Die Volljährigkeit bietet dabei für nur ganz wenige (8 % in den westlichen, 13 % in den östlichen Bundesländern) den Anlaß, aus der elterlichen Wohnung auszuziehen. Im Alter von 24–25 Jahren beispielsweise haben die Hälfte, mit 28–29 Jahren 80 % der jungen Erwachsenen eine eigene, vom elterlichen Haushalt getrennte Wohnung.

Dies bedeutet, daß viele junge Erwachsene in dieser Lebensphase relativ lange mit dem elterlichen Haushalt verbunden bleiben. Die elterliche Wohnung bildet dabei nicht immer die einzige Wohnmöglichkeit. Eine wachsende Zahl junger Erwachsener hat zusätzlich zum Wohnraum bei den Eltern noch eine weitere Wohnmöglichkeit, lebt also in einem Übergangsstadium, das gleichermaßen von wohnungsmäßiger Bindung an die Eltern und Verselbständigung gekennzeichnet ist.[5] Graphik 2 gibt die Größenordnung wieder und veranschaulicht den altersspezifischen Verlauf sowie Unterschiede zwischen alten und neuen Bundesländern. Sie zeigt, daß in den neuen Bundesländern junge Erwachsene

- beim Auszug aus der elterlichen Wohnung im Durchschnitt jünger sind,
- daß sie (vor allem im Alter von 18–23 Jahren) häufiger als junge Erwachsene in den alten Bundesländern zusätzlich zur Wohnmöglichkeit bei den Eltern noch über eine weitere Wohngelegenheit verfügen, also früher und häufiger zwischen der elterlichen Wohnung und Zweit-Wohnmöglichkeit pendeln und
- im Durchschnitt früher einen von den Eltern unabhängigen Hausstand gründen, sich also von zu Hause völlig „abnabeln".

Dementsprechend ist die Gruppe der „Nesthocker", die in der elterlichen Wohnung bleiben und über keine weitere Wohnmöglichkeit verfügen, in den östlichen Bundesländern durchweg kleiner als im westlichen Teil der Bundesrepublik.

Zusätzlich zu dieser Wirkung gesellschaftlicher Rahmenbedingungen zeigen sich geschlechtsspezifische Unterschiede im Verlauf der wohnungsmäßigen Ablösung. In Übereinstimmung mit anderen in der Forschungsliteratur angeführten Belegen[6] zeigt sich auch bei den hier befragten jungen Erwachsenen, daß Männer die Bindung an die elterliche Wohnung im Durchschnitt länger aufrechterhalten, also eher „Nesthocker" sind. Graphik 3 vergleicht diesen Anteil der „Nesthocker" bei Männern und Frauen im Alter von 18–29 Jahren und zwar in den alten wie in den neuen Bundesländern. Während beispielsweise in den

3) Bindung an elterliche Wohnung, nach Geschlecht, Altersgruppe, Landesteilen

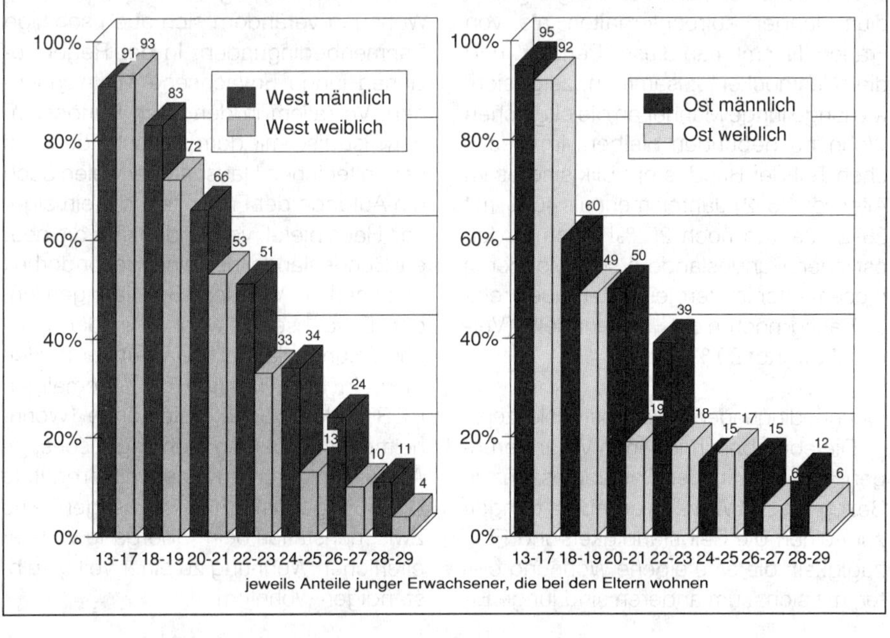

jeweils Anteile junger Erwachsener, die bei den Eltern wohnen

westlichen Bundesländern im Alter von 22–23 Jahren nur mehr ca. ein Drittel der Frauen in der elterlichen Wohnung leben (ohne eine weitere Wohnmöglichkeit zu haben), wohnt noch ca. die Hälfte der Männer dieses Alters bei den Eltern. Ähnliche Unterschiede zeigen sich in fast allen Altersgruppen. Offenbar weitgehend unabhängig vom gesellschaftlichen Kontext weisen also Männer in der Postadoleszenz eine stärkere Bindung an die elterliche Wohnung auf, oder anders (und plakativ) gesagt, tendieren Frauen zu einer möglichst frühen „Flucht aus dem familiären Nest", Männer bleiben lieber möglichst lange „bei Muttern".

Diese verzögerte Abnabelung von Männern wird auch am Anteil derer deutlich, die über zwei Wohnmöglichkeiten verfügen und sich teils bei den Eltern, teils in einer eigenen Wohnung bzw. Wohnmöglichkeit aufhalten. Diese Art des Pendelns wird von Männern im Durchschnitt später praktiziert, dieses Übergangsstadium länger aufrechterhalten als von Frauen. Nimmt man diese „Pendler" und die „Nesthocker" zusammen, zeigt sich, wie lange junge Männer an die elterlichen Wohnung gebunden bleiben: Im westlichen Teil der Bundesrepublik sind es im Alter von 26–27 Jahren mehr als 40 %, mit 28–29 Jahren noch 25 %! Auch in den östlichen Bundesländern sind Männer in diesem Alter im Vergleich zu Frauen relativ häufig noch nicht „abgenabelt" (Vergleichswerte: 30 % und 17 %).

Wohnbedingungen in der Postadoleszenz:

Die eben beschriebenen Veränderungen, die sich in der Postadoleszenz in Bezug auf das Wohnen ergeben, bringen zum einen die Selbständigkeit und Freizügigkeit, die eine eigene Wohnung bietet, mit sich, zum anderen sind junge Erwachsene seltener von beengten Wohnverhältnissen betroffen. Jungen Erwachsenen, die bei ihren Eltern wohnen bleiben, steht vielfach mehr Platz zur Verfügung, z. B. deshalb, weil Geschwister die elterliche Wohnung bereits verlassen haben. Z.T. wirkt sich die „selektive Wirkung des Auszugsverhaltens" aus: Junge Erwachsene, die in der elterlichen Wohnung unter sehr beengten Verhältnissen leben, verlassen die elterliche Wohnung früher bzw. versuchen durch eine zweite Wohnmöglichkeit eine Verbesserung ihrer Wohnverhältnisse zu erzielen. Jungen Erwachsenen im Alter von 25–29 Jahren steht dementsprechend mehr Raum zur Verfügung: Etwa 70 % verfügen in einer, z. T. auch einer zweiten Wohnmöglichkeit über eine eigene Wohnung bzw. ein eigenes, größeres Zimmer. Dies gilt sowohl für die alten als auch für die neuen Bundesländer, für männliche wie für weibliche junge Erwachsene.

Mit dem Auszug aus der elterlichen Wohnung verändern sich auch sonstige Rahmenbedingungen: In der Regel beziehen junge Erwachsene Mietwohnungen. Vor allem in den alten Bundesländern ist also mit dem Ausscheiden aus dem elterlichen Haushalt bei vielen auch die Aufgabe der Freiheiten, die ein eigenes Haus bietet, verbunden. Für die neuen Bundesländer ist eine Besonderheit anzumerken: Von den 18–24jährigen jungen Erwachsenen wohnen in den östlichen Bundesländern ein Fünftel in Heimen. In der Tradition der ehemaligen DDR bilden solche Unterkünfte (Wohnheime für Studenten, Lehrlinge, sonstige Anstaltsunterkünfte) eine weitverbreitete Unterbringungsform – sozusagen eine Zwischenstation beim Übergang von der elterlichen Wohnung zu einer völlig selbständigen Wohnform.

Rahmenbedinungen und Einflußfaktoren auf die Wohnform junger Erwachsener

Im folgenden werden einige Rahmenbedingungen und Einflußfaktoren der Wohnform junger Erwachsener analysiert. Dabei wird eingangs kurz auf den Zusammenhang zwischen Tätigkeit und Wohnform eingegangen und dabei gezeigt, inwieweit der Ausbildungsabschluß und Übertritt ins Berufsleben, Verselbständigungsprozesse in anderen Lebensbereichen also, die wohnungsmäßige Ablösung von den Eltern veranlaßt. Die Aufnahme der Berufstätigkeit steht vielfach auch mit finanzieller Verselbständigung in Zusammenhang. Auch diese finanzielle Selbständigkeit wird, so ist zu vermuten, Grund und Anlaß für das Ausscheiden aus dem elterlichen Haushalt sein. Dies sind sozusagen erste Stationen bei der Prüfung der Frage, welche Korrelate des Erwachsenseins den Prozeß „Postadoleszenz" kennzeichnen. Weiter werden einige Einflußfaktoren analysiert. Anknüpfend an die Differenzierungen, die bereits bezogen auf die unterschiedlichen gesellschaftlichen und politischen Traditionen in den alten und neuen Bundesländern und die geschlechtsspezifischen Unterschiede belegt wurden, soll hier noch exemplarisch auf drei Fragen eingegangen werden: auf schichtspezifische Unterschiede, regionale Differenzierungen des Verlaufs von Postadoleszenz sowie den Einfluß der Familiengröße.

Berufstätigkeit und finanzielle Selbständigkeit sind wesentliche Voraussetzungen für die Wohnform in der Postadoleszenz (Tabelle 1). Junge Erwachsene, die in einer eigenen Wohnung leben, sind zu 95 % finanziell unabhängig von den Eltern. Umgekehrtes gilt nur begrenzt: Von den finanziell Selbständigen haben ca. drei Viertel den elterlichen Haushalt verlassen, während knapp ein Viertel bei den Eltern wohnt. Insofern erscheint finanzielle Selbständigkeit als nahezu notwendige Voraussetzung für selbständiges Wohnen, nicht jedoch als hinreichende Bedingung. Neben einem gewissen Alter müssen weitere Voraussetzungen gegeben sein, damit junge Erwachsene aus dem elterlichen Haushalt ausscheiden. Auf diese wird in den nachfolgenden Abschnitten noch eingegangen.

Die finanzielle Selbständigkeit ist meist an die Tätigkeitsform junger Erwachsener gebunden. Entsprechend der Koppelung von Berufstätigkeit und finanzieller Selbständigkeit zeigt sich ein ähnlicher Zusammenhang zwischen Berufstätigkeit und selbständigem Wohnen (Tabelle 2), wenn auch mit gradueller Abschwächung: Drei Viertel der über 25jährigen jungen Erwachsenen, die über eine Wohnung verfügen, sind berufstätig. Der Rest ist arbeitslos oder widmet sich (meist als Hausfrau) dem Haushalt und der Familie. Mit diesen letztgenannten Tätigkeitsformen ist in der Regel finanzielle Unabhängigkeit von den Eltern verbunden. Dementsprechend fällt die Berufstätigkeit im Vergleich zur finanziellen Selbständigkeit als Voraussetzung für selbständiges Wohnen weniger ins Gewicht. Auch hier gilt umgekehrtes nur begrenzt: Berufstätigkeit veranlaßt also nicht sofort und quasi selbstverständlich die wohnungsmäßige Trennung von den Eltern. Über 25jährige Berufstätige verlassen zwar zu zwei Drittel den elterlichen Haushalt. Immerhin bleibt aber ein Drittel bei den Eltern wohnen oder hat zumindest eine zweite Wohngelegenheit in der elterlichen Wohnung. Auch dies belegt, daß neben finan-

Tabelle 1: Finanzielle Selbständigkeit und Wohnformen junger Erwachsener[1]

Landesteil		West						Ost		
Finanzielle Selbständigkeit[2]		sehr hoch	hoch	mittel	gering	(n)		sehr hoch	hoch	(n)
1a) Wohnform										
Eigene Wohnung	%	93	5	1	1	(561)	%	97	3	(187)
Eigene Wohnung und Wohnmöglichkeit bei Eltern	%	78	11	9	2	(109)	%	89	11	(18)
Wohnt bei Eltern	%	80	4	8	8	(97)	%	100		(22)
1b) Wohnform		%	%	%	%	%		%	%	
Eigene Wohnung		76	64	31	29	73		83	(67)	82
Eigene Wohnung und Wohnmöglichkeit bei Eltern		13	27	38	14	14		7	(33)	8
Wohnt bei Eltern		11	9	31	57	13		10	–	10
	(n)	(684)	(44)	(26)	(14)	(767)		(219)	(7)	(228)

1) 25 – 29jährige

2) gemessen am Anteil der Finanzierung des Lebensunterhalts durch die Eltern; „sehr hohe" finanz. Selbständigkeit: 0% Anteil der Eltern Finanzierung; „hoch": 0% - 30%; „mittel": 31% - 70%; „gering": 71% - 100%.

Tabelle 2: Tätigkeit und Wohnform junger Erwachsener[1]

Landesteil		West							Ost					
Tätigkeit		1*	2*	3*	4*	5*	(n)		1*	2*	3*	4*	5*	(n)
2a) Wohnform:														
Eigene Wohnung	%	8	72	15	3	1	(815)	%	8	71	1	15	5	(240)
Eigene Wohnung und Wohnmöglichkeit bei Eltern	%	41	53	1	2	3	(201)	%	35	53	–	6	6	(34)
Wohnt bei Eltern	%	20	73	1	6	–	(191)	%	–	71	–	26	3	(34)
2b) Wohnform:		%	%	%	%	%	%		%	%	%	%	%	%
Eigene Wohnung		37	70	97	65	86	67		63	81	–	76	82	78
Eigene Wohnung und Wohnmöglichkeit bei Eltern		43	13	2	9	14	17		37	8	–	5	9	11
Wohnt bei Eltern		20	17	1	26	–	–		–	11	–	19	9	11
	(n)	(190)	(831)	(126)	(43)	(14)	(1208)		(31)	(213)	(2)	(47)	(14)	(308)

1) 25 - 29jährige

*) Kategorien:
1 Ausbildung
2 Erwerbstätig
3 Hausfrau
4 Arbeitslos
5 Mutterschaft/Erziehungsurlaub

zieller Selbständigkeit und Berufstätigkeit noch weitere Gründe bei der wohnungsmäßigen Verselbständigung junger Menschen maßgeblich sind.

Die hier skizzierten Zusammenhänge werden überlagert von den weiter oben beschriebenen geschlechtspezifischen Differenzierungen und Unterschieden zwischen dem östlichen und westlichen Bundesgebiet: Das heißt beispielsweise, daß der wohnungsmäßige Ablösungsprozeß junger Erwachsener in den östlichen Gebieten unter den Voraussetzungen finanzieller Unabhängigkeit und Berufstätigkeit sich radikaler als in den westlichen Gebieten vollzieht bzw. junge Frauen sich, dann wenn sie durch Berufstätigkeit und Eigenverdienst von den Eltern unabhängig sind, etwas häufiger von zu Hause trennen als Männer gleichen Alters.

Wie gezeigt wurde, ist die Berufstätigkeit zwar eine wichtige, jedoch keine strikte und unbedingte Voraussetzung für selbständiges Wohnen. Insofern ist verständlich, daß von den in Ausbildung befindlichen jungen Menschen etwa die Hälfte in einer eigenen Wohnung lebt. Der Rest wohnt bei den Eltern oder hat sowohl eine eigene Wohnung als auch eine Wohnmöglichkeit bei den Eltern (über 25jährige)[7].

Neben solchen Voraussetzungen, die als Bedingungen des biographischen Verlaufs sozusagen einen kumulativen Prozeß des Erwachsenwerdens konstituieren, soll hier noch auf einige Einflußfaktoren eingegangen werden: Exemplarisch beschränkt sich die Analyse auf die Wirkung der Schichtzugehörigkeit, der regionalen Herkunft und der Familiengröße als Beispiele für horizontale und vertikale Disparitäten.

Die Zugehörigkeit zu einer sozialen Schicht hat zwar keine sehr gravierenden Auswirkungen auf die Ablösung junger Menschen vom elterlichen Haushalt; dennoch zeigen sich vor allem im Ost-West-Vergleich überraschende Ergebnisse: In den alten Bundesländern ist kein Zusammenhang zwischen sozialer Schichtzugehörigkeit und Wohnform junger Erwachsener erkennbar. Nur ein einziger Anhaltspunkt für so einen Zusammenhang ist aus den Daten zu entnehmen: In höheren sozialen Schichten haben auch ältere (über 25jährige) junge Erwachsene häufiger sowohl eine Wohngelegenheit bei den Eltern als auch noch eine zusätzliche Wohnmöglichkeit. Durch längere Ausbildungsdauer sind diese jungen Erwachsenen höherer sozialer Schichten auf Hochschulstandorte verwiesen. Das Übergangsstadium „Hochschulausbildung" korresponiert (wie oben erwähnt) mit dem Übergangsstadium „Wohnungspendler". Insgesamt lassen die nur geringen Unterschiede zwischen sozialen Schichten sich als ersten Hinweis darauf werten, daß in den alten Bundesländern die Schichtzugehörigkeit keinen gravierenden Einfluß auf Ablösungsprozesse in der Postadoleszenz hat (Tabelle 3).

Überraschenderweise ist dies in den neuen Bundesländern anders. Zu berücksichtigen ist, daß die Ergebnisse zu Wohnen und Schichtzugehörigkeit, so wie sie 1991 vorgefunden wurden, unter den Bedingungen der ehemaligen DDR entstanden, also Wirkungen des damaligen sozialen und politischen Kontextes widerspiegeln. Gerade deshalb erscheint überraschend, daß sich in den neuen Bundesländern (ein zwar auch nicht sehr starker aber dennoch) relativ eindeutiger Zusammenhang zwischen sozio-ökonomischem Status und Ablösungsprozeß junger Erwachsener aus dem elterlichen Haushalt zeigt: Über 25jährige zur Ober-

Tabelle 3: Schichtzugehörigkeit und Wohnform junger Erwachsener[1]

Landesteil	West						Ost					
Soz. Status	hoch 1	2	3	4	niedrig 5	ges.	hoch 1	2	3	4	niedrig 5	ges.
Wohnform	%	%	%	%	%	%	%	%	%	%	%	%
Eigene Wohnung	62	84	77	75	73	74	100	88	86	78	76	82
Eigene Wohnung und Wohnmöglichkeit bei Eltern	26	3	14	12	10	14	–	6	9	9	12	9
Wohnt bei Eltern	12	3	9	13	17	12	–	6	5	13	12	9
(n)	(83)	(24)	(209)	(525)	(58)	(899)	(17)	(20)	(52)	(113)	(31)	(233)

1) 25 – 29jährige

schicht gehörende junge Erwachsene haben den elterlichen Haushalt häufiger verlassen als ihre Altersgenossen aus den niedrigeren sozialen Schichten. Niedrigere soziale Schichten bleiben bis zu etwas höherem Alter bei den Eltern wohnen oder haben zumindest eine zweite Wohnmöglichkeit bei den Eltern. Gesellschaftliche und politische Rahmenbedingungen der ehemaligen DDR haben also tendenziell eine etwas raschere Ablösung höherer sozialen Schichten von der elterlichen Wohnung gefördert, während junge Erwachsene unterer sozialer Schichten länger mit dem elterlichen Haushalt verbunden blieben. Die Zugehörigkeit zu einer sozialen Schicht erscheint in den östlichen Bundesländern als bedeutsamerer Einflußfaktor als in den westlichen.

Weit wesentlicher als die schichtbedingte Disparität ist jedoch der regionale Kontext (Tab. 4): In ländlichen Gebieten und Kleinstädten ist die Bindung von Jugendlichen und jungen Erwachsenen an die elterlichen Wohnungen deutlich ausgeprägter als in Mittel- und Großstädten. Der Lebensraum „Stadt" fördert, teils aufgrund ungünstigerer und beengter Wohnverhältnisse in den Herkunftsfamilien von Jugendlichen, teils einstellungsbedingt, die frühere Ablösung von der elterlichen Wohnung. So haben beispielsweise in den westlichen Bundesländern 17jährige in Mittel- und Großstädten bereits zu mehr als 10 % neben der elterlichen Wohnung noch eine weitere Wohnmöglichkeit. Von den 18–24jährigen wohnen in Großstädten nur noch etwa 40 %, in ländlichen Gebieten dagegen mehr als 60 % in der elterlichen Wohnung. Abgesehen von der insgesamt altersmäßig vorverlegten Ablösung von den Eltern zeigt sich in den östlichen Bundesländern genau der selbe Einfluß des Wohnkontextes wie in den westlichen: Beispielsweise verbleiben 18–24jährige Jugendliche in Großstädten nur zu 20 % bei den Eltern, während in ländlich strukturierten Gebieten mehr als 40 % die Bindung an die elterliche Wohnung als einzigen Wohnstandort aufrecht erhalten. Mit zunehmendem Alter gleichen sich diese Unterschiede sowohl in den alten wie in den neuen Bundesländern aus. Insgesamt hat aber regionale Herkunft deutlichen

Tabelle 4: Kennzeichen der Wohngemeinde und Wohnform junger Erwachsener

Landesteil	West					Ost				
Wohngemeinde	Dorf	Klein-stadt	Mittel-stadt	Groß-stadt	Ges.	Dorf	Klein-stadt	Mittel-stadt	Groß-stadt	Ges.
a) 18 - 24jährige										
Wohnform:	%	%	%	%	%	%	%	%	%	%
Eigene Wohnung	19	21	28	35	27	24	31	29	43	31
Eigene Wohnung und Wohnmöglichkeit bei Eltern	20	20	14	24	21	32	31	35	38	33
Wohnt bei Eltern	61	59	54	41	52	44	38	36	19	36
(n)	(329)	(254)	(154)	(480)	(1217)	(109)	(112)	(52)	(74)	(347)
b) 25 - 29jährige										
Wohnform:	%	%	%	%	%	%	%	%	%	%
Eigene Wohnung	63	76	71	65	67	73	79	79	79	78
Eigene Wohnung und Wohnmöglichkeit bei Eltern	14	11	17	22	17	10	11	1	15	11
Wohnt bei Eltern	23	13	12	13	16	17	10	20	6	11
(n)	(339)	(289)	(154)	(427)	(1208)	(74)	(92)	(37)	(106)	(310)

Einfluß auf die Ablösung junger Menschen von der elterlichen Wohnung: In ländlichen Gebieten wird die Bindung an die elterliche Wohnung deutlich länger aufrecht erhalten, im städtischen Kontext setzt die Ablösung merkbar früher ein.[8]

Ein noch deutlicherer Einfluß als der der regionalen Herkunft wäre bei der Familiengröße zu vermuten: Plausibel jedenfalls erscheint, daß mit wachsender Familiengröße sich zunehmend ungünstigere Wohnverhältnisse ergeben und dies eine raschere Ablösung von Jugendlichen aus der elterlichen Wohnung veranlaßt. Weiter ist zu vermuten, daß mit steigender Kinderzahl die finanziellen Ressourcen der Herkunftsfamilien längere Ausbildungszeiten nicht tragen, Kinder aus Mehrkindfamilien also im Durchschnitt jünger sind, wenn sie berufstätig und finanziell selbständig werden und damit die Grundlage für die (wohnungsmäßige) Ablösung vom elterlichen Haushalt legen. Hier soll vorab der Einfluß von Kinderzahl, Wohnbedingungen und Ablösung aus dem Wohnkontext „Elternhaus" analysiert werden.

Die Wohnbedingungen von 13–17jährigen werden hier als Anhaltspunkt dafür gewertet, welche Ausgangsbedingungen für den Ablösungsprozeß vermutlich auch bei den jungen Erwachsenen (18–29jährigen) gegeben waren. Bei den Jugendlichen läßt sich der vermutete Zusammenhang zwischen Familiengröße und Wohnverhältnissen erkennen: Einzelkinder haben erwartungsgemäß mehr persönlich verfügbaren Raum; sie wachsen, gemessen an der Wohnungsgröße, unter günstigeren Bedingungen auf, als Kinder von „Normalfamilien" bzw. Großfamilien mit drei und mehr Kindern.[9] Die Geschwisterzahl kann übrigens hier als die tatsächlich in der Wohnung vorhandene Kinderzahl gewertet werden, da mehr als 90 % der Geschwister von Befragten in der elterlichen Wohnung leben. Beengtere Wohnverhältnisse in Großfamilien setzen sich jedoch nicht in eine raschere Ablösung von jungen Erwachsenen um.

In Bezug auf die Kinderzahl und den Auszug aus der elterlichen Wohnung zeigt sich also nicht der vermutete Zusammenhang. Warum nicht, kann hier nicht weiter analysiert werden. Zu vermuten ist, daß sich der Einfluß des Wohnens und andere Bedingungen überschneiden: So etwa könnten eine stärkere Familienbindung von Kindern aus Großfamilien bzw. (damit verbunden) die regionale Herkunft einen Grund dafür bilden, daß Kinder aus größeren Familien (trotz im Durchschnitt ungünstigerer Wohnverhältnisse) sich z. B. in Bezug auf das Tempo des Ablösungsprozesses vom elterlichen Haushalt kaum von den Befragten, die als Einzelkinder aufwachsen, unterscheiden. Der eingangs vermutete Zusammenhang zwischen Familiengröße und Ablösungsprozeß läßt sich also (wahrscheinlich aufgrund gegenläufiger Zusammenhänge) nicht erkennen.

Zusammenfassung

Wohnformen bilden wesentliche Rahmenbedingungen für die Sozialisation von Jugendlichen und markieren wichtige Stationen des Ablösungsprozesses junger Erwachsener vom Elternhaus. An ihnen ist auch erkennbar, in welcher Form und in welchem Umfang sich gesellschaftliche Individualisierungsprozesse in einem modifizierten Ablauf biographischer Phasen und einer Pluralisierung von Lebens- und Beziehungsformen niederschlagen. Auf diesem theoretischen Hintergrund wurde hier ein Aspekt der Lebensbedingungen von Jugendlichen beschrieben und ein bestimmter Ausschnitt des Ablösungsprozesses in der Postadoleszenz in seinem Verlauf, seinen Differenzierungen und Bedingungszusammenhängen analysiert.

Bezogen auf die Jugendlichen zeigt sich: Relativ viele Familien sind von den Schwierigkeiten des Wohnungsmarktes betroffen. In den alten Bundesländern müssen ca. 40%, in den neuen 60% der Jugendlichen mit ungünstigen und beengten Wohnverhältnissen zurechtkommen. Sie verfügen zum Teil auch nicht über die Rückzugsmöglichkeit und den Gestaltungsraum, den ein eigenes Zimmer bietet. An den Grenzen, die das Wohnen der Sozialisation und der Entwicklung von Jugendlichen setzt, hat sich also wenig geändert.

Deutlicher sind Hinweise auf Auswirkungen gesellschaftlicher Individualisierungsprozesse und der Pluralisierung von Familien- und Beziehungsformen in der Phase der Postadoleszenz. Sie zeigen sich u. a. an dem wachsenden Gewicht, das Zwischen- und Übergangsstadien bekommen. In einem solchen Zwischenstadium befinden sich „Wohnungspendler“, die sowohl über eine Wohnmöglichkeit bei den Eltern als auch über eine zusätzliche Wohnmöglichkeit außerhalb der elterlichen Wohnung verfügen. Neben dieser Form „partieller Ablösung“ in Bezug auf das Wohnen werden Formen „begrenzter Bindung“, wie sie die nichteheliche Lebensgemeinschaft darstellt, immer wichtiger und gehören zunehmend zur Normalbiographie junger Erwachsener.

Am Beispiel der Wohnformen junger Erwachsener konnte gezeigt werden, daß die Normalität des Entwicklungsverlaufs von Postadoleszenz ausdifferenziert wird in eine Vielfalt von Entwicklungspfaden. Diese Ausdifferenzierung, die zunehmende Bedeutung von Zwischen- und Übergangsstadien, die Entstehung neuer Beziehungsformen, die Ausdehnung der Altersspanne und Streuung der Zeitpunkte, zu der sich Übergänge vollziehen und Korrelate des Erwachsenenstatus (wie etwa Heirat, Familiengründung) realisiert werden, bilden wesentliche Merkmale der Phase Postadoleszenz und belegen den „Destandardisierungsprozeß", der diese Phase kennzeichnet.

Neue Lebens- und Beziehungsformen scheinen an traditionelle Voraussetzungen geknüpft: Sowohl der Auszug aus der elterlichen Wohnung als auch Partnerbindung, Eheschließung oder Familiengründung erfolgen fast durchgehend nur unter der Voraussetzung finanzieller Selbständigkeit. Daneben wurden folgende Differenzierungen der Bedingungszusammenhänge deutlich: Auch hier zeigt der Vergleich zwischen dem westlichen und östlichen Teil der Bundesrepublik weitgehende Ähnlichkeit der Beziehungskarrieren und Familienformen junger Erwachsener. Junge Erwachsene im östlichen Teil der Bundesrepublik unterscheiden sich aber von Gleichaltrigen im Westteil durch frühere Ablösung vom elterlichen Haushalt, sowie frühere Partnerbindung, häufiges nichteheliches Zusammenleben, frühere Eheschließung und Familiengründung. – Von ähnlich durchgehender Bedeutung sind unterschiedliche Entwicklungsverläufe bei Männern und Frauen: Frauen trennen sich früher vom elterlichen Haushalt, binden sich in jüngeren Jahren als Männer an einen Partner, streben früher den Übergang zur Elternschaft an und sind insgesamt bindungsfreudiger als Männer.

Von den Einflußfaktoren, die geprüft werden konnten, hat die Schichtzugehörigkeit und Kennzeichen der Herkunftsfamilie (Familiengröße) kaum Einfluß auf die Entwicklung der Wohnung in der Postadoleszenz. Die unterschiedlichen Lebensbedingungen, die sich in städtischen beziehungsweise ländlichen Regionen ergeben, bewirken dagegen divergente Entwicklungsverläufe: Im Unterschied zu verstädterten Regionen ist in ländlichen Gebieten die Postadoleszenz durch eine stärkere räumliche Bindung an die Herkunftsfamilie und eine stärkere Bedeutung traditioneller Wohnformen gekennzeichnet.

Anmerkungen

1 Vgl. Vaskovics L. A., Buba H. P.,Eggen B.,Junge M. 1988 und 1990

2 Vergleiche dazu zusammenfassend z. B. Müller, H.U., 1991

3 Ergebnisse zu den Wohnbedingungen des DJI-Survey für den westlichen Teil Deutschlands weisen in die selbe Richtung, sind (aufgrund der Präsentationsform) aber nicht direkt vergleichbar (vgl. Müller, H.U., 1991).

4 Dies entspricht etwa den von Adami H., 1990 für die ehemalige DDR dokumentierten Wohnbedingungen und Eigentumsverhältnissen.

5 Dieses Übergangsstadium wird in der Literatur meist vernachlässigt. Dies kann einer der Gründe für widersprüchliche Ergebnisse (These der Vorverlegung versus Verzögerung des Auszugs der Kinder) sein. (Vgl. dazu Daten bei Schwarz, K., 1986; Fischer, A., Fuchs, W., Zinnecker, J., 1985; Mayer, K. U., Wagner, M.,1986; Blancpain, R. et al. 1983; Krüger, H. H., 1990; Lenz, K., 1989; Schlemmer, E., 1991). Auch eine Reanalyse von insgesamt 9 Studien, die im Zeitraum 1962 bis 1986 durchgeführt wurden (vgl. Vaskovics, L. A., Buba, H. P., Eggen, B., Junge, M., 1988), belegt eher eine methodisch bedingte Inhomogenität der Ergebnisse als einheitliche Entwicklungstendenzen.

6 Vgl. z. B. Vaskovics, L.A., Buba, H.P., Eggen, B., Junge, M., 1988; Deutsches Jugendinstitut 1990; Blancpain, R. et al. 1983; Lenz, 1989.

7 Diese Ergebnisse sprechen gegen die Annahme einer quasi linearen Abfolge von Ablösungsstadien

(Vgl. z. B. Krüger 1990) und belegen die Notwendigkeit, (Ablösungs-)Prozesse in der Postadoleszenz typenspezifisch zu rekonstruieren und unterschiedliche Entwicklungspfade zu unterscheiden (vgl. z. B. entsprechende Versuche bei Blancpain R. et al., 1983; Vaskovics L. A.,Buba H. P.,Eggen B.,Junge M.,1990)

8 Eine ähnlich hohe Bedeutung des regionalen Kontextes weist Müller, H. U., 1991, für die Wohnbedingungen von Familien nach.

9 Dies belegen auch Daten des DJI-Familiensurveys (Müller H.U. 1991).

Literatur

Adami, H., 1990
Wohnen. In: Winkler, G. (Hrsg.) Sozialreport, 1990. Daten und Fakten zur sozialen Lage in der DDR
Berlin

Blancpain, R., Zeugin, Pl, Häuselmann, E., 1983
Erwachsen werden
Bern, Stuttgart

Deutsches Jugendinstitut, Hrsg., 1990
Datenhandbuch. Zur Situation von Familien, Kindern und Jugendlichen in der Bundesrepublik Deutschland. Materialien zum 8. Jugendbericht (Band 4)
München

Fischer, A., Fuchs, W., Zinnecker, J., 1985
Jugendliche und Erwachsene '85. Generationen im Vergleich. 5 Bde. (Hrsg. Jugendwerk der Deutschen Shell)
Leverkusen

Krüger, H.-H.,1990
Zwischen Verallgemeinerung und Zerfaserung – Zum Wandel der Lebensphase Jugend in der Bundesrepublik Deutschland nach 1945. In: Büchner,P. u. a. Hrsg. Kindheit und Jugend im interkulturellen Vergleich
Opladen

Lenz, K., 1989
Jugendliche heute. Lebenslagen, Lebensbewätigung und Lebenspläne
Linz

Mayer, K.U., Wagner, M., 1986
Der Auszug von Kindern aus dem elterlichen Haushalt. Eine Erklärungsmodell für die Geburtsjahrgänge 1929–31, 1939–41 und 1949–51. In: Zimmermann K.F. Hrsg. Demographische Probleme der Haushaltsökonomie; Beiträge zur qualitativen Ökonomie, Vol. IX.
Bochum

Müller, H.-U., 1991
Familie und Wohnen – Wohnung und Wohnumfeld. In: Bertram, H., Hrsg., Die Familie in Westdeutschland
Opladen

Schlemmer, E., 1991
Soziale Beziehungen junger Paare. In:Bertram, H. Hrsg. Die Familie in Westdeutschland
Opladen

Schwarz, K. 1986
Haushaltszugehörigkeit im Lebenslauf. In Birg, H., Hrg., Demographische Methoden zur Prognose der Haushalts- und Familienstruktur
Frankfurt/New York

Vaskovics, L.A., Buba, H.P., Eggen, B., Junge, M., 1988
Familienabhängigkeit junger Erwachsener, Zwischenbericht, Ergebnis der Reanalyse, 1988
Bamberg

Vaskovics, L.A., Buba, H.P., Eggen, B., Junge, M., 1990
Familienabhängigkeit junger Erwachsener und ihre Folgen. Kurzfassung. Ergebnisse der Pilotstudie
Bamberg

Vaskovics, L.A., 1989
Familienabhängigkeit junger Erwachsener und Familienzyklus. In: Bertram H. et al., Hrsg., Blickpunkt Jugend und Familie. Internationale Beiträge zum Wandel der Generationen. DJI-Materialien, 373–390
München

Postadoleszenz und intergenerative Beziehungen in der Familie

Laszlo A. Vaskovics
Hanspeter Buba
Frank Früchtel

Problemstellung und Zielsetzung

Die Ablösung der Jugendlichen von ihrer Herkunftsfamilie ist ein Prozeß, der auf verschiedenen Dimensionen mit unterschiedlichen Geschwindigkeiten und zu unterschiedlichen Zeitpunkten erfolgen kann. Bestimmte Korrelate des Erwachsenseins, z. B. Selbstbestimmung bei Verwendung des Geldes, bei sexuellen Beziehungen, Partnersuche etc., beanspruchen viele Jugendliche schon vor der Volljährigkeit. Auf der anderen Seite bleiben sie oft lange nach Erreichen der Volljährigkeit wirtschaftlich unselbständig. In diesem Zusammenhang spricht man in der Forschungsliteratur von Entstehung von „Postadoleszenz" als einer (neuen) Lebensphase in der Moderne (Fischer u. a. 1985; Baethge u. a. 1989). Bedeutsam sind dabei die schulische und berufliche Situation, Einkommen, Wohnform von Jugendlichen, ihre Beziehung zu den Eltern. Gekennzeichnet ist diese Phase der „Postadoleszenz" hauptsächlich dadurch, daß nach Erreichen der Volljährigkeit die uneingeschränkte Wahrnehmung des Erwachsenenstatus' (infolge der Ausdehnung der Verweildauer von jungen Menschen im schulischen und beruflichen Bildungsbereich, der erschwerten Bedingungen für den Einstieg in das Berufsleben und für die eigene Haushaltsgründung) längere Zeit nicht möglich ist. Eine Folge dieser Entwicklung ist, daß immer mehr Jugendliche und junge Erwachsene von ihren Eltern immer länger finanziell, haushalts- und wohnungsmäßig abhängig bleiben. Sie sind auf die elterlichen Transferleistungen verschiedenster Art, insbesondere aber auf die finanziell-materielle Unterstützung ihrer Eltern angewiesen (Vaskovics 1989, 1991). Wir wollen insbesondere der Frage nachgehen, wieviele und welche Jugendliche und junge Erwachsene finanziell noch unselbständig und auf elterliche Unterstützung angewiesen sind.

Die emotionalen Beziehungen der Familienmitglieder zueinander werden als die wichtigste Dimension des familialen Zusammenhalts und der Stabilität herausgestellt. In dieser Diskussion wird übersehen, daß die Familie zugleich eine Solidargemeinschaft voneinander abhängiger, aufeinander angewiesener Menschen darstellt. Wir gehen davon aus, daß in der Familie, auch heute noch unter den Bedingungen moderner Gesellschaften, unter Rückgriff auf gesellschaftliche Ressourcen oder auch ohne diese, Solidarleistungen durch die Familienmitglieder in erheblichem Ausmaß gegenseitig erbracht werden (Vaskovics 1992). Die sich aus zeitlich stabilen Transferhandlungen ergebenden sozio-ökonomischen Transferbeziehungen bilden – so unsere These – eine wichtige Dimension der Familienintegration und Familienstruktur. Die Familienmitglieder verfügen über „selbstproduzierte" Ressourcen (Liebe, Arbeitskraft) und ihre erworbenen (erschlossenen) familienexternen Ressourcen (wie Einkommen, staatliche Transferleistungen, Wohnumfeld). Aus solchen Ressourcen entstehen dauerhafte und stabile Transferbeziehungen zwischen den einzelnen Familienmitgliedern (wobei wir hier nur die intergenerativen, sozio-ökonomischen Transferhandlungen erfassen möchten).

Uns interessieren in diesem Zusammenhang insbesondere die Transferleistungen der Eltern für ihre Kinder im Jugendalter und danach in Form von finanziellen, materiellen Leistungen und persönlichen Dienstleistungen (elterliche Transferleistungen) und die reziproken Leistungen der Kinder an ihre Eltern (jugendliche Transferleistungen). Unter Berücksichtigung von materiellen, finanziellen, arbeits- und haushaltsmäßigen Dienstleistungen sprechen wir von intergenerativen sozio-ökonomischen Transferleistungen in der Familie. Unter sozioökonomischen Transferbeziehungen werden (solche) auf andere Mitglieder der Familie gerichtete soziale Handlungen von Familienmitgliedern verstanden, die eine Hilfestellung oder Unterstützung dieser bei Erreichen der Lebensziele bezwecken. Solche intergenerativen Beziehungen in der Familie müssen in dem Kontext gesellschaftlich überformter Generationenbeziehungen und sozio-struktureller Bedingungszusammenhänge gesehen werden. Es wird dabei unterstellt, daß sich in diesen intergenerativen Beziehungen relativ stabile, wenn auch zeitlich veränderliche und je nach gesellschaftlichen Kontextbedingungen unterschiedliche Strukturen (Muster), nachweisen lassen. In diesem Beitrag wird der Versuch unternommen, solche Muster intergenerativer sozio-ökonomischer Transferbeziehungen typisierend zu beschreiben.

Lebensunterhalt von Jugendlichen und jungen Erwachsenen

In der Forschungsliteratur wird oft die Vorstellung vermittelt, daß die ökonomische Verselbständigung von Jugendlichen als punktuelles Ereignis im Lebenslauf erfolgt. Diese „Zäsur" wird mit dem Einstieg ins Erwerbsleben gleichgesetzt. In Wirklichkeit ist die ökonomische Verselbständigung ein Prozeß, der je nach schulischer und beruflicher Situation unterschiedlich lang sein kann. Vor der Vollerwerbstätigkeit nehmen viele Jugendliche und junge Erwachsene verschiedene, meist zeitlich befristete Tätigkeiten wahr, wie: Ferienarbeit, Nachhilfeunterricht etc. Sie werden in dieser Zeit oft (auch) durch Eltern, Verwandte, evtl. Partner/in in vielfacher Weise unterstützt. Einige beziehen (zusätzlich) staatliche Transferleistungen (z. B. ein Stipendium). Typisch ist für die Moderne – so unsere These – die sukzessive berufliche Integration von jungen Erwachsenen.

In diesem Kapitel soll unter diesem Aspekt über die finanzielle und berufliche Situation von Jugendlichen und jungen Erwachsenen referiert werden. Geklärt werden soll, wann und wie die ökonomische Verselbständigung durch eigene Erwerbsarbeit erfolgt.

Quellen des Lebensunterhalts

Die meisten Jugendlichen und jungen Erwachsenen verfügen über mehrere Quellen für ihren Lebensunterhalt. Nur etwa ein Drittel der Befragten haben nur eine, 41 % dagegen verfügen über zwei und jeder Fünfte sogar über drei und mehr Finanzierungsquellen. Diesbezüglich bestehen nur geringfügige Unterschiede in den alten und neuen Bundesländern, wohl aber zwischen männlichen und weiblichen jungen Erwachsenen der beiden Landesteile. Frauen verfügen sowohl in den alten als auch in den neuen Ländern häufiger (65 %) über mehrere Finanzierungsquellen (Männer: 57 %). Unterschiede bestehen auch zwischen jüngeren und älteren Befragten. Insbesondere die jungen Erwachsenen im Alter von 18 bis 24 Jahren beziehen ihren Lebensunterhalt aus unterschiedlichen Quellen.

Die wichtigste Einnahmequelle bildet bei jungen Erwachsenen über 18 Jahren die eigene Erwerbstätigkeit. An zweiter Stelle werden die Zuwendungen der Eltern sowie durch Partner bzw. Stipendien genannt, wobei sich hier Unterschiede zwischen den alten und neuen Bundesländern ergeben. Stipendium und Arbeitslosenunterstützung werden in den neuen Bundesländern viel häufiger genannt.

Wir haben 16 verschiedene Konstellationen (Typen) der Quellen zum Lebensunterhalt unter Berücksichtigung von Anzahl und Form der Geldquellen ermittelt (z. B. regelmäßiges Einkommen *und* Unterstützung durch Partner und Eltern und/oder sonstige Verwandte und/oder Inanspruchnahme staatlicher Transferleistungen).

58 % der Jugendlichen und jungen Erwachsenen verfügen über regelmäßige, weitere 42 % über unregelmäßige eigene Einkommen. Erstaunlich ist, daß beinahe jeder zweite Jugendliche und junge Erwachsene, der ein regelmäßiges Einkommen bezieht, zugleich auch durch die Eltern finanziell unterstützt wird. Diejenigen, die nur über ein unregelmäßiges eigenes Einkommen verfügen, nehmen fast alle von ihren Eltern monatliche finanzielle Leistungen entgegen. Die übrigen Befragten erhalten entweder nur durch die Eltern (und/oder durch andere Verwandte) oder den Staat (meist Stipendium oder Sozialhilfe bzw. Arbeitslosenunterstützung) finanzielle Mittel.

Hinsichtlich Formen und Zusammensetzung der Geldquellen bestehen erwartungsgemäß große Unterschiede zwischen den einzelnen Altersgruppen. Auffällig ist, daß der Anteil jener junger Erwachsener, die ihren Lebensunterhalt nicht ausschließlich durch eigenen Verdienst bestreiten, auch in der Altersgruppe von 25–29 Jahren relativ hoch ist. Dies trifft auf jeden vierten jungen Erwachsenen dieser Gruppe zu. Diesbezüglich bestehen außerdem große Unterschiede zwischen Männern und Frauen dahingehend, daß bei den weiblichen jungen Erwachsenen der Anteil noch höher ist. Bei dieser Gruppe spielen Einkommensquellen, die wir unter „Sonstige" zusammengefaßt haben (beispielsweise staatliche Mittel und Unterstützung durch den Partner, staatliche und elterliche Unterstützung) eine wichtigere Rolle als bei den männlichen jungen Erwachsenen.

Die Jugendlichen und jungen Erwachsenen in allen Bundesländern unterscheiden sich hauptsächlich aber darin, daß die Befragten in den östlichen Bundesländern ihren Lebensunterhalt häufiger aus verschieden zusammengesetzten Geldquellen bestreiten. Hier zählt insbesondere die Tatsache, daß dort die Unterstützung der Kinder durch sonstige Verwandte (z. B. Großeltern) und durch den Staat (Bereitstellung von Stipendien) eine größere Rolle spielt als in den alten Bundesländern.

Erwerbsbeteiligung

Wir haben bereits darauf verwiesen, daß die Integration der Jugendlichen und jungen Erwachsenen in das Erwerbsleben vielfach sukzessiv erfolgt. Sie beginnt meist mit einem Ferienjob, Übernahme von Aushilfstätigkeiten (auch über längere Zeit) oder auf dem Wege der beruflichen Ausbildung. Uns hat interessiert, wieviele Jugendliche und junge Erwachsene in welchem Alter den Einstieg ins Erwerbsleben durch eine regelmäßige Berufstätigkeit geschafft haben. Es geht also hier um die Frage, wieviele junge Leute durch regelmäßige Berufstätigkeit im Erwerbsleben als integriert gelten können.

In den alten Bundesländern sind 52 % der jungen Erwachsenen im Alter von 18 bis 29 berufstätig; in den neuen Bundesländern beträgt dieser Anteil 60 %. Diesbezüglich bestehen zwischen den einzelnen Altersgruppen der jungen Erwachsenen natürlich erhebliche Unterschiede. Mit zunehmendem Alter steigt der Anteil der regelmäßig Erwerbstätigen, aber es fällt auf, daß relativ viele junge Erwachsene, auch über 25 Jahre, noch nicht im Erwerbsleben integriert sind. Weiterhin fällt auf, daß in den neuen Bundesländern die jungen Erwachsenen den endgültigen Sprung ins Erwerbsleben generell früher schaffen als in den alten Bundesländern. In den neuen Bundesländern sind drei Viertel der 25- bis 29jährigen im Erwerbsleben integriert, jedoch „nur" zwei Drittel in den alten Bundesländern. Es bestehen ebenfalls Unterschiede zwischen männlichen und weiblichen jungen Erwachsenen, allerdings nur in den alten Bundesländern. Hier ist die Anzahl der Frauen im Alter von 25 bis 29, die noch keiner regelmäßigen Berufstätigkeit nachgehen, geringer (55 %) als bei den Männern (73 %). So stark ausgeprägte Unterschiede können in den neuen Bundesländern nicht festgestellt werden. Im Vergleich zwischen alten und neuen Bundesländern fällt jedoch auf, daß in den neuen Bundesländern die Erwerbsbeteiligung der Frauen durch regelmäßige Berufstätigkeit höher ist als in den alten Bundesländern (72 % Ost zu 55 % West). Auf die Erklärung dieser Zusammenhänge werden wir im Schlußkapitel eingehen.

Einkommenssituation

Verfügbare monatliche Nettobeträge

In diesem Abschnitt soll geklärt werden, über welche monatliche Nettobeträge die Jugendlichen und jungen Erwachsenen verfügen und aus welchen Quellen sie diese beziehen. Bei mehreren Quellen wurden die Summen zu einem durchschnittlichen Monatsbetrag aufaddiert. Die Höhe der Summe, über die Jugendliche und junge Erwachsene monatlich verfügen, streut zwischen einem Bagatellbetrag von 50,– DM bis über 3.000,– DM. Nachfolgend werden wir den durchschnittlichen Monatsbetrag kategoriell für die einzelnen Untergruppen von Jugendlichen und jungen Erwachsenen vergleichen.

Diesbezüglich bestehen erhebliche Unterschiede zwischen Jugendlichen und jungen Erwachsenen in den alten und neuen Bundesländern. In den alten

Bundesländern liegt der monatlich verfügbare Nettobetrag je Altersgruppe um 50 bis 80 % höher als in den neuen Bundesländern. Erhebliche Unterschiede zeigen sich auch zwischen männlichen und weiblichen Jugendlichen und jungen Erwachsenen hinsichtlich ihrer finanziellen Situation. In den alten Bundesländern verfügen die männlichen jungen Erwachsenen über einen höheren monatlichen Betrag als die weiblichen. Dies gilt auch für die neuen Bundesländer mit der Einschränkung, daß hier die Unterschiede nicht so stark sind. Bedingt durch die eigene Berufstätigkeit, ist der durchschnittliche monatliche Nettobetrag bei der Altersgruppe der 25- bis 29jährigen am höchsten. Bei den Männern dieses Alters beträgt er durchschnittlich 2.038,– DM. Bei den Frauen der gleichen Altersgruppe liegt diese Summe erheblich niedriger (1.569,– DM). In den neuen Bundesländern ist die Relation 1.223,– DM (Männer) zu 1.087,– DM (Frauen). Die männlichen jungen Erwachsenen dieser Altersgruppe verfügen – wie gesagt – über 2.038,– DM in den alten Bundesländern und im Vergleich zu den neuen Bundesländern nur über 1.223,– DM. Auch die Frauen in den alten Bundesländern verfügen im Durchschnitt über einen erheblichen höheren Betrag (1.569,– DM) als in den neuen Bundesländern (1.087,– DM).

Dabei muß man bedenken, daß der Anteil der berufstätigen weiblichen jungen Erwachsenen in den neuen Bundesländern höher ist. Auf der einen Seite ist zu bedenken, daß die jungen Frauen dort schon in einem früheren Lebensalter einen Beruf ergreifen als in den alten Bundesländern. Eine Bewertung dieser Ergebnisse ist schwierig, weil die niedrigen Lebenshaltungskosten in den neuen Bundesländern ebenfalls berücksichtigt werden müssen. Trotz dieser Zusammenhänge gilt, daß die jungen Frauen und Männer in den neuen Bundesländern im Vergleich zu jenen in den alten Bundesländern unter Berücksichtigung ihrer finanziellen Situation strukturell benachteiligt sind.

Finanzielle Abhängigkeit

Wir haben weiter oben berichtet, daß die meisten Jugendlichen und jungen Erwachsenen über mehrere Quellen zur Finanzierung ihres Lebensunterhalts verfügen. Bei der Beschreibung der finanziellen Situation wurden alle Beträge aus den verschiedenen Finanzierungsquellen berücksichtigt. In diesem Kapitel versuchen wir nun zu klären, wieviele und welche Jugendliche und junge Erwachsene ihre finanzielle Selbständigkeit durch eigene Erwerbstätigkeit erlangt haben, und zwar unabhängig davon, ob sie ganz- oder halbtags oder auch durch Nebenerwerb Einkünfte beziehen. Die wirtschaftliche Selbständigkeit nehmen wir dann als gegeben an, wenn die Jugendlichen und jungen Erwachsenen durch eigene Erwerbstätigkeit mehr verdienen als die zum Zeitpunkt der Befragung geltenden BAföG-Höchstsätze. (Diese Sätze entsprechen auch im wesentlichen den geltenden Sätzen des Sozialhilfebedarfs.) Das heißt, wenn ein Jugendlicher oder junger Erwachsener weniger als 940 DM in den alten Bundesländern und 710 DM in den neuen Bundesländern durch eigene Berufstätigkeit monatlich verdient, dann sehen wir die finanzielle Selbständigkeit noch nicht als gegeben an. Sie sind entweder auf Unterstützung durch die Eltern, evtl. durch Partner oder durch den Staat angewiesen.

Nach diesen Kriterien beurteilt, sind erwartungsgemäß fast alle Jugendliche unter 18 Jahren in beiden Landesteilen finanziell abhängig. Jeder Zweite (48 %) der jungen Erwachsenen im Alter von 18 bis 24 und jeder Siebte im Alter von 25 bis 29 Jahren in den alten Bundesländern sind finanziell abhängig. In den neuen Bundesländern sind vier von 10 jungen Erwachsenen im Alter von 18 bis 24 und jeder 12. im Alter von 25 bis 29 finanziell abhängig. Oder anders ausgedrückt: In den neuen Bundesländern erreicht ein höherer Anteil seine finanzielle Selbständigkeit zu einem früheren Zeitpunkt. Deutliche Unterschiede sind auch diesbezüglich zwischen männlichen und weiblichen jungen Erwachsenen feststellbar, und zwar in beiden Landesteilen in gleicher Weise. Von den männlichen jungen Erwachsenen bleiben im Gegensatz zu den weiblichen mehr und auch länger finanziell abhängig. Von den 25- bis 29jährigen gilt fast jeder Fünfte in den alten Bundesländern als finanziell abhängig, aber „nur" etwa jede 10. von den weiblichen.

Elterliche Transferleistungen für Jugendliche und junge Erwachsene

Die Unterstützung der Jugendlichen und jungen Erwachsenen durch die Eltern kann in verschiedensten Formen erfolgen: durch regelmäßige (monatliche) finanzielle Zuwendungen, durch unregelmäßige direkte oder indirekte finanzielle Leistungen (z. B. Übernahme bestimmter Kosten für ein Fahrzeug, für Miete, durch Bezahlung des Urlaubs, Wohnungsausstattung, Kleidung, sportliche Aktivitäten, Unterhaltung etc.). Neben diesen regelmäßigen monatlichen Zahlungen und Übernahme der Kosten für verschiedene Sachleistungen erbringen die Eltern für ihre Kinder auch Unterstützung in Form von Arbeitsleistungen, z. B. durch Wäschepflege, Behördengänge, Kochen, Reinigen der Wohnung etc. Diese Art von Hilfeleistungen gilt als haushaltsmäßige Versorgung der Kinder. Doch diese Leistungen werden oft auch dann noch in Anspruch genommen, wenn die Kinder von den Eltern getrennt wohnen. Daneben spielt auch die emotionale Unterstützung durch die Eltern und deren Rat und Hilfestellung eine wichtige Rolle. Wir möchten in diesem Zusammenhang materielle und immaterielle Leistungen unterscheiden. Bei den materiellen Zuwendungen berücksichtigen wir auf der einen Seite die direkten, regelmäßigen (monatlichen) finanziellen Zuwendungen, auf der anderen Seite die gelegentlichen (allerdings nicht monetär ausgewiesen). Bei den immateriellen Leistungen unterscheiden wir zwischen arbeitsmäßiger und psycho-sozialer Unterstützung.

Materielle Leistungen

Regelmäßige direkte finanzielle Transferleistungen

In diesem Abschnitt wird nur über die Ergebnisse berichtet, die über die Inanspruchnahme solcher Leistungen durch die Jugendlichen und jungen Erwachsenen einen Überblick geben. Hinsichtlich finanzieller Unterstützung muß jedoch die Einschränkung gemacht werden, daß diesbezüglich nur Daten über die regelmäßige monatliche finanzielle Unterstützung vorliegen.

17 % der jungen Erwachsenen im Alter von 18 bis 29 Jahren werden in den alten Bundesländern durch ihre Eltern regelmäßig und 11 % gelegentlich finanziell unterstützt. Hinsichtlich direkter regelmäßiger finanzieller Transferleistungen der

Tabelle 1: Finanzielle Leistungen durch die Eltern nach Alter und Geschlecht (in %)

Landesteil	alte Bundesländer								neue Bundesländer							
Geschlecht	weiblich				männlich				weiblich				männlich			
Alter/ Jahre	13–17	18–24	25–29	Summe	13–17	18–24	25–29	Summe	13–17	18–24	25–29	Summe	13–17	18–24	25–29	Summe
regelmäßig	79	31	5	32	78	27	11	32	61	16	2	23	68	10	6	21
gelegentlich	13	14	6	11	12	15	6	11	31	20	3	17	26	17	4	14
nein	8	55	90	57	11	58	83	57	8	65	95	61	6	73	91	65
zusammen %	100	100	100	100	100	100	100	100	100	100	100	100	100	100	100	100
n =	376	617	598	1591	341	600	610	1551	113	166	152	431	93	181	157	432

Eltern bestehen erwartungsgemäß starke Unterschiede zwischen den einzelnen Altersgruppen, aber auch – so nicht erwartet – zwischen den männlichen und weiblichen jungen Erwachsenen. Diese Zusammenhänge sind in den alten und neuen Bundesländern verschieden. In allen Bundesländern gilt, daß von den männlichen jungen Erwachsenen ein höherer Anteil durch die Eltern regelmäßig unterstützt wird als von den weiblichen. Diese Unterstützung wird durch die männlichen jungen Erwachsenen auch länger in Anspruch genommen: So werden 11 % der Männer (Altersgruppe 25–29) in den alten Bundesländern durch die Eltern regelmäßig unterstützt, aber nur 5 % der Frauen (in den neuen Bundesländern 6 % der Männer und 2 % der Frauen). In den neuen Bundesländern nehmen insbesondere die weiblichen Jugendlichen im Alter von 18–24 Jahren die elterliche Unterstützung in erheblich geringerem Ausmaß in Anspruch. Dies ist vermutlich damit zu erklären, daß die wirtschaftliche Verselbständigung durch eigene Erwerbstätigkeit früher erfolgt als in den alten Bundesländern.

Abgesehen von diesen Unterschieden fällt aber eher die Ähnlichkeit bzw. Übereinstimmung der Inanspruchnahme regelmäßiger elterlicher finanzieller Leistungen auf. Es ist offensichtlich, daß in beiden Landesteilen viele Jugendliche und junge Erwachsene auch nach Erreichen ihrer Volljährigkeit auf die elterlicher Unterstützung nicht verzichten können. Sie gehört noch lange zu einer wichtigen Quelle ihres Lebensunterhalts.

Die Höhe der direkten regelmäßigen Unterstützung durch die Eltern bewegt sich von einer Summe, die nur als Taschengeld gelten kann, bis zu über 1.000,– DM monatlich. In den alten Bundesländern nimmt der monatliche Förderungsbetrag mit zunehmendem Alter der Jugendlichen und jungen Erwachsenen zu. Werden beispielsweise männliche junge Erwachsene im Alter von 18 bis 24 Jahren mit einem durchschnittlichen Betrag von 251 DM/Monat gefördert, so beträgt diese Summe bei der Altersgruppe 25 bis 29 bereits durchschnittlich 411 DM/Monat. Dieser Trend gilt in den alten Bundesländern auch bei den weiblichen jungen Erwachsenen mit der Einschränkung, daß diese im Alter von 25 bis 29 Jahren durchschnittlich mit einem geringeren Betrag unterstützt werden als die Männer.

Solche Zusammenhänge sind in den östlichen Bundesländern nicht feststellbar. Dort werden die jungen Erwachsenen generell im Vergleich zu den alten Bundesländern monatlich mit einem wesentlich geringeren Betrag gefördert – allerdings männliche und weibliche junge Erwachsene in etwa mit der gleichen durchschnittlichen Summe. Auffällig ist, daß in den neuen Bundesländern die Männer nach Erreichen ihres 25. Lebensjahres nicht mit einem erhöhten Betrag gefördert werden wie in den alten Bundesländern, sondern mit einem wesentlich geringeren. Das heißt, dort erwarten die Eltern offensichtlich von ihren Kindern, daß diese nach Erreichen ihres 24. bis 25. Lebensjahres sich wirtschaftlich verselbständigen und ihren Lebensunterhalt selbst verdienen. Es ist möglich, daß in den neuen Bundesländern die jungen Erwachsenen selbst daran interessiert sind. Wie auch immer: es bleibt die Tatsache bestehen, daß die jungen Erwachsenen in dieser Altersgruppe die elterliche Unterstützung nicht mehr in dem Maße in Anspruch nehmen wie in den alten Bundesländern. Allerdings muß bedacht werden, daß dort die jungen Erwachsenen früher aus dem elterlichen Haushalt ausscheiden und früher einen eigenen Beruf ergreifen.

Immaterielle Leistungen

Wir haben nach zwei Arten von elterlichen immateriellen Leistungen gefragt: nach den arbeitsmäßigen, wie: Wäsche waschen, bügeln, Zimmer oder Wohnung aufräumen bzw. reinigen, Kinderbetreuung, kochen und Essen zubereiten, spülen u. a. Küchenarbeiten, Fahrdienste, Einkäufe, Besorgungen erledigen, Reparaturen in Haus oder Wohnung. Die psycho-sozialen elterlichen Leistungen wurden durch drei Items operationalisiert: Anregungen geben, bei Problemen helfen, Beratung bei Kaufentscheidungen.

Arbeitsmäßige Leistung

Neben den regelmäßigen monatlichen Zahlungen und Übernahme der Kosten für verschiedene Sachleistungen nehmen die Jugendlichen und jungen Erwachsenen Unterstützung durch die Eltern in verschiedensten Formen von Arbeitsleistungen in Anspruch. Auffällig ist, daß elterliche Transferleistungen dieser Art auch nach Erreichen der Volljährigkeit in höherem Ausmaß in Anspruch genommen werden als die regelmäßigen finanziellen Leistungen der Eltern. Außerdem ist zu erkennen, daß selbst die jungen Erwachsenen im Alter über 25 Jahren diese elterlichen Leistungen in hohem Ausmaß beanspruchen. Diesbezüglich bestehen jedoch erhebliche Unterschiede zwischen Frauen und Männern. Es gilt generell: männliche junge Erwachsene, auch über 25, werden durch die Eltern durch Arbeitsleistungen verschiedenster Art stärker unterstützt als die weiblichen. Eine Ausnahme bildet hier nur die Kinderbetreuung durch die eigenen Eltern, die eher durch die weiblichen jungen Erwachsenen dieser Altersgruppe genannt wird. Dies ist wahrscheinlich dadurch zu erklären, daß eben die Frauen in jüngeren Jahren Mütter als die Männer Väter werden.

Ein gravierender Unterschied diesbezüglich besteht zwischen den Jugendlichen und jungen Erwachsenen in den alten und neuen Bundesländern. In den alten Bundesländern werden insbesondere die jungen Männer durch Arbeitsleistungen verschiedenster Art, insbesondere in Form von haushaltsmäßiger Versorgung, in größerem Ausmaß durch die Eltern unterstützt als in den neuen Bundesländern. Dies insbesondere dann, wenn die jungen Erwachsenen noch im elterlichen Haushalt leben. Berücksichtigt man beispielsweise die jungen Erwachsenen im Alter von 25 bis 29 Jahren, die noch bei den Eltern wohnen, dann stellt sich heraus, daß diese fast im glei-

Tabelle 2: Index elterlicher Arbeitsleistungen

Ausmaß und Intensität elterlicher Arbeitsleistungen	alte Bundesländer						neue Bundesländer					
	weiblich			männlich			weiblich			männlich		
	13–17	18–24	25–29	13–17	18–24	25–29	13–17	18–24	25–29	13–17	18–24	25–29
keine Unterstützung	0	19	42	1	14	34	1	9	34	–	7	29
geringe Unterstützung	2	16	31	–	10	26	2	23	42	3	9	39
durchschnittliche Unterstützung	6	19	15	5	15	13	15	25	19	5	21	15
hohe Unterstützung	31	30	6	22	29	15	38	31	4	34	29	10
sehr hohe Unterstützung	61	17	6	72	32	12	45	12	2	58	34	7
zusammen %	100	100	100	100	100	100	100	100	100	100	100	100
n =	361	596	570	317	580	577	94	146	130	79	143	138

chen Ausmaß wie die Jugendlichen unter 18 Jahren elterliche Arbeitsleistungen in Anspruch nehmen. Oder anders ausgedrückt: Auch junge Erwachsene, unabhängig von ihrem Alter, werden mit arbeitsmäßigen Leistungen versorgt, solange sie eben im elterlichen Haushalt bleiben. Solche Leistungen erbringen die Eltern in unterschiedlichem Ausmaß und unterschiedlicher Intensität für ihre Kinder. Unter Berücksichtigung der gewährten Einzelleistungen und der Häufigkeit derselben haben wir in einem Index die gewährten elterlichen Arbeitsleistungen zusammengefaßt (Tabelle 2).

Die Indexwerte zeigen die Streuung von „überhaupt keine Unterstützung" bis zu „extrem hohe Unterstützung" auf. Jugendliche unter 17 Jahren in beiden Landesteilen erhalten „sehr hohe" bis „extrem hohe" Arbeitsleistungen durch ihre Eltern, unabhängig vom Geschlecht des Kindes (über 90 %). Mit zunehmendem Alter der Kinder nimmt die Gewährung bzw. Inanspruchnahme dieser Leistungen bei beiden Geschlechtern kontinuierlich ab, aber bei 61 % der männlichen jungen Erwachsenen im Alter von 18 bis 24 Jahren und bei 27 % in der Altersgruppe 25 bis 29 werden immer noch elterliche Leistungen in hohem bis sehr hohem Ausmaß in Anspruch genommen. Allerdings: durch derartige Leistungen werden wiederum eher die männlichen jungen Erwachsenen unterstützt, und zwar häufiger in den alten Bundesländern. Hier wird bei den jungen Erwachsenen auch noch im Alter über 25 jeder Vierte in hohem bis sehr hohem Ausmaß unterstützt, jedoch nur jeder Sechste bis Siebte in den neuen Bundesländern. Auch die weiblichen jungen Erwachsenen der alten Bundesländer erhalten elterliche Arbeitsleistungen in höherem Ausmaß als in den neuen Bundesländern, aber die Unterschiede sind hier nicht so gravierend.

Psycho-soziale Unterstützung

Was die psycho-soziale Unterstützung durch die Eltern betrifft, bestehen folgende Zusammenhänge: Die weiblichen Jugendlichen und jungen Erwachsenen erhalten in den neuen Bundesländern häufiger Unterstützung dieser Art durch ihre Eltern als in den alten Bundesländern.

Die psycho-soziale Unterstützung durch die Eltern schätzen die Jugendlichen und jungen Erwachsenen generell sehr hoch ein. Mehr als jeder Zweite der männlichen jungen Erwachsenen im Alter von 18 bis 24 Jahren in den alten Bundesländern gibt eine hohe bis sehr hohe Unterstützung an, aber auch fast jeder Dritte der jungen Erwachsenen im Alter von 25 bis 29. Der Anteil der weiblichen Befragten, die eine hohe Unterstützung erfahren, ist noch größer. Nur etwa jeder Vierte männliche und jede Siebte weibliche junge Erwachsene im Alter von 25 bis 29 Jahren geben an, daß sie keine Unterstützung dieser Art durch ihre Eltern erhalten (in allen Bundesländern).

Materielle und immaterielle Leistungen der Kinder

Die intergenerativen Transferleistungen und -beziehungen in der Kernfamilie werden meist nur unter dem Aspekt der elterlichen Leistungen für die Kinder betrachtet. Dabei wird übersehen, daß auch die Kinder für ihre Eltern gewisse haushaltsmäßige Arbeiten erledigen. Die monetären Zuwendungen der Kinder an die Eltern bleiben natürlich relativ gering, obwohl jeder 10. der jungen Erwachsenen im Alter von 18 bis 29 angibt, daß ein Teil der eigenen Einkünfte in Form von Haushaltsgeld an die Eltern weitergegeben wird. Diese finanziellen Aufwendungen sind jedoch im Vergleich zu den elterlichen Leistungen relativ niedrig – anders die haushaltsmäßigen Gegenleistungen. Ein durchaus bemerkenswerter Anteil von Jugendlichen und jungen Erwachsenen hilft den Eltern beim Wäschewaschen, Bügeln, Aufräumen der Wohnung, Kochen, sonstigen Küchenarbeiten, Fahrdienste für die Eltern, Einkaufen, Besorgungen und Reparaturen in Haus oder Wohnung. Bei diesen Einzelleistungen bestehen jedoch erhebliche alters- und geschlechtsspezifische Unterschiede. Leistungen dieser Art nehmen mit zunehmendem Alter ab, was nicht zuletzt damit zusammenhängt, daß viele junge Erwachsene nicht mehr mit den Eltern zusammenleben und aufgrund der räumlichen Entfernung diese Leistungen nicht mehr ohne Weiteres erbringen können. Bei diesen Leistungen kann man deutlich ein geschlechtsspezifisches Profil, insbesondere bei den jüngeren Kindern, feststellen. Junge Frauen helfen ihren Eltern eher bei Einkäufen, Besorgungen, Küchenarbeiten, Waschen und Bügeln, Wohnung aufräumen, Kochen. Die männlichen Jugendlichen und jungen Erwachsenen eher bei Einkäufen, Besorgungen, Fahrdiensten für die Eltern, häuslichen Reparaturen. Dieses geschlechtsspezifische Leistungsprofil ist auch bei den Jugendlichen und jungen Erwachsenen in den neuen Bundesländern in fast gleicher Weise feststellbar.

Es wäre übrigens falsch, anzunehmen, daß nur die Eltern ihren Kindern mit Rat und Tat zur Seite stehen. Auch die Kinder können ihren Eltern Anregungen geben, bei der Lösung von Problemen helfen und zum Beispiel bei Kaufentscheidungen beraten. Dies führen 37 % aller jungen Erwachsenen in den alten Bundesländern an und fast die Hälfte (48 %) in den neuen Ländern.

Bilanz der intergenerativen immateriellen Transferleistungen

Wenn man nun diese Leistungen der Kinder für die Eltern und umgekehrt bilanzierend gegenüberstellt, so kann festgestellt werden, daß in der Mehrzahl der Fälle die Eltern für ihre Kinder mehr erbringen als umgekehrt. Jedoch in mehreren Fällen ist diese Bilanz durchaus ausgeglichen. In einigen Fällen zeigt sich sogar, daß die Kinder mehr für ihre Eltern erbringen als umgekehrt.

Natürlich zeigen sich hier erhebliche altersspezifische Unterschiede in dem Sinn, daß die Eltern für die jüngeren Kinder (unter 17) mehr haushaltsmäßige

Leistungen erledigen. Etwas ausgeglichener ist diese Bilanz bei den jungen Erwachsenen: hier werden diese gegenseitigen Leistungen im gleichen Ausmaß erbracht. Bei den 25- bis 29jährigen beträgt der Anteil derjenigen, die mehr für ihre Eltern tun, in den alten Bundesländern bei den Männern 19 %, bei den Frauen 18 % (Tabelle 3).

Zusammenfassung und Diskussion der Ergebnisse

(1) Im Zusammenhang mit der Diskussion über die Entstehung von Postadoleszenz in den meisten Gesellschaften erweist sich die Integration der Jugendlichen und jungen Erwachsenen ins Erwerbsleben durch regelmäßige Berufstätigkeit und ihre finanzielle Situation als eine zentrale Frage. Die diesbezügliche Lage der Jugendlichen unter 18 ist sehr einheitlich. Von wenigen Ausnahmen abgesehen, sind sie im Erwerbsleben nicht integriert und verfügen über kein ausreichendes Einkommen zu einer selbständigen Lebensführung. Anders nach Erreichen der Volljährigkeit: Das Bild bei den jungen Erwachsenen im Alter von 18 bis 29 ist sehr differenziert, wenn auch durch bestimmte Dominanten gekennzeichnet. Die Mehrzahl der jungen Erwachsenen ist durch regelmäßige Berufstätigkeit ins Erwerbsleben eingebunden. Dennoch finden wir einen hohen Anteil von jungen Erwachsenen, selbst bei den über 25jährigen, die am Erwerbsleben noch nicht partizipieren. Hier kann man die Züge der Postadoleszenz deutlich erkennen. Dabei handelt es sich um junge Erwachsene, die schon längst volljährig sind, jedoch den Absprung ins Berufsleben noch nicht gefunden haben.

(2) Die Eingliederung der jungen Erwachsenen ins Erwerbsleben erfolgt nicht punktuell, sondern sukzessiv. Von den ersten gelegentlichen Teilzeitbeschäftigungen bis zur ersten ganztägigen Berufstätigkeit verstreicht bei den meisten Jugendlichen ein längerer Zeitraum. In dieser Zeit bestreiten sie ihren Lebensunterhalt oft aus unterschiedlichen Geldquellen, teils durch eigenen Verdienst, Unterstützung durch Eltern oder andere

Tabelle 3: Bilanz der intergenerativen immateriellen Transferleistungen (in %)

Gegenseitige Leistungen	alte Bundesländer						neue Bundesländer					
	weiblich			männlich			weiblich			männlich		
	13–17	18–24	25–29	13–17	18–24	25–29	13–17	18–24	25–29	13–17	18–24	25–29
Transferleistungen der Kinder höher	3	15	18	0	6	19	8	17	18	2	6	13
Leistungsbilanz ausgeglichen	22	46	57	11	34	43	34	59	64	18	38	63
Transferleistungen der Eltern höher	45	29	11	40	36	19	42	20	11	58	42	15
Transferleistungen der Eltern erheblich höher (einseitig)	29	4	2	48	19	7	15	3	–	22	12	3
keine Transferleistungen	0	7	12	1	5	13	1	1	7	0	2	7
zusammen %	100	100	100	100	100	100	100	100	100	100	100	100
n =	359	594	566	314	577	573	85	142	124	68	140	133

Verwandte, teils aus staatlichen Transferleistungen (z. B. BAföG oder Arbeitslosenunterstützung). Dies kann ebenfalls als ein Zeichen der Postadoleszenz interpretiert werden.

(3) Die Konsequenz ist, daß viele junge Erwachsene, auch über 25 Jahre, noch lange nicht als finanziell selbständig gelten können. Sie sind auf Unterstützung anderer angewiesen, meist auf die Eltern, aber auch staatliche Finanzmittel werden ins Kalkül gezogen. Eine Analyse der Zusammensetzung der Einkünfte von finanziell nicht selbständigen jungen Erwachsenen zeigt, daß die meisten von ihnen letztlich auf die elterliche Unterstützung angewiesen sind. Sie bleiben von den Eltern – trotz Volljährigkeit – (relativ lange) finanziell abhängig.

(4) Diese Abhängigkeit vom Elternhaus ist nicht nur materiell bedingt. Eltern erbringen auch für ihre volljährigen Kinder in erheblichem Ausmaß Leistungen immaterieller Art, insbesondere dann, wenn ihre volljährigen Kinder im elterlichen Haushalt bleiben. Es ist schwer zu sagen, ob diese Tatsache als eine Abhängigkeit interpretiert werden kann. Man kann nicht ausschließen, daß die Eltern diese Leistungen durchaus gerne anbieten und erbringen, und es könnte auch sein, daß die erwachsenen Kinder diese – mehr oder minder aus Bequemlichkeitsgründen – annehmen. Sie könnten auf diese durchaus verzichten, aber sie tun dies eben nicht, aus welchen Gründen auch immer. Es ist eine schwer zu beantwortende Frage, ob in diesem Zusammenhang eindeutig von der Abhängigkeit der jungen Erwachsenen von ihren Eltern die Rede sein kann, denn es ist durchaus möglich, daß hier auch die Eltern selbst die Ablösung etwas erschweren, indem sie ihre Kinder durch alle möglichen Leistungen versorgen oder auch verwöhnen. Zugespitzt formuliert könnte gefragt werden, ob wir bei diesen Zusammenhängen nicht auch von Abhängigkeit der Eltern von ihren Kindern reden müssen, in dem Sinne, daß viele Eltern ihre Kinder nicht „loslassen" wollen.

(5) Hier handelt es sich außerdem nicht nur um eine einseitige Leistung. Die Kinder, auch die erwachsenen Kinder, erbringen insbesondere immaterielle, arbeitsmäßige Leistungen für die Eltern in beachtenswertem Ausmaß. Eine Bilanzierung dieser intergenerativen Transferleistungen in der Familie zeigt jedoch, daß die Eltern in diese Tauschbeziehungen wesentlich mehr einbringen als die Jugendlichen und jungen Erwachsenen. Unter Berücksichtigung dieser Ergebnisse müssen die intergenerativen Transferleistungen materieller und immaterieller Art in der Familie als sehr hoch eingeschätzt werden, insbesondere solange Jugendliche und junge Erwachsene noch im elterlichen Haushalt leben, aber vielfach auch noch danach.

(6) Bei den oben erwähnten Sachverhalten zeigen sich erhebliche Unterschiede zwischen männlichen und weiblichen Jugendlichen und jungen Erwachsenen. Die geringere Erwerbsbeteiligung von jungen Erwachsenen, auch im höheren Alter, die ökonomische Unselbständigkeit, die finanzielle Abhängigkeit von den Eltern, die erbrachten elterlichen Transferleistungen (materieller und immaterieller Art), betreffen tendenziell die männlichen Jugendlichen in höherem Ausmaß als die weiblichen. Das heißt, wenn wir diese Sachverhalte als Anzeichen einer Postadoleszenz-Phase sehen, dann signalisieren sie eine soziale Lage in dem Sinne hauptsächlich bei den männlichen jungen Erwachsenen. Zu fragen wäre jedoch, ob wir es hier nicht mit einem ge-

schlechtsspezifischen Bildungsverhalten zu tun haben oder mit einer Bevorzugung der männlichen jungen Erwachsenen durch die Eltern oder mit der Tatsache, daß junge Frauen früher aus dem elterlichen Haushalt ausscheiden und in jüngeren Jahren heiraten als die Männer.

(7) Was die Entwicklung solcher Sachverhalte in Abhängigkeit vom Alter betrifft, gilt, daß mit zunehmendem Alter der Anteil der Nichterwerbstätigen, von den Eltern finanziell Abhängigen und immateriell Versorgten zwar abnimmt, aber es bleibt hier noch ein beachtlicher Anteil von jungen Erwachsenen, auch über 25, auf den diese Sachverhalte zutreffen und – wie gesagt: hauptsächlich auf die männlichen jungen Erwachsenen. Die Ursachen dafür können individuell oder sozial-strukturell begründet sein. So kann das Bildungs- und Ausbildungsverhalten der jungen Erwachsenen eine Rolle spielen. Dagegen spricht allerdings die Tatsache, daß die Bildungsbeteiligung zwischen den jungen Menschen beiderlei Geschlechts weitgehend ausgeglichen ist. Es kann aber immer noch die traditionelle Vorstellung überwiegen, daß die Männer auf jeden Fall (auch wenn sie nicht so begabt sind) eine höhere schulische und berufliche Ausbildung erhalten sollen – auch dann, wenn dies sehr lange dauert. Auch andere Gründe können vorliegen, wie zum Beispiel eine generelle Verlängerung der Schul- und Ausbildungszeit, Unterbrechung der Ausbildung durch Wehr- und Zivildienst, erschwerter Berufseinstieg durch die angespannte Arbeitsmarktsituation.

(8) Ein deutlicher Zusammenhang von Integration im Erwerbsleben und ökonomischer Selbständigkeit bzw. Abhängigkeit und zwischen Schichtzugehörigkeit der Herkunftsfamilie ist festzustellen. Die Jugendlichen und jungen Erwachsenen der Mittelschicht bleiben finanziell länger von der Familie abhängig als die Kinder der Unterschicht, die früher ins Erwerbsleben eingebunden sind und durch die Eltern nicht in dem gleichen Ausmaß unterstützt werden wie die Angehörigen der Mittelschicht.

(9) Ähnliche Zusammenhänge können ebenfalls nach der Geschwisterzahl festgestellt werden. In Familien mit mehreren Kindern im Alter von 18 bis 29 Jahren erfolgt der Berufseinstieg früher, die elterliche Förderungsdauer ist durchschnittlich kürzer und der Förderungsaufwand ist geringer. Hier müssen offensichtlich die Eltern darauf achten, daß die einzelnen Kinder etwa gleichmäßig unterstützt werden (nach den finanziellen Möglichkeiten der Herkunftsfamilie), wobei hier ebenfalls Unterschiede zwischen den Schichtzugehörigkeiten mitzubedenken sind.

(10) Unterschiede haben wir auch zwischen jungen Erwachsenen, deren Familien in städtischen und ländlichen Gebieten wohnen, in dem Sinne festgestellt, daß in den Städten die ökonomische Selbständigkeit meist infolge höherer und längerer Ausbildung später erfolgt als in den ländlichen Gebieten. Hier spielt die unterschiedliche Bildungsaspiration der städtischen und ländlichen Bevölkerung noch eine gewisse Rolle.

(11) Bedeutsame Unterschiede in mehrfacher Hinsicht zwischen den Jugendlichen und jungen Erwachsenen konnten in den alten und neuen Bundesländern festgestellt werden. Generell gilt, daß trotz hoher Jugendarbeitslosigkeit in den neuen Ländern der Anteil der im Erwerbsleben beruflich integrierten jungen Erwachsenen höher ist als in den alten Ländern. Dies gilt insbesondere für die weiblichen jungen Erwachsenen. Auch die finanzielle Unselbständigkeit ist dort

(trotz durchschnittlich niedrigerem Einkommen) geringer. Auch dort werden die jungen Erwachsenen (und wiederum insbesondere die Männer!) durch die Eltern finanziell unterstützt, aber nicht so lange wie in den alten Bundesländern. Der höchste Anteil der finanziell geförderten, regelmäßig unterstützten erwachsenen Kinder liegt in den neuen Bundesländern in der Altersgruppe von 19 bis 24 Jahren, in den alten Bundesländern bei den über 25jährigen. Dies gilt auch für die immateriellen elterlichen Leistungen. Diese werden für die „älteren" jungen Erwachsenen über 25 in den alten Ländern in höherem Maße erbracht bzw. entgegengenommen als in den neuen Ländern, von einigen Ausnahmen abgesehen, wie z. B. Betreuung der Enkelkinder.

Dies betrifft jedoch nicht die psycho-sozialen elterlichen Leistungen, die nach den Angaben der befragten Jugendlichen und jungen Erwachsenen in den neuen Bundesländern etwas überwiegen.

Diese Zusammenhänge ergeben sich hauptsächlich daraus, daß in den neuen Bundesländern die jungen Erwachsenen als Folge der durchschnittlich kürzeren Schul- und Ausbildungszeit früher in das Erwerbssystem hinübergewechselt sind, daß dort die jungen Erwachsenen früher geheiratet und ihre eigene Familie gegründet haben, aber auch aus der Tatsache, daß dort die Eltern weniger in der Lage waren, ihre Kinder so lange finanziell zu unterstützen, als dies in den alten Bundesländern offensichtlich der Fall ist. Das heißt, auch die Einkommenssituation der Herkunftsfamilie spielt hier eine wichtige Rolle. Genauso die vergleichsweise schlechten Wohnverhältnisse in den neuen Bundesländern, die das engere Zusammenwohnen mit den Eltern erschweren, ja unmöglich machen. Unter diesem Gesichtspunkt versuchen junge Erwachsene in den neuen Bundesländern, früher einen eigenen Haushalt und eine eigene Familie zu gründen.

Literatur

Baethge, M., 1989
Jugend – Postadoleszenz in der nachindustriellen Gesellschaft.
In: Markefka, Manfred/Nave-Herz, Rosemarie, Hrsg.: Handbuch der Familien- und Jugendforschung Bd. II
Jugendforschung
155–166
Neuwied und Fankfurt/Main

Bertram, H. et al., 1989
Blickpunkt Jugend und Familie.
Internationale Beiträge zum Wandel der Generationen
Weinheim/München

Fischer, A., Fuchs, W., Zinnecker, J., 1985
Jugendliche und Erwachsene '85.
Generationen im Vergleich. 5 Bde.
(Hrsg. Jugendwerk der Deutschen Shell)
Leverkusen

Vaskovics, L.A., 1989
Familienabhängigkeit junger Erwachsener und Familienzyklus. In: Bertram, H. et al., Hrsg., Blickpunkt Jugend und Familie.
Internationale Beiträge zum Wandel der Generationen. DJI-Materialien, 373–390,
München

Vaskovics, L.A. (Hrsg.), 1991
Interdisziplinäre Familienforschung.
Erschienen in der Reihe Forschungsforum der Otto-Friedrich-Universität Bamberg,
Heft 3
Bamberg

Vaskovics, L.A., 1992
Elterliche Solidarleistungen für junge Erwachsene. In: Lüscher Kurt, Hrsg.:
Generationenbeziehungen in postmodernen Gesellschaften
Konstanz (im Druck)